Business Administration Classics
Marketing

工商管理经典译丛·市场营销系列

战略营销
教程与案例
（第11版）

Strategic Marketing Problems (11th Edition)

罗杰·A·凯琳
(Roger A. Kerin)
罗伯特·A·彼得森 著
(Robert A. Peterson)

范秀成 译

中国人民大学出版社
·北京·

《工商管理经典译丛·市场营销系列》
出 版 说 明

　　随着我国市场经济的不断深化，市场营销在企业中的地位日益突出，高素质的市场营销人才也成为企业的迫切需要。中国人民大学出版社早在1998年就开始组织策划了《工商管理经典译丛·市场营销系列》丛书，这是国内第一套引进版市场营销类丛书，一经推出，便受到国内营销学界和企业界的普遍欢迎。

　　本丛书力图站在当代营销学教育的前沿，总结国际上营销学的最新理论和实践发展的成果，所选图书均为美国营销学界有影响的专家学者所著，被美国乃至世界各国（地区）的高校师生和企业界人士所广泛使用。在内容上，涵盖了营销管理的各个重要领域，既注意与国内营销学相关课程配套，又兼顾企业营销的实际需要。

　　市场营销学是实践性很强的应用学科，随着我国企业营销实践的日渐深入和营销学教育的快速发展，本丛书也不断更新版本，增加新的内容，形成了今天呈现在读者面前的这一较为完善的体系。今后，随着营销学的发展和实践的积累，本丛书还将进行补充和更新。

　　在本丛书选择和论证过程中，我们得到了国内营销学界著名专家学者的大力支持和帮助，原我社策划编辑闻洁女士在早期的总体策划中付出了大量的心血，谨在此致以崇高的敬意和衷心的感谢。最后，还要特别感谢为本丛书提供版权的培生教育出版集团、约翰威立公司、麦格劳-希尔教育出版公司、圣智学习出版公司等国际著名出版公司。

　　希望本丛书对推动我国营销人才的培养和企业营销能力的提升继续发挥应有的作用。

中国人民大学出版社

译者序

我曾于1999年翻译过本书的第8版，现在呈现给读者的是第11版，由美国南卫理公会大学的罗杰·A·凯琳和得克萨斯大学的罗伯特·A·彼得森两位教授合著。

本书的两位作者均是美国著名的市场营销学教授。凯琳博士现任美国南卫理公会大学哈罗德·西蒙斯杰出讲座教授，为国际公认的战略营销专家，曾在《营销学报》、《营销研究学报》、《管理科学》、《战略管理学报》、《零售学报》、《决策科学》、《广告研究学报》等国际一流学术刊物发表论文70多篇，先后担任《营销学报》、《零售学报》、《企业与产业营销学报》等刊物的编委。彼得森博士现为美国得克萨斯大学约翰·斯图尔特三世讲座教授，专业领域为战略营销。

战略营销是20世纪80年代以来市场营销学科中的一个重要研究领域。与传统的战术性营销相比，战略营销更注重营销活动的整体性和全局性以及长期效果，注重经营环境分析和竞争导向，强调营销组合要素的整合。近年来，国外许多大学的市场营销专业相继开设了战略营销课程，旨在培养学生分析营销战略的能力和加强营销战略意识。

《战略营销：教程与案例》是国外广为流行的战略营销教材，多次再版，特色鲜明。正如作者在序言中所指出的，营销是一种技能，而技能需要通过训练和实践积累。本书并没有拘泥于一般理论的描述和战略过程分析，而是注重理论与实践的结合，试图通过案例分析让学生掌握有关的理论和工具，培养学生战略分析的技能。每章的理论部分文字简练，深入浅出地介绍了战略营销的有关理论和方法。各章所附案例与文中内容联系紧密，通过分析这些案例，学生可以很好领会和掌握所学理论工具。为了方便教学，书中还专门阐述了案例分析应注意的问题，并在书末的附录中给出了一个书面案例分析报告。

本书可以作为市场营销专业高年级本科生和研究生的教材，也非常适合企业营销人员培训使用。目前，中文的战略营销著作还很少，希望本书的出版能够为我国的战略营销教学和研究起到积极的推动作用。

赵婷婷、杜琰琰、张辉、陈宪、倪晔刚、杜建刚、伊亚敏参加了本书的翻译工作，对他们的辛勤劳动表示感谢。由于时间紧，加之译者水平有限，错误之处敬请读者批评指正。

范秀成

序 言

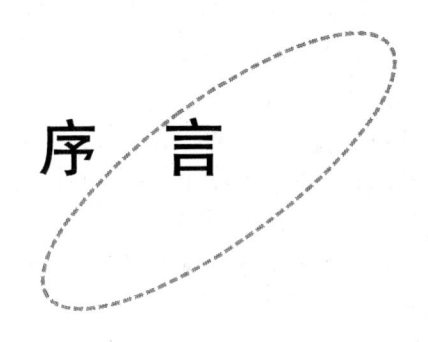

营销决策首先并且最主要的是一种技能。与其他多数技能类似，要掌握营销技能需要学习一些工具和术语，最佳的学习途径就是实践。本书致力于开发营销决策技能。教程部分介绍了分析和解决营销问题所需的概念和工具；案例部分描述了营销实践问题，并提供了运用理论概念和工具的机会。在研究每个案例时，决策人员必须制定出与案例所提供的背景材料相吻合的战略，并分析该战略对组织及其环境的影响。

在第11版中，我们力求在营销管理的内容和过程之间求得平衡。全书由10章和44个案例①构成，它们反映了当代营销观点和实践。

第1章"战略营销管理基础"概括地描述了战略营销管理过程。重点是组织业务、使命和目标的界定，组织机会识别及其分析构架，产品—市场战略的制定，营销预算和控制。第1章的附录介绍了天厨公司（Paradise Kitchens®，Inc.）的营销计划，目的在于说明营销计划的基本要素和格式。

第2章"营销管理的财务方面"回顾了营销管理中常用的管理会计和财务管理的基本概念，重点介绍了成本结构、相关成本与沉没成本、边际、贡献分析、流动性、折现现金流、营业杠杆、利润表等。

第3章"营销决策与案例分析"介绍了系统的决策过程，概括地阐述了案例分析和决策分析的各个方面，提供了准备和提交案例分析报告的建议。在本书最后的附录中，我们提供了一个示范案例和学生做的书面分析报告，从中可以清楚地看到书面案例报告的性质和范围，其中包括好的案例分析报告应包括的定性和定量分析。

第4章"机会分析、市场细分和目标市场选择"重点分析了对国内和全球营销机会的识别和评估，对市场细分、目标市场选择、市场潜力和获利性等概念及其应用进行了深入探讨。

第5章"产品与服务战略和品牌管理"阐述了对组织提供物的管理，主要涉及新提供物的开发、生命周期管理、产品或服务定位、品牌决策、品牌权益、品牌成长战略、品牌评价等内容。

第6章"整合营销沟通策略和管理"探讨了整合沟通组合的设计、实施和评价中的有关问题，分析了沟通目标、策略、预算、计划和有效性等决策问题，此外，也涉及在网络环境

---

① 限于篇幅，中译本只选取了其中的32个案例。——译者注

下销售管理、广告和人员推销等遇到的挑战。

第 7 章 "营销渠道策略和管理" 分析了影响营销渠道选择、调整和贸易关系的因素，重点探讨了直接与间接分销、多头分销、渠道选择和管理中的损益分析、营销渠道冲突和协调等问题。

第 8 章 "定价策略和管理" 介绍了价格形成及调整中的概念及其应用，重点内容包括产品和服务定价及产品线定价决策中涉及的需求分析、成本和竞争因素等。

第 9 章 "营销战略的调整：控制过程" 的重点是营销活动的评价，目的在于制定调整和恢复战略，还介绍了战略和经营控制的技巧及需要考虑的因素。

第 10 章 "综合营销计划" 的重点是制定整合的营销战略，包括新的和已有的产品和服务的营销计划和决策、营销计划的实施和组织。

本书收录的案例几乎涵盖了当代营销中所有的重要问题。有 2/3 的案例是 2000 年以后的。在全部 44 个案例中，涉及最终消费品和消费者服务的有 34 个，其他 10 个涉及企业对企业的营销；有 9 个案例是有关国际营销问题的，5 个案例涉及服务营销。与本书的上一版相比，本版中有 60% 的案例是新增加或修改、更新过的，不少案例还附有工作表。教程部分的所有内容和全部案例都在有关课程中使用过。

许多人为本书的出版付出了努力。首先，感谢那些允许我们在本书中收录有关案例的机构和个人。对于那些对本书整体质量的提高有显著贡献的案例和个人，我们在书中相关之处和案例开始处都进行了标注。哈佛商学院、西北大学和西安大略大学的教师允许我们在本书中收录他们写作的案例，我们对此深表感谢。其次，感谢我们的合作者，正是他们的努力使得本书的案例能够与众不同。再次，感谢曾使用本书前 10 个版本的所有人员，他们为本书的修订和完善提供了宝贵的意见和建议。最后，真诚感谢审阅这一版和先前各版的人士，感谢他们尽心和建设性的意见。自然，我们对书中存在的任何疏漏将承担全部责任。

罗杰·A·凯琳

罗伯特·A·彼得森

目 录

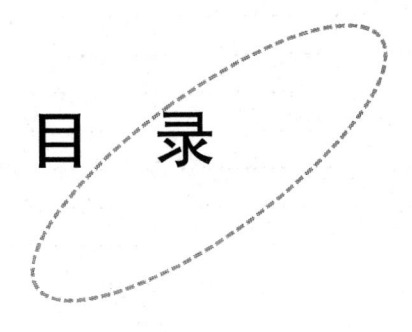

第1章 战略营销管理基础 ··· 1
　　确定组织的业务、使命和目标 ··· 1
　　识别与分析组织的成长机会 ·· 3
　　制定产品—市场战略 ··· 6
　　营销、财务和生产资源预算 ·· 12
　　调整与恢复战略的开发 ··· 12
　　起草营销计划 ·· 13
　　营销伦理与社会责任 ··· 13
　　附录A 营销计划范例 ··· 15

第2章 营销管理的财务方面 ··· 25
　　变动成本和固定成本 ··· 25
　　相关成本和沉没成本 ··· 26
　　利润 ··· 26
　　贡献分析 ··· 29
　　流动性 ··· 33
　　营业杠杆 ··· 34
　　折现现金流 ··· 34
　　顾客终身价值 ··· 36
　　准备预估利润表 ··· 37

第3章 营销决策与案例分析 ··· 42
　　决策制定流程 ··· 42
　　准备和报告案例分析 ··· 47

第4章 机会分析、市场细分和目标市场选择 ······································· 52
　　机会分析 ··· 52
　　什么是市场 ··· 53
　　市场细分 ··· 55

提供物—市场矩阵 ··· 58
　　　目标市场选择 ··· 58
　　　市场销售潜力和盈利性 ·· 60
　　　案例4—1　Zenith宠物食品公司 ·· 62
　　　案例4—2　琼斯·布莱尔公司 ··· 72
　　　案例4—3　邓肯工业公司：在欧盟的市场机会 ······················ 80
　　　案例4—4　Frito-Lay's调味酱 ··· 88
　　　案例4—5　南特拉华科斯公司 ··· 97

第5章　产品与服务战略和品牌管理 ··· 107
　　　提供物组合 ··· 107
　　　调整提供物组合 ·· 108
　　　提供物的定位 ·· 112
　　　品牌权益和品牌管理 ·· 114
　　　案例5—1　乐倍/七喜公司：Squirt品牌 ······························· 121
　　　案例5—2　Zoëcon公司：昆虫生长调节剂 ··························· 137
　　　案例5—3　宝洁公司：Scope品牌 ······································· 146
　　　案例5—4　青岛海尔集团：收购美泰克的思考 ······················ 157
　　　案例5—5　菲多利公司：Cracker Jack品牌 ·························· 172

第6章　整合营销沟通策略和管理 ·· 193
　　　整合营销沟通战略框架 ··· 194
　　　购买决策中的信息要求 ··· 194
　　　制定合理的沟通目标 ·· 195
　　　开发整体沟通组合 ··· 195
　　　网络营销和整合营销 ·· 198
　　　营销沟通预算 ·· 199
　　　沟通过程的评估和控制 ··· 201
　　　案例6—1　卡灵顿家具公司（A） ·· 202
　　　案例6—2　卡灵顿家具公司（B） ·· 212
　　　案例6—3　吉百利饮料公司：Crush品牌 ····························· 214
　　　案例6—4　Drypers公司：全美电视广告运动 ······················· 228
　　　案例6—5　Craft Marine公司 ··· 235
　　　案例6—6　歌蒂梵欧洲公司 ·· 241

第7章　营销渠道策略和管理 ··· 256
　　　渠道选择决策 ·· 256
　　　双重分销和多渠道营销 ··· 261
　　　满足中间商的要求和贸易关系 ··· 262
　　　渠道改进决策 ·· 263
　　　案例7—1　夏威夷潘趣：进军市场的战略 ···························· 265
　　　案例7—2　斯威舍割草机和机械公司：评估自有品牌的竞争机会 ···· 276
　　　案例7—3　固特异轮胎和橡胶制品公司 ································ 285

案例 7—4　Merton 工业：批发分销决策 ……………………………………… 295

第 8 章　定价策略和管理 …………………………………………………… 302
　　定价考虑因素 ………………………………………………………………… 302
　　定价策略 ……………………………………………………………………… 306
　　案例 8—1　西南航空公司 …………………………………………………… 310
　　案例 8—2　Superior 超市：天天低价 ……………………………………… 328
　　案例 8—3　宝威公司：叠氮胸苷 …………………………………………… 338
　　案例 8—4　美国维珍移动公司：首次定价 ………………………………… 348
　　案例 8—5　奥古斯丁医药公司：Bair Hugger 病人加温系统 …………… 361

第 9 章　营销战略的调整：控制过程 …………………………………… 367
　　战略性变化 …………………………………………………………………… 367
　　经营控制 ……………………………………………………………………… 369
　　营销控制的思考 ……………………………………………………………… 373
　　案例 9—1　法玛西亚-普强公司：罗根生发药 …………………………… 375
　　案例 9—2　马尚特艺术与历史博物馆 ……………………………………… 389
　　案例 9—3　Circle K 公司 …………………………………………………… 398

第 10 章　综合营销计划 …………………………………………………… 408
　　营销计划的适配 ……………………………………………………………… 408
　　营销组合的灵敏度和交互作用 ……………………………………………… 409
　　营销实施 ……………………………………………………………………… 410
　　营销组织 ……………………………………………………………………… 410
　　案例 10—1　Dexit 公司——一个营销机会 ……………………………… 412
　　案例 10—2　菲多利集团：Sun Chips 杂粮小吃 ………………………… 423
　　案例 10—3　Keurig 家用咖啡产品：新产品开发管理 …………………… 434
　　案例 10—4　西玛登山鞋公司 ……………………………………………… 449
　　案例 10—5　格兰尼尔系统公司：进入印度市场 ………………………… 465

附录　准备书面案例分析 …………………………………………………… 477
　　案例　达拉斯大众国民银行：可协商提款账户业务 ……………………… 477
　　案例分析　达拉斯大众国民银行：可协商提款账户 ……………………… 486

术语表 …………………………………………………………………………… 491

第1章 战略营销管理基础

营销的基本使命是在组织及其所接触的公众（个人和组织）间建立长期互利的交换关系。虽然营销的根本目的不随时间发生改变，但营销的方式是不断演变的。营销经理已经不可能像以往那样单纯依赖日常的经营，他们还必须制定战略决策。组织中战略营销理念的增强大大拓展了营销经理的职能。营销经理日益发现自己需要参与确定组织方向和那些可以创造和维持竞争优势并影响组织长期绩效的决策。

营销经理从实施人员向组织战略制定人员的转变促进了很多组织中营销总监（chief marketing officer，CMO）职位的设立，以及战略营销管理作为一门学习的课程和实践的形成。迄今，《财富》1 000强企业中近一半都设有营销总监的职位。尽管每家企业中这个职位的职责都有所不同，然而对营销总监通常的期望是，他们在界定企业使命、分析环境及竞争和企业形势、制定企业目标、确定顾客价值主张以及传递这些主张所需要的营销战略等方面承担着领导角色。营销总监需要的技能包括，对拓展市场和营运信息的分析能力，对消费者和竞争者动机的直觉，以及根据实施回报和财务目标与结果形成营销战略的创造性。[1] **战略营销管理**（strategic marketing management）包括五个复杂但相互联系的分析过程：

1. 确定组织的业务、使命和目标。
2. 识别与分析组织的成长机会。
3. 制定产品—市场战略。
4. 营销、财务和生产资源预算。
5. 调整与恢复战略的开发。

本章将讨论这些过程及其相互关系。

确定组织的业务、使命和目标

战略营销管理的起点是明确业务定义、使命和目标。业务定义勾画出了组织的经营范围；使命是组织目的的书面表述；目标则规定了组织试图达到的状态。这三个方面在描述组织特征及其要达到的状态时，发挥着重要作用。

业务定义

确定组织的业务并不是一件轻而易举的事。在很多情况下，一个组织可能同时经营多种业务，比如很多名列《财富》500强的大公司。界定每一种业务是战略营销管理需要做的第一项工作。

当代战略营销观念指出，组织应该按希望服务的顾客类型、试图满足这些顾客群的具体需要以及满足这些需要所使用的手段或技术来界定业务。[2] 从市场或顾客角度界定业务，可以把组织看成是满足顾客所做的努力而不是生产产品或提供服务的企业。产品和服务是暂时的，正如生产和提供它们时使用的技术或手段一样。基本的顾客需求和顾客群则更为长久。例如，30多年来，能够播放事先录制的音乐的技术和手段发生了重大变化，从塑料唱盘到八音盒录音带，再到录音盒带，现在是CD。但相对而言，主要的细分市场和要满足的需求则变化很少。

近年来出现了企业重组和战略重点的调整，其主要起因是企业高级管理人员对"我们的业务是什么"这一问题的思索。大英百科全书出版公司（Encyclopaedia Britannica）的经历就是一个很好的例证。[3] 这家古老的出版公司从1768年始就出版包罗万象的权威性32卷本皮质封面百科全书并因此闻名。到20世纪90年代后期，该公司发现自己处在一个高度竞争的环境中，CD-ROM和互联网成为学生选择的学习工具，微软、IBM和世界图书出版公司（World Book）的CD-ROM合资企业不断挖走大英百科全书的核心顾客。结果呢？1990—1997年，公司的图书销售量下降了83%。大英百科全书出版公司的高层管理者确信，在求知者中对于可靠和可信的信息来源的需求还是存在的，但满足这些需求的技术已经发生变化。这种认识促使公司重新界定业务。该公司的一位高管认为："我们正在重新发明我们的业务。我们不是从事图书出版，我们从事的是信息服务。"直到2006年年初，该公司一直致力于成为互联网上重要的信息网站。公司的订阅服务网站（eb.com）为学校、企业和公共图书馆提供档案信息；其面向消费者的网站（britanica.com）是重要的信息来源，通过它可以链接到公司职员根据信息质量和准确性筛选的15万个网站。

业务使命

组织的业务使命是对其业务定义的补充。作为一种书面陈述，使命突出强调了业务定义中已经明确的经营范围，并反映了管理者对组织所追求目标的看法。尽管对于使命的陈述没有统一的定义，但大多数组织都通过顾客、产品或服务、市场、理念和技术等方面，对组织的目的进行了描述。有一些使命陈述比较抽象，如施乐公司的使命是：

> 我们的战略目标是帮助人们发现更好的完成工作的方式——通过持续主导文档技术、产品和服务以改进顾客的工作流程和业务绩效。

有些使命的表述更为具体，如亨德森电子公司（Hendison Electronics Corporation）。该公司的使命为：

> 服务于那些购买时深思熟虑、注重长期利益的有鉴别力的家庭娱乐产品的购买者。我们将突出家庭娱乐产品的优良性能、款式、可靠性和价值。以上这些将通过有代表性的展示、专业化推销、经过训练的服务和可接受的品牌来实现。我

们的产品将通过享有盛誉的、能提供更有效服务的电器专卖店销售。

使命陈述同样适用于非营利机构。例如，美国红十字会（American Red Cross）的使命是：

> 提高人的生活质量；促进自立并关心他人；帮助人避免、预防和处理紧急事件。

精心准备的使命简明地表达了组织的目标，可以给组织提供多种益处，包括集中精力开展营销努力。它能：（1）将管理者有关组织的长期发展方向和特征的看法具体化；（2）在确认、搜寻和评价市场及产品机会时提供指导；（3）激励和挑战员工从事组织和客户认定的有价值的事情。它也能为设定业务目标提供方向。

业务目标

目标或目的常常将组织的使命转化为在一定时间内应采取的行动方案和预期达到的结果。例如，3M公司强调研究和发展以及创新在其业务目标中的地位。这一观点在公司的一个目标中被具体化：公司30%的年收入必须来自最近4年来开发的产品。[4]

目标有三种主要类型：生产、财务和营销。生产目标适用于生产和服务能力的利用及产品和服务质量；财务目标着重于投资回报、销售收入、利润、现金流和股东权益；营销目标主要包括市场占有率、营销生产率、销售量、利润、顾客满意度和顾客价值创造。综合生产、财务和营销目标，我们就可以看到某一特定时期内组织目标的全貌。当然，它们应该相互补充。

目标设立应该围绕问题和面向未来。由于目标代表了组织在特定时间内希望达到的状态，因此，它们应该是在认识组织目前状况的基础上产生的。这样，管理者必须对经营情况进行评价或进行现状分析（situation analysis），以便确定产生差距的原因。如果绩效与期望相符，问题就变为确定组织未来的方向；如果绩效与期望不符，则管理者必须查明原因并提出改进意见。第3章将对现状分析做进一步讨论。

识别与分析组织的成长机会

组织的特征和方向在业务定义、使命和目标中勾画出来之后，战略营销管理便进入创新阶段。营销经理运用业务定义、使命和目标作为指导，开始寻找和评价组织增长的机会。

将环境机会转化为组织机会

有三个问题可以帮助营销经理确定特定的环境机会能否有效转化为组织成长机会。它们是：

- 我们能做什么？
- 我们能将什么做得最好？
- 我们必须做什么？

以上每个问题都有助于识别和分析组织的成长机会，同时也提出了战略营销管理中的主要概念。

"我们能做什么"引出了**环境机会**（environmental opportunity）这个概念。未满足的或变化了的消费者需求、不满的顾客群体和向潜在购买者传递价值的新技术和新手段的出现，对组织来说，均代表着环境机会。在这个意义上，环境机会是没有边界的。然而，环境机会的出现本身并不一定意味着存在组织成长机会。识别成长机会还必须回答另外两个问题。

"我们能将什么做得最好"这个问题引出了**组织能力**（organizational capability）或**独特能力**（distinctive competency）的概念。独特能力描述了组织所具有的独特的优势和素质，包括能将自己与其他组织有效区分开来的技能、技术和资源。[5]组织的任何一种优势或素质要成为组织独特的优势或竞争优势的来源，都必须满足两个标准：首先，这种优势不可能被竞争对手完全模仿，即竞争对手不可能很容易地或不花费大量时间和资金就可以复制这种技能（如戴尔公司的直销能力）。其次，这种优势能够对消费者感知利益具有明显贡献，因而能提供给他们更多的价值。例如，重要的、能向顾客提供价值的技术创新能力就是一种独特能力。[6]例如，吉列公司的安全剃刀事业部，其独特能力分布在三个方面：（1）剃须科技和开发；（2）精密金属和塑料产品的大规模制造；（3）大批量分销包装消费品的营销能力。由于具有这些能力，该公司推出了具有重大技术创新的传感剃须刀，从而使吉列公司在20世纪90年代在男用、后来在女用剃刀产品市场上保持住了主导地位。

最后，"我们必须做什么"这个问题引出了一个产业或市场中的**成功要求**（success requirements）这个概念。成功要求是组织在某市场或产业中成功竞争所必须从事的基本任务。这些要求在性质上相当微妙，经常容易被忽视。例如，分销和库存控制在化妆品行业是关键因素；而在个人电脑业，成功的必要条件是低成本的生产能力、分销渠道和在软件开发上的不断创新。

环境机会、独特能力和成功要求三者之间的关系决定了组织机会是否存在。对成功要求清晰的表述可以用来协调组织独特能力与成功要求之间的关系。如果"必须做什么"与"能做什么"不一致，那么组织的成长机会将很难实现。经常有企业忽视了这些内在联系去追求表面上看似可以获利但从一开始就注定失败的环境机会。埃克森美孚公司就曾经历过这种失败的痛苦。该公司用10年时间、投资5亿美元开发办公用品市场，最终只能吞下失败的苦果。在放弃这一冒险行动后，公司的一位前经理总结道："不要涉足你不擅长的领域。你可以用同样的努力在你擅长的领域赚到足够多的钱。"[7]在采取任何行动之前清楚地确立成功所需的各种关系，组织就可将失败的风险降到最低。L'eggs公司的一位经理在谈到制定开发新业务的标准时阐述了以下观点：

> 通过食品店和百货商店销售的由妇女购买的产品……可以很容易地进行独特的包装，形成没有被一两家主要制造商主宰的至少5亿美元的零售市场。[8]

考察L'eggs公司过去的成功可以明显看到，该公司追求的环境机会都与其优势保持一致，它有所成就的市场的成功要求也是类似的。第4章将进一步讨论这些问题。

SWOT分析

SWOT分析（SWOT analysis）是一种识别和分析组织成长机会的正式框架。

SWOT 是组织的优势（strengths）、劣势（weaknesses）、外部机会（opportunities）和威胁（threats）的英文缩写。采用这种方便的分析框架，分析人员可以将注意力集中到如下一个事实，即组织成长的机会来自组织内部能力（明显地表现为其优势和劣势）与环境机会和威胁所反映的外部环境之间的适应性。许多组织在设立目标的过程中也进行 SWOT 分析。

图表 1—1 显示了 SWOT 分析的过程，包括能够描述内部优势和劣势、外部机会和威胁等有代表性的内容。优势是指组织擅长的工作或能给组织带来独特能力的特征。与其他组织相比，组织所缺乏的或表现糟糕的方面就是劣势。机会代表对组织有利的外部发展或环境条件。威胁是指对组织的财富和生存的危险。

做好 SWOT 分析并非只是简单地准备清单，还应注意评价优势、劣势、机会和威胁以及每一因素可能对组织产生的影响。下面是 SWOT 分析中可能提及的问题：

1. 哪些内部优势代表独特能力？这些优势是否与市场或产业的成功要求相适应？例如在图表 1—1 中，"已被证实的创新技能"是否代表了独特能力和市场的成功要求？

2. 哪些劣势阻碍了组织追求某些机会？再看图表 1—1，该组织承认自己的"分销网络差；销售力量不足"。这些劣势如何影响所描述的"新的分销渠道出现，可以抵达更多的消费者"的机会？

3. 在所列出的优势、劣势、机会和威胁中是否会出现新的现象呢？考察图表1—1可以发现，低进入壁垒可能会导致成本低的外国竞争者进入市场。这对于国内"自满的"竞争者和生产成本高的企业来说，是个不祥的征兆。

图表 1—1　　　　　　　　　SWOT 分析框架和代表性的例子

内部因素	代表 优势	代表 劣势	外部因素	代表 机会	代表 威胁
管理	成熟的管理才能	缺少管理深度	经济	经济周期正处在上升期；人均可支配收入有增长的迹象	汇率向不利的方向变化
营销	消费者的认知；有效的广告策划	分销网络差；销售力量不足	竞争	国内竞争者间的自我满足	低成本的外国竞争者的进入
制造	可获得的制造能力	与关键竞争者相比，综合生产成本高	消费者趋势	在高档和低档产品方面有未满足的消费者需求，这表明延伸产品线是可能的	对自有品牌产品越来越偏爱
研发	已被证实的创新技能	在将创新成果市场化方面表现欠佳	技术	互补技术的专利保护	即将出现新的替代技术
财务	与行业平均水平相比，负债较少	现金流量较差	法律/规制	贸易壁垒降低，吸引外国企业	美国对产品检测程序和标签方面的规定越来越多
提供物	独特的高质量产品	太狭窄的产品线	产业/市场结构	新的分销渠道出现，可以抵达更多的消费者	对新竞争对手来说，进入壁垒低

制定产品—市场战略

实际上,组织机会频繁出现于组织所生存的市场或新识别的市场。现有的、改进的或新的产品或服务也存在机会。将产品与市场相匹配形成产品市场战略是决策过程中下一步的主题。

产品—市场战略是由将组织现有或潜在提供物与市场需求相匹配的许多计划构成的,它表明了现有提供物或潜在提供物存在的市场,指出了在适当的时间和地点可获得的能辅助交换的提供物,同时也规定了提供物的价格。简言之,产品—市场战略涉及具体市场的选择,并通过被称为整合计划的**营销组合**(marketing mix),以有利可图的方式服务于选定的市场。

图表1—2根据产品和市场之间的匹配对产品—市场战略进行了划分。[9]下面简要介绍每种战略的经营含义和要求。

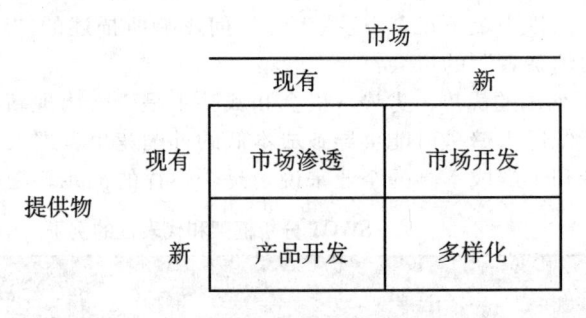

	市场现有	市场新
提供物 现有	市场渗透	市场开发
提供物 新	产品开发	多样化

图表1—2 产品—市场战略

市场渗透战略

市场渗透战略(market-penetration strategy)指组织在已有的市场中寻求更大的主导地位。这一战略试图增加当前购买者的使用或消费频率,吸引竞争产品的消费者,或刺激潜在顾客使用本企业的产品。营销活动的组合可能包括:降低提供物的价格,拓宽分销渠道以加大在现有市场中的覆盖面,利用大规模的促销突出宣传本企业提供物独特的优势。例如,百事可乐公司从桂格燕麦公司(Quaker Oats)收购佳得乐(Gatorade)后,宣称将通过广泛分销和大规模的广告提高佳得乐在运动饮料市场的份额。[10]

有几家组织试图通过频繁的促销和产品用途的多样化来获得更大的主导地位。例如,佛罗里达州柑橘种植者协会(Florida Orange Growers Association)倡导橙汁饮料不仅可以在早餐时饮用,而且平时也可以饮用。航空公司通过降低机票价格和提供多种家庭旅游组合(目的是吸引主要旅行者的配偶和孩子)来刺激消费需求。

在采用渗透战略之前,营销经理必须考虑一些因素。首先,必须考察市场成长情况。在一个成长的市场中,渗透战略通常更有效;而在市场容量稳定的情况下,试图再增加市场份额常常会导致竞争对手的报复。其次,必须考虑竞争反应。宝洁公司曾在美国东海岸部分城市对其 Folgers 咖啡实施渗透战略，结果导致卡夫食品公司（Kraft Foods）麦氏咖啡（Maxwell House Division）的猛烈还击。一位观察家就此谈道：

> 在 Folgers 邮出数百万份买一磅装的咖啡可减价 45 美分的优惠券后，麦氏咖啡立刻通过报纸发送优惠券还以颜色。当 Folgers 给予零售商 15% 的折扣后……麦氏咖啡随之给予同样的折扣。麦氏咖啡只是让 Folgers 在电视上露了一下脸，然后自己便牢牢地控制了媒体。[11]

斗争的结果是两家公司各自的市场份额没有发生任何变化。最后，营销经理必须考虑增加使用和消费频率的市场容量以及新顾客的可获性。从获得竞争对手的顾客所涉及的转换成本及刺激使用次数和吸引新顾客的费用的角度看，这两个方面都很重要。

市场开发战略

市场开发战略（market-development strategy）指将现有提供物推向新市场，包括将现有产品推向不同的地区市场（包括国际扩张）或不同的购买群体。例如，哈雷-戴维森公司（Harley-Davidson）进入日本、德国和法国市场时就应用了市场开发战略；劳氏家居连锁店（Lowe's）为了吸引女性顾客也采用了这种战略。

在开发具有不同购买行为和要求的市场时，使用的营销活动的组合也应有所不同。抵达新的市场经常需要改进基本的提供物、使用不同的分销渠道或在促销努力和广告上有所变化。

与市场渗透战略类似，市场开发也需要对竞争对手的优势、劣势及其可能的报复进行细致考虑。而且，由于要寻找新顾客，公司必须了解用户的人数、动机和购买方式，以便成功计划营销活动。最后，企业必须考虑自身的优势，对新市场的适应能力，以便评估成功的可能性。

国际市场中的市场开发越来越重要，其形式通常有以下四种：(1) 出口；(2) 授权；(3) 合资；(4) 直接投资。[12] 每一种选择都各有优缺点。出口指的是以直接（通过销售办事处）或间接（通过外国的中间商）的方式将现有提供物推向另一个国家。这种方式需要的资本投入少，而且极容易操作，所以它是开发国外市场最常采用的方式。例如，宝洁公司将除臭剂、香皂、芳香剂、洗发水和其他美容与健康产品出口到东欧国家和俄罗斯。授权是一种合同安排，一个企业（授权方）根据合同将专利权、商标权、专有技术和其他无形资产授予另一个企业（被授权方），同时收取特许费（通常为毛收益的 5%）或转让费。例如，总部设在伦敦的跨国企业吉百利史威士公司（Cadbury Schweppes PLC）授权好时食品公司（Hershey Foods）在美国销售该公司的糖果，收费 3 亿美元。授权提供了一种低风险、快捷和无须投入资本就可进入外国市场的途径。不过，授权方对被授权方的生产和营销缺乏控制。合资企业常常也叫战略联盟，是由外国公司与当地公司联合投资在当地筹建的企业，投资双方共享所有权、经营权和利润。合资企业流行的原因是，一家公司可能由于没有足够的财务、技术和管理资源单独进入市场。这种方式还常常可以绕过当地政府针对外国公司设置的贸易壁垒。例如，日本公司常常与美国和欧洲公司合资，以期打入外国市场。合资企业常出现的一个问题是，合资方在经营方针上意见不一致。直接投资涉及在外国市场的制造或生产设备投资，是风险最大的一种方式，卷入国际经营的程度最高。然而，它有利于公司接近客户，同时也是开发国外市场时获利性最好的方式。由于这些原因，直接投资必须按照收益与成本进行仔细评估。直接投资通常是在采用其他某种方式后才采用的。例如，玛氏公司（Mars, Inc.）以前向俄罗斯出口巧克力豆和士力架，但最近在莫斯科郊区投资2亿美元开了一家糖果厂。

产品开发战略

产品开发战略（product-development strategy）指组织为现有市场开发出新的提供物。采用这种方法时，可以是开发全新提供物（产品创新）或增加现有提供物对顾客的价值（产品扩大），也可以通过增加不同型号、款式和口味等拓宽现有产品线（产品线延伸）。个人数字助理 Palm Pilot 是产品创新的例子。产品扩大可以用许多方法实现。一是以现有提供物为基础增加互补性项目或服务。例如，编程服务、应用方面的帮助、购买者培训等都增加了个人电脑的价值。另一种方法是改进提供物的功能。例如，通过改进打印质量，传真机生产者做到了这一点。产品线延伸有多种可能的方式。个人护理品公司销售的除臭剂有粉末型、喷雾型和液体型；桂格燕麦公司推出的佳得乐燕麦片有20多种不同的口味；菲多利公司（Frito-Lay）销售的土豆片有多种型号的包装。

在新提供物开发和商业化过程中成功的公司可以促进产业销售额和利润的增长。如果开发努力最终形成提供物来满足明确的消费需求，成功的可能性就会增加。例如，在玩具行业，这种需求转化为具有三种品质的产品：（1）长期使用的价值；（2）与其他孩子分享的能力；（3）刺激孩子想象力的能力。[13] 如果能够将提供物以人们愿意而且有能力支付的价格向明确界定的购买者群体沟通和递送，就标志着商业化的成功。

规划产品开发战略时应着重考虑：获得盈利所必需的市场规模和容量，竞争者反应的程度和时机，新产品对现有产品的影响，组织将提供物推向市场的能力（人力、财务投资以及技术）。更重要的是，成功的新提供物必须有出色的产品或服务特征所表征的独到之处，向消费者提供独特的、他们所希望的利益。通用磨坊公司（General Mills）的两个例子可以说明这个观点。[14] 通用磨坊公司推出了一种叫 Fringos 的玉米片大小的甜味谷物薄脆片。公司设想消费者会把其当做小吃食用，但事实并非如此，因为其特色不突出，不足以吸引消费者放弃其他竞争性产品，如爆米花、薯片或墨西哥玉米片。与之相反，公司推出的牛奶夹心的 Big G Milk'n 谷物棒却由于其能够向消费者提供便利而获得成功。

在规划产品开发战略时，必须考虑潜在的蚕食。**蚕食**（cannibalism）是指新产品或服务的销售是以牺牲公司现有产品或服务的销售为代价的。例如，据估计，吉列传感型剃须刀75%的销售额来自公司其他的剃须刀和剃须产品。这种程度的蚕食在许多产品开发计划中都有可能发生。经理人员需要了解新产品是否降低了组织的全部产品组合的总体获利能力。吉列公司传感型剃须刀的盈利率高于公司其他的剃须刀，所以这种蚕食被认为是有利的。[15]

多样化

多样化（diversification）指开发或获得对组织来说是新的提供物，并将这些提供物推向组织未曾服务的公众。近几年，许多企业采用这种营销战略来利用感知到的成长机会。然而，多样化战略常常是高风险战略，因为对组织来说，提供物（常常也包括其技术）和要服务的公众或市场都是新的。

看一下下面采用多样化战略失败的例子。安海斯-布希公司（Anheuser-Busch）的鹰牌休闲食品事业部（Eagle Snacks Division）亏损经营长达17年，当最终关闭该事业部时，其累计亏损达2.06亿美元。Gerber产品公司是占有美国婴儿食品市场70％份额的大公司，在如婴儿护理中心、玩具、家具和成人食品、饮料等多样化经营方面几乎均没有取得成功。可口可乐公司也曾多次饱尝多样化经营的苦果，收购果酒公司、电影厂、面点生产厂以及生产电视游戏卡等均告失败。这些例子说明了理解市场成功要求与组织的独特能力之间关系的重要性。上述例子中，在这两个概念之间缺乏联系，因此不存在组织机会。[16]

不过，多样化战略也可以获得成功。成功的多样化战略通常来自在以新产品进入新市场时，组织运用了其独特的能力。凭借出色的营销专长和广泛的分销系统，宝洁公司在从蛋糕粉到一次性尿片的广泛的产品范围内取得了成功。

战略选择

战略营销管理中常遇到的一个问题是，确定产品—市场战略与组织的业务定义、使命和能力、市场容量及市场行为、环境力量和竞争活动等的一致性。恰当地分析这些因素取决于相关信息的可获性及对这些信息的评估。市场信息应当包括市场规模、购买行为和要求等。有关环境力量如社会、法律、政治和经济变化方面的信息，对于确定组织提供物和市场的未来前景是必要的。例如，近几年来，组织已经根据政治活动（放松管制）、社会变迁（女性就业人数增加）、经济波动（收入转移和个人可支配收入的变化）、人口结构趋势（种族多样化）、态度（价值意识）、技术进步（互联网的增长）和人口迁移（从城市到农村、从北方到南方）等，改变或调整了它们的产品—市场战略。为了确定现有的或可能采取的战略及其在满足购买者需求方面的效果，也必须时刻监视竞争活动。

实际上，战略选择决策是基于对不同战略方案的成本和收益及其成功可能性的分析。例如，经理可以比较一下在现有市场中进一步渗透与将现有产品推向新市场所涉及的成本和收益。对竞争结构、市场成长和衰落或转移、机会成本（潜在的未获得利益）等进行分析也十分重要。产品或服务本身也可能对战略变化提出要求。如果产品已被其打算吸引的现有市场上的所有购买者购买，那么，除了替换购买外的成长机会将减少。这种情形可能表明需要寻找新的买主（新市场）或为当前市场开发新的产品或服务。

不同战略成功的可能性必须被加以考虑。A. T. 科尔尼（A. T. Kearney）是一家管理咨询公司，它对四种基本战略成功的可能性做了粗略的估计。[17]多样化战略的成功可能性为1/20；市场开发战略（将现有产品推向新市场）为1/4；产品开发战略（在现有市场中推出新产品）为1/2；市场渗透战略（在现有市场中，将现有产品稍做改进）成功的可能性最大。

评估不同营销战略潜在结果的一种有用方法是，将可能的行动、对这些行动的反应和最后的结果，以决策树的形式进行排列。之所以称为"树"是因为每个分支得出的结果都来自其所采取的行动。这意味着，采取任何行动方案都会产生相应的可以预期的反应，并且带来具体的结果。图表1—3显示了一个决策树模型。

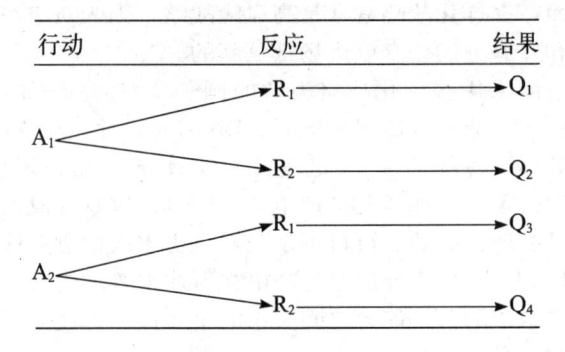

```
行动            反应              结果
              ┌─ R₁ ──────────→ Q₁
         A₁ ──┤
              └─ R₂ ──────────→ Q₂
              ┌─ R₁ ──────────→ Q₃
         A₂ ──┤
              └─ R₂ ──────────→ Q₄
```

图表 1—3　决策树的形式

举一个例子。假定营销经理必须在市场渗透战略与市场开发战略之间做出选择。假设他认识到竞争对手对每种战略都可能做出积极或消极的反应,这种情形可以用决策树形式生动地反映出来,如图表 1—4 所示。这样,经理就可以同时考虑行动、反应和结果。决策树分析显示,能够获得最大利润的情形是:企业采取市场开发战略,竞争者做出消极反应。经理必须解决竞争对手的反应问题,因为若竞争者做出积极反应,将使利润降到 100 万美元,这比在市场渗透战略下得到的两种可能的结果都差。经理必须依靠敏锐的判断来主观地评估可能的竞争反应。第 3 章将对决策分析及其应用进行详细介绍。

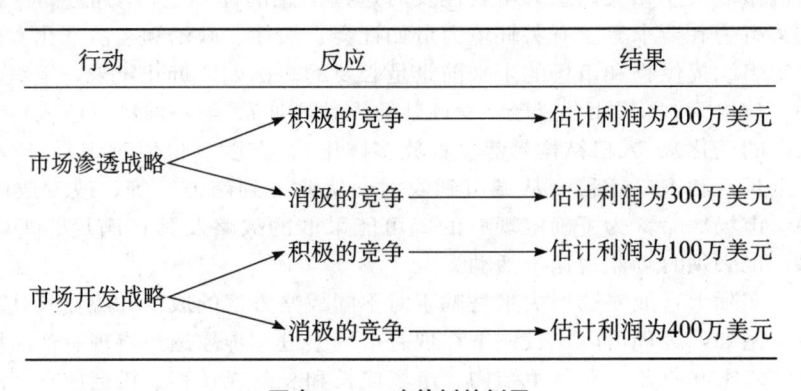

```
行动                反应              结果
                ┌─ 积极的竞争 ──→ 估计利润为200万美元
  市场渗透战略 ──┤
                └─ 消极的竞争 ──→ 估计利润为300万美元
                ┌─ 积极的竞争 ──→ 估计利润为100万美元
  市场开发战略 ──┤
                └─ 消极的竞争 ──→ 估计利润为400万美元
```

图表 1—4　决策树的例子

营销组合

要将提供物与市场相匹配,营销经理必须了解其他可进行的营销活动。这些营销活动与提供物一起构成营销组合。

营销组合通常由组织可控制的活动组成,包括提供的产品、服务或观点的种类(产品策略),如何与顾客沟通(沟通策略),向购买者分销提供物所采用的方式(分销渠道策略),顾客愿花多少钱买(价格策略)。每一种策略都将在本书后面的章节中分别加以介绍,这里只想说明营销组合各要素在刺激消费者欲望和购买能力方面承担的角色。例如,沟通(人员推销、广告、销售促进和公共关系)告知并使消费者确信产品能满足他们的要求。营销渠道从在购买点提供信息和产品可获性方面满足了消费者的购物方式和购买要求。价格代表了提供物带给消费者的价值和利益。

制定营销组合 营销组合是否适合，有赖于产品或服务直接面对的市场的"成功要求"。产品、沟通、渠道或价格策略的"适当性"只有在所服务的市场背景下才能解释。我们可以考虑封面女郎化妆品（Cover Girl Cosmetics）在中国的案例。封面女郎在中国的营销组合只同其在其他国家的营销组合共用一个元素——品牌名称。所有产品的色调、质地和色彩都不得不做调整，以利于适应和吸引中国的消费者。产品用小瓶包装，看起来就像彩色糖果一样，这与其在其他市场上不同。广告和销售团队都根据中国人的特点专门进行了本土化，并在中国百货商店里设置了现场美容消费顾问——不像封面女郎在其他市场上放在自助卫生用品店或百货商店出售。封面女郎的定价反映了当地竞争条件。据封面女郎营销总监透露，"我们不能只是输入化妆品。公司还必须了解美容对中国女性意味着什么，她们需要的是什么。产品、分销、定价和沟通方面都必须根据市场采取适当的策略"。[18]

互联网技术创造出另一种市场环境，即**市场空间**（market space）。在新市场空间中成功的企业可以通过技术带来的互动能力提供顾客价值，这样企业在管理营销组合要素方面就有了更大的灵活性。例如，在线销售商会根据环境条件、购买情形和购买行为常规性地调整价格。市场空间中基于互联网的双向互动能力使得顾客可以向销售商明确表达自己的购买兴趣和要求，这就可能将产品或服务转化为定制化的顾客解决方案。此外，这种背景下营销沟通和渠道的目的和角色也发生了变化，对此我们将分别在第6章和第7章详细介绍。

除了与市场需求一致外，营销组合还必须与组织的能力相一致，各营销活动间相互补充。在评价营销组合时，要回答几个问题。第一，营销组合内部是否一致？各种营销活动是相互补充成为一个整体还是互不相关？营销组合与所处的环境、市场和组织情况相适应吗？第二，购买者是否对某些营销活动更敏感？例如，顾客对降低价格还是增加广告费反应更强烈？第三，营销组合活动的成本是什么？吸引和留住顾客的成本有哪些？这些成本超出所得利益了吗？组织能负担得起营销组合支出吗？第四，营销组合的时间安排是否恰当？例如，沟通的时间安排是否考虑到了产品的可获性？整个营销组合的时间安排与顾客购买周期、竞争对手的活动和环境变化相吻合吗？

实施营销组合 营销组合的实施是一门科学也是一门艺术，它需要透彻地理解市场、环境、组织能力和竞争对手的行为。这些问题将在第10章中详细讨论。营销组合实施不太成功的一个例子是A&P公司的经济起源（Where Economy Originates, WEO）计划。实施该计划之前，A&P销量稳定但利润不佳，而其他连锁超市的销售额和利润却不断增加。实施WEO计划后，公司将重点放在折扣销售（价格策略），同时加大促销费用（沟通策略）。结果是，销售额增加了8亿美元，但利润损失超过5亿美元。一位行业观察家说道：

> 该公司的竞争对手相信，A&P利用WEO的反攻从开始就注定会失败。该公司的许多商店像老古董，地点也不好（分销策略）……它们的规模也不够大，不足以维持折扣经营（能力）……商店缺少货架储存一般商品，如厨房用具和童装（产品策略）。[19]

A&P采用的产品—市场战略可以看成是市场渗透战略。不过，该战略的实施在内部一致性、营销活动的成本和与组织能力的适应性等方面均有问题。另外，当时杂货零售业正为食品涨价所困扰，环境因素对该公司的战略具有毁灭性的影响。

营销、财务和生产资源预算

战略营销管理过程的第四个阶段是预算。预算是用财务术语以正式的、定量的方式表达企业的计划和战略行动。精心准备的预算可以组合及平衡组织的财务、生产和营销资源，以实现组织总目标。

主要预算通常包括两部分：（1）经营预算；（2）财务预算。经营预算的重点是组织的利润表。由于经营预算要推测未来的收入和支出，有时它也被称为**预估利润表**（pro forma）或利润计划。财务预算着重于经营预算和其他活动（例如，资本支出）对组织现金状况的影响。例如，通用汽车公司的经营预算包括了详细反映其现有悍马车型的收入、支出和利润的利润表，而其财务预算包含了制造将由通用汽车独家经销的新款 H3 型悍马车的资本支出。

除了经营和财务预算，许多组织还准备了补充性的特别预算，如广告和销售预算，及与主要预算相关的报告。例如，在准备预算时，常常要提交旨在说明在不同的营销决策和竞争及经济条件下，收入、成本和利润变化的报告。可以说，预算不仅是一种会计职能，它还是战略营销管理中最基本的要素之一。

完整地描述预算过程超出了本节的范围。不过，第 2 章"营销管理的财务方面"将概括介绍成本概念和成本行为，同时提出一些处理战略营销管理中财务问题的有用的分析工具，包括本量利分析、折现现金流、顾客终身价值和预估利润表的准备。

调整与恢复战略的开发

调整与恢复战略是组织适应性行为的重要表现。战略很少是一成不变的。变化的市场、经济条件和竞争行为，要求定期地，如果不是突然地，调整战略。

营销审计和控制过程对于开发调整与恢复战略是十分重要的。**营销审计**（marketing audit）可以定义如下：

> 营销审计是对企业的（或业务单位的）营销环境、目标、战略和活动进行全面、系统、独立和定期评价的过程，目的是发现问题和机会，并提出改进企业营销业绩的行动方案。[20]

审计过程将经理的注意力同时指向组织与环境的战略适应以及营销计划的运营方面。营销审计的战略方面要回答"我们做的是否为正确的事？"运营方面要回答"我们是否把事情做好了？"

关于战略与经营观念之间以及两种观念的实施之间的区别将在第 9 章中讨论。这里想指出的是，营销审计和控制程序对于确定组织的业务、使命和目标，识别外部机会、威胁和内部优势、劣势，制定产品市场战略和营销组合，以及预算等过程是必不可少的。在规划过程中考虑调整与恢复战略有两个重要目的。首先，促使经理思考"如果……应该怎么办"的问题。例如，"如果出现未预料到的环境变化使得战略过时，应该怎么办？"或者，"如果竞争或市场反应与企业初衷不符，应该怎么办？"这些问题促使经理人员关注预期结果对战略计划过程中的假设条件的敏感性。其次，事先规划调整与恢复战略，或称**权变计划**（contingency plans），有利于在出现问题时迅速采取补救措施。即使不考虑计划工作中所需的时间，调配资源本身也是一个耗时的过程。

起草营销计划

营销计划使战略营销管理过程具体化。它是一份正式的书面文件，描述为在一定期间内实现既定目标所需的营销活动的背景和范围。营销计划因侧重点不同而有不同的称谓，如业务营销计划、产品营销计划和品牌营销计划等。例如，在菲多利公司，营销计划是具体针对特定业务（休闲食品脆片）、产品类别（薯片、墨西哥玉米片）和品牌（乐事（Lay's）牌薯片、多力多滋（Doritos）Fritos 牌玉米片）等起草的。营销计划也有时间限度。短期营销计划通常以一年为限，称为年度营销计划。长期营销计划通常为 3～5 年。

考虑到本章所讨论的五个相互关联的分析过程，正式的书面营销计划事实上是这些思想和关注点的精华，它是智力劳动的结晶。作为书面文件，营销计划有一定的格式。虽然不存在适用于所有组织和所有情形的通用营销计划，但它们大致遵循一定的格式。本章后的附录 A 提供了天厨公司的营销计划实例。该公司生产和销售可用微波炉烹饪的西南/墨西哥风味的冷冻辣味食品。该案例说明了 5 年期营销计划的内容和格式。

营销伦理与社会责任

最后需要强调的是战略营销管理过程中的伦理和社会责任问题。确实，多数营销决策都不同程度地涉及道德判断并反映组织对公众的态度。进步的营销经理已不再固守"只要不违法就行"的陈旧观念，他们承认企业具有伦理和社会责任，认识到市场是由具有不同价值体系的个人和群体组成的。而且，他们知道，自己的行为将受到具有不同价值观和利益的其他人的公开评价。

合乎伦理的、对社会负责的决策，有赖于营销人员准确判断问题的能力以及即便有可能对自己在组织中的地位和企业的财务利益有消极影响时采取行动的意愿。拒绝承认问题的存在和不采取合适的行动是最不合乎伦理和对社会最不负责的。对伦理和社会责任积极的态度在安海斯-布希公司 1982 年耗资 5 亿美元的一次宣传活动中得到充分体现。该公司从 1982 年开始耗资 5 亿美元通过社区活动和全国广告运动倡导"合理饮酒行为"。该公司的高层承认存在酒精滥用的风险，并愿意放弃会因滥用公司产品引发风险的交易。公司经理注意到了存在的问题，认识到应对现有和潜在顾客承担的伦理义务。他们也认识到了公司对一般公众的社会责任，鼓励安全驾驶和负责的饮酒习惯。[21]

[注释]

[1] Roger A. Kerin, "Strategic Marketing and the CMO," *Journal of Marketing* (October 2005): 12-14; and Gail McGovern and John A. Quelch, "The Fall and Rise of the CMO," *Strategy & Business* (Winter 2004): 44-48ff.

[2] Derek E. Abell, *Defining the Business: The Starting Point of Strategic Planning* (Upper Saddle River, NJ: Prentice Hall, 1980); and Roger A. Kerin, Vijay Mahajan, and P. Rajan Varadarajan, *Contemporary Perspectives on Strategic Market Planning* (Boston: Allyn and Bacon, 1990).

[3] "New Britannica Keeps Pace with Change," Encyclopaedia Britannica News Release, March 23, 2005.

[4] Eric von Hippel, Stephan Thomke, and Mary Sonnack, "Creating Breakthroughs at 3M," *Harvard Business Review* (September-October 1999): 47-56.

[5] Robert A. Pitts and David Lei, *Strategic Management: Building and Sustaining Competitive Advantage*, 4th ed. (St. Paul, MN: West Publishing Company, 2006): 6.

[6] "Gillette Safety Razor Division," Harvard Business School case #9-574-058; and "Gillette's Edge," BRANDWEEK (May 28, 2001): 5.

[7] "Exxon's Flop in Field of Office Gear Shows Diversification Perils," *Wall Street Journal* (September 3, 1985): 1ff.

[8] "Hanes Expands L'eggs to the Entire Family," *Business Week* (June 14, 1975): 57ff.

[9] This classification is adapted from H. Igor Ansoff, *Corporate Strategy* (New York: McGraw-Hill, 1964): Chapter 6. For an extended discussion on product-market strategies, see Roger A. Kerin, Vijay Mahajan, and P. Rajan Varadarajan, *Contemporary Perspectives on Strategic Market Planning* (Boston: Allyn and Bacon, 1990): Chapter 6.

[10] "In Lean Times, Big Companies Make a Grab for Market Share," *Wall Street Journal* (September 5, 2003): A1, A6.

[11] H. Menzies, "Why Folger's Is Getting Creamed Back East," *Fortune* (July 17, 1978): 69.

[12] Philip R. Cateora and John L. Graham, *International Marketing*, 12th ed. (Burr Ridge, IL: McGraw-Hill/Irwin, 2005): Chapter 11.

[13] "Hasbro, Inc.," in Eric N. Berkowitz, Roger A. Kerin, Steven N. Hartley, and William Rudelius (eds.), *Marketing*, 5th ed. (Chicago: Richard D. Irwin, 1997): 656-657.

[14] Greg Burns, "Has General Mills Had Its Wheaties?" *Business Week* (May 8, 1995): 68-69; and Julie Forster, "The Lucky Charm of Steve Sanger," *Business Week* (March 26, 2001): 75-76.

[15] "Gillette's New Edge," *Business Week* (February 6, 2006): 44.

[16] Failed diversification attempts, along with advice on diversification, are detailed in Chris Zook with James Allen, *Profit from the Core* (Cambridge, MA: Harvard Business School Press, 2001).

[17] These estimates were reported in "The Breakdown of U.S. Innovation," *Business Week* (February 16, 1976): 56ff.

[18] "P&G Introduces Cover Girl: U.S. Beauty Brand Gets Local Color," AdAgeChina.com, downloaded October 25, 2005.

[19] Robert F. Hartley, *Marketing Mistakes*, 5th ed. (New York: John Wiley & Sons, 1992). Items in brackets added for illustrative purposes.

[20] Philip Kotler and Kevin Lane Keller, *Marketing Management*, 12th ed. (Upper Saddle River, NJ: Prentice Hall, 2006): 719.

[21] "Our Commitment to Preventing Alcohol Abuse and Underage Drinking," beeresponsible.com, downloaded January 10, 2006.

附录 A   **营销计划范例** *

制定营销计划是一项困难但令人愉悦的工作。计划制定后，可以作为一份详述营销活动内容和范围的"交通图"。它包括（但不局限于）使命陈述、目标、现状分析、成长机会、目标市场、营销（组合）计划、预算和实施日程表。

作为书面文件，计划应该用文字传递其作者对业务、产品和（或）品牌营销的分析、想法和热忱。营销计划的写作方式不仅表达了营销努力的实质内容，而且反映了作者的职业技能。写作风格并不能弥补实质内容的缺陷，但无论如何，写得很差的营销计划将有损人们感知到的实质内容。

写作手法和风格

考虑到营销计划的重要性，营销计划的作者往往遵循一套特定的指南。以下是普遍适用的写作手法和风格的指南：

- 运用直截了当的专业写作风格。使用恰当的商业和营销词汇，不要用生僻的术语。现在时和将来时的主动语态比过去时和被动语态好。
- 保持肯定、具体的风格，同时避免过分夸张的词汇（如"棒极了"，"好极了"）。要具体，不要太笼统。使用数据，尽可能利用事实或合理的数量假设支持计算和预测。
- 使用小圆点以便达到简明扼要和重点突出。在阅读时，小圆点能有效突出重点并提高效率。
- 在主要内容部分，下设一级标题和二级标题，帮助读者顺利地从每隔一个主题转到下一个主题。这也促使作者更仔细地组织计划。标题的使用可随意，但每隔 200~300 字至少要出现一次。
- 适当使用直观的视觉工具。说明、图、表等可以简明的方式提供大量的信息。
- 篇幅应控制在 15~35 页，不包括财务预测和附录。一项不复杂的小规模业务可能只需 15 页，但一项新业务也许需要 35 页以上。
- 注重布局、设计和形式。激光或喷墨打印机打印出的文章比点阵打印机或打字机显得更专业。给装订好的报告加上一个干净整洁的封面和标题可更凸显其专业性。

天厨公司 5 年营销计划范例

下文基于天厨公司的真实营销计划。该公司成立于 1989 年，其产品于 1990 年进

---

* This appendix is adapted from Roger A. Kerin, Steven W. Hartley, Eric N. Berkowitz, and William Rudelius, *Marketing*, 8th ed. (Burr Ridge, IL: McGraw-Hill/Irwin, 2006). Used with permission.

入市场。为保护该公司的商业秘密，计划中的一些数字和细节有所改动，但是保留了计划的基本逻辑框架。为节省篇幅，把原附录也删去了。

在营销计划中适当的地方我们加了评注。这些评注分为两类：
1. 内容评注说明营销计划中某要素的重要性或理由。
2. 写作风格、格式和布局评注，用于解释关于计划要素的编辑和视觉原则。

阅读这份营销计划时，你可能会在文中适当的地方加入自己的评注。例如，你可能想将天厨公司营销计划中用到的 SWOT 分析和"独到之处"与第 1 章的有关讨论做以比较。当继续阅读后面的章节时，你也可能回过头来看看这份营销计划，就计划中使用的专门术语和技术方法添加评注。

> 目录帮助读者快速了解计划中的主题，通常是按每部分或子部分的标题组织。

> 很多专家认为这是计划中最重要的部分。这部分的篇幅不要超过两页，简明扼要地将计划书"推销"给读者。

> 公司简介突出组织最近的发展过程和取得的成功。

> 战略重点和计划为整个组织确立了战略方向。所提出的营销活动计划必须与此方向保持一致。并非所有营销计划都包含这一部分。

> 使命陈述集中在天厨公司为其相关利益者从事的活动。

五年营销计划
天厨公司

目录

1. 经理摘要

2. 公司简介

天厨公司由兰德尔·F·彼得斯 (Randall F. Peters) 和利亚·E·彼得斯 (Leah E. Peters) 创立，开发和经营 Howlin'Coyote® Chili，一种独特的可用微波烹饪的西南/墨西哥风味的冷冻辣味食品。该产品系列最先投入明尼阿波利斯—圣保罗市场，两年后进入丹佛市场，并于又一个两年之后进入凤凰城市场。

该公司认为，Howlin'Coyote® 是美国百货商店销售的唯一质量出众、地道的西南/墨西哥风味的冷冻辣味食品。其高品质很快赢得市场的广泛认可。事实上，根据去年的数据，销售量比上年翻了一番。公司相信，Howlin'Coyote® 品牌可以扩展到其他西南/墨西哥风味系列食品中去。

天厨公司相信，高质量、高价位战略已经取得了成功。本营销计划概述了天厨公司将如何扩展其地域市场，从原来的 3 个市场发展到 2010 年的 20 个市场。

3. 战略重点和计划

这一部分包括影响营销计划的企业战略的三个方面：(1) 使命；(2) 目标；(3) 核心能力/天厨公司的潜在竞争优势。

使命

天厨公司的使命和构想是，以高价位经营高质量的西南/墨西哥风味系列食品，满足快速增长的食品市场需求，同时为员工提供具有挑战性的工作机会和为股东创造高于平均水平的回报。

第 1 章　战略营销管理基础

目标

在未来 5 年内,天厨公司将努力实现下述目标:

● 非财务目标。

(1)维持公司目前在西南/墨西哥风味食品市场中高质量的形象。

(2)进入 17 个大都市市场。

(3)到 2005 年建立两条便利店或超市供应链的全国性分销渠道,到 2006 年增至 5 条。

(4)每 3 年增加一条新的产品线。

(5)到 2006 年在 1/3 的城市市场和到 2008 年在 2/3 的市场中,进入辣味食品前三名(无论是冷冻包装还是罐装)。

● 财务目标。

(1)每股收益的年实际(扣除通货膨胀)增长率达到 8%。

(2)权益回报至少达到 20%。

(3)到 2006 年时公开发行股票。

核心能力和持久竞争优势

在核心能力方面,天厨公司努力实现以下独特能力:(1)采用西南/墨西哥风味配方提供独特的高质量辣味食品及相关产品,适应现代口味;(2)采用有效的制造和分销系统将这些产品传递至消费者的餐桌,维持公司的质量标准。

为将这些核心能力转化为持久竞争优势,公司将与关键的供应商和分销商紧密合作,建立关系和必要的联盟,以满足公司顾客的高的口味标准。

4. 现状分析

现状分析首先通过 SWOT 分析法对天厨公司所处的当前环境进行分析。然后,从不同的层次进行详细分析,包括产业、竞争者、公司和消费者。

SWOT 分析

图表 1 显示了影响天厨公司市场机会的内外因素。扼要地说,SWOT 分析指出了公司在产品自首次出现在百货商店货架上以来采取的重要举措。企业内部的有利因素(优势)表现在:有经验的管理层和董事会、在三个市场中有出色的市场接受率、具有很强的制造和分销系统(相对于所服务的有限市场)。有利的外部因素(机会)包括:西南/墨西哥风味食品越来越有吸引力、公司产品的高档市场的稳定性、食品加工技术的突破使得小规模生产者也可以很容易地参与竞争。

这些有利因素还必须与不利因素进行权衡。主要的劣势在于:相对于竞争者较小的规模、可获得的财务资源有限、缺乏全国性的知名度和产品分销渠道。主要威胁包括:价格高有可能阻碍公司进入大众市场和来自"外出就餐"和"将外卖食品带回家"市场的竞争。

旁注:

- 目标部分尽可能以量化的方式设立财务和非财务目标,作为评价企业绩效的标准。
- 采用并列形式以增加可读性,在这个例子中均用不定式开头。
- 现状分析回答"我们现在的状况如何"这一问题。
- SWOT 分析识别优势、劣势、机会和威胁,为随后确定营销计划中的活动提供稳固的基础。

图表 1　对天厨公司的 SWOT 分析

内部因素	优势	劣势
管理	有经验和富于创新精神的管理层和董事会	规模小可能限制选择的可能性
提供物	独特、高质量和高价位的产品	有许多低质量、低价位的竞争者
营销	在三个市场中的分销有出色的市场接受率	缺乏全国性的知名度和分销渠道
人事	良好的工人队伍（尽管人少）；流动率低	若关键的员工离职会出现很大的缺口
财务	销售收入增长出色	与大的竞争对手相比，资源有限可能限制成长机会
制造	单一供应商保证了高质量	缺乏大规模竞争对手那样的规模经济性
研发	持续的质量保证努力	缺乏制造罐头和加工微波食品的技术

外部因素	机会	威胁
消费者/社会	高档市场稳定；西南/墨西哥风味食品细分市场增长快	高价位可能阻碍进入大众市场
竞争	在市场中独特的名称和包装	缺乏专利保护；竞争者试图仿制
技术	技术突破使得小规模食品生产者能够实现大型竞争对手那样的规模经济性	竞争者已经取得制造罐头和加工微波食品的收益
经济	消费者收入高；便利性对美国家庭是重要的	许多家庭"外出就餐"，将外卖食物带回家
法律/政策	美国食品与药品管理局较高的标准阻止了许多竞争者	大型竞争对手的合并已经获得政府的许可

> 每一较长的表、图或照片都要编号和给出标题。应尽量在文中首次提到后就近列出。要考虑到跨页问题。长度不超过1/2～1英寸的图表可以不加编号直接插入文中，因为它们在跨页时不会造成严重问题。

> 产业分析部分为随后进行的更详细的对竞争、公司和公司的顾客的分析提供了背景。缺乏对产业的深入了解，后续分析就有可能产生误导。

> 尽管相对简短，对美国西南/墨西哥风味辣味食品业进行这样深入的分析，有助于向计划的读者展示公司了解其所处的产业。它让读者相信，公司对自己所处的产业完全了解。

产业分析：辣味及墨西哥风味食品市场的趋势

冷冻食品。据《杂货营销》（Grocery Headquarters）分析，消费者越来越多地接受杂货零售店的冷冻食品。原因是：紧张忙碌的生活模式迫使人们需要便利，因此促进了对全新的、美味的和富含营养的食品的需求。截至2004年，百货店、食杂店和超市（如塔吉特（Target）和好市多（Costco），不包括沃尔玛）中冷冻食品的总销售额达到276亿美元。其中，冷冻熟食，即冷冻的只需要些许处理的主菜和膳食，达73亿美元，是全部冷冻食品市场的26%，如图表2所示。

第 1 章　战略营销管理基础

图表 2　　2004 年一些冷冻食品（包括冷冻熟食）的产品品类

	销售额（美元）	销售比重（%）
冷冻食品	1 323	18
意大利风味食品	1 231	17
肉食	721	10
墨西哥风味食品	506	7
东方风味食品	479	7
家禽类食品	1 617	22
海鲜类食品	190	3
其他食品	1 281	16
总计	7 348	100

> 冷冻熟食产品类别的销售情况概览表明，墨西哥风味食品市场是一个重要的市场，为天厨公司提供了多种未来发展的机会。

手抓食品，比如热包装食品（11 亿美元），构成了"其他食品"品类很重要的一个部分。而冷冻比萨/点心并不包括在这个品类中，它们在 2004 年促成冷冻食品销售额又增长了 33 亿美元。对冷冻食品特别偏爱的消费者群体包括：儿童、少年和 35～44 岁左右的中青年，他们每两周会吃 5 次甚至更多。

墨西哥风味食品。目前，墨西哥风味食品诸如玉米煎饼、夹馅玉米卷和炸玉米饼已经进入 2/3 的美国家庭。这些趋势表明，在美国的部分地区，人们对辣味食物包括红胡椒的态度是积极的。百货商店卖家和零售商试图通过发展这类食品满足目标消费者从而获利。考虑到现有消费者对便利性的需求，几个主要食品厂商，如 Hormel, Tyson Foods 和 ConAgra 以及西班牙裔拥有的企业如 Goya, Ruiz Foods 和 Don Miguel 在过去几年里引进了许多墨西哥风味冷冻食品的新品种。美国的西班牙裔人口逐渐增多，2004 年达近 3 600 万人，有将近 6 000 亿美元的购买力，这部分说明了对墨西哥风味食品日益增加的需求量。

辣椒市场的竞争者

> 竞争者分析显示，企业对竞争者及其营销战略有深入的了解。符合实际的分析让读者相信，随后提出的营销行动计划是建立在稳固基础上的。

辣椒市场的年销售额超过 5 亿美元，消费者平均每年购买 5～6 份。产品主要分为两大类：罐装辣椒（占销售额的 70%）、干辣椒（占 25%），余下的 5% 来自冷冻辣味产品。除 Howlin'Coyote 品牌，Stouffers 品牌也生产冷冻辣味食品（Slowfire 经典小瓶装牛肉黑豆辣椒）作为其冷冻午餐系列产品之一。主要的罐装辣椒品牌包括 Hormel, Wolf, Dennison, Stagg, Austin's 和 Castleberry's，零售价在 1.49～2.49 美元。到 2004 年秋，世界最大的汤料制造商金宝汤（Campbell's）和一家私营的烘豆制造商布什兄弟（Bush Brothers）进入罐装辣椒市场。然而，布什兄弟公司将采用玻璃瓶作为其家族式的辣椒品牌的包装。

坦率地说，作为主导产品的罐装辣椒其主要的缺点是味道不好。《消费者报告》(Consumer Reports) 其中一期曾对 26 种罐装辣椒的口味进行比较，结论是"辣椒并非越辣越好，但是真正好的辣椒（无论辣的程度如何）不是罐装的"。

干辣椒粉品牌包括许多人们熟悉的品牌，如 McCormick（占有该市场的 40%）、Lawry's、French's 和 Durkee，还有一些不太出名的品牌，如 Wick Fowler's 和 Carroll Shelby's。零售价在 0.99～1.49 美元。据《消费者报告》称，干辣椒粉的质量更好些，对其评价从"很好"到"非常好"。

公司分析

> 公司分析部分对公司的优势和实现前面确定的使命和目标所采取的营销战略进行了详细描述。

目前，Howlin'Coyote 产品在西南/墨西哥风味食品市场中的辣椒和墨西哥风味冷冻主食细分市场上竞争。尽管辣椒显然可以作为单独的产品参与竞争，但由于其出色的质量，它也可以作为墨西哥玉米煎饼、粟米脆饼和夹馅玉米卷的配料或作为意大利面食、米饭和土豆的调料。这种使用上的灵活性在熟食市场上是少有的。天厨公司正在通过 Howlin'Coyote 拓宽冷冻辣椒的定位，为这一新的产品类别赢得可观的市场份额。

公司目前只有一家供应商，与其紧密合作以保证稳定的产品质量。生产规模的扩大提高了生产效率，导致产品销售成本稳步下降。

顾客分析

> 这种介绍性的概述告诉读者本节要讨论的问题，如这里的顾客特征和人们对健康及营养的关注。虽然这种介绍性的语句在简短的备忘录或计划中常常省略，但它们对引导读者是有帮助的。在本例中，我们在每部分都使用了这种概括性的介绍。

顾客分析这部分描述的是：(1) 可能购买 Howlin'Coyote 的顾客具备的特征；(2) 今天的美国人对健康和营养的关注。

顾客特征。从人口统计角度看，辣味产品的购买者具有广泛的社会经济背景。Howlin'Coyote 的主要购买者是受过良好教育、年收入高于 5 万美元的人。这些消费者占罐装辣椒和干辣椒粉消费者的 50%。

> 一级标题"顾客分析"应比二级标题"顾客特征"的位置和字体更醒目些。使用这些标题有助于读者了解要论述的问题及其先后顺序。

购买 Howlin'Coyote 的家庭规模 1～3 个人不等。在已婚家庭中，购买者主要是双职工家庭。虽然妇女占了购买者的大部分，但单身男子也是一个重要的细分市场。据说，公司曾听到有些 10 多岁男孩的父亲说他们在冰箱中存有大量辣椒，因为孩子特别爱吃。

> 满足顾客需求和向顾客提供真正的价值是市场经济中组织存在的根本原因。这部分强调了"谁是天厨产品的顾客"。

由于用辣椒可以在较短的时间内作出美味菜肴，因此该产品的主要使用者是那些时间紧的人。Howlin'Coyote 的高价格意味着其购买者偏向于高收入的人。购买者的年龄从 25～54 岁。考虑到美国西部地区的消费者已经比其他地区更为习惯辣味食品，因此，Howlin'Coyote 最初的营销努力将集中在该地区。

对健康和营养的关注。美国的媒体对食品方面的报道常常五花八门，偶尔是警示性的。

> 这部分介绍了公司对于具有重大潜在影响的主要趋势的洞察力。

由于美国人十分关心他们的饮食，因此，可信度参差不齐的研究经常引起主要新闻机构的高度重视。例如，几乎所有主要媒体都对一项关于电影院出售的爆米花脂肪含量的研究做过报道。类似地，有关墨西哥风味食品的研究也引起平面媒体和广电媒体的注意。关于墨西哥和西南风味食品的卡路里含量高的报道很多，而且常常被加以渲染。Don Miguel，Mission Foods，Ruiz Foods 和 Jose Ole 等一些墨西哥风味冷冻食品的竞争对手，计划提供或已经提供更多的"低碳"和"低脂"产品来应对这种问题。

尽管 Howlin'Coyote 的卡路里、脂肪和钠的含量已经比竞争产品的低,但在促销中并没有突出这些方面。相反,考虑到促销时间和空间,更加强调 Howlin'Coyote 的味道、便利性和灵活性。

5. 产品市场的重点

本部分将描述天厨公司未来 5 年的营销和产品目标、Howlin'Coyote 产品线的目标市场、独到之处及定位。

营销和产品目标

Howlin'Coyote 的营销意图是充分发挥品牌的潜力,为从杂货零售及其他领域获得收入构建基础。具体来说有四个方面:

- 现有市场。通过在零售层次上拓展品牌和分销促进现有市场的增长。此外,通过强化消费者的认知和重复购买来增加在每个商店的销售额。这样的话,将有可能吸引更多的经纪人和仓储分销商,提高效率和降低费用。
- 新市场。用 5 年的时间,将辣味调味酱扩展到 20 个大城市市场,从而覆盖美国食品店销售的 70%。
- 食品服务。食品服务市场包括辣味产品和调味酱,预计在 3 年内,销售额达到 69.3 万美元;5 年内达到 150 万美元。
- 新产品。在零售层次上,利用 Howlin'Coyote 品牌增加新的冷冻类食品。在第一年,将考察各种新产品概念,最终确定有潜力的新产品。新产品将在 2~3 年内推向市场。此外,可以在部分产品类别中,将 Howlin'Coyote 向其他企业授权。

目标市场

Howlin'Coyote 产品的主要目标市场是有 1~3 人、父母均工作、年均家庭收入超过 5 万美元的家庭。这些家庭对西南/墨西哥风味食品熟悉、感兴趣,而且要求优质高价产品。

独到之处

"独到之处"是指 Howlin'Coyote 辣味产品相对于竞争产品的独有的特征,具体包括三个主要方面:

- 独特的口味和便利性。据了解,目前还没有一家竞争者能提供高质量的、可口的、有多种口味的冷冻辣椒,也没有一种辣味产品具有类似的便利性和家常口味。
- 口味趋势。美国人对辣椒越来越感兴趣,Howlin'Coyote 品牌的产品在口味上比其他大多数预制辣椒更地道。
- 高品位的包装。Howlin'Coyote 的包装图案传递着包装内产品的独特性和高质量以及产品非同寻常的定位。

定位

过去,辣味产品要么注重便利性,要么突出口味,但从来没有兼顾两者。Howlin'Coyote 同时具备这两个特征,从而在消费者心目中确立了使用方便快捷、高品质的"地道的西南/墨西哥风味"的辣味产品的形象。

6. 营销计划

下面介绍 Howlin'Coyote 营销组合的四个要素。注意辣椒和辣椒酱的区别。

产品策略

下面先总结一下产品线的特点，然后论述质量和包装问题。

产品线。 Howlin'Coyote 牌辣椒酱的零售价为每 11 盎司包装 3.99 美元，共有五种口味，分别如下：

- 绿辣椒辣椒酱：由精瘦猪肉与烤绿辣椒、洋葱、土豆块、香料、胡椒粉等制成，西南风味。
- 红辣椒辣椒酱：精瘦猪肉、深红辣椒、甜洋葱等。一般称为"得克萨斯红碗"。
- 牛肉黑豆辣椒酱：纯瘦牛肉、黑豆、土豆块、Howlin'Coyote 特有的红辣酱和调料。
- 鸡肉块辣椒酱：嫩鸡肉、烤绿辣椒、黑豆、菜豆、洋葱泥、调料。
- 普通豆辣椒酱：蔬菜、9 种不同的豆、烤绿辣椒、土豆块、洋葱、调料、红辣椒。

独特的产品质量。 Howlin'Coyote 辣椒酱的口味是独到的，这源于公司在生产过程中的精心选料。各种配料都具有出色的质量。肉新鲜、含脂肪少，保持湿润；辣椒用火烤过，味道新鲜，这是大多数使用罐装辣椒的主流产品无法比拟的。土豆和蔬菜也是高质量的。没有使用保鲜剂或人工调料。

包装。 为反映生产者超群的营销战略，Howlin'Coyote 采用了与众不同的包装。它避免使用庸俗的产品图片（在百货商店的冷藏库里，很少能看到产品包装上没有那种程式化内容的图片）。相反，在包装上突出了西南地区的主题，以此表达超凡脱俗的定位。这样预示着产品与众不同的质量：那些通常不喜欢冷冻食物的人不用大惊小怪地"冒险"食用一种冷冻食物。

价格策略

Howlin'Coyote 的价格为每 11 盎司包装为 3.99 美元，价格与其他冷冻食品相近，高于罐装和干辣椒产品。不过，考虑到口味方面的优势，这个价格还是合理的。

促销策略

关键的促销活动包括店内展示、菜谱和优惠券。

店内展示。 为了让消费者可以品尝和了解 Howlin'Coyote 产品的独特质量，将在店内进行展示。在所有市场都将进行店内展示，以便提高知名度和促使人们品尝。

菜谱。 由于食用便利是主要的卖点，将向顾客提供菜谱来刺激消费。菜谱将在所有店内展示点、包装背面和邮寄方式提供。此外，菜谱还将夹在直接邮寄的优惠券或夹页中。对于新市场，菜谱将包括在包装内的优惠券夹页中。

折价优惠券。 为促使人们使用和重复购买，将采用四种方式散发优惠券：

营销计划中的营销组合包括了所有要采取的营销活动。

这部分描述了公司产品策略的三大关键要素：产品线、产品质量与质量保证以及包装。

此列表采用平行结构的方式有效清楚地介绍了产品线。

价格策略部分具体给出了公司产品的价格并与竞争产品做了对比。若篇幅允许，在适当地方可以加入盈亏平衡分析。

促销策略中的要素按二级标题加以突出，包括三种关键的促销活动：店内展示、Howlin'Coyote 特色菜谱、折价优惠券。

- 星期日报纸夹页。这种夹页读的人多,有助于提高知名度。这种方式与店内展示相结合,更为成功。
- 包装内优惠券。在每一包装内夹带一张优惠券,再购买两件可优惠1美元。这种优惠券将在进入新市场的前3个月内使用,目的是鼓励新市场中的顾客重复购买。
- 直接邮寄优惠券。向符合目标顾客人口统计特征的家庭直接邮寄优惠券。由于邮寄对象选择性强,因此这种方法是较有效的促销方式。
- 店内展示。在店内展示点散发优惠券,提供额外的购买刺激。

> 分销策略在这里是分成两部分介绍的:(1)目前采用的方法;(2)当销售额增加后采用的新方法。

分销策略

在目前的市场中,Howlin' Coyote通过食品分销商来分销。分销商购买、储藏产品,然后再卖给零售商。这对销售量不是特别大的产品来说,是一种有效的分销方式。随着销售的增长,我们将转向更有效率的分销系统,通过食品经纪人将产品销售给零售连锁店和杂货批发商。

7. 财务数据和预计

> 营销计划中所有的营销组合决策都涉及收入和成本问题。这些在本部分概括性地介绍。

过去的销售收入

自1997年上市以来,Howlin' Coyote的销售收入稳步增长。2001年,由于新的促销策略的实施和产品向西部扩张出现的机会,销售收入有大的突破。过去4年中销售稳定增长,但增长率趋缓。图表3列出了销售收入变化的趋势。

> 这个图显示了销售增长的动态变化,比用数据表效果好。

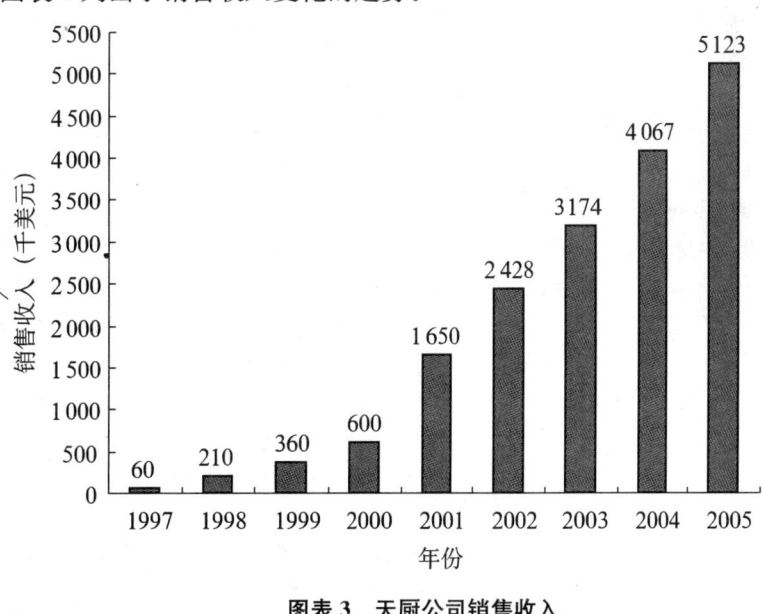

销售收入(千美元):
- 1997: 60
- 1998: 210
- 1999: 360
- 2000: 600
- 2001: 1650
- 2002: 2428
- 2003: 3174
- 2004: 4067
- 2005: 5123

图表3 天厨公司销售收入

五年预计

天厨公司5年财务状况预计如下：

财务要素	单位	实际数据 2006年	预计 第1年 2006年	第2年 2007年	第3年 2008年	第4年 2009年	第5年 2010年
销售的箱数	千箱	353	684	889	1 249	1 499	1 799
净销售额	千美元	5 123	9 913	12 884	18 111	21 733	26 080
毛利润	千美元	2 545	4 820	6 527	8 831	10 597	12 717
销售和一般管理费用	千美元	2 206	3 835	3 621	6 026	7 231	8 678
营业利润	千美元	339	985	2 906	2 805	3 366	4 039

这个预计反映了持续增长的销售箱数（每箱八份 Howlin'Coyote 辣椒酱产品）和产量以及销售数量增加所带来的分销利润。

8. 实施计划

将 Howlin'Coyote 推向17个新的城市市场是件复杂的工作，要求利用创造性的促销活动获得消费者的认知，刺激目标顾客购买。市场扩张的时间安排如图表4所示。

图表 4　　　　　进入美国新市场的时间表

年份	新增加市场	累积市场	占美国市场的累积百分比(%)
目前(2005年)	2	5	16
第一年(2006年)	3	8	21
第二年(2007年)	4	12	29
第三年(2008年)	2	14	37
第四年(2009年)	3	17	45
第五年(2010年)	3	20	53

在辣椒口味方面地区之间广泛的差异将被认真监控以便在菜谱中作出微调。例如，在波士顿被认为很辣的，在达拉斯可能就不算什么了。随着向新都市的扩展，公司需要在制造和分销间取得平衡，需要决定是否与选定的高质量的地区分装商合作。

9. 评价和控制

每个城市市场 Howlin'Coyote 的月销售目标（箱数）已经确定。实际销售的箱数将与设立的目标做比较。对于战术性营销活动将做调整，以反映每个城市地区特殊的条件。根据天厨公司进入的每个城市市场的绩效，市场扩展速度也可能进行调整。类似地，如实施计划部分描述的，公司可能通过契约方式与分装商合作来应对地区口味差异，这样可以降低运输和仓储成本，当然这也要求企业要投入精力监控生产质量。

10. 附录

这个表很短，因此没有编号而直接插入文中。

在五年财务预计部分，一开始提出销售数量预测和相应的净销售额。然后再对毛利润和企业的营业利润（对企业生存至关重要）进行预测。表中显示，在第二年公司突破盈亏平衡点，并获得盈利。实际计划常常包括计算机打出的许多页的预计数据，并把它们放在附录中。

实施计划显示公司将如何落实计划。甘特图常常被用来确定各项活动应完成的时间，同时分配进入新市场所需的战术营销活动的职责。

评价和控制的实质是将实际的销售情况与计划的目标相比较，并采取适当的措施。需要注意的是，这部分简要描述了不同情况下的应急计划。

依据目的和读者对象，可在计划书后附所需的附录。例如，详细的财务报表。

第2章 营销管理的财务方面

营销经理要对营销活动给利润带来的影响负责,因此,他们需要掌握基本的会计和财务知识。本章回顾了管理会计和财务管理中与营销管理密切相关的几个概念:(1)变动成本和固定成本;(2)相关成本和沉没成本;(3)利润;(4)贡献分析;(5)流动性;(6)营业杠杆;(7)折现现金流;(8)顾客终身价值。此外,对准备预估利润表时的应考虑事项也做了介绍。

变动成本和固定成本

组织的成本可分为两大类:变动成本和固定成本。

变动成本

变动成本(variable costs)是在一定时期内(通常为一个预算年度)每单位产品不变的费用。变动成本总额是随产量变化的,即随着产量的增加,变动成本总额也随之增加。

变动成本可分为两类,一类是**产品销售成本**(costs of goods sold)。对于制造商或服务提供者来说,产品销售成本包括原材料、劳动力和直接用于生产的工厂一般费用。对于转售商(批发商或零售商)而言,此类成本指商品成本。另一类变动成本是那些不能直接归于生产但随产量直接变化的成本,如销售佣金、折扣和运输费用。

固定成本

固定成本(fixed costs)是一定时期内(预算年度)不随产量而变化的费用,但是单位产量的固定成本随产品数量增加而逐渐减少。单位固定成本的减少是由于分摊固定成本的产量的增加而引起的。需要注意的是,无论产量增加多少,固定成本总额保持不变。

固定成本可划分为两类：酌量性成本和约束性成本。**酌量性成本**（programmed costs）是由于试图产生销售收入而发生的成本。营销成本通常属于酌量性成本，如广告费、促销费和销售人员的工资。**约束性成本**（committed costs）是维持组织存在不可缺少的成本，通常包括非营销费用，如房屋租金、行政费用和职员薪金。

认识固定成本概念十分重要。应该牢记，在一个预算年度，不管产量如何变化，固定成本总额不变。酌量性成本一经确定便保持不变，不管是否会引起单位产量的变化。

尽管我们在此将成本明确划分为变动成本和固定成本，但在实际中，成本划分常常并不明显。很多时候，一笔费用中既包括固定成本也包括变动成本。例如，营销费用中含有的固定成本部分（如薪水）和变动成本部分（如佣金或奖金），并不是一眼就能分辨出来。

相关成本和沉没成本

相关成本

相关成本（relevant costs）是：（1）由于某些营销活动而在将来发生的成本；（2）因营销方案不同而异的成本。简言之，相关成本就是与所考虑的决策方案有关的费用。

相关成本概念可用下面的例子加以说明。假设一位经理准备在产品组合中加入一种新产品，则其相关成本包括将来制造和销售此产品的支出，加上销售人员将时间从其他产品转向该产品而引起的员工薪金。如果新增产品没有影响销售人员的薪水，那么薪水支出就不是相关成本。

一般来说，机会成本也是相关成本。机会成本是选取某方案而放弃其他方案所丧失的潜在收益。

沉没成本

沉没成本（sunk costs）与相关成本相反，它是指过去的经营活动发生的费用，这些费用部分或完全与未来决策无关。在营销领域，沉没成本包括过去的研究开发费用（包括试销开支）和上年的广告支出。这些费用将来不再发生，且不会影响未来决策。如果营销经理试图在未来的决策中考虑沉没成本，他们常常会成为**沉没成本悖论**（sunk cost fallacy）的牺牲者，即他们试图在将来花更多的钱以收回过去的投入。

利 润

对营销经理来说，另一个有用的概念是**利润**（margin）。利润指的是一件产品的销售价格与其成本的差额。它可以以总产量或单位产量表述，也可以用美元或百分比来表示。下面介绍三个概念：毛利、贸易差价和净利润。

毛 利

毛利（gross margin），或称毛利润，指总销售收入与总产品销售成本的差额，或按单位产品表示，指产品或服务的销售价格与销售成本的差额。毛利可以用美元数也可以用百分比表示。

毛利总额	美元数（美元）	百分比（%）
净销售额	100	100
产品销售成本	−40	−40
毛利总计	60	60
单位毛利		
单位销售价格	1.00	100
单位产品销售成本	−0.40	−40
单位毛利	0.60	60

毛利分析是十分有用的工具，因为它暗含了产品或服务的单位价格、单位成本和单位产量。对营销经理来说，毛利的减少是他最关心的。因为若其他支出保持不变，毛利减少将直接影响利润。对毛利总额的变化应做更深入的分析，以探究是由于产量的变化、单位价格或单位成本的变化还是产品或服务的营销组合的变化而引起的。

贸易差价

贸易差价（trade margin）是指营销渠道每个层次上单位销售价格与单位成本的差额（例如，制造商→批发商→零售商）。贸易差价也称为各渠道成员的**加成**（markup）或**加价**（mark-on），用百分比表示。

贸易差价偶尔会引起混淆，因为毛利润率可以按成本或售价计算。假设一位零售商购买一件商品花了10美元，并以20美元卖出，那么，贸易差价是10美元。这位零售商所获的毛利润率是多少呢？

零售商以成本百分比计算的毛利润率：

$$\frac{10 \text{ 美元}}{10 \text{ 美元}} \times 100\% = 100\%$$

零售商以售价百分比计算的毛利润率：

$$\frac{10 \text{ 美元}}{20 \text{ 美元}} \times 100 = 50\%$$

毛利润率的差异显示了确定毛利润率的基础（成本或售价）的重要性。贸易差价的确定通常以售价作为基础，但各公司和工厂的实际做法往往不同。

贸易差价以两种方式影响单项产品的定价。首先，假设某批发商以2.00美元购进一种产品，并想实现30%的贸易差价（以售价为基础），那么，他卖出这种产品的售价应是多少？

$$2.00 \text{ 美元} = 70\% \text{ 的销售价格}$$

或

$$\text{销售价格} = \frac{2.00 \text{ 美元}}{0.70} = 2.86 \text{ 美元}$$

其次，假设某制造商建议以 6 美元的最终价格将产品卖给消费者，这种产品通过零售商出售，零售商欲获得以售价为基础的贸易差价率为 40%。那么，制造商需以什么价格将产品卖给零售商呢？

$$\frac{x}{6.00 \text{美元}} = 40\% \text{的销售价格}$$

式中，x 即零售商的贸易差价。从上式可以得出，x 为 2.4 美元。因此，制造商必须以 3.6 美元的价格卖给零售商（6.00 美元－2.40 美元）。

随着制造商和消费者之间的中间商数量的增加，制造商建议的最终价格会变得更复杂。这种复杂性通过在上例中加入批发商而加以说明。零售商获得了 40% 的贸易差价。如果零售商必须得到每单位产品 2.4 美元的差价，批发商应以每单位 3.6 美元卖出。为了使批发商获得 20% 的利润，那么制造商应以什么价格卖给批发商呢？

$$\frac{x}{3.6 \text{美元}} = 20\% \text{的批发商利润率（按售价）}$$

x 在上式中是批发商的贸易差价，解得 x 为 0.72 美元。因此，制造商制定的给批发商的价格应为 2.88 美元。

从上例可看出，营销经理需通过营销渠道中的最终消费价格倒推出产品的售价。假设制造商的销售成本是 2.00 美元，我们可以计算下面的利润（制造商毛利润率为 30.6%）：

	单位销售成本（美元）	单位售价（美元）	毛利润率（售价百分比）
制造商	2.00	2.88	30.6
批发商	2.88	3.60	20.0
零售商	3.60	6.00	40.0
消费者	6.00		

净利润（税前）

最后要考虑的是税前净利润，它以美元数量或百分比表示。**净利润**（net profit margin）是销售收入减去产品销售成本和其他变动成本及固定成本后的盈余。在企业利润表中表述如下：

	美元数量（美元）	百分比（%）
净销售额	100 000	100
产品销售成本	－30 000	－30
毛利润	70 000	70
销售费用	－20 000	－20
固定费用	－40 000	－40
净利润	10 000	10

净利润美元数代表了企业资金的主要来源。正如后面将要看到的，净利润会影响企业的营运资本，进而最终影响企业偿付产品销售成本、销售费用和管理费用的能力。不仅如此，净利润也影响企业的现金流量。

贡献分析

在市场营销中，贡献分析是十分重要的概念。**贡献**（contribution）是指销售收入总额与变动成本总额的差额，或者单位销售价格与单位变动成本的差额。贡献分析在评估成本、价格和数量之间的关系时特别有用。

盈亏平衡分析

盈亏平衡分析是贡献分析最简单的应用。利用**盈亏平衡分析**（break-even analysis）可以识别出企业在不盈不亏情况下的销售数量或销售金额。这可以用下述公式表达：

$$总销售收入 = 总变动成本 + 总固定成本$$

由于盈亏平衡分析识别出在总成本（变动成本加固定成本）与总收入相等的情况下销售量的水平，因此它在评估企业利润目标和行为风险时，是一种很有价值的工具。

盈亏平衡分析需要三方面的信息：(1) 单位变动成本的估计；(2) 用于生产和销售产品的总固定成本（只涉及相关成本）；(3) 单位销售价格。

达到盈亏平衡所需的销售量由下式确定：

$$盈亏平衡销售量 = \frac{总固定成本金额}{单位销售价格 - 单位变动成本}$$

式中，分母（单位销售价格 — 单位变动成本）叫**单位贡献**（contribution per unit）。单位贡献是售出的每单位产品能够弥补固定成本的金额。

看下面的例子。某制造商计划以 5.00 美元销售一种产品，单位变动成本是 2.00 美元，此产品的总固定成本为 30 000 美元。该产品的盈亏平衡产销量是多少呢？

固定成本 = 30 000 美元

单位贡献 = 单位售价 — 单位变动成本 = 5 美元 — 2 美元 = 3 美元

$$盈亏平衡数量 = \frac{30\ 000\ 美元}{3\ 美元/件} = 10\ 000\ 件$$

这个例子说明，以单价 5.00 美元销售的产品，2.00 美元用于支付变动成本，3.00 美元"贡献"给固定成本。

一个相关的问题是：制造商的盈亏平衡的销售额是多少？有我们只需用单位售价乘以盈亏平衡销售量即可。上例中，盈亏平衡销售额 = 10 000 × 5 美元 = 50 000 美元。

营销经理不必计算盈亏平衡销售量也可算出盈亏平衡的销售金额。首先，用下面的公式可得出**贡献毛利**（contribution margin）：

$$贡献毛利 = \frac{销售单价 - 单位变动成本}{销售单价}$$

用上例的数据，我们得到贡献毛利是 60%：

$$贡献毛利 = \frac{5\ 美元 - 2\ 美元}{5\ 美元} = 60\%$$

因此，盈亏平衡销售额为：

$$\text{盈亏平衡销售额} = \frac{\text{总固定成本}}{\text{贡献毛利}} = \frac{30\,000\text{ 美元}}{0.60} = 50\,000\text{ 美元}$$

一般情况下,用图表进行盈亏平衡分析是很有用的。图表 2—1 提供了一个直观的解决问题的图表。水平线代表固定成本 30 000 美元,从 30 000 美元处向右上方倾斜的线代表总成本,它是固定成本与变动成本之和。这条线的斜率为单位变动成本 2.00 美元(每增加一个单位的销量,总成本就增加 2.00 美元)。从坐标原点画出的斜线代表总收入,斜率是销售单价 5.00 美元(每增加一个单位的销量,总收入就增加 5.00 美元)。总收入线与总成本线所夹的区域,在盈亏平衡点右上方代表盈利区,在盈亏平衡点左下方代表亏损区。

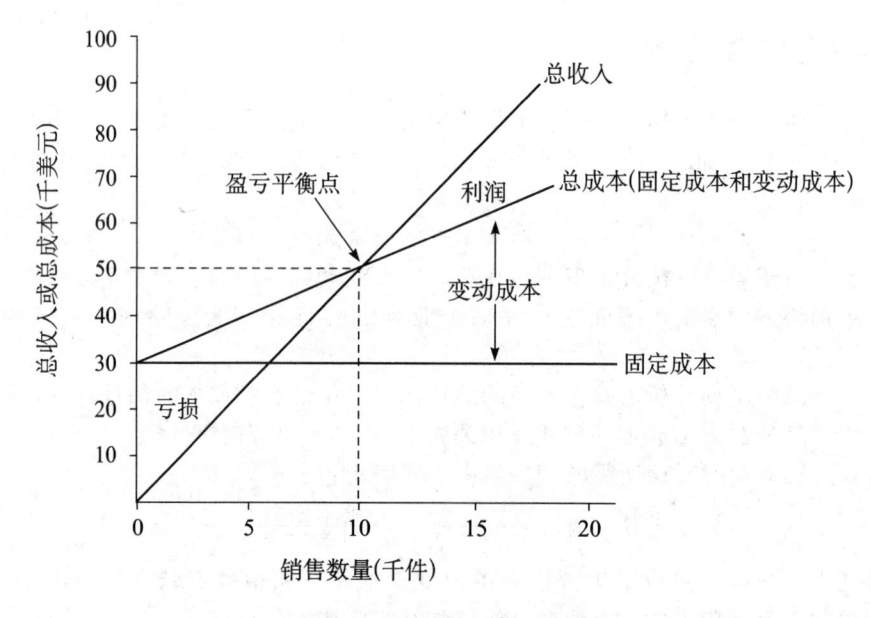

图表 2—1　盈亏平衡分析图

灵敏度分析

贡献分析可依据营销经理的需要应用于许多不同的方面。下面阐述盈亏平衡点如何受销售价格、变动成本和固定成本等变化的影响。

1. 如果固定成本增加到 40 000 美元,而销售价格和变动成本不变,盈亏平衡销售量是多少?

固定成本 = 40 000 美元

单位贡献 = 3.00 美元

$$\text{盈亏平衡销售量} = \frac{40\,000\text{ 美元}}{3.00\text{ 美元/件}} = 13\,333\text{ 件}$$

$$\text{盈亏平衡销售额} = \frac{40\,000\text{ 美元}}{0.60} = 66\,667\text{ 美元}$$

注意,按贡献毛利计算的盈亏平衡销售额与用销售单价乘以盈亏平衡销售量所得的数额有差异(13 333×5 美元 = 66 665 美元),原因在于前者对数据进行了四舍五入。

2. 如果销售单价由 5 美元降至 4 美元,固定成本和变动成本不变,盈亏平衡销售量是多少呢?

固定成本＝30 000 美元

单位贡献＝2 美元

$$盈亏平衡销售量 = \frac{30\ 000\ 美元}{2\ 美元/件} = 15\ 000\ 件$$

$$盈亏平衡销售额 = \frac{30\ 000\ 美元}{0.50} = 60\ 000\ 美元$$

3. 最后，如果单位变动成本降至 1.50 美元，销售单价和固定成本不变，盈亏平衡销售量是多少？

固定成本＝30 000 美元

单位贡献＝3.50 美元

$$盈亏平衡销售量 = \frac{30\ 000\ 美元}{3.50\ 美元/件} = 8\ 571\ 件$$

$$盈亏平衡销售额 = \frac{30\ 000\ 美元}{0.70} = 42\ 857\ 美元$$

贡献分析与利润影响

没有一位营销经理会满足于在盈亏平衡销售量或销售额的水平上经营。利润对于维持企业持续经营是必不可少的。对盈亏平衡分析做些调整就可以将利润目标考虑进来。

在简单盈亏平衡分析中，单位贡献全部用于弥补固定成本。若将利润包括在内的话，我们可以把利润目标视为增加的固定成本：

$$实现利润目标的销售量 = \frac{总固定成本 + 利润目标}{单位贡献}$$

假定某公司对某种产品或服务的固定成本投入为 200 000 美元，销售单价是 25 美元，单位变动成本为 10 美元。为实现利润 20 000 美元，需要销售多少产品呢？

固定成本＋利润目标＝200 000 美元＋20 000 美元＝220 000 美元

单位贡献＝25 美元－10 美元＝15 美元

$$实现利润目标的销售量 = \frac{220\ 000\ 美元}{15\ 美元/件} = 14\ 667\ 件$$

许多企业用占销售额的百分比而不是金额来设立它们的利润目标（"我们的利润目标是 20% 的销售利润率"）。将利润目标包含在单位贡献计算中，我们也可以采用盈亏平衡分析法。要实现 20% 的销售利润率目标，每一美元销售额中必须有 0.20 美元的利润。在上面的例子中，以 25 美元销售的每单位产品必须有 5 美元的利润贡献。此时的公式是：

$$实现利润目标的销售量 = \frac{总固定成本}{销售单价 - 单位变动成本}$$

实现 20% 的销售利润率目标的销售量为 20 000 件：

固定成本＝200 000 美元

单位贡献＝25 美元－10 美元－5 美元＝10 美元

$$实现利润目标的销量 = \frac{200\ 000\ 美元}{10\ 美元/件} = 20\ 000\ 件$$

贡献分析与市场容量

在贡献分析中必须考虑盈亏平衡销售量或金额与市场容量的关系。考虑如下情形。某经理已经做了盈亏平衡分析，发现盈亏平衡销量是 50 000 件。这个数字只有与细分市场的潜在规模相比较才有意义。如果市场潜力为 100 000 件产品，那么该经理只有获得 50%的潜在市场才能保本。但问题是，能否获得 50%的市场？通过比较盈亏平衡销售量和市场容量及获得市场的百分比，经理可以评估业务的可行性。

贡献分析与绩效评价

贡献分析的第二种应用是绩效评价。例如，某营销经理希望评估产品的绩效。假如一个企业有 X 和 Y 两种产品。产品的财务绩效如下：

	X产品 （10 000 件）	Y产品 （20 000 件）	合计 （30 000 件）
单价（美元）	10	3	
销售收入（美元）	100 000	60 000	160 000
单位变动成本（美元）	4	1.50	
总变动成本（美元）	40 000	30 000	70 000
单位贡献（美元）	6	1.50	
总贡献（美元）	60 000	30 000	90 000
固定成本（美元）	45 000	10 000	55 000
净利润（美元）	15 000	20 000	35 000

净利润数据表明，Y 产品比 X 产品获得更多利润。从单位贡献看，X 产品的获利能力是 Y 产品的 4 倍，不过，对总贡献是 Y 产品的 2 倍。获利能力的差异源于固定成本在每种产品上的分配。在评估绩效时，首先应该考虑哪种产品对固定成本（本例中为 55 000 美元）的贡献最大，其次再考虑对利润的贡献。

如果经理只看净利润的话，他可能会决定放弃 X 产品。那样，Y 产品就承担了全部的固定成本。假定 Y 产品的产量不变，固定成本仍为 55 000 美元，在只销售 Y 产品的情况下，企业将**净亏损**（net loss）25 000 美元。

评估蚕食效应

贡献分析的第三种应用是对蚕食效应进行评估。蚕食是指这样一个过程，即企业销售某种产品或服务所获的部分收入是由同一企业销售的其他产品或服务所获的收入转移而来的。例如，X 品牌新胶体牙膏的销售可能是以牺牲现有 X 品牌的不透明白色牙膏的销售为代价的。营销经理需要评估这种蚕食的财务效应。看下面的数据：

	不透明白色牙膏	新胶体牙膏
单价（美元）	1.00	1.10
单位变动成本（美元）	−0.20	−0.40
单位贡献（美元）	0.80	0.70

考虑到新胶体牙膏的配方和口味,它的售价可以定得稍高些,但变动成本也较高。因此它的单位贡献较低。这样,每卖出一支新胶体牙膏,若替代已有的不透明白色牙膏的话,公司"损失"0.10美元。进一步假设,公司在新胶体牙膏上市第一年中希望能卖出1 000 000支,其中,500 000支将来自取代不透明白色牙膏的销售。而公司原本打算能销售1 000 000支不透明白色牙膏。现在,营销经理的任务是决定推出新胶体牙膏后对X品牌总贡献的影响。

评估蚕食的财务效应的一种方法如下:

1. 新胶体牙膏替代不透明白色牙膏的销售,X品牌预期单位损失0.10美元。

2. 500 000支新品的销售是从不透明白色牙膏转移过来的,这将导致总贡献损失50 000美元(0.10美元×500 000)。

3. 然而,新胶体牙膏将按0.70美元的单位贡献售出另外500 000支,这意味着将创造350 000美元的新增贡献(0.70美元×500 000)。

4. 因此,净财务影响是积极的,总贡献增加了300 000美元(350 000美元－50 000美元)。

另一种评估蚕食效应的方法如下:

1. 不透明白色牙膏单独销售1 000 000支,单位贡献0.80美元。这样,在没有新胶体牙膏的情况下,总贡献为800 000美元(0.80美元×1 000 000)。

2. 新胶体牙膏预期销售1 000 000支,单位贡献0.70美元。

3. 给定蚕食率为50%(即新胶体牙膏一半的销量是由不透明白色牙膏让出来的),总贡献可以计算如下:

产品	销量(件)	单位贡献(美元)	总贡献(美元)
不透明白色牙膏	500 000	0.80	400 000
新胶体牙膏			
蚕食数量	500 000	0.70	350 000
增加数量	500 000	0.70	350 000
合计	1 500 000		1 100 000
减去原先不透明白色牙膏预计销量	1 000 000	0.80	800 000
合计	+500 000		+300 000

两种方法得出的结论是相同的:引进新胶体牙膏,品牌X受益300 000美元。营销经理应该采用自己觉得合适的方法进行分析。

应当强调的是,在分析时必须考虑到因广告、促销或制造能力等变化导致的固定成本的增量。如果固定成本增量接近或超过300 000美元,就需要重新审视这种新产品了。

流动性

流动性(liquidity)涉及企业偿付短期金融债务(通常为一个预算年度)的能力。衡量流动性的关键指标是企业的营运资本。**营运资本**(working capital)是企业的**流动资产**(current assets)(例如,现金、应收账款、预付费用、存货)减去**流动负债**

(current liabilities)（例如，短期应付账款、所得税）后的数值。

营销经理应意识到市场行为对营运资本的影响。营销开支先行于销售量，因此，为开拓市场而花费的现金支出会减少流动资产。如果因现款短缺营销支出不能满足时，就会产生应付账款。无论哪种情况，营运资本都将减少。在理想情况下，营销经理创造销售，相应增加净利润贡献给营运资本。由于营销支出和销售之间存在时滞，营销经理必须小心因开拓市场而花费不必要的营运资本，必须估计到在给定支出水平下可能的潜在销量。

营业杠杆

与盈亏平衡分析密切相关的一个财务概念是营业杠杆。**营业杠杆**（operating leverage）指产品或服务的制造和营销中涉及固定成本和变动成本的程度。总固定成本与总变动成本的比值较大的企业具有较大的营业杠杆，这类企业包括航空公司和重型设备制造商。总固定成本与总变动成本的比值较低的企业具有较低的营业杠杆，这类企业包括住宅承包商和批发分销商。

营业杠杆越大，一旦超过盈亏平衡销售量，利润的增长也越快；同样，一旦销售量低于盈亏平衡点，利润下滑的速度也越快。

图表2—2说明了营业杠杆对利润的影响。在初始状态，两家企业的盈亏平衡销量相同，但成本结构不同。一家企业固定成本高而变动成本低；另一家企业固定成本低而变动成本高。当销售量增加10%时，具有高固定成本和低变动成本的企业的利润远远高于具有低固定成本和高变动成本的企业。当销售量下降时，情况正好相反，即一旦销售量下滑到盈亏平衡点以下，前者利润下降的速度快于后者。

图表2—2　　　　　　　　营业杠杆对利润的影响　　　　　　　　单位：美元

	初始状态		销售额增加10%		销售额减少10%	
	高固定成本企业	高变动成本企业	高固定成本企业	高变动成本企业	高固定成本企业	高变动成本企业
销售额	100 000	100 000	110 000	110 000	90 000	90 000
变动成本	20 000	80 000	22 000	88 000	18 000	72 000
固定成本	80 000	20 000	80 000	20 000	80 000	20 000
利润	0	0	8 000	2 000	(8 000)	(2 000)

营业杠杆传递的信息可以从这个例子中很清晰地看到。营业杠杆大的公司要比营业杠杆小的公司从销售增长中获取更多的利益，但对销售量的下降更加敏感，亏损加快。了解企业的成本结构对于评估企业由于营销努力变化而引起的盈利或亏损具有重要价值。

折现现金流

另一个有用的财务概念是折现现金流。折现现金流体现了货币的时间价值或现值分析理论。货币现值背后隐含的思想是，明年拿到的1美元的价值与今年拿到的1美元的价值不相等，因为货币使用的价值受到风险、通货膨胀和机会成本等的影响。例如，假定今天以年回报率10%投资500美元，那么1年后将得到550美元（500美元＋500美元×10%）。换句话说，如果投资回报率是10%，明年得到的550美元的现值是500美元（550美元/1.10＝500美元）。沿着类似的思路，一项投资（或业务）的结果可以表述成当前的净现值。**折现现金流**（discounted cash flows）是以其现值表示的未来的现金流。

折现现金流使用如下逻辑评估一项业务的**净现金流**（net cash flow）（现金流入减现金流出）的现值。现金流的简化的观点是"运营中得到的现金流"，也就是净收入加上折旧，因为折旧是确定净收入时需要从销售中抵扣的非现金收入。现金流的现值在考虑利息率或折现率及时间长短后便可估算出来。利息率或折现率通常被界定为**资本的机会成本**（cost of capital），即由于投资于某项有风险的业务而失去了投资于无风险的证券如美国联邦债券的机会损失。

折现现金流的简单应用可以说明其涉及的道理。例如，假定某企业正在考虑将105 000美元投资于某两项业务之一。企业对这两项业务未来5年的现金流作了预测，企业采用的折现率是15%。在投资之时，现金流是－105 000美元（没有现金流入，只有现金流出）。业务A第1年的现金流乘以因子$1/(1+0.15)^1$，即25 000美元×0.897＝21 750美元，第2年的现金流乘以因子$1/(1+0.15)^2$，即35 000美元×0.756＝26 460美元。图表2—3显示了对业务A和业务B 5年期的完整分析。

图表2—3　　　　　　　　　折现率为15%的折现现金流分析应用

年份	折现因子	业务A 现金（美元）	累积现金流（美元）	折现现金流（美元）	业务B 现金（美元）	累积现金流（美元）	折现现金流（美元）
0	1.000	(105 000)	(105 000)	(105 000)	(105 000)	(105 000)	(105 000)
1	0.870	25 000	(80 000)	21 750	50 000	55 000	43 500
2	0.756	35 000	(45 000)	26 460	55 000	0	41 580
3	0.658	50 000	5 000	32 900	60 000	60 000	39 480
4	0.572	70 000	75 000	40 040	65 000	125 000	37 180
5	0.497	90 000	165 000	44 730	70 000	195 000	34 790
总计				60 880			91 530

有三点需要特别关注。第一，重要的数字序列是**累积现金流**（cumulative cash flow）。这个序列表明业务B的累积现金流大于业务A的累积现金流。第二，**回收期**（payback period）对业务B是2年，而业务A是3年，说明业务B比业务A可以尽快收回投资。第三，折现现金流包含时间价值的特性清晰地得到体现。业务A在后几年比业务B能带来更多的现金流，但折现后现值没有业务B多。

从决策的角度看，这两项业务都能产生正的净现值。这是非常重要的，因为决策的原则一般是：如果净现值是正的，就投资；否则就拒绝。那么，企业该投资哪个业务呢？如果企业希望为股东创造价值，就应该选择净现值高的业务（即业务B）。

现值分析的一个有价值的特征是，折现因子和折现值是可以相加的。如果同数额投资在特定时期的预期现金流是相等的，将同期内（如3年）每年的折现因子相加再乘以年现金流估计值就可以得到现值。

例如，假定某企业未来3年每年可以获得1 000万美元的现金流，折现率为

15%，则该现金流的现值（单位：百万美元）计算如下：

$$0.870 \times 10 = 8.70$$
$$0.756 \times 10 = 7.56$$
$$\underline{0.658 \times 10 = 6.58}$$
$$2.284 \times 10 = 22.84$$

任何财务管理教材都会深入介绍折现现金流，要进一步了解相关内容大家可以参考那些教材。需要注意的是，折现现金流分析看似简单，但事实上要确定合适的折现率和估计未来现金流并不是件容易的事。保守的估计和使用不同的情境分析有利于保证折现现金流技术勾画出对企业及其股东创造价值的投资机会。

顾客终身价值

当前许多营销经理采用现值分析法来衡量一个组织的长期顾客关系的财务绩效，他们是通过估计顾客终身价值来完成的。**顾客终身价值**（customer lifetime value，CLV）是由顾客关系产生的未来现金流的现值。回顾先前讨论的现值分析法，未来现金流的现值是衡量未来现金流的一次性付清的现金当前价值。顾客终身价值只是顾客关系的一次性付清价值。顾客终身价值估计值设定了企业为吸引和维系一个顾客所愿意支付的最高限额。

有很多方法可以用来估计顾客终身价值。这里所介绍的方法采用的是顾客终身价值的基本变量以及它们之间的关系。计算顾客终身价值需要以下三条信息：（1）每期（月或年）每个顾客带来的利润（M），定义为销售收入减去变动成本和保留顾客必要的其他现金费用支出；（2）保留率（r），定义为每期的顾客维系的概率；（3）利率（i），用来折现未来现金流。假设每期利润和每期的保留率都是常数，在无限的时间范围里，计算顾客终身价值（CLV）的公式可以写成：

$$CLV = M \cdot \frac{1}{1+i-r}$$

上述这些简化的假设出于几个目的。如果采用变化的每期利润、保留率以及限定时间范围（如5年或10年）则计算顾客终身价值的公式会更为复杂。这些叙述超出了本书的讨论范围。然而，倘若每期利润变化很小，每期的顾客保留率在80%左右，未来现金流的折现率为20%左右，则简化假设得来的顾客终身价值估计值与扩展的顾客终身价值复杂公式相近。

下面考虑一个信用卡公司的顾客终身价值计算实例。该公司在一个信用卡会员身上获得的年利润为2 000美元。公司信用卡会员的保留率通常为80%。未来现金流的折现率为10%。因此该会员的顾客终身价值是6 666.67美元：

$$CLV = 2\,000 \times \frac{1}{1+0.10-0.80} = 6\,666.67 \text{（美元）}$$

如果该信用卡公司将顾客保留率提高到90%，则会员的顾客终身价值将增至10 000美元：

$$CLV = 2\,000 \times \frac{1}{1+0.10-0.90} = 10\,000 \text{（美元）}$$

这个例子表明，提高有利顾客的保留率或忠诚度能够带来可观的财务成效。

假设该信用卡公司观察到会员随着时间活动增加，且利润以每年6%的固定比例

（g）提高。包含固定利润增长率的顾客终身价值公式可以调整如下：

$$\text{带有固定利润增长率的 } CLV = M \cdot \frac{1}{1+i-r-g}$$

因此，一个会员，初始利润为 2 000 美元，每年以 6% 的比例增长，保留率为 80%，公司折现率为 10%，则顾客终身价值为 8 333.33 美元：

$$CLV（存在固定利润增长率）= 2\,000 \times \frac{1}{1+0.10-0.80-0.06}$$
$$= 8\,333.33（美元）$$

这个例子表明，增加对一个有利顾客的业务可以带来可观的财务成效。

营销手段对顾客终身价值三个决定因素中的两个有着重要作用：（1）顾客利润，包括利润增长；（2）顾客保留。比如，利润由企业提供产品的支付价格和购买量决定。企业可以通过交叉销售相关产品给顾客，以及向上销售，即卖给顾客更加昂贵的产品，来提高利润。而顾客的保留则显然说明顾客对企业提供的产品满意。此外，企业通常采用忠诚计划为忠诚顾客的重复和后续消费提供激励。

一些企业调整了顾客终身价值公式，还考虑了为获得一个顾客所耗费的成本。这种情况下，减去获得成本（acquisition cost，AC）得到顾客终身价值净现值如下：

$$CLV（含有获得成本）= M \cdot \frac{1}{1+i-r} - AC$$

尽管顾客终身价值的计算一目了然，但在应用它来处理企业的客户关系管理时还需要考虑得更加细致。每期利润和保留率可以通过分析企业的客户数据库得到，还可以通过行业样本获得。而且，这项工作非常具有挑战性。比如，一个顾客带来的收益相对容易识别，但是追踪获得和保留一个特定顾客所耗费的成本却往往很难。

准备预估利润表

由于营销经理要对影响企业利润的营销活动负责，他们必须把市场战略和战术具体化，转化为**预估利润表**（pro forma）。预估利润表显示了在一定的计划期（通常是一年）内企业的预计收入、预算费用和估计净利润。预估利润表包括销售预测、变动成本和固定成本（酌量性固定成本和约束性固定成本）。

预估利润表可用不同的方法来准备，以反映不同的具体程度。图表 2—4 是一个典型的预估利润损益表，包括六项主要内容：

1. 销售收入（sales）——预测销售量乘以销售单价。
2. 产品销售成本（cost of goods sold）——购买或生产产品、服务所花费的成本。一般来讲，单位成本在某一销售量范围内是不变的，但随着总销售量而变化。
3. 毛利（gross margin）（有时称**毛利润**（gross profit））——总销售收入减去总产品销售成本后的余额。
4. 营销费用（marketing expenses）——一般指能够带来销售收入的酌量性费用。广告费通常是固定的。销售费用可以固定，例如销售职员薪金；有时也可以变化，例如销售佣金。单位产品的运输费用通常是固定不变的，但总的运费随总销售量变化。
5. 一般管理费用（general and administrative expenses）——通常是计划期内的约束性固定成本，对维持企业的运转是必不可少的。这些成本通常叫一般费用。

6. 税前净收入（net income before taxes）（常叫税前净利润（net profit before taxes））——销售收入减去所有已发生成本后的净利润。

图表2—4　　　　为期12个月的预估利润表（截止到2006年12月31日）　　　　单位：美元

项目	金额	合计
销售收入		1 000 000
产品销售成本		500 000
毛利润		500 000
营销费用		
销售费用	170 000	
广告费用	90 000	
运输费用	40 000	300 000
一般管理费用		
管理人员薪金	120 000	
厂房和设备折旧	20 000	
利息费用	5 000	
财产税和保险费	5 000	
其他管理费用	5 000	155 000
税前净利润		45 000

预估利润表反映了营销经理在给定投入（成本）情况下对销售的期望。这意味着，在准备预估利润表时，经理必须具体考虑顾客对其营销战略和战术的反应，必须将注意力集中到企业的获利能力和成长性等财务目标上。

小　结

本章回顾了基本的会计和财务概念。不过，谨慎是必要的。营销活动的财务分析是必要的，但它并不是评价营销计划的充分条件。营销经理需要认真分析决策所涉及的其他重要变量。因此，人们的判断是必要的。"数字"只是用来辅助一般的营销分析技能的，它本身并不是目的。正如阿尔伯特·爱因斯坦（Albert Einstein）所说的："并非所有重要的事情都能计算，并非所有能够计算的事情都是重要的。"

练习题

1. 音像公司最新推出了星闪姐妹乐队（Starshine Sisters Band）的光盘，名为《日光/月光》（Sunshine/Moonshine）。有关该新光盘的成本信息如下：

CD包装及光盘（直接材料和人工）　　　1.25美元/CD
歌曲作者版税　　　　　0.35美元/CD
录制者版税　　　　　　1.00美元/CD
广告和促销　　　　　　275 000美元
音像公司一般费用　　　250 000美元
给CD分销商的价格　　　9.00美元

请计算：
a. 每张CD的贡献。
b. CD的盈亏平衡销售量和销售额。
c. CD销售量为1 000 000张时的净利润。
d. 实现200 000美元的目标利润所必须达到的销售量。

2. VCI公司通过多种零售渠道销售影像设备和电影拷贝。目前，公司面临一个抉择，即是否应该获得一部名为Touch of Orange的新电影的分销权。如果这部电影由

VCI 公司直接向大型零售商分销，公司估计需投资 15 万美元。公司估计该部电影的总市场大约是 10 万盘拷贝。得到的其他数据（单位：美元）如下：

电影分销权成本	125 000
标识设计	5 000
包装设计	10 000
广告	35 000
拷贝复制（每千盘）	4 000
标识和包装的制作（每千盘）	500
版权费（每千盘）	500

VCI 公司建议的零售价是每盘拷贝 20 美元。零售商毛利润率 40%。

a. VCI 公司的单位贡献和贡献毛利各是多少？

b. 盈亏平衡点的销售量是多少？销售额呢？

c. 如果第一年要获得 20% 的投资回报率，公司需要得到多大的市场份额？

3. 美国治疗公司（American Therapeutic Corporation）的产品小组经理正在审阅 Rash-Away 和 Red-Away 两种药膏的价格和促销方案。这两种产品都是用于减轻皮肤瘙痒的，不过 Red-Away 主要用于美容治疗，而 Rash-Away 则含有一种能祛除皮疹的成分。

由各自的品牌经理推荐的价格和促销方案中提出了通过广告促销或降价刺激销售的可能性。两种产品的销量、价格和成本如下：

	Rash-Away	Red-Away
单价（美元）	2.00	1.00
单位变动成本（美元）	1.40	0.25
单位贡献（美元）	0.60	0.75
销量（件）	1 000 000	1 500 000

两位品牌经理建议可以降价 10% 或投入 15 万美元的广告费。

a. 为了收回在 Rash-Away 上增加的广告开支，该产品的销售量和销售额的绝对数量必须达到多少？Red-Away 呢？

b. 为弥补 Rash-Away 每单位产品 1 美元的增量广告费，销售收入应该增加多少？Red-Away 呢？

c. 如果两种产品的售价均降低 10%，为了维持原来的总贡献水平，销售量和销售额的绝对数量应增加多少？

4. 在花费了 30 万美元的研究开发费后，Diversified Citrus Industries 公司的化学家开发出了一种新早餐饮料。饮料名叫 Zap，它富含的维生素 C 是当前早餐饮料的两倍。Zap 将以 8 盎司易拉罐包装打入早餐饮料市场。该市场的规模估计约为每年 2 100 万罐。

公司管理层面临的主要问题之一是广告资金不足。于是，公司决定在新产品上市的第一年通过报纸广告（而不是电视广告）在大城市地区促销，以期覆盖全美 65% 的早餐饮料市场。报纸广告中将印有优惠券，购买第一罐饮料时，顾客持有优惠券可以享受 0.20 美元的折扣。零售商将获得正常毛利，损失由 Diversified Citrus Industries 公司补偿。以往的经验表明，在上市第一年里，每卖出 5 罐可回收一张优惠券。报纸广告活动（不包括优惠券）需支出 25 万美元，其他固定费用预计每年达 90 万美元。

管理层决定，8 盎司罐装的建议零售价为 0.50 美元。每罐变动成本中包括 0.18 美元的材料费和 0.06 美元的人工费。公司计划零售商的毛利润率为零售价的 20%，批发商的毛利润率为零售成本（批发价）的 10%。

a. Diversified Citrus Industries 公司对批发商的售价为多少？

b. Zap 的单位贡献是多少？

c. 第一年的盈亏平衡销售量是多少？

d. 第一年的盈亏平衡市场份额是多少？

5. VCI 公司制造系列 DVD 录影带并出售给大型零售商。产品包括三种规格的 DVD，下面是相关信息：

规格	DVD 销售单价（美元）	单位变动成本（美元）	每年需求量（张）
LX1	175	100	2 000
LX2	250	125	1 000
LX3	300	140	500

VCI 公司正在考虑增加第四种规格 LX4。这种规格的 DVD 录影带可以 375 美元的单价卖给零售商，单位变动成本是 225 美元，年需求量估计为 300 张。这种新规格录影带的销售量中估计有 60% 来自 VCI 公司其他已有规格的市场（其中 10% 来自 LX1，30% 来自 LX2，60% 来自 LX3）。推出新规格录影带，公司需要投入固定成本 2 万美元。根据这些数据，VCI 公司是否应该推出新规格 LX4 录影带？为什么？

6. Dysk 计算机公司的营销副总裁马克斯·伦纳德（Max Leonard）必须决定是否推出属于 DC6900 系列个人计算机的中档价位产品——DC6900-X 个人计算机。DC6900-X 的售价将为 3 900 美元，单位变动成本 1 800 美元。由一家独立市场调研机构所做的计划书表明，DC6900-X 在其商业化的第一年，即明年，销量将达 50 万台，其中一半的销量将来自争得竞争者的顾客和整个市场的成长。不过，一项消费者研究指出，DC6900-X 30% 的销量将来自高价位的 DC6900-Omega 个人计算机。这种计算机的售价为 5 900 美元（单位变动成本为 2 200 美元）；另有 20% 的销量来自经济型个人计算机 DC6900-Alpha，其售价为 2 500 美元（单位变动成本 1 200 美元）。预计下一年 DC6900-Omega 的销量为 40 万台，DC6900-Alpha 为 60 万台。商业化的第一年中，DC6900-X 的固定成本预计为 200 万美元。马克斯·伦纳德是否应决定推出 DC6900-X 个人计算机？

7. 一家运动营养品公司正在考虑是否推出一种新的高能运动饮料。初步的可行性研究表明，公司需要投资 1.75 亿美元用于新产品的生产和包装设备。根据营销和生产部门提供的数据进行的财务分析显示，净现金流（现金流入减去现金流出）在商业化生产的第 1 年可以达到 610 万美元，第 2 年达到 740 万美元，第 3 年达到 700 万美元，第 4 年达到 550 万美元。

公司高管还没有决定是否继续新产品开发。他们要求分别利用 20% 和 15% 的折现率进行折现现金流分析。

a. 如果折现率是 20%，公司是否应该继续新产品开发？为什么？

b. 如果折现率是 15%，决策是否应该不同？为什么？

8. Net-4-You 是一家互联网服务提供商，向它的 1 000 000 位顾客每月收取 19.95 美元服务费。公司的变动成本为每月每位顾客 0.50 美元。此外，企业为每位顾客每月花费 0.50 美元或者每年花费 6 000 000 美元于一个忠诚计划以维系顾客，其结果是，公司每月顾客保留率达到 78.8%。Net-4-You 的月折现率为 1%。

a. 什么是顾客终身价值？

b. 假设企业想要提高其每月顾客保留率，决定每月在每位顾客身上再多花 0.20 美元以提高忠诚计划的成效。那么 Net-4-You 应该将保留率提高到多少才能够弥补顾客利润降低所带来的顾客终身价值减少？

9. Century Office Systems，公司的年度计划过程虽然很艰难，不过也确实提出了有关下一年度的许多重要的营销决策。最引人注目的是，公司经理决定将产品营销队伍重组为两个小组：（1）企业办公系统；（2）家庭办公系统。安吉拉·布莱克（Angela Blake）被任命负责家庭办公系统小组，任务是销售适用于家庭或在家办公的个人使用的文字处理软件和硬件。她的营销计划是经过详细的市场分析和与公司内外很多人磋商后形成的。计划中预计明年的销售额达 2 500 万美元。与销售总监的讨论表明，可以安排公司 40% 的销售人员销售家庭办公系统的产品，销售代表可得到 15% 的销售佣金。在新的组织结构中，家庭办公系统小组获得销售队伍支出预算中的 40%。销售总监为企业办公系统和家庭办公系统的销售人员的薪水和福利及非佣金销售成本所定的预算总计为 750 万美元。

广告和促销预算包括三个方面：贸易杂志广告、与经销商的合作报纸广告、营业推广材料（包括产品宣传手册、技术手册、产品目录和购买点陈列）。报纸广告和营业推广材料由公司的广告和公关关系代理负责。制作和媒体费为 30 万美元。报纸和广播合作广告文本的制作费用预算为10万美元。Century Office System公司的合作广告津贴政策指出，公司要拿出销售收入的5%给经销商来促销办公系统。经销商通常会足额使用其合作广告津贴。

与制造和运营人员会谈后得知，生产家庭办公系统产品的直接材料和人工费以及工厂一般费用占销售收入的50%。会计部门将60万美元的间接制造费用（机器折旧和维修费）以及30万美元的一般管理费（文书、电话、办公场地等）分摊到该产品线。该产品线的运费平均占销售收入的8%。

布莱克的下属包括两名产品经理和一名销售助理。布莱克及其下属的薪水和福利为每年25万美元。

a. 根据所提供的信息，为家庭办公系统小组准备一份预估利润表。

b. 给定年销售额为2 000万美元，为家庭办公系统小组准备一份预估利润表。

c. 家庭办公系统小组的盈亏平衡销售额是多少？

第3章 营销决策与案例分析

要成为有效的营销经理,首先必须具备决策技能。诺贝尔奖获得者赫伯特·西蒙(Herbert Simon)认为,管理和决策实际上是一回事。[1]另一位管理学家彼得·德鲁克(Peter Drucker)曾说过,如果经理能认识到"决策是一个理性的、系统性的过程,它由一系列明确的步骤构成,每一步骤也都是理性的和系统的"[2],不仅可以减轻决策的负担而且可以做出更好的决策。

本章的一个目的是介绍决策的系统过程,另一个目的是介绍案例分析中需注意的基本问题。正如决策和管理在范围上可以视为等同的一样,决策过程和案例分析也是紧密相关的。出于这个原因,今天许多企业在评估应聘者的决策技能时会用到案例分析。他们发现应聘者对待案例的方式能反映他们的战略思维、分析能力和判断能力以及包括倾听、质疑和处理冲突等沟通技能。[3]

决策制定流程

虽然不存在一个简单的程式可以确保在任何时候都能得到解决所有问题的正确答案,但是,采用系统的决策过程可以提高获得较好的解决问题方案的可能性。[4]这里描述的决策过程可称为DECIDE[5]:

- 界定(define)问题。
- 列举(enumerate)决策因素。
- 考虑(consider)相关信息。
- 确定(identify)最佳方案。
- 制定(develop)所选方案的实施计划。
- 评价(evaluate)决策和决策过程。

下面对每一步骤的内涵和意义进行详细讨论。

界定问题

哲学家约翰·杜威(John Dewey)曾指出:"问题识别或界定准确相当于解决了一

半问题。"在市场营销中，这句话所表达的含义是，得到很好界定的问题勾画出了解决问题的框架。这个框架包含了决策者的**长远目标**（objectives），认识到的**制约条件**（constraints），明确的**衡量成功的指标**（success measure）或评估实际进展情况的短期目标。

考虑一下生产和经营墨西哥食品的企业 El Nacho 食品公司面临的情况。这家公司将其产品线定位为高质量的品牌，并通过有力的广告宣传来传递这一信息。在公司推出冷冻晚餐后不久，它的两个竞争对手便相继降价竞争。El Nacho 食品公司因此失去了市场份额和销售额，进而导致可用于广告和促销的资金减少。那么，如何界定该企业面临的问题呢？由此导致的一个问题是："我们是否也应降价？"对问题的界定也许更好的是，"在可用于广告和促销的资金有限的条件下（限制因素），我们如何保持高品质的品牌形象（目标）和重新获得失去的市场份额（成功的指标）？"

第一种界定要求公司对直接面对的问题作出反应，它没有明确指出更宽泛的、更重要的企业竞争性定位。因此，问题的表述没有抓住实质。第二种界定则提供了更广的视野，有助于营销经理更自由地寻找解决问题的方法。

在案例研究中，常常会提出几种可供选择的行动方案。片面的案例分析就是简单地比较这些方案，然后从中选择方案 A 或方案 B，而不考虑方案选择在公司或决策者所面临的情境中的重要性。

列举决策因素

在决策过程中必须列举出两类决策因素：（1）**行动方案**（alternative courses of action）；（2）竞争环境中的**不确定性**（uncertainties）。行动方案是可控制的决策因素，因为决策者完全有权决定。它们通常是指产品——市场战略或企业营销组合中各要素的改变（已在第 1 章中做过介绍）。不确定性是指营销经理无法施加影响的不可控因素，在营销中主要包括竞争者行为、市场规模和购买者对营销活动的反应等。对于这些因素通常需要做出一些假定。这些假定应该非常明确，特别是那些对行动方案的评价有影响的因素。

生产箭牌（Arrow）衬衣的 Cluett Peabody 公司最近的一次经历说明了行动方案与不确定性是如何一起导致灾难性后果的。该公司脱离以往销售古典男式衬衣的传统，转而销售一种颜色前卫、款式动感的高价位新衬衣（行动方案）。公司很快意识到，男士的品位已趋于更加保守的式样（环境的不确定性）。结果如何呢？公司损失了 450 万美元。按该公司总裁的话说，"我们希望自己的产品富有激情，但是没有真正看清市场"。[6]

案例分析提供了将不同方案与市场不确定性结合起来考虑的机会。如果要制定有效的决策，事实上也**必须**（must）这样考虑。要分析所选方案的预期结果（无论财务的还是非财务的），不得不考虑到行动方案实施的具体环境。

考虑相关信息

决策过程的第三步是考虑相关信息。与第 2 章中所说的相关成本类似，**相关信息**（relevant information）是指与经理人员识别出的可能影响未来情形的行动方案有关的信息。具体来说，相关信息可能包括产业和竞争环境的特征、企业的特点（如竞争优势和地位）以及行动方案本身的特征。

对于从事实际工作的营销经理以及案例分析人员来说，识别相关信息并非易事。因为在制定任何决策的过程中，都存在太多的事实、数据和观点。事实上，"21 世纪真正成功的管理者不仅要接触到信息，而且要接触到相关的有用信息，并将之从大量的非相关信息中分离出来"。[7]正确判断哪些是相关信息哪些不是相关信息实际上是通过实践才能积累得到的技能。对大量的不同案例进行分析是开发这种技能的一种有效方法。

在案例分析中有两点需要引起注意。第一，案例分析人员应避免将案例中的**每件事**（everything）都作为"事实依据"。许多案例，包括实际的营销情形，包含有相互冲突的数据。因此，在分析案例时需要靠人们的判断力来评估所提交数据的合理性。第二，分析人员常常必须从案例中提炼出一些相关信息。提炼相关信息往往需要同时使用多种数据，例如计算简单的盈亏平衡点。

值得指出的是，虽然考虑相关信息是决策过程的第三个步骤，但它对前两个步骤也有影响。营销经理或案例分析人员对相关信息进行了更深入的思考和评价后，问题的界定或决策因素都有可能改变。

通过这三个步骤，营销经理或案例分析人员完成了**现状分析**（situation analysis）。现状分析应当对"我们现在的状况如何"这一问题作出回答。（有关现状分析的具体问题，参见图表3—4。）

确定最佳方案

确定最佳方案是决策过程的第四个步骤。行动方案的选择并不是简单地从各种方案中选出最好的方案，而是要对所识别出的方案及问题处理中明显的不确定性进行评估。

确定最佳方案的基本框架是**决策分析**（decision analysis），这在第1章中已经介绍过。在最简单的决策分析中，将识别出的每种方案与市场环境中的不确定性相结合，并为不同环境情形下可能的结果赋予一个具体数值。经理们采用决策树和收益表来描述行动方案、不确定性和潜在结果三者间的关系。关于决策分析和决策树以及收益表的应用可以用前面提到的El Nacho食品公司面临的形势来加以说明。

假设在DECIDE过程的第二个阶段（即列举决策因素）结束时，El Nacho食品公司的经理识别出两种可能采用的方案：（1）降低冷冻食品的价格；（2）维持原价。同时，他们也认识到了两种不确定情况：（1）竞争者可能维持已有的低价；（2）竞争者可能进一步降价。进一步设想在决策过程第三步（考虑相关信息）结束后，El Nacho食品公司的经理分析了定价行为可能导致的市场份额和销量的变化。他们还计算了在竞争者不同反应下每种行动方案的冷冻食品的单位贡献。他们做了贡献分析，因为DECIDE过程的第一阶段将问题界定为对广告和促销的贡献（界定问题）。

已知两个行动方案和竞争对手的两种反应以及每一组合条件下计算得出的单位贡献，他们识别出了四种财务结果（见图表3—1中的决策树）。

本公司的行动	竞争者的反应	财务结果
降价	维持原价	150 000美元
	进一步降价	110 000美元
维持价格	维持原价	175 000美元
	进一步降价	90 000美元

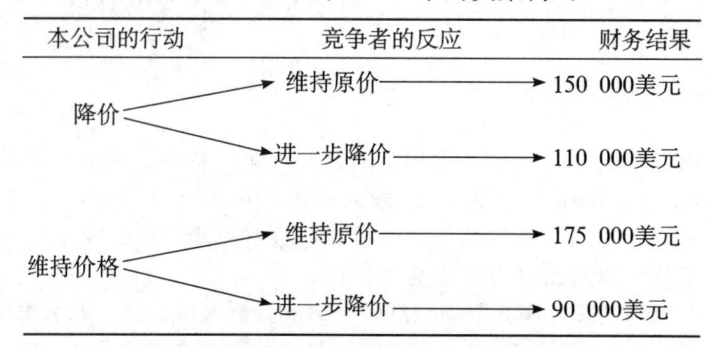

图表3—1 El Nacho食品公司的决策树

从决策树图中可明显看出,如果 El Nacho 食品公司维持冷冻食品价格不变,竞争者也维持现有的低价,那么将得到最大的贡献。然而,如果 El Nacho 食品公司维持价格不变,竞争者进一步降价,最终将得到四种结果中最低的贡献。由此可见,行动方案的选择明显依赖于所处环境中的不确定性。

收益表(payoff table)是显示一个公司面临的行动方案、不确定性和财务结果的有用工具。此外,收益表还包括另一层含义,即管理部门对不确定性发生概率的主观判断。例如,假设 El Nacho 食品公司管理部门认为,竞争对手的贡献毛利较低,因而不管 El Nacho 食品公司采取什么行动,对手很可能继续维持原价。公司的管理者进一步认为,竞争对手只有 10% 的可能性进一步降低冷冻食品的价格。[8] 由于假定竞争对手的反应只有两种,因此,竞争对手有 90% 的可能性维持原价(注意:不确定性概率的总和为 1.0 或 100%)。给定这些数据,El Nacho 食品公司的收益表就如图表 3—2 所示。

	不确定性	
	竞争对手维持原价 (概率为0.9)	竞争对手降低价格 (概率为0.1)
方案 降低价格	150 000美元	110 000美元
维持原价	175 000美元	90 000美元

图表 3—2 El Nacho 食品公司的收益表

利用收益表可以计算出每一方案的"期望值"。期望值的计算是对于每一方案,用可能得到的财务结果与其概率相乘,然后再加总。一个方案的期望值可以看成是在相同条件下营销经理多次选择相同方案可能得到的收益。

降价方案的期望值等于竞争者维持原价的概率乘以此时企业获得的贡献,加上竞争者进一步降价的概率乘以相应的贡献。计算如下:

0.9×150 000+0.1×110 000=135 000+11 000=146 000(美元)

维持原价的期望值是:

0.9×175 000+0.1×90 000=157 500+9 000=166 500(美元)

维持原价将获得 166 500 美元的较高平均贡献,这表明 El Nacho 食品公司应该保持价格不变。贡献高是由于竞争对手有 90% 的可能性希望维持原价不变。如果选择降价方案,El Nacho 食品公司将得到 146 000 美元的平均贡献。因此,理性的管理者会选择维持原价的方案。

熟悉决策分析十分重要。主要有四方面的原因。第一,决策分析是考虑"如果发生某种情况该怎么做"问题的基本工具。通过这种方式处理行动方案、不确定性和财务结果间的关系,营销经理或案例分析人员可以密切关注竞争环境中的动态过程。第二,决策分析迫使案例分析人员将与具体行动紧密相连的结果定量化。第三,决策分析适用于多种情形。例如,华纳-兰伯特(Warner-Lambert)加拿大有限公司采用决策分析方法决定生产和销售李施德林(Listerine)牌润喉糖;福特汽车公司用决策分析方法决定是否自己生产轮胎;皮尔斯博瑞公司(Pillsbury)采用这种方法决定是否放弃包装箱转而使用包装袋。[9] 第四,决策分析还可以用于评价"完全信息"的价值。

图表 3—3 显示了利用 El Nacho 食品公司计算完全信息的预期货币价值(EMV-PI)的例子。简言之,完全信息的预期货币价值是该公司管理者在确知竞争对手如何做所能得到的收益与不知道这些信息时收益的差额。换句话说,如果公司确切地知道

竞争对手将维持原价，那么公司也将选择维持原价。相反，如果公司得知对手将降价，那么公司也选择降价。如果公司面临10次这样的决策，每次都知道对手的行动，那么公司管理层每次都能做出最佳的选择。这样，预期货币价值将是168 500美元。168 500美元和166 500美元（没有此类信息时的最佳结果）之间的差额2 000美元则是支付完全信息的上限。完全信息的预期货币价值可以用来指导企业决定应该花多少钱做营销调研以便识别最佳的行动方案。

		收益表的不确定性	
		竞争者维持原价 （概率＝0.9）	竞争者降价 （概率＝0.1）
被选方案	A1：降价	150 000美元	110 000美元
	A2：维持原价	175 000美元	90 000美元

预期货币价值（EMV）的计算：

$EMV_{A1}=0.9\times150\ 000+0.1\times110\ 000=146\ 000$（美元）

$EMV_{A2}=0.9\times175\ 000+0.1\times90\ 000=166\ 500$（美元）

完全信息的预期货币价值（EMVPI）的计算：

$EMV_{完全信息}=0.9\times175\ 000+0.1\times110\ 000=168\ 500$（美元）

$EMVPI=EMV_{完全信息}-EMV_{最佳选择}=168\ 500-166\ 500=2\ 000$（美元）

图表3—3　决策分析和信息的价值

制定所选方案的实施计划

选择行动方案后还需要制定具体的实施计划。仅仅提出要做什么是不够的，实施阶段也非常关键。制定实施规划可以促使人们考虑资源配置和时机等问题。例如，如果决定推出一项新产品，必须考虑管理、财务、生产等资源如何在该项活动上进行配置。如果决定降低价格，必须保证最终消费者从中得到实惠，避免降价被渠道中的中间商吸收。时机很重要，因为营销计划的制定和实施需要时间。

还需指出的一点是，战略的制定和实施并不一定是在时间上严格区分的序列过程。相反，在制定和实施间往往要发生交互作用，直到案例分析人员认识到，在组织优势和市场要求已知的条件下，"哪些事情能够做到"。第1章中有关营销组合的讨论也阐明了这些观点。

评价决策和决策过程

决策过程的最后一个步骤是评价所做的决策和决策过程本身。对于决策来说，应该回答两个问题。首先，"是否作出了决策"这个看似古怪的问题实际上正好切中案例分析的通病。我们常常发现，案例分析人员不是在做决策，而是在谈论组织面临的状况。

第二个问题是，"在案例所描述的情境中，所做的决策是否适合?"提出这个问题是想强调"一方面信息不足，另一方面又没有很好考虑和解释信息"的现象。在许多营销案例中（实际情况也的确如此），决策所需要的某些信息找不到。若信息不全面，就必须做一些假定。案例分析常常需要做一些假定或推测，但是，假定一定要精心推敲。如果做假定仅仅是为了让事先觉得正确的答案能"适应"所面临的情形,那将必然导致失败。

案例分析人员应该经常反思自己的决策过程。得出的决策正确并不一定表明决策过程本身是恰当的。例如,人们根据地址在地图上确认某家企业的方位时,一开始常常找不到,后来碰巧找到了。但是,过些日子有人再问同一地址,可能又找不到了。与此类似,案例人员可能会找到"解决问题的正确方法",但却不能描绘出所涉及的过程。

在完成课堂案例讨论、书面案例作业或小组口头汇报后,案例分析人员应通过回答以下一些问题来仔细评价自己的表现:

1. 对问题的界定是否恰当?
2. 是否识别出了所有的备选方案和不确定性?做出的假定是否合理?
3. 是否考虑到了与案例有关的所有信息?
4. 推荐的行动方案是否恰当?如果方案恰当,推理是否与建议一致?如果方案不当,那么自己的假定与别人的假定有何不同?自己是否忽视了重要的信息?
5. 是否考虑到了建议方案的实施?

对上述问题的诚实回答有助于改进未来的决策。

准备和报告案例分析

如何准备案例呢?几乎每位第一次接触案例分析方法的同学都会提这个问题。准备案例分析报告(更一般的是解决实际营销问题)时最困难的是,分析所研究的企业面临的相关因素时要使自己的思维过程结构化。在这方面,上述有关决策过程的论述是有帮助的。下面介绍分析营销案例时的一些技巧。

熟悉案例

第一次阅读营销案例时,应集中掌握组织当前的状况。第一次阅读应该了解需要解决的问题及有关组织和环境的背景信息。

然后再仔细读一遍,特别要注意关键的事实和假定。此时,应该明确那些你认为是与组织面临的问题有关的量化数据的相关性和可靠性。同时分析几条量化信息往往可以激发有价值的思考。需要指出的是,在第二次阅读时,要记录很多的心得和体会。记录很重要,简单地标出案例中的观点或数字是不够的。行为科学家估计,人的大脑能够同时注意到的事实最多为八项;如果没有辅助手段的话,人们将这些事实按有意义的方式联系起来的能力是有限的。[10]成熟的分析人员和经理总是要在纸上记录和写出一些观点,无论他们是独自工作还是加入一个小组时都是如此。

在第二次阅读案例时要避免出现以下三个问题。首先,不要急于下结论。否则的话,很有可能忽视某些信息,甚至为了求得事先认定的答案的合理性而歪曲信息。其次,在真正了解数字的含义和来源之前,不要盲目运算。最后,不要将推测与事实相混淆。一个案例中可能有很多陈述,如"我们企业接受市场营销理念"。依据对企业行动和业绩的评估,这是事实还是推测呢?

陈述案例分析

上面的论述为熟悉营销案例提供了一些原则。图表 3—4 列出的营销案例分析工作表为组织信息提供了一个框架。图表中列举了四类因素，每类都附有几个问题。在准备案例时，考虑这四类因素非常有帮助。

产业、市场和购买行为的性质 第一类因素是组织经营所处的环境，相关的问题包括：（1）评价产业结构、行为和业绩与竞争；（2）了解谁是购买者，他们为什么买、何地买、何时买、如何买、买什么和买多少。

组织 了解组织的财力、人力和物力资源，组织的优势与劣势，以及成功与失败的原因等是非常重要的。尤其重要的是了解组织希望做什么。组织与其环境之间的适应性是案例分析中应关注的首要联系。这种联系是进行现状分析的本质，因为它对组织当前面临的形势进行了解释。在这一点上，采用第 1 章介绍的 SWOT 分析方法有助于厘清思路。

行动计划 分析人员应该在现状分析的基础上识别出可能的行动方案。一般情况下，可以采取的行动方案可能有多种，但每种方案都必须清楚地表达。每个方案都涉及成本和收益问题，因此，必须在对实际情况进行切实估计的基础上认真地加以计算。

潜在结果 最后，应对各种行动方案的潜在结果加以分析。通过对结果的评估，从中选定某行动方案或战略。在分析和评价各种备选方案时，不仅要说明为什么选择某方案，而且要说明为什么放弃其他方案。

尽管考虑以上各类因素是必要的，但是，分析方法可以变通。如同解决营销问题不存在唯一正确的方法一样，分析案例也有多种方法。不过无论采用什么方法，切记涵盖所有基本内容。

图表 3—4   营销案例分析工作表

	问题要点
产业、市场和购买行为的性质	1. 产业结构、行为和绩效的性质如何？ 2. 竞争者是谁？它们的优势和劣势是什么？ 3. 消费者在这个产业或市场中的购买行为如何？ 4. 市场可以细分吗？如何细分？细分市场可定量分析吗？ 5. 产业的成功要求有哪些？
组织	1. 组织的使命、目的和独特能力是什么？ 2. 它向市场推出的提供物是什么？它过去和现在的表现有何特征？它的潜力如何？ 3. 经理或组织对所处的形势有何看法？ 4. 导致出现目前形势的因素有哪些？
行动计划	1. 组织可以采取什么行动？ 2. 从定量和定性两方面看，行动的成本和收益如何？ 3. 在组织要做什么、应当做什么、能够做什么和必须做什么之间是否存在差别？
潜在结果	1. 购买者、经销商和竞争对手对每一行动方案会有什么反应？ 2. 每个行动方案如何满足购买者、经销商和组织的要求？ 3. 每个行动方案潜在的获利能力如何？ 4. 行动方案是增强还是削弱了组织未来的竞争力？

团队合作进行案例分析　正如组织现在依赖团队讨论营销问题一样,学校通常也指派一个学生团队来分析一个案例。由团队进行案例分析大致也涉及上述四个方面。不过,以团队为基础进行案例分析时,做法不同会影响团队体验及分析的质量。

如果领导者要求你自己组建团队,那么一定要仔细选择团队成员。基于友谊组建团队很常见,但这并不总是明智的选择。相反,应尝试根据彼此能力的互补性(财务技能、口头表达、写作技能等)建立一个平衡的团队,应寻求那些认真可靠的人。

团队的行为会影响案例分析的质量。[11]要注意避免"群体思维"——群体在工作一段时间以后倾向于做出理由欠充分的决策。在面临社会压力和希望避免冲突时,人们有可能放弃主见随波逐流,从而出现群体思维。群体思维的结果通常是,考虑问题和解决方案不够周全,有可能认识不到集体决策的风险,不会重新评价起初被拒绝的选择,不重视案例信息及其评价,由于过度自信所选活动和决策成功的可能性而没有制定应急方案。[12]通用汽车公司富有传奇色彩的总裁阿尔弗雷德·斯隆(Alfred Sloan)在其管理团队中敏锐地察觉到了这种群体思维。他常说:"我知道我们一致同意目前的决定。不过,我建议将进一步的讨论推迟到下次开会,这样我们有足够的时间提出不同的看法,并理解这个决策的实质是什么。"[13]案例分析团队也可以采取类似的方法避免群体思维带来的问题。

案例分析的沟通

案例分析的沟通有三种途径:(1)课堂讨论;(2)口头汇报;(3)书面报告。

课堂讨论　如果每位同学课前都积极准备并主动参与,在课堂上讨论案例将是激动人心的体验。课前准备不仅是事先简单地阅读案例,而应当根据前面阐述的四类因素仔细分析案例。案例准备通常需要花 4~5 个小时。案例准备过程中所做的笔记也应带到课堂上。

类似地,参与也不仅是指说。其他同学应当在课堂上仔细聆听和观察。为了在先前的评论和分析基础上提高一步,留意其他人的观点是十分必要的。大多数课堂讨论遵循相似的形式。课堂讨论以分析组织及其环境开始,然后讨论可能的行动方案,紧跟着考虑可能的实施策略。知道课堂讨论的进展对组织自己的观点和分析以及准备后续的讨论是非常必要的。

课堂讨论结束后,同学应该立即准备一份课堂上形成的案例分析的简短总结。这个总结应该包括具体的事实、观点、分析和归纳出的一般规律等内容,它对于对比和比较不同案例的情形十分有用。

口头汇报　案例的口头汇报需要一套相对不同的技巧。通常以 3~5 名同学为一组,对案例进行周密分析,然后向全班同学汇报。扮演的角色可事先确定,例如班里的同学可扮作执行委员会成员来审查小组或项目团队的汇报。

汇报过程的润色十分重要。[14]因此,小组应事先预演一下,让小组成员挑挑毛病。口头报告提供了机会,使得分析和建议可以生动鲜活,借助胶片、电子幻灯片或其他视觉辅助工具突出一些重要的观点。胶片和幻灯片至少应包括以下几个方面:

1. 首页幻灯片显示报告的题目和报告人的姓名。
2. 用一张幻灯片概括报告的大纲(或许为每个主题都标上报告人的姓名)。
3. 用一张或几张幻灯片说明管理层需要关注的关键问题或战略议题。

4. 用几张幻灯片介绍关于公司处境或问题的分析。

5. 再用几张幻灯片给出建议及理由——每个建议单列一页，附带相关的佐证。

切记，幻灯片和胶片是辅助你向受众传播你的思想的，它们不能取代口头交流。在口头报告时可以参考，但不要照本宣科地读幻灯片或胶片上的文字。另外，太多的图表、图像、颜色和转化等可能分散受众的注意力，影响报告的流畅进行。最后，记住，对于敏锐的受众来说，再绚丽的幻灯片或胶片也无法掩盖过于浅显甚至错误的案例分析。

书面报告　撰写案例分析书面报告需做的工作与准备课堂讨论类似。唯一的区别在于：书面报告应该组织得当、文字清晰（最好是打印）、语法正确。

组织书面报告并不存在唯一正确的方法。不过，案例报告通常包括三个部分：（1）战略问题的识别；（2）分析和评价；（3）建议。在第一部分，应有一段文字用来界定问题和描述限制条件及组织可以采用的策略。第二部分应该对产业、市场、购买行为和备选行动计划进行详细的分析与评估。分析与评估是书面报告的核心部分。因此，这部分不能直接引用案例中的信息，分析人员需要对事实、量化数据和管理层的观点进行评价。最后一部分应包括一系列的建议。建议应该以前面的论述为基础，应该是在案例描述的情况下可行的。无论如何，最后要作出决策。

在本书书末的附录中，附有一个案例及学生做的书面案例分析报告。建议在阅读学生的分析报告前，自己先仔细阅读和分析一下案例。

[注释]

[1] Leigh Buchanon and Andrew O'Connell, "A Brief History of Decision Making," *Harvard Business Review* (January 2006): 32-41.

[2] "What Executives Should Remember: Classic Advice from Peter Drucker," *Harvard Business Review* (February 2006): 144-152.

[3] Melissa Raffoni, "Use Case Interviewing to Improve Your Hiring," *Harvard Management Update* (July 1999): 10.

[4] Loren Gary, "Want Better Results? Boost Your Problem-Solving Power," *Harvard Management Update* (October 2004): 1-4.

[5] DECIDE acronym copyright © by William Rudelius. Used with permission.

[6] "Cluett Peabody & Co. Loses Shirt Trying to Jazz Up the Arrow Man," *Wall Street Journal* (July 28, 1988): 24.

[7] Mark David Nevins and Stephen A. Stumpf, "21st-Century Leadership: Redefining Management Education," *Strategy & Business* (Third Quarter, 1999): 41-51.

[8] 在确定主观概率时经常出现的一个问题是如何选择具体的数值。一种办法是靠过去的经验，采用类似于第1章中介绍的关于不同战略成功概率的统计方法。另外，也可以利用案例中提供的信息估计概率。最简单地，若只有两种可能性，可以把每种可能性出现的概率设为0.5，这意味着它们出现的概率是相同的。然后，可以根据案例中的信息来调高或调低概率。

[9] These examples and a further reading on decision analysis can be found in Peter C. Bell, *Management Science/Operations Research: A Strategic Perspective* (Cincinnati, OH: South-Western Publishing, 1999): Chapter 3.

[10] Amitai Etzioni, "Humble Decision Making," *Harvard Business Review* (July-August 1989): 122-126.

[11] Jared Sandberg, "Some Ideas Are So Bad That Only Team Efforts Can Account for Them," *Wall Street Journal* (September 29, 2004): B1.

[12] Max Bazerman, *Judgment in Managerial Decision Making*, 6th ed. (New York: John Wiley & Sons, 2006).

[13] This quote appears in David A. Garvin and Michael A. Roberto, "What You Don't Know About Making Decisions," *Harvard Business Review* (September 2001): 108-116.

[14] This discussion is based on material in Arthur A. Thompson Jr. and A. J. Strickland, *Strategic Management: Concepts and Cases*, 13th ed. (Burr Ridge, IL: McGraw-Hill/Irwin, 2004): C12-C13.

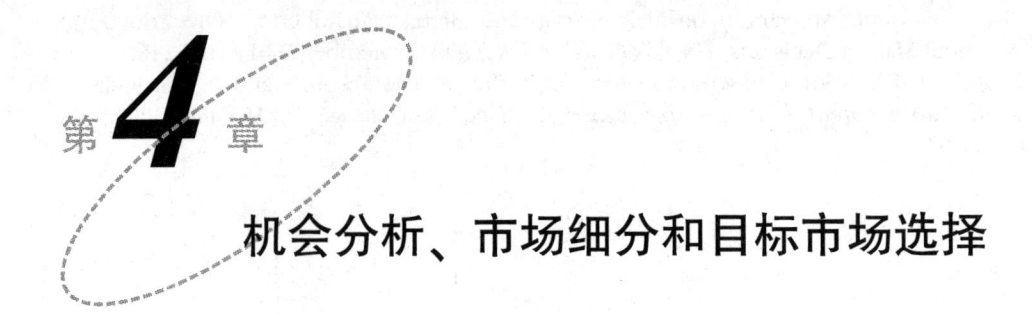

第4章 机会分析、市场细分和目标市场选择

营销战略的制定和实施是一项复杂且具有挑战性的任务。其中最重要的是，营销战略涉及市场的选择以及制定能够进入这些市场的计划。这一过程的实施应同时使所选择的市场（满足购买者的需要和需求）和组织受益（特别是利润方面）。

在此框架中，首要的任务是机会分析和目标市场选择。本章将描述营销经理进行机会分析、市场细分、目标市场选择、市场和销售潜力预测时所用的一系列分析性的概念和工具。

机会分析

机会分析（opportunity analysis）包含三类相互联系的活动：
- 机会识别；
- 机会—组织匹配；
- 机会评价。

机会往往是由于识别出新型购买者、发现购买者未满足的需要或创造出满足购买者需求的新方法和新手段而产生的。机会分析注重发现对组织有利可图的市场。

锐步公司（Reebok International，Ltd.）的例子可以很好说明仔细进行**机会识别**（opportunity identification）的价值。锐步公司以生产跑鞋闻名，1981年销售额为150万美元。然而，顾客对跑步的兴趣已不再增长，必须发现新的机会才能使公司继续成长。详细的调查表明，存在许多根据购买者不同类型和需要来开发产品的机会。在随后的25年中，锐步公司基于购买者类型、购买者需求进行系统的机会分析，技术革新成为满足购买者需求的最有效的方法。锐步公司识别购买者"功能导向"的需求（主要是针对不同的运动，如网球、篮球、高尔夫球、田径）和"非竞技型"需求（主要是针对三类购买者——男人、女人和儿童的舒适性、款式和风格）。技术革新，尤其是最近增加了计算机芯片和运动监测仪器，能够满足那些需要测定其体育成绩的购买者的需求。其结果呢？锐步公司2006年通过与阿迪达斯合并拓展了其全球营销范围，它现在的年销售额增加到40亿美元。[1]

机会—组织匹配(opportunity-organization matching)决定了所识别出的市场机会是否与组织的业务定义、使命和独特的能力保持一致。为此,需要对组织的优势、劣势进行评估,同时识别出影响市场经营获利能力的因素。第1章中描述的SWOT分析常常可以用来评估所识别出的市场机会与组织之间的匹配程度。

对于一些公司来说,它们并未追求一些销售量和利润不错的市场机会,因为这些市场机会与组织特性不匹配。星巴克就是一个典型的例子。该公司已经建立了一个全新的"酿造"业务,尤其是咖啡美食。但是公司拒绝使用成品咖啡,尽管它很有发展潜力。公司董事长霍华德·舒尔茨(Howard Schultz)曾说:"如果成品咖啡是我们的最大市场细分,它将带来40%的增长,但是我们并不经营此业务。"他进一步强调:"因为那不是我们公司的遗传基因。"[2]

机会评估(opportunity evaluation)通常有两个不同阶段,即定性分析阶段和定量分析阶段。定性分析阶段注重将经营机会的吸引力与未覆盖的市场缝隙的潜力相匹配。吸引力取决于:(1)竞争对手的活动;(2)购买者的要求;(3)市场需求和供给能力;(4)社会、政治、经济和技术的驱动力;(5)组织的能力。然后,必须将以上各项因素及其对购买者的类型、购买者的需要和满足需要的手段的影响紧密联系起来进行分析。图表4—1是一个机会评估矩阵,其中包括了进行市场机会定性分析时有用的说明性问题。定量分析阶段要得出对市场销售潜力的估计和销售预测,同时还要对评估市场机会的盈利性必需的财务、人力资源、市场营销和生产资源做出预算。

图表 4—1　　　　　　　机会评估矩阵:吸引力指标

市场细分标准	竞争活动	购买者的要求	需求/供给	社会、政治、经济和技术力量	组织的能力
购买者类型	争夺这个用户群的企业有多少?是哪些?	什么因素影响购买意愿和能力?	不同类型购买者的有效需求的水平是否相同?供应来源充足的重要性多大?	不同的购买者对于这些因素的敏感程度如何?	我们能否通过营销组合变量接近购买者?我们能够向这些购买者供货吗?
购买者需要	哪些企业满足哪些购买者的需要?	是否存在未满足的购买者需要?这些需要是什么?	购买者需要是长期的吗?我们可以通过获取资源来满足购买者需要吗?	购买者需要对这些因素的敏感程度如何?	我们可以满足购买者的哪些需要?
满足购买者需要的手段	采用什么策略满足购买者需要?	满足购买者需要的技术是否发生变化?	用来满足购买者需要的手段在多大程度上受供应来源的影响?对满足购买者需要的手段的需求是否发生变化?	满足购买者需要的手段对这些因素的敏感程度如何?	我们是否拥有满足购买者需要所需的财力、人力、技术和营销专长?

什么是市场

识别出机会并不意味着对组织来说一定存在市场。尽管有不同的定义,但**市场**(market)可以看成是愿意并且能够购买组织所提供的现有或潜在提供物(产品或服务）的潜在购买者（个人或组织）。

对市场的这种定义有几层管理上的含义。第一，该定义强调购买者而不是产品或服务。个人和组织的特性决定了他们是否和怎样获得、使用产品和服务。是购买者而不是产品构成了市场。第二，通过突出购买者购买产品或服务的意愿和能力，该定义引入了**有效需求**（effective demand）的概念。即使消费者愿意购买某产品和服务，如果他们没有购买能力，交换也不会发生。同样，如果消费者有能力购买但没有购买意愿，交换也不会发生。理解这些联系很重要，因为营销战略家只有掌握某种产品或服务的有效需求的程度才能确定市场是否存在。在很大程度上，有效需求的程度依赖于组织的营销组合活动。第三，使用**提供物**（offering）这一术语而不用**产品**（product）或**服务**（service），扩展了定义中组织向购买者提供的内容。人们并不是冲着产品或服务而购买；产品或服务之所以为人们所购买是因为它们能够给人们带来价值或利益。正因为如此，露华浓化妆品公司（Revlon Cosmetics）的查尔斯·里弗森（Charles Revson）反复阐述他的公司出售的不是化妆品而是希望。这一拓展的提供物概念，事实上要求战略家应该把产品或服务所提供的利益与其有形的特性区分开来。

人们经常听到或读到汽车市场、软饮料市场、健康护理市场等。这些提法并不准确，因为每个指的事实上都是许多微型市场的组合。将某个市场看成是许多微型市场的组合有利于更好地评价经营机会。以"咖啡市场"为例。图表4—2显示了麦氏咖啡或Folgers牌咖啡的营销经理是如何把美国咖啡市场分解成多个市场的。通过这种分解，他可以更有效地识别出究竟是哪些企业参与含咖啡因或不含咖啡因市场的竞争以及它们是如何竞争的，也有利于监测不含咖啡因的速溶咖啡销售量的变化，了解美国西南部和东北部地区购买者口味偏好和竞争情况的差别（由于这个原因，地区市场营销越来越流行）。例如，Folgers牌咖啡的管理层发现，在南部，真空的块装咖啡比罐装咖啡更受欢迎。于是他们重新包装，并通过广告大力宣传，结果是Folgers牌咖啡的销售量在目标市场中提高了32%。[3]

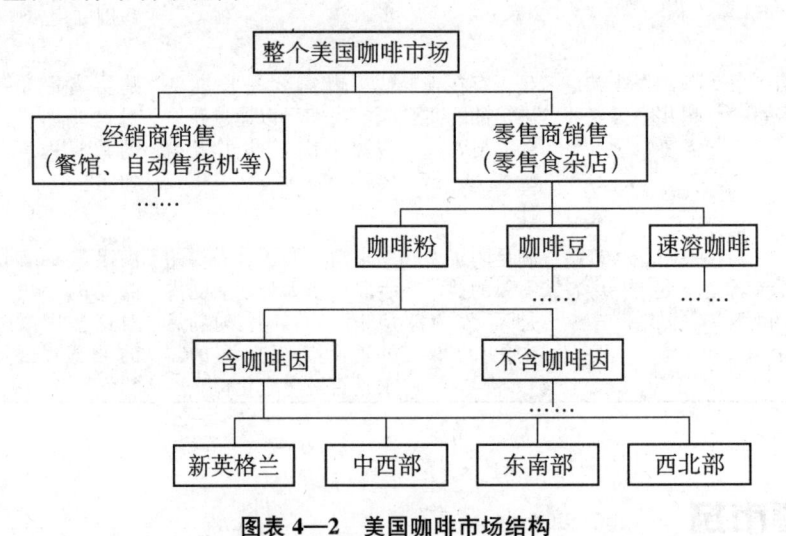

图表4—2 美国咖啡市场结构

如何界定一个市场对市场份额有着决定性的作用。**市场份额**（market share）可以定义为企业、产品或品牌的销售量（额）除以"市场"的销售量（额），用百分比表示。考虑计算Atlantic Blend的市场份额，这是一种只在美国大西洋中部地区的百货商店和超市里出售的由纽约州一家咖啡商烘焙的含有咖啡因的咖啡豆品牌。Atlantic Blend 销售额为 8 000 万美元。根据对"市场"的定义，Atlantic Blend 的市场份额分布为 1%～32% 不等，如下所示。

市场界定	咖啡销售额（亿美元）	Atlantic Blend 销售额（百万美元）	市场份额（%）
整个美国咖啡市场	80	80	1.0
美国咖啡零售市场	60	80	1.3
美国咖啡豆零售市场	45	80	1.8
美国含有咖啡因的咖啡豆零售市场	30	80	2.7
美国大西洋中部地区含咖啡因的咖啡豆零售市场	230	80	32.0

作为一种地区性（大西洋中部）的产品和品牌，Atlantic Blend 只是整个美国咖啡市场中的一个很小的角色，仅占有总咖啡市场的 1%。但是 Atlantic Blend 占据了其市场定位的大西洋中部地区的含咖啡因的咖啡豆零售市场很大的份额（32%）。美国大西洋中部地区含咖啡因的咖啡豆零售市场是 Atlantic Blend 的目标市场。**目标市场**（served market）指的是一个企业、产品、服务或品牌竞争目标顾客的市场。营销经理在做战略选择时通常会对供货市场份额给予密切关注。比如，如果企业的目标市场份额很"高"，想要通过采用市场渗透战略获得更多的目标市场份额会很困难。市场开发战略也许更适合，比如在一个地理上相邻的市场促进销售增长，就像 Atlantic Blend 可以进入新英格兰市场。反之，如果企业的目标市场份额很"低"，将产品开发战略或市场渗透战略作为提高市场份额的办法则更为合适。

市场细分

市场细分（market segmentation）是分析市场的一种有用技术，即将潜在购买者分类或聚合为不同群体。这些群体一般称为**细分市场**（market segments）。每一细分市场具有某些相同的购买或消费行为特征，这最终会在对市场营销活动的反应中体现出来。市场细分是基于这样一种认识而产生的，即一个组织不可能为所有的人做所有的事。

亨利·福特（Henry Ford）曾说过，购买他的汽车的人可以想要任何颜色的汽车，但他只售黑色汽车。不过，在大多数当今的营销人员看来，这种无差别的营销战略已经不再可行了。基本的观点是，在今天的营销环境中，一种市场营销战略不可能有效地适用于所有购买者。

在另一个极端，除非组织高度专业化且仅仅向一个购买者出售，否则，将每个潜在购买者都视为与众不同的也是不可取的。因此，正如一位营销专家非常恰当地描述的，市场细分"是在将所有顾客视为相同时的无效益性与将每位顾客视为不同时的无效率性之间的折中"。[4]

信息技术的进步和柔性生产以及服务配送体系，使得在某些领域可以细分到一个细微的细分市场。伴随着规模生产的效益及对个性化的购买者特殊需求的有效设计，**大规模定制**（mass customization）满足了那些具有特殊需求的购买者的多样化需求，并且生产成本相对较低。

市场细分的益处

市场细分与营销战略的发展有关[5]，体现为以下三个方面的利益：

1. 为新产品开发识别机会。对于目前的和潜在的购买者细分市场的分析可揭示出一组或多组购买群体的特殊需求和未被有效满足的需求。这些细分市场暗示对于一些新产品开发将存在可能的机会。菲多利公司所做的市场细分就可以说明这个问题。该公司依据人们的不同态度和生活方式识别出两个消费休闲食品脆片的细分市场。"尽情享受者"是指那些明知应该限制脂肪摄入但又做不到的人和根本不在乎的人。这部分群体占休闲食品脆片消费者的 47%，他们休闲食品吃得很多。其余 53% 的消费者是"妥协者"，他们因为营养的关系限制休闲食品的消费。菲多利公司决定大力投资于"妥协者"这一细分市场，为之提供"对你更好"的新产品。其中最成功的是 Baked Lay 牌低脂薯片。在上市第一年销售额就达到 2.5 亿美元。之后成功推出了 Ruffles、多力多滋和 Tostitos 等品牌的低脂、低热量的薯片。这一产品线投入第一年就达到 3.5 亿美元的销售额，并且成为过去十年中最成功的食品。[6]

2. 有助于设计能够有效满足同类消费者群体需求的营销计划。除了有助于产品开发，市场细分还有利于在定价、广告促销以及分销等营销组合方面进行改进。例如，宝洁公司针对六个细分市场，包括儿童、西班牙裔和老年人市场，采用了不同的广告和推广活动销售高露洁牙膏。

3. 促进营销资源的有效配置。同样，市场细分在对营销资源定位时提供了指导作用。并不是所有细分市场都适合企业，也不是所有细分市场都能带来一样的收益。与市场机会评估类似，公司相对于不同细分市场的需求和竞争形势的优势和能力必须充分考虑到。回到先前讨论的跑鞋市场，考察一下 New Balance 品牌是如何与耐克和锐步这两种竞技型鞋类品牌竞争的。New Balance 没有在功能导向的细分市场上与耐克和锐步直接竞争，相反，该品牌关注"婴儿潮"时期出生的人（43～61 岁的人）这一非竞技型细分市场。他们为这些上了年纪的男性和女性提供舒适的鞋，并且通过与足科医生联系而不是与运动员相结合进行销售。[7]

市场细分的基础

在市场细分的过程中，有两类变量被广泛使用。一类是消费者的社会经济特征，如性别、年龄、职业、收入、家庭生命周期、受教育程度、地理位置。另一类是行为变量，包括源于产品和服务的利益、使用者行为、生活方式、态度。对于企业购买者而言，社会经济特征可能包括公司的规模、定位、服务的对象（企业和个人消费者），行为变量可能包括诸如采购目标和实践及产品和服务提供的利益。在特定的条件下，恰当选择一个或几个变量主要取决于变量是否与交换、使用或消费行为相关并且受营销计划影响。

市场细分变量的选择通常依赖于通过创造性市场研究获得的对购买者行为的了解。诺基亚细分手机市场就是个很好的例子。诺基亚在美国的品牌营销经理说："不同的人有不同的使用需求。一些人希望手机是最新的并且具有高级的数据相关特征和功能，然而另一些人只需要基本的音质清晰。即使那些具有相同使用需求的人，由于生活方式不同也具有不同的价值取向。例如，一些人追求积极的生活方式，那么运动和控制饮食就很重要；而另一些人喜欢艺术，那么时尚和流行趋势就显得很重要。"[8]

诺基亚通过研究消费者使用、生活方式、个人喜好识别出六个细分市场："基本型市场"，是那些需要接听语音清晰以及手机耐用的消费者；"表达型市场"，是那些需要定制化，并且个性化特征明显的消费者；"积极型市场"，是那些需要一些耐用品来维持积极生活方式的消费者；"经典型市场"，是那些喜欢传统外表和具有上网功能手机的消费者；"时尚型市场"，是那些希望手机小巧，作为一种时尚特征的消费者；"溢价型市场"，是那些对于所有高端技术和服务特征都感兴趣的消费者。随后，诺基亚公司为每一个细分市场开发并且营销不同的手机（见图表4—4）。

有效细分市场的要求

最终，细分市场是为了达到这样一个目的：识别并描述那些在需求、偏好以及对组织营销活动的反应都不同的购买群体。有效的市场细分对每个细分市场都应该回答以下六个与购买者相关的基本问题：

1. 他们是谁？
2. 他们想买什么？
3. 他们想怎样买？
4. 他们想要什么时候买？
5. 他们想在哪儿买？
6. 他们为什么想要买？

通常，对这些问题的回答应以定性或定量研究的形式表述。

从管理者的角度，有效的细分市场意味着每一个细分市场都应识别并描述四个基本的要求[9]，应遵循如下方面：

1. **可测量性**（measurable）：细分市场的规模及购买力可以定量分析。
2. **差异性**（differentiable）：对于不同的营销计划，一个细分市场与另一个细分市场的反应是不同的。
3. **可行性**（accessible）：细分市场应通过经济、可行的营销计划可以进入。
4. **可观性**（substantial）：细分市场应该有足够的潜在销售量从而弥补组织为此追加的成本，并且回报令人满意的利润。

这些要求如何在实际中应用呢？以哈雷-戴维森公司，美国重型摩托车的销售老大为例。[10]根据对特定顾客群进行的两年广泛调研，该公司得出结论，基于这些要求女性是可行的细分市场。女性占美国摩托车主的10%，而且这个比例还在增长。她们追求冒险、自由和个性——和男性一样。"她们想要的不是一件特定产品，比如一辆粉色摩托车，她们想要的是产品能够更好地匹配她们。"这家公司营销副总裁如是说。

哈雷-戴维森为女性制定的营销计划包括，该产品应该是轻便且容易驾驶的摩托车，而且座位较低。沟通计划包括，在杂志上登广告，比如 *Jane*，*Allure*，*Vanity Fair*，*Glamour* 和 *Self* 杂志，在当地经销商活动上为首次购买的女性消费者引荐产品和摩托车运动。对哈雷-戴维森来说，女性细分市场是可测量的，与男性市场是有差异的，通过沟通和分销渠道是可行的，而且拥有足够的销量和利润保证其关注度。

提供物—市场矩阵

分析市场时，建立**提供物—市场矩阵**（offering-market matrix）是非常有益的。这个矩阵把提供物与所选择的购买者群体联系起来。图表4—3显示了得州仪器公司出售的掌上计算器的矩阵。四个可能的用户群（或称细分市场）是企业、科学研究、家庭和学校。用这种方式展示提供物和使用者之间的关系有助于识别计算器市场中的差异。换言之，利用这种矩阵可以较容易地识别出哪个群体的需要没有得到满足。不仅如此，还可以在矩阵中找到竞争者及其产品的位置。了解竞争者表现活跃的领域对于判断是否存在市场机会是非常重要的。识别市场中的差异和了解提供物—市场矩阵中每个单元的竞争活动，有助于营销经理评估组织某项提供物的有效需求和制定有利可图的市场营销计划。

计算器的特点	细分市场（用户群）			
	企业	科学研究	家庭	学校
简单 （只有代数运算）				
中等 （代数运算、平方和开方）				
复杂 （上述功能再加上三角函数）				
非常复杂 （上述功能再加上可编程）				

图表4—3　掌上计算器的提供物—市场矩阵

例如，考虑面向规模较大的小学和中学的掌上计算器。企业和科学研究细分市场上的主要制造商惠普公司（Hewlett-Packard）已经分析出在学校市场中存在发展**掌上电脑**（handheld computers）的机会，包括它的 iPaq 便携式电脑，除了具备普通计算器的功能外还增加了科学研究的数据分析和制图功能，另外还有日历和地址记录功能。对于惠普来说真的存在这个市场机会吗？这很大程度上取决于目前已占领 80% 市场份额的得州仪器公司对于掌上计算器的反应。[11]

目标市场选择

进行市场细分后，还必须选择市场营销活动将对准的细分市场。**目标市场选择**（market targeting）（或选择目标市场）规定了组织希望服务的细分市场。一旦选定了细分市场，组织就必须决定采用何种营销战略。

例如，由于认识到沃尔玛、劳氏和一系列地区性竞争者选择了家庭房屋维修和重建市场中"自己动手"那部分细分市场，家得宝公司（Home Depot）决定选择"专业化"细分市场发展。这一细分市场中包括房屋专业人士，比如大型公寓和连锁酒店的管理者、专业建筑承包商。一经确定，为更好地满足专业市场的要求，该公司便改变其产品组合并增加服务范围，包括延长储存时间、送货、商业合同、货车租赁以及通过电话、传真或互联网订货。[12]

目标市场营销最常用的两种方法是**差异化营销**（differentiated marketing）和**集中化营销**（concentrated marketing）。采用差异化营销时，组织同时面对几个不同的细分市场，对每个细分市场采用不同的营销策略。采用这种方法的典型案例是先前提及的诺基亚细分市场的战略。图表4—4展现了2005年早期诺基亚为六个细分市场所设计的七种不同手机的提供物—市场矩阵。[13]伴随着技术进步，诺基亚采用了不同的营销方法，为其巩固地位并成为引领世界的手机生产商助了一臂之力。作为一项惯例，差异化营销在执行中代价高昂。跨越多个细分市场，管理多元化的产品，增加了营销、存货、管理、广告和促销成本以及产品研发的费用。

提供物特征	细分市场					
	基本型	表达型	积极型	经典型	时尚型	溢价型
	首次消费者。需要通话的十几岁青少年	需要定制化和个性化产品的年轻人	很酷的年轻人想与朋友联系时使用的；酷爱运动者	偏好功能型的具有不同商业需求的旅行者	想要"炫耀"个人品位的购买者	想要个人数字助理器、通信功能和游戏的世界旅行者
与其他耐用，易用，价格低	1000系列 2000系列					
可换外壳，彩屏，可以下载铃声、音乐和游戏		8000系列				
小巧玲珑的流行款式，亲切耐用，彩屏，健康监测器			5000系列			
传统风格，有网络浏览器，可上网、电话簿、日历和相机				6000系列		
MP3音乐播放器，流行款式，有游戏、彩屏和互联网接口					7000系列	
加强使用者界面，相机，彩屏，多媒体信息技术，个人数字助理						8000系列

图表4—4 诺基亚为手机采用不同营销策略的提供物—市场矩阵
（2005年目标市场的产品线特征）

采用集中化营销方式时,组织关注某个细分市场。极端的情况是,组织向一个细分市场销售单一产品。更经常的情形是,组织向某个细分市场提供一系列产品。多年来,Gerber 公司声称"婴幼儿是我们唯一的市场"。该公司原来只生产婴幼儿食品,但如今,Gerber 推出了婴儿护肤和健康护理产品,包括瓶子、小玩具以及保险政策。[14]通过集中化营销,公司获得了细分市场需求的许多知识并且达到很高的市场定位水平——Gerber 在婴儿食品市场中的市场份额达 70%。此外,通过专业化生产和集中化营销可以更经济有效地运营业务。然而,集中化营销存在一定的风险,尤其是当细分市场规模减小时。在某一个细分市场的专业化限制了一个公司的成长前景。同样,竞争者也可以进入细分市场,造成威胁。

市场销售潜力和盈利性

机会评价中的一项基本活动是确定市场销售潜力和盈利性。在估计某提供物的市场销售潜力时即使对老道的营销经理来说也是一项困难的任务。市场和提供物可以采用多种方法界定,因而市场规模和销售潜力会有不同的估计值。这一点可以从前面对美国咖啡市场结构的描述和市场份额的计算中看到。对于创新性产品或新市场来说,在估计市场销售潜力时,分析人员几乎完全依赖判断力和创造性。因此,我们不难理解为什么人们对高清电视(HDTV)和混合动力汽车市场销售潜力的估计极其不同。这两种产品的物理形式和技术都尚未完全定型。在这种情况下,用来识别潜在细分市场的指标也是不确定的。

估计市场销售潜力

市场销售潜力从数量上近似于有效需求。具体来说,**市场销售潜力**(market sales potential)是指在所有组织的营销组合活动和环境条件已知的情况下,在某一时期内服务于一个确定市场的所有组织能够提供的最大销售量。正如这个定义所表明的,市场销售潜力不是一个固定数量,而是由一些组织可控因素和不可控因素构成的函数。例如,组织可控的市场营销组合活动和与之有关的费用能够影响市场销售潜力。另一方面,组织不能控制的消费者可支配收入、政府规定以及社会经济及政治条件等因素对市场销售潜力也有影响。在发展中国家,这些不可控因素与预测市场销售潜力是紧密相关的。

估计市场销售潜力时通常需考虑三个变量[15]:(1)愿意并有能力购买产品的潜在购买者的数量(B);(2)某一时期内,通常为一年,购买者的平均购买数量(Q);(3)提供物的平均价格(P)。市场销售潜力是以上三个变量的乘积:

$$\text{市场销售潜力} = B \times Q \times P$$

虽然这个表达式很简单,但它包含了通过链比法等开发更复杂公式的基本结构。**链比法**(chain ratio method)是指将基数与几个据信能影响市场销售潜力的调整因子相乘。下面是可口可乐公司和百事可乐公司应用这种方法计算南美洲某国可乐碳酸软饮料市场潜力的公式:

一国可乐碳酸软饮料市场销售潜力 = 8 岁及 8 岁以上人口数量
× 每天消费碳酸软饮料的人口比例
× 喜爱可乐碳酸软饮料的人口比例
× 每天消费碳酸软饮料的平均数量
× 每次的平均购买数量（以盎司为单位）
× 365 天
× 每盎司可乐平均价格

链比法有三个主要目的。第一，它估计了市场销售潜力的数量。第二，突出了组织可控和不可控的因素。显然，一个国家 8 岁及 8 岁以上的人口数量是不可控因素。但是，其他因素是可控的或在某种程度上是可以影响的因素。例如，组织可以通过能够刺激需求的广告来改变饮用碳酸软饮料的人口比例，通过定价影响碳酸软饮料消费成本。在其他因素不变的条件下，这两个因素中任何一个改变，都会导致市场销售潜力改变。第三，可以让管理人员灵活估计不同购买者群体和提供物的市场销售潜力。例如，在公式中引入喜爱健怡可乐的人口比例，可以计算健怡可乐的销售潜力。

销售预测和利润预测

估计市场销售潜力后，还需要预测销售和利润。**销售预测**（sales forecast）是指某个组织在一定的营销战略和竞争环境下可能达到的销售水平。一个组织所预测的销售量通常是估计市场销售潜力的一部分。

预测销售量反映了组织选择的目标市场和为目标市场制定的市场营销组合。预测销售量也反映了选定的目标市场中竞争者的数量和竞争强度。例如，假设某个组织的目标市场为某种提供物 100 万个潜在购买者中的 1/4。所选定的营销渠道可以抵达这些购买者中的 3/4，沟通活动（广告）能抵达同样数量的购买者。进一步假设人均每年购买量为 20 个单位，平均每单位产品的价格是 10 美元。使用链比法，销售预测的计算过程如下：

估计潜在购买者总数	1 000 000
乘以	
目标市场（总购买者的 25%）	× 0.25
乘以	
分销及沟通覆盖率（目标市场的 75%）	× 0.75
乘以	
一年购买量（每年 20 个单位）	× 20
乘以	
平均价格（10 美元）	× 10 美元
预测销售量	37 500 000 美元

这 3 750 万美元的销售预测既没有考虑到争夺同一目标市场的竞争者，也没有考虑竞争强度。因此，应该调低这个预测销售量以反映现实情况。

与估计市场销售潜力类似，预测销售量也不是一件容易的事。尽管如此，预测销售量是评估经营机会的核心部分，必须进行。因此，销售预测将在第 5 章产品和生命周期的论述中介绍。

最后，应编制预估利润表以显示预测销售量、预算费用和估计的净利润（见第 2

章)。完成这些工作后,营销分析人员可以审核一下识别出的机会并确定在组织目前的能力下哪个经营机会是最有利可图的。

[注释]

[1] The Reebok example is detailed in Roger A. Kerin, Steven Hartley, Eric N. Berkowitz, and William Rudelius, *Marketing*, 8th ed. (Burr Ridge, IL: McGraw-Hill/Irwin, 2006): 231-235; and "Deal Sets Stage for Full-Scale War with Nike," *Advertising Age* (August 8, 2005): 5.

[2] Terry Lefton, "Schultz' Caffeinated Crusade," *BRANDWEEK* (July 5, 1999): 20-25.

[3] For additional examples of regional marketing see S. McKenna, *The Complete Guide to Regional Marketing* (Homewood, IL: Richard D. Irwin, 1992).

[4] Ben M. Enis, *Marketing Principles: The Management Process*, 2nd ed. (Pacific Palisades, CA: Goodyear, 1977): 241.

[5] Orville C. Walker Jr., Harper W. Boyd, John Mullins, and Jean-Claude Larréche, *Marketing Strategy: A Decision-Focused Approach* (Burr Ridge, IL: McGraw-Hill/Irwin, 2003) 152-153.

[6] "American Marketing Association Edison Award Best New Product," *Marketing News* (January 16, 1999): special supplement.

[7] www.newbalance.com, January 15, 2006.

[8] "Nokia: A Phone for Every Segment," in Roger A. Kerin, Steven Hartley, Eric N. Berkowitz, William Rudelius, *Marketing* 8th ed. (Burr Ridge, IL: McGraw-Hill/Irwin, 2006): 255-257.

[9] Philip Kotler and Kevin Lane Keller, *Marketing Management*, 12th ed. (Upper Saddle River, NJ: Prentice Hall, 2006): 262; and Daniel Yankelovich and David Meer, "Rediscovering Market Segmentation," *Harvard Business Review* (February 2006): 122-131.

[10] Cynthia Koons, "Harley-Davidson Markets to Women," *Wall Street Journal* (February 22, 2006): B7.

[11] "Competition for Classrooms," *Dallas Morning News* (November 12, 2002): 1D, 6D; and www.ti.com, August 25, 2004.

[12] Dean Foust, "Home Depot's Remodeling Project," Business Week Online, January 9, 2004.

[13] "The Giant in the Palm of Your Hand," *The Economist* (February 12, 2005): 67-69; and "Nokia: A Phone for Every Segment" (reference cited).

[14] www.gerber.com, January 5, 2006.

[15] Portions of this discussion are based on Philip Kotler and Kevin Lane Keller, *Marketing Management* (reference cited): Chapter 4.

案例 4—1　　Zenith 宠物食品公司*

　　Zenith 宠物食品公司的经理们期待着与一家营销和广告咨询企业——营销创新无限公司(MMU)的代表会谈。这次会谈的目的是审核 Zenith 进入马萨诸塞州波士顿地区家庭狗粮市场的计划。Zenith 是在与食物经纪人交谈后才寻求咨询公司的服务的。经纪人认为公司家庭狗粮市场的潜力巨大。他们注意到了在美国西南部一些小城市的部分宠物商店内,用小型冰柜销售的冷冻狗粮。他们认为,这对超市来说意味着

---

* The cooperation of Zenith Pet Foods, Inc. in the preparation of this case is gratefully acknowledged. This case was prepared by Professor Roger A. Kerin, of the Edwin L. Cox School of Business, Southern Methodist University, as a basis for class discussion and is not designed to illustrate effective or ineffective handling of an administrative situation. Certain names have been disguised. Copyright © 2005 by Roger A. Kerin. No part of this case may be reproduced without written permission of the copyright holder.

经销冷冻狗粮的市场机会，因为超市有充足的冷冻空间，并且是狗粮销售的主要渠道。

公司和产品

Zenith 是美国养狗场狗粮的主要供应商，它的成功来源于一种专门的展览狗食物，即 Show Circuit 狗粮。Show Circuit 最初是由一位养貂者用来改善貂皮质量的食物。经过几年研究，他改进了配方，将其特制成成品食品，定时喂养貂。很短的一段时间后，他发现貂的皮毛有明显改善。之后不久，附近的一个养狗场发现这个改进，要了一些这种食物喂狗。狗的皮毛也有了明显改善，于是一个新的生意诞生了。

Show Circuit 含有经联邦政府检测的牛肉副产品、牛肉、牛肝和鸡肉。产品中 85% 是新鲜肉类，其余 15% 为高品质谷类。该产品冷冻包装，以防止未经烹调的新鲜肉类腐坏。

包装和分销的改变

Zenith 的管理人员意识到，由养狗场市场向家庭狗粮市场过渡，有必要改变 Show Circuit 的包装。经过讨论，决定将 Show Circuit 用 15 盎司的塑料桶包装，每箱 12 桶。食物重量和包装成本为 6.37 美元/桶，这代表了总变动成本。

与食物经纪人的讨论表明，由于产品销售需要冰柜，因此，超市将是 Show Circuit 的最佳选择。现在打算（还未最后决定）由食物经纪人代理 Show Circuit 的超市销售业务，佣金为建议零售价的 7%，超市得到的毛利为所有狗粮销售价格的 22%。

会　谈

Zenith 的管理人员认真听取了营销创新无限公司代表的报告。以下是报告的部分摘录。

在会谈过程中，Zenith 的管理人员提出了一些问题，旨在澄清该计划某些方面的问题。有一个困扰 Zenith 的管理人员但始终没有提出的问题是："这个计划能否为 Show Circuit 开辟市场空间？"这个直截了当的问题包括以下几方面的内容：

1. 市场本身是否已完全界定和分割？
2. Show Circuit 的市场定位是什么？计划是指向所有的狗粮购买者还是特定类别的顾客？
3. 给定销售计划，食物经纪人能否打入超市渠道？
4. Zenith 的 Show Circuit 产品的建议销售价是多少？
5. Zenith 能够在开始第一年至少盈亏平衡，在随后各年实现 15% 的销售回报吗？

Zenith 的经理们意识到，在接受此计划之前，必须回答以上和其他一些问题。该建议计划的总投资为 40 万~60 万美元。虽然可能会超出公司的促销预算，但 Zenith 的管理人员认为这个数额还是合理的。

营销创新无限公司的建议

以下是向 Zenith 呈递的建议书的摘要。

形　势

我们的目标是在波士顿市场区域有效地推出并推广 Show Circuit 狗粮。Show Circuit 是最昂贵的狗粮之一，将在超市销售。

Show Circuit 是一种完全均衡营养的高品质冷冻狗粮，多年来一直为职业展览狗主人使用并推荐。

然而，尽管有这样的历史，Show Circuit 本质上仍是一项新产品，还没有为广大公众所了解。它将是在超市冷冻食品区唯一与"人类食品"并列的狗粮，这一点非常有利，应使它产生最大的价值。Show Circuit 的辉煌历史将是另一个砝码。因此，为了成功销售 Show Circuit，我们必须实现以下两项目标：

● 让公众知道 Show Circuit 的品牌名称、包装外观，了解它是一种高质量狗粮。
● 引导公众在冷冻食品区购买狗粮。

环　境

按制造价格计，今年狗粮的销售总额将为 70 亿美元。与以往类似，在美国仍然有将近一半的狗定时喂成品狗粮，这就是说，狗粮业仍有很大的潜力。

以下四种趋势支持了这种乐观的估计。第一，狗粮业已从不断增加的狗类拥有者数量中受益。由于狗的主人渴望陪伴，或需要保护，美国狗的数量稳定增加。目前，美国有 6 500 万条狗，预计还会增长。第二，家庭食用方便食品的趋势使得没有多少剩饭可以喂狗，这有助于促进成品狗粮的销售。第三，随着人们生活质量的提高，宠物的主人继续投资于他们的宠物伴侣，并把它们看作家庭成员。例如，由广告代理商美国伯特公司（Bates VSA）于 1995 年做的一个调查报告称："拥有狗（确确实实是一个宠物）的人，赋予狗以人的特性，如语言思维、感觉和需要。"[1]无怪乎有 75% 的狗的主人认为他们是宠物的"妈妈和爸爸"，95% 的狗的主人会每天都抱他们的狗。[2]因此，他们每年花费 20 亿美元用于兽医费、狗的医疗费、玩具、衣服、首饰以及家具。第四，高档和超高档狗粮增加。这个因素与宠物拥有者数量的增加，共同推动了狗粮销售的增长。[3]

选择超市的目的是集中于狗粮主要的零售渠道。在美国，超市承担了 36% 的狗粮销售，按制造商价格计算，相当于 25 亿美元。其余的 64% 由沃尔玛（25%）、宠物超市（如 Pecton 和 PetsMart）（20%）、农畜店（7%）、兽医诊所（6%），以及互联网零售店和独立宠物店（6%）销售。波士顿地区市场的情况也大体如此。

最后，波士顿市场是推出新狗粮理想的市场。据估计，波士顿地区的人口占全美的 1.2%，由于人口规模与狗的数量紧密相关，该市场狗的数量也是全美的 1.2%。

而且，波士顿市场的宠物产品花费接近全美市场的平均数。[4]

竞　争

美国有 50 家狗粮生产厂家和 350 个狗粮品牌，其中 5 家公司——Nestlé Purina Pet Care（雀巢公司所有）、Iams（宝洁公司所有）、Hill's Pet Nutrition（高露洁-棕榄公司所有）、Master Foods USA（玛氏公司所有）、Del Monte Foods——在 2004 年占据了狗粮销售的近 75%。Nestlé Purina Pet Care、Master Foods USA 和 Del Monte Foods 品牌主导了超市/百货商店和大型商场渠道。Iams 和 Hill's Pet Nutrition 主导了宠物超市和兽医诊所渠道。自有品牌的狗粮占据了超市狗粮 10% 的销售。图表 1 列出了主要制造商的市场份额和它们的知名品牌。

除市场份额，在制定 Show Circuit 的营销战略时，还必须考虑竞争者的广告开支和广告方式。狗粮业的全部广告费用大约为销售额的 2%。Nestlé Purina Pet Care 在狗粮广告方面名列前茅。

问题和机会

以新方式推出新狗粮　这是教育消费者的好机会。在 Show Circuit 计划推出前，狗粮只有四类，即干燥、罐装、半潮和点心。图表 1 给出了每种狗粮的超市份额以及据我们调查得出的每种狗粮主要品牌的份额。

图表 1　四类主要狗粮中最重要的品牌：超市渠道

类别	占全部狗粮的份额	品牌（厂商）	品类份额（%）
干燥	63%	Dog Chow（Nestlé Purina Pet Care）	23
		Beneful（Nestlé Purina Pet Care）	12
		Puppy Chow（Nestlé Purina Pet Care）	11
		O. N. E.（Nestlé Purina Pet Care）	6
		Meal Time（Master Foods USA）	4
		自有品牌	10
		其他	34
			100
罐装	17%	Kal Kan Pedigree（Master Foods USA）	18
		Pedigree Choice Cuts（Master Foods USA）	16
		Alpo（Nestlé Purina Pet Care）	15
		Mighty Dog（Nestlé Purina Pet Care）	15
		Friskies Gourmet（Nestlé Purina Pet Care）	13
		Alpo Prime Cuts（Nestlé Purina Pet Care）	13
		自有品牌	7
		其他	3
			100

续前表

类别	占全部狗粮的份额	品牌（厂商）	品类份额（%）
半潮	2%	Kibbles'N Bits（Del Monte Foods）	69
		Moist & Meaty（Nestlé Purina Pet Care）	9
		Smorgasburger（Del Monte Foods）	4
		Gainesburges（Del Monte Foods）	3
		自有品牌	12
		其他	3
			100
点心	15%	Milk Bone（卡夫食品）	21
		Pup-peroni（Del Monte Foods）	15
		Meaty Bones（Del Monte Foods）	8
		Cheweez, Master Choice（Nestlé Purina Pet Care）	7
		Jerky Treats（Del Monte Foods）	6
		Purina Biscuits（Nestlé Purina Pet Care）	6
		Beggin Strips（Nestlé Purina Pet Care）	5
		自有品牌	14
		其他	18
			100

罐装狗粮的75%为水分，25%为固体物质，它们都标有完全食品或补充食品标志。

干燥狗粮通常制成薄片、颗粒和块状，包括15%的水分和85%的固体物质。它们需要咀嚼，通常盘成圆形，比罐装或湿润食物更经济。

半潮狗粮呈大块或小馅饼状，包含25%的水分和75%的固体物质。它们不需要冰箱冷冻，看起来很诱人。该类狗粮最近几年里表现出最强的增长率。

点心狗粮有较多的成分。虽然可口，但不作为全食推荐。

所有上述狗粮通常都在商店内同一区域销售。现在必须告诉消费者在店内的另一个区即冷冻食品区可购买狗粮。幸运的是，已经做了一些尝试。波士顿的一些超市已经开始销售一种叫做Frosty Paws的冷冻狗粮，卖价是1.89美元/14盎司。该产品通常放在冰淇淋旁边。

克服对冷冻狗粮的抵触 我们必须考虑解冻时间和冰箱空间问题。因此，应在包装上标明解冻时间，建议快速解冻，可以在冰箱中保存多长时间，以及提醒早上将狗粮包装拿出冰箱。微波炉使用说明也可能是需要的。

冷冻狗粮缺乏诉求点 我们可以通过广告将之转化为一种资产（"第一种只吸引狗的狗粮"）。

定价 如图表2所示，我们在定价方面有很大的余地。不仅如此，尽管狗主人一般对价格是敏感的，但他们也非常关心宠物的健康状况。Show Circuit的高质量可以采取高定价。这种观点得到首先看出Show Circuit机会的食品代理的支持。他们报告了冷冻狗粮Bil Jac在得克萨斯州达拉斯的超市中的销售情况是，两磅装的单品零售价是2.29美元，五磅装的单品零售价是4.19美元。

图表 2　　　　　　波士顿地区超市各类有代表性的狗粮品牌价格和包装大小

干燥		罐装	
Dog Chow	6.65 美元/8.8 磅	Kal Kan Pedigree	0.69 美元/13.2 盎司
Beneful	8.79 美元/8.8 磅	Alpo	0.50 美元/13.2 盎司
半潮		点心	
Kibbles'N Bits	7.29 美元/8 磅	Milk Bone	3.28 美元/24 盎司
Moist & Meaty	3.17 美元/4 磅	Pup-peroni	2.99 美元/5.6 盎司

机会小结　我们看到，Show Circuit 抓住了三个机会：

1. 有机会成为波士顿超市全冷冻狗粮巨大的潜在市场中的第一种产品。
2. 利用有机狗粮的消费量增加的机会。上一年有机狗粮的销售增加了 64%。虽然只占全部狗粮品的一小部分（0.9%），但是消费者愿意为有机狗粮付高价。[5]
3. 有机会为 Show Circuit 全美市场的铺开奠定基础。

创造性战略

定位　Show Circuit 将被定位为任何价格水平上最好的狗粮，是那些将狗真正作为家庭成员的人喂狗的唯一食物。

目标市场　我们认为，我们的广告应该对准那些单身或已婚的年龄在 21～54 岁的，家庭年收入超过 25 000 美元的顾客。原因是，单身成年人及已婚夫妻，有或没有孩子的家庭，以及同居者家庭都将狗视为家庭的一部分。狗可睡在床上，在房间里自由跑动。行业调查显示，有学龄孩子的父母 79% 会购买宠物食品和物品，比较而言，有年龄更大或更小孩子的父母中有 71%，同居者中有 72% 以及年轻无孩夫妻中有 73% 会购买宠物食品和物品。收入在宠物花费上起了很大的作用。据美国兽医协会（American Veterinary Medical Association）调查，家庭年收入少于 12 000 美元的家庭中只有 48% 拥有宠物。而家庭年收入超过 25 000 美元的家庭中有 63% 都在宠物食品、物品和育养上有所花费。我们很少看到老年家庭市场存有机会。单身老人中只有 30%，而退休夫妻中只有 41% 在宠物上花钱。

创意　由于 Show Circuit 如此独特，有许多创意都可应用，每一种创意都有足够的依据：

1. 最华贵的皮毛；
2. 世界上最好的狗粮；
3. 内疚感创意（为什么不让你的狗吃得与你一样好）；
4. 现在你的狗吃的是展览冠军狗多年以来吃的食物。

所有这些都将在活动进展中有所涉及。

创造性指向　开始时，促销活动将集中在产品识别和优惠券。

利用报纸向一小部分读者介绍能够说明产品特性的事实。同时附带赠送优惠券，这被证明对于宠物市场中新产品上市的成功是非常重要的。包装容器和优惠券将在报纸中展示，突出 Show Circuit 的高质量。特殊兴趣广告将出现在社会、体育、电视、外出就餐等栏目中。这种非同寻常的媒体安排是充分考虑到了产品的独特质量。这样安排还可以节省促销费用，避免在食品专栏中做大量的广告。

电台和电视广告将面向更广的受众。最基本的目标是使品牌名称和包装设计在听众和观众的记忆中留下深刻印象。由于这些媒体有很独到的品位，广告将采用富有想象力和情感的方式。

地理指向 整个促销计划还将包括波士顿之外的市场。当产品向全美推出时,电视广告主题、介绍性广告、电台广告主题等都可立刻确定,所有行动就绪。

☐ 促销材料

给经纪人的促销材料应该包括下列信息(以最有说服力的方式):
1. 狗粮产品可获得的利润;
2. 连锁店接受狗粮;
3. 市场潜力;
4. 制造商建议零售价和数量折扣;
5. 有关 Show Circuit 的信息;
6. 有关包装容器的信息;
7. 用户的推荐;
8. 促销计划;
9. 订货信息;
10. 广告和电视介绍节目复印件;
11. 样品。

促销材料的目的是说服超市冷冻食品采购人员为 Show Circuit 提供冷冻空间。有两个主要问题需要克服。由于考虑到超市采购部门的组织模式,我们将不直接与普通宠物采购员打交道。相反,说服冷冻食品采购人员储存我们的产品是必要的。另一个主要问题涉及冷冻食品通常较高的毛利。有必要说服采购人员,产品周转快将弥补 Show Circuit 潜在的较低毛利。

这项任务并不简单。提供给超市的新产品中每年约有 15% 的目标是冷冻柜。这些产品有 80% 会失败。Zenith 宠物食品公司很可能需要拿出 3 万美元的预算作为入柜费支付给超市购买冷冻空间。

☐ 创造性媒体战略

创造性战略将因媒体而异。使用平面媒体将 Show Circuit 与竞争性的罐装、干燥、半湿产品做对比。平面广告开始时将简单介绍产品历史,以引起人们的注意。

电视广告将更具进攻性。可以预见,在超市中找到买 Show Circuit 的地方是困难的,因此,电视广告中将突出地点。

为了保持促销活动的连续性,在每个广告中都将出现包装容器。在每个进行竞争设计的广告开始,都将出现容器上的图案。

不将任何一种狗单独将产品相联系。容器和广告中都将展示从展览狗到杂种狗等各类狗。

在报纸广告中将采用传说/事实的方式,充分利用目前公众对全肉狗粮的关注,以及继续向更为天然的食物发展的趋势(见图表 3)。

有关 Show Circuit 的介绍将把 Show Circuit 作为冷冻食品的问题转化为产品优势。

图表 3　Show Circuit 平面广告

媒体计划

由于狗粮是广告做得最多的产品之一，Zenith 要有效竞争也必须重视广告。

总体媒体战略　广告目标是：
1. 创造新品牌的认知。
2. 获得零售分销渠道。
3. 通过赠送优惠券刺激人们尝试购买。
4. 通过电视的情感影响刺激人们尝试购买。

多线索广告　实现第二项目标，即获得零售分销渠道，是多线索广告的主要目的。促销信息包含事实说明、样品、电视广告节目说明、用户推荐等，这些信息材料将给食品代理留下深刻的印象，有助于他们说服超市采购人员。这是促销活动的关键步骤，因为如果没有足够的分销渠道，那么只能推迟消费者广告。

报纸/杂志广告　报纸广告的基本目的是向潜在顾客分发优惠券。这将通过在波士顿主要报纸上刊登半版广告来实现。另一种方式是在《新奇狗》(*Dog Fancy*)杂志上刊登整版广告，覆盖波士顿地区的大部分市场（见图表 4）。我们希望 10 个购买者中有一个是持优惠券的。

分发优惠券的第二个阶段是在同一报纸上刊登 30 英寸的广告。最后一次分发优惠券将通过促销活动中的 30 英寸夹页广告进行。报纸广告将和电视广告协调一致。

电视广告　在电视广告的制作和播出上投入大量的资金。大部分播出时间将位于"David Letterman 午夜秀"节目。公司将购买该节目前半小时中的一段固定的时间。

图表 4　Show Circuit 平面广告

电视广告预算中剩下的部分用于传抵白天和晚上时段的观众。每个电视广告播出周期从周一开始，报纸广告将在随后一周的周四刊登。

在 30 秒钟的电视广告中，有两种方式可以采用。第一种广告充分利用宠物主人对狗的喜爱。一位衣冠不整的贪食的中年妇女津津有味地大吃牛排，与之形成鲜明对照的是一罐倒胃口的狗粮。广告结尾推出 Show Circuit 产品的特写。该广告的文案见图表 5。

第二种电视广告将突出超市中食品的地点。该广告的图像和声音表述如下：

图像	声音
超市——对一个夹克衫鼓鼓的男孩的长镜头。	画外音：要记住新 Show Circuit 冷冻狗粮的许多事情。
男孩的特写，小狗从夹克衫里钻出来。	记住，虽然它对你是陌生的，但冠军狗吃它已很多年了。
管理人员走过，男孩把狗藏起来，松了口气。	记住，它含有您的狗所需的所有维生素。
	记住，Show Circuit 是含有肉和麦片的营养均衡的狗粮。
出现宠物食品标识的特写。	记住，它不是罐装的。
男孩看着各种竞争品牌，男孩和狗的特写。	男孩：我找不到在哪儿，斯巴基（Sparky）。
男孩往店外走时经过冷冻食品区。	画外音：但最重要的是，请记住 Show Circuit 在冷冻食品区，也就是你为其他家庭成员购物的地方。
人们开始注视，然后目光定格在产品上。	

图表 5　Show Circuit 电视广告

计划预算　该项计划的预算为 40 万美元或 60 万美元（见图表 6）。我们认为这笔费用加上 3 万美元的入柜费是在波士顿地区推出产品涉及的全部增量成本。

我们认为这个预算是合理的，因为已有品牌每年在全国媒体上促销的费用在 700 万～800 万美元。作为一种新产品，第一笔费用高一点是必要的。例如，高档罐装狗粮 Reward 在推出时花了 3 000 万美元。高档干燥狗粮 Beneful 在推出时，花了 3 400 万美元用于电视和平面广告费。Alpo Lite 是比普通 Alpo 每单位少 25 卡路里的一种延伸产品，在上市时广告费达 1 000 万美元。

图表 6　　　　　　　　　　　　上市计划的两种开支水平

项目	预算水平	
	400 000 美元	600 000 美元
电视[a]	259 000 美元	429 000 美元
报纸/杂志[b]	100 500 美元	130 500 美元
多线索（促销材料）	9 750 美元	9 750 美元
杂项	5 250 美元	5 250 美元
代理费	25 500 美元	25 500 美元
总计	400 000 美元	600 000 美元

注：a. 电视广告成本的差额在于制作第二个商业广告及更大规模的播出计划。
　　b. 报纸/杂志方面的成本是在《新奇狗》上更大数量的插入广告。

[注释]

［1］"Man's Best Friend," *American Demographics* (January 2002): 7.
［2］"Three Out of Four Pet Owners View Pet as Family Member," *Progressive Grocer* (June 1, 2005): 25-26.
［3］"Scanner Data," *Petfood Industry* (December, 2004): 64-65.
［4］"Pet Places," *American Demographics* (September 1998): 38-39.
［5］"Putting on the Dog," BusinessWeek Online, May 13, 2005.

案例 4—2 琼斯·布莱尔公司*

2000年1月上旬的一天，琼斯·布莱尔公司（Jones·Blair Company）的总经理亚历山大·巴雷特（Alexander Barrett）在他的高层经理人员鱼贯走出会议室后倒在椅子背上。"又一次不解决问题的会议。"他想。在开过两次很长的会议之后，经理人员仍然没有就公司在美国西南部的建筑涂料市场中的营销决策达成共识。于是，他要求秘书在下周再安排一次会议。

美国油漆行业

美国油漆行业分为三大部分：(1) 建筑涂料；(2) 原始设备制造（OEM）涂料；(3) 特殊用途涂料。建筑涂料包括用于住宅、商用和单位建筑的普通涂料、清漆、磁漆等，这些涂料由批发商和零售商经销，购买者包括为自己装修的顾客、粉刷承包商和专业油漆工。建筑涂料通常称为外观物品（shell goods），销售额占油漆业全部销售额的43%。OEM涂料根据工业购买者的要求确定配方，并在原始设备制造期间喷涂。这些涂料用于耐用品，如汽车、卡车、运输设备、器械、家具、固定设施、金属容器、建筑和工业机械设备，其销售额占油漆业总销售额的35%。特殊用途涂料用于专门用途或环境条件，如极端温度、暴露于化学品或腐蚀环境。这些涂料用于汽车和机械表面整修、工业建筑与维护（包括工厂、设备、公用事业和铁路）、桥梁、海运（船舶及海上设施如油田设备）、高速公路和交通标志、喷雾器和金属漆以及屋顶油漆。特殊用途涂料占油漆业总销售额的22%。

美国油漆业通常被认为是接近成熟的产业，1999年的销售收入估计超过130亿美元。据预测，到2000年前，平均年销售收入的增长接近一般通货膨胀率。

---

* The cooperation of Jones·Blair Company in the preparation of this case is gratefully acknowledged. This case was prepared by Professor Roger A. Kerin, Edwin L. Cox School of Business, Southern Methodist University, as a basis for class discussion and is not designed to illustrate effective or ineffective handing of an administrative situation. Certain names and selected market and sales data have been disguised and are not useful for research purposes. Copyright ⓒ 2000 by Roger A. Kerin. No part of this case may be reproduced without written permission of the copyright holder.

☐ 建筑油漆涂料及其相关产品展望

据行业估计，美国建筑涂料及其相关产品（刷子、滚子、除漆器和打磨器等）的销售额1999年会超过100亿美元。建筑涂料被认为是成熟产业，长期的年销售增长率预计为1%～2%。建筑涂料及其相关产品的需求反映了房屋再装修、维护和修理以及旧房销售的情况，在一定程度上也反映出新住宅、商业设施和工业建筑的销售水平。行业估计也注意到了影响建筑涂料及其相关产品需求的其他两项因素。首先，建筑涂料市场遇到其他材料的竞争，如铝和乙烯基墙板、内墙覆盖物和木制镶板。其次，油漆公司已开发出更高质量的产品，减少了每次涂漆使用的数量和再油漆的频率。尽管如此，行业观察家预计，由于家庭消费者自己动手油漆的趋势，对油漆相关产品的需求会增加。

美国油漆制造商面临着降低挥发性有机复合物（VOC）的含量和限制溶剂使用的压力。美国环保署（EPA）已经提出了一个在建筑和工业维护涂料中减少使用VOC的计划。该计划包括三个阶段：以1990年为基准，到1996年减少VOC含量25%，到2000年，减少35%，到2003年，减少45%。EPA政策的执行对于利润率较低的油漆业无异于雪上加霜。

☐ 建筑涂料市场内部的联合与竞争

1990年以来，缓慢的销售增长、持续研究开发的需要和政府政策的实施，促成了美国油漆业的并购热。寻求成长和通过提高销售额来应付成本上升的公司忙于收购企业；那些不愿意或无力通过投资和开发来保持竞争力的公司卖掉了它们的油漆业务。据行业估计，目前油漆公司的数量是600家，比1975年少了40%，油漆公司的数量以每年2%～3%的比率减少。兼并主要表现为大鱼吃小鱼，大企业通过吞并小企业来增强在特定市场的实力或扩大地域分布。但是，由于技术的扩散加快及各地气候对油漆配方的要求存在差别，少数地区性的油漆制造商，如琼斯·布莱尔公司，可以成功地与那些全国性制造商竞争。

建筑涂料市场中的主要制造商包括宣威-威廉斯（Sherwin-Williams）、本杰明摩尔（Benjamin Moore）、帝国化工公司的格利登事业部（Glidden Unit of Imperial Chemicals）、PPG、威士伯（Valspar Corporation）、成长集团（Grow Group）和普龙（Pratt & Lambert）等公司。这些制造商的销售额超过目前建筑涂料业销售额的60%。它们销售自己品牌的油漆，也为零售商生产商店自有品牌的油漆。例如，宣威-威廉斯公司不仅销售宣威-威廉斯牌的油漆，而且为西尔斯公司（Sears）生产油漆。

大约50%的建筑涂料是通过私有、受控的或商店品牌销售出去的。西尔斯、凯玛特（Kmart）、沃尔玛和家得宝是这些品牌的主要销售者。另外，五金店集团，如True Value和ACE五金店也销售自有品牌的油漆。

尽管存在大经销商（如西尔斯）和家居改进中心（如家得宝），油漆专卖店、储木场及销售建筑涂料和油漆相关产品的独立五金店仍能够在油漆生意上竞争。据行业资料估计，油漆专卖店占油漆及其相关产品销售额的36%，五金店和木场占14%。不仅如此，在大城市以外的地区，油漆专卖店、五金店和木场已经超过大规模经销商和家居改进中心，成为油漆及其相关产品的主要供应者，原因在于这些地区缺少家居改进中心和大规模经销商,油漆店、五金店和木场与顾客的关系和提供的服务都很好。然而,沃尔玛在这些地区也颇具竞争力。

图表1给出了自己动手油漆者和专业油漆工光顾商店的情况。可以看出,家居中心(包括批发性质的家居中心)和大经销商(例如山姆会员俱乐部)是自己动手油漆者购买油漆及其相关产品时最常惠顾的两类零售店。油漆专卖店和木场是专业油漆工购买油漆产品及其相关产品最常光顾的零售店。

自己动手油漆者最常买油漆及其相关产品的地方

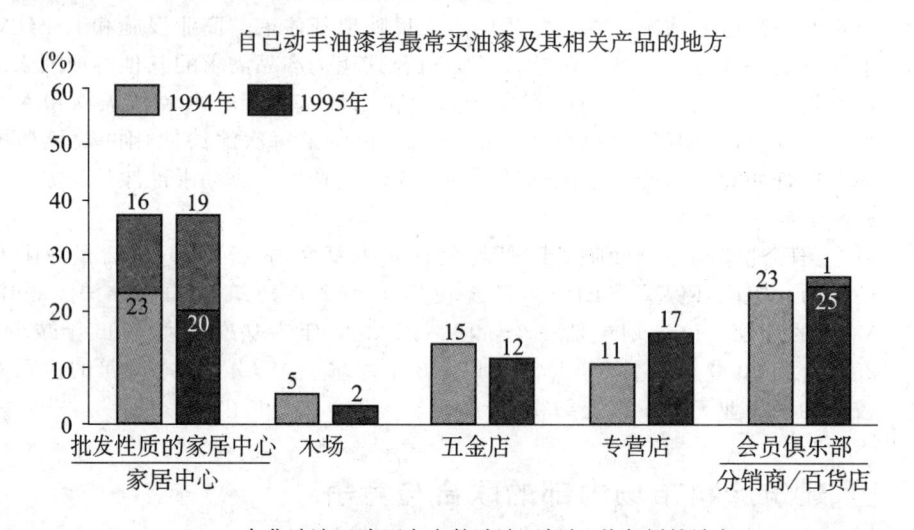

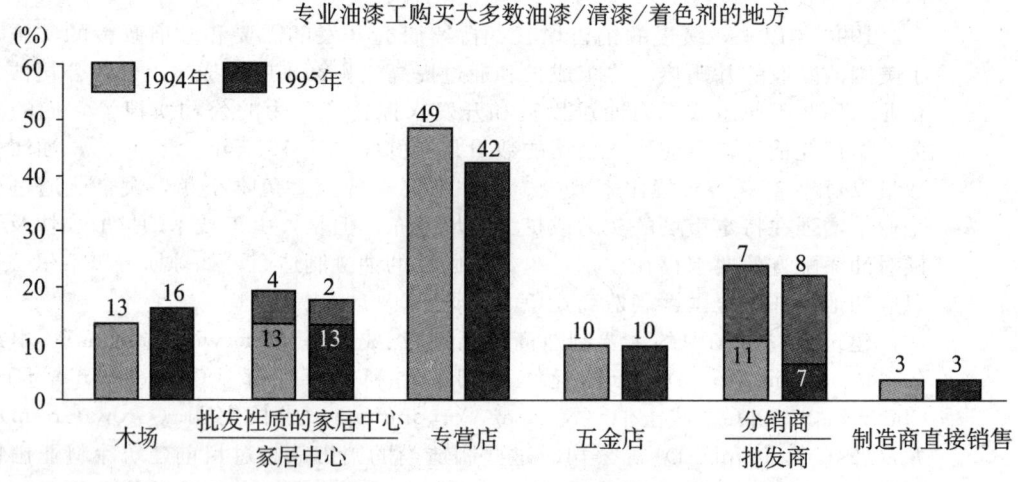

商店类型	1994年	1995年
批发性质的家居中心/家居中心	23	20
	16	19
木场	5	2
五金店	15	12
专营店	11	17
会员俱乐部分销商/百货店	23	25
		1

专业油漆工购买大多数油漆/清漆/着色剂的地方

商店类型	1994年	1995年
木场	13	16
批发性质的家居中心/家居中心	13	13
	4	2
专营店	49	42
五金店	10	10
分销商/批发商	11	7
	7	8
制造商直接销售	3	3

图表1 光顾商店的类型:自己动手油漆者与专业油漆工

资料来源:Home Improvement Research Institute. Reprinted from *National Home Center News*, "10 Forces Reshaping the Retail Home Improvement Market", © 1996. Used with permission.

建筑涂料购买行为

在建筑涂料销售中,自己动手油漆者占50%左右,专业油漆工占25%,其余的是政府购买、出口和承包商购买。

建筑涂料年销售额的60%来自室内油漆,室外漆占38%,余下的是磁漆和其他产品。每年,购买室内漆的家庭接近1/4,购买室外漆的家庭明显少于购买室内漆的家庭。自己动手油漆的流行，特别是室内装修，促使零售店增加了产品品种。油漆行业的顾客调查表明，每次购买油漆平均花费大约 74 美元，每次购买相关产品的平均金额大约为 12 美元。

家居改善调查中心最近的调查表明，自己动手油漆者首先选择的是零售店，然后选择品牌。这个调查还识别出了自己动手油漆者家居改善产品（包括油漆）决策的四个步骤，如图表 2 所示。

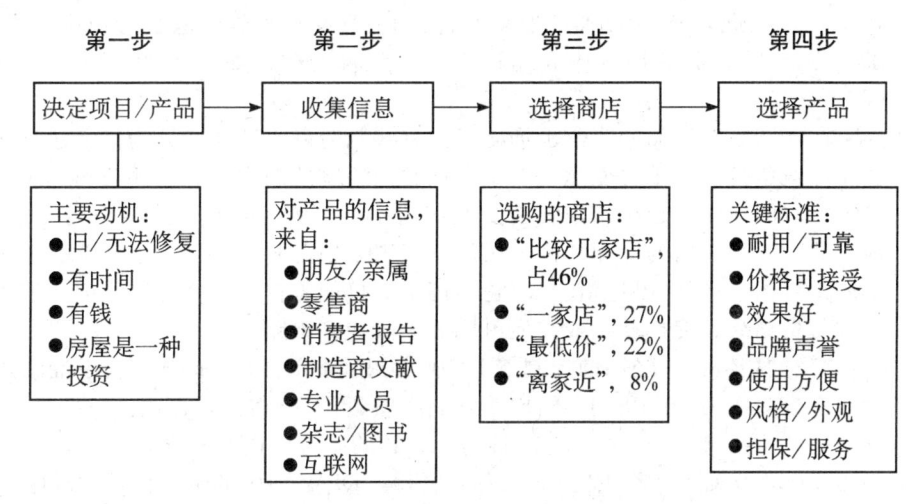

```
第一步            第二步            第三步            第四步
┌─────────┐   ┌─────────┐   ┌─────────┐   ┌─────────┐
│决定项目/ │──▶│ 收集信息 │──▶│ 选择商店 │──▶│ 选择产品 │
│  产品   │   │         │   │         │   │         │
└─────────┘   └─────────┘   └─────────┘   └─────────┘
┌─────────┐   ┌─────────┐   ┌─────────┐   ┌─────────┐
│主要动机：│   │对产品的信│   │选购的商店│   │关键标准：│
│●旧/无法 │   │息，来自：│   │：       │   │●耐用/可靠│
│  修复   │   │●朋友/亲属│   │●"比较几 │   │●价格可接受│
│●有时间  │   │●零售商   │   │ 家店"， │   │●效果好  │
│●有钱    │   │●消费者报告│   │ 占46%   │   │●品牌声誉│
│●房屋是一│   │●制造商文献│   │●"一家店"│   │●使用方便│
│ 种投资  │   │●专业人员 │   │ ，27%   │   │●风格/外观│
│         │   │●杂志/图书│   │●"最低价"│   │●担保/服务│
│         │   │●互联网   │   │ ，22%   │   │         │
│         │   │         │   │●"离家近"│   │         │
│         │   │         │   │ ，8%    │   │         │
└─────────┘   └─────────┘   └─────────┘   └─────────┘
```

图表 2　消费者关于家居改善产品的购买决策过程

资料来源：Home Improvement Research Institute. Reprinted from *National Home Center News*, "10 Forces Reshaping the Retail Home Improvement Market", © 1996. Used with permission.

"油漆已经成为日用品，"巴雷特评论说，"在几乎所有自己动手油漆者看来，油漆就是油漆，一种覆盖物，他们试图得到最好的价格。但是，有不少人需要如产品信息、颜色搭配、表面处理和耐久性等信息方面的服务。"他也承认："一旦油漆上了墙，你一下子也说不出高价与低价油漆的区别。"

"但是，油漆承包商和专业油漆工之间有区别，"他继续说，"要刷子的家伙（专业油漆工）很注重高质量产品，因为对他们来说名声很重要。维修公司不希望一旦墙上有一个污点就得重新粉刷办公室，它们希望油漆耐用、可洗、单层粉刷即可。他们也看重零售商的服务，向商店请求得到赊欠。他们希望能一大清早就到商店拿到油漆和物品，希望商店能大量调制顾客指定颜色的油漆。他们愿意与那些能够满足他们需要的有知识的商店员工打交道。因此，我对油漆店仍然是专业油漆工最喜欢购买油漆及其相关产品的零售店这一事实丝毫不感到惊讶。在很多情况下，承包商需要的只是油漆，尽力得到最低的价格，特别是承包大工程时。"

琼斯·布莱尔公司服务的地区

琼斯·布莱尔公司通过坐落于得克萨斯州达拉斯的工厂和总部向得克萨斯州、俄克拉何马州、新墨西哥州和路易斯安那州的 50 个县销售油漆及其相关产品。拥有 11 个县的达拉斯-福特沃斯（DFW）大都市地区是该公司西南服务区的主要业务和财务中心。

零售层面的竞争近年来有所加剧。西尔斯百货和凯玛特在 DFW 地区有许多店铺，宣威-威廉斯公司和家得宝也一样。油漆店、木场和五金店的零售空间的竞争也加剧了。"我们的调查表明，在 50 个县的服务区内有 1 000 个店铺，其中的 450 个在 DFW。"巴特雷解释道，"典型的木场和五金店从油漆中得到总营业额的 10%（65 000 美元），典型的油漆店销售 3 种牌子的产品，年销售额约 40 万美元，因此，你可看到，取得和保持广泛的分销是在这个行业中成功的关键因素。10 年前在服务地区中有超过 1 200 个店铺在营业，大约 600 个位于 DFW 地区"。

在油漆制造层面的竞争也加剧了。有些制造商将油漆卖给为住宅建筑业服务的承包商，竞争行为的主要变化就发生在这类油漆制造商中间。这些公司利用侵略性的产品定价以图在住宅建筑市场占有更高的份额。"幸运的是，这些公司还未寻求 DFW 地区的 400 个左右的专业粉刷公司、DFW 地区以外的 200 个专业粉刷公司或自己动手油漆者的市场，"巴特雷说，"它们还未能打通零售店这个通道，但它们将来可能会通过免费赠品、促销补贴或其他可用的手段找到出路。"

"我们相信，大经销商控制着 DFW 大城市地区 50% 的自己动手油漆市场，价格看起来有吸引力，但我们不能抱怨它们的质量。"巴雷特解释道。

1999 年，琼斯·布莱尔公司这 50 个县的服务区内的建筑油漆和相关产品的销售额是 8 000 万美元（除去对承包商的销售），DFW 地区的销量估计占其中的 60%。自己动手油漆的家庭购买者占与承包商不相关的营业额的比例，在 DFW 地区为 70%，在其他地区为 90%。图表 3 是在琼斯·布莱尔公司服务地区内建筑油漆和相关产品近 5 年的销售情况。

图表 3　　　　建筑油漆和相关产品的销售额（不包括对承包商的销售）　　单位：百万美元

年份	总销售额	DFW 地区销售额	DFW 地区之外的销售额
1995	75.7	50.9	24.8
1996	76.4	50.8	25.6
1997	77.6	50.5	27.1
1998	78.4	50.7	27.7
1999	80.0	48.0	32.0

琼斯·布莱尔公司

琼斯·布莱尔公司是一家私人企业，生产和销售琼斯·布莱尔牌的建筑油漆。除了生产各种建筑涂料，公司还销售涂料相关产品（刷子、滚子、打磨器等），尽管这些物品不是公司生产的，但仍以公司品牌出售。公司还经营着一个非常大的 OEM 涂料事业部，在全美和世界范围内出售产品。

公司的建筑油漆和相关产品的销售额在 1999 年达 1 200 万美元，税前净利润为 114 万美元。在过去 10 年中，按美元计的销售额以平均每年 4% 的速度增长。但是，油漆的数量（以加仑计）在近 5 年中保持稳定。"尽管研发费用、劳动力和材料成本上升，我们还是非常成功地保持了毛利水平，但恐怕已接近了价格的极限，"巴雷特说，"现在，我们的油漆是所在地区中最贵的。"1999年，包括运费在内的油漆货物销售成本是净销售额的60%。

☐ 分　销

琼斯·布莱尔公司通过200个独立的油漆店、木场和五金店分销产品。40%的销售点位于DFW地区的11个县，其余的位于其他39个县。琼斯·布莱尔公司在DFW地区和非DFW地区的销售分布是均等的。图表4显示了每年的客户数量和按美元计的销售额分布情况。

图表4　　　　　每年的客户数量和按美元计的销售额分布情况

购买量/年	零售客户占比（%）			按美元计的销售额占比（%）		
	DFW地区	非DFW地区	总计	DFW地区	非DFW地区	总计
50 000美元以上	7	10	17	28	28	56
25 000~50 000美元	14	20	34	13	13	26
25 000美元以下	19	30	49	9	9	18
总计	40	60	100	50	50	100

在DFW以外地区，年销售额在5万美元以上的零售店只经营琼斯·布莱尔的产品。但是，在DFW地区，除了14个零售店（它们每年的营业额大于5万美元）只销售琼斯·布莱尔产品外，其他零售商通常销售2~3个牌子的产品，其中琼斯·布莱尔产品定价较高。"经验表明，在DFW地区的零售点，多种产品导致了销售量（以加仑计）的减少。相比而言，DFW以外的地区销售量（以加仑计）已经增长。把它们合并在一起，总的销量是稳定的。"巴雷特解释到。

☐ 建筑涂料销售的促销努力

琼斯·布莱尔公司雇用了8个销售代表，由他们负责监督每个零售点琼斯·布莱尔油漆和相关产品的库存，同时接收订单，协助商店布展以及协调公司广告节目。最近对琼斯·布莱尔油漆经销商的调查表明，销售代表很受欢迎，被认为能提供帮助，是专业的，很在行。在谈到对这一调查的看法时，巴雷特说："我们的代表对顾客非常熟悉。他们在销售访问时，常常与客户边喝咖啡，边谈生意和唠家常。有些甚至在客户忙时为其看摊。"销售代表拿薪水和1%的销售提成。

公司大约花费净销售额的3%用于广告和营业推广。大约55%的广告和营业推广费用分配在与零售店的合作广告计划上。依据从琼斯·布莱尔公司购买油漆的金额，公司支付商店宣传媒体一定比例的费用，这一原则适用于报纸广告和零售商直接交易区域内散发的季节性商品介绍。图表5是一份琼斯·布莱尔公司的合作平面广告。其余的广告和推广预算用于店内展示、企业品牌广告、户外标志、地方杂志、奖券以及广告制作费。

图表 5　琼斯·布莱尔公司平面广告

计划会议

  琼斯·布莱尔公司的高层管理人员又坐到一起来讨论，在公司服务的建筑油漆涂料市场中，在何处和怎样部署企业的营销活动。巴雷特宣布开会，要求这次会议必须解决这一问题，以便制定战术计划。油漆销售的旺季马上就要到了，必须作出决定。

  广告副总裁："巴雷特，我仍然相信，我们必须把重点放在提高 DFW 地区自己动手油漆者市场的表现上。我刚接到关于 DFW 地区消费者广告认知研究的结果。你们可以看到（见图表 6），认知与购买行为是相关的。对油漆购买行为的行业研究说明，大多数自己动手油漆者在选择品牌前先选择商店。然而，品牌名称对于消费者也是重要的，因为在选择品牌时他们确实会考虑广告中见过的品牌。在那些有许多品牌出售的店铺这一点很重要。我认为，我们需要在自己动手油漆者中获得30%的认知水平，这样才能实质性地带动销售。

"与我们的广告代理的初步谈话表明，在现有基础上增加35万美元的企业品牌广告支出，重点是电视广告，对于达到这个认知水平是必要的。不仅如此，电视的覆盖面将包括DFW地区之外15个县的消费者。"

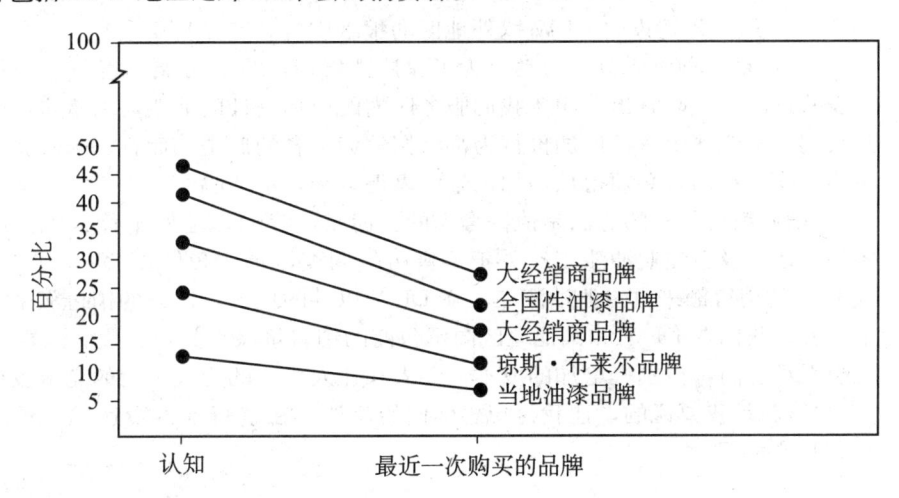

认知问题："当想到油漆时，你能想到什么品牌？"
最近一次购买的品牌："最近一次购买油漆时，你买的是哪种品牌？"

图表6　在过去12个月DFW地区对油漆品牌有认知和曾购买油漆的人的比例

说明：样本规模是 $N=400$。百分比有5%的抽样误差。

生产副总裁："我不同意。广告不是解决问题的办法，并且将重点集中在DFW地区也过于狭隘了。我们必须在自己动手油漆者市场上有竞争力，这就是我要说的。我们对购买者的调查显示，经销商在顾客表现得对价格敏感时会很快转而推荐别的品牌。我们必须使所有油漆的价格都下降20%，使之与全国性品牌相同。看这儿，在今天的报纸上，我们做了一个特价室外漆的广告，但是我们的价格仍明显比大经销商的日常价格高。这些广告在同一页上，顾客绝不会惠顾我们的经销商，除非他是白痴。"

销售副总裁："忘记DFW市场吧。我们应该把努力放在DFW以外的市场，在那儿有我们一半的销售和大部分的经销商。我不想这么说，但是我们的销售代表应该更主动些。过去5年中我们仅仅增加5个客户，在DFW以外地区我们的客户渗透率才16%。当然我要负部分责任，但我已准备积极行动。我们应该增加一个销售代表，他的主要职责是发展新的零售客户，或者拜访专业油漆工，说服他们从我们的经销商那里购买。我已经测算过，增设一个代表，不包括提成，一年的直接费用是6万美元。"

财务副总裁："每一个人都在建议改变我们的导向。那么，让我做'坏人'吧，我认为应该继续坚持现在的方法。目前，我们通过经销商向DFW地区和DFW地区以外的市场上的房主和专业油漆工销售产品。通过明智地监测毛利和控制成本，我们已经而且能够继续盈利。我们的边际贡献是35%。每一个人都说增加成本会增加销售额。我提醒你，巴雷特，我们已经说过，我们的政策是在一年之内收回非资本性支出。如果广告费增加35万美元，我们最好也能看到销售额的增长。增设销售代表也一样，我要加一句，还得考虑降价带来的收入减少。"

巴雷特："我们又在原地踏步。你们讲的都有道理，问题是我们必须确立轻重缓急。让我们想想怎么做最好。

"增加广告看起来挺有道理，因为全国性油漆企业和大经销商在同期内的支出是我们的10倍。你说得对，人们在购买前应该意识到甚至考虑琼斯·布莱尔品牌。但是，我不清楚在75%的大众不买油漆的条件下，做广告对我们有什么用。你提出的将DFW地区作为主要市场的观点已经受到其他人的质疑，那么，我们能否将增加的35万美元的广告费投向DFW以外地区的报纸广告和商品目录上？

"削价是一种更激进的行动。为了保持销售量，我们可能不得不这样做。从销售代表的预测中可以看出，明年我们服务区内的以加仑计的油漆需求量将不会增加，今年我们也不能涨价。任何加价行为都将招致竞争者的痛击。而且，既然我们的成本不可能减少，我们就必须得从增加销量中赢得毛利，可能吗？

"增雇销售代表的想法是值得考虑的。但是，我们让他们干什么呢？让他们关注零售店还是吸引专业油漆工？关于零售店的调查显示，我们在DFW地区的经销商，其70%的销售额来自专业油漆工；在DFW以外的地区，70%的销售额来自自己动手油漆者。我们在DFW和其他地区向承包商的销售量微乎其微。我们需要削价40%才能吸引承包商，更别提增加的成本、专人和让人头疼的为大工程的竞争投标。

"这就是我要说的，让我再想想你们的建议。在就行动方案达成一致之前，没人会离开这里。"

案例4—3　邓肯工业公司：在欧盟的市场机会[*]

2000年9月的一天，邓肯工业公司（Duncun Industries）的总裁马克·邓肯（Mark Duncan）刚刚看完关于2001年进入欧洲市场的可行性研究报告。该公司生产地面汽车升降台，主要用于修车厂、服务站和其他维修店（见图表1）。由公司营销经理皮埃里·加格农（Pieree Gagnon）撰写的报告勾画出了在欧盟的机会和可能的进入方式。

马克不能肯定公司向欧洲发展的条件是否成熟。尽管公司在美国市场成功地扩大了销售，但他怀疑是否能在欧洲也取得同样的成功。他想，如果再努力些，公司在美国的销售还可以增长。但是，进军欧洲的想法也有合理之处。他开始看材料，准备着第二天与加格农的会谈。

邓肯工业公司

马克·邓肯曾是一位设计工程师，在一家美国汽车升降台制造商设在加拿大的子公司中工作过8年。在此期间，他花了大量时间设计一种地面汽车升降台。尽管他对这种升降台的独到之处非常痴迷，包括剪式升降架和车轮校正板，但是高层管理人员

---

[*] This case was prepared by Professor Gordon H. G. McDougall, Wilfrid Laurier University, as the basis for class discussion rather than to illustrate either effective or ineffective handling of an administrative situation. Certain names and data have been disguised and are not useful for research purposes. Used by permission.

第4章 机会分析、市场细分和目标市场选择 81

地下单柱升降台

地面四柱升降台

邓肯升降台（地面，剪式）

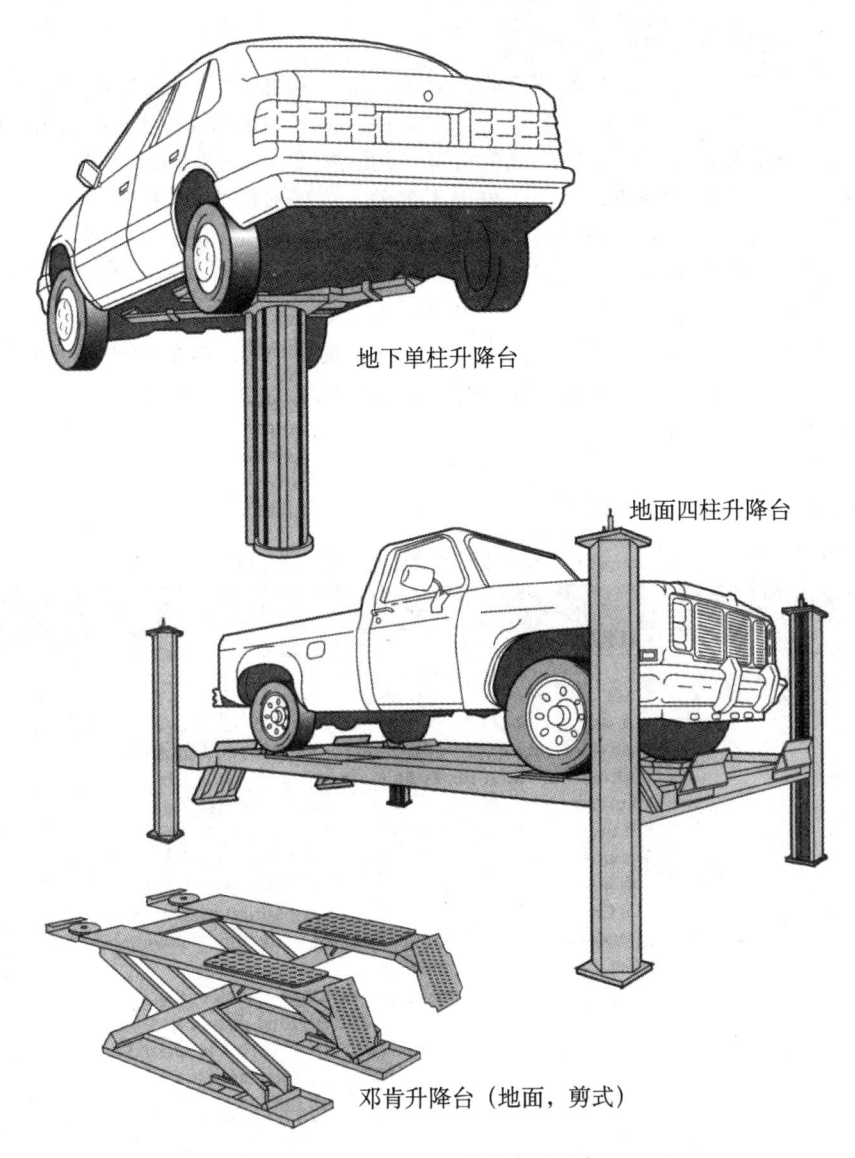

图表1　几种款式的汽车升降台

对此却不感兴趣。1990年，他离开了那家公司，开始自立门户，设计和生产这种升降台。他以前的老板不反对他的计划，并对他的新事业致以良好祝愿。

在之后的3年中，马克从一家风险投资企业得到了资金，在魁北克的拉什恩开了一个工厂，开始制造和销售邓肯升降台（见图表1）。

从一开始，马克就对开发和销售邓肯升降台感到无比自豪。有创意的设计包括一个剪式升降架和一个安全锁定机制，可以将升降台升到任何一个位置然后锁定。另外，剪式升降便于工人在提升起的汽车上工作。由于升降台完全是液压式的，没有链条或滑轮，因此，也不需要多少维护。另一个关键特性是校正转向板，它是升降台内设的一部分。转向板使技工可以准确和方便地校正车轮。由于是一种地面升降台，不用一天就可在车库中安装好。

马克不断改进产品，提高了安全性。事实上，邓肯升降台被认为是最安全的汽车升降台之一。安全性在汽车升降台市场是非常重要的因素。虽然升降台很少失灵，但是，一旦失灵就可能酿成大祸。

邓肯升降台在同行中树立起良好的声誉，被称为升降台中的"卡迪拉克"。由于其独特的设计、出色的工艺质量、安全性、易于安装和5年质保，许多人认为该产品要优于竞争产品。马克拥有邓肯升降台的多项专利，包括剪式设计中的提升机械原理和安全锁定机械原理。公司还推出了多种款式的升降台，可以适用于不同工作，包括除锈、消音器修理及一般机械维修。

1991年，邓肯工业公司售出23台升降台，销售收入为172 500美元。最初几年，大部分产品卖给了魁北克和安大略省地区的独立服务站和专门从事车轮校正的修车厂。大多数销售是由加格农完成的。加格农于1992年受聘，负责营销工作。1994年，加格农开始通过分销商将销售扩展到加拿大更广泛的市场。1996年，他与一家大型汽车批发商签约，让其作为公司在美国市场的代理。到1999年，公司售出了1 054台升降台，销售收入达970.8万美元（见图表2），其中1999年有60%的产品销往美国，40%在加拿大销售。

图表2　　邓肯工业公司的部分财务统计数据（1997—1999年）　　　　　　　　单位：美元

	1997年	1998年	1999年
销售额	6 218 000	7 454 000	9 708 000
销售成本	4 540 000	5 541 000	6 990 000
贡献	1 678 000	1 913 000	2 718 000
营销费用*	507 000	510 000	530 000
管理费用	810 000	820 000	840 000
税前利润	361 000	583 000	1 348 000
售出数量（台）	723	847	1 054

＊1999年的营销费用包括广告（7万美元）、4位推销员薪酬（24万美元）、营销经理和3位销售辅助人员薪酬（22万美元）。

资料来源：Company records.

行　业

在北美，每年销售的升降台大约为4.9万台。几乎每个汽车经销点或维修点都会购买升降台，包括新车经销商、旧车经销商、专营维修店（如消音器、变速器、车轮校正）、连锁店（如凡士通（Firestone）、固特异（Goodyear）、加拿大轮胎（Canadian Tire））和独立的修车厂。据估计，新车经销商的购买量在30%。一般来说，专营维修店主要从事一种维修，如消音器或除锈，而非专营店提供多种维修服务。尽管有些交叉，邓肯工业公司主要在专营店市场竞争，特别是从事车轮校正的店。这包括连锁店，如凡士通和加拿大轮胎，提供车轮校正的新车经销商（如福特）以及专门从事车轮校正业务的独立的修车铺。

使用升降台的目的是将汽车提升到一定位置，便于技工或服务人员工作。由于不同的维修需要不同的位置，因此，人们开发出了多种类型的升降台来满足不同的具体需要。例如，消音器修理店需要的升降台应能保证技工容易接近车的底部。类似地，车轮校正要求升降台能提供一个水平平台，使得技工容易接近并调整车轮。加格农估计，邓肯工业公司85%的销售额来自车轮校正市场，主要的客户如凡士通、固特异和加拿大轮胎的服务中心以及专事车轮校正的独立修车厂。15%的销售额来自那些使用升降台进行一般机械维修的顾客。

购买升降台的企业构成行业的一部分，称为汽车后市场，主要涉及零部件供应和为新旧车提供服务，1999年的零售额为540亿美元，为加拿大1 400万辆汽车提供服务。这个行业规模大而且多样化，包括加拿大的4 000多家新车经销商，400多家加拿大轮胎店，凡士通和固特异连锁店的各100多家分店，Rust Check连锁店中的220多家分店。

购买汽车升降台对于服务站的所有者或经销商来说常常是一项重要决策。由于升降台价格在3 000~15 000美元，因此，对于多数企业来说应该算是一项资本开支。

对于新的服务中心的所有者或经营者以及新的经销商而言，面临的决策涉及确定需要什么类型的升降台，哪种品牌最适合企业。大多数新的服务中心或汽车经销商提供的服务是多种多样的。在这种情况下，决策涉及需要哪种升降台（如，地下式或地面式）。它们常会买不止一种升降台，这主要取决于服务中心或经销商的需要。

需要替换升降台（典型升降台的寿命是10~13年）的有经验的修理厂所有者，通常先看看市场上能够买到什么样的产品，然后再决策。如果所有者是技工的话，他们可能熟悉两到三种升降台，对于市场上销售的其他品牌往往不太了解。如果所有者或经销商不是技工，他们可能对升降台所知甚少。车主或经销商常常购买母公司推荐或批准的产品。

竞　争

在北美汽车升降台市场中，邓肯工业公司有16个竞争者：4个在加拿大，12个在美国。随着1989年签署的《美加自由贸易协定》（Free Trade Agreement）的实施，10年内两国间的关税将全部取消。对于马克来说，进口关税在决策中从来都是无足轻重的，汇率对销售价格的影响要大得多。在过去的3年里，加拿大元兑美元在0.65~0.70美元之间浮动（如，1加拿大元兑换0.65美元），预计汇率将稳定在这一范围。

升降台的种类很多，最基本的两种类型是地下式和地面式。正如名称表明的，地下式升降台需要在地下挖坑将提升升降台的活塞安装进去。这种升降台可以是单支柱的，也可以是多支柱的。它是固定的，不能移动。1999年，这种升降台占各类升降台销售数量的21%（见图表3）。地面升降台安装在一个平坦的表面上，通常是水泥台上。地面升降台有两种基本的类型，支柱式和剪式。与地下式升降台相比，地面式升降台安装方便，而且必要时可以移动。在1999年各类升降台的销售中，地面升降台占79%。对于每类升降台（例如支柱式地面升降台），由于尺寸、形状和起重能力不同，有很多种型号。

图表3　　　　　北美汽车升降台各种类型的销售数量（1997—1999年）　　　　　单位：台

	1997年	1998年	1999年
地下式			
单支柱	5 885	5 772	5 518
多支柱	4 812	6 625	5 075
地面式			
双支柱	27 019	28 757	28 923
四支柱	3 862	3 162	3 745
剪式	2 170	2 258	2 316
其他	4 486	3 613	3 695
总计	48 234	50 187	49 272

资料来源：Company records.

该行业由两家美国大公司控制。AVH 升降台公司和伯纳制造公司（Berne Manufacturing），它们共同掌握着大约 60% 的市场。AVH 升降台公司是最大的，大约占 40%，年销售额约为 6 000 万美元。它提供各种类型的升降台（地下式和地面式），但主要是地下式和双柱地面式。AVH 升降台公司是自己拥有直接销售队伍的唯一一家公司，其他公司则仅仅使用批发商，或批发商和公司销售队伍结合。AVH 升降台公司生产极少有特殊性能的标准升降台，主要在价格上竞争。伯纳制造公司拥有大约 20% 的市场，也是同时在地下式和双柱式升降台市场上竞争。它联合使用批发商和公司的销售队伍，与 AVH 升降台公司一样，主要在价格上竞争。

该行业中的其他公司主要是在地区性市场（如加利福尼亚州、英属哥伦比亚省）经营的企业和/或提供有限产品线（例如四柱地面升降台）的企业。

邓肯工业公司有两个制造剪式升降台的竞争者。AVH 销售一种具有不同提升装置但没有邓肯升降台那样的安全锁定装置的剪式升降台。AVH 的升降台平均比邓肯升降台便宜 20%。第二个竞争者是麦特升降台公司（Mete Lift），这是一家在加利福尼亚和俄勒冈销售的小公司。该公司产品的设计与邓肯升降台很相似但安全性差。麦特升降台被公认为一种制造精良的产品，售价比邓肯升降台便宜 5%。

营销战略

2000 年年初，由于产品质量出众、服务良好，邓肯工业公司在升降台市场上赢得了声誉，特别是在车轮校正细分市场。

该公司采用的分销系统反映了进行大规模人员推销的必要。分销系统包括：公司的销售队伍、加拿大分销商和美国的一家汽车批发商。公司的销售队伍由四位销售人员和加格农组成，他们的主要任务是为大的"直接"客户服务。首要的步骤是让邓肯升降台取得大连锁店和制造商的批准。在取得批准后，再向单个的经销商或经营者销售。例如，如果通用汽车批准使用这种升降台，邓肯工业公司就可以向通用汽车的经销商出售。邓肯工业公司直接向为数众多的通用、福特、克莱斯勒、加拿大石油（Petro-Canada）、凡士通和固特异等公司的经销商销售。邓肯工业公司已成功地获得了美国和加拿大的三家最大汽车制造商的批准，并且获得加拿大轮胎和固特异这样的服务商的批准。到目前为止，邓肯工业公司未被任何一家大客户拒之门外，但有时申请批准的过程长达 4 年。

总的来说，公司销售队伍每年的销售量约增长 25%。在美国，公司通过在美国的批发商向大的"直接"客户出售产品。

加拿大的分销商在全加拿大提供出售、安装及其他服务。这些分销商经营邓肯升降台，同时也供应非竞争性的汽车设备（如发动机诊断设备、车轮平衡设备）和非竞争性的升降台。它们的客户主要集中在小的连锁店和独立的服务站和修车铺。

公司在美国的批发商向服务站销售系列产品，同时自己也生产某些设备。邓肯升降台是该批发商所销售的五种升降台之一。尽管该批发商在美国为邓肯工业公司提供了广阔的分销网络，但邓肯升降台在其经销的所有产品中占的比重较小。虽然没有准确数字，加格农估计邓肯升降台占美国批发商总升降台销售的 20% 以下。

马克和加格农都认为美国市场还有潜力可挖。美国拥有 2.64 亿人口和超过 1.46 亿辆注册车辆，市场规模大约是加拿大（大约 3 000 万人口和 1 400 万辆注册车辆）

的 10 倍。加格农解释说，新英格兰地区的 6 个州（人口超过 1 300 万）、亚特兰大中部地区 3 个最大的州（人口超过 3 800 万）和中东部 3 个最大的州（人口超过 3 200 万）都在距拉什恩的工厂一天车程以内。马克和加格农曾想过在纽约建立一个销售机构来为上述地区服务，但是他们担心美国批发商不会情愿地交出自己的辖区。他们还想过和批发商更密切地合作来鼓励它推动邓肯升降台的销售，但很明显，批发商的主要目的是卖掉升降台，不一定非是邓肯升降台。

邓肯工业公司向分销商和用户发送一种包括产品、使用、价格等信息和其他相关内容的目录式包裹。另外，公司还在专业杂志上做广告，加格农还参加了加拿大和美国的展览会以推广邓肯升降台。

1999 年，邓肯升降台的平均零售价为 10 990 美元。每售出一台，公司得到的平均收入为 9 210 美元，这一平均数综合了三种分销渠道：(1) 直接销售（公司的收入为全部零售价）；(2) 加拿大分销商（公司收到售价的 80%）；(3) 美国批发商（公司得到售价的 78%）。

马克和加格农一致认为，公司至今的成功有赖于面向具体顾客的需要提供出色产品（包括服务）的战略。这一战略强调不断地改进产品、工艺质量和服务。人员推销是这一战略的关键因素；销售人员可以向顾客展示邓肯升降台比竞争产品的优越之处。

欧盟市场

基于上述背景，马克一直在考虑公司继续快速发展的道路。保持增长的一个可能性是欧盟的前景和潜在市场。欧洲在 1993 年成为一个单一市场的事实说明，这至少是一个值得探索的机会。有了这个想法后，马克请加格农准备一份关于邓肯工业公司进入欧盟的可行性报告。以下是加格农的报告的主要内容。

欧盟的历史

欧盟是在 1957 年的《罗马条约》（Treaty of Rome）的基础上形成的。在《罗马条约》中，5 个国家认为建立一个内部市场是共同利益所在。这 5 个国家是：法国、西班牙、意大利、联邦德国和卢森堡。至 1999 年，欧盟已包括 15 个国家（新增的 10 个国家为：奥地利、比利时、丹麦、芬兰、希腊、爱尔兰、荷兰、葡萄牙、瑞典和英国），人口超过 3.76 亿。对于位于欧盟内部的企业来说，几乎所有的障碍（物质的、技术的和资金的）都将按期消除。这将导致货物、人员、服务和资本的自由流动。

过去 15 年中，许多北美和日本的公司打入欧盟。原因有二：第一，这些公司把共同体视为增加全球市场份额和利润的机会。由于其巨大的规模和无内部障碍，这个市场有吸引力。第二，人们一直在担忧，对于没有在欧盟内设立公司的企业来说，向欧盟的出口将因为标准和关税改变而变得困难。时至今日，这一忧虑还未成为现实。

市场潜力

对邓肯工业公司来说,这个潜在市场的关键指标是某一国家在用的客用汽车和商业运输工具的数量。有4个欧盟国家的在用车辆超过2 000万辆:德国拥有4 400万辆车,有最多的车辆;之后依次为意大利、法国和英国(见图表4)。车辆数量是一个重要指标,因为在用车辆越多,需要使用车辆升降台的服务和修理设施的数量越大,对邓肯升降台的潜在需求也就越大。

图表4　　　　　　　　　　车辆(1997年)和人口数量

国家	在用车辆(单位:千辆)			人口(千人)
	客车	小型商用	登记的新车	
德国	41 400	2 800	3 500	82 100
法国	28 000	4 900	2 200	59 000
意大利	33 200	2 700	1 800	56 700
英国	23 500	4 000	2 200	59 100
西班牙	15 300	2 800	1 000	39 200

未来的汽车修理和服务市场的指示器是新车登记的数量。新车登记很重要,因为它通过更换淘汰汽车保持了在用车的数量。1997年登记的新车德国最多,其次是法国、英国和意大利。

巨大的国内市场对最初的增长似乎很重要的。基于这一事实,在选择欧洲国家时应限于"四个最大"的工业化国家:德国、法国、英国和意大利。在一项国际调查中,北美和欧洲的公司对欧洲国家就市场潜力和投资场所潜力按1~100打分排序。结果显示,德国在市场潜力和投资场所机会方面均名列第一,法国、英国和西班牙分别位列二、三、四名。意大利在市场和投资场所潜力方面都未能进入前四名。但是,意大利有庞大的在用机动车数量,人口在欧洲位列第四,是公认的汽车技术和制造方面的领导者。

有关欧洲内部竞争方面的信息很少,也不像北美那样存在主导型制造商。目前,有一家德国公司制造剪式升降台。该公司的产品绝大部分在德国国内市场销售。其他有用的信息就是意大利有22家企业生产汽车升降台。

投资选择

加格农认为,邓肯工业公司进入欧洲市场有三种选择:授权、合资、直接投资。一家法国公司曾经表示过对制造邓肯升降台有兴趣,因此,授权较为可行。

2000年6月,加格农为促销邓肯升降台曾参加了在底特律的一个展销会。在那儿,他遇见了菲利普·博普雷(Philipe Beaupre),一家生产车轮校正设备的法国企业——巴摩西公司(Bar Maisse)的营销经理。这家公司位于法国的加莱,在欧洲出售各种车轮校正设备。销售情况最好的是一种电子模数校正器,它能让技工使用先进的计算机系统来校正汽车车轮。博普雷当时正在为巴摩西公司生产的模数校正器和其他产品寻找在北美地区的分销商。

在展销会上,加格农和博普雷有一次闲谈。双方介绍了各自公司生产的产品,交换了宣传小册子和名片，然后就去看其他展览了。第二天，博普雷找到加格农，问他对巴摩西公司在欧洲制造和销售邓肯升降台是否感兴趣。博普雷认为升降台会完善巴摩西公司的产品线，并且这种授权对双方都有好处。他们均同意继续探索这一想法。回来后，加格农向马克做了汇报，决定探索其可行性。

加格农给一些同行打电话了解巴摩西公司的情况。有一半人没有听说过这家公司，但是，听说过这家公司的人对其产品质量表示满意。一位有欧洲市场经验的同行非常了解这家公司，说这家公司管理完善，会是很好的合作伙伴。7月份，加格农给博普雷写了一封信，告诉他邓肯工业公司对进一步探讨感兴趣，并附了些公司的小册子，其中包括邓肯升降台的价目表和技术信息。8月末，博普雷回信，说巴摩西愿与邓肯公司签署一份为期三年的授权合同，在欧洲制造邓肯升降台，巴摩西准备支付相当于总销售额5%的转让费。加格农对这一建议还未做答复。

第二种可能性是合资。加格农曾经考虑过对巴摩西公司提出合资建议是否会对邓肯工业公司更有利。虽然还不清楚细节，但他认为，如果邓肯工业公司在欧洲能成为一个活跃的伙伴，会对欧洲市场了解得更多，赚更多的钱。加格农希望双方对等投资、平分利润。他在设想，巴摩西公司可以利用邓肯工业公司的技术帮助在它自己的工厂里制造邓肯升降台。他还设想，邓肯工业公司通过巴摩西的分销系统涉足欧洲升降台市场营销。更进一步，如果市场营销得当的话，邓肯升降台会在欧洲市场上得到适当的市场份额。果真如此，他认为邓肯工业公司采用合资的办法会获得更大的收益。

第三种选择是直接投资，即邓肯工业公司设立制造工厂和组建管理集团来销售升降台。加格农与一位最近在德国参与制造钢质组合棚子的熟人联系过。根据那个人介绍的情况，他估计在欧洲建厂的费用包括：(1) 购买设备（焊接机、起重机、其他设备）需25万美元；(2) 建设工厂要20万美元；(3) 流动资金（包括库存和应收账款）100万美元。租用厂房的实际费用取决于所在位置。他估计每年的厂房租赁费包括供热、照明、保险等，大约为8万美元。加格农认识到这些估计只是大概的数目，但他觉得与实际费用的差距在20%以内。

决　策

邓肯在考虑报告内容时，一些想法从脑海中涌现出来。他写下有关欧洲机会和公司未来的纪要：

● 如果邓肯工业公司决定进入欧洲，加格农无疑是负责"直接投资"或"合资"的合适人选。马克认为，加格农对公司今天的成功发挥了作用。

● 尽管邓肯工业公司有足够的财务资源开展直接投资，但合资可以分散风险（以及回报）。

● 邓肯工业公司已树立了设计和制造优质产品的声誉。不管是哪种选择，马克都要求企业的声誉能保持下去。

● 授权和合资都是建立在双方优势的基础上。巴摩西公司有市场知识，邓肯工业公司有产品。让马克头痛的是，这个显而易见的协同作用是否会产生？巴摩西公司是否想控制经营？

● 无论哪种选择，都很难估计销售情况。在前两种（授权和合资）情况下，销售将取决于巴摩西公司的努力和专长；在第三种情况下，销售将取决于加格农。

● 如果美国批发商努力推销邓肯升降台，公司在美国市场的销售可能会增长。在纽约设立销售处来负责东部的州，也可能增加销售。

马克意识到，应该收集更多的信息。但是，什么样的信息有助于制定决断性的决策并不清楚。不过，有一点是肯定的，他要保持公司在一个快速成长的轨道上。在第二天的会议上，他和加格农要决定如何实现这个目标。

案例4—4　　Frito-Lay's 调味酱[*]

1986年年末，营销经理本·鲍尔（Ben Ball）和产品经理安·米拉比托（Ann Mirabito）完成了对菲多利公司销售的系列调味酱的计划审核。Frito-Lay's 调味酱是一种高收益的产品系列，在过去5年中的销售增长迅速。1985年的销售收入是8 700万美元，而1981年只有3 000万美元。

在计划会议上提出的一个主要问题是，向哪里和如何进一步发展 Frito-Lay's 调味酱。对此有两种不同的观点：一种观点认为，应该以更大强度在现有市场上进行推广，这部分市场可以从广义上定义为薯片调味酱市场；另一种观点是，菲多利公司也应该尝试蔬菜调味酱。公司最近已在全美推出了一种不易坏的酸奶油法式洋葱调味酱，并且1986年的销售收入预计达到1 000万美元。这种新调味酱是公司推出的第一种酸奶油调味酱。一些经理认为，这种调味酱可能会对要进一步发展的蔬菜调味酱起到桥梁作用。

菲多利公司的经理们还没有决定对每类产品应给予多大程度的重视。此外，开支预算也需要给予特别的关注。更积极的营销需要更多的营销投资，至少也要重新分配资金，而与此同时，还必须保证调味酱的毛利和利润贡献。

调味酱种类

调味酱通常是作为一种开胃食品、小吃或正餐的辅助食物。近几年，由于使用方便、用途广和美国"素食"趋势的发展，调味酱越来越流行，人们将之与炸薯片、薄脆饼干和生蔬菜一起食用。

调味酱市场高度分散且难以度量，但有80％以上是由超市销售的。根据行业估计，1985年经由超市销售的调味酱零售总额是6.2亿美元，其中2/3来自已配好的成品调味酱，余下的1/3来自需要回家制作的调味酱原料。在由超市销售的已配好的

---

[*] This case was prepared by Jeanne Bertels, graduate student, under the supervision of Professor Roger A. Kerin, of the Edwin L. Cox School of Business, Southern Methodist University, as a basis for class discussion and is not designed to illustrate effective or ineffective handing of an administrative situation. The cooperation of Frito-Lay, Inc. is gratefully acknowledged. Selected financial and market data have been disguised or approximated and are not useful for research purposes. Copyright ©1986 by Roger A. Kerin. No part of this case may be reproduced without the written permission of the copyright holder.

成品调味酱中，有 55% 需要冰箱保存。在这个细分市场，主要竞争者是卡夫、Borden 和为数众多的地方乳品店和商店品牌。用冰箱保存的调味酱的零售价一般为每盎司 0.07~0.15 美元。大约 45% 的已配好的调味酱是易储存的（也就是说，它们装在金属罐里并且不要求冰箱保存）。这些调味酱可以陈列在超市的任何地方，尽管它们通常被摆放在小吃附近。菲多利是易储存调味酱的主要竞争者，紧随其后的是地方薯片制造商。易储存调味酱的零售价为每盎司 0.13~0.2 美元。与之相比，调味酱原料的价格通常为每盎司 0.09 美元（包括酸奶油酱的成本）。

图表 1 按产品种类分项列出了超市销售的总计 6.2 亿美元的调味酱的销售情况。行业研究表明，调味酱的销售额正在以每年 10% 的速度增长，但是这种增长是由于价格提高（通货膨胀）造成的，真实的增长并不明显。1984—1985 年，几乎所有的增长都来自奶酪调味酱，这种调味酱占领了原属其他口味调味酱的市场份额。

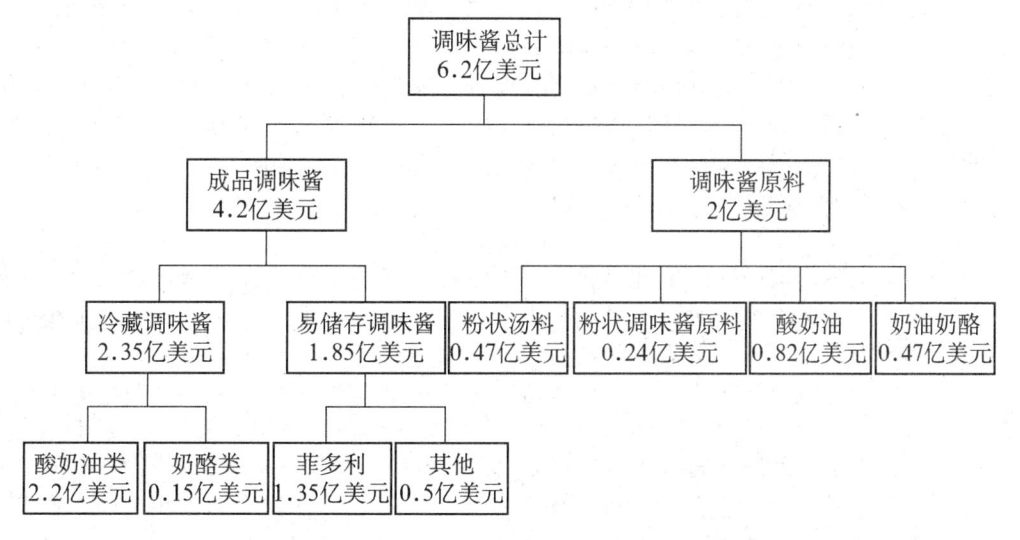

```
                          调味酱总计
                           6.2亿美元
                   ┌───────────┴───────────┐
              成品调味酱                调味酱原料
              4.2亿美元                  2亿美元
         ┌────────┴────────┐       ┌────────┬────────┬────────┐
    冷藏调味酱        易储存调味酱   粉状汤料   粉状调味酱原料  酸奶油      奶油奶酪
    2.35亿美元         1.85亿美元  0.47亿美元   0.24亿美元  0.82亿美元   0.47亿美元
    ┌────┴────┐     ┌────┬────┐
 酸奶油类   奶酪类   菲多利   其他
 2.2亿美元 0.15亿美元 1.35亿美元 0.5亿美元
```

图表 1　1985 年超市以零售价计的调味酱销售额

资料来源：Frito-Lay，Inc. company records.

□ 流行口味和食用习惯

酸奶油调味酱是最流行的口味。酸奶油成品调味酱及其调味酱混合物大约占总调味酱销售的 50%，奶酪调味酱居其次，占 25%，豆类调味酱占 10%，奶油奶酪调味酱占 15%。

调味酱通常与咸味休闲食品诸如薯片和玉米片一起食用。大约占总销量 67% 的调味酱，其使用与咸味休闲食品有关，几乎所有的豆类调味酱都是与咸味休闲食品一起消费的。奶油奶酪调味酱的 1/4 和奶酪调味酱的 85% 与薯片的消费有关。易储存调味酱和很多调味酱原料都被摆放在咸味休闲食品旁边。粉状汤料通常与罐装汤陈列在一起。调味酱销售额的大约 33%（2.07 亿美元）与蔬菜的使用有关，并且其中绝大多数是通过超市销售的。蔬菜调味酱一般陈列在超市的多处，如农产品、汤料、沙拉酱和休闲食品区，因为它们是一种不同于主要产品的附属产品。Libby 牌调味酱原料和 Bennett 牌食品点缀物或调味酱一般陈列在农副产品区，但是它们只按照地区销售。很多当地的品牌也陈列在农副产品区。

墨西哥食品的流行带动了奶酪调味酱的销售。新产品的问世和相应的市场费用激发人们尝试并接受墨西哥式调味酱。例如，奶酪调味酱的主要生产者卡夫在1984年把墨西哥风味加入其新开发的和已有的产品系列，如卡夫Nacho奶酪调味酱和卡夫Premium Jalapeno奶酪调味酱两种新产品以及两种很受欢迎的产品中。卡夫原本集中在需冷藏的调味酱市场，然而1985年年末，随着卡夫Nacho调味酱和卡夫Hot Nacho调味酱的推出，它也进入了易储存调味酱市场。

调味酱替代品

虽然调味酱市场规模很大，但据估计，美国家庭消费的调味酱中大约有20%是由家庭自制的。此外，很多消费者用冷藏沙拉酱来代替调味酱，尤其是蔬菜酱。据估计，冷藏沙拉酱的35%用做替代调味酱。冷藏沙拉酱主要陈列在超市的农副产品区，涉及品牌有Marie's、Bob's Big Boy、Marzetti's、Walden Farms和一些地方品牌。市场研究表明，超市农副产品区出售的冷藏沙拉酱每年的零售收入有6 700万美元。从1978年起，冷藏沙拉酱的零售收入每年以18%的速度增长。

竞争活动

调味酱市场的竞争在1984年和1985年有所加剧。在这两年，出现了很多新产品，广告费用也增加了。据行业估计，调味酱的全部竞争者（菲多利除外）仅1985年的消费者广告支出就达0.58亿美元，这个数字比1984年高25%。

同样值得注意的是，财务状况很好的大公司也开始积极进入调味酱市场。例如，金宝汤公司于1985年推出了墨西哥玉米汤/调味酱和系列蔬菜调味酱原料，同时立顿也推出了蔬菜调味酱原料系列并且改进了包装。正如安·米拉比托所说的，"这些公司和Borden、卡夫及当地的一些薯片生产商一起，在过去的两年中极大改变了薯片调味酱的竞争环境"。

菲多利公司

菲多利公司是百事可乐公司的一家子公司。百事可乐公司总部设在纽约，业务领域涉及多种消费品和服务，其下属子公司包括比萨屋（Pizza Hut）、塔可钟（Taco Bell）、百事可乐装瓶集团、肯德基炸鸡（Kentucky Fried Chicken）和百事可乐国际食品（PepsciCo Foods），1985年的净销售额超过80亿美元。

菲多利在咸味休闲食品生产和营销方面是全美公认的领导者。公司主要的咸味休闲食品和品牌包括薯片（乐事，O'Grady，Ruffles，Delta Gold）、玉米片（Fritos）、玉米薄饼（多力多滋，Tostitos）、奶酪酥（Cheetos）和椒盐脆饼（Rold Gold），其他的名牌产品还有Baken-Ets炸猪皮、Mumchos薯片和Funyuns洋葱味小吃。此外，公司还出售一系列坚果、花生黄油饼干、加工过的牛排、祖母（Grandma's）饼干和其他各种休闲食品。菲多利在1985年的净销售额接近30亿美元。

由于其产品特征，菲多利主要的市场是咸味休闲食品市场。1985年，在美国销售的所有咸味休闲食品中，菲多利大约占33%。

调味酱经营状况

菲多利最初推出的两种调味酱是 Frito-Lay's 的 Jalapeno 豆类调味酱和 Enchilada 豆类调味酱。这两种产品于 20 世纪 50 年代上市，被看作公司 Fritos 玉米片当然的调味品。1978 年问世的 Picante Sauce 调味酱是新推出的 Tostitos 玉米薄饼的调味品。1983 年以前，菲多利仅出售这 3 种调味酱。

1983 年，调味酱的流行促进了调味酱生产线的扩大。在 1983 年年末和 1984 年年初，菲多利推出了很多奶酪调味酱，包括淡干酪、干酪香草、干酪 Jalapeno 以及干酪熏猪肉。所有这些调味酱都与墨西哥式调味酱一样，采用 9 盎司的罐装。正如本·鲍尔所说的，"奶酪调味酱是菲多利对其玉米薄饼业务的一种扩展，同时也是对风行全美的墨西哥风味食品现象作出的一种回应"。这些新的调味酱容易保存并以 Frito-Lay's 品牌进行销售。鲍尔解释说："对于是否应该将 Frito-Lay's 品牌用于奶酪调味酱存在一些争论。但是，我们最终还是这样做了，目的是充分利用公司在咸味休闲食品上积累的权益，发挥我们在营销和分销方面的优势。"与以往的产品一样，这些奶酪调味酱也陈列在超市的咸味休闲食品区。

1986 年，菲多利推出了它的第一种酸奶油易储存调味酱。这种调味酱使用 Frito-Lay's 品牌，也陈列在超市的咸味休闲食品区，它的法式洋葱口味被看作对本公司生产的薯片的理想搭配。行业数据表明，美国出售的大约 50% 的咸味休闲食品都是薯片。此外，洋葱调味酱也可以当作蔬菜调味酱食用。

1981—1995 年 Frito-Lay's 调味酱的销售额如图表 2 所示。Jalapeno 豆类调味酱和 Picante Sauce 调味酱在近年保持持续增长，尽管有时增长得比较缓慢。由于销售额下降，Enchilada 豆类调味酱于 1985 年中期从墨西哥式调味酱系列中撤出。销售趋势分析表明，墨西哥式调味酱 1986 年的销售额以 4% 的比率增长。相比之下，奶酪调味酱取得巨大成功，在产品进入市场的第一年销量就超过墨西哥式调味酱。此外，调味酱的总销售额 1985 年有所下降，并且预计 1986 年奶酪调味酱的销售与上年相同。安·米拉比托认为，销售下降主要有三个原因：第一，对于易储存奶酪调味酱的新鲜感已经过去。她说："这些产品最初的市场渗透我们做得很好；然而，随着时间的推移，主要的消费者群逐渐固定下来。"第二，日益激烈的市场竞争。第三，Enchilada 豆类调味酱停止生产产生了没有料到的后果。起初认为，消费者可能会转到公司生产的其他墨西哥式调味酱上去。"但是他们并没有，我们失去了顾客。"鲍尔说。尽管如此，调味酱仍是一种高收益的产品系列。图表 3 列出了 1985 年的调味酱产品系列的收入状况。

图表 2　　　　　　　　　　　Frito-Lay's 的销售额　　　　　　　　　　单位：百万美元

年份	墨西哥式调味酱	奶酪调味酱	酸奶油调味酱	合计
1986（预计）	41	48	10	99
1985	39	48	——	87
1984	40	55	——	95
1983	38	5	——	43
1982	35	——	——	35
1981	30	——	——	30

图表 3　　　　　　　　　1985 年 Frito-Lay's 调味酱的收入状况　　　　　　　　单位：千美元

	墨西哥式调味酱	奶酪调味酱	合计
净收入	39 040	48 296	87 336
总利润	19 146	21 876	41 022
营销费用			
销售	8 798	11 044	19 842
运费	1 464	1 825	3 289
消费者广告	60	87	147
消费者和交易促销	851	1 352	2 203
总营销费用	11 173	14 308	25 481
一般费用和行政管理费	2 781	3 791	6 572
利润贡献	5 192	3 777	8 969

说明：销售和运费是变动成本，广告和促销费用是年度预算的固定成本，一般费用和行政管理费是固定成本。

☐ 调味酱分销和销售

菲多利通过全美 35 万个零售点销售其产品。1985 年，经销公司产品的有 3.4 万家超市、4.7 万家便利店、2 万家非食品经销店，其余的是一些小百货商店、酒类商店、服务站以及各种团体客户。然而，大多数 Frito-Lay's 调味酱还是通过超市出售的。

菲多利的分销体系是按覆盖全美的四个地理区域组织的。每个区都设有为菲多利销售人员库存产品的分销中心。公司拥有 1 万多名销售人员，他们平均每个工作日可以完成 40 万次推销和送货工作。每位销售人员都有具体的分配好的路线，负责把公司产品卖给沿线现有的和潜在的顾客。

菲多利采用"商店前门交货体系"，在该体系下，一个人同时从事销售和送货工作。在拜访商店期间，司机（也是销售人员）接受订单、卸货、储存和安排货架，并处理店内销售。这种体系尤其适合于菲多利服务的 27 万个非连锁销售点。然而经验证明，对于连锁店的销售（其中大多数是超市），几乎都要求菲多利的地区或分部经理参与。这种参与是十分必要的，因为连锁店的进货人员为连锁店的所有销售点采购商品并且负责店内销售计划。此外，针对这些客户的销售任务和客户服务尽管不一定比对单个销售点（如传统杂货店和酒铺）更重要，但却更加消耗时间和复杂。

☐ 调味酱的营销

1983 年以前，Frito-Lay's 调味酱产品线被看作不用促销就可盈利。随着 1983 年奶酪调味酱的推出，菲多利也开始对调味酱进行促销，但几乎所有的营销和促销努力都是针对零售商店休闲食品进货人员的交易导向的促销。1985 年，促销重点转移到消费者，如提供免费样品和折扣券来吸引消费者试用新产品，同时自 20 世纪 50 年代以来首次在电视台和电台做广告。为新产品促销所做的努力和日趋激烈的竞争促使该公司于 1986 年进一步增加了消费者广告和促销投入。图表 4 概括性地列出了 1983—1986 年该公司在调味酱上的广告和销售费用，图表 5 是一份消费者促销材料，图表 6 是一份中间商促销材料，图表 7 是 Frito-Lay's 调味酱的一则电视商业广告。

图表 4　　　　　　　Frito-Lay's 调味酱的广告和销售费用　　　　　　　单位：美元

年份	销售者广告①	消费者广告②	中间商促销③	合计
1986	1 170 000	3 389 220	169 290	4 728 510
1985	147 045	1 459 050	744 101	2 350 196
1984	无	535 266	312 180	847 446
1983	无	22 322	425 478	447 800

注：① 电视台和电台广告。
② 产品试用、优惠券等。
③ 折扣、对商店进货人员的广告等。

图表 5　Frito-Lay's 调味酱消费者促销广告

安·米拉比托为促销重点的改变提出了下列根据：

　　Frito-Lay's 调味酱的成功可归结为两个原因：第一，我们拥有恰当的产品，奶酪调味酱有新鲜感且口味创新。第二，我们拥有恰当的销售场所，摆放在咸味休闲食品旁边。1985 年以前，我们全部的广告和销售费用都花在中间商上，之所以这样做是因为我们的目标是迅速赢得中间商及其货架空间。我们对消费者家庭的渗透从 1983 年的 12% 增加到 1984 年的 20%，这在很大程度上是由于把奶酪调味酱放在了咸味休闲食品附近。1985 年，这种渗透趋于平缓，这表明需要

图表6　Frito-Lay's 调味酱交易促销广告

采用拉动销售者的营销方法。

大多数情况下，调味酱都是和菲多利咸味休闲食品一起促销的，尤其是多力多滋牌玉米薄饼。本·鲍尔认为，采用这种方法是因为"调味酱是一种辅助产品"。他补充说："当我们的调味酱和其配套产品一起陈列时，销售量就会增加，这是我们经营调味酱的方法。产品间的这种联系在促销和咸味休闲食品的货架摆放上也体现出来了。"

图表 7 Frito-Lay's 调味酱电视广告

未来的成长机会

在计划审核会议上提出了 Frito-Lay's 调味酱产品系列的两个市场机会：继续开发已有牢固市场基础的薯片调味酱市场，或者将新的酸奶油调味酱作为先锋来开拓蔬菜调味酱市场。最终决策对资源分配将产生很重要的影响，因为 1987 年的广告和销售投入不可能超过 1986 年的预算额，即 473 万美元。

薯片调味酱市场机会

计划会上所提出的一种观点认为，菲多利应该把资金投在已有一定基础的薯片调味酱市场上，尽量拓展这个市场、扩大市场份额。持这种主张的人陈述了以下几个理由：第一，调查表明，目前只有 20% 的薯片是和调味酱一起食用的。不仅如此，1985 年，所有美国家庭中只有 45% 食用调味酱，而有 97% 食用咸味休闲食品，"这表明我们还有机会通过更多的广告进行市场渗透"。第二，调查表明，1985 年美国家庭购买易储存调味酱的平均次数是 4 次，通过促销活动可以提高购买频率。例如通过在包装上附带优惠券来鼓励重复购买。1985 年，菲多利所有调味酱的购买频率都是每年 3.6 次。第三，值得关注的是薯片调味酱市场竞争不断激化。自 1983 年以来，先后有 40 种新的墨西哥式奶酪调味酱问世。尽管很多都是地区性产品，但每一种都在争夺超市咸味休闲食品附近的货架空间。与此同时，人们认为卡夫也将推出一些产品参与薯片调味酱市场竞争。第四，菲多利以前从未对调味酱进行过大量的促销。成品调味酱的广告和销售费用相对于销售额的比率（费用/销售额）[1]一般是 10%，冷藏沙拉酱的比率是 3%，而粉状沙拉酱原料的比率是 13.6%。1985 年，Frito-Lay's 调味酱产品系列的费用/销售额只有 2.7%。因此，1986 年的广告和销售费用预算是 1985 年费用的两倍（这些费用的详细情况见图表 8）。第五，菲多利可以从酸奶油调味酱延伸出其他产品。

图表 8　　1986 年 Frito-Lay's 调味酱产品系列广告和销售预算费用　　单位：美元

产品系列	消费者广告	消费者促销	中间商促销	合计
墨西哥式调味酱和奶酪调味酱[a]	1 170 000	2 740 320	56 790	3 967 110
酸奶油调味酱	0	648 900	112 500	761 400
合计	1 170 000	3 389 220	169 290	4 728 510

注：a. 墨西哥式调味酱和奶酪调味酱总的广告和销售费用大致上与 1985 年这两种产品系列的销售额成比例。

其他一些经理则认为，薯片调味酱的前景并不乐观，依据有如下三点：第一，竞争如此激烈，因而菲多利只可能维持而无望改善其在薯片调味酱市场已取得的地位。将用于薯片调味酱的市场渗透以及/或者增加购买频率所必须付出的努力和资金投入到蔬菜调味酱市场的开拓上可能更好，因为后者（如 Marie's）的竞争难度更小且更分散。第二，近来 Frito-Lay's 调味酱销售的增长来源于新产品（例如奶酪调味酱），但是并不能肯定产品线的进一步延伸会带来持续的增长。产品线的进一步扩张极有可能蚕食现有的奶酪调味酱市场。第三，新的酸奶油式调味酱对于墨西哥式调味酱和奶酪调味酱是一个突破，它可能更适合作为蔬菜调味品。如果把这种新的调味酱仅作为薯片调味品而不是蔬菜调味品进行促销和分销，可能意味着失去了一个机会。

蔬菜调味酱市场机会

那些关注薯片调味酱市场的经理还提出了关于蔬菜调味酱的机会，依据主要有以下几方面：第一，调味酱销售的 33% 与蔬菜有关。此外，行业调查表明，冷藏沙拉酱销售额仅占蔬菜调味酱销售额的 1/4，其余的都是由调味酱混合物和冷藏调味酱占有，目前还没有一家企业在该市场上占据强有力的竞争地位。第二，调查表明，用于蔬菜调味时，酸奶油调味酱要比奶酪调味酱更流行。第三，趋势分析表明，消费者越来越关心即食食品的营养价值和含盐量。[2] 这种趋势直接影响人们对蔬菜和咸味休闲食品的偏好，进而影响对调味酱的偏好。第四，Frito-Lay's 调味酱系列中目前有一种酸奶油调味酱，但它还没有被作为蔬菜调味酱进行促销和出售。第五，还没有一家主要的竞争对手推出用于蔬菜的易储存调味酱。菲多利曾经率先经营易储存薯片调味酱业务，对于蔬菜调味酱也存在类似的机会。第六，一份成本分析报告显示，毛利润将基本不受影响。菲多利酸奶油调味酱的毛利润率是 45％。

然而，有一些经理认为开拓蔬菜调味酱市场并不容易。这些经理引证调查结果来支持自己的观点。调查结果显示，超市经理希望适合蔬菜调味的调味酱由他们的农产品仓库经手，这就意味着菲多利的"商店前门交货体系"将不受欢迎。通过农产品仓库分销货物必然要与超市的农产品采购员和经理打交道。菲多利以前从没有与这些人打过交道，因此公司有必要采用一种全新的销售方法。虽然还没有进行全面的成本分析，但据估计，销售费用将增加到销售额的 25％。目前的销售费用比例是 22.7％。运费将不受影响。从 1986 年起，酸奶油调味酱将不再分摊任何一般行政管理费。此外，菲多利的发货/销售人员对超市农产品区的销售情况也不熟悉。调查还表明，任何新的蔬菜调味酱都应该摆放在冷藏沙拉酱旁边或农产品附近。

还有人提出，Frito-Lay's 调味酱将会失去广告和销售方面的某些经济性。过去，Frito-Lay's 调味酱总是和公司的薯片一起进行促销的，因此其销售受益于菲多利咸味休闲食品的晕轮效应。但是，这种晕轮效应不会转移到蔬菜调味酱，安·米拉比托也承认，蔬菜调味酱必须单独发展。

会议上也有人提出，进入蔬菜调味酱市场需要做很多事。除了法式洋葱口味，其他口味（比如乳脂类）也是必要的。正如成功推出奶酪调味酱时一样，产品线的扩张也要求相应增加研究和开发费用以及促销支持。

本次计划会议还没有做出决定就暂时休会了。本·鲍尔要求安·米拉比托对"薯片调味酱与蔬菜调味酱"的问题做进一步的考虑。米拉比托打算建议在 30 天内再召开一次会议。

[注释]

[1] 费用/销售额＝某年的消费者广告、促销和中间商促销的总费用/总销售额。

[2] Bob Messenger, "Consumers See the Light...and the Lean, with a Touch of Pizzazz," *Prepared Foods* (November 1985): 46-49.

案例 4—5　　　　　南特拉华科斯公司[*]

拉里·布朗洛（Larry Brownlow）刚刚开始意识到，他所面临的问题远比他想象的复杂。为了准确了解在特拉华州南部两个县分销库尔斯（Coors）啤酒的市场潜力，

---

[*] This case was prepared by Professor James E. Nelson and doctoral student Eric J. Karson, of the University of Colorado, as a basis for class discussion and is not designed to illustrate effective or ineffective handling of an administrative situation. Certain data have been disguised. Copyright © 1990 by the Business Research Division, College of Business and Administration and the Graduate School of Business Administration, University of Colorado, Boulder, Colorado 80309-0419.

拉里需对由曼森公司（Manson and Associates）进行的必须在1990年2月20日以前完成的市场调研提出具体意见。只有依据这次调查得出的数据，拉里才能够在3月5日最后申请期限之前对这项经营的可行性作出评价。他很清楚，是否申请分销许可将是他所面临的最重要的职业抉择。

拉里·布朗洛

　　拉里正在攻读MBA。在他看来，库尔斯公司（Coors）宣布进入特拉华州啤酒市场的时机再好不过了。拉里很久以前就认为，最好的机会和奖赏是在一个规模较小的自己拥有的公司里工作而不是在大型企业集团里谋得职位。三年之前的一场家庭变故促使拉里考虑开办小企业的机会，例如做库尔斯的分销商。拉里拥有近50万美元的信托资金，当他30岁时将会返还给他。到那时，拉里和全家每年会收到大约4万美元的信托收入，正是这笔钱使他下决心辞掉销售工程师的工作回到大学攻读MBA学位。

　　作出完成研究生学业并开办自己事业的决定并不困难。尽管他现在可以退休并靠投资收入为生，但拉里知道这不是他想要的生活。他认为，与人们一道工作并作出自己的决策，比赋闲在家要好得多。

　　拉里到7月份就满30岁了，届时将需要资金开展自己的事业。他已经花了大约1.5万美元开展市场调研。尽管确实还有其他投资机会，但他和妻子都认为不应放弃获得这个分销商资格的机会。

库尔斯公司

　　库尔斯公司的历史可以追溯到1873年，那时阿道夫·库尔斯（Adolph Coors）在科罗拉多州的古登建了一个小酿酒作坊。自那以后，酿酒作坊的业务不断发展并逐渐成为全美第四大啤酒销售商。库尔斯公司的经营理念可以概括为：勤奋、节俭、注重产品质量、关心环境、树立用户信心。公司将这些经营哲学贯穿于经营之中。总部和大多数工厂依然坐落在科罗拉多州的古登，弗吉尼亚州的谢南多厄有一个新厂帮助进行全国性的配货。库尔斯现在仍归家族控制，公司在1975年发行了价值1.27亿美元的公共优先股。尽管是在经济萧条时发行，可股票仍被金融公司抢购一空。

　　库尔斯公司素以对产品质量的严格要求而著称，不管其对象是供货商还是广大消费者。库尔斯啤酒需以恒定温度冷藏来保证其质量。批发商的设备都要经过严格检查以保证能够提供适宜的温度，同时批发商也被要求安装使用铝罐回收设备。库尔斯公司是全美率先回收其铝罐的酿酒公司之一。

　　拉里注意到，库尔斯啤酒在相邻州相当畅销。然而，有些消费者认定库尔斯公司的管理层有反对工会的信念（由于10年前发生的劳资纠纷，现在该公司仍在雇用一些非工会会员）；另一些消费者认为该公司在针对少数族裔的雇佣和分配政策上态度暧昧。这些看法加上消费者行为的其他方面，意味着在特拉华州的啤酒销售很大程度上取决于批发商的努力程度。

曼森公司的研究计划

由于学习压力大,拉里与曼森公司接触以寻求后者的帮助。该公司是一家位于威明顿的调研咨询机构,在亚特兰大南部地区曾经进行过可行性研究。这家公司以工作质量上乘著称,特别是在计算机模型方面很出名,曾开发出专门用于模拟一个地区未来 10 年人口和就业状况变化的模型。

拉里已经与曼森公司的高级研究分析专家约翰·罗姆(John Rome)交谈过,讨论了库尔斯的机会和合适的调研方法。罗姆允诺会为这项工作提出正式提议,现在这份建议书(见图表 1)已经在拉里的手上。这份建议书确实涉及广泛内容,显示了专业水准。现在到了最难的一步,拉里需从建议书中选取与业务更为密切的调研项目,因为他担负不起所有调研咨询的费用。罗姆建议周五碰面,所以拉里只有 3 天的时间作最后决策。

拉里开始感到不知所措。所有的调研内容都应该是有用的。他需要进行管理分析所需的有关销售和成本的数据,但是具体需要哪种形式的他就不清楚了。有关竞争对手的经营状况、零售商的支持和消费者的接受程度等方面的信息看起来对可行性研究也很重要。例如,如果消费者对库尔斯啤酒感兴趣而零售店不进货,能否有办法绕过去?有几项研究内容可以为头几个月的经营(如促销和定价)提供有用信息。这个问题现在显得比以前困难得多。

拉里觉得,要是有一些时间自己做这些研究就好了。然而,自己的课程任务很重而且还有很多其他事,时间上不允许。再说,曼森公司会给他提供一个没有偏见的调查结果。一旦他得到调研结果就会有大量的工作等着他了。

图表 1　　　　　　　　　曼森公司提出的调研建议书

1990 年 1 月 16 日

拉里·布朗洛先生
1198 West Lamar
Chester,PA 19345

亲爱的拉里:

很高兴于上周与您会面并讨论了分销库尔斯啤酒的业务调研问题。经过我和同事深入讨论,认为这个商业机会非常有吸引力。

正如您所知,表象是可以欺骗人的。我完全同意在您提出申请之前进行一些正式的市场调研。我们推荐的调查分以下两部分进行:

第一步:基于二手资料和曼森计算机模型的调研。

研究 A:1988—1992 年间全美及特拉华州人均啤酒消费调查。
描述内容:全部人口及 21 岁以上人口每人每年消费啤酒的加仑数。
来源:各类公开出版物,曼森计算机模型。
费用:1 000 美元。

研究 B:1986—1996 年特拉华州两个县的人口发展趋势研究。
描述内容:1986—1996 年的全部人口和 21 岁以上人口的估计数。
来源:美国人口普查局,年度购买力调查,曼森计算机模型。
费用:1 500 美元。

研究 C:1990—1995 年库尔斯啤酒的市场份额估计。

描述内容：以 1990—1995 年销售的总记录估计两个县的啤酒市场份额。这些数据来自以往库尔斯的销售经验。

来源：各类出版物，曼森计算机模型。

费用：2 000 美元。

研究 D：1990—1995 年酒类和啤酒许可证数量。

描述内容：固定场所销售点和非固定场所销售点的数量。

来源：特拉华州税务局，曼森计算机模型。

费用：1 000 美元。

研究 E：1988—1989 年特拉华州啤酒批发商缴纳啤酒税的情况。

描述内容：提供目前在该州销售的 6 种品牌的啤酒批发商缴纳的啤酒税。按照 0.06 的税率推算出啤酒销售的加仑数。

来源：特拉华州税务局。

费用：200 美元。

研究 F：1988 财政年度葡萄酒、白酒、啤酒批发商的财务状况。

描述内容：全美约 510 家酒类批发商的综合平衡表、收入情况和相对业绩。

来源：Robert Morris 年度状况研究，1989 年。

费用：49.50 美元。

第二步：基于第一手资料的调研

研究 G：消费者研究。

描述内容：通过焦点小组访谈和邮寄问卷来确定消费者是否有购买库尔斯啤酒的经历，对该啤酒接受度和购买欲望强度。[a] 将在市场所在的两个县组织 3 次焦点小组访谈。根据访谈资料设计出问卷并寄给 300 位成年居民，问卷中将使用直接提问、语义差异量表来确认消费者对库尔斯啤酒、竞争对手的啤酒和理想啤酒的态度。

来源：曼森咨询公司。

费用：6 000 美元。

研究 H：零售商研究。

描述内容：我们将与一个县的 6 家可能的零售商进行一次集体访谈，来确认这些零售商过去的啤酒销售经验及是否愿意储存和销售库尔斯啤酒。依据所得资料，设计出用于单独调查的问卷，对市场中其他合适的零售商调查。

来源：曼森咨询公司。

费用：4 800 美元。

研究 I：啤酒的批发和零售价格研究。

描述内容：我们将在 50 个零售店内进行调查，确认 Budwiser, Miller Lite, Miller, Bud Light, Busch, Old Milwaukee 和 Michelob 等品牌啤酒的批零价格。

来源：曼森咨询公司。

费用：2 000 美元。

随信附上最后报告的表格形式（见图表 2），以便您对将收到的资料有更好的了解。

正如您所看到的，调研内容非常广泛，价格也不便宜。然而，这些调研能为您分析投资可观的库尔斯啤酒分销业务提供足够的信息。

我将在下周五上午 9 点与您共同讨论这份建议的细节问题。虽然时间很紧迫，但我们可以在 1990 年 2 月 20 日之前完成这项调查。如果您需要更多的信息，请随时给我打电话联系。

您忠实的
约翰·罗姆
高级分析调研专家

注：a. 小组访谈包括一个主持人提问并倾听 8~12 个消费者的回答。

图表 2　　　　　　　　　　　最终调查报告样本表格

表格 A　　　　　1988—1992 年全美和特拉华州人均每年啤酒消费量　　　　　单位：加仑

年份	全美消费者		特拉华州消费者	
	全部人口	21 岁以上	全部人口	21 岁以上
1988				
1989				
1990				
1991				
1992				

资料来源：研究 A。

表格 B　　　　　1986—1996 年特拉华州两个县的人口估计

县	全部人口					
	1986 年	1988 年	1990 年	1992 年	1994 年	1996 年
Kent						
Sussex						

县	21 岁及以上人口					
	1986 年	1988 年	1990 年	1992 年	1994 年	1996 年
Kent						
Sussex						

资料来源：研究 B。

表格 C　　　　　1990—1995 年库尔斯啤酒市场份额估计

年份	市场份额（%）
1990	
1991	
1992	
1993	
1994	
1995	

资料来源：研究 C。

表格 D　　　　　1990—1995 年白酒和啤酒许可证数量

许可证类型	1990 年	1991 年	1992 年	1993 年	1994 年	1995 年
所有饮料						
零售啤酒和葡萄酒						
只批零啤酒						
批零各种白酒和啤酒						
经营度假地（resort）白酒和啤酒						

资料来源：研究 D。

表格 E　　　　　　　　1988 年和 1989 年啤酒批发商所缴税金

批发商	1988 年税金（美元）	1989 年税金（美元）
A		
B		
C		
D		
E		
F		

说明：特拉华州税率为 0.06 美元/加仑。
资料来源：研究 E。

表格 F　　　　　　　1988 财政年度 510 家葡萄酒、白酒、啤酒批发商财务状况

资产	百分比（%）
现金及等价物	
应收账款	
存货	
其他流动资产	
总流动资产	
固定资产	
无形资产	
其他非流动资产	
总资产	100.0

负债	百分比（%）
短期应付票据	
长期债务到期应付	
应付账款	
应付费用	
其他流动负债	
总流动负债	
长期负债	
其他非流动性负债	
净值	
总负债及净值	100.0

收入
　净收入　　　　　　　　　　　　　　　　　　　　100.0
　销售成本
　　毛利
　期间费用
　营业利润
　　其他费用　　　　　　　　　　　　　　　　　　　—
　　税前净利润

比率
速动比率
流动比率
资产负债率
应收账款周转率
存货周转率
税前资产报酬率

相关说明：

Robert Morris Associate 公司（RMA）建议这个研究结果仅可以作为指导性报告而非绝对的行业标准。有以下几个原因使得这些数据不能全部表现该行业的情况：

1. 研究中采用的数据并不是采取随机抽样或符合统计原理的方法得来。RMA 的成员银行采用它们得到的未经加工的数据，而这些数据存在局限性：(a) 公司的年终财政报告也许不是从 4 月 1 日到 6 月 29 日；(b) 其全部资产低于 100 万美元。

2. 许多公司有大量的产品系列，研究报告只是按照其主要产品进行标准行业分类。

3. 一些企业样本与整体行业关系较小，而这些样本的采用使得数据的代表性不够准确。

4. 在样本中会有机会出现一种极端的情况，并导致混合计算后影响整体数据，在相对较小的样本中确实出现过这种现象。

5. 不在同一行业的公司运作方式也大不相同，而这会极大地影响其财务状况。由于它们都包含在我们的样本当中，会很强烈地影响混合运算结果。

6. 其他一些因素也会导致一些从事相同业务的不同公司的数据发生变化，诸如：不同的劳动力市场、地理位置、不同的会计方法、产品的质量、财务资源、销售周期等。

由于以上这些原因，RMA 建议不要将这些研究数据作为某行业的绝对标准，而只能作为一般的指导配合其他分析数据使用。RMA 在书中要求不要将其作为典型使用。

资料来源：研究 F（Robert Morris Associates，© 1989）。

表格 G   消费者问卷调查结果

	百分比		百分比
曾经喝过库尔斯啤酒：			
对库尔斯啤酒态度：		通常在哪里购买啤酒：	
非常喜欢		酒类商店	
喜欢		酒吧	
无所谓		超市	
不喜欢		百货商店	
非常不喜欢			
总计	100.0	总计	100.0
每周啤酒消费：		买啤酒时注意的重点：	
少于 1 罐		味道	
1～2 罐		品牌	
3～4 罐		价格	
5～6 罐		商店摆放位置	
7～8 罐		广告	
9 罐或更多		泡沫	
		其他	
总计	100.0	总计	100.0

续前表

	百分比		百分比
购买库尔斯啤酒的愿望：			
一定会买			
可能会买			
不确定			
也许不买			
一定不买			
总计	100.0		

消费者语义差异量表[a]

	极端	非常	有点	有点	非常	极端	
男性化	—	—	—	—	—	—	女性化
健康	—	—	—	—	—	—	有害
低价	—	—	—	—	—	—	高价
烈性	—	—	—	—	—	—	柔和
老款	—	—	—	—	—	—	新型
高档	—	—	—	—	—	—	低档
味道好	—	—	—	—	—	—	味道差

注：a. 这些特征将针对库尔斯啤酒、三种竞争啤酒和一种理想啤酒。
资料来源：研究 G。

表格 H 　　　　　　　　　　　　　　零售商问卷结果

	百分比		百分比
啤酒品牌：		啤酒销售：	
Budweiser		Budweiser	
Miller Lite		Miller Lite	
Miller		Miller	
Busch		Busch	
Bud Light		Bud Light	
Old Milwaukee		Old Milwaukee	
Michelod		Michelod	
总计	100.0	其他	
愿意销售库尔斯啤酒：		总计	100.0
当然愿意			
也许			
不肯定			
也许不			
肯定不			
总计	100.0		

零售商语义差异量表[a]

	极端	非常	有点	有点	非常	极端	
男性化	—	—	—	—	—	—	女性化
健康	—	—	—	—	—	—	有害
低价	—	—	—	—	—	—	高价
烈性	—	—	—	—	—	—	柔和
老款	—	—	—	—	—	—	新型
高档	—	—	—	—	—	—	低档
味道好	—	—	—	—	—	—	味道差

注：a. 这些特征将针对库尔斯啤酒、三种竞争啤酒和一种理想啤酒。
资料来源：研究 H。

表格 I　　　　**市场上各品牌啤酒的批发及零售价格**

啤酒品牌	批发价[a]	零售价[b]
Budweiser		
Miller Lite		
Miller		
Busch		
Bud Light		
Old Milwaukee		
Michelod		

注：a. 经销商出售给零售商的价格。
b. 零售商出售给消费者的价格。
资料来源：研究 I。

投资及运营数据

　　拉里还没有完成对分销业务投资和运营的估算。在过去的两周内，他拜访了家乡宾夕法尼亚州切斯特市两家分别代理 Busch 啤酒和 Miller 啤酒的啤酒批发商，对它们的业务运作和营销有了一点认识。要是能拜访一家库尔斯啤酒批发商就更好了，但是库尔斯管理层已经指示属下所有批发商不得给那些潜在的申请者提供信息。

　　尽管没有讨论具体的财务数据，由于其计划的非竞争性，拉里还是了解到了一些大致情况。以此为依据，拉里作出以下估计：

存货		240 000 美元
设备		
运输卡车	150 000 美元	
叉车	20 000 美元	
回收设备	20 000 美元	
办公设备	10 000 美元	
设备总计		200 000 美元
仓库		320 000 美元
场地		<u>40 000 美元</u>
总投资		<u>800 000 美元</u>

一家当地银行已经评价了拉里的财务能力，贷 40 万美元资金没有太大问题。另外 40 万美元可以从家族中筹集。

为了得到固定费用的概算，拉里计划雇用 4 个业务员、一位秘书、一名库房管理员。这些人的工资加上自己的一年大约支付工资 16 万美元，再加上一些鼓励性奖金，共有以下一些固定或半固定费用：

设备折旧	35 000 美元
库房折旧	15 000 美元
工具及电话费	12 000 美元
保险费	10 000 美元
个人财产税	10 000 美元
维护及保安服务费	5 600 美元
其他方面	2 400 美元
	90 000 美元

按照两个批发商的说法，瓶装和罐装啤酒比桶装啤酒要多卖大约 3 成。桶装啤酒的价格大约是瓶装和罐装啤酒的 45%。

■ 会 议

全部的内容都已经想到了，也许这真是一个绝好的机会，但也许不是。只有一件事是肯定的，那就是市场调研是必需的。曼森咨询公司已经准备好了，同时拉里也需要时间思考。今天已经是周二了，拉里想到，再有 3 天就要和罗姆讨论这件事了。

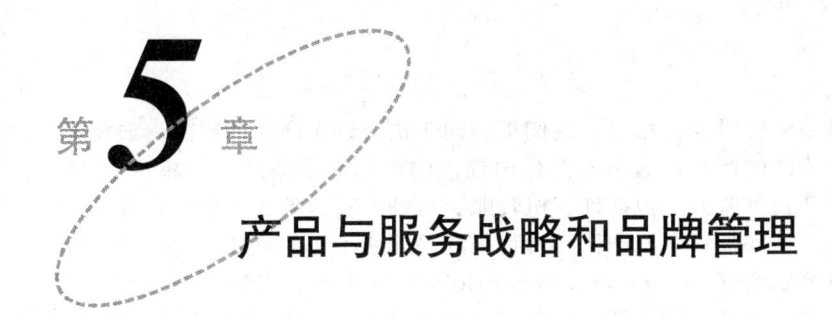

第5章 产品与服务战略和品牌管理

制定营销组合的基本决策是确定组织的提供物。没有能满足目标市场的东西，也就没有所谓定价、分销和沟通问题。实质上，组织最终的获利能力取决于其提供的产品或服务，因此，组织内各层次的管理人员对产品和服务战略的开发有着特别的兴趣。

营销经理面对的与提供物有关的决策有三个基本方面：(1) 调整提供物组合；(2) 为提供物定位；(3) 给提供物打造品牌。本章将讨论这些问题。

从某个方面看，提供物决策是第1章中谈到的产品—市场匹配战略的延伸。与其他营销组合决策类似，提供物决策必须考虑到组织和市场营销的目标、组织的资源和能力、顾客需求及市场竞争情况。

提供物组合

提供物概念

在探讨提供物决策之前，我们应当定义**提供物**（offering）概念。抽象地说，提供物包括组织向目标市场提供的所有的利益和满足。具体说，提供物包括有形产品或服务（有形实体）与相关服务（例如送货和调试）、保证及包装等。

使用提供物这个术语而不用**产品**（product）或**服务**（service）对战略性营销计划有巨大益处。由于聚焦于提供的利益和满足，它建立起一个概念性框架。这个框架在分析竞争对手的提供物、识别目标市场未满足的需求和开发与设计新产品或服务方面具有潜在用途。它迫使市场营销者超越所销售的单一有形实体，要思考整个提供物或扩展的产品或服务。

从更广的观点看，组织的提供物实际是其业务定义的延伸。提供物不仅描述了要满足的购买者需求，也描述了服务的顾客群和满足他们需求的手段（技术）。

提供物组合

组织极少提供单一的提供物,相反,它们更趋向于销售许多产品或服务。典型的超市销售超过 4 万种不同的产品;通用电气公司提供的产品或服务的品种超过 25 万种;银行向顾客提供几百种服务,包括计算机转账、自动发薪储蓄、支票账户和多种贷款;同样,医院提供从病理科到妇产科、食物等几乎无所不包的服务。组织提供的所有产品或服务**提供物组合**(offering mix or portfolio)就构成组织的提供物。这个组合通常包括具有不同特征的提供物线,每条提供物线由具体的提供物或项目组成,它们在用途、购买者或技术等方面是类似的。

提供物决策主要涉及提供物组合的宽度、深度和一致性。营销经理必须不断地评估提供物线的数量(宽度决策)和每一条线上独立项目的数量(深度决策)。尽管这些决策部分依赖于现存的竞争和行业环境及组织资源,但它们常常是由营销的总体战略决定的。有多种选择,一个极端是,组织可以集中于单一提供物;另一个极端是,组织也可以向顾客提供顾客所需的所有提供物;在两个极端之间,组织可以专心于高利润和/或数量大的提供物。不仅如此,经理还必须决定提供物满足类似需求、取悦类似购买者群或使用类似技术的程度(即一致性决策)。

组织越来越多地使用"捆绑"(或一揽子)作为强化提供物组合的手段。**捆绑**(bundling)指将两种或两种以上产品或服务作为一个"包"来营销。例如,麦当劳提供超值套餐,包括三明治、软饮料和法式煎鱼。旅行社提供度假产品,包括旅游、住宿和娱乐活动。IBM 销售计算机硬件、软件和维护合同。"捆绑"的基本想法是,消费者觉得"一揽子"比单个产品或服务具有更大价值,因为消费者不必分多次购买,并且在已有另一产品时使用某产品会提高满意度。更进一步,"捆绑"销售的话,消费者的总支出会少些,同时企业也可以节约营销费用。

调整提供物组合

经理面对的第一个与提供物有关的决策是,是否调整提供物组合。很少有组织的提供物组合能经受得住变化的竞争行动和购买者偏好的考验,或适应组织成长的需要。营销经理必须不断地监视目标市场和提供物,以便决定何时引入新的提供物和调整或减少现存的提供物。

增加提供物

在现有的组合中,可以增加单一提供物或整个一条提供物线。ConAgra 食品公司就是一个例子。该公司在 Homestyle Bakes 品牌下成功导入八个项目的完整的食物工具包,并且不到一年就获得 1 亿美元的销售量。[1]

无论增加新提供物的理由是什么,在评估这种行动时要考虑三个问题:

- 新提供物与现存提供物间的**一致性**(consistent)如何?
- 组织是否有足够的**资源**(resources)来导入和维持这一提供物?
- 此提供物是否有可行的**市场**(market)?

一致性 首先，在评估新提供物与现存提供物的一致性时，必须认真考虑提供物间的关系，是相互替代、相互补充还是其他关系。这对于避免出现新提供物的销售过多来自原有提供物销售额蚕食的情况是必要的。柯达公司没有率先推出 35 毫米照相机和摄像机的主要原因是怕蚕食其核心产品——照相机。今天，同样的情形发生在电子成像照相机上，因为它会蚕食现有照相机的销售。[2] 确定新提供物的一致性还应当考虑它与组织现有的推销和分销策略的适应程度。例如，新提供物是否需要不同类型的销售努力，如新的销售人员或推销方式。大都会人寿保险公司（Metropolitan Life Insurance Company）在其生命和健康保险系列中增加汽车保险时就曾遇到这个问题，因为汽车保险的销售任务不同于生命保险。另外，新提供物是否需要不同的营销渠道来满足目标市场的需要呢？蚕食问题及与销售和分销策略的适应问题又引起了第三个问题，新提供物是否满足了目前由现存提供物组合所服务的目标市场的需求？如果答案是肯定的，那么销售和分销问题容易解决，但蚕食问题依然存在；如果答案是否定的，情况正好相反。

资源 增加新提供物带来的第二个问题与组织资源的实力有关。特别是，组织的财务资源必须客观评价。新提供物通常需要大量的初始资金投入，用于研究、开发和市场导入性营销计划。例如，吉列公司研发费用是 7.5 亿美元，支持其拓展锋速Ⅲ剃刀花费了 3 亿美元的广告和营销费用。[3] 在新提供物产生利润前所需的其他维持费用也必须加以考虑。这些成本部分取决于市场对新提供物的反应速度和规模以及市场本身的增长。生产 RC 可乐的皇冠公司（Royal Crown Company）的经验就是一个例证。该公司于 1954 年在世界上首次推出罐装可乐，1962 年第一个推出健怡可乐，1980 年第一个推出不含咖啡因的可乐。所有这些提供物都有很好的市场表现，但在更大的竞争对手如可口可乐和百事可乐推出竞争产品后都失败了。[4]

市场 最后需要决定的一个问题是，新提供物是否存在市场。第 4 章提到，消费者是否愿意和有能力购买提供物能够决定市场的存在。有两个问题很重要。首先，新提供物是否比现有竞争产品更具优势，是否能让消费者愿意并有能力购买？其次，是否存在现有的提供物无法满足的顾客群或细分市场。惠氏制药公司（Wyeth Pharmaceuticals）在开发和营销它的流感鼻喷剂 FluMist 时似乎忽略了这些问题。该产品经美国食品和药品管理局批准可以出售给 5~49 岁的消费者，这貌似占据了美国人口很大的比例。然而，刚学走路的孩子（5 岁以下）和老年公民是服用该药会有危险的两大群体。而且，FluMist 的成本是平均一剂 46 美元，是传统流感药平均成本的 3 倍。结果呢？FluMist 只吸引了很少的购买者，销售量和利润微乎其微。[5]

新提供物的开发过程

营销经理常常会面临新提供物决策。在解决新提供物开发和营销的复杂问题时，许多经理人员试图遵循某种结构化的过程。[6] 这一过程通常包括五个步骤：(1) 思路的产生；(2) 思路的筛选；(3) 商业分析；(4) 市场测试；(5) 商业化。

过程 新提供物的思路可以通过正式（市场调研）和非正式渠道从多个来源得到，如员工、购买者和竞争者。然后，从组织的使命、能力和潜在购买者的角度，对这些思路进行筛选。那些与组织使命和能力不兼容的思路被立即淘汰。潜在购买者与新提供物特征之间的匹配可通过解决以下问题来解决。第一，此提供物与现存提供物相比是否具有**比较优势**（relative advantage）？第二，提供物是否与购买者的使用或消费习惯**兼容**（compatible）？第三，提供物是否**易于**（simple）购买者理解和使用？

第四，提供物是否可以在实际购买前进行**试用**（tested）？第五，一旦购买或消费此提供物，是否能获得明显的**既得利益**（immediate benefits）？如果对以上问题的答案是肯定的，而且提供物可满足**感知需求**（felt need），那么新提供物的思路就进入下一阶段。此时，对各种新思路进行商业分析，根据预计销售额、成本和利润率等评价其财务上的可行性。通过商业分析的新思路可以开发成为产品原型，进行各种不同的检验。与营销相关的检验包括实验室条件下的产品概念和购买者偏好检验，甚至实地试销。通过以上检测的提供物的思路可以经商业化后推向市场，并期望给组织带来盈利。关于新提供物开发过程的研究表明，要产生一项商业化的成功的革新产品，需要有3 000条最初的想法。这一研究同样强调对于导致新提供物的成功有两个主要因素：（1）适应市场需求；（2）适应组织内部优势。[7]

商业分析和市场测试 尽管上述步骤从经理的角度看是相当直接和简单的，但仍需对商业分析和测试步骤做详细介绍。销售分析和利润分析是商业分析阶段的两个基本方面。预测一个新提供物的销售量是相当困难的任务。尽管如此，在进一步调研之前，必须进行初步的预测。获利性分析与投资要求、损益平衡分析和回收期等有关。损益平衡估计可以用于决定必须售出多少才能收回固定成本和变动成本。在评价新提供物时，往往还要计算新提供物的回收期。**回收期**（payback period）是指组织收回初始投资所需的年限。回收期越短，提供物获利越早。计算回收期常采用的方法是，提供物的固定成本除以估计可取现金流。尽管应用很广泛，但这种方法有局限性，它对提供物所需投资规模不做区分。最常用的方法是计算投资回报率（ROI）。ROI等于平均年净收益（回报）的现值除以平均年投资现值。与回收期方法类似，ROI方法不对提供物的风险进行区分，因此风险只能主观评价。

测试性营销是开发和检验阶段的重要内容，指对新提供物试用一种或几种营销策略。它向经理人员提供如下帮助：第一，为将提供物推向更广的地区时估计销量提供经验数据。第二，对不同的营销策略进行检测后，可以在实际市场条件下考察它们的有效性。同样，经理人员还可以得到有关潜在购买者试用、重复购买、购买数量等方面的数据。不过，经理人员必须牢记，市场检测也向竞争对手暴露了组织活动的信息，增加了竞争反应的规模和速度。最近，宝洁公司就经历了这种情况。[8]它的玉兰油护肤品生产线大约测试性销售了3年，就放弃了。露华浓和强生的露得清合作通过深度营销获得了同样的利益，最终战胜了它。

生命周期概念

生命周期是一个与开发和管理提供物有关的重要的管理工具。**生命周期**（lief cycle）把提供物（如某品牌的咖啡）或产品大类（如所有的咖啡品牌）的销售划分成几个时段。典型的生命周期分为四个阶段：（1）导入期；（2）成长期；（3）成熟期；（4）衰退期。图表5—1展示了产品生命周期的一般形式及其相关阶段。

销售额曲线可以看作提供物试用和重复购买行为的结果，即

销售额＝（试用次数×平均购买数量×价格）＋（重复购买次数
×平均购买数量×价格）

在生命周期的早期，重点是通过广告、免费样品和足够的分销渠道刺激试用。绝大多数销售来自试用购买。当提供物沿生命周期发展时，销售中重复购买的比例增加，重点转向通过对提供物的调整、强化品牌形象和有竞争力的价格来保持现有的购买者。

预测和认识到向生命周期更高阶段发展对管理生命周期不同阶段是十分重要的。

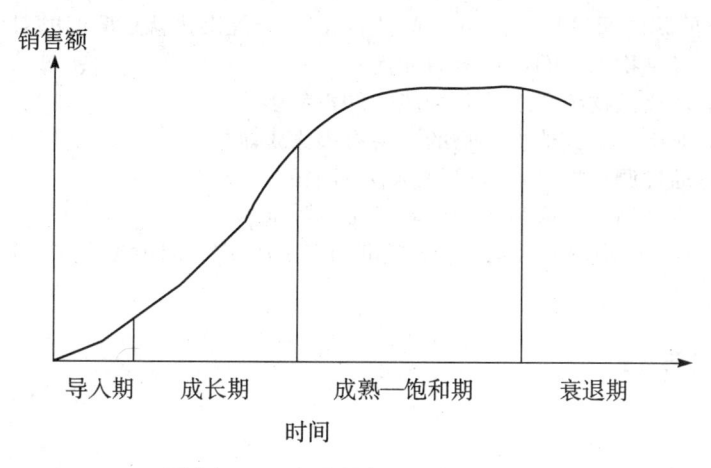

图表 5—1 产品生命周期的一般形式

提供物进入成熟—饱和期常常有以下特征：(1) 顾客中重复购买的比例增加（就是新的试用者减少）；(2) 生产经营和提供物的标准化程度提高；(3) 价格竞争加剧。当提供物进入和通过这一阶段时，管理的重心通常是寻找提供物的新购买者，显著地改善提供物和（或）使现有的购买者增加使用频率。最终，提供物会进入衰退期。这一阶段的决策准则将在下面有关调整、收获和取消的讨论中涉及。

服务的生命周期通常与上面提及的产品生命周期类似。当服务企业趋向成熟时，通常会通过调整经营来吸引新的顾客。例如，星巴克增加早餐菜单的内容，理发店不仅剪头发还负责发型设计。通常，服务企业通过特许和授权拓宽地理覆盖面，成为多场地经营者。

调整、收获和取消提供物

调整提供物是常用的方法。企业必须不断寻找从质量、功能、特性和价格等方面提高提供物给顾客带来的价值的新方法。

典型的调整决策集中在提升或降低提供物。**提升**（trading up）是指通过增加新的特性、使用更高质量的材料或增加服务来改进产品并提高价格。在产品之外增加服务的现象在计算机业相当普遍。计算机制造商通过编程服务、信息系统帮助和用户培训等改进了产品形象和适应性。**降低**（trading down）是指减少某个提供物的特征或降低质量并降低价格。

作为特殊的决策，取消提供物比推出新提供物或调整决策受到的关注要少。然而，由于人们认识到某些提供物从潜在机会看只是不必要的负担，因此，取消的决策在近年来变得重要了。作为与完全取消不同的一种策略，管理人员在提供物进入生命周期的后成熟或衰退期时可以考虑采取收获策略。**收获**（harvesting）是指减少在某项业务方面的投资，以便削减成本或增加现金流的战略决策。换言之，这种策略不是要完全放弃提供物，相反，其目的是使在该业务方面配置的人力和财务资源最小化。收获策略应在以下情形采用：(1) 提供物的市场稳定；(2) 提供物不能产生满意的利润；(3) 提供物的市场份额较小，或市场份额虽大但维持越来越困难、代价越来越高；(4) 尽管将来的潜力差，但提供物从形象或"全系列"的能力看对组织有利。

完全放弃或取消意味着将某一提供物从组织的提供物组合中撤出。一般地，如果

对以下问题的回答是"很小"或"不",这个提供物就是取消的对象:
1. 提供物未来的销售潜力如何?
2. 对提供物组合总体获利能力的贡献多大?
3. 对组合中其他提供物的销售有多大贡献?
4. 通过调整提供物可以得到多少回报?
5. 对分销渠道成员和购买者的影响如何?

例如,通用汽车公司决定放弃旧车型的生产线时就考虑了上述这些问题。[9]

提供物的定位

经理人员面临的第二项重要决策是提供物的定位。**定位**(positioning)是指设计一个组织的提供物及其形象使其在目标顾客的心目中建立起相对于竞争产品独特的有利的位置。

定位策略

有许多可供选择的定位战略:(1)属性或利益;(2)用途或应用;(3)产品或服务的使用者;(4)产品或服务等级;(5)竞争者;(6)价格和质量。[10]

最常用的策略是通过特性或利益来定位。采用这种方法,需要决定对目标市场而言哪个特性是最重要的、哪种特性是竞争者所强调的,以及此提供物如何适应目标市场的环境。这种定位可以通过设计一种含有某种特性的提供物或强调提供物中已有的某些特性来实现。后一种战术被大量的麦片制造商使用。为了迎合消费者对营养价值的兴趣,它们强调产品中麦片的天然成分。

实际上,实施定位概念需要开发出一个将产品特性与细分市场相联系的矩阵。以牙膏为例,图表5—2显示了对不同细分市场而言某种特性的重要性是不同的。[11]按这种方法考察牙膏市场的优点是:第一,营销经理可以发现新提供物潜在的机会并确定市场缝隙是否存在。第二,通过考察提供物的特性及其对细分市场的重要性,可以大致推测出新提供物可能对现有提供物的蚕食作用。如果两种提供物强调的特性相同,可预计它们在同一细分市场上将互相竞争。相反,如果它们具有不同的属性组合,那么很有可能各自吸引不同的细分市场。出于这个原因,宝洁公司推出成人佳洁士强效配方牙膏对它现有的儿童佳洁士牙膏的销售没有太大影响。第三,用这种框架可更有效地判断竞争对手对新提供物的反应。通过明确某一市场中有哪些品牌,人们可以根据财务优势和市场接受度来评价各种提供物。

图表5—2 特性与细分市场的定位

牙膏特性	细分市场			
	儿童	青少年	家庭	成年人
口味	√			
颜色	√			
美白牙齿		√		
清新口气		√		
防蛀牙			√	

续前表

牙膏特性	细分市场			
	儿童	青少年	家庭	成年人
价格			√	
防牙斑				√
去牙渍				√
每个细分市场的主要品牌	Aim，Stripe	Ultra Brite，McCleans	高露洁，佳洁士	Topol，Rembrandt

说明：√指出了每个细分市场寻求的主要利益。

组织也可以通过用途或应用来为它们的提供物定位。力槌公司（Arm & Hamber）就使用这种方法将其发酵粉定位为冰箱除臭剂和游泳池水质软化剂。公共电视最初定位为教育和文化节目的源泉。

第三种策略是按使用者来定位。这种策略通常把产品和服务与使用者团体联系起来。联邦快递把它的传送服务定位于为忙碌的经理人员服务。某种香水定位于为女性产品（里茨·查尔斯（Charles of the Ritz）的 Jean Naté 牌香水），而其他品牌定位于男性（法巴基（Fabergé）的 Brut 牌香水）。

产品和服务也可以按等级来定位。例如，人造黄油定位为非黄油；储蓄组织定位成"银行"。

组织也可以直接针对竞争者定位。安飞士公司（Avis）在汽车出租生意中针对竞争对手赫兹公司（Hertz）定位。许多年来，全美猪肉生产者协会（National Pork Producers Council）把它们的产品定位于与家禽相似，"猪肉：另一种白肉"。

最后，依照价格—质量的变化定位也是可以的。惠普公司一直将它的办公个人电脑的价格有意定得低于康柏和 IBM，以便在企业购买者心中形成一种物有所值的定位。[12] 福特汽车公司通过它的"质量第一"的广告追求一种优质定位。

实际上，营销经理经常结合两个或更多的策略来定位一款产品、一项服务和一个品牌。在拟定定位声明时这一点是很显然的。

撰写定位声明

现在一旦确定下来想要进行的定位，营销经理通常都要拟定一份简洁的书面定位声明。[13] 市场营销者写这些定位，声明是供内部使用，以及其他一些参与方使用，比如参与制定营销战略的广告代理商。报告要识别目标市场和应满足的需求，组织进行竞争的产品（服务）的级别或类别，提供物的特有属性或优点。定位声明通常采取下面的格式：

针对（目标市场和需求），（产品、服务、品牌名）是一种（产品或服务的级别或类别），它具有（特有属性或优点的陈述）。

举个例子，沃尔沃（Volvo）汽车北美市场的定位声明如下：

> 针对美国高消费阶层家庭对轻松驾车体验的需求，沃尔沃是一款安全和可靠的高价汽车。

这份声明为沃尔沃在整个北美市场的营销战略。比如，它关注产品开发投入，比如汽车设计了侧门安全气囊。还为沃尔沃营销沟通信息提供视角。沃尔沃广告几乎总是提及安全与可靠，这两种优点还成为汽车制造商"沃尔沃关爱生命"标语的基础。

重新定位

当产品、服务或组织的初始定位在竞争上不再是可持续的和不再有利可图，或出现了更好的定位机会时，重新定位是必要的。不过，考虑到确立定位所需的时间和资金投入，没有进行仔细研究前不要贸然改变定位。

重新定位成功的例子有强生的圣约瑟夫阿斯匹林（St. Joseph Aspirin）以及嘉年华邮轮公司（Carnival Cruise Lines）。[14] 强生重新定位阿斯匹林从只为婴儿使用到成年人使用"低强度阿斯匹林"，从而减少心脏病或中风的危险。这次重新定位使销售量猛增。嘉年华邮轮将其定位从老年人度假改变为面向年轻人和家庭的"趣味旅行之船"。通过增加拉斯韦加斯风格的演出、嘉年华露营和水手游乐节目后，嘉年华成为游船业最大也最成功的公司。

采取定位策略的决定

经理面对的挑战是确定在具体情况下哪种定位策略是最合适的。当考虑了以下三个问题后，策略选择要容易些。第一，谁是可能的竞争者？它们在市场上占有什么样的地位？它们有多强大？第二，目标顾客的偏好是什么？他们如何看待竞争者的提供物？第三，我们在目标顾客的心目中已经有什么样的定位（如果有的话）？一旦回答了以上问题，注意力就可以集中到实施上：

1. 我们想要拥有什么样的定位？
2. 如果我们拥有这个位置，竞争者会有什么样的举动？
3. 我们是否拥有足够的营销资源来维持这个定位？

成功的定位策略有赖于许多因素。首先，选中的定位必须清楚地与目标顾客沟通。其次，因为定位的建立是一个漫长和昂贵的过程，因此，应该避免频繁改变定位。最后，也许是最重要的，市场中的定位应该是可持续的和有利可图的。

品牌权益和品牌管理

为提供物构建品牌是营销经理的第三项责任。品牌名称是用来识别提供物并将其与竞争者区分的文字、标识（设计、音响、外形、颜色）或以上要素的组合。品牌命名主要的管理意义在于，由于购买者对某一品牌满意和对品牌有良好的联想而产生的消费者信任能够形成**品牌权益**（brand equity），即在功能性利益之外，品牌名称为产品或服务带来的附加价值。对于品牌的拥有者而言，这种价值有两个明显的优势：第一，品牌权益提供了竞争优势。例如，新奇士（Sunkist）品牌标志着橘子的质量，佳得乐（Gatorade）的名称意味着运动饮料。第二，消费者对于具有品牌权益的产品和服务愿意支付更高的价格。在这个意义上，品牌权益可以用在功能利益相同的情况下，顾客对某品牌产品支付的高出其他品牌的价格差额反应。金霸王（Duracell）电池、可口可乐、舒洁（Kleenex）面巾纸、LV 包、博士（Bose）音响系统和微软（Microsoft）软件都享受了品牌权益带来的溢价。

创造品牌权益及其价值

品牌权益并不是经常发生的。它是通过培育强大的、有利的、独特的、顾客联系的营销计划和品牌经历来精雕细琢的。品牌权益根植于消费者的头脑中而且源于他们对品牌一段时期的所知、所感、所见、所闻。

创造品牌权益 市场营销者意识到品牌权益并不能快速容易地获得。这一系列的过程是由四步构成的（见图表5—3）。[15]第一步是通过产品分类或通过品牌识别从而在消费者心中发展一种积极的品牌感知和品牌熟悉。佳得乐运动饮料和舒洁面巾纸就分别采纳上述过程。第二步，市场营销者必须在消费者心中建立一种品牌的内涵。这种内涵包括品牌的代表意义以及包括两个维度——一个是功能维度，与绩效相关，另一个是抽象维度，与形象相关。耐克就是在整合营销传播计划中，通过不断的产品开发和完善以及和顶尖的运动竞赛成绩相连接来建立其品牌内涵。第三步是引用正确的消费者对于品牌的认知和内涵的反应。这里的认知是建立在消费者对一个品牌所想和所感的基础上。所感关注于一个品牌的感知质量、可信度、相对于其他品牌的相对优势。所感是消费者对于一个品牌的情感感受。米其林公司（Michelin）为其轮胎引用了两个方面的反应。不仅米其林被看作一个可信的优秀品牌，而且消费者希望有一种对于品牌没有任何担忧和顾虑的感觉，即一种温暖的和获得安全的、舒适的自我担保的感觉。第四步，最困难的一步是在消费者和品牌之间建立一种强烈的、互动的忠诚关系。描述顾客—品牌共鸣以及对于品牌的消费者个人的感知的典型特征是一种更深层次的心理的捆绑。获得品牌地位的公司例子包括哈雷-戴维森，苹果（Apple）以及eBay。

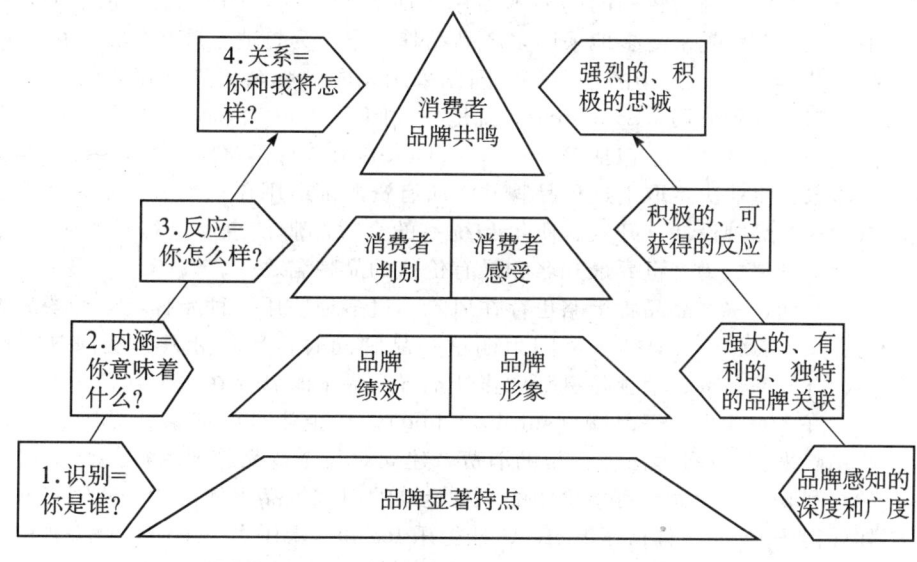

图表5—3 以顾客为基础的品牌权益金字塔

品牌权益价值 品牌权益对于品牌所有者来说可以提供财务优势。[16]就像吉列、耐克和古琦（Gucci）已经成功建立了品牌，这些品牌有其经济价值是因为它们代表了无形资产。这些资产使其所有者能够具备竞争优势、创造收入和在有形资产（厂房、设备）方面获得现金回流，获得相对于竞争者较高的回报。对于品牌是资产并且具有经济价值的认识在进行战略营销关于买卖品牌的决定时是非常明显的。例如，宝洁公司以 1.5 亿美元从 Del Monte 公司购买了夏威夷潘趣（Hawaiian Punch）品牌，并于 9 年后以 2.03 亿美元出售给吉百利史威士公司。这一案例表明品牌不像有形资产随着时间的流逝因不断使用而贬值，如果对品牌进行有效管理则会产生升值。但是如果品牌管理不善将会失去价值。桂格麦片公司购买以及出售的思蓝宝（Snapple）牌的非碳酸果汁口味的饮料和冰茶就是一个例子。桂格以 17 亿美元购买了思蓝宝，3 年后仅以 3 亿美元出售给 Triarc 公司。品牌价值的挑战在案例研究中得以体现出来，本章末的案例"菲多利公司：Cracker Jack 品牌"就是例证。

品牌策略

企业能够采取不同的品牌策略。三种最为常见的策略是多产品品牌、多品牌和自有品牌。

多产品品牌策略 **多产品品牌策略**（multiproduct branding），是企业对一种产品类别中的所有产品只使用一个品牌。这种策略若是采用企业的商标有时也被称为**家族品牌**（family branding）或**企业品牌**（corporate branding）。戴尔（Dell），Gerber 和索尼（Sony）采用的就是企业品牌——企业的商标和品牌名称是一样的。Church & Dwight 公司使用力槌作为其所有以发酵粉作为主要成分的产品品牌名。若企业想要在一种产品或服务类别中建立主导优势就会采用多产品品牌，如金宝汤和美国运通财务服务公司。

多产品品牌策略有几个优势。转化为品牌权益，对产品有良好体验的消费者会将这种积极态度转移到企业具有相同品牌名的其他产品上。这种策略还能够使广告和促销成本较低，因为将相同的品牌名用于所有的产品，因而能提高所有品牌意识的水平。营销总监越来越多地采用多产品品牌策略作为打造全球品牌识别的手段。**全球品牌**（global brand）指的是在多个国家采用相同品牌名，具有相似的和中心协同的营销计划。三星公司（Samsung）就是一个例子。[17] 10 年前，三星将其电子消费产品定位在一些品牌名下，包括 Wiseview，Tantus 和 Yepp，然而没有一种给消费者留下深刻印象。企业决定取消这种品牌并将所有资源都运用在三星这个企业品牌名上。通过在创新性品牌设计、开发、质量和统一的全球品牌信息上进行重大财务投资，10 年之后，三星成为全世界最知名和最有价值的品牌名之一。

然而，多产品品牌策略也存在风险。过多地使用一种品牌名会冲淡品牌对消费者的意义。营销专家认为，美国力槌这一品牌同时运用在牙膏、洗涤剂、口香糖、猫砂、空气清新剂、地毯除臭剂和止汗剂等产品上时就存在这个问题。[18]

许多企业采用**子品牌**（sub-branding），将企业品牌或家族品牌和一个新品牌名联系起来。[19] 这种做法旨在帮助消费者建立对与企业品牌或家族品牌不同的新提供物的有利联想。比如，百事集团的一种运动饮料家族品牌佳得乐，使用一些子品牌，诸如佳得乐 Frost、佳得乐 Fierce、佳得乐 Ice 和佳得乐 X-Factor，每一种的口味都很独特。企业还使用子品牌沿着价格—质量序列区别不同提供物，即添加高端、中端和低端提供物。保时捷公司（Porsche）通过成功引入高端保时捷卡雷拉（Carrera）和低端保时捷拳击手（Boxster）做到了这一点。另一方面，大众公司却并没有成功引入高端大众辉腾（Phaeton）和途锐（Touareg）。为什么呢？作为普遍规律，高感知价格—质量的品牌，比如保时捷比一般的价格—质量品牌更易于沿着价格—质量序列"延伸"，而且成功向上的品牌延伸比向下的品牌延伸更难获利。

多品牌策略　企业还可以采用**多品牌**（multibranding），每种产品或产品线拥有一个品牌名。比如宝洁公司为每种产品单独设计一个名称（汰渍、Cheer 和 Era 都是宝洁的洗涤剂品牌）。西尔斯公司为不同的产品线设计不同的品牌名（Kenmore 家居用品，Craftman 工具和 Diehard 汽车电池）。一条完整的产品线使用一种单独品牌名就类似于家族品牌了。

当每种品牌用在不同的细分市场并有独特定位时，多品牌是一种很有用的战略。百得公司（Black & Decker）将它定位为家庭自己动手细分市场的工具产品线，采用百得这一品牌名，为其专业工具产品线采用得伟（De Walt）的品牌名。迪士尼使用米拉麦克斯（Mira Max）和试金石（Touchstone）作为成年观众电影的品牌名，而将迪士尼的名称作为儿童和家庭电影品牌名。多品牌通常取决于企业的收购项目。美泰克公司（Maytag）起初为其所有家居产品采用多产品品牌策略，现在成为具有 Amana、Jenn-Air 和 Magic Chef 等家居品牌的多品牌企业。

与多产品品牌策略相比，多品牌策略的促销成本往往更高。企业必须让消费者和分销商在没有先前好印象的不利条件下接受每种新的品牌。这种方法的优点是每种品牌对于每种细分市场都是独一无二的，这会减少单个品牌因没有满足消费者预期产生的失败而转移到企业本身或其他品牌上的风险。比如，联合航空公司（United Airlines）将其低费用的航班命名为 Ted，部分是为了保护联合航空的品牌。然而，一些大型的多品牌企业发现实施这一策略的复杂性和高成本往往超出能产生的好处。联合利华公司（Unilever）近来通过取消产品和出售给其他企业将其品牌从 1 600 个削减到 400 个。

自有品牌策略　自有品牌（或称私有标签）指的是制造商将产品供应给分销商（零售商、经销商和批发商），允许分销商自己选择品牌名。雷诺威公司（Rayovac）、Paragon Trade Brands 公司和 Ralcorp 公司分别是碱性电池、尿布和杂货的私有标签供应商。Radio Shack、西尔斯、沃尔玛和克罗格（Kroger）则是经销商，为别人供应的产品自主制定品牌名。出售品牌名的企业也会产生私有标签。美容香料制造商伊丽莎白·雅顿（Elizabeth Arden）就是其中的一个例子。该企业通过百货商店出售其品牌伊丽莎白·雅顿，还在沃尔玛以 Skinsimple 的品牌名出售一系列护肤产品。

作为一种策略，自有品牌应该从供应商和分销商两个角度考虑。[20] 从分销商的角度来说，应该决定是否采用自己的品牌。分销商作这个决定出于几个原因。使用自己的品牌，分销商在某种程度上可以避免价格竞争，因为其他分销商经营相同品牌的产品，消费者很容易进行价格比较。另外，消费者对提供物的任何好感都归于分销商，消费者对提供物的忠诚也归于分销商而不是制造商。如果分销商希望使用自己的自有品牌，它必须找到一个愿意生产产品的制造者。在这种情况下，营销经理必须决定是否成为分销商品牌的生产者。

自有品牌或分销商品牌的潜在生产者作出决策时必须考虑许多因素。如果生产者有多余的制造能力而且生产分销商品牌的变动成本不超过销售价格，就存在对一般费用产生贡献和使用生产工具的可能。尽管分销商品牌经常与制造商品牌竞争，但是两者的联合销售和制造者得到的利润会比竞争对手获得分销商品牌的制造权时要大。因此，Del Monte、惠而浦（Whirlpool）、Dial 公司分别为各自的分销商生产自有品牌的宠物食品、家居产品和肥皂。不过，生产自有品牌很大的危险是过于依赖它，当分销商改换供货商或自己建立生产工厂时，收入会大幅减少。过于依赖分销商品牌也会影响制造者和分销商的关系。作为一般的规律，制造商在价格和渠道领导力方面的影响力与它从分销商品牌中获得的收益在总产出或总收入中的比例成反比。

品牌成长战略

品牌成长有四种战略性选择（见图表5—4）。[21]选择是营销经理是愿意延伸现有品牌还是发展新的品牌，以及是在目前已有的产品类别中使用这些品牌还是在新的产品类别中使用。

	组织提供的产品/服务类别	
品牌名称	新产品类别	现有产品类别
新品牌	新品牌战略	对抗性/侧翼品牌战略
现有延伸战略	品牌延伸战略	产品线延伸战略

图表5—4　品牌成长战略

产品线延伸战略　最常用的品牌成长战略是**产品线延伸战略**（line extension strategy）。当组织在目前拥有的产品类别中用同样的品牌导入新的提供物时，就产生了产品线延伸。新的口味、形式、颜色、不同的成分或特性和包装的大小等都是品牌延伸的例子。例如，金宝汤公司提供常规金宝汤、家庭风味型汤、浓缩型汤和保健型汤等，有超过100种风味，包装也有不同的规格。产品线延伸反映了顾客需求的多样性。产品系列中的缺陷有可能被竞争者的提供物弥补而使竞争者受益，因此，产品线延伸可以消除这种现象。比如福特新引进一个子品牌福星（Fusion），避免福特消费者再购买竞争者的中型汽车。据福特汽车团队营销经理称，"每年，我们都会损失近50 000名顾客去购买竞争者的中型汽车，我们正在失去野马（Mustang）、福克斯（Focus）和Taurus的用户，福星是我们的拦截产品"。[22]

这种战略还可以降低广告和促销费用，因为所有的产品都使用同一品牌，提高了品牌的认知度。产品线延伸也有风险。当消费者选择延伸的产品线中的某一产品而放弃另一种产品时，就会发生严重的蚕食现象。而且，一个产品线中提供物种类的丰富化可能带来制造和分销方面的问题，没有增加销售额却增加了成本。例如，美国市场上个人护理和家庭用品中不到8%的产品（种类）占总销售额的84.5%。这个统计数据使销售以上产品的公司于20世纪90年代中期削减了它们的产品系列。[23]

品牌延伸战略　强大的品牌权益可以保证**品牌延伸战略**（brand extension strategy）的实施，即使现有品牌进入一个完全不同的产品类别中成为可能。这种战略可以凭借消费者对已有品牌的熟悉，降低进入新市场的风险。例如，泰诺作为一种值得信赖的止痛药，其品牌权益使得强生公司成功地将该品牌延伸至泰诺感冒药和泰诺PM（一种安眠药）。著名的儿童玩具品牌费雪（Fisher-Price）延伸到儿童洗发水、护发素以及婴儿沐浴和护肤品。将现有品牌名称转移到新产品时需要谨慎。研究表明，品牌延伸要想成功，就必须在品牌与核心产品利益向新产品类别的转移间存在感知匹配度。[24]这种情况发生在泰诺和费雪品牌上，其销量有巨大的增长。然而，李维斯（Levi）职业装和唐恩都乐（Dunkin' Dunuts）麦片却都失败了。即使是成功的品牌延伸也有风险。过多地使用一个品牌可能冲淡品牌对消费者的意义。

品牌延伸最近的变化是**合作品牌**（co-branding），即在某产品上合用两个制造者的品牌。例如，好时食品公司与通用磨坊公司推出一种合作品牌的早餐麦片，叫做Reefe's花生黄油泡芙，与纳贝斯克公司（Nabisco）一起推出了含有好时巧克力片的薄脆饼干。花旗银行（Citibank）与美洲航空公司（American Airlines）合作推出万事达和威士信用卡。合作品牌可以使企业进入新的产品类别，充分利用在该产品类别中已有品牌的作用。

新品牌战略 当组织认识到现有品牌不能延伸至新产品类别时，采用新品牌战略是适合的。**新品牌战略**（new brand strategy）是指开发新的品牌和未进入的产品类别。这方面成功的例子包括金宝汤公司的 Prego 实心面条酱和罗氏公司（Rocke Holding）的 Alave 牌非处方止痛药。在这两个例子中，现有的品牌都不能延伸到所瞄准的新产品类别。

新品牌战略可能是最具挑战性的和最昂贵的。向某些消费品市场导入一个新品牌的成本从 5 000 万美元到 1 亿美元不等。在许多方面，这种战略与多样化战略有相似之处，面临许多挑战。第 1 章中所描述的安海斯-布希公司推出的鹰牌休闲食品就是新品牌战略失败的一个例子。对该公司而言，在新产品（咸味休闲食品）的领域推广一个新品牌（鹰牌）意味着与菲多利这个市场领导者及其著名品牌竞争。由于缺乏成本、价格和质量优势，没有集中的分销、有效的广告、促销和销售努力，鹰牌从未取得很好的市场份额，在 1996 年退出之前亏损运营了 17 年。[25]

对抗性/侧翼品牌战略 有时，当产品线延伸战略不适用时，企业也可以为已有的产品类别创立新品牌。这些品牌将产品线扩张，便于开发那些现有产品或品牌不能吸引的特殊顾客群，或对竞争对手作出防御性反应。顾名思义，**侧翼品牌战略**（flanker brand strategy）是指基于价格—质量而在产品系列的高端或低端加入新品牌。万豪国际酒店集团（Marriott Marquis group）采取了这种方法来吸引不同的旅行群体。在它拥有的中档价格的万豪旅馆以外，增加了万豪伯爵酒店来吸引高档旅行者市场。它还为那些具有经济头脑的旅行者增加了万怡酒店，针对旅行预算很低的人推出了公平客栈（Fairfield Inn）。每一品牌的旅馆提供的娱乐设施均不同，相应的房费也不一样。**对抗性品牌战略**（fighting brand strategy）是指增加一个新品牌，主要目的是与竞争性品牌抗衡。这种战略通常在以下情况采用：（1）组织在某一市场的销售占有相当高的市场份额；（2）占优势的品牌在竞争对手使用侵略性定价时可能被削弱；（3）组织希望保护它现存品牌的边际利润。菲多利成功地用它的 Santitas 牌墨西哥玉米薄饼与地区性低价低质产品抗衡，同时该公司并没有改变它著名的多力多滋和 Tostitos 牌墨西哥玉米薄饼的优质和优价。美泰（Mattel）开发其嬉哈流行玩具的品牌 Flava 就是为了应对 MGA 娱乐公司推出的流行玩具品牌 Bratz，该品牌吸引了芭比（Barbie）品牌 8～12 岁女孩的细分市场。[26]

与产品线延伸类似，对抗性和侧翼品牌战略也有蚕食同一产品线中其他品牌销售的风险，特别是低价品牌。然而，倡导者认为最好进行**主动蚕食**（preemptive cannibalism），即为了防止顾客转向竞争者品牌而有意地将已有品牌的销售转移到组织中新的品牌上，这总比丧失销售额要好。[27]

[注释]

[1] "Shopping List: Quick, Classic, Cool for Kids," *BRANDWEEK* (June 17, 2002): S52-S53.

[2] "Has Kodak Missed the Moment?" *The Economist* (January 3, 2004): 46-47.

[3] Glenn Rifkin, "Mach 3: Anatomy of Gillette's Latest Global Launch," *Strategy & Business* (2nd Quarter 1999): 34-41.

[4] This and other examples appear in Gerard J. Tellis and Peter N. Golder, *Will and Vision: How Latecomers Grow to Dominate Markets* (New York: McGraw-Hill, 2002).

[5] "Ailing Sales Again for FluMist," Baltimoresun.com, January 7, 2005.

[6] For an extended treatment of the new product development process, see C. Merle Crawford and Anthony DiBenedetto, *New Products Management*, 7th ed. (Burr Ridge, IL: McGraw-Hill/Irwin, 2003).

[7] "A Survey of Innovation in Industry," *The Economist* (February 20, 1999).

[8] "Is Testing the Answer?" *Advertising Age* (July 9, 2001): 23.

[9] Bill Sharfman, "One Last Look at Oldsmobile," *BRANDWEEK* (January 8, 2001): 28-32.

[10] Portions of the following discussion are based on Rajeev Batra, John G. Myers, and David A. Aaker, *Advertising Management*, 5th ed. (Upper Saddle River, NJ: Prentice Hall, 1996): 190-201.

[11] This example is adapted and updated from Russell Haley, "Benefit Segmentation: A Decision-Oriented Research Tool," in Ben Enis and Keith Cox (eds.), *Marketing Classics*, 7th ed. (Boston: Allyn and Bacon, 1991): 208-215.

[12] "Picking a Big Fight with Dell, H-P Cuts PC Profits Razor Thin," *Wall Street Journal* (May 12, 2004): A1, A10.

[13] This discussion is based on John M. Mullins, Orville C. Walker Jr., Haper W. Boyd Jr., and Jean-Claude Larréche, *Marketing Management: A Strategic Decision-Making Approach*, 5th ed. (Burr Ridge, IL: McGraw-Hill/Irwin, 2005): 216; and Carol Traeger, "What Are Automakers Doing for Women? Part III: Volvo," Edmund.com, July 26, 2005.

[14] "St. Joseph: From Babies to Baby Boomers," *Advertising Age* (July 9, 2001): 1, 38; and "Carnival: Plenty of Ports in a Storm," *Business Week* (November 15, 2004): 76, 78.

[15] This discussion is based on Kevin Lane Keller, *Strategic Brand Management: Building, Measuring, and Managing Brand Equity*, 2nd ed. (Upper Saddle River, NJ: Prentice Hall, 2003).

[16] This discussion is based on Roger A. Kerin and Raj Sethuraman, "Exploring the Brand Value-Shareholder Value Nexus for Consumer Goods Companies," *Journal of the Academy of Marketing Science* (Winter 1998): 260-273; "P&G Sells to Cadbury Hawaiian Punch Label in $203 Million Accord," *Wall Street Journal* (April 16, 1999): B2; and John Deighton, "How Snapple Got Its Juice Back," *Harvard Business Review* (January 2002): 47-53.

[17] "Global Brands," *Business Week* (August 1, 2005): 85-90.

[18] "When Brand Extension Becomes Brand Abuse," *BRANDWEEK* (October 26, 1998): 20-22.

[19] This discussion is based on Keller, *Strategic Brand Management*; and Jean Halliday, "Volkswagen Drives off a Cliff-Again," *Advertising Age* (August 8, 2005): 1, 24.

[20] This discussion is based on David Dunne and Chakravarthi Narasimhan, "The New Appeal of Private Labels," *Harvard Business Review* (May-June 1999): 41-52; and Shelley Branch, "Going Private (Label)," *Wall Street Journal* (June 12, 2003): B1, B3.

[21] For different views on brand growth strategies, see David C. Court, Mark G. Leitter, and Mark A. Loch, "Brand Leverage," *The McKinsey Quarterly* (number 2, 1999): 100-110; and John A. Quelch and David Kenney, "Extend Profits, Not Product Lines," *Harvard Business Review* (September-October 1994): 153-160.

[22] "Ribbons Roll Out on Rides," *Dallas Morning News* (September 30, 2005): 8D.

[23] "Make it Simple," *Business Week* (September 9, 1996): 96-105.

[24] Keller, *Strategic Brand Management*.

[25] "How Eagle Became Extinct," *Business Week* (March 4, 1996): 68-69.

[26] "To Lure Older Girls, Mattel Brings in Hip-Hop Crowd," *Wall Street Journal* (July 18, 2003): A1, A6.

[27] For an extended discussion on product cannibalism and preemptive cannibalism, see Roger A. Kerin and Dwight Riskey, "Product Cannibalism," in Sidney Levy (ed.), *Marketing Manager's Handbook* (Chicago: Dartnell Company, 1994): 880-895.

案例 5—1　　　　　　乐倍/七喜公司：Squirt 品牌 *

　　2001 年仲夏，凯特·考克斯（Kate Cox），乐倍/七喜公司（Dr Pepper/Seven Up，Inc.）的品牌经理，负责 Squirt 品牌，开始起草品牌的年度广告和促销计划。Squirt 是一种不含咖啡因的低钠碳酸饮料。它由与众不同的柚子汁的混合物构成，因此有强烈的、清新的橙味。在美国，Squirt 是最畅销的柚子碳酸软饮料品牌。

　　考克斯认为市场目标和产品定位可能需要早期的 Squirt 的广告和促销计划的发展。这两个主题在 2001 年 6 月品牌广告公司博达大桥（Foote，Cone & Belding）承办的展览会上是最精彩的部分。不久以后，她负责 Squirt。包括监测其竞争对手（主要是可口可乐和百事可乐）的行动；最近涉及的 Squirt 销售量问题；意识到 Squirt 在市场中最活跃的是不断增长的西班牙裔社区。

乐倍/七喜公司

　　乐倍/七喜公司是吉百利史威士公司最大的子公司。吉百利史威士是世界第三大软饮料公司以及第四大糕点公司，产品在约 200 个国家销售。总部设在英国伦敦，吉百利史威士拥有与世界一流软饮料制造商和世界最大的非可乐软饮料生产商、制造商的不同之处。

　　乐倍/七喜公司（DPSU）在北美是最大的非可乐软饮料生产企业。公司营销的国际品牌如乐倍（Dr Pepper），七喜（Seven Up），RC 可乐，A&W Root Beer，Canada Dry，夏威夷潘趣，史威士等。DPSU 同样拥有区域品牌，包括 Sundrop 和 Vernors 及其他。

　　DPSU 是美国第三大软饮料公司。它的旗舰品牌——乐倍和七喜的市场份额一直是美国居前 10 位的软饮料品牌。它的其他品牌在它们的特殊分类中通常是市场领导者。例如，Canada Dry 在美国是销量最好的啤酒，Schweppes 是奎宁水的领导者，Canada Dry 引领汽水/塞尔兹矿泉水类别。Squirt 是最畅销的葡萄汁软饮料，A&W Root Beer 是瓶装和罐装根汁汽水的领导者。

美国碳酸软饮料产业

　　美国消费者饮用碳酸软饮料比自来水要多。相对 1990 年约 47 加仑的人均消费

---

* The cooperation of Dr Pepper/Seven Up, Inc. in the preparation of this case is gratefully acknowledged. This case was prepared by Professor Roger A. Kerin, of the Edwin L. Cox School of Business, Southern Methodist University, as a basis for class discussion and is not designed to illustrate effective or ineffective handling of an administrative situation. Certain company information has been disguised and is not useful for research purposes. Squirt® is a registered trademark used under license (© 2002 Dr Pepper/Seven Up, Inc.) and used in this case with permission from Dr Pepper/Seven Up, Inc. Copyright © 2002 by Roger A. Kerin. This case may not be reproduced without the written permission of the copyright holder.

量，2000年，美国人均消费53加仑的软饮料。伴随人口增长，2000年每单位消费量按人口平均计算预计将产生603亿美元的销售量。但是最近这些年软饮料消费增长缓慢。

产业结构

在美国，主要有三方生产和分销碳酸软饮料。[1]它们主要是核心产品生产者、装瓶商以及零售点。对于常规的软饮料，核心产品生产者生产基本的饮料（例如柠檬汁以及可乐），然后销售给装瓶商，它们在其中加入甜味剂和碳酸水，然后分装到瓶子和罐中，再销售给零售商。对于低热量软饮料（diet soft drink），核心产品生产者采用人造甜味剂，根据人们的喜好加入一种比蔗糖甜200倍的甜味剂。在普通的和低热量的软饮料中，核心产品生产者对于瓶子的分销价格稍微有些不同。例如，一个普通的非可乐核心产品生产者，核心产品价格为每单元1.02美元，而低热量的核心产品价格为每单元1.18美元。一个单元核心产品相当于192盎司的软饮料（标准是24个8盎司的瓶子）。可口可乐公司、百事可乐公司以及DPSU是美国三大主要的核心产品生产商。

在美国约有500家装瓶商将其兴趣转至碳酸软饮料。核心产品生产者或许是在装瓶商企业的所有者或拥有股权，或许是让那些独立的装瓶商生产获得特许经营的品牌。例如，可口可乐企业（CCE）拥有多样化的装瓶线，是美国最大的可口可乐饮料产品的装瓶商。CCE负责可口可乐公司北美80%的软饮料装瓶业务。类似地，百事装瓶公司（Pepsi Bottling Group, Inc.）也是多元化经营，负责55%的百事可乐产品在北美的销量。独立的特许装瓶商被独家授权在限定的区域内可以包装和分销核心产品生产商的品牌化的软饮料生产线，但不允许营销直接的竞争对手的主要品牌。但是，特许装瓶商可以代表非竞争对手的品牌和拒绝为一个核心产品生产商的二流产品装瓶。这些安排意味着一个特许的可口可乐装瓶商不能销售百事可乐，但是可以装瓶并且营销Squirt而不是可口可乐的Fresca。

碳酸软饮料的主要零售渠道是超市、便利店、自动售货机、冷饮服务（fountain service），大量的特许经营者以及上万个小零售点。软饮料主要为瓶装或罐装，除了冷饮服务。在冷饮服务中，糖浆被出售给零售点（例如麦当劳），零售点将碳酸水与糖浆混合为消费者制成快速消费的饮料。超市和零售店负责大约31%的碳酸软饮料的零售。

软饮料产业中的竞争

在美国有三大公司占有90%以上的碳酸软饮料销售。可口可乐公司领导着这一产业，市场份额为44.1%，随后是百事可乐（31.4%），DPSU（14.7%）。根据预测市场份额，这三个公司同样销售顶尖的10个品牌。可口可乐占据10大品牌中的5个，百事占据3个，DPSU占据2个。在美国，这十大品牌约占73%的软饮料市场的销售。图表1显示了2000年前十大碳酸软饮料公司和品牌。

图表 1　　2000 年前十大碳酸软饮料公司和品牌

前十大软饮料公司

排名	公司名称	市场份额（%）	份额变化[a]	销量（%）变动[b]
1	可口可乐	44.1	持平	+0.1
2	百事可乐	31.4	持平	+0.1
3	DPSU（吉百利史威士）	14.7	+0.1	+1.1
4	Cott Corp.	3.3	+0.2	+5.8
5	National Beverage	2.1	持平	+4.2
6	皇冠	1.1	−0.1	−1.9
7	Big Red	0.4	持平	+13.4
8	Seagram	0.3	持平	+7.2
9	Monarch Co.	0.1	持平	−35.8
10	自有品牌/other	2.5	−0.2	−12.2
	合计	100.0		+0.2

前十大软饮料品牌

排名	公司名称	品牌所有者	市场份额（%）	份额变化[a]	销量（%）变动[b]
1	经典可乐（Coke Classic）	可口可乐	20.4	+0.1	+0.5
2	百事可乐（Pepsi-Cola）	百事可乐	13.6	−0.2	−1.0
3	健怡可乐（Diet Coke）	可口可乐	8.7	+0.2	+2.5
4	激浪（Mountain Dew）	百事可乐	7.2	+0.1	+1.5
5	雪碧	可口可乐	6.6	−0.2	−2.0
6	乐倍	DPSU	6.3	持平	+0.1
7	健怡百事（Diet Pepsi）	百事可乐	5.3	+0.2	+4.0
8	七喜	DPSU	2.0	−0.1	−0.6
9	CF Diet Coke	可口可乐	1.7	−0.1	−1.0
10	巴克沙士（Barq's Root Beer）	可口可乐	1.1	持平	+3.0
	前十位合计		72.9		

注：a. 份额变化和销量变化与 1999 年的数据有所不同。
b. 虽然皇冠在 2000 年第 4 季度被 DPSU 收购，但是 2000 年数据中依然认为其是一个单独的公司。
资料来源："Top-10 U.S. Soft Drink Companies and Brands for 2000," *Beverage Digest* (February 15, 2001). Special Issue. Used with permission.

软饮料市场营销

软饮料市场营销的主要特征表现为：对消费者广告和促销的大量投资，通过装瓶商负责对零售点的销售和贸易促销以及消费者的价格折扣。核心产品生产商通常担当发展国内消费者广告、促销、产品发展和策划、市场研究的任务。装瓶商通常在发展对零售店的当地贸易促销和消费者促销方面承担主要角色。装瓶商也负责销售和对零售账户的服务，包括店内展示和维持、零售商货架的存货补充，使用当地品牌的自动售货机。由核心产品生产商和装瓶商担当的不同的营销角色在将它们相对比的利润表中表现明显。如图表 2 所示，每一美元的销售额中，核心产品生产商的广告和促销支出为 39 美元；装瓶商支付销售和运输费用 28 美元。

图表 2　美国典型的加调味料的核心产品生产商和软饮料装瓶商的利润表的比较
（每个标准单元为 24 瓶，每瓶 8 盎司）

	核心产品生产商（%）	软饮料生产商（%）
净销售额	100	100
产品销售支出	−17	−57*
总利润	83	43
销售和配送	2	28
广告和促销**	39	2
一般管理费用	13	4
税前利润	29	9

* 包装是装瓶商产品销售的主要支出。
** 广告和促销包括产品成本、酬金和媒体费用。
资料来源：Industry analysis and case writer estimates.

软饮料广告和促销　当地的广告和促销活动主要由核心产品生产商和装瓶商来合作执行和融资。核心产品生产商和装瓶商经常五五均分当地的广告费用。例如，一个装瓶商花费 100 万美元用于当地的电视台品牌广告，那么由品牌当地的装瓶商支付 50 万美元，核心产品生产商支付另外 50 万美元。装瓶商和核心产品生产商还五五平分当地的零售产品促销和消费者促销费用。但是，广告和促销计划是可以协商的，有时是由个体的装瓶商决定。一个装瓶商可以自由选择是否参加核心产品生产商的广告或促销计划或财务安排的商议。

软饮料产业使用了一系列产品的广告推销和消费者促销。产品促销包括过道展示，其他类型的独立展示以及货架横幅。核心产品生产商通常以每件产品 20 美分提供给那些实施这些产品促销的装瓶商。消费者促销包括对当地体育、文化和娱乐事件、塑料杯和带有品牌标识的餐巾纸、流行的棒球帽、T 恤衫或太阳镜的品牌赞助。其他类型的促销也有采用，包括商家的优惠券、包装促销以及彩票。核心产品生产商通常从每件产品（包括杯子、帽子和太阳镜）5 美分到每个案例（杯子、帽子和太阳镜等当地营销事件）25 美分，提供给使用这些营销活动的装瓶商。

核心产品生产商偶尔在形成产品购买动机时向装瓶商提供价格促销。这些激励经常以单件产品销售为基础并且常用于激励装瓶商销售和参与产品销售规划活动。这些激励依据所需要的努力通常是每件产品 15～25 美分。

品牌和口味竞争　在北美，有超过 900 个注册的碳酸软饮料品牌。其中大部分品牌的销售是区域化的，反映了美国不同地区消费者的口味偏好。

在美国碳酸软饮料产业中，可乐是最受欢迎的，2000 年约占零售额的 60%。可乐的主导地位从 1990 年的约占零售额的 2/3 在过去的 10 年中逐渐下滑。相比较而言，口味型软饮料日益流行。口味型软饮料包括橙味、柠檬味、樱桃味、葡萄味以及根汁饮料现在代表着 1/4 软饮料市场，并且销售量从 1990—2000 年提高了 30%。美国人口构成的不断变化是口味型碳酸软饮料流行的一个重要因素。

软饮料消费的人口统计　行业研究表明，平均每个美国人每年消费 849 个 8 盎司碳酸软饮料，或平均每天 2.3 个碳酸软饮料。几乎所有美国人一年至少消费一种软饮料。美国大多数碳酸软饮料是由 20～49 岁的消费者消费的。这一显著的年龄群体是美国人口中的最大细分市场。消费健怡饮料的多是超过 25 岁的群体。10 多岁的青少年和年轻人通常是普通软饮料的消费群体。常规的观点认为软饮料产业中 10 多岁的青少年和年轻人是软饮料营销的主要目标群，因为口味和品牌偏好是在 12～24 岁之间形成的。

人均软饮料消费在西班牙裔、非裔美国人群体中比其他宗教和种族群体中不多，10 多岁的青少年的消费远高于成年人，进而，这种碳酸软饮料的口味偏好趋势归因于美国不断变化的人口组合。目前，约有 20% 的美国人小于 18 岁，1/4 的人口是西班牙裔和非裔美国人。这些群体喜欢消费碳酸软饮料。"关键是最近这些年，年轻的消费者已经被喜好的品牌所刺激消费。"一家行业贸易出版杂志——《饮料文摘》（*Beverage Digest*）的编者和出版者诠释道。[2] 美国 2000 年人口普查数据显示，到 2005 年，西班牙裔年轻人将替代非裔美国人成为最大的种族群体。他们占 18 岁以下人口的 17%，占美国所有未成年人的 45%。到 2010 年，每 5 个人中就有一个未成年人是西班牙裔，在 9 年中提高到 22%，但是在此时期，白种年轻人减少 5%。[3]

主要的一些软饮料公司开始对于日益增大的西班牙裔和非裔北美消费者群采取不同的反应方式。根据北美可口可乐多元化营销的品牌高级经理的陈述，可口可乐公司已经在 10 岁以上的西班牙裔消费中从第 6 位提高到第 2 位。[4] 随着这一优先权的变化，北美的可口可乐公司和加利福尼亚南部的可口可乐装瓶公司推出了两种口味的软饮料。2001 年 3 月，可口可乐拓展了 Manzana Mia，一种与 Manzana Lift 相似的苹果味的软饮料，可口可乐公司这一品牌在墨西哥出售。此外，可口可乐公司的第二大品牌芬达主要是在美国以外的地区分销，在加利福尼亚南部推出橙子、葡萄、草莓、菠萝等口味的软饮料。加利福尼亚南部的可口可乐公司装瓶公司的发言人说："许多南部的加利福尼亚人知道 Manzana Lift，并且表达出在美国所拥有的同样的热情。他们还告诉我们他们想要更多的水果口味的碳酸饮料。"公司研究显示，水果口味的软饮料在加利福尼亚南部尤为受到西班牙裔的喜爱。北美可口可乐公司的高级执行官补充说："在这个案例中，我们评估我们的国际饮料组合而且决定在加利福尼亚南部推出 Manzana Lift 和芬达饮料的概念，调整它们的定位和包装从而满足当地消费者的偏好。"

百事可乐的激浪的市场营销者也试图关注成长的西班牙裔消费者。激浪——美国第四大软饮料品牌并且是碳酸饮料销量最好的企业——现在正为迎合西班牙裔市场做广告。根据激浪的营销部主管介绍："对我们来说种族市场是一个巨大的成长机会，我们将在那一领域大量投资。"品牌的主要目标群体是 10 多岁的青少年并且它的基础性定位和广告特征是娱乐性、使人愉快、大胆和冒险的激浪 X 体验。20～39 岁的人构成了这一品牌的第二部分市场。[5]

可口可乐和百事可乐在美国 25 家顶级的广告商中对于西班牙裔社区进行分级。据预测，2001 年，可口可乐将投资 1 870 万美元、百事可乐将投资 1 600 万美元用于对西班牙裔市场做媒体广告，大约占每个公司广告支出的 2%。[6]

Squirt 品牌的继承性和营销

Squirt 品牌自 1995 年以来由 DPSU 进行营销，而且 1993 年由吉百利史威士进行营销。但是，Squirt 品牌的起源是在 20 世纪 30 年代经济大萧条时期。

Squirt 的历史

Squirt 的起源可以追溯到 1938 年，亚利桑那州凤凰城的赫布·毕晓普（Herb Bishop）开始与柑橘俱乐部（Citrus Club）就一种地区性流行的非碳酸饮料进行试验。毕晓普创造出一种新型的碳酸软饮料，它需要很少的水果和少量的糖就可以生产。这种新型饮料"似乎是往舌头上喷射，就像吸入葡萄汁"，因此毕晓普将这种饮料命名为 Squirt。为了做广告，毕晓普和他的合作者埃德·梅勒（Ed Mehre），创造出一个颇受欢迎的名字"Little Squirt"（见图表 3）。Little Squirt 的诱惑力很快扩大了 Squirt 的影响力。在第二次世界大战期间，因为它低糖从而帮助了那些受含糖比例规定限定的装瓶商，因而销量大增。Squirt 于 20 世纪 50 年代确立了自己的混合生产者身份。到了 20 世纪 70 年代中期，Squirt 引入美洲中部和南部开始国际化。

1977 年，密歇根州荷兰镇的装瓶商 Brooks Products 公司，从毕晓普那里购买了 Squirt，公司再次重组 Squirt，更新 Squirt 标识，定位于主要为软饮料的品牌。1983 年，凭借新的低卡路里软饮料技术优势，低热量 Squirt 成为美国第一个用天冬甜素（Nutra Sweet）（阿斯巴甜）使其变甜的软饮料。1986 年，Squirt 加入 A&W 品牌，后来于 1993 年被吉百利史威士购买。1995 年 3 月以后，DPSU 由吉百利史威士并购，生产、营销和分销 Squirt 的任务被分配给美国的 DPSU。

图表 3　Little Squirt 形象代言

Squirt 的市场营销

由于对营销的不断关注和投资，从而带来了更广泛的装瓶和分销网络，从 1995 年开始 Squirt 的销售量超过了并购前的水平。图表 4 展示了 1990—2000 年 Squirt 销量的变化。

(百万件)

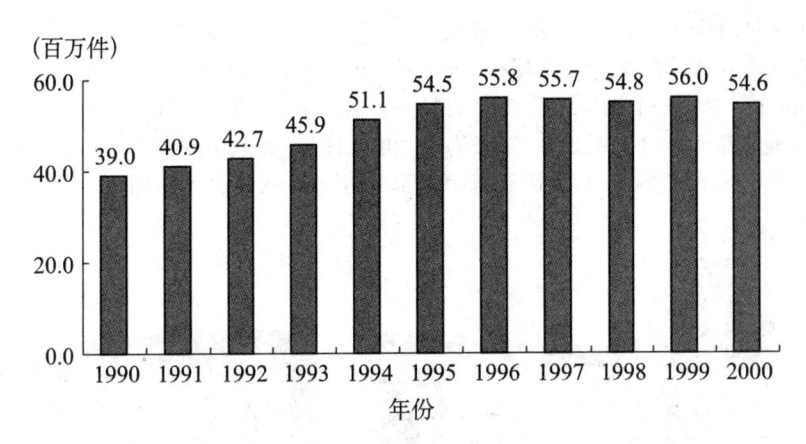

年份	1990	1991	1992	1993	1994	1995	1996	1997	1998	1999	2000
销量	39.0	40.9	42.7	45.9	51.1	54.5	55.8	55.7	54.8	56.0	54.6

图表 4　Squirt 销量

资料来源：*Beverage Digest*. Used with permission.

Squirt 装瓶商和分销渠道　在美国，Squirt 由 250 家装瓶商进行装瓶和销售。1/3 的装瓶商是独立的特许经营装瓶商或是 DPUC 装瓶集团的一部分。2/3 的 Squirt 装瓶商附属于可口可乐公司和百事装瓶公司。这些装瓶商的地理分销渠道意味着 Squirt 可利用美国装瓶商市场的约 83%，这代表着美国全部软饮料销量的 85%。纽约的这个大城市是一个没有 Squirt 装瓶商的最大的市场。

有五个装瓶商市场主导 Squirt 50% 的销售量。它们分别是占 30% 的洛杉矶，占 7% 的芝加哥，占 6% 的底特律，占 4% 的圣迭戈和占 3% 的俄勒冈州的波特兰。另外 10 个装瓶商市场代表 Squirt 销量的 20%，其他的装瓶商市场负责 Squirt 10% 的销量。剩下的 20% 的 Squirt 销量来自其他 Squirt 装瓶商。分销美国西部的大约 100 个装瓶商占有 Squirt 约一半的销量。2000 年，加利福尼亚独自占有 Squirt 38% 的销量。加利福尼亚南部的 Squirt 装瓶商附属于可口可乐企业，加利福尼亚北部的装瓶商附属于百事可乐公司。

Squirt 产品线和竞争品牌　Squirt 产品线是由普通的和低热量的 Squirt 以及普通的和低热量的 Ruby Red Squirt（1993 年推出的浆果口味）组成。低热量的 Squirt 和 Ruby Red Squirt 约占销量的 20%。图表 5 展示了 Squirt 产品线。

作为一种葡萄味碳酸软饮料，Squirt 直接与可口可乐的两个葡萄味碳酸软饮料品牌——Fresca 和 Citra 竞争。Fresca 是 20 世纪 60 年代推出的不含咖啡因软饮料，目标市场主要为成年人（30 岁以及 30 岁以上的人群），最近，目标市场为混合型。[7] 1992 年，Fresca 是美国快速成长的软饮料之一。Citra 在 1997 年初由可口可乐推出，作为与 Fresca 相匹配的一种甜饮料，没有低糖的版本。这一品牌主要是针对 10 多岁的青少年，不含咖啡因。[8]

在更广泛的橙味软饮料中，Squirt 还要与可口可乐的两个品牌（Mellow Yellow 和 Surge），百事可乐的激浪，DPSU 负责营销的 Sundrop 相竞争。这四种品牌都含有咖啡因。除了 Surge，所有的品牌都有普通型和低糖型。激浪是美国最大的销售橙味碳酸软饮料的品牌。据行业分析，这一品牌的流行性源于其与日常青年文化相联系，与可选择的运动、嬉哈、大学篮球相关联。激浪 Code Red 是 2001 年中期推出的樱桃味软饮料，它已经影响到与之相联系的时髦用语："新的红旋风，樱桃口味的冲力将带你去你想去的地方。"[9]

可口可乐公司的 Surge 品牌是 1997 年推出的，为了吸引那些将提前成为激浪饮用者的消费者。但是行业分析在 2001 年初预测一些可口可乐的 Surge 装瓶商已开始放弃这一品牌的生产。[10] Mellow Yellow，一个由可口可乐营销的传统型分销的橙味的品牌，是美国东南部最突出的品牌。由 DPSU 负责营销的 Sundrop，是美国东南部区域的流行品牌。品牌广告语为："再也比不过的好味道"，强调这种饮料的新口感。图表 6 展示了 Squirt 和其他竞争性品牌 1996—2000 年的销量。

图表 5 Squirt 产品线

图表 6 美国 1996—2000 年主要的葡萄味和橙味饮料品牌的销量趋势

公司/品牌	年度销量（百万件）				
	1996 年	1997 年	1998 年	1999 年	2000 年*
可口可乐					
Fresca	28.0	26.2	25.9	25.5	24.1
Citra	NA	NA	21.0	26.2	15.6
Mellow Yellow	59.0	46.6	42.4	41.6	45.7
Surge	NA	69.0	51.8	26.7	11.8
百事可乐					
激浪	605.9	683.2	748.1	793.0	809.8
Regular	535.6	605.2	665.1	705.0	715.6
Diet	70.3	78.0	83.0	88.0	94.2
DPSU					
Sundrop	19.7	20.1	20.4	20.1	20.2
Squirt/Ruby Red	55.8	55.7	54.8	56.0	54.6
销售量合计	768.4	900.8	964.4	989.1	981.8

*2000 年竞争者销量数据是预测值。

资料来源：*Beverage Digest*. Used with permission.

Squirt 广告和促销支出以及竞争者支出 Squirt 通过许多媒体做广告。这些媒体包括独立的新闻报纸的中缝广告、有线电视和无线电广播等。Squirt 同样借助零售商、消费者和贸易促销以及个体装瓶商的一些合作广告安排。虽然 Squirt 用于媒体广告的费用显然比竞争者低,但由于在一段时期内广告的持续性,Squirt 在美国葡萄味碳酸软饮料市场享有最高的消费者品牌认知度。Squirt 用于与零售商、消费者促销和合作广告安排的支出通常超过了媒体广告的支出。与此相应,这些支出约占销售额的 20%~25%。[11]

可口可乐和百事可乐在其主要的葡萄味和橙味软饮料品牌方面的媒体广告和促销支出明显超过 DPSU。在这一分类中,激浪是最强调广告品牌的。作为一项规则,对于新品牌,无论在货币方面还是占销售额比率方面,媒体广告的支出都相对较高。同样,对于零售、贸易以及消费者计划方面的支出通常会超过媒体广告的支出,图表 7 展示了 1996—2000 年,美国核心产品生产商对主要的葡萄味和橙味软饮料品牌的媒体广告支出的预测。Squirt 2001 年媒体广告支出计划与 2000 年相同。

图表 7　美国 1996—2000 年主要的葡萄味和橙味软饮料品牌的媒体广告支出预测

公司/品牌	1996 年	1997 年	1998 年	1999 年	2000 年
可口可乐					
Fresca	2 471.5	830.2	672.6	N.S.	N.S.
Citra	NA	1 119.1	6 711.6	10 100.4	98.4
Mellow Yellow	1 407.8	1 524.2	1 199.7	1 010.6	773.1
Surge	NA	13 611.0	17 846.7	18 967.4	243.8
百事可乐					
激浪					
（Regular&Diet）	28 991.3	33 951.1	40 104.3	37 074.3	50 384.6
DPSU					
Sundrop	10.9	429.6	3.0	391.8	314.1
Squirt Regular/Diet	3 485.1	1 657.6	955.8	601.5	390.0
Squirt Ruby Red	1 807.6	537.2	N.S.	N.S.	N.S.

说明：NA——数据不可得；N.S.——无重大支出。
资料来源：CMR/TNS Media Intelligence U.S. Used with permission.

Squirt 市场定位　在吉百利史威士并购 Squirt 品牌后不久,Squirt 再次进行定位。1994 年,经博达大桥广告公司推荐,品牌管理层的认可,Squirt 奇特的止渴属性应该是主导的市场定位维度,通过它来创造品牌。Squirt 的目标市场是 18~24 岁的成年人。Ruby Red Squirt 定位于"勇敢采用果味饮料消渴",目标是 12~24 岁的人。Squirt 广告强调"时尚、酷,体验自然"。品牌传递这样的信息："非一般的清爽——强烈的橙味可以令人难以置信地止渴。"Ruby Red Squirt 广告强调它大胆的口味和不同凡响的清新感觉："这是令人兴奋的浆果口味和柑橘口味。"有两则电视商业广告分别名为"山地车"和"滚轴溜冰鞋",用骑车和滑冰刻画了 Squirt 和 Ruby Red Squirt。

1995 年中期,由于吉百利史威士并购 DPSU,博达大桥广告公司被要求修改它的创意策略。原因在于创意的执行有"一些太过强烈难以符合品牌的要求"。代之以运动条件下 Squirt 被视作一种功能饮料的是,Squirt 的创意策略转移至"每一天都在经历"。现在强调 Squirt 的止渴功效时是通过优美的"生机勃勃的、活泼的、友善的、有趣的以及音乐动感的"广告来描画可爱的、个性化的年轻人。目标市场同样限定为 18～34 岁的成年人。广告文案将 Squirt 描述为"当你口渴时的一种快乐解脱",并辅之以广告语:"Squirt 让你解渴"。图表 8 和图表 9 是分别为 Squirt 和 Ruby Red Squirt 设计的电视商业广告。

(MUSIC BEGINS)

MALE VOCALIST:Everybody's a little wild, everybody's a little child.

Everybody's a little squirt. Be a squirt and squirt your thirst.

Everybody's a little cool, everybody breaks a little rule.

Everybody's a little squirt. Be a squirt and squirt your thirst.

Everybody's a little juvenile. everybody's a little infantile.

Everybody's a little squirt. Be a squirt and squirt your thirst.

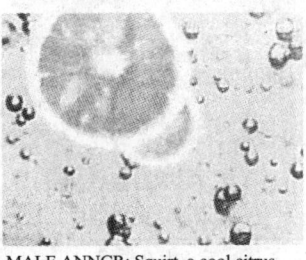

MALE ANNCR: Squirt, a cool citrus blend.

MALE VOCALIST:Everybody's a little squirt.

Be a squirt

and squirt your thirst.

Everybody's a little squirt. Be a squirt and squirt your thirst.
(MUSIC ENDS)

图表 8　Squirt 电视商业广告

随着可口可乐推出 Citra,Squirt 的市场定位和创意执行分别在 1999 年和 2000 年再次修改,但没有什么变化。Citra 首次露面是在 1997 年美国东南部和西南部用英语和西

(MUSIC IN)MALE VOCALIST SINGS: Everybody's a little wild.	Everybody's a little shy.	Everybody's a little squirt. Here, squirt, squirt your thirst.
Everybody's a little cool. Everybody breaks the little rules.	Everybody's a little squirt.	Here, squirt, squirt your thirst. Everybody's a little juvenile.
Everybody's a little infantile. Everybody's a little squirt.Here,	Squirt , squirt your thirst.	MALE ANNCR:Ruby Red Squirt,
a citrus berry blast.	Everybody's a little Squirt. Here, squirt, squirt your thirst.	Everybody's a little squirt. Here, squirt, squirt - (MUSIC OUT)

图表 9 Ruby Red Squirt 电视商业广告

班牙语做的电视和广播广告。[12] Citra 定位于轻松的、无忧无虑的年轻人的解渴的软饮料。品牌广告强调"口渴是不安全的"这一创意，特别是针对那些 10 多岁的爱冒险和不爱冒险环游美国的年轻人。[13] 到 1998 年，Citra 出现在美国 50％的装瓶商市场。1999 年 2 月，可口可乐公司宣布 Citra 到 2000 年可出现在美国 95％的装瓶商市场。[14]

DPSU 消费者研究表明，很少有 Squirt 消费者认为，Citra 的定位和广告对他们有吸引力。另外，DPSU 消费者研究并测试了 Squirt 和 Citra 的口味，表明 Squirt 有更强的解渴功效。"品牌名称、包装以及 Citra 的新广告支持迹象是 Citra 的销售原动力。"一个广告代理商如是说。随后的消费者研究并没有揭示出 Squirt 市场定位以及在品牌广告创意方面的潜在机会。但这一研究表明 Squirt 广告已有效地沟通了这种想要的快乐和解渴的信息，以一种有趣、独特的参与性方式刻画了 Squirt 消费者，用音乐感染受众。不过，一定比例的年轻人和长期的 Squirt 消费者会考虑到商业广告中的"年少的时代"等形象方面的因素。进而，关注群体采访表明 Citra 使用者（主要是 18~24 岁的人）并没有意识到 Squirt 的定位和 Squirt 关于他们的当前的生活方式的创意广告。2001 年年初 Squirt 的品牌管理层要求博达大桥广告公司提供一份正式的关于 Squirt 市场定位的总结，并且预计 6 月份提交。

Squirt 市场定位的总结：2001 年 6 月

2001 年 6 月 25 日，Squirt 市场定位的总结被提交给品牌管理部门。总结由两部分构成：（1）市场定位分析；（2）建议。

市场定位分析

博达大桥广告公司（FCB）报告开篇即陈述了定位总结的目的："成为一家葡萄味碳酸软饮料的生产商，使 Squirt 销售量增长并且构建一个战略平台使 Squirt 保持其领导地位。"在提供了对从 1994 年以来 Squirt 广告和创意策略的历史回顾之后，关注点转移至品牌定位上。

图表 10 显示了 FCB 在 2001 年 6 月中旬，对于 7 种主要的葡萄味和橙味品牌定位的相对分析。通过 FCB 的分析，这 7 个品牌主要定位为现在的两个维度。据 FCB 分析，Squirt 是"最解渴"的饮料。激浪是"最年轻、酷以及活泼的"饮料。可口可乐 Citra 品牌是紧邻 Squirt 的最接近 Squirt 定位的品牌。FCB 总结道："创新策略应该致力

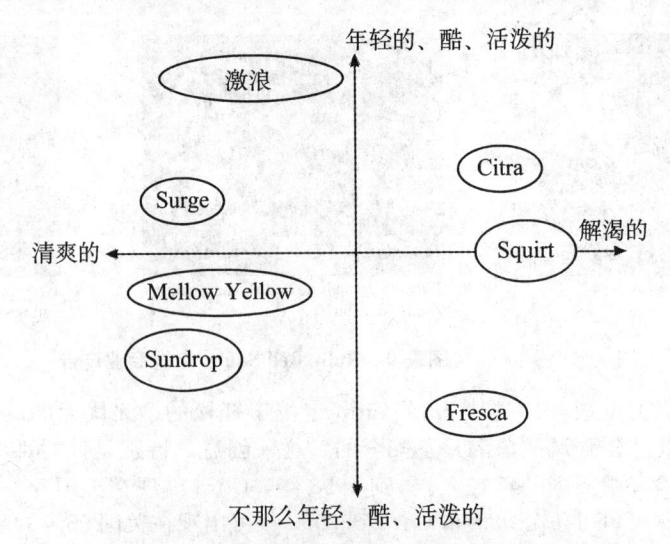

图表 10 2001 年中期葡萄味和橙味的品牌感知图

资料来源：Squirt Positioning Review，June 25，2001.

于提高与年轻人目标市场的相关性并且关注 Squirt 解渴的特性。"

目标市场和定位建议

根据美国 2000 年人口普查数据，Squirt 消费数据，包括其自己的 DPSU 研究，FCB 提出了在 Squirt 目标市场和定位方面的改进。通过引进两个 Squirt 消费量特征向量——种族/人种以及饮用碳酸软饮料的使用者年龄来进行研究（见图表 11），FCB 建议 Squirt 定位于多元文化、18~24 岁的大量消费软饮料的细分市场。

(A)全部美国市场通过种族/人种剖析Squirt销售量

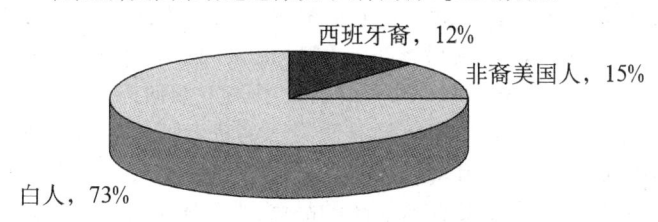

西班牙裔，12%
非裔美国人，15%
白人，73%

(B)全部美国市场碳酸软饮料饮用者和
Squirt饮用者年龄与消费量的关系

图例：碳酸软饮料饮用者
　　　Squirt饮用者

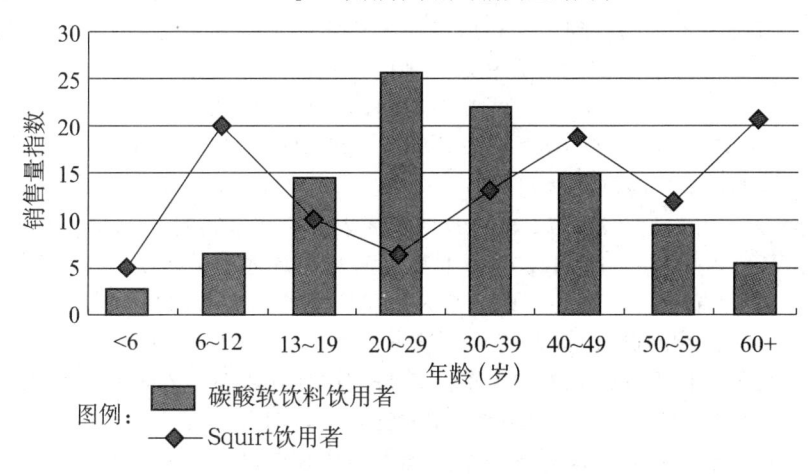

图表 11　Squirt 消费的人口统计分析

资料来源：Squirt Positioning Review，June 25，2001.

Squirt 的定位将继续强调它的"解渴"功效。为了提高对于这一细分市场的品牌关联度，Squirt 的定位和广告诉求于席地而坐的无忧无虑的年轻人，以他们为标识的独特的 21~24 岁的生活阶段。这一建议以小组谈论和其他研究为基础显示出 21~24 岁的消费者正经历一个过渡到成年人的转型期，他们将面临新的挑战。这些消费者也渴望主宰生活、努力工作和尽情地享受。对于 Squirt 的一项正式的以创意广告为基础的市场定位如下：

> 对于那些渴望兴奋和最大限度地实践诺言的多元文化的年轻人，Squirt 橙味汽水用一种使人愉快的并能够解渴的口味点燃你对美好生活的憧憬。

通过 FCB 的分析，这一新的市场定位有五个有利方面。第一，它是与碳酸软饮料市场相适应的。第二，像碳酸软饮料，它强调立即的满意。第三，定位强调人口细分全力去维系的自由。第四，利用恰当的创意，这一定位将有潜力穿越软饮料广告的丛林。第五，新定位与 Squirt 产品的视觉和感受是相一致的。

西班牙裔市场机会

在 FCB 做完陈述的第二天，凯特·考克斯与 Squirt 品牌管理团队进行了简要的非正式会谈。会议对关于非裔美国人和西班牙裔的 10 多岁青少年以及成年人中碳酸果汁饮料的流行性问题进行了讨论。同样，涉及将 Squirt 融入多元文化的问题时，与会者针对 18～24 岁的人群引发了关于如何同时接触现有的和潜在的新西班牙裔的讨论，就像接触 Squirt 的非裔美国消费者那样。会议根据最近的 2000 年美国人口普查数据以及其他相关资料准备了一份西班牙裔美国人和非裔美国人消费者的描述，最后这份草案被提交给 Squirt 的品牌副经理贾克西·斯托伦莱克（Jaxie Stollenwerck）。

美国的西班牙裔消费者

凯特·考克斯收到了一封贾克西·斯托伦莱克发来的电子邮件，是关于随后一周对一家 Squirt 装瓶商的参观和对当地的促销活动的考虑。一份简略的摘要如下：

1. 根据美国 2000 年人口普查数据，西班牙裔人口增加了 57.9%，从 1999 年的 2 240 万人增加到 2000 年的 3 530 万人，而美国全部人口才提高了 13.2%。2000 年，58.9% 的西班牙裔是墨西哥人，9.6% 是波多黎各人，3.5% 是古巴人，8.6% 是中部或南部美洲人的后代，19.7% 的人是西班牙人的后代或祖籍不明确的西班牙人。2000 年，西班牙裔占美国人口的 12.5%，非裔美国人占美国人口的 12.3%，为 3 470 万人。

2. 约有超过 75% 的西班牙裔人口居住在美国的西部和南部（43.5% 居住在西部，32.8% 居住在南部）。墨西哥人、波多黎各人、古巴人集中在不同的区域。55.3% 的墨西哥人居住在西部；31.7% 的墨西哥人居住在南部。在波多黎各人中，60.4% 居住在东北部；22.3% 居住在南部。在古巴人中，74.2% 居住在南部；13.6% 居住在东北部。相比较而言，54.8% 的非裔美国人居住在南部；仅有 8.4% 居住在西部。

3. 全部西班牙裔人口中有一多半主要居住在两个区域：加利福尼亚州和得克萨斯州。在加利福尼亚州有 1 100 万西班牙裔人口（77% 是墨西哥人血统），在得克萨斯州有 670 万西班牙裔人口（76% 是墨西哥人血统）。

4. 由美国人口普查局定义的西班牙裔人口居住的 10 大地区如下所示。

排名	地区	西班牙裔人口数（人）	占总人口数百分比（%）
1	纽约州纽约市	2 160 554	27.0
2	加利福尼亚州洛杉矶市	1 719 073	46.5
3	伊利诺伊州芝加哥	753 664	26.0
4	得克萨斯州休斯敦	730 865	37.4
5	得克萨斯州圣安东尼奥	671 394	58.7
6	亚利桑那州凤凰城	449 972	34.1
7	得克萨斯州厄尔巴索	431 875	76.6

8	得克萨斯州达拉斯	442 587	35.6
9	加利福尼亚州旧金山	310 752	25.4
10	加利福尼亚州圣何塞	269 989	30.2

在这10个区域中,尽管墨西哥人代表了另外9个其他区域全部西班牙裔人口的最大比例(从洛杉矶的63.5%到圣迭戈的83.4%),但是波多黎各人占据了纽约全部西班牙裔人口的最大比例36.5%。在芝加哥,墨西哥人占全部西班牙裔人口的70.4%。在10个非裔美国人居住区,仅有4个区域与西班牙裔重合:纽约(第一),芝加哥(第二),休斯敦(第三),以及洛杉矶(第七)。底特律是四大市场之一,在非裔美国人居住地区排第三位。

5. 西班牙裔人口的相对年轻化可从18岁以下以及中间年龄的人口中反映出来。尽管美国2000年18岁以下人口占25.7%,但是西班牙裔人口中18岁以下的人占35%。2000年西班牙裔人口的平均年龄是25岁,但是对全体美国人口而言平均年龄是35.3岁。针对平均年龄而言,墨西哥人为24.2岁,波多黎各人为27.2岁,古巴人为40.7岁。在高密度的西班牙裔市场,例如洛杉矶,20岁以下的西班牙裔占那个年龄群体的人口的58%。这一群体将继续增长,到2003年比例达到80%。非裔美国人的平均年龄为30.2岁;32.4%的非裔美国人是18岁以下,42.6%的非裔美国人25岁以下。

6. 国籍的多元化促使美国的西班牙裔人口在语言和文化方面表现出很大差异。举例来说,研究表明,即使全部西班牙裔都讲西班牙语,方言也会不同。同样,美国约有50%的西班牙裔是移民,许多人用他们的母语进行交谈。这一点看起来与广告是相关的。根据战略研究公司(Strategy Research Corp.)的研究,55.4%的西班牙裔喜欢收看和收听西班牙语广告,仅有30.3%的人选择英语,13.2%的人在这两种语言中无偏好。18~24岁的年轻的西班牙裔语言流利,44%喜欢英语广告,46%喜欢西班牙语广告。此外,我也偶尔关注一些没有什么价值的有趣的消息。看起来在西班牙裔中品牌与继承性有很强的关联度;研究品牌关联时,真实性是一种与之相关的非常重要的感情因素;西班牙裔不喜欢"强行推销"的方式,他们喜欢真正与他们有关的信息。

7. 西班牙裔喜欢到离家近的商店购买商品并且喜欢惠顾传统杂货店、便利店以及酒店(bodegas)(一种出售食品和其他商品的小商店,主要是针对讲西班牙语的顾客)。

8. 最终,我得出了关于墨西哥人碳酸软饮料市场的一些有趣的数据。墨西哥是世界第二大碳酸软饮料市场并且Squirt是墨西哥第八大碳酸软饮料品牌。在葡萄味这一分类中,Squirt是第二大流行品牌,同样在墨西哥Squirt是继可口可乐之后的第二大分类,拥有41%的市场份额。Squirt由墨西哥的Refremex AG公司所有并负责销售。

这些信息使凯特·考克斯对于在主要的Squirt装瓶商市场的西班牙裔区域的规模的疑惑得到进一步证实。她同样认为通过真实的相关广告传递的真实性以及与品牌的感情的关联度的重要性与FCB的分析是同等重要的。考克斯尤其对Squirt在墨西哥的显著表现感兴趣。她知道Squirt在墨西哥销售,但并不是DPSU,并且听说这一品牌在那里是流行的品牌。但是这一信息后来被证实是虚假的。她想:"能够使Squirt在墨西哥流行应该在北美有杠杆作用或者Squirt已经从墨西哥关联中获得了利益?"她如期举办了一次Squirt品牌管理团队的会议,是关于回到与年度广告和促销计划相关的目标市场和定位的主题上来的。

Squirt 广告和促销计划开发

2001年仲夏，凯特·考克斯聚集了 Squirt 品牌管理团队为 Squirt 起草美国市场年度广告和促销计划。一旦草案完成，计划将正式呈交给主要的管理层审阅并获得批准优先实施。

凯特·考克斯在会议开始时即引入了最近关于 Squirt 定位见面会上 FCB 提出的目标。由于首次担任 Squirt 品牌经理，她强调她的战略意图是通过这一年度的广告和促销计划为 Squirt 未来发展打下一个坚实的基础。对于 Squirt 来说市场目标和定位是第一重要的日程。有三种基本的建议。第一，目前的市场目标和定位策略将被延续。第二，由 FCB 提出的关于市场目标和定位的建议将被采纳。第三，开发其他的市场目标和定位策略，这一策略可能包含或者不包含目前建议的策略中的元素。她进一步指出任何选择的测试都需要考虑到碳酸软饮料市场中葡萄味/橙味分类的多元文化的市场角色，Squirt 开始形成市场目标和定位策略并开始执行广告和促销计划。

更广泛而言，考克斯要求团队成员考虑如何在头脑中树立"多元文化营销"概念，这将指引全程的计划。她指出："如果我们选择关注多元文化的 18~24 岁的群体与我们简单关注 18~24 岁或者过去关注的 18~34 岁市场由什么不同吗？"

凯特·考克斯继续指出："最终，我们的市场目标和定位决策与建议将决定在哪里以及怎样分配我们的广告和促销费用。"她提示品牌管理团队，Squirt 是公司的品牌收益排名第9的品牌，并且目标、战略以及广告和促销支出应考虑其现实性。一名最近加入品牌管理团队的 MBA 实习生说道："我们选择在哪里以及如何花费这些支出是必要的。"他继续指出："假设我们选择实施一项粗俗的媒体广告和装瓶商促销活动，或者是仅采用西班牙语活动计划为与 FCB 关于西班牙裔 Squirt 消费的估计相匹配的特定市场。在全美范围内，我们扩展的预算太少不会有危险吗？其他事情也是这样吗？"凯特·考克斯回答道："这是可能的。但是我们首先需要讨论支出的问题。这可能是一个讨论市场目标和定位并且可以找寻出何时是我们的定位市场的好时机。"

[注释]

[1] A portion of this discussion is based on "Industry Surveys: Food & Nonalcoholic Beverages," *Standard & Poor's* (New York: Standard & Poor's, December 6, 2001).

[2] "Flat Colas Anxiously Watch Gen Yers Switch," *Advertising Age* (September 25, 2000), p. 510.

[3] "Targeting Teens," *Hispanic Business* (September 2001), pp. 15-17.

[4] This discussion is based on Hillary Chura, "Identifying a Demographic Sweet Spod," *Advertising Age* (November 12, 2001), p. 16; "New Apple-flavored Manzana Mia and Popular Fanta Soft Drinks Roll Out in Southern California," The Coca-Cola Company News Release, April 20, 2001; and "Coke Relaunches Fanta, New Drink, Targets Southern California Hispanics," Peuters News Service, April 11, 2001.

[5] "Being True to Dew," BRANDWEEK (April 24, 2000), p. 24.

[6] "Top 60 Advertisers in the Hispanic Market, 2001," *Hispanic Business* (December 2001), p. 18.

[7] "Fresca Enjoys New Bubble of Popularity," *Wall Street Journal* (September 11, 2001), p. A11.

[8] "Citra: Coke Debuts Yet Another Soft Drink in U.S.," *Beverage Digest* (January 22, 1997), p. 38; "Coke Takes Citra National," *Beverage Digest* (February 5, 1999), p. 22.

[9] "Code Red Soft Drink Sales Explode." AdAge.com, downloaded August 27, 2001.

[10] "Coke Shifts Strategy as Surge Fizzles," AdAge.com, downloaded February 12, 2001.

[11] *Case writer note*：Dr Pepper/Seven Up, Inc, does not disclose promotion expenditure date for its brands. The percent-of-sales figure is provided for case analysis and discussion purposes only.

[12] "Coca-Cola Rolling Out Citra in Two New Test Markets," *The Atlanta Journal and Constitution*（April 12, 1997），p. 2H.

[13] "Coca-Cola to Promote Citra on MTV's 'Road Rules' Show; Grapefruit Drink's Territory Expands," *The Atlanta Journal and Constitution*（March 4, 1999），p. 2G.

[14] "Coke Takes Citra National," *Beverage Digest*（February 5, 1999），p. 22.

案例 5—2　Zoëcon 公司：昆虫生长调节剂*

1986 年 1 月，Zoëcon 公司的经理们开会讨论名为 Strike ROACH ENDER 的 Strike 牌的昆虫生长调节剂（insect growth regulators, IGR）未来的增长和收益机会。目前，高层管理人员和公司都把目标集中在高回报的业务和产品上，这促成了这个会议的召开。

议程第一项是 Strike ROACH ENDER 的营销计划。这种产品已经在南卡罗来纳州的查尔斯顿、得克萨斯州的博蒙特、北卡罗来纳州的夏洛特和路易斯安那州的新奥尔良等 4 个城市试销了 6 个月。本次会议将分析该产品的试销结果和未来的发展方向，有关意见已经在先前的非正式会议上透露。一些经理认为，Zoëcon 应该在 1986 年 4 月将 Strike ROACH ENDER 的销售渠道扩展到 19 个城市，并于 1987 年 4 月进一步扩展到全美。另一些经理则认为，Zoëcon 应该把精力集中在专业害虫控制市场。还有一些经理认为，Zoëcon 应该重新考虑该产品的营销计划。他们觉得，Zoëcon 应该将 IGR 复合物卖给那些试图积极进入杀虫剂消费品市场的公司，包括 d-Con 公司、约翰逊父子公司（S. G. Johnson and Son）（雷达（Raid）牌）、美国家庭用品公司（American Home Products）的 Boyle-Midway 事业部（Black Flag 牌）。

进一步的讨论表明，有些方案是相互独立的，但有些不是。例如，Zoëcon 可以用 Strike 品牌在消费者市场直接销售产品或者通过其他公司进入消费者市场，同时将 IGR 卖给专业的害虫控制商。然而，如果 Zoëcon 把 IGR 复合物卖给 d-Con 公司，要自己出售 Strike ROACH ENDER 就几乎不可能了。正如 Zoëcon 的一位经理所说的，"从根本上看，我们面临的决策是如何最好地把我们的技术、财务和营销资源配置到 IGR 复合物上"。

Zoëcon 公司

Zoëcon 公司于 1968 年由卡尔·杰拉西（Carl Djerassi）博士创建于加利福尼亚的帕洛阿尔托，主要研究用于控制昆虫数量的内分泌方法。杰拉西是人类生育控制的

---

* This case was prepared by Dr. Larry Smith, graduate student, under the supervision of Professor Roger A. Kerin, of the Edwin L. Cow School of Business, Southern Methodist University, as a basis for classroom discussion and is not designed to illustrate effective of ineffective handling of an administrative situation. Certain names and date have been disguised. The cooperation of Zoëcon Corporation in the preparation of this case is gratefully acknowledged. Copyright © 1986 by Roger A. Kerin. No part of this case may be reproduced without written permission of the copyright holder.

化学方法开发方面的先驱,他的研究直接导致计划生育药物的出现。Zoëcon 这个名称是希腊语 Zoë(生命)和 Con(控制)组合而成的。

Zoëcon 公司于 1983 年被一家生产药品、农业化肥、颜料和染料的瑞士企业 Sandoz 公司收购,Zoëcon 的使命是成为 Sandoz 公司在动物保健和昆虫控制领域的营销先锋。Zoëcon 出售的产品包括:(1) 面向小动物兽医和诊所的动物保健品;(2) 用于家畜害虫控制药品;(3) 用于家庭宠物的杀虫剂和给超市、宠物商店、兽医及害虫控制公司的害虫控制品;(4) 向那些在消费者市场出售害虫控制产品的企业提供的产品和化合物,例如,Zoëcon 为 Boyle-Midway 销售的 Black Flag Roach Motel 生产化学品。Zoëcon 公司从这些产品中得到了 1 亿美元的销售额和 25% 的税前利润。图表 1 列出了该公司的部分产品及其用途。

图表 1　　　　　　　　　　部分 Zoëcon 产品及其用途

品牌/产品	使用对象
消费品	
Strike ROACH ENDER	蟑螂,跳蚤,扁虱,蚊子,
Strike FLEA ENDER	蜘蛛,蟋蟀
VAPORETTE 杀蚤颈圈	
烯虫酯	
蟑螂诱捕器	
昆虫捕捉器	
动物保健品	
VET-KEM——杀蚤颈圈,消毒液,杀蚤喷雾剂,灭蚤粉末,灭蚤剂	跳蚤,扁虱
ZODIAC——杀蚤颈圈,消毒液,杀蚤喷雾剂,灭蚤粉末,灭蚤剂	
STARBAR——灭蝇诱饵,牛消毒粉,消毒剂,消毒液;猪消毒粉,消毒剂,消毒液;昆虫捕捉器;宠物产品;	家蝇,牛角蝇,蚜螨,虱子,蚊子,老鼠,跳蚤,扁虱
杀鼠剂;Altosid 给料槽	
害虫控制品	
SAFROTIN	蟑螂,跳蚤,家蝇,蚂蚁,寄生
PRECOR	虫,蛙虫,甲虫,蚊子,黑蝇
GENCOR	
FLYTEK	
PHARORID	
DIANEX	
KABAT	
ALTOSID	
TEKNAR	

资料来源:Company records. STRIKE, ROACH ENDER, FLEA ENDER, VAPORETTE, VET-KEM, ZODIAC, STARBAR, SAFROTIN, PRECOR, GENCOR, FLYTEK, PHARORID, DIANEX, KABAT, ALTOSID, and TEKNAR are trademarks of Sandoz, Ltd.

昆虫控制

使用化学毒素控制害虫是常用的方法。尽管这些毒素对人体和昆虫同样有害,但是化学界近年已经在减少它们对人类的威胁方面取得了进展。然而问题是，生存下来的昆虫可能繁殖出对这些毒素有抵抗力的后代。

虽然化学研究方面已经取得进展，公众依旧对农用和家用杀虫剂的有害性十分关注。尤其是，消费者越来越希望在那些儿童和宠物能够接触到化学品残留物的地方，使用更安全的家用杀虫剂。对于更安全化合物的需求促使研究开发的重点从能杀死成虫的新的杀虫剂转向能够阻断昆虫繁殖的化合物。

昆虫生命周期

昆虫通过孵卵来繁殖。从卵中孵化出来后，昆虫的生命模式因物种的不同而不同。跳蚤要经历一个完全变态的过程，依次经过卵、幼虫、蛹、成虫等阶段，共需23天；蟑螂的变态是不完全的，无羽的幼虫从卵中孵化出来后要经过6次蜕皮，74天后成长为有羽的成虫。

变态是由昆虫的内分泌系统控制的。对于跳蚤，激素控制着从幼虫到蛹再到成虫的发展变化；蟑螂也类似，当大脑产生一种神经性激素时，蟑螂开始蜕皮。此外，大脑还产生一种生长激素，这种激素的数量不断减少，最后一次蜕皮后便不再分泌。成年的蟑螂可达两英寸长。

图表2中描绘了蟑螂的生命周期。开始时是含有大约40个卵子的胶囊状卵囊。成年雌虫在平均150天的寿命中每23天产生一个卵囊，一共大约产生260只蟑螂。研究表明，如果有足够的食物、水、栖息空间，蟑螂的数量可以几何级数增加。研究还表明，蟑螂是一种杂食动物，并且对啤酒有特殊的爱好。

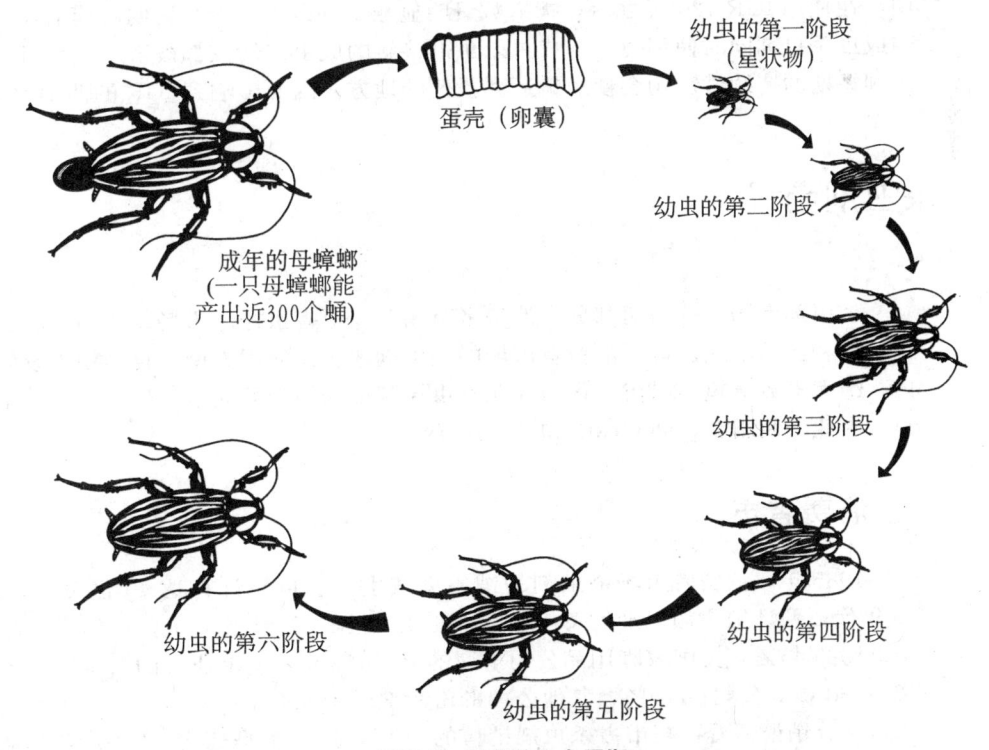

图表2　蟑螂的生命周期

□ 昆虫生长调节剂

IGR 对于杀灭诸如蟑螂这样的昆虫是有效的。蟑螂携带有细菌、病毒、真菌和原生动物,会引起诸如食物中毒、腹泻、痢疾等疾病。它们也可能携带能引起霍乱、疫病、斑疹、伤寒等疾病的有机物。此外,对于易受感染的人,蟑螂污染可能会产生类似于高烧、哮喘、食物过敏和皮炎等过敏性反应。

IGR 是与昆虫蜕变过程中产生的生长激素类似的化学合成物。生长激素随着每次蜕变而减少,这样使得昆虫能够在幼虫阶段(如跳蚤)或在幼年阶段(如蟑螂)之后成长为成虫。如果幼虫在蜕变之前接触 IGR,就会阻止或改变其随后向成虫的发展。在幼虫阶段接触 IGR 的跳蚤不能继续其繁殖循环。同样,在第六次蜕变时接触 IGR 的蟑螂将变成不具有繁殖能力的无性成虫。

作为一种化学品,IGR 比典型的家用杀虫剂中使用的化合物毒性更小。因为它们是一种类似昆虫生长激素的化学品,因此,对于人或动物的内分泌系统没有任何生理作用。

IGR 对于消灭昆虫是十分有效的。要有效控制昆虫的繁殖,每平方英尺只需十分之几毫克的 IGR。与成虫杀虫剂同时使用时,大多数成虫将被杀死,即使存活下来的也无法繁殖,成群昆虫的骚扰将及时得到控制,在理想的状态下甚至可以完全清除昆虫。

IGR 的一个突出特点是,其使用效果不能马上观察到。也就是说,由于 IGR 影响的是昆虫的繁殖周期,它不会杀死与化合物接触的昆虫。对蟑螂进行的控制测试表明,在使用 IGR 120 天之后,蟑螂数量明显减少并以 120 天为周期持续下降。当 IGR 与成虫杀虫剂同时使用时,与成虫杀虫剂接触的成虫与幼虫都被杀死。然而,成虫杀虫剂短期的持续性影响会使蟑螂远离投药的地方,因而影响到 IGR 的使用效果。

■ 杀虫剂市场

杀虫剂市场可分为两部分:消费者市场和专业害虫控制市场。这种分法是基于分销系统和产品形式。售给消费者市场的杀虫剂包装在使用方便、自己动手投放的容器内,绝大多数由超市出售。售给专业害虫控制市场的产品通常是稀释后的杀虫剂,客户为专业的使用者,如 Orkin 和 Terminix。

□ 消费者市场

1985 年,消费者市场杀虫剂的销售额按生产者价格计算达 40 亿美元。20 世纪 90 年代,预计销售额以平均每年 10% 的速度增长,约翰逊父子公司的雷达品牌占这个市场的 45%,美国家庭用品公司下属的 Boyle-Midway 事业部的 Black Flag 品牌占 12%,d-Con 公司占 10%,其他公司的份额都少于 8%。

从分销渠道看,超市占杀虫剂销售的 70%,接下来是药房(9%)和其他的零售商(21%)。喷雾剂是使用杀虫剂受欢迎的方式,占零售的 74%;液态产品占 14%,固态、糊状、条状、陷阱和诱饵等占 12%。包装方面的差别是为了适应消费者对快速杀虫、残留物控制或安全性等的不同偏好。快速杀虫是消费者最关注的，因此，消费者在看到蟑螂时能够立即使用的气态和液态产品最普遍。

消费者市场又可根据专用昆虫杀虫剂进一步细分。蚂蚁和蟑螂杀虫剂占40%，苍蝇杀虫剂占20%，跳蚤杀虫剂占11%，其他杀虫剂占29%。

与预期的一样，家用杀虫剂的销售具有季节性并且随地理环境而不同。5~10月是主要的销售季节，占全年销售的75%。南部沿海14个州（从东海岸到西海岸）占年销售总额的50%。

在消费者市场上销售的杀虫剂促销力度很大。根据1983年的数据，生产企业在杂志、报纸、电视、广播电台、户外广告上投入2 860万美元。例如，约翰逊父子公司投入140万美元为雷达牌的蚂蚁和蟑螂杀手（Ant & Roach Killer）、蟑螂和跳蚤杀手（Roach and Flea Killer）、蟑螂诱捕器（Roach Traps）等产品做广告。Boyle-Midway花了几乎300万美元为它的Black Flag牌蚂蚁和蟑螂杀手及Roach Motel做广告。历史表明，成功地推出一种新产品并让销售者熟悉其品牌名称，至少要求投入1 000美元的促销费用。

专业害虫控制市场

1985年，专业害虫控制市场的销售收入为25亿美元，预期1990年达到37亿美元，平均每年大约增长8%。在害虫控制商获得的收入中，6%是化合物的成本。

专业害虫控制市场的收入大多数（52%）来自一般昆虫（蟑螂、跳蚤或蚂蚁）控制，白蚁控制占收入的21%，剩余的27%来自一些专门的害虫控制产品，尤其是啮齿类动物控制产品。

这个市场被很多小规模的害虫控制商控制，估计有14 000个专业害虫控制商，其中仅有两家（Orkin和Terminix）的年销售收入超过1亿美元，大约有28家专业害虫控制商的年销售收入超过300万美元，年收入在5万美元以下的有6 000多家。

杀虫剂是通过经销商卖给专业害虫控制商的。这些经销商从生产者那里成批购买杀虫剂，然后分小份卖给专业害虫控制商。经销商通常平均能获得相当于卖价27%的毛利润率。虽然在不断变化，但估计生产者卖给专业害虫控制市场的化学品的平均毛利润率是51%，而卖给消费者市场的杀虫剂的平均毛利润率则是55%。

对于生产者来说，对专业害虫控制市场的营销费用比对消费者市场的营销费用要少很多。按一般的规律，对专业害虫控制商的营销费用占销售额的27%，其中绝大多数用在交易广告和销售方面。

Zoëcon产品开发和营销

从一开始，Zoëcon公司就对IGR的研究十分重视。到20世纪70年代中期，占该公司员工总数25%以上的研究人员已经合成了1 250多种IGR，并获得175项发明专利。

跳蚤化合物的开发和营销

第一个商业化的IGR叫烯虫酯，作为用于蚊子控制的产品于1974年问世。多年来，这种 IGR 以不同的产品形式用于多种控制用途。1980 年，Zoëcon 获得了美国环保署（EPA）的认可，把烯虫酯作为一种 PRECOR 牌跳蚤控制化合物出售。由于公司已经与 PCO、兽医诊所和宠物商店建立了业务关系，Zoëcon 开始把它的跳蚤控制化合物出售给这些中间商。Zoëcon 的经理们估计，截止到 1985 年，公司已经占有通过这些中间商所售的所有跳蚤产品的 80％。一些公司经理把 PRECOR 的成功归功于这样一个事实，即 PCO、兽医和宠物商店的销售人员很好地解释了烯虫酯独特的优点和使用方法。

PRECOR 早期的成功促使 Zoëcon 在 PCO、兽医诊所和宠物商店之外寻找机会。市场分析表明，超市跳蚤产品销售的比重迅速上升。由于 Zoëcon 在与超市接触方面没有太多的经验，因此，公司与 d-Con、Black Flag 和雷达等品牌的制造者接触，建议它们在其产品中使用 PRECOR 产品。但是，仅有 d-Con 公司表示了兴趣。1981 年，d-Con 推出了杀蚤灵，一种仅含有 PRECOR 产品的杀灭跳蚤的喷雾剂，其成分中不含任何成虫杀虫剂。由于 d-Con 提供了销售和营销支持，杀蚤灵在超市中销售得很好。

PRECOR 的成功促使 Zoëcon 在 1982 年再一次与 Black Flag 和雷达的制造者进行接触。然而，最终还是没有达成协议。这样，Zoëcon 决定开发自己的品牌，然后通过超市销售。1983 年早期，Zoëcon 向占有大多数控制跳蚤产品销量的 19 个城市推出了包含 PRECOR 和成虫杀虫剂的 Strike FLEA ENDER。到 1983 年年底，Strike FLEA ENDER 已经占有了这些城市跳蚤控制产品销量的 11％。这一成功促成 Zoëcon 同约翰逊父子公司于 1983 年 12 月签订了协议，在其雷达牌跳蚤杀手中使用 PRE-COR。这个协议还允许 Zoëcon 以 Strike 品牌继续销售 PRECOR。Strike FLEA ENDER 在 1985 年已经有了 18％的市场份额，但是该产品仍然没有达到预定的收益目标。

☐ 蟑螂化合物的开发和营销

持续的研究最终导致烯虫乙酯开发的成功。烯虫乙酯是阻止一般蟑螂成熟很有用的 IGR，这一发现被认为是开发类似于自然产生的昆虫幼虫生长激素的合成化学品方面的一个重要突破。1984 年年初，Zoëcon 的烯虫乙酯在美国环保署注册成功。1984 年年末，公司把其 GENCOR 牌的烯虫乙酯仅销售给 PCO，因为宠物店和兽医诊所很少或根本不用这种化合物。

1984 年年末，Zoëcon 负责 Strike FLEA ENDER 的经理建议，应该向超市推出 Strike ROACH ENDER 牌的以烯虫乙酯为基本成分的产品。这个建议要求，包括烯虫乙酯和成虫杀虫剂的 Strike ROACH ENDER 品牌的产品应该在已经出售 Strike FLEA ENDER 的 19 个城市中推出。高层管理人员认为，在这 19 个城市市场中机会是存在的，但是在作出投资决策前应该进行试销。因此，公司于 1985 年年初推出了试销计划。

☐ 试销 Strike ROACH ENDER

这次试销制定了两个目标：决定消费者对产品的接受程度以及修改对中间商和消费者的营销计划。为这次试销选择的 4 个城市是：北卡罗来纳州的夏洛特、南卡罗来纳州的查尔斯顿、得克萨斯州的博蒙特、路易斯安那州的新奥尔良。这些城市被认为是占杀虫剂销量80%的19个城市市场的代表。这几个城市共有117万户家庭,占整个市场地区2 200万户家庭中的5.3%。试销从1985年的5月延续到10月,4月时就已开始向这4个城市的超市运送产品。

市场细分与定位 对蟑螂杀虫剂使用者的研究表明,根据追求的主要利益,市场可分为三类。Strike ROACH ENDER首要的目标市场是"永久性解决问题"市场,第二位的是"持续有效产品"市场,"方便/低成本"市场是第三位目标市场。

Strike ROACH ENDER的定位是,具有目标市场要求的独特品质的科学突破。图表3是该产品的一种平面广告。

图表3 Strike ROACH ENDER的平面广告

产品包装与价格 Strike ROACH ENDER用一种10盎司装的液化喷雾剂和一种6盎司装的气雾喷雾剂包装。液化喷雾剂的零售价是4.49美元,气雾喷雾剂为3.99美元,比市场上已有杀虫剂的价格高50%~75%。制定高价的原因是,产品中使用了独特的化合物以使效果更加持久。当然,高价也能为超市提供比其他竞争产品更多的利润。价格和成本的数据见图表 4。

图表 4　　　　　　　　　　Strike ROACH ENDER 的包装　　　　　　　　　　单位:美元

	10 盎司液化喷雾剂	6 盎司气雾喷雾剂
交易价格[a]	3.14	2.79
售出产品成本[b]	1.41	1.26
Zoëcon 的毛利	1.73	1.53

注:a. 指公司直接卖给零售商的价格。
　　b. 包括罐、溶剂、推进剂、活性成分的成本和运费。可见,它几乎包括了与产品有关的所有变动成本。

消费者和零售商促销　　公司通过电视和报纸广告来建立消费者认知度,用折价券刺激消费者试用。消费者促销和媒体战略集中在三口或三口以上家庭中的 25~54 岁的妇女。公司采用了"大型活动"战略,其中在试销的头三个月中集中了大规模的促销活动。此外,还开展了公关活动,包括给报社邮寄的便携宣传品、在当地电台和电视台脱口秀节目中露面、开通 800 免费热线电话来回答消费者提出的问题。

对零售商的促销包括:给第一次购买的超市打折;向零售商提供日程安排以便协调消费者广告和商店促销;店内独立陈列和销售帮助。图表 5 列出了一种 Strike ROACH ENDER 的零售商促销材料。

图表 5　Strike ROACH ENDER 的交易促销

市场测试费用和结果 市场测试费用为 147.8 万美元，图表 6 列出了详细数据。

图表 6 试销的营销费用

活动	费用（美元）
促销和广告[a]	1 016 000
组织/监督[b]	377 000
营销调研[c]	65 000
其他[d]	20 000
总计	1 478 000

注：a. 包括消费者广告和超市促销。
b. 包括销售点材料、监督货架放置、销售帮助、赠品。
c. 包括消费者跟踪调查（如产品认知度和购买行为）。
d. 包括公共关系活动。

市场测试结果是由一家独立的市场调研公司进行跟踪研究的。到 1985 年 11 月试销结束时，试销城市中有 57% 的家庭知道这种产品，6% 的家庭试用了这种产品，其中有 30% 的使用家庭在试销期间重复购买了这种产品。试用家庭购买的产品数量平均为 1.3。重复购买的家庭，除了首次购买，购买数量平均是 3.5。从销售的产品构成看，66% 是液化喷雾剂，34% 是气雾喷雾剂。这一点在第一次购买和随后的购买中是一致的。产品发货数据显示，测试期间共向 4 个城市的超市仓库发送 44 700 箱（每箱 12 瓶）10 盎司液化喷雾剂和 24 300 箱（每箱 12 瓶）6 盎司气雾喷雾剂。

一月会议

Zoëcon 的经理们在 1986 年 1 月开会时，会议的第一项议程是总结试销结果并准备 1986 年的营销计划。不同的观点已经在先前的非正式讨论中透露出来。第一种观点是，Strike ROACH ENDER 的销售应该扩展到已经销售 Strike FLEA ENDER 的 19 个城市。市场调研表明，这 19 个城市占了蟑螂杀虫剂销量的 80%。这些经理认为，扩大分销渠道时，在营销调研、公共关系和组织/监督等方面不必再投入资金，向 19 个城市扩展发生的主要的直接成本应该用于促销和广告。

第二种观点认为，Zoëcon 应该把资金投向 PCO。他们指出，GENCOR 牌的烯虫乙酯已经在 1984 年末为 PCO 接受，而且很多 PCO 正在向消费者宣传该产品的好处。这些经理认为，每年 50 万美元的持续投资（即超过了广告和促销预算占销售收入 27% 的一般比例）能够推动这种产品的广泛使用。

第三种观点认为，Zoëcon 应该积极寻找机会，把烯虫乙酯作为原料卖给 d-Con、Black Flag 和雷达等品牌的生产者。这个战略过去在 PRECOR（烯虫酯）的营销中已经取得成功。一份关于 Strike ROACH ENDER 的产品成本分析表明，不含烯虫乙酯的 10 盎司装液化喷雾剂的产品成本是 0.80 美元，而 6 盎司装的气雾喷雾剂的产品成本也是 0.80 美元。此外，如果把烯虫乙酯卖给其他的杀虫剂销售企业，Zoëcon 就不必在营销或销售上进行投资，这样 Zoëcon 可以坐收 50% 的毛利。有关费用可由 d-Con、Black Flag 和雷达等的销售者消化。赞同这种意见的经理认为，试销的成功足以吸引杀虫剂销售者的兴趣。如果这种观点被采纳，计划的具体细节包括烯虫乙酯的价格还需要进一步研究。然而，赞同继续销售 Strike ROACH ENDER 的经理则警告说，这样做将导致 Zoëcon 退出消费品市场。

出席 Zoëcon1986 年 1 月会议的经理都十分清楚他们所面临决策的重要性。而且，蟑螂杀虫剂销售的高峰季节即将到来，不允许优柔寡断。

案例 5—3　　　　宝洁公司：Scope 品牌*

当吉文·赫斯特（Gwen Hearst）阅读年终报告时，她高兴地发现 Scope 品牌占据了 1990 年加拿大漱口水市场 32％的份额。她曾关注 Plax——一种刷牙前用的漱口水的品牌侵入市场的态势。自 1988 年问世以来，Plax 已经占据了同类产品 10％的市场份额，这对 Scope 形成了威胁。品牌经理赫斯特计划、开发和指导实施了关于 Scope（宝洁公司在漱口水市场的品牌）整体的营销活动。她对于该品牌的市场份额、销量和盈利负责。

在 Plax 进入市场之前，漱口水市场的品牌主要根据以下两种特性定位：清新口气和杀菌。Plax 则围绕一个新的特性定位——"去除牙斑"——这个口号也是诸如李施德林等品牌将要着重强调的。赫斯特面临的挑战是，制定一个战略以确保在其他竞争者的威胁下，Scope 能够继续保持盈利。她具体的任务是为以后 3 年宝洁的漱口水业务准备一套营销计划。现在是 1991 年 2 月初，她要在 3 月向高级主管提交这份计划。

公司的背景

以提供优质产品和最大限度满足消费者需求为宗旨的宝洁公司是世界上最成功的生产消费品的公司之一。宝洁的经营遍及 140 多个国家和地区，1990 年获得 16 亿美元的净利润。其加拿大子公司在同年有 14 亿美元的销售额和 1 亿美元的净利润，被公认为加拿大包装类产品的领袖，其消费品领先于绝大多数同类产品的竞争者。

1987—1990 年，宝洁在全球范围内的销售量增加了 80 亿美元而净利润增加了 13 亿美元。宝洁的经理将公司的成功归于多种因素，包括开发真正具有创新意义的产品以满足消费者需求的能力。图表 1 介绍了宝洁加拿大子公司的战略和目的。

图表 1　　　　宝洁加拿大公司的战略和目的

我们将提供能够最好地满足消费者需求的、具有高品质和价值的产品。

我们通过组织和工作环境吸引最好的人才，充分调动和激励个人的天赋，鼓励自由活泼的合作以推动事业的前进，同时保持公司诚信和做正确的事的传统。

我们将在加拿大建立盈利良好的业务。我们将应用宝洁在世界范围内的知识和资源来力保成功。我们将把资源集中在盈利性最好的产品和独特的、重要的加拿大市场机会上。我们将致力于开发最杰出的人才和创造新的商业理念以供公司在世界范围内使用。

* This case was prepared by Professors Gordon H. G. McDougall and Franklin Ramsoomair, of the Wilfrid Laurier University, as a basis for class discussion and is not designed to illustrate effective or ineffective handling of an administrative situation. Used with permission.

> 通过不断的革新、战略规划以及在所做的每一件事上力求完美，我们将达到我们的商业目标和最佳的成本效率。
>
> 尽管可能牺牲短期利润，但我们要在维护现有的盈利性业务的同时竭力保持我们在竞争中的领先地位。
>
> 通过努力，我们期望我们的商品在市场份额和利润方面能够获得领先地位，并且，我们的组织、员工、股东以及我们生活和工作的社区也将因此而繁荣。

按产品类型，宝洁加拿大分为五个事业部。这些事业部及其一些主要品牌为：

1. 纸品：Royale，帮宝适（Pampers），Luvs，Attend，Always；
2. 食品和饮料：Duncan Hines，Crisco，品客（Pringles），Sunny Delight；
3. 美容护理品：海飞丝（Head&Shoulders），潘婷（Pantene），Pert，Vidal Sassoon，Clearasil，Clarion，Cover Girl，Max Factor，玉兰油（Oil of Lay），Noxzema，Secret；
4. 保健品：佳洁士，Score，Vicks，Pepto-Bismol，Metamucil；
5. 洗衣和清洁品：汰渍，Cheer，Bounce，Bold，Oxydol，Joy，Cascade，Comet，Mr. Clean。

每个事业部都有自己的品牌管理、销售、财务、产品开发和产品线管理小组，并且每个事业部都是一个利润中心。典型情况是，在每个事业部，一位品牌经理主管一个品牌（比如 Scope）。赫斯特在保健部，上司是负责口腔保健品的广告副经理，后者对事业部的总经理负责。1986 年，赫斯特在著名的安大略商学院获得工商管理学士学位后，加入宝洁公司成为一名品牌助理。1987 年，她成为 Scope 的品牌经理助理，1988 年升为品牌经理。赫斯特在宝洁职位的不断提升反映了她的上司对她能力的信任。

加拿大漱口水市场

1987 年前的 12 年间，漱口水市场年均增长 3%。1987 年，随着新口味（如薄荷味）产品的问世，漱口水市场增长了 26%。自那以后，增长率下降到 1990 年的 5%。（见图表 2）。

图表 2　　　　　　　　　　　加拿大漱口水市场

	1986 年	1987 年	1988 年	1989 年	1990 年
零售总额（百万美元）	43.4	54.6	60.2	65.4	68.6
厂家销售总额（百万美元）	34.8	43.5	48.1	52.2	54.4
总的销售数量（千单位）[a]	863	1 088	1 197	1 294	1 358
（变动百分比）	3	26	10	8	5
（变动百分比——"口气"）[b]	3	26	0	3	5
市场渗透率（%）[c]	65	70	75	73	75
使用率（每周次数）[d]	2.0	2.2	2.3	2.4	3.0

注：a. 一单位或者统计单位等于 10 升或 352 盎司漱口水。
b. Plax 和其他的刷牙前用漱口水除外。
c. 至少使用一种品牌的家庭的百分比。
d. 指每一成年的家庭成员。
资料来源：Company records.

漱口水市场随着华纳-兰伯特公司推出最早的品牌李施德林而发展起来的。该品牌定位于可以消除口臭、具有治疗作用、可以杀菌的漱口水，直到1967年Scope进入市场前，李施德林一直在市场中处于主导地位。Scope是一种绿色的、薄荷味的漱口水，定位为一种口感更好、口气清新、可以预防口臭的漱口水。它是第一个既可有效预防口臭又具有比其他漱口水更好味道的品牌。它的广告针对李施德林在口味上的弱点——药味（例如："Scope防口臭。不要让好的味道愚弄了您"）。1976年，Scope成为加拿大漱口水市场的领导者。

1977年，华纳-兰伯特推出Listermint漱口水反击Scope。与Scope相似，它也是一种绿色的、薄荷味的漱口水，并且也被定位成"宜人的味道、防口臭"。上市一年，它获得了12%的市场份额，但这主要是以李施德林和一些小品牌的牺牲为代价所取得的。

20世纪70年代，Merrell Dow公司——一个大型的制药公司——推出Cepacol，它的市场定位和李施德林非常接近。80年代初，它占领了14%的市场份额。

在整个80年代，加拿大漱口水市场发生如下重要变化：

- 李施德林以前在市场上主要的战略是防止口臭，后来改变了定位。1988年，它宣称"消除牙斑，并帮助预防由于牙斑引起的牙周炎"。在美国，李施德林已经获得了美国牙医协会（American Dental Association）的推荐，可是在加拿大还没有。
- 80年代早期，Listermint加入了氟化物，1983年加盖了加拿大牙医联合会（Canadian Dental Association）防治蛀牙的标识。近来，Listermint不再强调氟化物并且去掉了此标识。
- 1987年年初，包括Scope、Listermint和许多商店品牌推出了多种口味的产品，这大大扩展了1987年的市场，但是并没有改变几个主要品牌所占有的市场份额。
- 高露洁氟化漱口水（Colgate Fluride Rinse）于1988年上市。它拥有加拿大牙医联合会防治蛀牙的标识而且着力宣传该产品可以防治蛀牙。另外，它的口味温和，可以让儿童用的时间长一些、频率高一些。高露洁的市场份额升至2%后开始下降。有传言说，高露洁计划不再继续使用这个品牌。
- 1988年，Merrel Dow与战略品牌公司（Strategic Brands）达成协议，在加拿大销售Cepacol。战略品牌公司是一家生产家用产品的加拿大企业，它的主要目的是为Cepacol拓展分销渠道和以价格为基础促销产品。
- 1988年，Plax以与众不同的新面貌出现。其上市和迅速的成功使同行十分吃惊。

Plax的上市

Plax于1988年在加拿大上市。它与传统的漱口水有很大的区别。首先，它自称是一种在"刷牙前"使用的漱口水，而不是一般的"刷牙后"使用的产品。在刷牙前使用有助于松动牙垢以增强刷牙的效果。其次，这款产品并不强调它的气味，而是着力宣传"用Plax漱口，之后再刷牙，去除的牙斑是仅仅刷牙的3倍"。

辉瑞公司（Pfizer Inc.）是一家制药企业。它在加拿大推出Plax时搞了大型的促销活动，花费估计接近400万美元，时间跨度为1988年的最后3个月和1989年全年。在促销中，估计有300万美元用于广告，其他用于广泛的营业推广：（1）在3家药品连锁店陈列试用品（6万美元）；（2）给250万个家庭邮寄优惠券（16万美元）；

(3)提供立即可兑换的优惠券（11万美元）；(4)邮寄给药品和超市连锁店的专业广告印刷品（3万美元）；(5)价格折扣（64万美元）。1990年，Plax投入近120万美元的广告费继续推广其品牌。同年，Plax占了总市场份额的10%。

当Plax在美国上市时，它着力宣传的是使用Plax"去除的牙斑是仅仅刷牙的300%"。这个口号受到了竞争者的质疑，因而导致了商业改进局（Better Business Bureau）的调查。调查发现，这个口号是基于一项研究，这项研究让小组成员把他们的刷牙时间限制在15秒并且不让他们使用牙膏。进一步研究表明，如果允许人们用通常的方式刷牙并使用牙膏的话，是否使用Plax对牙斑的增减没有很大的区别。于是，Plax把其口号改为"是仅仅刷牙除斑的3倍"。

关于牙斑的知识见本案例的附录。

目前的状况

在准备战略计划的过程中，赫斯特回顾了有关漱口水市场和Scope的信息。正如图表2所表明的，1990年，加拿大有75%的家庭使用了一种或更多种漱口水品牌，并且对于成年家庭成员来说每周平均使用3次。公司的市场研究表明，使用者按照使用频率可分为：大量使用者（每天一次或更多）占全部使用者的40%，中等使用者（每周2~6次）占45%，少量使用者（每周少于一次）占15%。没有有关刷牙前漱口的使用者的使用习惯的信息。非使用者目前还没有买漱口水的原因是：(1)他们不认为自己有口臭；(2)认为刷牙就足够了；(3)类似口香糖和薄荷糖等替代物更方便。消费者使用漱口水最重要的原因是：

使用漱口水最重要的原因	%
是我基本口腔卫生的一部分	40*
去除口臭	40
杀灭细菌	30
使我感觉更自信	20
避免冒犯别人	25

*含多种原因。

1990年，针对漱口水使用者对市场上主要品牌的印象做了一次调查。在调查中，要求被调查者列出各品牌的特性。结果表明，Plax在"去除牙斑/使牙齿和牙龈更健康"方面树立了良好的形象（见图表3）。

图表3　　消费者的品牌印象

作用	Cepacol	高露洁	李施德林	Listermint	Plax	Scope
减少口臭	•••	•••	•••	•••	—	•••
杀灭细菌	+	•••	+	•••	•••	—
去除牙斑	•••	•••	•••	•••	+	—
使牙齿和牙龈更健康	•••	•••	•••	•••	+	—
有助于预防感冒	•••	•••	+	•••	•••	•••
医生或牙医的推荐	•••	—	•••	•••	+	•••
更好地清洁口腔	•••					

全部使用者[a]

作用	品牌使用者[b]					
	Cepacol	高露洁	李施德林	Listermint	Plax	Scope
减少口臭	+	—	+	+	—	+
杀灭细菌	+	⋯	+	—	—	⋯
去除牙斑	—	+	+	—	+	—
使牙齿和牙龈更健康	⋯	+	+	—	+	—
有助于预防感冒	+	—	+	—	—	—
医生或牙医的推荐	+	+	+	—	+	—

注：a. 包括漱口水的全部使用者。要求被调查者（即使从不使用）对所有品牌的特性评价。"+"表示该产品得分高于平均分，"⋯"表示约等于平均分，"—"表示低于平均分。例如，Cepacol 被全部使用者认为用于"防止细菌"更好。

b. 仅包括那种品牌的使用者。例如，Cepacol 被通常使用者认为用于"减少口臭"更好。

资料来源：Company records.

市场份额数据表明，Scope 在食品店所占的市场份额（42%）与在药店的份额（27%）有很大的差别（见图表 4）。所有的漱口水有 65% 是通过百货商店销售的，而 35% 是通过食品店销售的。近来，批发俱乐部，例如价格俱乐部（Price Club）和好市多（Costco），占了漱口水销售很大的市场份额。[1] 一般来说，这些俱乐部出售 Cepacol，Scope，李施德林和 Plax。

图表 4　　　　　　　　　　　　加拿大漱口水市场份额

	数量（%）			1990 年平均（%）	
	1988 年	1989 年	1990 年	食品店	药店
Scope	33.0	33.0	32.3	42.0	27.0
李施德林	15.2	16.1	16.6	12.0	19.0
Listermint	15.2	9.8	10.6	8.0	12.0
Cepacol	13.6	10.6	10.3	9.0	11.0
高露洁	1.4	1.2	0.5	0.4	0.5
Plax	1.0	10.0	10.0	8.0	11.0
商店品牌	16.0	15.4	16.0	18.0	15.0
其他	4.6	3.9	3.7	2.6	4.5
总计	100.0	100.0	100.0	100.0	100.0
零售额（百万美元）	60.2	65.4	68.6	24.0	44.6

资料来源：Company records.

竞争者在广告费用和零售价格方面的数据已收集到。如图表 5 所示，1990 年所有品牌在传媒上的支出达 500 万美元，其中 Scope、李施德林和 Plax 的广告费用占了 90%。零售价是按 750 毫升瓶装的价格计算的，在食品店中李施德林和 Plax 的定价较高，Plax 在药店以高价出售。

图表 5　　1990 年市场竞争数据

广告费用（千美元）	
Scope	1 700
李施德林	1 600
Plax	1 200
Listermint	330
Cepacol	170

传媒计划		
	播放周数	GRP[a]
Scope	35	325
李施德林	25	450
Plax	20	325

零售价格指数（%）		
	食品店	药店
Scope	98	84
李施德林	129	97
Listermint	103	84
高露洁	123	119
Plax	170	141
商店品牌	58	58
Cepacol	84	81
总计[b]	100	100

注：a. GRP（总体评价点）是一项广告效果评价指标，数值为接收到广告的人的数量乘以每人平均接收到广告的次数。数据按月公布。

b. 所有品牌的零售价格平均加权指数分别按食品店和药店来计算。Scope 的价格指数在食品店略低于平均指数，在药店比平均指数低 16%。

资料来源：Company records.

有关 1989 年美国市场的信息也收集到了（见图表 6）。与加拿大相反，李施德林在美国市场上占了主要的市场份额。自 1989 年初以来，李施德林在美国做了大量广告，宣称它是"被美国牙医协会承认的唯一不需开处方的漱口水，对预防和减少牙斑及牙龈炎有很大的帮助"。在美国的临床实验中发现，李施德林减少牙斑的百分比大约是 20%～35%，对牙龈炎的效果也类似。在加拿大，1990 年的广告中也包括了这个口号——李施德林被临床证明"有助于防止因牙斑增多而引起的牙龈发炎"。李施德林的配方依靠四种基本的油——薄荷醇、甲苯水杨酸盐、百里酸、桉树油，它们全部是一种强有力的防腐剂石碳酸的提取物。

图表 6　　1989 年加拿大—美国市场份额比较（销售数量的百分比）

品牌	加拿大	美国
Scope	33.0	21.6
李施德林	16.1	28.7
Listermint	9.8	4.5
Cepacol	10.6	3.6
Plax	10.0	9.6

资料来源：Company records.

李施德林还没有得到加拿大牙医协会的消费者产品认证，因为这个协会认为漱口水不可能有医疗价值。加拿大牙医协会目前正在检查几种经过美国检测的在加拿大出售的产品。事实上，漱口水成分或广告的任何改变都要求有关机构批准。

管理环境

1. 健康保护部门（HRB）：这个政府机构根据产品对身体机能的作用及广告把产品分为两类："药品"或"化妆品"。药品是对身体机能有影响的产品（例如，防止蛀牙或防止牙斑增多）。对于药品，产品成分、包装、原始材料和广告都要经健康保护部门依照非常严格的标准进行提前检查。像 Scope 这样，仅宣称是防止口臭的漱口水被看作"美容品"。然而，如果宣传中带有任何有关牙斑的成分，则会被作为"药品"，那样所有的广告都要被严格审查。

2. 加拿大牙医协会：该机构在制造商的申请下，对于已经证明具有防蛀或防牙斑/牙龈炎功效的产品进行认证。然而，那些已获得该机构认证的产品，其包装和广告还需呈报。加拿大牙医协会和美国牙医协会是两个不同的实体并且相互独立，并非在任何方面都保持一致。例如，除非临床研究证明牙龈的健康确实有所改善，否则加拿大牙医协会不会认可"防止牙斑/牙龈炎"。

3. 糖精/环己氨基磺酸盐甜味剂（Saccharin/Cyclamate sweeteners）：所有的漱口水都含有人工的甜味剂。在加拿大，环己（苯）氨基磺酸盐可以用作甜味剂，而糖精被禁止使用。美国正好相反。因此，尽管很多品牌的产品在美国和加拿大展开竞争，但是它们在每个国家的成分却不同。

三年计划

在为 Scope 准备三年计划时，宝洁公司成立了一个小组来审核各种备选方案。小组成员来自产品开发部、生产部、销售部、市场研究部、财务部、广告部和经营部。去年，小组已经完成了与 Scope 相关的大量活动。

在赫斯特看来，最重要的是，宝洁应该如何开发新出现的重视"与健康相关的利益"而不是 Scope 传统的口味战略的漱口水细分市场。尤其是，随着 Plax 的问世，漱口水市场出现了两类品牌，"只强调口味"的品牌（如 Scope）和强调其他优点的品牌。Plax 把自己定位为刷牙前用的漱口水，它没有被看作 Scope 那样的"口味清新"漱口水，而且尝起来也不像。

赫斯特认为，针对新进入者 Plax 而推出新的延伸产品似乎是合情合理的。如果漱口水市场变得更加细分化并且其他品牌也有所发展，恐怕宝洁就只能在强调"口味"这个细分市场上占有很大份额了，并且这个份额还可能减少。然而，她也知道这个计划在战略和财务方面还存在一些问题。在最近的会议上，也提出了一些其他看法，如"按兵不动"和考虑 Scope 除"口味"外新的广告诉求点而不是增加新产品。由于 Plax 的定位与 Scope 完全不同，所以，几个小组成员对是否真的面临威胁提出质疑。在考虑方案选择时，赫斯特回顾了小组的活动和小组成员已经提出的各种方案。

产品开发

Scope 还在产品实验阶段时，产品开发部就证明了使用 Scope 比仅刷牙在减少牙斑方面更有效，因为 Scope 中含有抗菌成分。然而，宝洁并没有临床数据去说服健康保护部门允许 Scope（像李施德林那样）在其广告中加入预防牙龈发炎这样的词语。

产品开发部最近开发了一种新的刷牙前使用的漱口产品，它与 Plax 的用法一样，但在减少牙斑方面并不比 Plax 更有效。事实上，在对 Plax 的检测中，产品开发部也没有证实辉瑞公司在广告中提到的那种结论"用 Plax 漱口，再刷牙，去除的牙斑是仅仅刷牙的 3 倍"。宝洁的刷牙前用的漱口产品最大的优点就是它尝起来比 Plax 更好。此外，它在美观方面与 Plax 十分相似，但是这种特征使 Plax 的"入口"感觉与 Scope 有很大差别。

产品开发人员对赫斯特关于扩展产品线的想法尤为关心，因为 Scope 是一种在功效上与 Plax 相同的唯一的产品。传统上，宝洁只关注消费者未被满足的需求，开发功效更好的产品。然而，赫斯特指出，由于这种新产品能提供类似的功效但口味更好，因而它所处的环境与 Scope 刚被推出时十分相似。一些产品研发人员还担心，如果在宝洁严格的检验方法下他们得不到 Plax 的临床结论，还有，如果新产品不能比其他任何漱口水更有效，那么，宝洁在牙齿保健方面的形象和信誉可能会受到影响。而另一些人则认为，只要这种产品能够促进口腔卫生，那么它就是有利的。大家围绕这个问题展开了争论。随着讨论的进行，他们注意到很多专业人士的确愿意推荐 Plax。大体上说，研究开发部希望的并不是推出新产品而是要在 Scope 的宣传中增加减少牙斑这一条。基本出发点是认为保护宝洁已有的业务要比开创一个全新业务更好。如果真的开始产品线扩张，那么产品试制的费用将达 2 万美元。

销 售

销售人员已经看到了 Plax 对市场的入侵，并且认为 Scope 应该迅速作出反应。有一点他们非常担心。由于商品分类存货单位（stock-keeping units，SKUs）产品种类激增，因此零售业对于接受什么产品变得更加严格。现在，要挤入货架，一种产品必须与竞争产品有足够的差异（或独特性）因而能够增加销售，否则，零售商会认为只不过是原有销售在同类产品中简单的分摊。那样的话，零售商的收益由于存货成本增高而减少，但却没有额外的销售收入产生。当一种新品牌的产品被认为不能带来更多的销售收入时，零售商可能仍然会陈列这些产品，但需要撤掉正在陈列的同类产品系列（例如撤掉 Scope），或者生产商为每个商品分类存货单位支付大约 5 万美元作为增加新品牌的陈列费。

市场研究

市场研究部与赫斯特一起对消费者选择进行了大量的调查。迄今得出的主要结论是：

1. 对 Scope 增加去除牙斑的保证（即"现在 Scope 去除牙斑"）似乎不会增加竞争品使用者购买 Scope 的愿望。这意味着可能不会增加购买量，但是可能会阻止现有的使用者离开。

市场研究部也警告说，在一个产品上增加"保证"通常要花很长时间去让消费者接受并使用它。赫斯特认为，关键在于这个保证是否真正有吸引力。她想，它至多可以稳定业务，但是能够带来业务的增长吗？

2. 对于 Plax 的使用者来说，"一种口味更好的刷牙前漱口产品"的确有吸引力，但它并不会引起目前不使用漱口产品的人的购买欲望。市场研究部估计,以这个定位推出的产品最终可能达到漱口水市场的 6.5%。以往,大约花两年时间才能达到这个水平。然而,他们没办法精确估算出 Scope 潜在的损失。他们说"好好想想吧",还警告说,虽然这是一种使用场合不同的产品,但是它不大可能 100% 增加现有业务的销售。赫斯特大致估计,这种产品可能会吸收 Scope 现有销售额的 2%~9%。还有一个没有解决的问题是产品的名称——如果产品被推出,它是否还应该使用 Scope 来命名呢?值得担心的是,如果使用 Scope,那么有可能失去把 Scope 作为口气清新产品的忠实用户,或者使他们变得犹疑不定。

市场研究部怀疑赫斯特是否进行了周密的考虑。由于大部分工作开展得很匆忙,他们想知道 Scope 是否真的没有其他方面的优点可以提出来吸引消费者而能够达到同样的目标。他们建议赫斯特应该再想想其他的方法而不仅仅限于"Scope 保证去除牙斑"或"把延伸产品系列定位为口味更好的'刷牙前漱口产品'"。

☐ 财 务

来自财务部的看法不很明确。一方面,Plax 的价格较高,因此,推出新的漱口产品可能会获利。另一方面,它们关心的是推出延伸产品所涉及的资本成本和营销费用。一个可供选择的方案是,在已有必要设备的美国工厂里生产产品。如果产品是从美国生产的,运费每单位将增加 1 美元。Scope 目前的营销和财务状况见图表 7 和图表 8。Plax 的财务状况估计见图表 9。

图表 7　　　　　　　　　　　　　Scope 的财务历史数据

年份	1988		1989		1990	
市场规模(千单位)	1 197		1 294		1 358	
Scope 市场份额(%)	33.0		33.0		32.4	
Scope 销量(千单位)	395		427		440	
	(千美元)	(美元/单位)	(千美元)	美元/单位	(千美元)	(美元/单位)
销售额	16 767	42.45	17 847	41.80	18 150	41.25
销货成本	10 738	27.18	11 316	26.50	11 409	25.93
毛利	6 029	15.27	7 299	15.30	6 741	15.32

Scope 的营销计划投入和 Scope 的营销费用

年份	1990	1989	1988
广告(千美元)	1 700	—	—
促销(千美元)	1 460	—	—
合计(千美元)	3 160	3 733	2 697

营销投入成本

广告:		(见图表 5)
促销:	样品	(包括分销) 0.45 美元/份
	邮寄的优惠券	10 美元/千份的打印费用
		每份被兑换的优惠券 0.17 美元处理费(超过面值)
		兑换率:10%~15%
	店内促销	200 美元/店(固定的)
		每份被兑换的优惠券 0.17 美元处理费(超过面值)
		兑换率:85%以上

资料来源:Company records.

图表 8　　　　　　　　　　　　　Scope 1990 年财务状况

	（千美元）	（美元/单位）
净销售收入[a]	18 150	41.25
原材料	3 590	8.16
包装	2 244	5.10
制造费[b]	3 080	7.00
运输费	1 373	3.12
其他费用[c]	1 122	2.55
销货成本	11 409	25.93
毛利	6 741	15.32

注：a. 净销售收入指宝洁公司的收入。
　　b. 50%的制造成本是固定的，其中有 20 万美元是折旧费。20%是人工费。
　　c. 75%的其他费用是固定的。一般管理费 136.6 万美元，税率为 40%。目前，工厂每周 5 天工作日，每天一班。宝洁公司加权平均的资本成本是 12%。1990 年销售总量为 44 万个单位。
资料来源：Company records.

图表 9　　　　　　　　　　　Plax 财务估计　　　　　　　　　　　单位：美元/单位

净销售收入	65.09
销货成本	
原材料	6.50
包装	8.30
制造费	6.50
运输费	3.00
其他	1.06
合计	25.36

说明：一般管理费用估计 5.88 美元/单位。
资料来源：P&G estimates.

□ 采　购

　　采购部门经理检查了延伸产品的配方，估计由于增加了新的成分每单位产品的原材料成本将增加 2.55 美元。但是，因为有一种成分是全新的，所以财务部认为实际成本变动可能在±50%的范围内。由于启动费被一个更小的基数分摊，包装费每单位产品将增加 0.30 美元。

□ 广告代理

　　广告代理认为，Scope 提出任何新的广告诉求都是其品牌上一个巨大的战略转变。它们赞同延伸产品线。Scope 的战略一直是强调"口气清新和好味道"，它们认为牙斑诉求是完全不同的，具有潜在的重大战略意义。当它们在广告中仅强调"口味"而不强调口气清新功效时，市场份额下降了。它们担心，如加入牙斑或任何"非口气清新"的诉求，Scope 现有的消费者会感到困惑，Scope 可能会失去市场份额。它们还指出，在一个商业广告中试图把两个不同的主题联系起来是非常困难的。它们认为，延伸产品与 Scope 是完全不同的产品，它们的作用不同，使用场合不同。在它们看来，延伸产品线需要有与 Scope 不同的基础来支持。

■ 提出什么建议

赫斯特十分清楚，针对这个问题，业务小组已经认真考虑了很长时间。她知道，高层管理者希望 Scope 业务小组为宝洁公司提出恰当的长期计划——即使结果是不推出新产品。但是，她认为如果什么也不做，那么，宝洁在口腔清洁品市场上的长期地位将有很大风险。更糟且更为紧迫的情况是，业务小组内有不同的观点。她在为 Scope 提供建议上处于进退两难的境地。她必须确保业务小组达成共识和真正投入，否则，高层管理者不会接受这个建议。

■ 附 录

□ 牙 斑

牙斑是一种软的、黏性的薄膜，它附着在牙上，最终可能硬化成牙垢。它会引起牙龈疾病，所以必须被抑制——加拿大有 90% 的人患有这种疾病。研究表明，如果在 24 小时内不刷牙，一层薄膜（牙斑）就开始在牙齿和牙龈上扩展，几天后变成一种黏性的、胶状的斑。牙斑病毒来自糖和淀粉。随着牙斑的增多，会滋生更多的细菌。一块成熟的牙斑大约有 75% 是病毒，剩下的包括来自唾液和水中的有机物及从口腔软组织上脱落下来的细胞。

当牙斑细菌消化食物时，会产生有臭味的物质，掉入牙龈线以下的缝隙中时，会损害牙齿的支持组织。因个体不同，在 10~21 天之内，牙龈炎的迹象——轻微牙龈疾病——开始显露，牙龈颜色加深，有味，并且失去了牙齿四周紧密、弓形的牙线。这种牙龈炎可以完全消失。在正常刷牙一周后它会消失。但是当牙斑没有被控制时，牙龈炎可能就是走向牙周炎的第一步，这是一种更严重的牙龈疾病，患这种病时，支持牙齿的骨或其他结构被损坏。牙齿可能松动并且脱落——或需要拔掉。

控制牙斑传统的但仍是最好的方法是仔细的、全面的刷牙以便把牙斑擦干净。牙膏能去除牙斑的根据是，牙刷的机械运动能清洁牙齿。牙膏含有摩擦物、清洁剂和起泡物质，这些全都有助于牙刷发挥其作用。

[注释]

[1] 在食品店销售中包括批发俱乐部。

案例 5—4 青岛海尔集团：收购美泰克的思考*

> 我们密切关注美泰克收购事件，但至今仍没有任何进展。
>
> Reuters.com，2005 年 6 月 17 日

2005 年年初，中国最大的家电制造商——青岛海尔集团的高管们面临一项重大决策。他们必须决定是否竞购美国第三大家电制造商美泰克公司。5 月份，美泰克同意考虑美国一家私有投资公司 11.3 亿美元的报价，但美泰克董事会也愿意接受竞争性报价。

海尔收购像美泰克这样一家令人尊敬的公司与中国最大电脑制造商联想集团收购 IBM 个人电脑业务有些类似。2004 年年底，联想以 17.5 亿美元收购 IBM 个人电脑业务，从而成为继戴尔、惠普之后世界第三大个人电脑生产商。收购美泰克会提升海尔在美国乃至世界家电市场的地位。

中国政府鼓励中国大企业海外收购，从而使这些公司成为在全球具有单一品牌名的跨国公司，海尔收购美泰克的决定与中国政府的这一主张相一致。例如，IBM 的个人电脑以联想的品牌推向市场。中国政府希望 6 家国内公司 2010 年能进入世界 500 强，海尔是其中之一。海尔副总裁说："我们真的想让海尔成为世界一流品牌，这是公司的战略。"[1]

是否收购美泰克主要取决于竞争问题以及美泰克的业务和资产能否给海尔在美国和全球提供营销机会。此外，海尔能给美泰克带来的优势和资源也应当予以考虑。尽管近年来美泰克在美国的市场地位和盈利性遭到侵蚀，但还是有人愿意向它抛出绣球。

青岛海尔集团

青岛海尔集团发家于一个濒临破产的电冰箱厂（青岛电冰箱厂）。1984 年，该厂引进德国利渤海尔公司（Liberhaier）电冰箱生产技术成立了海尔有限公司。从那时起，海尔就成为发展中国家中前 50 位的跨国公司之一。海尔的家电产品涵盖 90 个产品线的 15 000 种产品，包括电冰箱、冷柜、洗衣机、烘干机、洗碗机、微波炉和空调，还有电视机和手机，全都在海尔这一品牌名下出售。当被问及为什么要在单一品牌下提供多元化的产品组合时，海尔集团主席和首席执行官张瑞敏说[2]：

> 多元化在中国仍是一个有争议的话题。有人说，公司不应多元化，因为有些

---

* This case was prepared by Professor Roger A. Kerin, of the Edwin L. Cox School of Business, Southern Methodist University, as a basis for class discussion and is not designed to illustrate effective or ineffective handling of an administrative situation. This case is based on published sources, including company annual reports, U. S. Securities and Exchanges Commission Form 10-K and 10-Q reports, company news releases, published articles, and information provided by individuals knowledgeable about the industry. The information presented in the case does not necessarily depict the explicit situation faced by Qingdao Haier Ltd., but is introduced only for class discussion purposes. Where appropriate, quotes, statistics, and published information are footnoted for reference purposes. Copyright © 2005 Roger A. Kerin. No part of this case may be reproduced without written permission of the copyright holder.

以前经营很好的企业死于多元化。海尔提供很多产品,像电冰箱、空调、洗衣机、电视机和手机。我们觉得,从顾客的角度看,这不是多元化而是专门化。这些产品具有相同或相似的顾客群。比如,一个对海尔电冰箱满意的消费者更有可能购买我们的相关产品,如洗衣机和空调。

海尔 2004 年的销售收入是 121 亿美元。其中,家电约占公司销售收入的 70%。自 2000 年开始,公司的销售收入快速增长(见图表 1)。

图表 1　　　　　　　　　　海尔营业收入　　　　　　　　　单位:10 亿美元

	2000	2001	2002	2003	2004
营业收入	4.9	7.3	8.6	9.7	12.1
增长率(年同比增长)(%)	—	48	18	13	25

资料来源:United States Information Technology Office, Beijing China, June 2005. Operating Revenue expressed in U.S. dollars:$1.00=8.27 yuan.

海尔在中国的家电市场占主导地位,海尔占中国 130 亿美元家电市场的 30%,并在国内洗衣机、电冰箱、真空吸尘器和空调市场上遥遥领先。海尔以其产品质量、持续创新和顾客服务在国内市场上赢得了美誉,最近又被《福布斯》杂志评为最有价值的中国品牌。从销售收入来看,海尔是继美国的惠而浦和通用电气,瑞典的伊莱克斯和德国博世西门子之后世界第五大家电企业。"我们的目标是第三。"张瑞敏说。[3]海尔电冰箱市场占有率世界第一,家电生产数量世界第二。

世界范围内的海尔

海尔品牌下的产品市场遍及 160 个国家,在设计、生产、分销和售后服务方面建立起了全球网络。公司拥有 18 个设计机构(8 个在国外)、10 个生产基地(4 个在国外)、12 000 个售后服务中心和 22 个主要生产家电的工厂(13 个在国外)。

全球市场　海尔的消费者和竞争环境在全球不同地区呈现出明显的差异性。[4]北美(美国和加拿大)是世界上最大的大型家电市场(按销售额计算),也是世界上家庭饱和程度(家庭饱和程度是指拥有某一电器家庭的比例)最"成熟"的地区。例如,目前北美家庭电冰箱和炊具(微波炉除外)的拥有率接近 100%,洗衣机拥有率为 94%,电熨斗 81%。四家生产商在北美大型家电市场的销售量超过 90%,惠而浦的市场份额最大,剩下的三家公司分别是通用电气、美泰克和伊莱克斯,伊莱克斯在美国市场上销售弗瑞吉戴尔(Frigidaire)品牌的产品,海尔在北美的市场份额大约是 3%。

大部分大型家电产品在西欧和东欧市场的饱和度约是北美的一半。西欧和东欧家电市场有 35 家生产商,没有一家公司在市场份额上占支配地位。欧洲市场上最大的竞争者是伊莱克斯,它拥有 16.2% 的市场份额,其次是博世西门子(15.2%),意大利的盈得喜公司(Indesit)(14.7%)和惠而浦(8.6%),而海尔在西欧和东欧市场上的份额接近 2%。

就人口和潜在购买力而言,亚洲是世界上最大的大型家电消费市场。业内分析师认为,由于家电的饱和度很低,2025 年亚洲(尤其是中国和东南亚)的消费者对电器的购买量会赶上或超过北美和西欧,中国目前已是世界最大的电冰箱市场。中国和东南亚的市场潜力吸引了 50 个家电制造商到那里,引发了激烈的价格竞争,公司的利润率遭到侵蚀。松下电器公司（Matsushita Electric Industrial）是日本家电市场最大的供应商，海尔是中国的主要生产商，惠而浦占据了将近1/3的印度家电市场，海尔占据亚洲家电市场10%的市场份额，是这一市场中的领导者。

大洋洲（澳大利亚和新西兰）家电市场的家庭饱和程度与西欧相仿，大约有15家制造商在这一市场中角逐。伊莱克斯占据28%的市场份额，紧接着是韩国LG电子（South Korea's LG Electrics）（10%）、美泰克（6%）和惠而浦（5%），海尔的市场份额大约是1%。

业内分析师认为，拉美大型家电市场将来有很大的增长潜力。目前，拉美市场有25家家电制造商。惠而浦和其拥有控股权的子公司占据了拉美家电市场33%的市场份额——高于第二位的竞争对手近两位数。海尔的中国竞争者（比如，无锡小天鹅公司）已把拉美市场作为一个增长的机会。海尔在拉美市场的份额不到2%。

全球营销视角 海尔全球扩张战略背后的思维就像最近张瑞敏描述的那样[5]：

> 大部分中国企业的目标是出口产品赚取外汇，这也是它们唯一的目的。我们的出口目的是在海外建立品牌声誉。海尔在国内已是一个重要品牌，现在我们要把这一品牌带到别的市场。我们的战略在其他方面也与那些出口导向型的中国企业不同。它们通常先开拓相对容易的市场，然后是难度大的市场。比如，许多中国企业会首先出口到东南亚，那里的市场虽然有竞争，却不像西方市场那样通常有一些实力雄厚、占主导地位的竞争者。而我们的战略却刚好相反：我们先渗入美国和欧洲这样难度大的市场，再进军相对容易的市场。美国和欧洲市场庞大，又是我们全球最大竞争者的国内市场。我们相信，如果我们能在这里成功，我们就能在容易的市场成功。1990年，海尔的产品出口到美国，到现在已经10年多了，结果一直很好。我们已在美国市场上建立了品牌声誉，赚取了较高的销售利润，而许多中国企业所做的工作只是在很低的利润水平上为外国品牌和制造商代加工（OEM）。

他接着说：

> 海外市场的所有成功依赖于一种东西——打造本地化的品牌。我们要让美国人觉得海尔是一个本地化的美国品牌，而不是一个进口的中国品牌。我们在欧洲市场上实行相同的策略。创建一个品牌名很困难，但是如果不走这条路，你就只能永远给别人打工。

与日本（如索尼、佳能、任天堂和本田）和韩国（如三星、LG电子和现代）全球品牌相比，中国品牌出现在国际市场上相对来说还是个新现象。跨国研究普遍支持这一观点：西方消费者（北美和西欧）对中国品牌的产品持开放的态度——前提是这些产品能够提供独特的价值。[6] 26%的美国消费者把中国品牌与低成本（价格）联系在一起，26%的消费者把它们与创新联系在一起，还有24%的消费者把它们与高级特性和物有所值相联系。

美国海尔

美国海尔是海尔集团在美国的业务营销部。[7]美国海尔的总部位于纽约市，包括一个研发实验室和产品陈列室。建于南卡罗来纳州的美国海尔工业园区具有世界上最先进的电冰箱制造设备，年产量可达400 000台。海尔是第一个在美国建厂的中国公司，是一个被许可在其电冰箱上贴"美国制造"标签的美国工厂。

海尔开始使用 Welbilt 等品牌名向美国出口电冰箱。1999 年，海尔作为主要的合作方与美国一家投资集团成立了美国海尔，开始以海尔为品牌名向美国营销电器产品。自成立之日起，美国海尔的销量快速增长，有望在 2005 年达到 20 亿美元。公司的成功归功于产品性能的创新、快速的产品设计、及时向零售商供货、有竞争力的价格、产品质量和在家电市场开发新的产品类别，这些方面是美国大家电制造商所忽视的。在 5 年的时间内，美国海尔在几个利基产品市场上占据了支配性的市场份额，包括 6.5 立方英尺以下的小型冰箱（50%）、7 立方英尺以下的小型卧式冷柜（38%），独立式冷藏酒柜（50%）。美国海尔占据了 10% 的美国冰箱市场和 9% 的冷柜市场。此外，公司还向市场推出了海尔牌空调、洗衣机、干衣机、洗碗机、微波炉和对流烤箱。美国海尔在 2004 年销售 12 种洗衣机和干衣机，6 种洗碗机，预期在 2005 年新推出 24 种洗衣机和干衣机，15 种洗碗机。公司在美国不销售传统烤箱和电灶。

美国海尔主要是通过全美性连锁零售商分销其家电产品，包括沃尔玛、劳氏、塔吉特、西尔斯和百思买（Best Buy）。如图表 2 所示，海尔牌产品通过三个零售商出售。沃尔玛销售海尔牌产品的种类最多，美国海尔还通过 Ames、Brandsmart 和 Mennards 这样的地区连锁店销售特定的电器，通过家居和日用百货（如 Bed Bath and Beyond、Linens'n Things 等）连锁专卖店销售产品。

图表 2　　全美性连锁店销售的海尔品牌产品（2005 年 6 月）

连锁零售商	销售的产品
百思买	小型冰箱、便携式洗碗机、独立式洗衣机和干衣机、便携式空调、啤酒冷柜和酒柜
劳氏	冷藏酒柜
塔吉特	内置和便携式洗碗机、小型和标准冰箱、冷柜、冷藏酒柜、啤酒机、微波炉、独立式洗衣机和干衣机
西尔斯	台面便携式洗碗机
沃尔玛	小型和标准型电冰箱、冷柜、便携式空调和除湿机、微波炉、冷藏酒柜、啤酒机、小型洗碗机、独立式洗衣机

资料来源：Retasler Web Sites, download June 5, 2005.

美国海尔通常把其产品价格定于惠而浦、通用电气和美泰克之下，但这并不意味海尔的产品会狠狠地打折。公司用于媒体广告的资金预算也很有限，大概 80% 的广告预算（约 75 亿美元）投向了针对零售商的活动。比如，在电器贸易杂志刊登平面广告。

在与美国海尔在美国的营销战略有关的采访中，公司首席执行官麦克尔·杰摩尔（Michael Jemal）这样说[8]：

> 我们一直把海尔作为一个国际品牌来推广——它既不是中国品牌，也不是美国品牌，而是全球品牌。事实上，很多美国人都把海尔看成是一个德国品牌。我们的口号是"世界入我家"。现在我们正逐步取代前三甲旗下的品牌——美泰克的 Amana，通用电气的 Hotpoint 和惠而浦的 Roper。

美国大型家用电器业

美国大型家用电器业由制造商、分销商（批发商和零售商）和消费者组成。他们生产、销售、购买冷冻和制冷设备、家用洗衣机、洗碗机、垃圾压实机和包括微波炉在内的大型烹饪电器。[9]美国消费者2004年在这些电器上花费了305亿美元,比2003年增长8.9%。美国家用电器制造协会(AHAM)报告称,2004年大型家用电器出货量达到7 920万件,较2003年增长8.9%。图表3是美国2000—2004年间电器出货量数据和2005年、2006年底的预测量。

图表3　　家电业主要电器出货量:趋势与预测(2000—2006年)　　单位:千件

产品类别	2000年	2001年	2002年	2003年	2004年	2005年*	2006年*
烹饪(总计)	20 846	21 548	21 917	23 315	25 390	25 141	25 760
电灶(总计)	5 026	5 066	5 338	5 622	6 145	6 265	6 361
独立式	3 826	3 842	4 030	4 238	4 612	4 690	4 757
内置式	706	726	7 780	841	963	996	1 016
平滑式烤箱灶	494	498	528	543	570	579	588
燃气灶(总计)	3 176	3 036	3 268	3 419	3 719	3 802	3 914
独立式	2 729	2 580	2 781	2 897	3 124	3 185	3 280
内置式	70	72	71	67	67	67	67
平滑式烤箱灶	377	384	416	455	528	550	567
微波炉	12 644	13 446	13 311	14 274	15 526	15 074	15 485
家用洗衣机(总计)	14 070	13 863	14 637	15 480	16 754	16 959	17 412
自动洗衣机	7 495	7 362	7 745	8 146	8 832	8 932	9 111
干衣机(总计)	6 575	6 501	6 892	7 334	7 922	8 027	8 301
电气	5 095	5 117	5 402	5 718	6 262	6 350	6 603
燃气	1 480	1 384	1 490	1 616	1 660	1 677	1 698
厨房清洁用具(总计)	11 430	11 291	12 137	12 831	13 884	14 203	14 413
碎渣机	5 485	5 547	5 815	6 277	6 649	6 700	6 775
洗碗机	5 827	5 627	6 207	6 428	7 106	7 377	7 513
内置式	5 663	5 478	6 049	6 280	6 953	7 231	7 367
便携式	164	149	158	148	153	146	146
垃圾压实机	118	117	115	126	129	126	125
食品储藏(总计)	11 180	11 520	12 279	12 544	13 429	13 458	13 760
冰箱**	9 217	9 305	9 744	10 021	10 913	11 019	11 246
冷柜(总计)	1 863	2 215	2 535	2 523	2 516	2 439	2 514
卧式	1 075	1 285	1 492	1 518	1 529	1 463	1 510
立式	888	930	1 043	1 005	987	976	1 004
家居舒适(总计)	7 471	6 381	6 952	9 527	9 754	7 819	8 726
空调	6 496	5 575	6 153	8 216	8 082	6 500	7 400
除湿机	975	806	799	1 311	1 672	1 319	1 326
总出货量	64 997	64 603	67 922	73 697	79 211	77 580	80 071
AHAM 6***	38 408	38 230	40 785	42 495	46 055	46 732	47 805

　* 美国市场上出货量,包括进口量和国内生产产品出货量,出口量不包括在内。预测数据的时点是2005年4月30日,数值取参与预测公司预测值的中位数。

　　** 包括6.5立方英尺和6.5立方英尺以上的。

　　由于舍入原因,各项加总可能不等于行业总出货量。

　　*** 包括洗衣机、干衣机、洗碗机、电冰箱、冷柜、独立式和内置式灶具。

　　资料来源:Copyright © 2005 Association of Home Appliance Manufacturers. Used with permission.

制造商与产品制造

美国核心家电市场由洗衣机和干衣机、电冰箱、冷柜、洗碗机、独立式和内置式电灶组成,四个制造商主导着这一核心市场。2004年,惠而浦拥有美国市场33.4%的份额,接着是通用电气(25.7%)、伊莱克斯的弗瑞吉戴尔家电产品部(19.0%)、美泰克(15.1%)。这四家公司占据2004年美国核心家电市场份额的93.2%,但它们在产品类别上所占市场份额又是不同的。按单产品销量计算,电冰箱是销量最大的核心产品。通用电气是这一市场的领导者,占有29%的市场份额,接着是伊莱克斯的弗瑞吉戴尔(25%)和惠而浦(25%)。销量第二大的产品是洗衣机。惠而浦拥有51%的市场份额,在这一市场中占主导地位,然后是美泰克(20%)和通用电气(17%)。

微波炉虽不是核心产品,但销量巨大。2004年,亚洲公司LG电子是微波炉市场的领导者(38%),夏普电子(23%)、三星电子(11%)、惠而浦(4%)也是这一市场顶尖的制造商。图表4是美国主要家电制造商按产品分类所占市场份额的详细信息。

图表4   主要家电制造商按产品分类的市场份额(按销量计算)

产品主要制造商	市场份额(%)	产品主要制造商	市场份额(%)
电冰箱		洗碗机	
通用电气	29	惠而浦	33
惠而浦	25	通用电气	29
伊莱克斯	25	伊莱克斯	19
美泰克	11	美泰克	16
海尔	10	洗衣机	
冷柜		惠而浦	51
伊莱克斯	68	美泰克	20
W. C. Wood	21	通用电气	17
海尔	9	电烘干机	
微波炉		惠而浦	56
LG电子	28	美泰克	19
夏普	23	通用电气	14
三星	11	燃气烘干机	
大宇	10	惠而浦	55
电灶		美泰克	25
通用电气	49	通用电气	11
惠而浦	23		
美泰克	12		
燃气灶			
通用电气	36		
伊莱克斯	27		
美泰克	18		

资料来源:Case author estimates based on "Household Durables," *Standard & Poors' Industry Surveys*, March 17, 2005, and interviews with appliance industry analysts.

电器生产是资本密集型的,生产厂商需要大量的初始和现行现金成本。例如,依据生产能力和生产电器类型的不同,建一个新的电器生产设施,需要投入 2 亿～8 亿美元的资本。鉴于此,制造商通常是对现有工厂进行扩充或重组,对现有设施进行改造或升级需要 5 500 万～7 500 万美元。

组装线被设计成用于长期生产,因而电器生产设施是高度机械化的,这导致高固定生产运营成本。变动成本主要包括原材料(钢材、铝、包装材料、能源等)、装卸和劳动力成本。原材料成本占成品总成本的 60%,劳动力成本占 20%。2002 年以来,不断攀升的原材料成本压低了制造商的毛利润率,导致世界范围内毛利润率历史性地在 21%～24%之间浮动,甚至像海尔这样低劳动力成本的制造商,也由于原材料成本的上升,获得史上最低的毛利润率。例如,海尔空调的毛利润率从 2003 年的 12.4%跌至 2004 年的 11.2%,电冰箱毛利润率从 19.2%跌至 16.5%。[10] 与此同时,制造商遭遇竞争压力和零售商要求降价的双重打击,紧接着 2003 年价格降低 3.7%,2004 年美国主要家电产品的价格平均降低 3%。

☐ 分销商和分销渠道

美国电器制造商通过连锁零售商、独立的电器零售商、分销商/批发商把其产品分销到消费者手中。在美国,制造商生产的电器大约 70%是通过连锁零售商销售。西尔斯拥有 38.6%的零售市场份额,是最大的家电零售商。西尔斯销售的电器品牌众多、式样齐全,包括 Kenmore 在内的自有品牌,但大部分产品都是惠而浦生产的,西尔斯的零售份额从 2002 年的 40%逐渐下降。劳氏是第二大家电零售商(13.8%),其次是家得宝(8.1%)和百思买(6%),劳氏、家得宝和百思买加在一起的市场份额较 2002 年的 22%有所增加。世界上最大的零售商——沃尔玛在主要家电销量上位列第七,而它的山姆会员俱乐部排第九。连锁零售商直接从制造商那里购买电器产品,储存在仓库里,再用卡车将产品运到各个零售商店。

独立电器零售商 2002 年销售 30%的家电产品,现在降到了 25%。像西尔斯这些零售商,一般按照制造商建议的零售价格售出产品,利用充裕的存货和专业的销售人员来吸引消费者。家得宝和沃尔玛正好相反,它们通常在制造商建议的零售价格的基础上打个折扣。约有 85%的独立电器零售商通过全国性采购团来购买产品。采购团由中小规模的电器零售商组成,通过向生产商大量购进产品而获得与全国性大型连锁零售商相同的价格折扣。采购团实现了仓储或分销商功能的结合,也提升了效率。

分销商和批发商会把电器卖给建筑商和承建商这些商业买家,它们主要把这些电器安装在家里和公寓里,这些大概占 5%的电器销量。图表 5 是美国大型家电的分销渠道与每个渠道销量的百分比。

☐ 营销活动

美国主要家电制造商提供了完整的产品线,每条产品线(如干衣机)包括不同特征、尺寸、颜色、性能规格(如能源利用效率)和结构(如搅拌式与滚筒式)等多种式样。

制造商使用子品牌化和多品牌化战略把它们的产品定位在价格—质量连续谱上。例如,每个主要制造商都有一个旗舰公司品牌(如通用电气、美泰克和惠而浦),但它们又使用子品牌化的方式把单个产品与别的品牌线区别开来。像通用电气使用子品

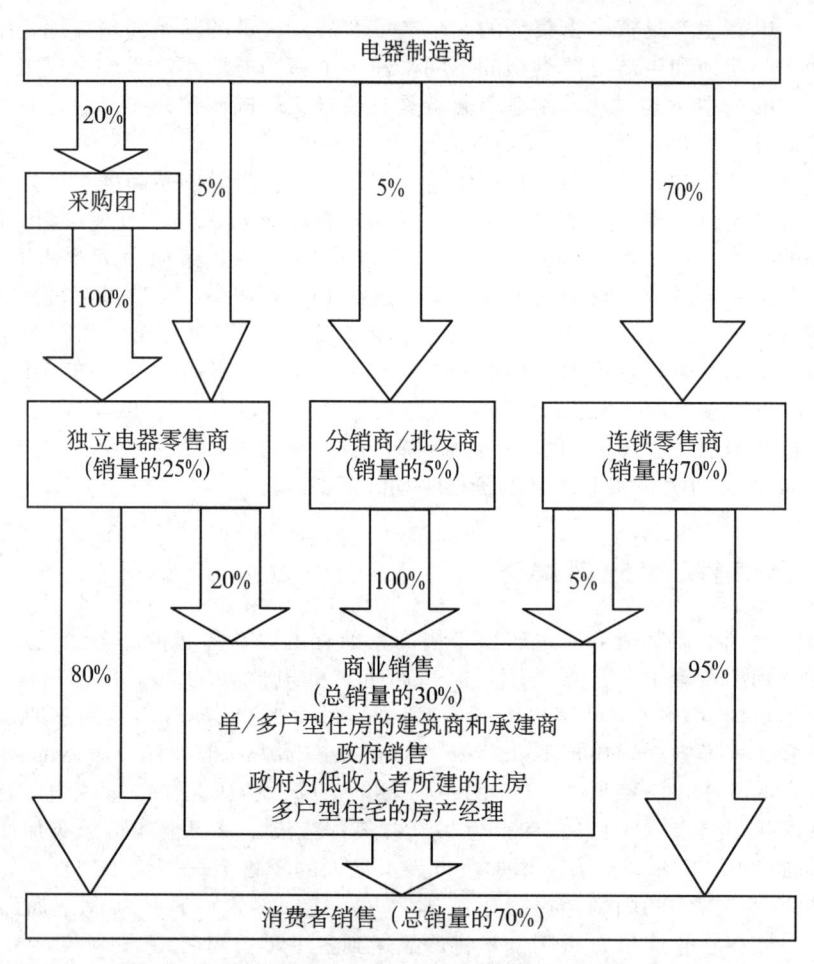

```
                    ┌─────────────────┐
                    │   电器制造商    │
                    └─────────────────┘
                     │20%  │5%   │5%    │70%
                     ▼     │     │      │
                ┌─────────┐│     │      │
                │ 采购团  ││     │      │
                └─────────┘│     │      │
                     │100% │     │      │
                     ▼     ▼     ▼      ▼
            ┌──────────────┐ ┌──────────────┐ ┌──────────────┐
            │ 独立电器零售 │ │分销商/批发商 │ │  连锁零售商  │
            │商（销量的25%）│ │ （销量的5%） │ │ （销量的70%）│
            └──────────────┘ └──────────────┘ └──────────────┘
                 │20%             │100%            │5%
                 ▼                ▼                ▼
                 ┌──────────────────────────────────┐
                 │        商业销售                  │
                 │      （总销量的30%）             │
                 │  单/多户型住房的建筑商和承建商   │
                 │        政府销售                  │
                 │  政府为低收入者所建的住房        │
                 │   多户型住宅的房产经理           │
                 └──────────────────────────────────┘
           │80%                                       │95%
           ▼                                          ▼
         ┌──────────────────────────────────────────────┐
         │        消费者销售（总销量的70%）             │
         └──────────────────────────────────────────────┘
```

图表 5　美国家电分销渠道与销量分类明细

资料来源：Case author estimates based on "Household Durables," *Standard & Poors' Industry Surveys*, March 17, 2005, and interviews with appliance industry analysts.

牌通用动力（GE Momentum）来瞄准高端市场，美泰克高附加值的干衣机子品牌海王星（Neptune）的价格高于普通的美泰克干衣机。对不同的式样，家得宝对美泰克海王星的售价介于999～1 069美元。相比之下，零售商对普通美泰克干衣机的售价在799～869美元。

制造商也使用多品牌战略，它们沿着价格—质量连续谱使用不同的品牌名来实现产品的进一步差异化。比如，在美国市场上，惠而浦在其公司品牌旗下使用厨房帮手（Kitchen Aid）和 Roper 品牌分别进军高、低端市场；通用电气和美泰克也分别使用 Hotpoint 和 Admiral 品牌将产品推向低端市场。这种多品牌战略通常是与公司的分销战略相呼应的。举个例子，美泰克主要是通过独立电器零售商把其高端品牌 Jenn-Air 推向市场，通过批发商/零售商将产品销售给建筑商和承建商；美泰克最近把其中档品牌 Amana 从劳氏和百思买撤出，现在通过独立电器零售商销售，显示出公司更高的市场定位。总体而言，美国主要的家电制造商大部分产品是在公司品牌名下销售的。为避免多品牌化，非美国制造商只使用公司品牌，而伊莱克斯在美国销售的品牌弗瑞吉戴尔是一个明显的特例。

韩国的电器制造商 LG 电子和三星最近三年才进入美国家电市场。两家公司最先引进的是电冰箱，接着是洗衣机和洗碗机。它们的产品强调款式和电子技术，把产品定位于价格—质量连续谱中的中高端水平。两家公司打算用它们的公司品牌名向美国大型家电市场提供一条完整的产品线，LG 电子通过品牌的时尚和创新实现差异化。据业内消息，它们已把目标锁定为美国家电市场的前一两位。[11] 比如，LG 推出一款售价 3 000 美元以上的电冰箱，这种冰箱配置一个带有嵌入广播和扬声器的 13.1 英寸平板液晶有线电视。两家公司的产品通过家得宝和百思买销售。

美国大型家电制造商平均花费销售额的 1.4% 给产品打广告。[12] 广告重点介绍和定位新款产品，构建和维持总的公司品牌资产。图表 6 是估算的美国家电制造商在 2001—2004 年用于广告的开支。美泰克是广告开支最大的美国家电制造商。

图表 6　　　　　　　　2001—2004 年美国家电制造商用于广告的开支　　　　　　单位：百万美元

制造商	2004	2003	2002	2001
惠而浦	63.7	44.3	11.4	59.6
通用电气	36.0	42.7	22.8	20.7
美泰克	101.9	105.7	115.0	88.2

资料来源：Case author estimates from company annual reports.

电器购买行为

由于大型家电的耐用性，美国消费者并不经常购买，大多数人购买也只是为了替换现有电器。全美连锁零售商电器销量的约 70% 是替换性购买，而在这些替换性购买中，大部分又是由于产品故障；30% 的销量是消费者自主选择或是首次购买。消费者在独立电器零售商那里的购买行为略有不同。大约 47% 的电器购买是由于故障原因，余下的 53% 分别是由于改型（17%）、首次购买（15%）、新功能升级（11%）和搬家（10%）。大型家电的品牌选择在连锁零售商和独立家电零售商之间也不尽相同。据《消费者报告》，约 10% 的西尔斯购物者在光顾后选择了与购买计划不同的品牌，而这一数字在独立的电器商店那里仅为 1.5%。

对家电行业购买行为的研究显示，替换性购买者通常选购与以前相同的品牌。有趣的是，首次购买和替代购买之间的时间间隔越长，购买相同品牌的可能性就越大。美国消费者在商店购买大型家电，他们把可供选择的产品列为最重要的属性，包括电器陈列区的大小和品牌的多少；价格最合适排在第二位；包括商店的位置和营业时间在内的便利性位列第三；第四重要的属性是服务和对产品的了解程度。业内分析师把西尔斯家电零售市场上的高市场份额归功于此。除了品牌多少和陈列区域的大小，西尔斯销售最低价格的家电产品。

美国市场对家电产品的偏好也在变化。根据波士顿咨询集团（Boston Consulting Group）的一项研究，家庭耐用消费品的消费者要么"把消费档次提升到消费得起的奢侈品"，要么"把消费档次降到仅提供功能性利益的低成本产品"；"夹在中间"的产品既没有价格优势也没有功能或情感利益，面临销量下降的严重危险。这一观点与大型家电业的数据是一致的，数据显示，在产品价格—质量连续谱上，高端和低端产品的市场份额在增长，中端产品的市场份额在下降（见图表 7）。家电零售业一位分析师说："中间层正在变薄，消费者要么买低端产品，要么干脆奔高端。"

图表7　　　　　　　　价格—质量分段法下的大型家电市场份额（%）

价格—质量分段	年份		
	1995	2000	2004
高端	22	30	35
中端	55	45	31
低端	23	25	34
总计	100	100	100

资料来源：Case author estimates based on charts shown in "Stepping Up: Middle Market Shrinks as Americans Migrate Toward the High End," *Wall Street Journal* (March 29, 2002), pp. A1ff; and "A New Deal for Durables," Boston: The Boston Consulting Group, 2005.

美泰克公司

美泰克公司是一家总部设在艾奥瓦州牛顿市的《财富》500强企业[13]，由美泰克（F. L. Maytag）和三位合伙人于1893年创立。公司起初生产谷物脱粒机的送料器。1907年，公司生产了第一台手动木桶洗衣机。

公司：2004年

美泰克为北美和特定的国际市场设计、制造、销售和维护家用以及商用电器。2004年，公司总销量的94%来自家电市场，6%来自商用市场；公司总销量的88%来自美国，12%来自国外市场。

家用电器　美泰克品牌位于美国大型家电市场最易识别、最受尊敬品牌行列。多年来，公司依据产品质量（尤其是可靠性）和创新的产品特性，将公司的旗舰品牌（美泰克公司品牌）定位为优质品牌，进入中等价位产品市场。公司长期播放的广告"孤独的美泰克修理工"——突出一个很少接到电话的美泰克电器服务人员的形象——有效地传递了这一市场定位。除了美泰克品牌，公司还销售物美价廉的Admiral和Magic Chef品牌，中端的Amana品牌和高端的Jenn-Air品牌。美泰克营销副总裁对不同品牌的产品做了如下区分[14]：

Amana牌产品的特点在于工艺、便捷和款式；美泰克在于其可靠性、产品性能和智能创新；Jenn-Air则在于其在厨房的适用性和外观的雅致性。

公司还拥有著名的吸尘器品牌Hoover，它是北美地板养护产品市场的领导者。

2004年，美泰克的产品通过大型连锁零售商（西尔斯、家得宝、百思买和劳氏）与许多独立电器零售商和分销商销售。在全美连锁零售商中，西尔斯2004年的销量占美泰克总销量的13%（比2003年的15%有所下降），家得宝和劳氏分别占10%左右，百思买占1%。美泰克不通过沃尔玛或塔吉特分销产品。

美泰克也拥有自己独立经营的零售商店，其中一些是由那些想扩张业务，拥有独立的美泰克商店的电器商经营。商店鼓励购买者在店内使用美泰克产品烘烤饼干或洗一大堆衣服，"这里的环境能让我们展示产品"，2000年之后开业的50家美泰克商店的主管说。

商用产品　美泰克也生产和销售商用的产品，如Jade牌烹饪设备和Dixie-Narco

牌自动售货机，这些产品在美国主要是卖给分销商、软饮料商（可口可乐和百事可乐）、连锁饭店和经销商。

生产制造 美泰克的产品有 75% 是在美国制造的（通用电气和惠而浦约 50%）。公司在阿肯色、加利福尼亚、伊利诺伊、艾奥瓦、俄亥俄、南卡罗来纳、田纳西和得克萨斯拥有办公室和 13 个生产设施，还有两个生产设施在墨西哥运营。2004 年年底，美泰克生产设施的运营程度达到了生产能力的 60%。

美泰克外包了一部分电器给韩国公司生产。大宇电子为美泰克生产定制的冷冻室在上部的电冰箱，三星最近开始生产滚筒洗衣机，两种产品都贴美泰克的牌子，通过美泰克现在的分销渠道销售。美泰克还与一家生产洗衣机和电冰箱的中国公司荣事达成立了荣事达-美泰克合资企业。由于经营业绩不佳，2002 年美泰克卖掉了其所持有的合资企业 50.5% 的股份。

全球业务 美泰克的全球业务并不发达，总销售额的 12% 来自美国以外的市场。相比之下，惠而浦销量的约 35% 来自美国以外的市场。20 世纪 80 年代末，美泰克迈出了全球化的第一步，并把重点放在欧洲市场。受到来自瑞典伊莱克斯和德国博世西门子的激烈竞争，美泰克于 1995 年关闭了在欧洲运营的业务。据估计，现在美泰克在西欧和拉美拥有的市场份额很少（不到 1%），而在大洋洲拥有可观的市场份额（6%），在中国、东南亚或东欧没有任何市场。

财务业绩 2004 年，美泰克合并净销售额总计 47 亿美元，比 2003 年下降 1.5%；家电销售额比 2003 年减少 4 000 万美元，或者说比 2003 年下降了 0.9%；商用产品销售额比 2003 年减少 3 040 万美元，或者说比 2003 年下降了 10.4%；总毛利是 6.602 亿美元，或者说比 2003 年减少了 7.993 亿美元；合并运营收入从 2003 年的 2.283 亿美元跌至 2004 年的 4 040 万美元，或者说合并运营收入从 2003 年净销售额的 4.8% 下降到 2004 年的 0.9%。从 2001 年开始到现在仍在进行着重组，这是一项主要开支，减少了美泰克过去 3 年的运营收入。家用电器的运营收入从 2003 年的 2.123 亿美元跌至 2004 年 4 740 万美元，或者说从 2003 年净销售额的 4.7% 跌至 2004 年的 1.1%。商用产品 2003 年的运营收入是 1 600 万美元，2004 年为 -710 万美元。图表 8 是美泰克 2002 年、2003 年和 2004 年的合并财务报表。公司的报告上说[15]："2004 年主要电器单位销售额比上一年略有增长，但这一强势产业中所有类别产品的市场份额都在下降。"事实上，从 2001 年开始，美泰克的市场份额就不断受到侵蚀。美泰克的首席执行官也说，由于竞争者给零售商更多的商业利润，家电市场份额受到侵蚀。[16]

☐ 公司：2005 年第 1 季度

美泰克报表上 2005 年第 1 季度合并净销售额为 11.7 亿美元，比 2004 年第 1 季度下降了 4.2%；家用电器下降 2.8%；商用产品下降 26.3%；美泰克总经营收入是 2 410 万美元，等于家用电器的经营收入 2 660 万美元抵消商用产品 250 万美元的经营损失，而 2004 年第 1 季度总经营收入为 6 360 万美元。

2005 年 1 月，美泰克宣布不再把其主要家电产品卖给百思买。百思买的一位发言人说[17]：

> 因顾客对 LG 电子、三星和博世西门子这些新的国外供应商制造的产品反应积极，（百思买）已决定不再销售美泰克的大型电器。顾客喜欢新品牌的样式和创新……美泰克虽然也制造创新产品，但百思买必须要对顾客需要做出回应。

此外，美泰克还宣布，家庭百货也在其产品线上增加了 LG 电子和三星的家电产品。美泰克的主管承认，百思买和家庭百货的决定可能给公司 2005 年的销售额带来负面影响。1 月份，美泰克又以原材料成本上升为由，把主要电器的价格提高 5%～8%；2 月份，有报道称，美泰克还要再解雇艾奥瓦州牛顿市工厂的工人。[18] 美泰克在过去一年已经解雇了 330 名牛顿市工厂的生产工人，与 2002 年 2 500 名工人相比，现在工厂的工人已被调整到只剩 1 430 人左右。

图表 8　　美泰克公司财务报表：2002 年、2003 年和 2004 年（有删节）

(A) 美泰克公司合并资产负债表　　　　　　　　　单位：千美元

	2005 年 1 月 1 日	2004 年 1 月 3 日	2003 年 12 月 28 日
资产			
流动资产			
现金和现金等价物	164 276	6 756	8 106
应收账款，减去坏账准备	629 901	596 832	586 447
存货	515 321	468 345	468 433
其他流动资产	135 999	232 390	260 613
流动资产合计	1 445 497	1 304 323	1 323 599
非流动性资产			
递延所得税	253 428	183 685	190 726
商誉	259 413	269 013	280 952
其他非流动资产	140 524	220 184	242 864
非流动资产合计	653 365	672 882	714 542
固定资产、设备等			
土地	15 489	23 365	24 532
建筑物和设备	2 229 680	2 605 620	2 470 376
	2 245 169	2 628 985	2 492 908
减：累计折旧	1 324 007	1 582 050	1 428 800
固定资产合计	921 162	1 046 935	1 066 108
资产总计	3 020 024	3 024 140	3 104 249
负债和所有者权益（赤字）			
流动负债			
应付票据	—	71 491	178 559
应付账款	545 901	466 734	363 639
其他流动负债	364 162	445 565	621 542
流动负债合计	910 063	983 790	1 163 740
非流动负债			
长期负债，减去到期的部分	972 568	874 832	738 767
退休福利负债	531 995	538 105	517 510
应计退休金	496 480	398 495	488 751
其他非流动负债	183 492	163 107	153 342
非流动负债合计	2 184 985	1 974 539	1 898 370
所有者权益（赤字）	(75 024)	65 811	42 139
负债和所有者权益总计（赤字）	3 020 024	3 024 140	3 104 249

(B) 美泰克公司合并资产负债表　　　　　　　　　　　　　　　　　单位：千美元

	年末		
	2005年1月1日	2004年1月3日	2003年12月28日
净销售额	4 721 538	4 791 866	4 666 031
销售成本	4 061 319	3 932 335	3 661 429
毛利	660 219	859 531	1 004 602
销售和管理费用	507 013	555 092	577 995
重组和相关费用	69 758	64 929	67 112
资产减值	—	11 217	—
商誉减值——商用产品	9 600		
滚筒洗衣机诉讼费	33 500		
营业收入	40 348	228 293	359 495
利息支出	(56 274)	(52 763)	(62 390)
其他收入（损失）	(5 392)	4 415	(1 449)
所得税前持续经营收入（损失）	(21 318)	172 760	295 656
所得税支出（收益）	(11 973)	58 382	100 523
持续经营收入（损失）	(9 345)	114 378	191 401
非持续经营的利得（损失）	339	5 755	(2 607)
净收入（损失）	(9 006)	120 133	188 794
普通股每股盈余（美元）	(0.11)	1.53	2.43

(C) 美泰克公司合并现金流量表　　　　　　　　　　　　　　　　　单位：千美元

	年末		
	2005年1月1日	2004年1月3日	2003年12月28日
经营活动产生的现金流量			
净收入（损失）	(9 006)	120 133	188 794
减值和摊销	169 782	165 785	163 708
应收账款	(29 207)	1 403	35 211
其他流动负债	139 386	67 061	(22 996)
持续经营活动产生的净现金	270 955	354 382	364 717
投资活动产生的现金流量			
资本性支出——持续经营	(94 420)	(199 300)	(229 764)
Amana品牌购买合同结算	—	11 939	—
财产处置产生的收益	25 495	16 168	—
投资活动——持续经营	(68 921)	(171 193)	(229 764)
筹资活动产生的现金流量			
应付票据净收益（损失）	(71 491)	(107 068)	30 312
发行长期负债产生的收益	100 000	200 000	—
普通股股利	(56 899)	(56 524)	(56 010)
其他	(16 323)	(221 067)	(211 245)
筹资活动——持续经营	(44 713)	(184 659)	(236 943)
现金兑换率的影响	199	120	726
现金和现金等价物的增加（减少）	157 520	(1 350)	(101 264)
年初现金和现金等价物	6 756	8 106	109 370
年末现金和现金等价物	164 276	6 756	8 106
非持续经营产生的现金流量	(5 811)	3 014	(4 727)

资料来源：Maytag Corporation，Form 10-K Reports.

竞购美泰克应考虑的问题

竞购美泰克的决策主要取决于，对竞争问题的评估以及美泰克的业务和资产能否给海尔在美国和全球提供营销机会。例如，竞争者可能会收购美泰克，重建其业务，在把旗下品牌推向市场以及零售商产品展示区方面，在美国市场上占据一个更加有利的位置。2002年年底，业内分析师推测伊莱克斯会把美泰克作为收购目标。[19]另一方面，成功的竞购会使海尔成为美国的一个主要家电制造商，拓展其产品线，在美泰克的品牌名下提高海尔品牌认知度。美泰克与独立家电零售商、全美连锁零售商和电器分销商/批发商有长期的贸易关系，收购也会使海尔获得新的销售渠道。

海尔管理层还需要考虑收购美泰克对海尔公司长期的首创精神、优势与劣势，以及对未来在美国和全球市场上营销美泰克和海尔品牌电器的影响。海尔需要制定计划使美泰克能够拓展海尔的创新精神，在美国和海外市场上扬长避短。此外，在美国把美泰克的业务整合到海尔的业务（或相反）也是必要的，尤其需要对结合后的公司在产品提供和品牌组合方面作出决定。例如，海尔是应该继续采用多产品品牌战略还是采用美泰克的多品牌战略？

美国一家私人投资集团5月初竞购美泰克的报价是11.3亿美元，约每股14美元，这家投资集团同时也要承担美泰克9.69亿美元的债务。海尔具有超出这一报价的资本，但公司官员应该确定美泰克的财务价值是否超过这个数字。另外，考虑到海尔在中国政府全球扩张计划中的优先地位，它的资本成本几乎为零。财务分析师认为，过去5年间电器行业平均市盈率（P/E）在16~20倍之间浮动（也就是说股票交易价格是每股盈余的16~20倍）。分析师还预测，随着公司重组的成功完成，公司在2005年的每股盈余将是0.54美元，2006年是0.75美元，2007年是0.80美元。美泰克2005年6月15日股票交易价格是每股15.31美元。图表9是过去10个月美泰克股价的走势。

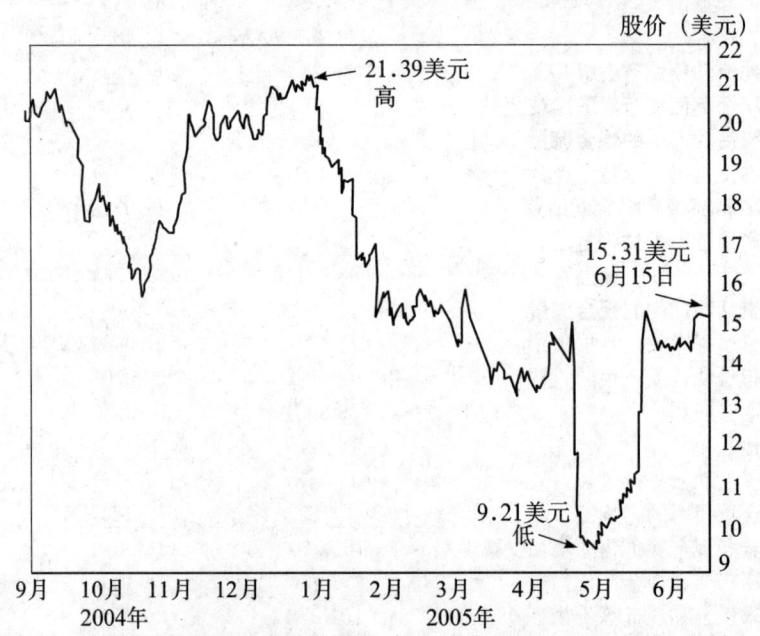

图表9 美泰克公司普通股股价的趋势：2004年9月2日—2005年6月15日

资料来源：Adapted from Maytag Corporation Web site, downloaded June 16, 2005.

另一方面，海尔管理层还必须考虑，在继日本索尼公司和韩国三星公司成长战略之后，这项财务投资能否更好地实现其在美国市场上建立海尔品牌和业务的目标。因为这两家公司并不是通过收购，而是通过长时间的经营才建立起它们的核心业务和公司品牌的。

[注释]

[1] "Made in China' Woos World," Chinadaily. com, October 10, 2003.

[2] Yibing Wu, "Interview: China's Refrigerator Magnate," *The McKinsey Quarterly* (Number 3, 2003).

[3] "Interview: China's Refrigerator Magnate."

[4] Portions of this discussion are based on "Comparative Regional Strengths of Major Players: Large Kitchen Appliances"; "Global Sector Shares: Large Kitchen Appliances—Manufacturer & Brand," Euromonitor. com, January and February, 2004; and "China's Home Appliances Industry: 2004," Asia Case Research Centre, The University of Hong Kong, 2005.

[5] "Interview: China's Refrigerator Magnate."

[6] Geoffry A. Fowler, "Buying Spree by China Firms Is a Bet on Value of U. S. Brands," *Wall Street Journal* (June 23, 2005), pp. A1, A6.

[7] Portions of this discussion are based on HaierAmerica. com, downloaded June 17, 2005; Andy Raskin, "When Your Customer Says Jump…" *Business* 2.0 (October 2003), pp. 78-80; Jonathan Sprague, "Haier Reaches Higher," *Fortune* (September 5, 2002), pp. 148-153; and Chery Lu-Lien Tan, "The New Asian imports: Your Washer and Drier," WSJ. com, June 16, 2005.

[8] "Mainland Brands Think Globally," English. estday. com, downloaded June 15, 2005; "Haier in America," Kotler Marketing Group, April 2002.

[9] Portions of this discussion are based on "Household Durables," *Standard & Poor's Industry Surveys*, March 17, 2005; "A New Deal for Durables," Boston: *The Boston Consulting Group*, 2005; "Large Kitchen Appliances in the USA," Euromonitor. com, June 2004; and "Where to Buy Appliances," *Consumer Reports* (September 2005), pp. 32-34.

[10] "News & Commentary: Haier," Bloomberg. com, June 21, 2005.

[11] Karl Greenberg, "Upmarket Tacks Avoid a Washout," BRANDWEEK (June 23, 2003), p. S18.

[12] "2004 Advertising to Sales Ratios for 200 Largest Ad Spending Industries," AdAge. com, June 5, 2005.

[13] This discussion is based on Maytag Corporation, Form 10-K, filed February 18, 2005, and Form 10-K filed April 22, 2005; "Maytag Corporation," Hoovers. com, downloaded June 17, 2005; *Standard & Poors' Industry Surveys*, March 17, 2005; and Lorie Grant, "Maytag Stores Let Shoppers Try Before They Buy," USAtoday. com, downloaded June 6, 2004.

[14] Joe Jancsurak, "Marketing Challenges," ammagazine. com, August, 2002.

[15] Maytag Corporation, Form 10-k, p. 8.

[16] Karl Greenberg, "Newbies Load Up, Put Squeeze on Big Four," BRANDWEEK (Jun 20, 2005), p. S23.

[17] "Maytag, Best Buy Decide It's Over," DesMoinesRegister. com, January 20, 2005.

[18] "Maytag to Cut More Jobs at Newton Plant," ApplianceMagazine. com, February 9, 2005.

[19] "Repairing Maytag," Forbes. com, November 11, 2002.

案例 5—5　　菲多利公司：Cracker Jack 品牌[*]

1997年7月中旬，百事公司子公司菲多利公司的副总经理和常务经理林恩·佩西格（Lynne Peissig）为新投资之事，召集商业团队共同研究从 Borden 食品公司并购 Cracker Jack 品牌的可行性。自1964年 Cracker Jack 由 Borden 公司所有以来，一直是美国最古老且家喻户晓的商标之一。1997年6月，Borden 公司想出售 Cracker Jack 品牌及相关资产的意图广为人知。佩西格和新投资部在构思一份将于近期宣布的关于 Cracker Jack 的商业潜力研究报告。

全天会议的目的是：(1) 统一业务团队；(2) 列出 Cracker Jack 作为菲多利品牌如何进行营销的计划；(3) 预测 Cracker Jack 业务的"公平市场价值"。评估价值将帮助百事执行副总裁决定并购价格以及对于 Cracker Jack 品牌及相关资产的投标。

业务团队的努力得益于菲多利品牌，包括营销、分销、生产、财务、法律、研发人员以及百事公司参加新投资子公司并购工作的工作人员的介入。佩西格将在预定期限内提交正式报告并且在两周内向百事公司执行副总裁提交建议书。她深知业务团队对于营销问题的识别、计划的出台、财务评估等问题将在她的提议中占据举足轻重的地位，这些问题关系到是追求还是放弃因收购 Cracker Jack 品牌及其相关资产所产生的业务机会。

菲多利公司

菲多利公司是百事公司的一个子公司。1996年菲多利公司运营利润为16.3亿美元，净销售收入96.8亿美元，分别代表了百事公司31%的销售净收入和60%的运营利润。1991—1996年的5年间，菲多利公司的销售收入和运营利润相对增长了13%。菲多利公司由北美的菲多利公司和菲多利国际公司组成。北美的菲多利公司在美国和加拿大设有运营部门，据有关资料，1996年该运营部门占公司销售额的68%，占公司运营利润的79%。

□ 公司背景

菲多利公司是世界范围内休闲食品生产和营销的领导者。公司的知名品牌包

---

[*] The cooperation of the Frito-Lay Company in the preparation of this case is gratefully acknowledged. BAKED LAY'S, BAKED TOSTITOS, CHEETOS, DORITOS, FRITOS, FUNYUNS, LAY'S, ROLD GOLD, RUFFLES, SANTITAS, SUN CHIPS, TOSTITOS, SMARTFOODS, and GRANDMA'S are trademarks used by the Frito-Lay Company. After the acquisition, CRACKER JACK, SAILOR JACK, and BINGO would be trademarks used by the Frito-Lay Company. This case was prepared by Professor Roger A. Kerin, of the Edwin L. Cox School of Business, Southern Methodist University, with the assistance of Daniel Goe and Rebecca Kaufman, graduate students, as a basis for class discussion and is not designed to illustrate effective or ineffective handling of an administrative situation. Certain company information, including names of Frito-Lay executives, are disguised and not useful for research purposes. Copyright © 1999 by Roger A. Kerin. No part of this case may be reproduced without written permission of the copyright holder.

括：乐事和 Ruffles 薯片，Fritos 玉米片，多力多滋，Tostitos 及 Santitas 玉米薄饼，Cheetos 奶酪口味休闲食品，以及 Rold Gold 脆饼。其他菲多利公司知名品牌还包括 Sun Chips 杂粮小吃以及 Funyuns 洋葱味休闲食品。此外，公司还经销休闲食品脆片、沙拉、坚果、花生酱以及奶酪三明治、牛肉饼、Smartfood 牌即食爆米花、祖母牌饼干等。

公司是美国休闲食品的领导者，1996 年在这一分类中占据了 54% 的零售额。在美国超市中（见图表1），10 大最畅销的休闲食品中有 9 个品牌是菲多利的脆片类食品，多力多滋玉米薄饼、乐事薯片和 Ruffles 薯片在全世界零售额达 10 多亿美元。

产品	零售额（百万美元）
乐事薯片	~500
多力多滋玉米薄饼	~400
Ruffles 薯片	~380
Tostitos 玉米薄饼	~330
Fritos 玉米片	~200
品客薯片	~200
Cheetos 奶酪口味休闲食品	~160
烧烤型乐事薯片	~150
Rold Gold 脆饼	~150
烧烤玉米粉圆饼	~130

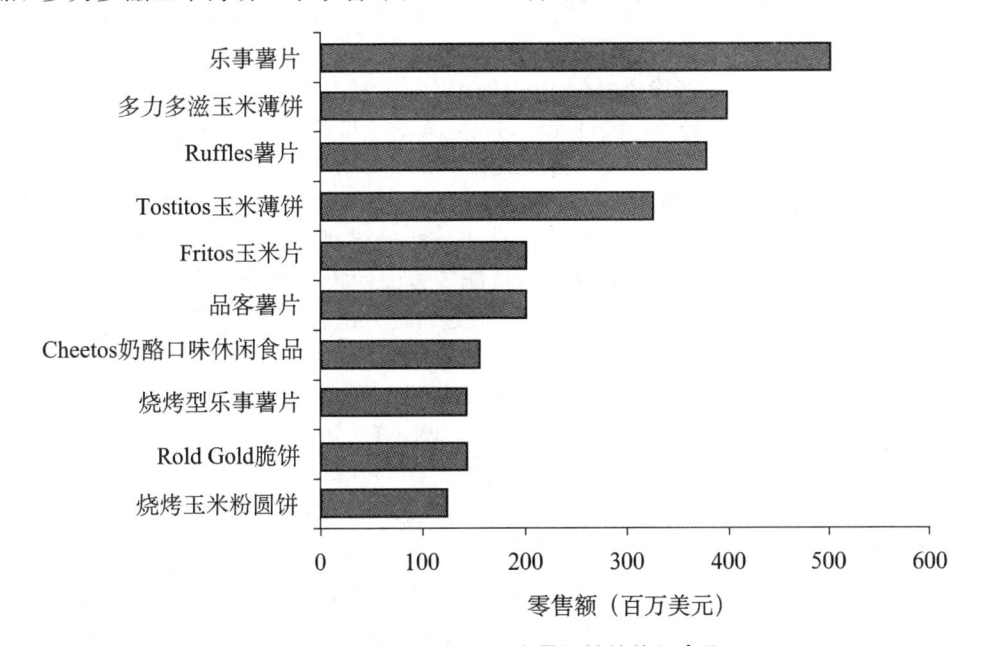

图表 1　美国超市中 10 大最畅销的休闲食品

资料来源：1996 PepsiCo, Inc. annual report.

20 世纪 90 年代菲多利主要的销售量增长源泉是"对你更好"低脂和无脂脆片类休闲食品的推出。这些脆片，包括烧烤型乐事薯片、玉米薄饼、Rold Gold 脆饼，占 1995—1996 年菲多利全部销售量增长的 47%，1994 年实现销售量增长 40%。"对你更好"占菲多利全部休闲食品销量的比例从 1993 年的 5% 提高到 1996 年的 15%。

菲多利美国休闲食品业务涵盖每种休闲食品生产和分销的每个环节，从农业生产到零售商货架。1996 年，菲多利仅在美国地区就使用了 27 亿磅土豆、10 亿磅谷物、1 500 多万磅奶酪来生产其产品。公司在 26 个州有 45 家生产企业，包括坐落在印第安纳州法兰克福的世界最大的休闲食品生产厂，运营 1 800 多家仓库和分销设备。菲多利雇用了 1.75 万名销售人员——世界最大的存储配送销售力量，他们创造了每周接听 75 万次关于大约 35 万个零售商店客户的销售和配送电话的纪录。菲多利产品受到了来自公司销售力量的持续关注，这确保了对于新产品的补充和正确面对商店货架的产品。1996 年超市和零售店占有全美 50% 以上的零售业务，随后是便利店（15%），大商店/仓储/俱乐部商店（11%），出售服务运营商（8%），其他零售商和机构（10%）。

菲多利以支出和广告创意的形式对美国国内广告商的领导者分级。公司也使用贸易和消费者促销来发起重大活动，例如"Tostitos Fiesta Bowl"跨赛季大学足球联赛。

☐ 新投资分公司

菲多利的新投资分公司于1996年12月建立，该公司执行一项特殊使命：

> 通过寻求和创造新的业务平台以及融合了菲多利优势和对消费者影响力大的食品解决方案的产品来实现菲多利的显著成长。

菲多利负责全球营销的高级副总裁——凯西·约瑟夫（Casey Joseph）认为，新投资分公司的主要目标是实现菲多利已经成功的休闲食品业务之外的有意义的增长，其次是增加进行中的国内产品开发活动。

1997年冬季，新投资分公司的使命展示了其对于菲多利公司识别和开发销售与利润增长机会的重要途径，经过谨慎讨论，有三个增长机会成为今后实现显著增长的可能途径。一种增长途径是通过为目前或新产品增加新的食用场合来构建菲多利现有的休闲食品业务。正在进行的识别"对你更好"产品作为早餐和全天消费食品的内部研发努力就属于这一类别。第二种增长途径是通过在增强"对你更好"产品的储存配送销售力量、扩大分销覆盖面以及品牌营销技能等方面的投资来获得成功进入新商品分类的机会。这种机会可以通过内部的研发或通过目标分销联盟和并购来实现。菲多利可能的新产品分类包括糖果和烤甜酥糕点，供一人用的蛋糕或小吃吧。第三种增长途径称作"机会主义的兼并"，是通过相关的食品公司提供产品或整体业务从而作为公司重组的结果。这些并购可以由新投资分公司负责监督，基于它们的战略和运营与菲多利公司销售、分销、制造、品牌营销能力和有意义的销售与利润增长潜力的适配。

Borden公司做出的关于对分离Cracker Jack品牌及相关资产的关注代表了与这三种增长途径的适配。佩西格解释道：

> 在我们讨论初期，新投资分公司认为甜点代表了菲多利的潜在增长。从战略角度，Cracker Jack相对于进入甜味休闲食品领域来说是符合逻辑的"下一步"。它可以为甜味休闲食品创建一个成功开展业务的平台，并且是对菲多利咸味食品业务的补充。Cracker Jack强大的品牌资产值得我们付出时间和努力去验证这次并购的意义。

■ 即食焦糖爆米花产品分类

即食焦糖爆米花产品1996年的零售额为1.92亿美元，1995年为2.05亿美元。1996年即食焦糖爆米花的生产者销售额为1.673亿美元，比1995年下降了6.2%。自1993年起年销售量稳步上升，但是1996年分类销售量下降。即食焦糖爆米花分类销售量从1995年的5 930万磅下降到1996年的5 700万磅。20世纪90年代，分类销售额和销售量增长主要来自低脂和无脂系列已有品牌新口味产品的推出。

☐ 竞争者

有几种不同类型的竞争者都拥有即食焦糖爆米花业务：国际品牌公司，季节性的特殊公司，区域公司，私人公司。国家品牌公司负责在全美分销商品，包括Borden

(Cracker Jack 品牌），国际家庭食品公司（Crunch'n Munch 品牌），林肯食品（Fiddle Faddle 品牌），以及 SIM-GT 特许经营公司，其负责营销 Richard Simmons 品牌。第二种分类是竞争者由季节性/专业性的公司组成，它们以季节为基础（经常是在 12 月和圣诞节左右）生产和营销它们的焦糖爆米花或将其作为专业品类以可收集罐装的形式频繁出售。季节性/特殊的公司包括休斯敦食品公司和 Harry & David 公司。大量小公司或地方公司仅在美国部分地区生产和分销即食焦糖爆米花。自有品牌由地方公司或本土公司按照合同为美国超市连锁店生产。1996 年全美品牌、季节/特殊/地区品牌和自有品牌的销售额和销售量市场份额估计见图表 2。

销售额所占市场份额：Crunch'n Munch 32，Cracker Jack 26，Fiddle Faddle 7，自有品牌 5，Richard Simmons 4，季节/专业/地区品牌 26

销售量所占市场份额：Crunch'n Munch 32，Cracker Jack 19，Fiddle Faddle 8，自有品牌 8，Richard Simmons 9，季节/专业/地区品牌 24

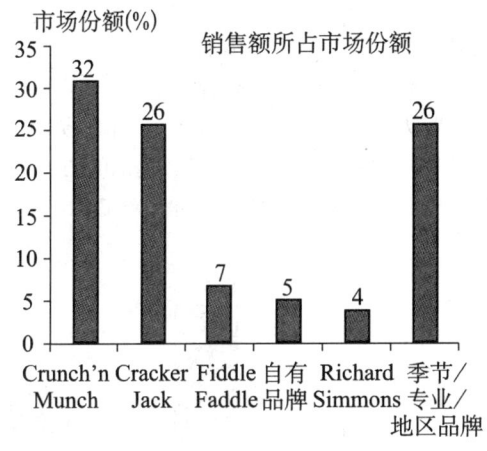

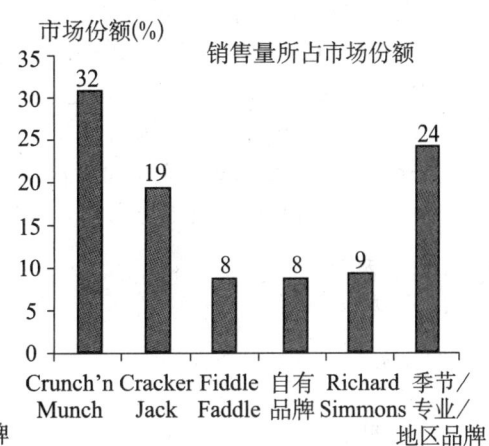

图表 2　1996 年焦糖爆米花分类零售额和销售量

资料来源：Company records.

国际家庭食品公司（Crunch'n Munch）和 Borden（Cracker Jack）在即食焦糖爆米花分类销售和市场销售量份额上处于美国的领导地位。以 1996 年为例，国际家庭食品公司是美国家庭食品公司（AHP）的消费者食物业务部。AHP 是从事人畜健康护理和农业产品生产的跨国公司，1996 年其净销售额 140 多亿美元。1996 年 11 月，AHP 将其食品业务单元 80% 的股票以 12 亿多美元出售给一个有限公司。Hicks, Muse, Tate & Furst 等投资公司是该公司主要的合作者。国际家庭食品公司生产和营销自有品牌的食品。畅销品牌包括 Chef Boyardee 意大利面（约占销售额的 30%），Bumble Bee 金枪鱼，Polaner 水果面包酱，以及 PAM 烹调剂。公司也出售西南风味食品（Ro*Tel 罐装西红柿，Dennison's 罐装红辣椒以及 Ranch Style 豆）和休闲食品（Crunch'n Munch 焦糖爆米花以及 Jiffy 爆米花）。据有关资料，国际家庭食品公司 1996 年净销售额为 9.428 亿美元。

Borden 公司由科林·克拉维斯·罗伯特投资公司（Kohling Kravis Robert & Co.）所有，1994 年科林·克莱维·罗伯特以 19 亿美元购买下 Borden 公司。虽然它以乳制品闻名，但是 Borden 在 1997 年分离出其乳制品业务。现在公司生产通心粉、汤类混合物、肉汤（Borden Foods）、休闲食品（Wise Foods 和 Cracker Jack），家用黏合剂（Elmer's products）以及工业用黏合剂，涂料和树脂（Borden Chemical）。据有关资料，Borden 公司净销售额约为 58 亿美元。

Borden 公司决定分离出 Cracker Jack 及其相关资产的决策是由对公司核心和资源的战略评估促成的。公司决定停止意大利面业务，开始拓展需要大量投资的杂粮食品。作为这项评估的结果和成长计划，1997年Borden食品宣布Cracker Jack与北美Borden品牌和国际Borden品牌一同出售。

营销实践

与微波爆米花和众多其他休闲食品分类相比，食品行业分析师认为即食焦糖爆米花属于"后营销"分类。这一分类中的大多数品牌提供焦糖原味和奶油太妃口味，且具有普通以及低脂/无脂特点的不同包装系列。唯一的例外是Richard Simmon's品牌，它仅出售无脂产品。

只有Crunch'n Munch和Cracker Jack最近采用消费者媒体做广告。Crunch'n Munch在该品类的广告支出中处于领先地位，从1993年起利润远远高出Cracker Jack（见图表3）。Cracker Jack上一次为消费者广告花费大量投资是在1992年，当时将210万美元用于推广奶油太妃口味。全国和地方品牌经常采用消费者促销和贸易促销的方式。消费者促销包括店内和报纸商家优惠券以及产品样品展示；贸易促销包括销售援助和发票优待。

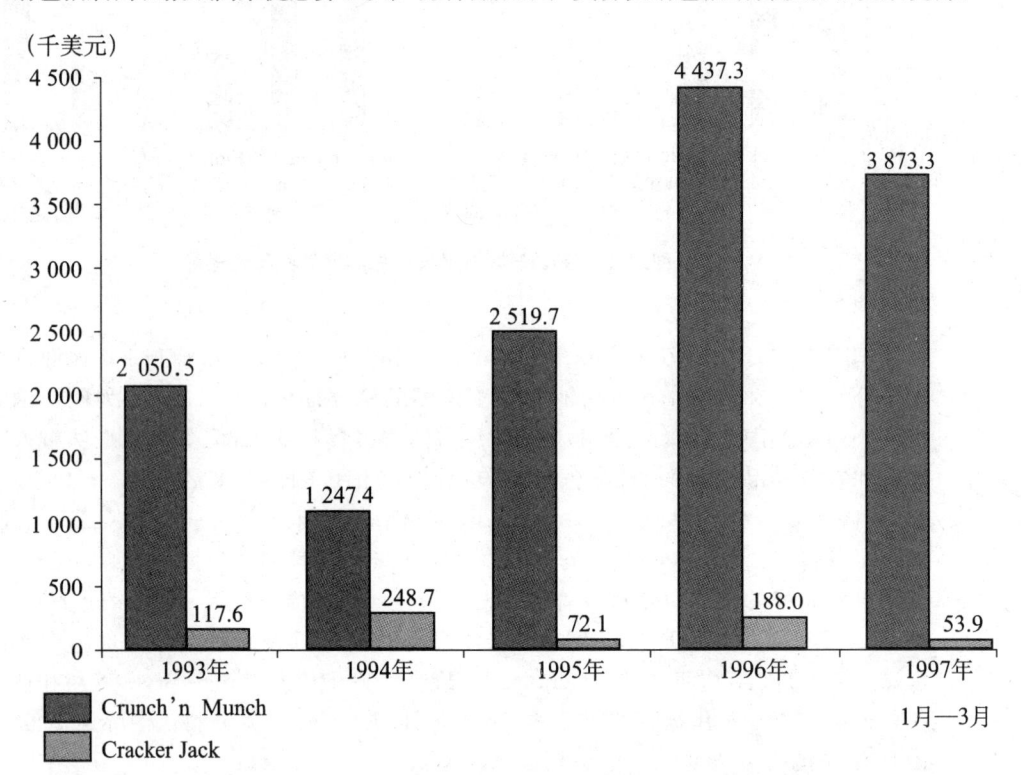

（千美元）

年份	Crunch'n Munch	Cracker Jack
1993年	2 050.5	117.6
1994年	1 247.4	248.7
1995年	2 519.7	72.1
1996年	4 437.3	188.0
1997年 1月—3月	3 873.3	53.9

图表3　1993—1997年消费者媒体广告竞争对手的支出

超市、食品杂货店以及大型商场/批发店/俱乐部是即食焦糖爆米花的主要零售点。超市和食品杂货店约占该分类销售额的44.7%，约42%的销售额发生在大型商场/批发店/俱乐部（塔吉特、凯玛特、沃尔玛）。杂货店约占13%的销售。剩余的销售量来自其他零售和食品服务外卖点。行业分析资料显示，1996年Crunch'n Munch约占超市和食品杂货店销售量份额的31%，占大型商场/批发店/俱乐部销售量份额的18%，占杂货店销售量份额的13%。相应地，Cracker Jack在这些地点的市场份额分别为23%，8%，11%。

即食焦糖爆米花的零售点主要是经由仓储配送系统服务提供的。在仓储系统中，产品由生产者的工厂或分销中心运送至零售商的仓库。零售商负责向它的店铺和货架分销商品。

Cracker Jack 在即食焦糖爆米花分类中是高价位定价品牌。相对于 Crunch'n Munch，它在过去 3 年中的全部品牌平均溢价为 28%。自有商店是典型的低价位定价品牌。地方品牌的定价通常在全国品牌和自有品牌之间。地方"美食家"品牌和季节/特殊品牌与全国品牌定价相当或接近。

焦糖爆米花消费者

行业研究显示即食焦糖爆米花主要是下午和晚上在家中食用的休闲食品。4/5 的消费者在家食用，80% 的食用在下午和晚上。仅有 12% 的美国家庭消费即食焦糖爆米花。平均消费频率比其他休闲食品品类至少低 2 次/年。然而至少有 2% 的美国家庭消费每两周至少消费一次即食焦糖爆米花，70% 的家庭消费咸味休闲食品（例如薯片），31% 的家庭消费糖果（口香糖和薄荷糖除外）。

行业研究还显示美国家庭中年龄在 25～44 岁，小孩 4～17 岁的女主妇是即食焦糖爆米花和 Cracker Jack 产品的主要消费者。这份研究进一步陈述道：

1. 成年妇女消费占即食焦糖爆米花销量的 44%，成年男性消费占 29%，18 岁以下的儿童消费占 27%。

2. 54% 的焦糖爆米花大量食用者以及 60% 的 Cracker Jack 产品大量购买者通常是两人以上在家享用。

3. 50% 的 Cracker Jack 产品大量食用者和 42% 的焦糖爆米花大量购买者与 18 岁以下的儿童在家享用。

Cracker Jack 品牌

在美国，Cracker Jack 是消费者食品品牌中人们最熟悉的品牌之一。在 15～60 岁人群中，品牌认知度高达 97%。在焦糖爆米花大量食用者中，Cracker Jack 品牌认知度高达 95%。

品牌继承性

Cracker Jack 是最早的焦糖爆米花品牌。由吕克海姆（F. W. Ruekheim）发明，由爆米花、花生以及糖蜜混合制成，于 1893 年在芝加哥召开的世界博览会上第一次出售。Cracker Jack 称谓产生于 1896 年一个到访销售员品尝后的呼喊："那是 Cracker Jack"——19 世纪广为流行的语言，意思是"好极了"。到了 1899 年，Cracker Jack 采用防潮包装从而进一步扩大了分销。

在 20 世纪初期有三大发展对于 Cracker Jack 品牌有持久的影响。1908 年，品牌在歌曲中流芳百世，歌词为"买一些花生和 Cracker Jack"，"带我去球赛"。1912 年，吕克海姆推出包装盒中附奖品的做法，包括有特色的放大镜、小人书、珠子项链、玩具火车和哨子以及棒球卡和其他商品。1912年以来，已推出170多亿件Cracker Jack玩具。在1914—1918年第一次世界大战期间，Cracker Jack包装盒上采用了红、白、蓝色条纹的美国旗帜标识。1918年之后敬礼的水手Jack和他的小狗Bingo的标识变动不大。

☐ Cracker Jack产品线和市场定位

100年来，Cracker Jack产品线仍使用吕克海姆最初的配方，仅由焦糖裹层的爆米花和花生构成。1992年推出奶油太妃口味，随后于1994年推出坚果豪华装，1995年推出无脂的Cracker Jack（原味和奶油太妃口味）。1993—1995年，Cracker Jack约有23%的利润和销售量增长源于这些产品的推出。Cracker Jack 1996年净销售利润分解如下：

产品表述	净销售额（%）
原味/奶油太妃口味	63.0
原味/无脂肪奶油太妃口味	26.0
坚果豪华装	6.7
其他*	4.3
合计	100.0

*其他分类主要由出售给经预先资格审定的优价零售商的有限货架存货构成。

Cracker Jack经由不同的包装出售。1996年12月推出的产品采用1.05盎司和1.25盎司的单人装小盒和包装袋的形式，1992年推出的是7盎司和8盎司的家庭袋和盒中有袋的包装方式。1996年，以不同口味、包装尺寸、包装形式（盒、袋、盒中袋）混合组合的形式，形成了一条拥有32个独立商品或商品分类存货单位（SKU）的产品线。1996年家庭型盒中袋式销售量占净销售额的75%；单人装包装销售量占净销售额的25%。1996年单人装和家庭装占净销售额的比例不高。Cracker Jack产品线中有代表性的品类见图表4。

图表4　Cracker Jack产品线

在过去 30 年中，Cracker Jack 的定位着力于作为传统消遣食品的品牌继承性。这一定位在 Cracker Jack 广告的主要信息中得以体现：

1. "你想要什么……焦糖裹层的爆米花、花生和奖励。"（20 世纪 60 年代）
2. "当他们称呼你 Cracker Jack 时你感觉最好？"以当时儿童在体育方面的出色表现为主题。（20 世纪 70 年代以及 80 年代初期）
3. "不变的好味道。"刻画一对双胞胎从儿童长到成人，母亲回想起他们是如何喜欢 Cracker Jack 并且伴随他们成长的。（20 世纪 80 年代中期）
4. "只有一种休闲食品称得上 Cracker Jack。"刻画了唯一的品牌继承性（20 世纪 90 年代初）。1992 年，推出奶油太妃口味并且定位为可以提供好味道、有趣经历供全家人随时分享的独特品牌。

Cracker Jack 的定位在 1997 年中期不断扩大，在原味和奶油太妃口味中强调 Cracker Jack 低脂或无脂的"对你更好"的品质，"Cracker Jack，你记忆中的香甜口味和松脆乐趣，含有超乎想象的低脂肪"。新定位被应用于各种形式的品牌沟通中，包括包装、消费者促销、公共关系以及消费者广告。

□ 广告和促销

1993 年以来，Cracker Jack 品牌的年度广告和促销占销售额的支出比例为 28%～40%。贸易促销，包括给零售商用来降低成本或者获得商品销售的激励（无发票，提供插入广告费用以及市场发展基金），自 1993 年起成为主要支出。消费者促销包括店内和周日报纸优惠券以及补偿成本，其他的促销活动例如销售支持和样品销售属于第二大类项目的支出。消费者广告是最小的一类支出，1993 年以来，Cracker Jack 没有做全国性广告。但是 1980 年 Cracker Jack 在美国花费 600 万美元，是做广告最多的甜食品牌。

Cracker Jack 的玩具惊喜是另一个广告和促销活动的元素。奖励的选择建立在对母子研究的基础上，以此决定吸引点。所有被 Cracker Jack 用作奖励的玩具必须经过严格的安全测试。除了长期受欢迎的礼物，例如小型棒球卡，Cracker Jack 自 1995 年以来授权了具有广泛知名度儿童形象（例如，Animaniacs，Looney Tunes，Wishbone，Scooby Doo）的所有权，为玩具惊喜活动增加了价值。这些努力开始着力于刺激冲动购买，尤其是 Cracker Jack 具有最高毛利润的品类——1.05 盎司和 1.25 盎司的单人盒装和单人袋装。

□ 销售和分销

Cracker Jack 销售量集中在美国，占 98.9%。余下的 1.1% 来自在加拿大的销售和少量的出口业务。1996 年，52% 的 Cracker Jack 销售量来自超市和食品店，31% 来自大商店，7% 来自百货商店，4% 来自批发店和俱乐部，6% 来自其他零售点。

Cracker Jack 与 Borden 共享销售队伍，这些销售队伍同样也出售 Borden 的奶酪和其他 Borden 食品品牌，例如鹰牌，Cremora 以及 ReaLemon。零售店销售队伍有 47 人，他们负责通过 65 家独立的食品代理商将商品出售给超市和食品店。一个由 20 人构成的独立代理商组织直接将商品出售给大型商场、军队、小杂货店和俱乐部。

Cracker Jack 产品从 13 家公司分销中心被运到零售店分销中心或批发店，随后配送至零售店由零售店销售人员摆放至货架。因此，Cracker Jack 在大型超市和食品杂货店中被放置在"批发店配送休闲食品"区域而不是"直送商店"区域,由生产者的销售人员而不是零售店人员完成储存以及交易。

定　价

为了与全国品牌（例如 Crunch'n Munch）竞争,Borden 对 Cracker Jack 采用高价位定价策略。1993 年以来,Cracker Jack 的价格平均每年提高 5%～6%。其结果是自 1993 年,以每盎司为基础单位计算,Cracker Jack 相对于 Crunch'n Munch 的平均价格溢价为 28%。价格溢价扩展至 1997 年 1 月,Cracker Jack 的价格提高了 6%,但是 Crunch'n Munch 10 盎司和 8 盎司的包装缩小至 8 盎司和 4 盎司,价格相对无变化。这一活动的影响是将 Cracker Jack 7 盎司和 8 盎司家庭装的价格溢价减少到 14%。

生　产

Borden 在伊利诺伊的北布鲁克生产 Cracker Jack,同时生产既定的 Borden 汤类食品。Cracker Jack 设备占据了生产厂房空间的 32%。这个空间共有 15 条生产线,11 个盒装生产线,4 个袋装生产线。生产线的运营能力约为 33%,以每周 5 个工作日,每天两个 8 小时轮班来计算,盒装和袋装生产线运营能力为 85%。每天约有 45 万～50 万份包装食品被生产出来,在该站点进行包装,随后运至公司分销中心。

生产和包装过程的独特之处是 Cracker Jack 奖品的植入活动。奖品由公司设计的定制设备来整理,生产线安装了电子眼以确保这些奖品放入盒中。1994 年,公司的全部资本支出中约 85% 用于使家庭盒装包装生产线设备的自动化,以及填充设备从杯容量注入器到精益系统的改变。

Cracker Jack 战略和财务业绩：1993—1996 年

图表 5 包含了 Cracker Jack 1993—1996 年直接产品贡献利润表。[1] 过去 3 年（1994—1996 年）Cracker Jack 直接产品贡献都为负。Borden 当前的管理层对这一结果从许多方面负有责任。1992 年起,管理的重点为追求基于容量的战略,减少对小包装的重视,着力于推出家庭型包装（7 盎司和 8 盎司的袋装和盒中袋包装）。这一战略达到了预期的效果。1993 年,Cracker Jack 在超市和食品杂货店、大型商场、批发店和俱乐部、小杂货店的销售量达到 1 240 万磅,1994 年达到 1 350 万磅,1995 年为 1 630 万磅。但是由于大包装的毛利润低而蚕食了小包装毛利润的更高增长。此外,1994 年和 1995 年,原材料价格提高减少了毛利润,但是追加的成本并没有体现为相应的价格增长。同样,1994 年和 1995 年推出的坚果豪华装和低脂系列产品依靠贸易促销的大力投资来支持。虽然这些产品系列在 1993—1995 年占据了 Cracker Jack 1/4 的销售收入和销售量增长,但是不足以弥补贸易促销成本的增加。

得益于当时 Borden 管理层实施的一系列变化,1996 年直接的产品贡献提高了。例如,贸易促销支出下降。Cracker Jack 的商品分类存货单位的数量从 1995 年的 47 个减少到 1996 年的 32 个,这一情形降低了存货水平,并且提高了销售的混合毛利润。但是,1996 年,Cracker Jack 的销售量下降了 9%,单品销售量下降到 1 120

万磅。

图表 5　　　　**Cracker Jack 1993—1996 年直接产品贡献利润表**　　　　单位：百万美元

	1993 年	1994 年	1995 年	1996 年
净贸易销售额	51.4	51.7	53.2	48.4
商品销售成本	26.0	33.8	32.2	27.1
毛利润	25.4	17.9	21.0	21.3
分销费用	4.6	6.1	5.5	4.4
贸易促销	11.4	16.0	15.6	8.6
广告、消费者以及其他促销	5.9	4.8	5.2	5.0
变动销售额	1.1	1.4	1.3	1.2
A&P 管理	0.3	0.4	0.8	0.8
市场研究	0.3	1.0	2.3	2.5
方法研究	0.1	0.2	0.4	0.6
直接产品贡献[a]	1.7	(12.0)	(10.1)	(1.8)
其他财务信息：				
折旧费用	1.5	1.6	1.4	1.4
资本支出	1.4	5.3	0.8	0.3
营运资本[b]	16.4	12.8	6.3	2.3

注：a. 不包括分配销售费用、一般管理费和其他收入以及支出。
　　b. 当前资产（不仅是现金）减当前负债。
　对于收入和支出项目的解释：
　收入认可：净贸易销售额一般是运出的货物被认可的收入。负债用于当收入被认可后，预测返还、津贴和消费者与贸易折扣。
　商品销售成本：包含与生产产品相关的所有变动成本，包括原材料、包装、直接或间接劳动力以及厂房、固定的一般管理费用，包括为质量保证和工程分配的 BFC。
　分销费用：将产成品从分销中心移至顾客手中相关的所有商品移入、入库以及从第三方仓储中心出库的处理、存储费用。
　变动销售额：与销售量相关的向经纪人支付的委托费用或其他费用。
　A&P 管理：组织个人营销业务的支出。
　市场研究：综合的消费者信息、口味测试、包装测试、焦点小组以及其他市场研究。
　广告费用：未来媒体广告的生产支出，主要用于广告第一播出日期或者印刷日期。所有其他的广告费用随后发生。
　贸易促销：为了降低价格或者获得商品交易的业绩采用的贸易激励方法。包括除发票外的补贴、货位津贴以及市场发展基金。
　消费者促销：对于目标顾客的促销费用包括报纸的插入的优惠广告，补偿成本以及对于达到特定水平的交易量对消费者返还的现金和额外费用。
　其他促销：包括销售支持、样品销售、包装开发以及货架促销。
　技术研究：与产品或过程研发相关的费用。
　说明：包含在图表中的全部财务信息都是虚构的，对于外部研究并不适用。

　　图表 6 显示了 Cracker Jack 截止到 1996 年 12 月 31 日的年终资产负债表。除了显示的实物资产，其他资产包括 Cracker Jack 商标，水手 Jack 和小狗 Bingo 形象，坚果豪华装，以及"当他们称呼你 Cracker Jack 时你感觉最好"等与 Cracker Jack 生产相关的特定专利。

图表 6　　　　Cracker Jack 1996 年 12 月 31 日年终资产负债表　　　　单位：百万美元

资产	
现金以及可转让债券	—
应收的净贸易额*	2.0
存货	4.2
其他当前资产	0.2
其他当前资产和无形资产	12.2
净专利、厂房和设备	15.4
全部资产	34.0
负债和权益	
应付的贸易额和款项*	4.1
其他当前负债	2.1
一般保险	2.5
养老金	0.5
全部负债	9.2
所有者权益	24.8

* 应收的净贸易额、应付的贸易额和款项以及特定的其他当前负债是未被出售的，而且只用于信息目的。

说明：包含在图表中的全部财务信息都是虚构的，对于外部研究并不适用。

☐ Cracker Jack 战略和财务目标：1997—2001 年

　　1995 年度 Cracker Jack 的财务业绩促成了 1996 年在战略方面的一些变化。新的 Cracker Jack 战略源于对 1995 年整个 Borden 公司总体的战略回顾。1996 年采用的战略有三个目标：（1）使基础业务重现活力；（2）提高运营效率；（3）延伸 Cracker Jack 品牌。这些目标通过下列途径实现：（1）在现有零售休闲食品和食品服务营销渠道内扩大分销；（2）开发新的包装和口味；（3）开展有影响力的产品市场定位；（4）通过价格领导力提高毛利润；（5）对消费者广告分配附加资源。

　　1996 年最初的努力是为了弥补 1994 年和 1995 年发生的损失。剔除无盈利的贸易促销，撤销 Cracker Jack 不必要的商品分类存货单位，使其从 47 个减到 32 个，更高的毛利润促使 1996 年直接产品贡献成倍地提高。在 1996 年年末和 1997 年年初，其他行动与新 Cracker Jack 战略相一致。

　　1. 1996 年 12 月，推出单人装（1.05 盎司和 1.25 盎司），主要是通过售货机分销和山姆会员俱乐部销售。

　　2. 1997 年 1 月，完成 6% 的价格提升。

　　3. 从 1997 年中期开始强调新的市场定位——Cracker Jack 的低脂特性。这一市场定位——"Cracker Jack，你记忆中的香甜口味和松脆乐趣，含有超出想象的低脂肪"——强化了原味 Cracker Jack 低脂的内容。Cracker Jack 脂肪含量从每 1.25 盎司 2.5 克降到目前的不含脂肪。

　　Cracker Jack 管理层相信广泛的分销是新策略的重要因素。1996 年 12 月，推出新的单人装，通过专业的分销商来开发自动售货机业务。1997 年，自动售货机业务销售额目标接近 200 万美元。但是，Cracker Jack 品牌管理层认为需要构建一个全新的销售和配送体系来促进销售增长和产品盈利性。尤其是，共享的 Borden 销售团队和目前使用的经纪人/销售网络应该被直接配送到店（DSD）销售力量所代替。DSD

销售力量能够提供 DSD 食品走廊，其在超市使用比率很高。由 Cracker Jack 管理层进行的商店测试显示采用 DSD 食品走廊可以提高 38% 的零售销售额。但 DSD 是比 Borden 的销售代表和分销网络更需要资源激励的销售方式。由于其他业务的资源需求，Borden 公司管理层既不准备进行必要的投资又不想为 Cracker Jack 配备 DSD 销售力量。

图表 7 显示了 1997—2001 年 Cracker Jack 管理层规划的直接产品贡献利润表。这一规划反映了 Borden 的管理层采用新的战略并将 Cracker Jack 整合为一个全国性生产、分销以及现有休闲食品相关业务潜在机会并购者的销售机构。

图表 7   1997—2001 年 Cracker Jack 预期直接产品贡献利润规划表   单位：百万美元

	1997 年	1998 年	1999 年	2000 年	2001 年
净贸易销售额	50.5	78.5	191.4	209.1	258.9
商品销售成本	27.3	37.4	97.5	108.3	127.8
毛利润	23.2	41.1	93.9	100.8	131.1
分销费用	4.4	4.6	9.7	11.0	13.0
贸易促销	6.2	10.2	23.8	22.3	23.9
广告、消费者以及其他促销	5.3	11.3	19.9	20.1	24.8
变动销售额	1.4	2.4	3.6	3.9	4.6
A&P 管理	0.9	0.4	0.4	0.4	0.6
市场研究	1.0	1.6	2.6	3.0	3.4
方法研究	0.7	0.8	1.8	2.1	2.6
直接产品贡献[a]	3.3	9.8	32.1	38.0	58.2
其他财务信息：					
折旧费用	1.4	1.9	3.7	4.2	4.7
资本支出	0.4	4.0	19.3	4.3	6.4
营运资本[b]	3.0	5.0	13.2	14.4	18.0

注：a. 不包括分配销售费用、一般管理费和其他收入以及支出。
　　b. 当前资产（不仅是现金）减当前负债。
说明：包含在图表中的全部财务信息都是虚构的，对于外部研究并不适用。

这个规划假定由于分销范围扩大，主要进入 DSD 食品杂货店、自动售货机和食品服务销售，可以使收入获得巨幅增长。同样假定并购者有意愿并且能够出资进行贸易促销和消费者广告来提升现存产品的销售量和扩大产品线，提高价格。规划中同样包括资本支出，1999 年尤为显著，需要销售目标来支持。

1997 年的直接产品贡献利润表反映了 Cracker Jack 管理层对于没有 DSD 销售力量的年终结果的预测。规划的 1998 年的收入展示了一个全面运营的 DSD 销售力量的影响。这些预测只关注国内机会，不包括出口销售额的潜在增长。

项目宾果

新投资团队在 1997 年 6 月开会决议是否尝试 Cracker Jack 收购业务。在阅读了由 Borden 提供的财务和运营数据后，决定将 Cracker Jack 作为一项并购来试验。这一努力被命名为"项目宾果"（Project Bingo）。

项目宾果由委托研究、公司内部审核和由佩西格负责协调的跨职能团队的分析和评估活动组成。截止日期为 1997 年 7 月 15 日，1997 年 8 月 1 日将向菲多利公司副总裁提交一份陈述和建议。一项针对潜在买家的关于 Cracker Jack 及其相关资产的非约束性的公开投标在 1997 年 8 月 6 日举行。出价最高的那些投标者将被邀请到伊利诺伊的北布鲁克参观工厂并听取 Borden 的管理展示。有约束力的投标意图在 1997 年 9 月末由感兴趣的实体投出。佩西格坚信将有一定数量的投资公司和包括通用磨坊、纳贝斯克、宝洁在内的消费者食品公司提出投标。

1997 年 7 月中旬团队完成了数据整合。主要分析涉及四个方面：（1）品牌管理；（2）销售和分销；（3）生产和产品担保；（4）财务和管理。

□ 品牌管理

新投资团队就关于品牌管理的思考将促进项目宾果的开展达成一致。有两项研究是委托进行的，包括品牌识别、形象、资产、使用研究，测试市场的模拟试验。

品牌识别、形象、资产、使用研究　一家专门为消费者食品公司开展品牌跟踪的独立研究公司在 1997 年 6 月底向项目宾果的品牌营销团队提交了报告。主要结论如下：

1. Cracker Jack 名称拥有普遍的认知度，但是 Cracker Jack 无脂奶油太妃口味和坚果豪华装的消费者认知率低于 50%。

2. Cracker Jack 品牌能唤起消费者记忆中的独特形象。它们包括产品自身的形式（焦糖、爆米花、花生）、盒中奖励的玩具、盒子上的男孩/水手以及小狗。总而言之，Cracker Jack 被感知为：

- 以传统和怀旧的方式唤起成长的记忆（但并不是非常现代的，比 Crunch'n Munch 要传统）。
- 在儿童中要比青年人、成年人或家庭中流行。
- 独自享受要多于共同分享。
- 是好的消遣食品，但是可供食用的场合不多。
- 绝对独特，尤其是与其他即食焦糖爆米花相比较。
- 不能与其他的"对你更好"休闲食品相比较。
- 购买不方便，在商店中不像其他即食焦糖爆米花那么容易找到。
- 缺少好的口味/类型。

3. Cracker Jack 拥有可观品牌资产在很大程度上源于它的继承性和广大消费者喜爱的形象基础。这些年拥有积极声誉的品牌认知好像在近些年失去了流行性。

4. 仅有 7.1% 的美国家庭消费 Cracker Jack。这些家庭一年消费 Cracker Jack 还不到一磅。图表 8 显示了为什么美国家庭不经常购买 Cracker Jack 的主要原因。

研究结果由品牌营销团队进行总结。一个团队成员说："由于没有抓住机会，Cracker Jack 是一个吃老本的品牌。"

模拟测试市场　据品牌团队成员称，来自模拟测试市场（STM）的初步结果是"令人鼓舞的"，不同于品牌识别、形象和使用的研究，模拟测试市场的目的是对 Cracker Jack 的商业潜力进行初步测试。

STM 由另一家市场营销调研公司进行，由四个步骤构成。第一，在美国 16 个城

第 5 章　产品与服务战略和品牌管理

Cracker Jack购买者：28%、16%、11%、11%、9%、25%

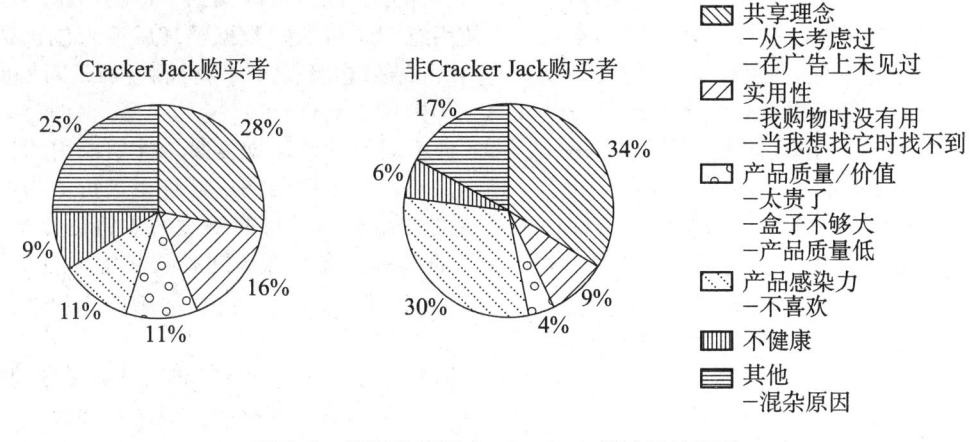

非Cracker Jack购买者：34%、9%、4%、30%、6%、17%

图例：
- 共享理念
  - 从未考虑过
  - 在广告上未见过
- 实用性
  - 我购物时没有用
  - 当我想找它时找不到
- 产品质量/价值
  - 太贵了
  - 盒子不够大
  - 产品质量低
- 产品感染力
  - 不喜欢
- 不健康
- 其他
  - 混杂原因

图表 8　不经常购买 Cracker Jack 最重要的原因

资料来源：Company records.

市的购物中心中招募年龄在 12~64 岁，并且过去 3 个月中购买过甜味或咸味休闲食品的消费者，将他们送至附近的研究机构。随后向这些购买者展示 Cracker Jack 的广告（见图表 9）。在这一展示后，消费者进入模拟商店的环境设置中，在那里 Cracker Jack 与竞争对手的即食焦糖爆米花品牌一起出售。付给消费者一些钱，让他们任意购买他们喜欢的品牌并且将钱花完。最终，给那些购买 Cracker Jack 的消费者额外两包赠品带回家。两至三周后，给这些消费者打电话，询问他们产品情况并提供重复购买品牌的机会。

WHAT MAKES THE MAGIC OF Cracker Jack?
Is it:
The Sweet Crunchy Popcorn?
The Salty Peanuts?
or
The Mystery Prize?

Cracker Jack, now easier to find at your favorite store in both Family-Size Bags and Single-Serve Bags.

图表 9　Cracker Jack 模拟测试市场广告

作为 Cracker Jack 模拟测试市场的一部分，他们也收集到了诊断信息。包含消费者对品牌的态度（喜欢和不喜欢）和使用意图。将这些数据整理后输入包含品牌未来营销方案元素的计算机仿真模型。STM 的结果包括关于家庭品牌尝试以及重复购买率，购买数量和频率，产品蚕食和第一年销售量的估计。[2]

Cracker Jack 的 STM 共测试了 15 种不同的营销计划方案。计划采用的分销覆盖与菲多利薯片，以及玉米片的水平相当。对两种不同的商店选址也进行了测试：放置在咸味休闲食品的走廊与两种口味兼有的食品走廊。目前测试的零售价格为 1.69 美元/8 盎司包装，但是包装类型在 7 盎司袋装和 8 盎司盒装间不断变化。同样，8 盎司袋装的测试零售价格为 1.99 美元。最后，模拟了三种广告和促销的支出水平（1 500 万美元、2 200 万美元和 3 200 万美元）。

通过 STM 收集的诊断信息表明，消费者更"喜欢"Cracker Jack。消费者提供了关于 Cracker Jack 口味/风味以及结构/一致性的喜好比率。但是大多数消费者说花生不够量。Cracker Jack 作为午后、傍晚和深夜休闲食品的得分较高，但是作为早餐的得分比较低。近一半（46%）的消费者表示坚果、爆米花和休闲食品的混合区域是首选购买 Cracker Jack 的区域。其次是咸味休闲食品区域（占 24%），随后是糖果曲奇区域和结算柜台。

图表 10 显示了第一年每种营销计划方案的预测销售量和净收入。根据出厂价格预测，第一年净销售在 4 660 万～12 440 万美元之间。产品蚕食预测表明当广告和促销支出是 3 200 万美元时，22%的 Cracker Jack 销售量将来自菲多利其他休闲食品品牌。[3] 当支出为 1 500 万美元时这一比例是 7%。当支出为 2 200 万美元时没有做出预测。产品蚕食不随商店选址（咸味休闲食品区域与两种口味兼有的休闲食品区域）的变化而变化。据一名投资团队成员讲，"这些初步的结果表明通过广泛的销售和分销网络，以及广告和促销的支持，Cracker Jack 存在可观的上升空间"。

图表 10　　Cracker Jack 模拟测试市场的第一年销售目标

营销计划因素	主要的营销方案选择														
产品分销地点	咸味休闲食品区域									甜味、咸味休闲食品区域					
包装形式和零售价格	8 盎司盒中袋 1.69 美元			7 盎司彩丝带 1.69 美元			8 盎司彩丝带 1.99 美元			8 盎司盒中袋 1.69 美元			7 盎司彩丝带 1.69 美元		
广告和促销[a]（百万美元）	15	22	32	15	22	32	15	22	32	15	22	32	15	22	32
第一年销售目标[b]															
销售量（百万件）	24.3	34.0	40.7	22.6	31.6	37.8	26.0	36.4	43.8	20.5	32.2	38.9	19.0	29.9	36.2
销售额（百万美元）（按出厂价格计）	59.6	83.4	99.0	55.1	77.1	92.5	73.9	103.7	124.4	50.4	79.1	95.7	46.6	72.6	88.6

注：a. 广告和促销分解：

	1 500 万美元	2 200 万美元	3 200 万美元
消费者广告	0	1 000 万美元	1 500 万美元
消费者促销	800 万美元	500 万美元	1 000 万美元
贸易促销	700 万美元	700 万美元	700 万美元

b. 销售量预测准确率有 15%的上下浮动。

说明：包含在图表中的全部财务信息都是虚构的，对于外部研究并不适用。

Cracker Jack 延伸　　在随后品牌营销团队的会议中，讨论集中在 Cracker Jack 第一年以后的延伸能力。品牌营销人员认为在给定新的销售和分销基础设施的情况下，第一年的精力应放在建立 Cracker Jack 的基础业务上。但是第二三年将 Cracker Jack 作为菲多利的一个品牌进行营销时应追求品牌和口味的延伸。

几名品牌营销团队成员在第二年主张品牌延伸。尤其是他们提议推出菲多利小吃吧。跟随风行的"即时"（grab-and-go）风潮推出的小吃吧已经为谷物营销者带来了可观的成功。例如，过去两年中 Kellogg 的大米花糖小吃吧在超市的零售额超过了 1 亿美元。桂格燕麦利用 2 000 万美元资金的支持进行贸易促销和消费者广告，推广水果和麦片谷物吧并延伸其燕麦谷物产品。根据品牌营销团队成员的计算，如果投资 1 000 万美元于贸易和消费者广告促销计划，那么 Cracker Jack 小吃吧将在第二年产生 5 000 万～1 亿美元的厂商净销售额。当然，小吃吧销售量的提升或多或少取决于第一年的销售量；也就是说，第一年销售量越高，小吃吧销售量的增长更高。

据品牌营销团队成员称，在现有焦糖和奶油太妃口味的基础上，第三年将推出新口味。具体的新口味还没有决定，但可能会在巧克力和花生酱口味中选择。如果获得 500 万～1 000 万美元的支持用于贸易和消费者广告以及促销计划，小吃吧和口味延伸将在第二年销售量的基础上带来 5%～10% 的销售收入增长。

销售和分销

在 Cracker Jack 并购消息公开后不久，就对菲多利的销售以及分销人员进行了咨询。他们最初的反应是积极的。Cracker Jack 将调整以适应目前菲多利的销售和分销机构。

销售和分销人员就并购提出了两个问题。首先，Cracker Jack 商品分类存货单位（32 个）太大。典型的菲多利品牌仅有 5～10 个单位，Cracker Jack 商品分类存货单位的数量将在获得零售商货架和展位方面面临挑战。其次，Cracker Jack 采用直接商店递送的成本估计还不明朗。据行业分析称，当提及 1% 的净销售额时，DSD 销售人员在出售相对产品的销售和分销支出中有 1/2 的因素没有表述。

生产和产品保证

菲多利生产和产品保证人员也支持 Cracker Jack 的并购，像销售和分销人员那样，他们表达了对 Cracker Jack 商品分类存货单位的担心和从生产角度由这一巨大数量所增加的复杂性问题。

不去真正检查 Cracker Jack 的工厂，生产和产品保证人员就不能评估设施的条件，以及 Cracker Jack 的产品、包装盒/袋生产线。但是他们相信菲多利将不可能购买伊利诺伊北布鲁克市的设施。产品、包装盒/袋生产线的购买将依据他们的条件并随花生和奖品产品线重新安置给已有的菲多利生产车间。如果这样做，那么由 Borden 管理层所规划的现有资本支出目标看起来是合适的。

生产人员同样认为根据 Borden 管理层 1999 年设定的目标，菲多利不需要做出新厂房和设备资产的支出（见图表 7）。但是菲多利与一家生产焦糖爆米花以及其他咸味休闲食品，并拥有生产能力保持 1 亿美元销售额的独立供应商维系着长久且成功的关系。如果 Cracker Jack 的销售收入超过 1 亿美元，那么菲多利现有的生产设施还有闲置能力来安装额外的产品、包装盒/袋的生产。这些生产会带来成本投入的微小增长。每投资 1 000 万美元将相应地提供生产 5 000 万美元销售产品的能力。采用直线法，设备折旧期为 15 年。

菲多利高级生产经理还相信 Cracker Jack 产品销售成本将会比 Borden 管理层的规划低 10%。他们还意识到，通过简化 Cracker Jack 产品线并以软袋代替 Cracker Jack 的盒装和袋装可以减少成本。

□ 财务和管理

1997 年 6 月，佩西格将菲多利企划人员和百事公司的并购专家召集起来对 Cracker Jack 的业务进行评估分析。7 月中旬，收集了与消费者食品行业近期并购相关的一系列数据。新投资分公司的财务主管戴安娜·特斯雷（Diane Tousley）认为，这类并购的交易价格是被并购公司净收入的 1~3 倍，税后收入的 10~12 倍。那些有较强的品牌名称或商标，建立了分销渠道和贸易关系，以及那些历来业绩好的业务的这一倍数将更高。

特斯雷承认这些数据需要进一步进行更缜密的财务证实，包括对 Cracker Jack 采用现金流量价值贴现法（见本案例的附录）。她提到菲多利公司计算未来税后现金流的当前价值时，通常运用风险调整的折现现金流分析法。（注意：根据 1997 年百事公司年度报告第 29 页，1997 年百事公司为保护持续经营，有效的运营收入税率为 35.4%。）根据风险水平，折现率范围为 12%~18%，平均风险调整折现率为 15%。新投资团队认为 Cracker Jack 投资相当于菲多利的"平均风险"。

将 Cracker Jack 作为菲多利品牌进行营销的收入预期在 1997 年 7 月 15 日还未最终确定。但是佩西格认为由 STM 提供的第一年销售规划和第二年与第三年进行的品牌和口味延伸增加的销售额已经提供了进行收入预测的起始点。她同样认为伴随价格和销售量的稳步增长，Cracker Jack 将在第四年和第五年、保持销售额 2%~3% 的增长。佩西格补充道："我猜测商业团队聚集起来后，讨论将主要围绕 Cracker Jack 的收入规划展开。"

佩西格同样期望进行关于 Cracker Jack 贸易促销和消费者广告预算相关的热烈讨论。她认为在促销和广告支出支持下用 3 年时间进行品牌发展的努力对重新构建和发展业务是必要的。随后每年占生产者净销售额 4%~8% 的促销和广告支出将保持 Cracker Jack 业务的持续发展。Cracker Jack 也可能产生其他费用。例如，特斯雷预测将 Cracker Jack 作为菲多利品牌进行营销的初始和持续的管理成本将占生产者净销售额的 4%~7%。这些支出包括生产和过程研发、营销调研、品牌管理以及行政人员薪金和附加福利。

最后，佩西格认为她呈递给百事执行副总裁的这份报告涉及 Cracker Jack 作为一个消费者食品新品牌的内部开发和商业化的思考。行业资料显示，在消费者食品分类内部开发和拓展一个新品牌（商标）所需财务投资为 7 500 万~1 亿美元，包含产品研发、营销测试以及全国产品推广。从概念开发到全面的商业化间隔为 2~3 年。一项新产品成功的可能性为 1/10。

■ 附录：关于评估一项业务的注释

对公司公平市场价值的估计是在并购时决定其购买价格的第一步。公平市场价值可以是现金或现金等价物，即有意愿的买卖双方在掌握评估资产的全部信息并且无任何压力的前提下，愿意对资产进行交易的价格。

虽然这一价值通常不代表最终交易价格，但是评估专家开发了一系列的评估方法来帮助确认一个公司的公平市场价值。在现实中，交易价格需要考虑一系列的因素，并且这些因素将因拟并购公司的特征和买卖双方的目标而变。例如，获得有价值的贸易名称，掌控另一个实体，或者使特定产品获得市场份额增长，都可能影响最终的购买价格。尽管如此，交易或购买价格或合理价格的决定需要借助定量的方法。本附录主要描述投资银行家、研究分析师以及评估专家在评估公司的公平市场价值时所采用的折现现金流法。假定读者对于现值和折现现金流分析的术语以及结构非常熟悉。[4]

□ 折现现金流

折现现金流（DCF）评估方法是最常用的公平市场价值评估方法。它提供"持续经营"价值，这一价值体现在一项业务的未来商业可能性上。使用这一方法，公平市场价值等于一定时期内未来现金流的现值与一项业务规划期终结时剩余价值或清算价值的现值之和。一般地，对拟兼并公司5~10年规划期内的税后运营现金流，以及各种清算价值或剩余价值的估计，都会采用对资本成本的风险调整加权平均的方法将其折现。现金流量来自预估利润计划以及流动和固定资本的支出计划。这一计算的结果即是对借贷双方的公平市场价值。为实现资产持有者的价值，在并购时要从总资产价值中减去未清偿债务。

当使用DCF评估方法时，为了准确性和适用性需要评估四个关键领域。这些领域包括：对于潜在预计现金流量的假设；预测周期的长度；预测周期结束时的剩余和清算价值；合适的折现率。

财务预测假设和预测周期　　五个因素构成基本财务预测的基础：历史销售增长；被并购公司的商业计划；现行的相关业务条件，包括增长预期和竞争性定位、一般市场增长以及价格压力；对于流动资本和固定资本支出的需求预期；关于营运收益性的历史和期望水平及趋势。每一项因素都会影响拟并购业务的预测现金流。

对预测周期长度的决定需要依靠判断。通常的规则是，在预测周期结束时，业务应该保持在正常的、稳定的运营水平上以易于进行清算价值或剩余价值的估计（下面进行讨论）。诸如销售额过度增长，营运边际收益的增加或者减少，财务应收账款或存货水平的提高等特殊情况，都不应该在预测周期将结束时出现。公司在预测正常的销售增长率和边际利润率时，通常采用5~10年的预测周期。

预测清算价值或剩余价值　　预测周期结束时一项业务的价值至少是评估价值分析的一个因素。但是，它可以在公司全部公平市场价值中占有显著比例。估计清算价值或剩余价值的方法取决于之前描述过的财务预测因素，以及业务的特殊性和预测周期的长度。在计算公平市场价值时，两个因素（预测周期内的 DCF 和清算价值）的内在可靠程度之间存在权衡问题。预测周期较短时，开发有意义的清算价值或剩余价值估计的能力就更为重要。预测周期较长时，对每年现金流的假定就比清算价值的估计更重要。

两种最常用的预测清算价值的方法是收入资本化和乘数方法。这两种方法都是在预测周期结束时对未来价值进行估计的方法。然后将这一未来价值折现以决定其现值。

收入资本化方法将预测周期最后一年的税后收益或现金流乘上折现率进行折现。这一方法假定税后收入是固定不变的或者从预测周期的上一年开始以一个固定比率提高，且适当的资本成本风险调整的加权平均就是折现率。乘数方法将乘数运用于预测周期上一年的税后收益或现金流中。最终采用折现率将预测周期最后一年的剩余价值折为现值。乘数从公开交易的可比较的公司或近期的并购交易中得到。关于收入资本化和乘数方法需要记住的一点是清算价值的计算取决于对预测周期的假定。例如，激进的销售增长率会夸大预测周期上一年的税后收入或现金流量，结果将夸大清算价值。类似地，乘数法因为受外在因素的影响和两个公司极不相同等因素的影响从而可能失真。

折现率 在 DCF 中，恰当的折现率是最重要的因素。因为现值随折现率的改变而改变，对内在风险和并购结果的适当估计是价值评估的关键。

金融界使用资本资产定价模型（CAPM）作为预测投资者收益要求和公司股权资本成本的方式。实质上，在 CAPM 中资产成本等于无风险债务成本加上与公司相关的额外风险溢价。在大多数财务教材中可以找到关于 CAPM 的详细讨论。为了获得资本成本的加权平均，资产和债务的要求回报率还要进行加权计算。《财富》500 强中消费品生产企业的平均值为 10%～12%。

折现现金流技术示例

图表 A—1 展示了对一项业务的简单 DCF 计算。例子中包含 5 年的预估利润表，包括预估业务收入、商品销售成本、营运支出、税前收入，也包含应收税款和税后收入。

现金流计算 图表 A—1 下半部详细阐述了现金流量的计算。通过调整非现金项目的预估利润和资产负债表中影响现金项目[5]的改变得到预估现金流。这通过每年税后第一次增加折旧费用（非现金成本）表现出来。税后收入加折旧费代表一项业务运营的年现金流量。

需要调整来自运营的现金流以反映现金的流出。这需要从每年运营的预估现金流量中扣除预估流动资本的增加（当前资产减去当前负债）以及计划的资本支出。流动资本的增加显示当前资产，例如存货和财务应收款项，当前负债净额（例如，应收款项），见图表 A—1，在预测周期内给定年收入增长比率为 10% 的情况下，流动资本有每年 10 万美元的稳定增长。资本支出反映了每年用于厂房和设备的现金投资。总之，税后收入加上非现金支出（例如折旧）减去流动资本的增加以及年度资本支出就得到一项业务全年的预估现金流。

预估现金流和清算/剩余价值的现值 正如先前所描述的，一个企业的公平市场价值等于特定时期预估现金流的现值加上预测周期结束时清算/剩余价值的现值。图表 A—1 展示了使用 15% 折现率（其他折现率见图表 A—2）来计算的现值。折现率等于拟并购公司的加权平均资本成本加上在并购中任何附加的或特殊的风险；因此，通常使用风险调整贴现率。5 年预测周期累积的现金流量现值为 9 592 000 美元，见图表 A—1。

如前所述，在预测周期结束时的清算/剩余价值通常占一个企业公平市场价值的显著比例，正如图表 A—1 所示，同样也可以看出采用乘数方法对清算/剩余价值的估计。在这一示例中，税后收入（现金流量）乘以 12，然后采用折现率将预测周期结束时的价值折现为现值，得出剩余价值为 22 704 000 美元。如图表 A—1 所示，预估现金流的累积现值（9 592 000 美元）加上清算/剩余价值现值得到预估公平市场价值，即 32 296 000 美元。

第5章 产品与服务战略和品牌管理

也可选择收入资本化方法。这一方法折现率调整预测周期最后一年的税后收入或现金流。假定税后收入或现金流是固定的或者按照一定比率从预测周期上一年度开始稳定增长。

在图表A—1包含的信息中采用收入资本化的方法预测清算/剩余价值。假定第5年税后收入（或现金流量）保持在3 514 000美元，按照15%的折现率计算，剩余价值为11 643 053美元（(3 514 000/0.15)×0.497）。然后加上预估的现金流的现值，公平市场价值为21 235 053美元（9 592 000＋11 643 053）。相对地，如图表A—1所示，如果预期未来税后收入（现金流量）以10%的比率稳定增长，那么可预测税后收入（现金流量）持久增长的现值，使用公式 $E/(K-g)$，E 代表预测期上一年的税后收入（现金流量），K 代表折现率，g 代表持久的增长比率。运用这一公式，预估的剩余价值为70 280 000美元（3 514 000/(0.15－0.10)），现值为34 929 160美元（0.497×70 280 000）。将最终价值加至预期的现金流量的现值，预估公平市场价值为44 521 160美元。

图表A—1　　商业价值的折现现金流技术示例　　单位：千美元

	第1年	第2年	第3年	第4年	第5年	剩余价值	公平市场价值
收入（10%增长）	10 000	11 000	12 100	13 310	14 641		
商品销售成本（占收入的40%）	4 000	4 400	4 840	5 324	5 856		
毛利润	6 000	6 600	7 260	7 986	8 785		
运营支出（占收入的20%）	2 000	2 200	2 420	2 662	2 928		
税前收入（EBIT）（占收入的40%）	4 000	4 400	4 840	5 324	5 856		
应收税款（占EBIT的40%）	1 600	1 760	1 936	2 130	2 343		
税后收入（占收入的24%）	2 400	2 640	2 904	3 194	3 514		
加非现金项目，包括折旧费	700	850	1 050	1 300	1 600		
可提供的资金	3 100	3 490	3 954	4 494	5 114		
减去：							
流动成本的增加	(100)	(100)	(100)	(100)	(100)		
资本支出	(500)	(750)	(1 000)	(1 250)	(1 500)		
总现金流（税后净额）	2 500	2 640	2 854	3 144	3 514	45 682[a]	
折现率按照15%计算	0.87	0.756	0.658	0.572	0.497	0.497	
现值	2 174	1 996	1 877	1 798	1 747	22 704	
总现金流的现值							9 592
剩余价值的现值							22 704
公司的公平市场价值							32 296

注：a. 剩余价值采用税后收入（现金流量）乘数。5年期税后收入（现金流量）乘数为12（3 514 000×12）。

图表 A—2　　　　　　　　　　折现率为 K 的 N 年期，1 美元的折现值

年限（N）	折现率（K）						
	12%	13%	14%	15%	16%	17%	18%
1	0.893	0.885	0.877	0.870	0.862	0.855	0.847
2	0.797	0.783	0.769	0.756	0.743	0.731	0.718
3	0.712	0.693	0.675	0.658	0.641	0.624	0.609
4	0.636	0.613	0.592	0.572	0.552	0.534	0.515
5	0.567	0.543	0.519	0.497	0.476	0.456	0.437

□ 小　结

出于发展的考虑，对公平市场价值的估计需要对一个企业未来的商业机会进行定性和定量的评估。正如本附录中所述，对公平市场价值的评定并非易事，在不同的假定下可能产生不同的计算结果。在本附录中所给出的 DCF 方法，尽管概念上正确，但是通常在实际应用中需要一系列的判断分析。一个企业的公平市场价值有赖于观察者的眼光，无论他是买方还是卖方。

[注释]

[1] 直接产品贡献利润表不包括与 Borden 公司的内部政策相一致的定制化分配的产品所发生的直接或间接费用。这些分配的支出分类，依据时间不同而变化，代表与 Borden 食品公司功能结构相关联的成本，包括特定的固定销售额以及管理费用。此外，由 Borden 公司总部提供的关于特定的系统、法律支出、财务/会计核算、人力资源/收益服务的费用同样也不包括决定直接产品贡献。包含在图表中的全部财务信息都是虚构的，对于外部研究并不适用。

[2] For an extended description of STMs, see K. Clancy, R. Shulman, and M. Wolf, *Simulated Test Marketing: Technology for Launching Successful New Products* (New York: Lexington Books, 1994).

[3] 菲多利没有公开其产品和产品线的盈利数据。但是为了案例分析和课堂讨论，假定菲多利薯片边际利润为每磅 1.05 美元。

[4] For background reading on the time value of money, present value analysis, and discounted cash flow, see the most recent edition of S. Ross, R. Westerfield, and B. Jordan, *Fundamentals of Corporate Finance* (Burr Ridge, IL: Irwin McGraw-Hill) or R. Higgins, *Analysis for Financial Management* (Burr Ridge, IL: Irwin McGraw-Hill).

[5] 为了简化，本例中不包含递延税和商誉摊销。

第6章 整合营销沟通策略和管理

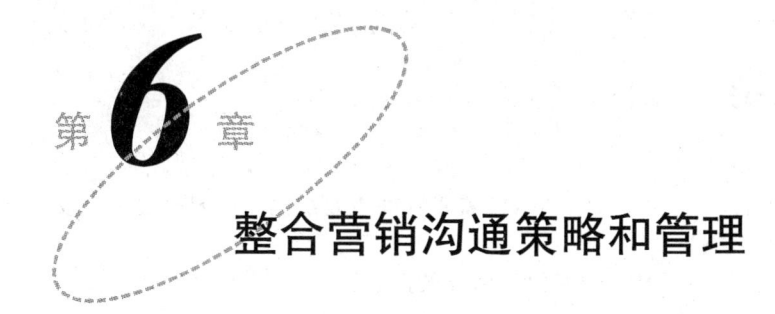

营销沟通是向选定市场传播有关企业及其产品信息的过程。在促进企业与潜在购买者之间互利互惠的交换关系时，沟通具有十分重要的作用。沟通的目的不仅仅是吸引顾客，而且还要达到售后满意，从而提高重复购买的可能性。即使潜在买主急于购买，而企业恰好有其所需的商品，若缺少沟通也无法成交。沟通可传递给买主如下信息：

- 产品的可获性；
- 产品的独特功用；
- 何处购买及如何使用。

如何通告潜在买主，即实际传递的信息，是最为主观的沟通决策之一。虽然要传递的信息有时可借助于调研来确定，但并无明确有效的信息策略可以适用于所有产品、市场和企业。每个情境下都必须要决定信息传递是硬性推销的、幽默的还是只是提供信息。无论选择何种信息沟通方式，信息都应该是接收者所期望的，能够描述产品特性，且宣称的产品效能具备可信性。

有效管理沟通过程是营销经理的职责。营销经理可以采用的具体沟通活动，通常称为要素、功能、工具或任务，包括广告、直销和促销。这些活动总称为**营销组合**（marketing communication mix）。[1]营销组合要素范围覆盖从非常柔性（如直销）到非常不灵活（如大规模广告），每种要素都有各自的特色和功效。但在某种程度上，它们可以互相交换相互替代。营销经理的职责是以尽可能低的成本找到最有效的营销组合。

营销经理在设计沟通战略时不应仅局限于采用何种沟通行为。很少有企业仅用一种沟通行为；相反，经理们应拓宽视野，考虑**整合营销沟通**（integrated marketing communications），即将不同要素混合，使其相互促进。在这种背景下，注意力集中于应突出何种要素、使用程度如何、如何最有效地组合与协调各种活动。例如，广告用于引起消费者对产品的认知和理解，促销用于刺激购买欲望，直销用于最后确认和购买。

市场营销者日益将网络作为潜在的整合营销沟通的平台之一。网络技术使得消费者和工业用户可以参与销售的全过程，从产生认知到以互动的方式提供信息，到下订单，再到售后服务。网络在营销沟通中的作用在本章讲述，而网络作为分销渠道所起的作用将在第7章讲述。

整合营销沟通战略框架

从管理的角度看，整合营销沟通战略的生成需要六项主要决策。一旦产品和目标市场确定，经理应考虑以下决策：
1. 目标市场顾客在进入购买过程中需要什么样的信息？
2. 沟通战略要达到什么目标？
3. 如何将营销沟通组合要素综合起来向目标市场传递信息？
4. 目标市场沟通预算如何确定？资源以何种方式在各种活动间分配？
5. 沟通时间和日程安排如何确定？
6. 如何评估沟通过程的有效性？如何对其进行控制？

从理论上讲，这些问题明显不同，可以按顺序逐个解决。然而，实际上因其密切相关，经常需要同时考虑。

购买决策中的信息要求

设计沟通策略的第一步是确定买主如何购买一种具体提供物及信息在购买中有何作用。解决这一问题经常要求使用购买过程（或接受过程）模型。通常，这类模型将买主视为在购买中要经历若干序列阶段的过程，例如：不了解→了解→喜好→购买。在任一时间点，不同买主处于模型的不同阶段，每一阶段都要求有不同的沟通策略。

多数模型对单独决策和联合决策作了区分。在任一购买决策中，参与购买的人扮演几种可能的角色：购买者、影响者、决策者或消费者。在特定购买情形中，一个人可能扮演不止一种角色。在其他购买情形中，如联合购买决策，这些角色由不同的个人扮演。妈妈可能是家中早餐麦片的购买者，孩子们可能会影响所购买的品牌，爸爸消费该产品。在工业设备中存在同样情形，采购员可能是买主，工程师是影响者及决策者，技工是使用者。明确有关人员承担的角色是成功确定沟通信息和向谁发布以及怎样沟通的前提。

类似地，购买过程影响信息的作用，进而决定了最有效的沟通策略。例如，工业设备购买过程经常是规定好的。因而，理解购买决策中在何时、何地、如何使用何种信息将有助于企业在合适的时间传播合适的信息给合适的人。这些观点也适用于同消费者的沟通。试想一位消费者决定购买房屋的例子。为有效沟通，企业必须知道对于消费者什么信息是必要的（价格、地点、大小），在哪寻找（报纸、中间人、朋友），何时寻找（提前多久、何日），以及获得后如何使用这些信息。

最后，购买者对一个企业及其产品的评价与其信息需求密切相关。顾客对产品重要性及错误购买决策所带来的风险的感知将影响他们接收信息的程度和对信息来源的选择。在购买者看来，产品购买越重要或风险越大（因为开支大、自我介入或健康及安全方面的原因），他们越有可能从提供产品的企业之外的渠道获得信息。比如，新款汽车的预期购买者在实际购买之前往往会花上五个小时在网上搜索有关品牌、款式、外观和价格的信息。[2]

制定合理的沟通目标

沟通计划目标的制定有赖于企业总体的产品市场战略和所处的产品生命周期的阶段。采用的战略（是市场渗透、市场开发还是产品开发）不同，沟通目标也不同。例如，若采用市场渗透战略，沟通的目的在于引导重复购买或建立产品忠诚或偏好。另一方面，若采用市场开发战略，沟通的目标应是激发人们的产品认知和鼓励试用。

生命周期阶段在确定沟通目的是刺激基本需求还是刺激选择性需求方面发挥重要作用。在生命周期的早期，沟通效果集中于刺激**基本需求**（primary demand），即对某类产品或服务的需求，如奶制品、个人电脑或金融计划。在此阶段，信息传递通常集中于介绍产品或服务的特性或克服抵触情绪。在生命周期的晚期，当替代产品和服务出现时，沟通主要集中于刺激**选择性需求**（selective demand），即对特定品牌的产品或服务的需求，如 Borden 奶粉、康柏电脑或 Merrill Lynch 金融计划。此时，所传递的信息旨在赞扬产品特定的竞争优势，突出与其他产品的不同之处。

每种沟通工具的目标都必须十分明确。一般的和具体的沟通目标都需要与各种工具所要达成的任务相联系。沟通目标和任务必须合理并相互保持一致，与其他营销要素相协调，适于量化衡量和控制，通过适当的努力和支出及在特定的时间内能够实现。

开发整体沟通组合

制定整合沟通组合时，需要根据沟通的目标对各种具体沟通活动相对比重作出安排。虽然并不存在设计最优沟通组合的具体指南，但以下几个影响因素是应该考虑的：
- 潜在购买者的信息要求；
- 产品特性；
- 目标市场的性质；
- 企业能力。

购买者的信息要求

开始设计整合沟通组合时，必须对购买决策过程中各阶段沟通工具的相对价值加以分析。试想一下新车的购买决策过程。通过广告和诸如 GMBuyPower.com 这样的网站，制造商试图刺激对新款汽车的认知并指出在何处购买。推销员向客户提供有关可能的选择、信贷和交货等方面的信息。营业推广、宣传手册和产品目录对产品性能和其他突出的特性进行详细的描述。哪种沟通工具对潜在购买者有最大影响呢？尽管很难回答，但这个问题的答案可以用于衡量各种沟通工具的重要性。只有了解潜在购买者的信息要求并以适当的沟通组合要素满足这些要求，营销经理才能设计出有效的沟通组合。

产品特性

企业的产品是制定沟通组合时应考虑的主要因素之一。高科技产品、其益处（如性能和质量）尚不明显的产品或相对较贵的产品，一般需要进行直销。另一方面，若产品并不复杂，经常购买，相对便宜，或具有不同于竞争者的优点时，广告是一种强有力的沟通工具。而营业推广因其形式多样而适合于各类产品，不过，其主要功能是引起人们对经常购买品的即时购买。

目标市场的特征

目标市场的特征是需要考虑的另一个因素。若目标市场由为数不多、在地理上临近、购买量大的潜在购买者构成，适于采用直销策略；相反，地理上相对分散的大众市场则应注重广告。不过，企业逐步发现，直销也可用于地理上分散的目标市场。这一认识导致许多企业用大众传媒（电台、印刷品、电视）广告来替代邮寄和电话推销，并采用网络，在消费产品和服务市场，作为对广告的补充沟通媒介，在工业产品和服务市场，为直销提供辅助手段。

企业能力

第四个应考虑的因素是企业开展特定沟通活动的能力或意愿。企业总是要面对**做还是买的抉择**（make-or-buy decisions）。若企业决定采取特定的沟通活动，那么应该由内部承担（即"做"）还是由外部承包（换句话说是"买"）？

此类决策之一是在公司拥有的销售队伍与独立销售代表间进行选择。[3]这一决策需同时考虑经济和行为因素。经济因素与固定成本和变动成本有关。独立销售代表的费用是可变的，他们只拿销售佣金。而另一方面，公司销售队伍则涉及固定成本和变动成本。独立销售代表无业绩就无佣金，但公司销售队伍即使无业绩，固定成本仍要发生。这些概念可以用来确定在不同销售水平上，是使用独立销售代表还是公司销售队伍更节约。

假设独立销售代表获得5%的佣金，公司销售人员获得3%的佣金，另外还要支付工资和管理费50万美元。在何种销售水平上公司销售人员的成本与独立销售代表的成本等同呢？这个问题可用下面的等式解答：

$$\frac{公司销售人员成本}{0.03x + 500\,000\ 美元} = \frac{独立销售代表成本}{0.05x}$$

式中，x 为销售额。求解 x，得出销售额为 2 500 万美元时两者相等（见图表 6—1）。

以上计算说明，销售额低于 2 500 万美元时，独立销售代表的成本低；高于 2 500 万美元，公司销售人员成本低。当然，根本的问题是销售额达到 2 500 万美元的可能性。

在这个决策过程中应考虑的行为因素主要是控制、柔性、努力程度及独立销售代表和公司销售人员的可获性。人们对于二者的优缺点有不同看法。提倡使用公司销售人员的人认为，公司通过挑选、培训和监督，可以对销售人员有更大的控制。他们只代表本公司的产品线，促销更为努力。由于公司可以改变销售拜访的模式和顾客，并可以调换人员，因而具有灵活性。最后，销售人员的可获性好，因为独立销售代表在

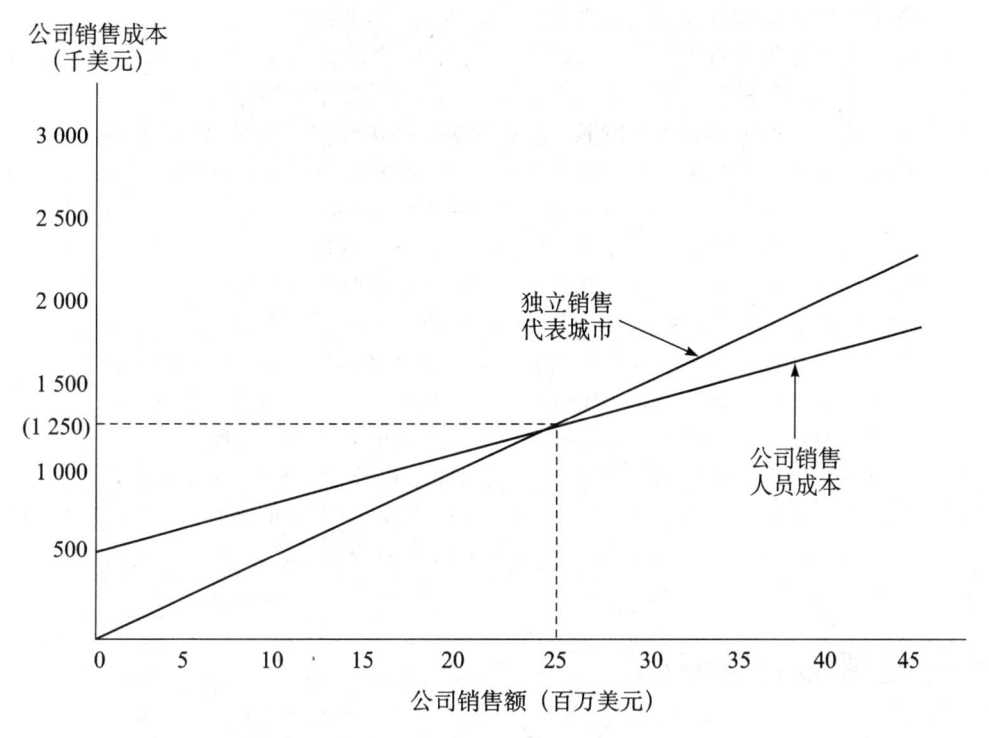

图表 6—1 独立销售代表和公司销售人员的盈亏平衡图

某一地区可能找不到,而公司销售人员可以重新调配。提倡使用独立销售代表的人认为,挑选、培训和监督销售人员可以由销售代表承担,不需公司花钱。由于投在销售人员上的固定投资较少,灵活性有所提高。因为独立销售代表依靠佣金生活,所以有利于激励他们努力工作。最后,可获性不是问题,创新精神会促使他们到任何有市场需求的地方工作。如今,南美 50% 的公司雇用独立销售代表,为其产品线的某一部分或某个特定区域服务。[4]

另一个"做还是买"的决策与广告有关。一般认为,由中间商(如批发商、零售商和经销商)承担部分广告费用和安排责任是有利的。由制造商和中间商分担广告和促销成本的合作广告就是这种策略的一个例证。

"推式"与"拉式"沟通策略

与刚讨论过的题目有关的两种方法是**推式沟通策略**(push communication strategies)和**拉式沟通策略**(pull communication strategies)。推式沟通策略是指产品按顺序一级一级地通过分销渠道销售,每一层级代表一个特定的目标市场。推式沟通策略集中于渠道中间商,企业需要与它们建立长期互利关系。采用推式沟通策略,企业常在贸易期刊上刊登广告,提供销售帮助和竞赛等刺激中间商,以获得足够的货架空间和分销。不过,重点还是对批发商和零售商进行直销。这种策略经常用于下列情况:(1)有明确的购买者;(2)产品较复杂;(3)购买者认为购买有风险;(4)处于生命周期的早期;(5)企业做消费者导向广告的经费有限。

拉式沟通策略着力于创造潜在购买者的最初兴趣,吸引他们向中间商索取产品,最终拉动产品通过整个渠道。拉式沟通策略通常使用密集的最终用户(消费者)广告、免费样品和优惠券等刺激最终用户的认知和兴趣。消费者主动向零售商索要产品，迫使零售商进货。Pennzoil 公司机油的"要 Pennzoil"和 Claritin 公司的"和你的医生对话"的广告活动就是拉式沟通策略在实践中的经典运用。

适合拉式沟通策略的情形与推式沟通策略正好相反。选择推式沟通策略的中心议题是批发商和零售商实施制造商营销计划的意愿和能力。而在选择拉式沟通策略时，重要的是考虑是否存在产品或服务的**广告机会**（advertising opportunity）。这种机会在下述情形中是存在的：（1）消费者对某类产品或服务具有有利的基本需求；（2）要做广告的产品或服务与竞争性产品有显著差异；（3）产品或服务具有可用广告描述的潜在品质或优势；（4）顾客有强烈的购买动机，如对健康、美丽、安全的关注。如上述多数条件无法满足，广告机会的价值将大大减少。非处方药品和化妆品满足上述多种条件，故常见于广告。但诸如未加工食品（如玉米、燕麦和小麦）等产品很少做广告，不过，当加工过并加入辅助成分和调味品制成燕麦片后，广告的效果会十分明显。

尽管如此，推式沟通策略和拉式沟通策略经常一起使用。针对最终用户的广告可刺激消费者需求，增加销售量；为了获得产品陈列空间和推广具体服务及培训零售人员等而作出的努力，对于建立长期互利的渠道关系非常重要。

网络营销和整合营销

公司面临的挑战之一是开发和执行一个充分利用网络技术和营销网站的整合营销沟通战略。简言之，网站是互联网供方提供信息给买方的地方。营销网站鼓励顾客和潜在顾客进行互动沟通，以销售企业的产品或服务或让潜在顾客距离购买更进一步。营销网站通常有两种形式：（1）交易网站；（2）推广网站。

营销网站的目的

交易网站实质上是由 L. L. Bean 公司（目录营销）、FAO Schwartz 公司（玩具零售商）、Ethan Allen 公司（家具制造商）等经营的电子商店。它们主要是将浏览网页的人变成网上购买者。成功的交易网站知名度高、产品和服务品牌化，其技术基础设施设计能够创造愉悦的购物经历。例如，Gap 服饰通过 gap.com 网站销售良好，因为多数顾客知道这个品牌和公司，而且网站很容易登录。Gap 通过网站实现的销售超过其任意一个实体店。[5]交易网站作为直接分销的一种方式，将在第 7 章的电子营销渠道和多渠道营销部分作进一步介绍。

推广网站与交易网站目的完全不同，用于推出公司的产品、服务，提供产品如何使用、哪里可以买到等信息。这些网站通常鼓励登录者参与游戏、竞赛和测试，并提供电子优惠券或其他礼品作为奖励。宝洁公司为其 24 个主要品牌提供单独的推广网站，包括品客薯片、沙宣洗发水、Scope 牙刷、Folgers 咖啡和帮宝适纸尿裤等。推广网站有助于引起对公司产品和服务的认知、兴趣和试用。通过这样做，推广网站可以支持公司的广告计划和传统营销渠道。[6]例如，通用汽车公司报道登录过品牌 Saturn.com 网站的人中 80％会去 Saturn 商店。大都会人寿保险公司网站（MetLife.com）为其经纪人提供保险和金融服务的准用户，同时还可以用于顾客研究和反馈。国泰航空公司（Cathay Pacific Airlines）利用网站 cathy-usa.com 对旅客进行访问，了解他们的飞行偏好和购买习惯，来帮助制定旅行促销计划。

推广网站还用来进行炒作——通过网络技术进行口碑宣传，市场营销者早就意识到口碑是顾客最重要的信息来源，涉及对朋友的品牌、产品和服务推荐。一些市场营销者利用这种现象通过**病毒营销**（viral marketing）进行炒作[7]，病毒营销是一种网络营销促销策略，鼓励个体通过电子邮件传播由市场营销者发起的信息。病毒营销的一种普遍方式是，给顾客的推荐行为提供折扣、奖券、赠品等激励。宝洁公司在推出男士洗发水时就是这样做的。人们只需推荐10个朋友登录洗发水的推广网站，就会获得一瓶免费的旅行装用品，同时可以参加抽奖并有机会赢得一年的免费洗发水。通过这种推广，产生了200万次的推荐，并使男士洗发水成为美国最成功的新产品。

推广网站的广告和直销平衡

推广网站在平衡各种沟通组合的不同要素中发挥了重要作用。在营销沟通过程中，大部分企业采取沟通工具组合来实现不同目标，将直销、广告和促销以相互促进的方式结合起来。推广网站和网络技术能够平衡广告和直销行为，如下所述：

> 直销通常是行业营销沟通组合中最大的部分。另一方面，电台广告是市场营销者传达到顾客的主要方式。网站适合什么情况呢？网站类似于直销（可与顾客对话）和广告（不通过互动就可以引发认知、展示产品和提供信息）。它在营销组合的早期阶段（提供认知、开发产品说明和供方搜索）起到促进成本收益的作用，在购买过程的评价和选择中也非常有用。最后，网站在提供对产品/服务绩效的反馈时也能节约成本。因此产业营销者认为网站是对直销活动的补充，消费品营销者认为网站是广告的辅助手段。[8]

营销沟通预算

正如你可能已经想到的，在沟通方面应该花费多少是个不易回答的问题。在确定营销沟通预算时，必须考虑许多因素，包括我们前面提到的因素。一般而言，目标市场在地理上越分散，花费越大；处在产品生命周期越早的阶段，花费越大。

确定预算的基本原则是预算应与沟通任务相称。沟通在营销战略中越重要，资金分配量越大。理论上讲，预算决策并不复杂，只要预算能使沟通的边际成本与由此带来的边际收入相等即可。不过，这就需要对沟通的效果进行评价。

由于沟通效果难以评价，故试图建立预算规模与沟通效果之间关系的努力被证明是徒劳的。因此，客观上并不存在广泛认同的确定预算规模的标准。相反，人们提出了许多指导性的方法。它们大体可分为**公式化方法**（formula based）和**定性方法**（qualitatively based）两大类。

应用最广的公式化方法是销售百分比法。通常使用的是过去的销售额，偶尔也用到预期销售额。因此，沟通活动随销售增加而增加。虽然会带来一些概念上的问题（例如，销售和沟通哪个是原因哪个是结果），但该方法因其简单而经常被采用。第二种公式化方法是对每单位产品分配固定金额，通过计算单位金额与预期销量的乘积得到总金额。这种方法常用于家居和汽车这样的耐用消费品企业。

在实践中，公式化方法不太灵活且缺乏市场导向，因而常常用一些定性方法加以补充。管理人员可使用**竞争平衡法**（competitive-parity approach），即令企业的沟通费用与其竞争者保持平衡。此外还有**全部可获资金法**（all available funds），该战略方法主要用于新品推广，希望最大限度地曝光；有时也用于非营利组织。

最后一种方法叫**目标任务法**（objective-task）。在这种方法中，沟通预算是沟通计划的目标与实现这些目标需完成的各项任务所发生的成本的函数。采用这种方法涉及三个步骤：（1）确定目标；（2）明确达到目标所需完成的任务；（3）估计任务实施成本。

上述方法都很有用，但也各有短长。大部分管理者认为目标任务法是实践中最好也最难应用的方法。[9] 通常，营销经理综合使用这些方法。

沟通预算的分配

预算一经确定，就要在沟通活动中分配。在此，可借鉴前述一般沟通预算决策方法和原则。下面以广告和人员推销为例说明预算分配的必要性。作为一般原则，经营消费品和消费性服务的商家用于广告的预算比例较高；提供工业产品和服务的商家用于人员推销的预算比例较高。

广告预算分配　广告预算分配围绕媒体选择和播出时间安排进行。企业可以用来向目标市场传达广告信息的大众媒体基本有六类：电视、电台、杂志、报纸、户外（标牌）和网络。每类媒体或**渠道**（channel）均由承载广告的具体实体即**广告载体**（vehicles）组成。例如在杂志类传播媒体中，载体包括《新闻周刊》（*Newsweek*）和《机械动态》（*Mechanics Illustrated*）。《新闻周刊》可以看作全方位载体，而《机械动态》可以看作选择性载体。此外，媒体可以是垂直的（可以抵达一个以上的渠道层次），也可以是水平的（仅抵达一个渠道层次）。

媒体选择要考虑许多因素，其中最重要的是成本、抵达数、频率、受众特征。成本往往是制约因素。例如，在美国超级碗职业棒球联赛期间播出30秒的全国性电视广告，成本超过260万美元，这还不包括相关制作成本。**成本**（cost）通常用每千受众表示，便于各媒体横向比较。**抵达数**（reach）指特定媒体可影响到的潜在购买者的数量。**频率**（freguency）指固定时段购买者接触到广告的次数；总体曝光量等于抵达数乘以频率。目标市场的特征与载体的受众越接近，该媒体越理想。

其他要考虑的因素包括广告的目的（树立形象、价格等）、产品需要、载体的编辑导向等。价格广告（强调即时购买）常见于报纸，在杂志上较少；杂志上的字要求绚丽多彩和详尽文案。最后，受众特征决定了哪些广告是适宜并可以接受的。例如，由于89%的妻子影响男式服装的选择或直接购买，Haggar服装，一个男式品牌，在女士杂志如 *Vanity Fair*，*Redbook* 等杂志上做男士衬衫广告。[10]

时间安排对广告的成功至关重要。许多产品（如滑雪器具、吹雪机和游泳衣等）的购买是季节性的并局限于一定地域。因而，广告预算须考虑购买方式。例如，7月份在俄亥俄州做吹雪机广告就不值得。

在制定广告计划时，营销经理有多种可供选择的时间策略。其一，短时间集中财力，即**闪电战策略**（blitz strategy），常用于新产品或服务的上市。例如，在新影片上映周的前四五天，电影公司会花费平均新片广告预算的75%，约2 200万美元。[11] 另一种是，细水长流，保持连续性。当企业定期关注广告同时又试图保持广告的连续性时，可采用这种**脉冲策略**（pulse strategy）。

销售队伍的预算分配 销售队伍预算问题涉及两个方面：需要多少销售人员？他们如何配置？常用公式如下：

$$NS = \frac{NC \times FC \times LC}{TA}$$

式中：NS——销售人员数量；

NC——消费者数量（现实的和潜在的）；

FC——拜访顾客必要的次数；

LC——拜访顾客的平均时间，包括旅程时间；

TA——每位推销人员平均可获推销时间（减去花在行政事务上的时间）。

多数情况下，周期是一年。虽然该公式可用于从零售人员到富于创造力的推销员的几乎各类销售人员，但更常用于后者。

假设有 2 500 名潜在顾客，每年需对每位顾客拜访 4 次。若平均拜访和旅程时间为 2 小时，每年可用于推销的工作小时数为 1 340 小时（50 周×40 小时×67%每周可获推销时间），则

$$NS = \frac{2\,500 \times 4 \times 2}{1\,340} = 15（人）$$

该公式非常灵活。通过改变各变量的定义和各变量的数值（如对实际和潜在顾客的拜访次数），就可以很容易地制定出不同的策略。

一个相关的决策是销售人员的配置。每位销售人员都必须有他的区域，可以定义为销售空间、地域或路线。在确定销售区域的规模时，决策者应使每个区域的销售机会及相应的工作负荷均等。

最难决定的要数销售队伍如何组织了，因其直接与企业目标和营销目标、产品特征、竞争者以及行业实践等相关。通常可采用的组织方法是，让销售人员专门负责特定产品或顾客群，或将两者结合。[12] 例如，宝洁公司和百得公司按顾客规模组织销售人员，对于大型客户（如沃尔玛和家得宝），有专门的客户专家提供优质服务。凡士通轮胎公司让一组销售人员拜访自己的经销商，而另一组拜访独立经销商（如加油站）。Lone Star 钢铁公司有一组销售人员向石油公司销售钻管，另一组向制造商销售特种钢。

沟通过程的评估和控制

评估机制和控制机制是沟通策略必要的组成部分。缺少它们，营销经理将难以有效管理沟通过程，无法确定是否达到目标，也无法通过调整战略来应对竞争者和环境的变化。

两种机制中隐含的是**连续性**（continuousness）概念，即营销经理必须持续监督沟通计划或策略的实施以确保沟通目标的实现。

理想的是，评估和控制应与销售或利润指标相联系。虽然这对某些沟通工具是可行的（直接邮寄计划的效果可以以相对简单的方式判断），但对其他工具却行不通。例如，要将企业广告对单个交易的贡献分离出来几乎是不可能的。

预算是控制的终极形式，因为预算的增减会有效地增强或削弱沟通活动。这可以

用一个例子加以说明。假定产品组合的边际贡献是 25%，现在的问题是，是增加一个薪金为 7.5 万美元的销售人员，还是将同等数量的预算安排在直接邮寄的促销上。简单的盈亏平衡计算（75000÷0.25）表明，必须增加 30 万美元的销售额才能消化增量成本。问题在于，是新增销售人员还是促销活动更有可能达到盈亏平衡的销售额。此类增量分析日益被看成是评估和控制营业推广、广告和人员推销方面费用的合适方法。

[注释]

[1] 宣传通常作为沟通组合的第四个元素，但这里并没有考虑它，是出于两个原因。第一，宣传通常是不可控的，除非由组织的主要公共关系部门进行；因此，这通常不是营销经理该负责的事情。第二，即使宣传是营销经理的责任，往往也是对广告、个人销售等的组合进行管理，因此不需要区别对待。

[2] "The Online AD SURGE," *Business Week* (November 22, 2004): 76 ff.

[3] 独立销售代表是指收取佣金为制造商销售产品的个人或企业。这些个人或企业代理几个不存在竞争的产品，并将其销售给某一类或几类顾客群。他们不处理产品库存，也不对产品享有法定权利。他们的职能各有不同，从只出售企业的产品到更广泛的活动，包括运用工程技术、店内货物支持（代销点陈列、存放）以及产品维护等。独立销售代表还有各种称呼，包括经纪人、生产商的代表和销售代理人。关于使用企业销售人员或独立销售代表的更多讨论，可以参看 William T. Ross，Frederic Delsace，and Erin Anderson，"Should You Set Up Your Own Sales Force or Should You Outsource It?" *Business Horizons*，Vol. 48（2005）：23-36。

[4] "Making the Case for Outside Sales Reps," *Knowledge@Wharton* (February 1, 2002).

[5] "Click Till You Drop," *Time* (July 20, 1998): 34-39.

[6] Tom Duncan, *IMC: Using Advertising and Promotion to Build Brands*, 2nd ed. (New York: McGraw-Hill, 2005).

[7] "Pass It On," *Wall Street Journal* (January 14, 2002): R6, R7; and "Why Are These CEOs Smiling?" *Time* (November 5, 2001): 41-44.

[8] Richard T. Watson, Pierre Berthon, Leyland F. Pitt, and George Zinkhan, *Electronic Commerce: The Strategic Perspective* (Ft. Worth, TX: The Dryden Press, 2000): 79.

[9] George E. Belch and Michael A. Belch, *Introduction to Advertising and Promotion: An Integrated Marketing Communications Perspective*, 7th ed. (Chicago: McGraw-Hill/Irwin, 2007).

[10] "Wearing the Pants," *BRANDWEEK* (October 20, 1998): 20-22.

[11] "AdAge Special Report: Leading National Advertisers," *Advertising Age* (June 24, 2002): S-26; and "The Won and Lost Weekend," *The Economist* (November 29, 1997): 87-88.

[12] Douglas J. Dalrymple, William L. Cron, and Thomas E. DeCarlo, *Sales Management*, 8th ed. (New York: John Wiley & Sons, 2004).

案例 6—1 卡灵顿家具公司（A）*

2004 年 1 月 6 日晚，卡灵顿家具公司（Carrington Furniture，Inc.）的总裁查尔

---

* This case was prepared by Professor Roger A. Kerin, of the Edwin L. Cox School of Business, Southern Methodist University, as a basis for class discussion and is not designed to illustrate effective or ineffective handling of an administrative situation. All names and data have been disguised. Copyright © 2004 by Roger A. Kerin. No part of this case may be reproduced without written permission of the copyright holder.

顿·贝茨（Charlton Bates）打通了托马斯·贝利（Thomas Berry）博士的电话。贝利是东北部一所私立大学的教授，同时兼任卡灵顿家具公司的顾问。他们的谈话如下。

贝茨："你好！贝利，我是查尔顿·贝茨，很抱歉这么晚打电话给你，但我想就我公司广告代理商赫威和伯恩汉姆公司（Hervey and Bernham）的麦克·赫威（Mike Hervey）提出的 2004 年广告计划征求你的意见。"

贝利："没问题，贝茨，他们的建议是什么？"

贝茨："他们建议的关键是我们应当增加 22.5 万美元的广告开支。他们建议将增加的支出全部投入消费者广告计划，在几家家居杂志上刊登广告。[1]赫威指出，全美家用家具基金（National Home Furnishings Foundation）建议家具生产商将 1％的营业收入用在消费者广告上。"

贝利："增加此项开支好像略微超过了你们制定的促销费用不超过预计营业收入 5％的预算政策，是不是？约翰·伯特（John Bott）（销售副总裁）有否要求增加销售人员呢？"

贝茨："是的，约翰已提出要求增加费用。关于 5％的数据也是对的，但我不能确认对销售的预计是否太乐观。根据你的研究，我们公司的销售过去一直恰好跟随工业销售的变动趋势，经济学家预测 2004 年可以保持 6％的增长率，但目前我不敢确定。"

贝利："哦，贝茨，你不能希望预测永远准确。钱是一方面，另外你能否告诉我赫威建议增加消费者广告开支的理由吗？"

贝茨："他断言我们可以提高曝光率，向购买群体宣传我们产品的品质、款式，提高人们的品牌认知，强调我们的创新意识等其他方面的优势。同时，他引用行业研究数据，出生于'婴儿潮'时期（1946—1964 年）的人已经开始注意家居规划，更换旧式的、廉价的家具，代以昂贵的、耐用的家具。但据我所知，2000 年人口调查表明'婴儿潮'期出生的人占家庭人口的 47％。而明年我们的边际贡献率将下降到 20％。"

贝利："我很重视你的问题，请给我几天时间来考虑解决方案，我会尽快答复你。"

挂断电话后，贝利开始分析贝茨关于方案的说明、卡灵顿公司的现状以及整个家具业的情况。他清楚贝茨需要一份经过深思熟虑的建议，并且是经过逐步逻辑分析得出的。

公司简况

卡灵顿家具公司是一家中高价位木制卧室、起居室、餐厅家具的生产商。公司于 20 世纪初由查尔顿·贝茨的祖父创建，贝茨在其父亲退休后接管了该公司。该公司 2003 年营业收入为 7 500 万美元，税前利润达 370 万美元。

卡灵顿通过遍布全美的 1 000 家高档百货店和家具专卖店销售其产品，但并不是所有的商店都销售卡灵顿的全部产品。公司在挑选零售商方面非常严格，正像贝茨所说的，"我们的分销政策是，我们的零售商必须能与我们的高品质产品相匹配"。作为一种政策，卡灵顿从不通过家具连锁店或折扣店来销售产品。

公司拥有 10 名全职销售人员和 2 名地区销售经理，销售人员得到一份底薪和小额佣金。在家具行业，像卡灵顿公司这样拥有自己销售人员的并不具代表性，大多数家具制造商通过销售代理或代表来销售产品，这些人同时为多种非竞争性的家具产品做代理，并赚取佣金。"拥有自己的销售队伍是我父亲多年前确立的政策，"贝茨指出，"拥有自己的销售人员使得我们很成功，我们的销售人员不仅负责接单，还有督促零售商销售我们的产品、协助安排店内陈设、向零售商及其销售人员提供各种建议的责任。"他还说："我父亲似乎已走在他那个时代的前列。我刚读过《标准普尔行业调查》(Standard & Poor's Industry Survey) 上关于家具业的文章，文章指出零售业的竞争要求得到更多的支持，包括商店销售人员的培训、不断更新的产品、存货的管理以及广告。"

2003年初，卡灵顿公司分配了367.5万美元作为2003年度的产品推广费用，其中包括销售副总裁的薪金。推广费用被分为四类：(1) 销售费用和管理费用；(2) 与零售商合作广告的支出；(3) 商业推广费用；(4) 消费者广告费用（见图表1）。销售费用包括销售人员和销售经理的薪金、偿付销售费用、附加的福利和办公室费用，但不包括销售人员的佣金，佣金在计算毛利时已被扣除。合作广告的预算通常用于零售商所在地的报纸广告，合作广告的支出与零售商的支出相结合，采用1∶1的比例。商业推广则直接面对零售商，包括计划产品目录、杂志广告、消费者手册、购买点资料（比如商店里所需要的陈列品等）。另外，参加商业展览会的费用也归入此类。卡灵顿公司每年参加两次展览会。消费者广告针对潜在消费者，主要通过家居杂志，典型的方式是突出新款家具以及变换各种卧室、客厅、餐厅的布置。

图表 1　　　　　　　　　　2003年度卡灵顿公司促销费用分配　　　　　　　　　　单位：美元

销售费用和管理费用	995 500
合作广告支出	1 650 000
商业推广费用	467 000
消费者广告费用	562 500
	3 675 000

资料来源：Company records.

家用家具行业情况

家用家具行业可分为三大类：木制家具、衬垫家具和其他（组合家具和休闲家具）。2003年，整个家具行业的销售收入以出厂价格计算约为239亿美元。

根据美国家具厂商协会（AFMA）提供的资料，木制家具的年销售约占整个家具销售的43%，衬垫家具占46%，其他占10%。主要的木制家具包括衣柜、桌子和餐厅系列。卧室和餐厅家具在木制家具的销售收入中占主要部分。

近年来，木制家具厂商通过控制原料、加工、包装等生产全过程来提高品质，此外，还注意价格和基本款式，并且努力改善运输安排。根据AFMA提供的资料，2003年木制家具的销售仅上升5%，但预计2004年将上升6%。

美国有超过1 000家家具厂商，其中5家生产商占家具行业销量的31%。这5个公司是家具品牌国际公司（Furniture Brands International, Inc.）（拥有Drexel Heritage, Mailtland-Smith, Henredon, Broyhill, Lane 和Thomasvile等品牌），La-Z-Boy公司，Ashley家具公司，Klaussner家具公司，以及Ethan Allen室内公司（见图表2）。其他著名的木制家具厂商还包括Bassett家具公司和Sherrill家具公司。前

25家厂商占有50%的销售份额，出口品在美国的木制家具市场无足轻重。然而，进口产品，尤其是从亚洲进口的卧室家具占据了约25%的行业市场。而且许多美国家具生产商现在还外包它们的家具生产。如，Ashley家具公司的产品有40%在亚洲生产，其中一半产自中国。进口导致一些家具品类的价格下降了30%。美国家具厂商急剧缩减规模，2000—2003年关闭了约60家美国国内家具生产厂。

图表2　　　　　　　　　　　　美国五大家具生产厂商

公司	2003年预期销售收入（百万美元）
1. 家具品牌国际公司	2 273.0
2. La-Z-Boy公司	1 855.3
3. Ashley家具公司	1 615.0
4. Klaussner家具公司	895.7
5. Ethan Allen室内公司	770.5

资料来源：Furniture/Today.

消费者在家具方面的支出

消费者在木制家具方面的支出与建筑新房、消费者的信心以及消费者可支配收入紧密相关。由于木制家具价格昂贵，并且通常成套出售，例如餐厅桌椅，因此，消费者对这方面的购买较慎重。

消费者在各种家具上的支出占可支配收入的比例围绕一个比例波动。据最新估计，每个家庭有1%的可支配收入用于购买家具。家具销售还随着顾客年龄发生变化。图表3根据顾客年龄给出了他们每年平均花在家具上的费用。

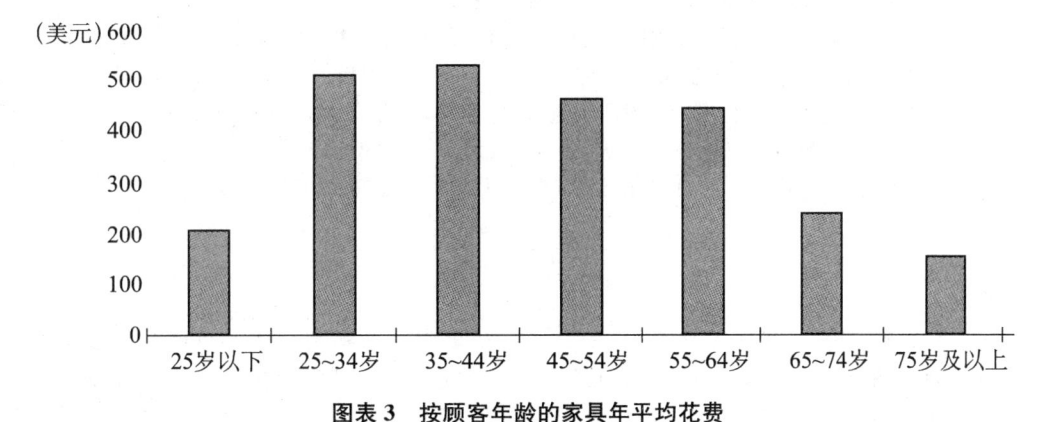

图表3　按顾客年龄的家具年平均花费

资料来源：U. S. Bureau of Labor Statistics.

家具购买行为

尽管有关行业研究显示，消费者认为购买家具是一件令人享受的事，但消费者意识到他们对家具的制作、品质的鉴定以及准确估价缺乏信心。消费者发现，在如此多的选择中难以作决定，担心几年后自己会不喜欢今天的选择，或者他们选择的家具不适合自己的房子而又无法退货。最近在《标准普尔行业调查》上刊登的一篇关于家具购买行为的文章有如下内容：

　　消费者在购买家具时是很慎重的。与购买其他耐用品（例如电器、汽车）不同，在购买家具过程中消费者忧心忡忡。购买电器和汽车时，消费者可能只面对有限的选择，他们可以自己研究，知道要买什么。但另一方面，大多数消费者对家具的估价和品质知之甚少，同时消费者很难想象这些家具摆放在家中效果如何，过几年自己是否还会喜欢。更进一步，他们还会担心交货的问题，例如能否准时交货、货品不受到损坏以及能否全额退货。

　　在过去几年中，家具厂商一直在努力向消费者提供有关家具方面的知识，但大多以失败告终。这些努力还包括对市场进行深入的研究、了解消费者在购买家具时想要什么、扩大销售网络、对销售人员不断开展培训等。尽管如此，消费者还是觉得很难评价家具的品质，在购买中仍是价格取向。

根据《美好家园》（*Better Homes and Gardens*）主办的针对其订户的消费者调查，我们可以得出关于家具购买行为最容易令人理解的信息。《美好家园》调查的部分结果放在本案例的附录中。该项研究其他一些发现如下：

- 94%的订户表示比较或非常喜欢购买家具。
- 84%的订户表示相信在购买家具时"价格愈高，品质愈好"。
- 72%的订户表示即使不需要家具，仍会逛家具商店。
- 85%的订户表示在购买家具前会阅读家具广告。
- 99%的订户同意这样的说法，即"在购买家具时，我喜欢售货员给我介绍各种选择，回答我的提问，然后让我自便，以便我考虑一下或只是浏览一下"。
- 95%的订户说他们从杂志上获得重新装饰房间的意念或指导。
- 41%的订户说曾写信向制造商索要产品手册。
- 63%的订户说他们需要一个整体的装饰建议。

有关消费者的研究数据促使零售商和制造商重视由对产品非常了解的销售人员来为客户提供服务。例如，一些制造商建立了培训中心，针对产品的品质和生产细节对销售人员进行培训；一些制造商还通过零售商将有关产品的文献分发给客户。例如，Drexel Heritage 公司出版了名为《与 Drexel 一起生活》（Living with Drexel Heritage）的系列图书，将之提供给特许零售商，然后再转交给客户。

□ 分　销

　　在美国，家具通过10万多家家具专卖店、家私用具店、百货公司和大型综合商店销售。家具专卖店和家私用具店占零售业务的68%。百货公司和大型综合商店分别占零售业务的15%和12%。行业发展趋势显示，独立的家具店的数量已经减少，与此同时，连锁家具店越来越普遍。美国最大的10家家具零售商的销售额占整个家具销售额的15%，Rooms To Go 公司是最大的家具零售商。

　　大部分家具厂家避免将网络作为销售渠道。小型厂商认为建立一个网站前期需要预先投入成本，而且还要耗费一定的维护网站的成本，故而不应介入。同时运送大型家具也是个问题。这些成本，加上网上家具零售商成功者有限，使得一些大厂商仅以一半的成本建立和维护促销网站。这些网站展示新品并提供零售商的地址，例如网站 drexelberitage.com 和 thomasville.com。Ethan Allen 公司是个例外。作为一家垂直整合的家具厂商，Ethan Allen 只通过公司自有或特许经营的商店销售，同时，在网上销售特定的家具和配件。

家具零售商中的一个明显趋势是向陈列室概念发展，它可以提供更多的空间，有时为制造商提供一种完全独立的销售场所。那些销售一家厂商产品的独立零售场所被称作独销店。比如 Bassett 家具直销，目前已有 11 000 间陈列室，预计到 2006 年将增加到 12 500 间。夏尔顿·贝茨这样评价陈列室概念：

> 陈列室概念对家具制造商具有很大的吸引力，因为产品被陈列在单独的、舒适的环境，没有竞争产品的诱惑。我们在自己的家具店里设有少量陈列室。由于没有一家零售商销售我们的全部产品，使得甚至与其讨论陈列室概念的机会都没有。这一点令我感到为难。

他补充道："陈列室、高档家具店和百货店吸引并服务了我们的目标客户，39～57 岁的顾客年收入超过 10 万美元，这使我们的顾客从那里能看到并购买我们的高质量家具"（见图表 4）。

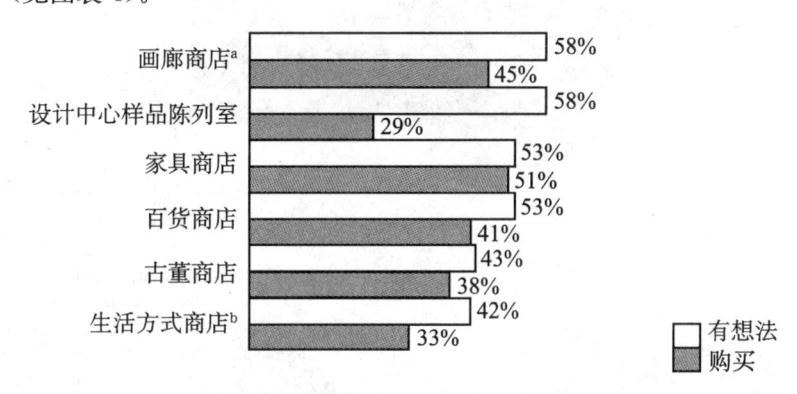

零售商	有想法	购买
画廊商店[a]	58%	45%
设计中心样品陈列室	58%	29%
家具商店	53%	51%
百货商店	53%	41%
古董商店	43%	38%
生活方式商店[b]	42%	33%

图表 4　高收入购买者（收入 10 万美元及以上）光顾并购买家具的零售商

注：a. 家具来自同一公司。
　　b. Crate & Barrel, Pottery Barn, 宜家，等等。

制造商向零售商推销家具主要通过在全美各地的固定时间、地点的家具制造商展览会，主要的展览会有每年 4 月和 10 月在北卡罗来纳的高地举办的展览会。地区性的展览会主要安排在 7、8 月，地点有：达拉斯、洛杉矶、纽约和波士顿。在这些业内人士所称的"市场"里，零售商的采购人员浏览制造商的产品，然后向他们的商店提供购买建议。总之，卡灵顿公司的经验显示，通过展览会由公司销售代表向零售商所作的努力可以完成公司一半的销售任务。

广告活动

家具制造商在各类广告（消费者广告、商业广告和合作广告）上的支出每年约占净销售收入的 3.5%，这一比例已多年保持不变。消费者广告的典型媒体是各种家居杂志，如《美好家园》、《美丽家居》（House Beautiful）和《南方生活》（Southern Living）。商业广告主要面对零售商，包括宣传手册、商店内销售点展示的资料和有关家具原料及结构的技术资料小册子。合作广告是与零售商合作的，通常刊登在报纸上，也有一些是通过电话、电台宣传品牌的广告。

通常，产业集团发起广告活动以刺激消费者家居装饰的一般需求。例如，图表 5

是家庭家具协会（Home Furnishings Council）的一个广告。（2002 年 8 月，家庭家具协会和家庭家具国际协会（Home Furnishings International Association）合并。）

Home Furnishings Tips From Kathie Lee Gifford.

Second In A Series:
"How Do I Start?!" My Answer: Don't Panic, Breathe Easy, And Read This.

Nobody ever said that decorating a room, or a whole house, was a piece of cake. But it's definitely *not* hard, and can actually be fun—especially if you start off right.

You can do that by following the terrific "Getting Started" tips found in Haven. It's the incredibly easy to use, complete decorating guide that's *free* at home furnishings stores everywhere that display the "heart and home" sign of the Home Furnishings Council.

Here are a few of Haven's time-saving, money-saving, sanity-saving ideas on starting off right.

1. For Step One, you don't even have to step out of your home, just go through all the decorating magazines you've been saving to find the rooms, the home furnishings, the colors and styles you like. Then take a grand tour of your own home, to see what you like, and what you'd like to never see again. Put all your thoughts on paper.

2. Next comes my favorite part, visiting home furnishings stores and galleries.

3. Take advantage of all the help and advice that these stores' sales experts have to offer you. Tell them your budget (don't be timid about it!) so they can help you get the best value for your dollar. Show them the pictures you tore out of magazines, bring along your room dimensions, your likes and dislikes—the more they know, the more they can help.

4. And, most important, work with them to realistically plan your decorating in phases—no one expects you to buy *everything* you want at once.

See, making a beautiful home for the most wonderful family in the world *is* a whole lot easier than you thought.

For the store nearest you offering free copies of Haven, please call 1-800-521-HOME, ext. 345

Home Is Where The Heart Is.

图表 5　家庭家具协会的平面广告

资料来源：Courtesy of the Home Furnishings Council.

预算会议

在1月6日由赫威和伯恩汉姆公司和卡灵顿公司管理人员出席的会议上,麦克·赫威建议2004年在消费者广告方面要增加22.5万美元的支出。合作广告和商业广告方面的支出维持2003年的水平。赫威进一步建议在增加的消费者广告支出中将绝大部分用于在家居杂志上刊登广告。

卡灵顿公司的销售副总裁约翰·伯特不同意该预算分配方案。他指出,2004年的销售费用和管理费用预计会增加6.5万美元。伯特认为,由于增加了50个新客户,故需要增加一名销售代表来管理这些户口。他估计,增加一名销售代表的成本,包括工资和费用,2004年将至少为7万美元。伯特指出,"这就意味着在2003年的促销费用预算中要加入约13.5万美元的销售费用"。他继续说:

2003年我们的销售收入是7 500万美元,假设2004年可以增加6%的销售,这意味着整个预算约为397.5万美元。如果我的数据没错,这将超过原来预算30万美元,我需要其中的13.5万美元,余下的16.5万美元分给其他促销活动,其中一些应该用于商业促销支持销售人员发展新客户。

对于伯特的意见,赫威答道:"公司计划在2004年推出几款新的客厅和餐厅家具,这就需要在家居杂志上做广告以确保成功推出。"关于增加销售人员的重要性,他同意伯特的意见,提出可否考虑由合作广告和商业促销方面抽出部分费用。

贝茨打断了伯特和赫威的对话。他指出,增加22.5万美元的促销费用相对于依据公司"促销费用可占销售收入5%"的政策计算还少7.5万美元。同时他又指出,原料价格上涨和近来工资的增长预计会降低公司的毛利润率,威胁到公司税前净利润率5%的目标的实现。"可能需要重新斟酌这些数字,"他总结道,"你们的建议都有道理,让我就此详细考虑一下,一周后再开会讨论。"

通过回顾会议记录,贝茨认识到,促销费用多少只是问题的一部分,在预算内怎样分配各项促销费用也是很重要的问题。打个电话给托马斯·贝利可能会有帮助。

附录A:《美好家园》关于家具问题消费者调查得出的一些发现[2]

问题:如果近期您将要买家具,请问下列影响因素中哪些对您选择去哪一家家具店最重要?(回答者:449人)

(%)

影响因素	非常重要	比较重要	不太重要	不重要	没回答
出售高品质家具	62.6	31.0	3.8	1.1	1.5
有大量不同的家具款式	58.8	29.2	8.2	2.9	0.9
提供个性化的服务	60.1	29.9	7.8	0.9	1.3
是一家可靠的商店	85.1	12.7	1.1	—	1.1
有经验的家居设计师提供帮助	26.5	35.9	25.4	10.9	1.3

续前表

影响因素	非常重要	比较重要	不太重要	不重要	没回答
随意浏览	77.1	17.8	3.3	0.7	1.1
销售货真价实的商品	82.0	15.6	0.9	0.2	1.3
以单独成套方式陈列家具	36.3	41.2	18.7	2.4	1.3
有舒适的、无压力的氛围	80.0	17.1	1.6	—	1.3
有对产品充分了解的销售人员	77.5	19.8	1.6	—	1.1
有友好的氛围	68.2	28.1	2.4	—	1.3
经营您所喜欢的家具款式	88.0	10.0	0.9	—	1.1

问题：请评价如下因素对您在购买成套家具比如餐厅或客厅成套家具时的重要性，1表示最重要的因素，2表示第二重要的因素，依此类推，直到所有因素均被包括。（回答者：449人）

(%)

影响因素	1	2	3	4	5	6	7	8	9	10	没回答
结构	24.1	16.0	18.5	13.1	10.5	6.9	4.9	1.6	0.2	1.1	3.1
舒适度	13.6	14.7	12.9	12.3	12.7	10.9	8.2	4.5	4.0	2.4	3.8
款式和设计	33.6	19.8	11.1	9.6	4.7	7.3	4.5	1.6	2.9	1.6	3.3
纤维的耐用度	2.2	7.6	9.8	14.5	15.1	14.7	12.9	5.6	5.8	7.8	4.0
木材的类型和品质	10.9	17.8	16.3	15.8	14.7	5.8	5.3	3.1	4.9	2.0	3.4
保证	1.6	3.8	1.6	5.3	8.7	10.0	13.8	25.2	14.5	11.1	4.4
价格	9.4	6.2	8.7	8.5	10.0	12.5	14.2	11.8	6.9	8.0	3.8
制造商或品牌的声誉	6.2	3.6	4.7	5.6	6.2	6.2	12.7	17.1	22.7	11.6	3.4
零售商的声誉	1.6	1.8	1.6	2.4	4.0	7.3	7.4	13.6	22.0	34.5	3.8
外观、木材的颜色	4.7	7.6	10.2	8.0	8.9	13.4	10.7	10.0	10.2	12.7	3.6

问题：下面是可能影响您购买家具的15项标准，请您用1（最重要）到5（最不重要）来评价它们。（回答者：449人）

(%)

标准	1	2	3	4	5	没回答
保证或担保	11.4	11.1	26.3	16.9	5.3	29.0
品牌	9.1	6.5	14.3	25.6	11.6	32.9
舒适度	34.7	27.8	14.5	8.5	4.7	9.8
装饰人员的建议	4.0	2.4	2.7	8.2	44.8	37.9
用料	14.9	24.1	14.9	13.4	6.2	26.5
交货时间	0.7	0.5	1.3	2.9	55.2	39.4
规格	7.6	10.7	13.6	30.9	4.0	33.2
款式和设计	33.4	17.8	21.8	13.6	2.2	11.2
结构	34.3	23.6	13.1	11.4	2.9	14.7
纤维	4.0	25.6	24.9	14.0	4.5	27.0
耐用度	37.0	19.4	13.6	6.9	4.9	18.2
木制件的外观	5.8	14.7	16.7	10.7	16.7	35.4
价格	19.4	21.8	16.0	10.9	15.4	16.5
制造商的声誉	4.2	9.1	15.4	22.9	14.3	34.1
零售商的声誉	2.2	4.7	10.5	21.2	26.5	34.9

问题：下面是其他人对购买家具的一些说法，请回答您对其同意和不同意的程度。（回答者：449人）

(%)

说法	完全同意	有些同意	不置可否	有些不同意	完全不同意	没回答
我希望能有一些方法可以使我确信买到高品质的家具	61.9	24.7	4.7	4.2	3.6	0.9
我非常喜欢购买家具	49.2	28.3	7.6	9.8	4.2	0.9
未经丈夫/妻子同意我不会买任何家具	47.0	23.0	10.9	9.8	7.1	2.2
我喜欢主卧室内的家具具有同一风格	35.9	30.7	12.7	11.1	7.6	2.0
一旦发现喜欢的某些家具，我就希望能永远喜欢，这样就不需再买了	36.8	24.3	10.0	18.9	9.1	0.9
我希望自己在布置吸引人的家具时能有更大的自信心	23.1	32.3	12.5	11.6	18.7	1.8
我希望自己能了解更多的家具款式和知道哪些看起来较好	20.0	31.0	17.1	13.4	16.7	1.8
我丈夫/妻子对我们买的家具没多大兴趣	6.5	18.0	12.3	17.8	41.4	4.0
我喜欢在餐厅能收集各种不同款式的家具	3.3	10.5	15.2	29.8	38.3	2.9
买家具是一件令我苦恼的事	2.4	11.6	14.3	18.0	51.9	1.8

问题：下面是一些可能对您选择家具有影响的因素，请用1（非常重要）、2（第二重要）等方式表达您的意见。（回答者：449人）

(%)

影响因素	1	2	3	4	5	没回答
朋友和/或邻居	1.3	16.9	15.8	22.1	41.7	2.2
家人或配偶	62.8	9.4	14.3	9.8	2.0	1.7
杂志广告	16.3	30.3	29.6	17.6	4.2	2.0
电视广告	1.1	6.7	14.7	32.5	42.3	2.7
商店陈列品	18.9	37.2	22.1	14.0	5.6	2.2

问题：当您去购买大件家具或小件家具时，通常会跟谁一起去？（回答者：449人）

(%)

人员	大件家具	小件家具
丈夫	82.4	59.5
母亲或岳母	6.2	9.1
朋友	12.0	18.9
装饰人员	4.2	1.6
其他亲属	15.6	15.4
其他人	2.9	3.3
独自	5.1	22.3
没回答	0.9	3.1

问题：当您决定购买大件或其他家具时，谁帮您最终决定买哪一件？（回答者：449人，多项回答）

(%)

人员	大件家具	小件家具
丈夫	86.0	63.5
母亲或岳母	2.4	4.5
朋友	3.6	8.0
装饰人员	3.1	2.7
其他亲属	10.0	12.9
其他人	1.6	1.8
独自	7.1	24.3
没回答	0.9	2.2

[注释]

[1] 家居杂志刊登改善住宅状况的新思想、家庭装修的新创意等。《美好家园》属于这类杂志。

[2] Reprinted courtesy of the *Better Homes and Gardens*® Consumer Panel.

案例6—2　　卡灵顿家具公司（B）*

2004年4月，卡灵顿公司与丽美多公司（Lea-Meadows，Inc.）合并。后者主要生产客厅和其他房间的软垫家具。此次合并并非传统意义上的合并。查尔顿·贝茨的岳父于2004年2月突然辞世，将其在丽美多公司的控制权留给了自己的女儿。合并能够得以顺利进行，主要原因是两家公司毗邻并且合并后在管理上尽量保持自治。再者，软垫家具即使仍保留原有的标识和品牌，仍然弥补了卡灵顿公司在产品线方面的缺陷。

唯一令贝茨感到困难的是销售方面的合并。卡灵顿拥有自己的销售人员，丽美多则依靠销售代理。他直接遇到的问题就是"是将属于软垫家具的椅子和沙发交给我们的销售人员去推广，还是继续通过销售代理？"卡灵顿的销售副总裁约翰·伯特说，新产品线应当交给他的销售人员去推广，而丽美多的销售经理马丁·摩曼（Martin Moorman）则认为，软垫家具应维持原来的销售渠道，继续通过销售代理销售。

■ 丽美多公司简介

丽美多公司是一家小型的、私人拥有的客厅及其他房间软垫家具制造商，已有超过75年的历史。据行业信息，该公司在生产中使用精细的纤维和框架结构。2003年

---

* This case was prepared by Professor Roger A. Kerin, of the Edwin L. Cox School of Business, Southern Methodist University, as a basis for class discussion and is not designed to illustrate appropriate or inappropriate handling of administrative situations. All names and data are disguised. Copyright © 2004 by Roger A. Kerin. No part of this case may be reproduced without permission from the copyright holder.

的净销售额为 500 万美元，同年整个软垫家具行业销售额为 110 亿美元，预计 2003 年总销售额可达 116.6 亿美元。该公司过去几年保持了 7% 的年增长率，公司的管理人员相信未来可以保持这一增长率。

丽美多公司聘请了 15 个代理商来销售其产品，这些代理商同时代理其他几家与丽美多无竞争性的产品。代理商常常发现，为了推销其代理的所有产品线，在店内与几个买家周旋是很重要的。典型的销售出访是这样的：除了制造商提供的促销活动外，代理商首先要上门向买家介绍新的产品。有新订单时，代理商再到销售地点检查陈列品，检验家具，将家具的款式和架构告知店员。丽美多公司向代理商支付公司净销售额的 5% 作为佣金。摩曼认为，其代理商在丽美多产品方面大约花费了 10%～15% 的工作时间。

尽管代理协议中规定代理商不能销售给折扣店，但公司并不干预代理商选择零售商。销售记录显示，代理商主要向专卖店和百货公司推销。2002—2003 年，预计共有 1 000 个零售客户，所有的代理商都与其零售商保持密切合作。

卡灵顿家具公司简介

卡灵顿家具公司是一家生产中高价位卧室、客厅和餐厅家具的制造商。[1] 2003 年净销售额为 7 500 万美元，税前利润 370 万美元。2003 年，整个木制家具行业的销售额以制造商价格计算为 103 亿美元，预计 2004 年将达到 109 亿美元。

公司聘请了 10 位全职销售代表，负责 1 000 个零售账户。他们与销售代理的职能相同，但有固定的薪金另加少量佣金。2003 年，卡灵顿公司销售代表的平均年薪（加费用）为 7 万美元，佣金为销售额的 0.5%，全部销售人员管理费用为 13 万美元。

卡灵顿公司的销售人员在行业内评价颇高，他们以对木制家具的知识和与买家和零售商销售人员合作融洽而著称。虽然有这些优势，贝茨仍然认识到并非所有的零售商都销售卡灵顿的全部产品，他因此指示伯特着力推动销售队伍。目前，要求销售代表每周必须拜访 10 个客户，每次拜访平均时间为 3 小时，其余的时间可用来做管理工作和出差旅行。贝茨建议拜访次数提高到每个客户每年 7 次，这也是行业内的普遍做法。

合并销售队伍

通过与伯特和摩曼的单独会谈，贝茨对销售部门合并有了一个整体的概念，他也弄清楚了伯特和摩曼的分歧所在。

毫无疑问，约翰·伯特希望将新产品线并入卡灵顿原有的销售部门。他提出的理由如下：第一，卡灵顿已经发展了一支在行业内受人敬重的专业的销售队伍，他们很容易就能掌握有关纤维的知识和术语，并且认识很多销售软垫家具的零售商。第二，销售丽美多产品只需目前销售出访时间的 15%，他认为新产品线并不构成主要负担。第三，有可能加强对销售工作的控制。伯特指出，查尔顿·贝茨的父亲于 30 年前建立了自己的销售队伍，出发点是这样能为客户提供"只有自己的销售人员才愿意提供的服务"。而且，卡灵顿的销售人员已潜移默化地具备了公司的"特质"和推销技巧。第四，伯特认为，如果销售代表和销售代理拜访同一家店或买家，将不太合适。他指出，卡灵顿和丽美多在客户上有重叠。他说："当我们得到这些客户时就要付出一定的佣金，而佣金比率不同将有违商业规范。"

马丁·摩曼坚持继续由销售代理来销售丽美多的产品。他的论点如下：第一，所有的代理商已经与商店建立了良好的关系，许多年来大多数代理商以专业的姿态代理产品，同时他们与这 15 个代理商有良好的合作关系。第二，代理商使我们减少了佣金以外的费用。摩曼指出："我们收到货款才支付佣金给代理商。"第三，代理商已经对丽美多的产品比较投入。"代理商靠代理我们的产品获得部分谋生的收入，他们必须为零售商服务而获得后续订单。"第四，代理商也拜访那些卡灵顿公司未曾拜访过的客户。摩曼指出："如果让卡灵顿的人员去负责，我们可能会失去一些客户，或者必须多聘请销售人员来处理，或者从花费在销售卡灵顿产品上的时间中抽出 25% 的时间来销售丽美多的产品。"第五，摩曼不赞成伯特的观点：卡灵顿的销售人员能很容易学会有关软垫家具的知识。他说："丽美多有 1 000 种不同的沙发和椅子。如果布料、裙幔、枕垫、弹簧和花边的组合都考虑进去，一个销售代表需要熟悉不少于 10 亿种选择。我担心还只是教卡灵顿的销售人员有关印染、丝绒、提花和织品等知识，这些只是用于填充的织物。"

通过交谈贝茨感觉到，在伯特和摩曼的分歧之外还有其他明显问题。一个是盈利能力。目前，卡灵顿产品线的毛利与丽美多的相比要高出 5%。另一个问题是"我们和他们"的观念在与伯特和摩曼的会谈中明显地表现出来。合并销售部门能够解决这个问题吗？还是会引起更多的问题呢？增加销售人员来配合丽美多的产品线的主意并不太适合他。增加销售人员就需要重新划分销售区域，会造成现有销售人员佣金的潜在损失，真是"一个令人头痛的大麻烦"。而且，卡灵顿多年的政策是采用自己的销售人员而不是聘用外面的销售代理。最后，对摩曼的未来要有一个巧妙的安排。58 岁的摩曼为丽美多公司工作了 30 年，他是贝茨一家的朋友，并且是贝茨最小一个孩子的教父。如果由卡灵顿公司的销售部门来负责丽美多的产品，摩曼的职位将被取消。考虑到以上因素，贝茨认为应考虑他妻子的建议。他可以在下周初去北卡罗来纳的 High Point 家具博览会的路上再重提这一话题。

[注释]

[1] Additional background information on the company and industry can be found in the case titled "Crestfield Furniture Industries, Inc. (A)," on page 275.

案例 6—3　　吉百利饮料公司：Crush 品牌*

1990 年 1 月，吉百利饮料公司的营销总监开始启动 Crush，Hires 和 Sundrop 软饮料品牌重新上市的挑战性工作。这些品牌是 1989 年 10 月从宝洁公司购得的。

经过仔细研究，吉百利饮料公司的高级营销经理决定首先将注意力集中在果汁味

---

* The cooperation of Cadbury Beverages, Inc. in the preparation of this case is gratefully acknowledged. This case was prepared by Professor Roger A. Kerin, of the Edwin L. Cox School of Business, Southern Methodist University, as a basis for class discussion and is not designed to illustrate effective or ineffective handling of an administrative situation. Certain information has been disguised and is not useful for research purposes. Crush is a registered trademark used by permission from Cadbury Beverages, Inc. Copyright © 1995 by Roger A. Kerin. No part of this case may be reproduced without written permission of the copyright holder.

碳酸饮料 Crush 品牌上。有三个突出的问题：第一，应该在短时间内尽力使 Crush 软饮料品牌的装瓶网络重现活力；第二，按一个总监的话说，"（我们）应该弄清 Crush 的品牌资产，以及该品牌是如何建立的……以及如何确立一个基本的定位"[1]；第三，应该开发 Crush 品牌新的广告和促销计划，包括设立目标、发展战略和准备基本的预算。

金·菲尔（Kim Feil）被任命负责管理 Crush 软饮料品牌的重新上市。她原在一家大型消费品公司的多种产品管理岗位工作了 5 年，于 1989 年 12 月加入吉百利饮料公司。菲尔这样描述她第一天上班的情形："星期三早上我很早就来了，发现有 70 箱的研究报告、广告、销售和商业促销的印刷品和录像带从地板整齐地堆到天花板。"然而，她毫不畏惧，开始系统地整理堆积如山的材料，她相信能够很快找出 Crush 饮料品牌重新上市的措施。

吉百利饮料公司

吉百利饮料公司是吉百利史威士公司的饮料事业部。吉百利史威士是一家国际性的饮料和糖果制造商，1989 年，在全世界的销售额达 46 亿美元，在超过 110 个国家销售产品。吉百利史威士公司总部设在英国伦敦，吉百利饮料公司的全球总部设在康涅狄格州的斯坦福。图表 1 列出了吉百利饮料公司在全世界销售的产品，图表 2 详细列出了在美国销售的产品。

图表 1   吉百利饮料公司在全球销售的产品

碳酸类饮料	水	非汽水饮料/果汁
Canada Dry	Schweppes	Oasis
Schweppes	Canada Dry	Atoll
Pure Spring	Pure Spring	Bali
Sunkist	Malvern	TriNaranjus
Crush		Vida
'C' Plus		Trina
Hires		Trina Colada
Sussex		Red Cheek
Old Colony		Allen's
Sundrop		Mitchell's
Gini		Mott's
		Clamato
		E. D. Smith
		Rose's
		Mr & Mrs "T"
		Holland House

图表 2
吉百利饮料公司在美国销售的产品

Schweppes	Canada Dry	Sunkist	Crush, Hires, Sun-drop	Mott's, Red Cheek, Holland House, Mr & Mrs "T", Rose's
Tonic Water	Tonic Water	Sunkist Pineapple Soda	Crush Orange	Mott's 100% Pure Apple Juices
Diet Tonic Water	Sugar-Free Tonic Water	Sunkist Grape Soda	Crush Diet Orange	Mott's 100% Pure Juice Blends
Club Soda	Club Soda	Sunkist Fruit Punch	Hires Root Beer	Mott's Juice Drinks
Seltzer Water	Seltzer Water	Sunkist Strawberry Soda	Hires Diet Root Beer	Mott's Apple Sauce
Sparkling Waters	Sparkling Mineral Waters	Sunkist Orange Soda	Hires Cream Soda	Mott's Apple Sauce Fruit Snacks
Grapefruit Soda	Barrelhead Root Beer	Sunkist Diet Orange Soda	Hires Diet Cream Soda	Mott's Prune Juice
Collins Mix	Barrelhead Sugar-Free	Sunkist Sparkling	Crush Strawberry	Clamato
Grape Soda	Root Beer	Lemonade	Crush Grape	Beefamato
Ginger Ale	Wink	Sunkist Diet Sparkling	Crush Cherry	Grandma's Molasses
Diet Ginger Ale	Ginger Ale	Lemonade	Crush Pineapple	Pose's Lime Juice
Raspberry Ginger Ale	Diet Ginger Ale		Crush Cream Soda	Rose's Grenadine
Diet Raspberry Ginger Ale	Cherry Ginger Ale		Sun-Drop Cherry Citrus	Red Cheek Apple Juice
Bitter Lemon	Diet Cherry Ginger Ale		Sun-Drop Diet Citrus	Red Cheek Juice Blends
Lemon Sour	Bitter Lemon			Mr & Mrs "T" Margarita Salt
Lemon Lime	No-Cal Brand Soft Drinks			Mr & Mrs "T" Bloody Mary Mix
	Cott Brand Soft Drinks			Mr & Mrs "T" Liquid Cocktail Mixers
	Lemon Ginger Ale			Mr & Mrs "T" Rich & Spicy
	Diet Lemon Ginger Ale			Holland House Cooking Wines
				Holland House Dry Mixers
				Holland House Wine Marinades
				Holland House Smooth & Spicy
				Holland House Coca Casa Cream of Coconut
				Holland House Liquid Mixers

历　史

吉百利史威士公司是世界上第一家软饮料制造商。公司的起源可以追溯到1783年的伦敦，在那里瑞士人雅各布·施威彼（Jacob Schweppe）开始销售自制的人造矿泉水。1789年，施威彼返回瑞士，但公司继续在英国运作。1835年推出柠檬汽水，19世纪70年代推出滋补水和姜汁饮料。19世纪80年代初期，史威士公司（Schweppes）向海外扩展，特别是那些后来成为英联邦成员的国家。20世纪60年代，公司开始多角化经营，进入食品制造业。

1969年，史威士公司和吉百利公司合并。吉百利公司是英国的主要糖果制造商，它的创办者是约翰·吉百利（John Cadbury）。19世纪30年代，约翰·吉百利在英国伯明翰开始制造可可粉，19世纪中期，吉百利公司已经打入全英联邦及其他国家市场。

吉百利史威士公司是世界上最大的跨国公司之一，在1989年《商业周刊》全球1 000家公司中排名第457位。1989年，吉百利史威士公司的饮料业务占公司全球销售额的60%，占运营收入的53%；糖果占全球销售额的40%，占运营收入的47%。

软饮料

吉百利史威士公司排在可口可乐和百事可乐之后，是世界第三大软饮料制造商。通过在Schweppes品牌上长期的营销投资和扩充，如滋补水、姜汁饮料、苏打水和不同口味的矿泉水等不同的饮料产品，公司终于跻身于世界大型饮料公司的行列。另外，公司在全世界收购了众多其他品牌，每一种品牌都有特定的顾客。例如，吉百利史威士公司1986年收购了Canada Dry软饮料品牌和Sunkist软饮料品牌的部分使用权；1989年，公司在西班牙和葡萄牙购买了几种软饮料品牌（TriNaranjus, Vida, Trina和Trina Colada）及有关资产；购买了Gini品牌，在法国和比利时领先的苦柠檬饮料品牌；1989年10月，公司花2.2亿美元从宝洁公司购得Crush品牌在世界范围内的商标权。

吉百利史威士公司（吉百利饮料公司）1989年在美国是第四大软饮料制造商，拥有3.4%的碳酸软饮料市场份额（美国三大领先的软饮料公司按顺序是可口可乐、百事可乐、乐倍/七喜）。但是，公司的品牌在它们特定的种类上通常是市场领先者。例如，Canada Dry是美国姜汁饮料的销量冠军；Schweppes是领先的滋补水品牌；而Canada Dry矿泉水是苏打水、矿泉水系列的典范；Sunkist和Crush品牌的橙味饮料在橙味碳酸软饮料系列中领先。

行业分析家认为，1989年收购Crush意味着，吉百利饮料公司在美国市场的软饮料销售中，Canada Dry将占有39%，Sunkist，Crush，Schweppes将分别占22%，20%，17%，余下的2%来自其他软饮料品牌的销售。[2]

碳酸软饮料业

美国消费者喝软饮料比自来水多。1989年，美国人平均消费46.7加仑碳酸软饮料，是1969年23加仑的两倍。人口增长加上人均消费量的增长，估计1989年零售额达430亿美元。

产业结构

在美国，参与碳酸软饮料生产和销售的主要有三类企业：浓缩液生产商、装瓶商和零售商。对于普通软饮料，浓缩液生产商生产基本的香料（例如柠檬-青柠和可乐香料）卖给装瓶商，装瓶商加上甜料后使之成为碳酸水，然后用玻璃瓶和金属罐等包装；对于健怡软饮料，浓缩液生产商在它们的香料中已加入人工甜味剂，如天冬甜素。

美国有40多家浓缩液生产商，然而，大约82%的销售额来自三家制造商：可口可乐、百事可乐和乐倍/七喜。

美国大约有1 000家装瓶厂将香料浓缩液转换成碳酸软饮料，这些装瓶厂或隶属于浓缩液生产商，或被特许销售某个浓缩液生产商的品牌。例如，粗略计算，约有一半的百事可乐是通过公司下属的装瓶厂销售，另一半通过特许销售商销售。特许装瓶商一般被授予在特定地域包装和销售浓缩液制造商软饮料的品牌，不允许销售直接竞争的主要品牌。然而，特许装瓶商能够代理非竞争性品牌和拒绝装瓶浓缩液制造商次要的品牌。这些安排意味着，一个百事可乐的特许装瓶商不能销售Royal Crown可乐，但能够装瓶和销售Crush橙味饮料而不是百事可乐的橙味饮料。

在同一产品类别中，相互竞争的浓缩液制造商对装瓶厂的定价是类似的。图表3列出了橙味饮料浓缩液制造商和装瓶商大致的价格和成本结构情况。

图表3　　浓缩液制造商和装瓶商大致的价格和成本结构

	浓缩液制造商			
	普通（加糖）		健怡（人工甜味剂）	
	美元/箱	百分比（%）	美元/箱	百分比（%）
净销售价格	0.76	100	0.92	100
售货成本	0.11	14	0.12	13
毛利润	0.65	86	0.80	87
推销和运费	0.02	3	0.02	2
广告和促销费用	0.38	50	0.38	41
一般行政管理费	0.13	17	0.13	14
税前现金利润/箱	0.12	16	0.27	30

	装瓶商			
	普通（加糖）		健怡（人工甜味剂）	
	美元/箱	百分比（%）	美元/箱	百分比（%）
净销售价格	5.85	100	5.85	100
售货成本	3.16	54	3.35	57
毛利润	2.69	46	2.50	43
推销和运费	1.35	23	1.35	23
广告和促销费用	0.40	7	0.40	7
一般行政管理费	0.05	1	0.05	1
税前现金利润/箱	0.89	15	0.71	12

碳酸软饮料的主要零售渠道是超市、便利店、自动售货机、饮料服务器和成千上万的小零售店。除饮料服务器外，软饮料通常以瓶装和罐装出售。利用饮料服务器，浓缩液被卖给零售商（像麦当劳），它们将浓缩液与碳酸水混合，满足顾客的即时消费。超市占有碳酸软饮料业销售额的大约40%。行业分析家认为，超市是软饮料营销成功的关键。

软饮料营销

软饮料营销的特点是：巨额广告投入；向装瓶商并通过它向零售商大力推销和促销；消费者价格折扣。浓缩液制造商通常负责承担全国性的消费者广告和促销计划、产品开发和计划、市场研究。装瓶商通常负责向零售商的交易促销和当地的消费者促销，同时负责向零售商推销并为零售商提供服务，包括店内陈设的布置和维护、超市的进货和在便利店货架上摆设自己的品牌。

口味与品牌竞争 可乐在碳酸软饮料总销售中占有的比例接近2/3，其他口味的饮料，如橙汁、柠檬-青柠、樱桃、葡萄和根汁饮料占据了剩下的销售。1989年各种口味饮料的市场份额大致如下：

口味	市场份额（%）
可乐	65.7
柠檬-青柠	12.9
橙汁	3.9
根汁饮料	3.6
姜汁饮料	2.8
葡萄	1.1
其他	10.0
合计	100.0

1989年，健怡软饮料占有31%的销售额。行业趋势数据显示，20世纪80年代，在碳酸软饮料销售的全部增长中健怡软饮料占有很大比重。

在美国有超过900个软饮料注册品牌名称，其中大部分品牌是地方性的。图表4显示了1989年前10位软饮料品牌，其中6种是可乐。这10种品牌全部是由可口可乐、百事可乐、乐倍/七喜销售的。

图表 4　　　　　　　　1989 年美国前 10 位软饮料品牌的市场份额

品牌	市场份额（%）
1. 经典可口可乐	19.8
2. 百事可乐	17.9
3. 健怡可乐	8.9
4. 健怡百事	5.7
5. 乐倍	4.5
6. 雪碧	3.7
7. 激浪	3.6
8. 七喜	3.2
9. 不含咖啡因的健怡可乐	2.5
10. 不含咖啡因的健怡百事	1.6
前 10 位品牌总计	71.4
其他品牌	28.6
行业总计	100.0

软饮料购买和消费行为　行业调查显示，人们在超市购买软饮料经常没有事先的计划。因此，软饮料购买者对价格（优惠）促销、店内（特别是通道尾）陈列和其他销售点促销形式（例如货架标语）有好的反应。陈列的重要性是显而易见的。一项行业调查支持了这种观点。据估计，如果一个品牌"得不到通道尾陈列，它就被封锁了60%的（超市软饮料）销售量"。[3]典型的超市软饮料购买者是家里有 18 岁以下子女的已婚妇女。

软饮料购买呈现一定的季节性，夏天比冬天消费量稍微高一点。消费量也随国内地区的不同而变化。1989 年，美国东南部的肯塔基州、田纳西州、亚拉巴马州和密西西比州的人均消费量是最高的，为 54.9 加仑，而美国国内人均消费量为 46.7 加仑。在蒙大拿州、艾奥瓦州、怀俄明州、科罗拉多州、亚利桑那州、犹他州和内华达州等多山地区，人均消费量为 37.1 加仑，是全美最低的。

健怡饮料的消费在 25 岁以上的顾客中比较明显，青少年、年轻顾客则是普通软饮料的大量消费者。

橙味饮料

1989 年，橙味碳酸软饮料创纪录地销售了 1.26 亿箱，占该行业在超市销售总量中的 3.9%。[4]1986 年以前，每年的销量在 1 亿～1.02 亿箱间徘徊。20 世纪 80 年代中期，百事可乐推出 Mandarin Orange Slice 饮料，而可口可乐推出了 Minute Maid Orange 饮料。这两个品牌的进入，再加上广泛的分销和大规模的广告与促销的支持，使这个产品类别呈现出活力，超市销量增加到 1.26 亿箱。1984—1989 年间超市每年的销售量如下所示：

年份	每年超市的橙味饮料箱数
1984	102 000 000
1985	100 000 000
1986	126 000 000
1987	131 000 000
1988	131 000 000
1989	126 000 000

□ 主要竞争者

1989年，4种品牌占据了橙味软饮料的大部分销售。百事可乐公司销售的Mandarin Orange Slice拥有20.8%的市场份额，是该类产品的领先者。由吉百利饮料公司销售的Sunkist和可口可乐公司的Minute Maid Orange分别拥有14.4%和14%的市场份额。Crush橙味饮料拥有7.5%的市场份额。其他品牌占有橙味软饮料销售的43.3%。图表5显示了1985—1989年主要竞争者的市场份额。

图表5　　1985—1989年橙味碳酸软饮料各品牌的市场份额（%）

品牌	1985	1986	1987	1988	1989
Sunkist	32	20	13	13	14
Mandarin Orange Slice	NA	16	22	21	21
Minute Maid Orange	NA	8	14	13	14
Crush	22	18	14	11	8
前4位品牌总计	54	62	63	58	57
其他品牌	46	38	37	42	43

这些主要竞争者同时销售普通和健怡橙味饮料。如图表6所示，普通软饮料占该类饮料销售的70%多。Crush橙味饮料销售很有代表性。然而，Sunkist品牌的销售中有82%是普通饮料。至于Mandarin Orange Slice和Minute Maid Orange，普通饮料和健怡饮料几乎均分。

1989年，主要竞争者的市场覆盖率也不同。Sunkist的市场覆盖率为91%。相比之下，Crush的市场覆盖率为62%，Mandarin Orange Slice和Minute Maid Orange的市场覆盖率均为88%。图表7列出了1985—1989年4个主要竞争者的市场覆盖率。

图表6　　1989年销量：普通与健怡（%）

种类	全部软饮料	全部橙味饮料	Crust	Sunkist	Mandarin Orange Slice	Minute Maid Orange
普通	68.9	73.2	71.3	82.1	49.0	53.1
健怡	31.1	26.8	28.7	17.9	51.0	46.9
	100.0	100.0	100.0	100.0	100.0	100.0

图表 7　　　　1985—1989 年主要竞争者橙味饮料的市场覆盖率（%）

品牌	1985	1986	1987	1988	1989
Crush	81	81	78	78	62
Sunkist	95	83	79	86	91
Mandarin Orange Slice	10	68	87	88	88
Minute Maid Orange	10	60	87	88	88

竞争者的定位和广告

4 个主要竞争者中，每一个都试图在橙味类中寻求一个独特的定位。例如，Minute Maid Orange 强调它的橙汁口味，而 Sunkist 将焦点放在青少年的生活方式上，Mandarin Orange Slice 将目标放在年轻人和没有孩子的家庭。这些品牌都表现出强调"对你来说比较好"的理念。Crush 和 Sunkist 定位在青少年和家里有小孩的家庭。图表 8 总结了主要竞争者明确的竞争定位以及由 Crush 市场研究人员收集的部分业绩数据。

图表 8　　　　　　　　　　　1989 年的竞争定位和业绩

	Sunkist	Mandarin Orange Slice	Minute Maidl Orange	Crush
定位	"海滩上的青少年"；"阳光下的饮料"	"谁拿到了果汁？"当代青年人文化	"橙子，橙子"真正橙子口味	"彻底解渴"；使用者大胆想象
目标	青少年，12～24 岁	年轻人，18～24 岁	年轻人，18～34 岁	青少年，13～29 岁
购买者的家庭规模	3～4 人（家中有小孩）	1～2 人（无小孩）	1～2 人（无小孩）	3～5 人（家中有小孩）
包装组合	2 升装，52%罐装，42%其他，9%	2 升装，54%罐装，42%其他，4%	2 升装，54%罐装，41%其他，5%	2 升装，64%罐装，31%其他，5%
忠诚度（品牌购买者橙味饮料购买比例）	36%	55%	48%	46%

资料来源：Crush Marketing Research Staff Report. Based on trade publications and industry sources.

1989 年，4 个主要品牌在广告上的花费为 2 600 万美元多一点。Mandarin Orange Slice 和 Minute Maid Orange 在橙味产品总广告支出中占 84%。尽管这两个品牌在有线电视和电视网做广告，都在当地市场做定点电视广告，但它们的广告在其他方面存在差别。Minute Maid Orange 利用户外广告牌和广播网做广告，而 Mandarin Orange Slice 则没有。相反，Mandarin Orange Slice 在杂志和报纸上做广告，而 Minute Maid Orange 则没有。

Crush，Sunkist 与 Minute Maid Orange，Mandarin Orange Slice 相比，在广告上花费

较少，较少利用广告媒介。Crush 在定点电视、报纸和户外广告牌上促销最频繁。Sunkist 利用报纸、定点电视、户外广告牌和一些综合电视节目。

1986 年以来，在橙味饮料中有两个明显的广告趋势。第一，每年在标准印刷品和广电媒体上总的花费都减少了。1986 年，广告支出是 5 220 万美元。当年，Minute Maid Orange 和 Mandarin Orange Slice 向全美推出。第二，竞争者增加了广告媒体。1986 年，几乎完全使用定点电视和户外广告牌。1989 年，采用的媒体范围扩大，包括广电媒体（网络、定点、辛迪加和有线电视及电台网络）和平面媒体（户外、杂志和报纸）。图表 9 列出了 1985—1989 年期间 4 个主要品牌的广告开支。

图表 9　　1985—1989 年浓缩液生产商在广电和平面媒体上为橙味饮料主要品牌投入的广告费　　单位：千美元

品牌	1985 年	1986 年	1987 年	1988 年	1989 年
Mandarin Orange Slice（总计）	17 809.4	32 079.9	29 555.8	15 001.3	11 388.1
普通	12 739.4	27 704.2	20 123.2	10 247.9	11 199.5
健怡	5 070.0	4 375.7	2 676.4	1 881.9	
普通与健怡			6 756.2	2 872.5	188.6
Sunkist（总计）	7 176.2	4 013.0	910.7	1 719.3	2 301.9
普通	4 816.5	1 340.6	887.2	309.4	281.5
健怡	2 316.0	1 269.5	1.3		
普通与健怡	43.7	1 402.9	22.2	1 409.9	2 020.4
Crush（总计）	4 371.2	7 154.9	4 296.7	6 841.1	1 853.6
普通	3 282.7	4 712.9	2 729.8	2 561.6	1 382.2
健怡	1 004.6	2 413.1	959.4	1.2	127.7
普通与健怡	83.9	28.9	607.5	4 278.3	343.7
Minute Maid Orange（总计）	174.4	7 952.3	9 027.2	12 811.3	10 463.1
普通	174.4	7 508.2	7 211.6	9 252.5	10 191.9
健怡			1 745.1	3 450.2	
普通与健怡		444.1	70.5	108.6	271.2

竞争者定价和促销

4 个主要竞争者的浓缩液定价差别很小。通常，不存在多于一美分的差别。普通（加糖）和健怡（加天冬甜素）浓缩液之间的价格差别对竞争者来说几乎是一样的。定价以及原材料成本的相似性导致橙味饮料竞争者在毛利润方面是类似的。然而，正如图表 3 所提到的，普通和健怡软饮料浓缩液的毛利润却不同。

广告和促销活动由浓缩液制造商和装瓶商共同实施和负担经费。浓缩液制造商和装瓶商各负担 50%。例如，如果花费在电视品牌广告上的支出是 100 万美元，品牌装瓶商付 50 万美元，浓缩液制造商付 50 万美元。装瓶商和浓缩液制造商在零售导向的商业促销和消费者促销花费上各负担 50%。

软饮料业采用多种商业促销计划。其中一种促销被称为"经销商承载物"，是给零售商的一种奖赏。一种常用的形式是"陈列承载物"，例如冰柜、罐装饮料冰箱、T恤衫和汗衫，这些都是店内或购买点陈列的一部分。陈列完后，这些物品归零售商。也提供通道尾陈列和其他类型，如特别的独立陈列以及货架广告语。浓缩液制造商还经常向那些实施商业促销的装瓶商提供资金，按销售给装瓶商的数量每箱提供 10 美分（汗衫）或 20 美分（陈列）。消费者促销包括，赞助当地的体育和娱乐活动，提供带有品牌标识的塑料杯和餐巾、漂亮的棒球帽、汗衫和印有品牌名称的太阳镜。其他一些促销手段有，优惠券、包装促销和彩票。浓缩液制造商向那些开展此类促销的装瓶商提供资金，每箱 5 美分（用于杯子、帽子或眼镜）至 25 美分（用于当地事件营销活动，包括杯子、帽子或眼镜）。图表 10 和图表 11 是一些商业促销和消费者促销的例子。

浓缩液制造商偶尔以分销诱因的形式向装瓶商进行价格促销。这些鼓励措施一般是数量折扣，用于刺激装瓶商的销售和商业活动。根据所期望或需求的努力，这些诱因通常在每箱 15～25 美分范围内。

HAVE A CRUSH ON US!
DEALER LOADERS

Item

A Crush Adventure Back Pack
B Beach Bag/Blanket
C Neon Cap
D Sony® Walkman
E Dirty Dunk®

图表 10　Crush 商业促销的例子

图表 11 Crush 消费者促销的例子

Crush 营销计划

1990 年 1 月，有关 Crush 品牌的几项战略营销决策被制定出来。第一，决定将最初的注意力集中在橙味饮料上。尽管 Crush 产品线配备了不同的口味，但橙味（普通或健怡）占几乎 2/3（图表 12 列出了 Crush 的产品线）。第二，吉百利饮料公司的营销经理决定立即着手重建 Crush 产品线，特别是 Crush 橙味饮料的装瓶网络。第三，决定仔细考虑 Crush 的定位，认为这对于满足顾客要求和为 Crush 品牌及其各种口味饮料的进一步发展非常必要。第四，经理们同意制定一个广告和促销计划，包括确定目标、战略和开支。

图表 12 Crush 产品线

☐ 装瓶商网络的开发

由于认识到装瓶商在软饮料业中扮演的传统的主要角色，公司的营销和销售经理立即着手为 Crush 产品线积极开发装瓶商。20 世纪 80 年代，Crush 装瓶商网络被逐渐侵蚀，部分原因在于宝洁公司决定试用一种主要通过仓储商店而不是装瓶商销售 Crush 的分销系统。这种行动将装瓶业务集中在有限的装瓶商手中，并由它们将产品运送给仓储商店，再由后者向超市和其他零售商供货，这样使得许多 Crush 的装瓶商对它们未来的角色产生了疑问。这种行动的一个结果是，Crush 成为在主要竞争者中橙味类产品市场覆盖率最低的品牌。

1990 年年初发展装瓶商的努力拓展了装瓶商网络。到 1990 年年中，签订了新的装瓶协议安排，同 136 个装瓶商建立了贸易关系。新的装瓶商网络意味着，在 Crush 重新推向市场时，其市场覆盖率达到 75%。扩展的装瓶网络也需要促销的支持。按吉姆·菲尔（Kim Feil）的话说："我们知道重新建立贸易关系是重要的第一步。然而我们也知道，重新推出 Crush 时，新的和现有的装瓶商将评价我们能够提供的广告和促销支持的类型和数量。"

☐ 定位问题

在发展装瓶商的同时，许多与定位有关的问题也得到重视。第一，由于公司已经销售 Sunkist 饮料，如果不能研制并成功地为 Crush 橙味饮料确立清晰的差别化市场定位，就会导致问题升级从而影响 Sunkist 的可能销售量。第二，与 Mandarin Orange Slice 和 Minute Maid Orange 相比，Crush 在普通和健怡类产品上相对重要。这两个竞争者在吸引健怡橙味饮用者方面的努力超过 Crush 和 Sunkist。第三，可行的定位必须考虑到，不能与目前的定位相违背，应该符合顾客目前对 Crush 橙味饮料认可的特点。因此，对 Crush 的定位进行了历史性回顾。结果如图表 13 所示。

公司经理认识到，与定位有关的问题需要及时处理。没有一个清晰的定位描述，就不能启动广告计划背后的创造性过程。

图表 13　　　　　　　　　　1954—1989 年 Crush 的定位

年份	定位	目标	主题
1954	来自瓦伦西亚橙子的天然口味	所有家庭	"天然，好口味，橙味 Crush"
1957 年至 20 世纪 60 年代末	对您有益，来自精心挑选橙子的新鲜果汁	所有家庭	"如此好味道，对您正好"
1963—1964	推出全部口味：葡萄、草莓、葡萄柚、根汁、樱桃	所有家庭	没有明确的导入计划： ● "口渴吗？橙味 Crush 清凉解渴" ● "美味、新鲜、满足——葡萄 Crush" ● "清爽果味——葡萄柚 Crush" ● "醇美，根汁 Crush"
20 世纪 70 年代初	独特口味，"改变节奏"的饮料	所有家庭，指向 18～35 岁的女性，促销目标为儿童/年轻人	"要 Crush，美味尽在其中"
1979—1980	有竞争力，口味出众	维持 70 年代电视广告，但集中于喜欢体育的年轻男性	增加了"没有橙子像橙味 Crush"
1980	有竞争力的口味，果味超群	增加了针对 10～19 岁的电台广告	同上
1981	100%天然口味，当代有生气的品牌	13～39 的人	"橙子爱好者喜欢我们"
1980—1985	好味道，无法抵抗的口味	13～39 岁	同上
1981—1982	好味道	13～39 岁	测试："Crush 第一"
1983	更浓的橙子味	13～39 岁	"橙子爱好者"
1984	无糖的 Crush，甜味适中，好味道	13～49 岁	"庆贺"
1986—1987	10%真果汁的口味	少年，12～17 岁	"给我打开 Crush"
1987	消除单调的饮料	少年，12～17 岁	测试："丰富多彩，Crush"
1987—1989	大胆的用户形象，清凉解渴	青少年，13～29 岁	"彻底解渴"

□ 广告和促销

Crush 营销经理既高兴又惊讶地发现，在现有的和新的装瓶商服务的市场中，Crush 品牌有较高的认知度。根据公司有关消费者认知度的追踪调查，在 4 个主要品牌中，Crush 在西雅图、旧金山、纽约、迈阿密、洛杉矶、芝加哥和波士顿是橙味饮料品牌中认知度最高的。尽管如此，与 Crush 的广告和促销计划有关的许多问题还需要说明。

首先，必须确立广告和促销的目标，并向可能会代表 Crush 的广告代理商沟通。其次，消费者广告的相对重点和交易及消费者促销的类型必须确定。具体来说，这意味着要为广告开支和每箱花费的促销费用作出预算。最后，需要向吉百利饮料公司的高级经理提交预计收入和开支的明细表。这意味着，需要能够真实反映市场和竞争情况和"我们营销计划的质量"的销量预测，菲尔说。

[注释]

[1] Patricia Winters, "Fresh Start for Crush," *Advertising Age* (January 6, 1990): 47.

[2] Patricia Winters, "Cadbury Schweppes' Plan: Skirt Cola Giants," *Advertising Age* (August 13, 1990): 22-23.

[3] Patricia Winters, "Crush Fails to Fit on P & G Shelf." *Advertising Age* (July 10, 1989): 1, 42-43.

[4] 案例作者注释：由于超市的销量影响其他渠道的销售，因此软饮料业用超市的销量和市场份额来评价不同品牌和口味的产品的竞争地位。为了方便分析，某种品牌或口味的产品的总销量大致可以看成是超级市场销量的 2.5 倍。因此，橙味软饮料总的销量是 25 × 1.26 = 3.15 亿箱。

案例 6—4　Drypers 公司：全美电视广告运动[*]

1997 年年末的某一天，Drypers 公司的高层管理者正在讨论在 1998 年花费 1 000 万美元为其 Drypers 牌一次性尿布做全国电视广告是否有价值。这件事很重要，原因有二：一是公司在过去 10 年没做过电视广告；二是与 1997 年 3 000 万美元的广告和促销整体预算相比较，1 000 万美元的增加投入意味着预算提高 33%。[1]

推行全美电视广告的原因如下：

在美国，由于很多零售商靠尿布吸引顾客光临，因此尿布被高度促销。此外，宝洁公司和金佰利-克拉克公司在大量的媒体宣传上投巨资以创造顾客对它

---

[*] This case was prepared by Professor Roger A. Kerin, of the Edwin L. Cox School of Business, Southern Methodist University, as a basis for class discussion and is not designed to illustrate effective or ineffective handling of an administrative situation. This case is based on published sources, including the Drypers Corporation annual reports, U. S. Securities and Exchange Commission Form10-K and 10-Q reports, company news releases, published articles, and information provided by individuals knowledgeable about the industry. The information presented in the case does not necessarily depict the explicit situation faced by Drypers Corporation, but is introduced only for class discussion purposes. Where appropriate, quotes, statistics, and published information are footnoted for reference purposes. Copyright © 1999 Roger A. Kerin. No part of this case may be reproduced without written permission of the copyright holder.

们产品的需求。相反，Drypers 公司更多地依赖于促销投入和与零售商共同进行推销。当没有实现全部分销，成本既定的情况下，类似用优惠券来吸引顾客试用的促销活动会非常有效。[2]

（电视）广告会让顾客产生 Drypers 是一个质量高和创新的全美品牌的认知。认知会推进需求，需求的增加会产生三个重要的结果：其一，会提高产品的销路；其二，增长的销路会使大量商家重新审视我们并帮我们打破"都很重要"的零售渠道；其三，我们会从高成本、促销驱动的销售转换到品牌驱动的销售。[3]

通过电视广告进行全国营销是显而易见的。但是，与推动全国电视广告相关的争论仍在继续，包括短期和长期销量，品牌建设效应和利润影响，成为 1998 年商业计划的一部分。

美国一次性尿布和训练裤市场

一次性尿布和训练裤市场通常认为 4 岁以下的婴幼儿会使用这些产品，他们的妈妈年龄在 18~49 岁之间，决定选用并购买何种品牌的一次性尿布和训练裤。平均一个婴儿每天使用 5 块尿布，持续 30 个月，共需 4 500 块。每块尿布的平均价格在 18~27 美分之间，每个婴儿会带来 1 012.5 美元的零售收入。

由于 30 个月以内的婴儿人数减少的趋势以及尿布在吸水和防渗漏方面的改进，使得美国一次性尿布市场以零售美元价值表示的销售额近年来在缓慢增长，1997 年一次性尿布市场零售美元价值约为 39.3 亿美元，而训练裤约为 5.95 亿美元。美国零售市场的尿布和训练裤销售额和人口趋势见图表 1。

图表 1　　美国一次性尿布和训练裤市场趋势

	1994 年	1995 年	1996 年	1997 年
婴儿（百万人）：出生~30 个月	10.0	9.8	9.7	9.7
出售的尿布数（10 亿单位）	17.2	17.2	17.3	17.5
尿布零售额（百万美元）	3 880.0	3 825.0	3 855.0	3 930.0
儿童（百万人）18 个月~8 岁	26.1	26.3	26.3	26.2
出售的少儿训练裤数量（百万单位）	970.0	1 070.0	1 250.0	1 410.0
出售的少儿训练裤零售额（百万美元）	485.0	510.0	540.0	595.0

分销渠道

一次性尿布和训练裤基本上通过百货商店、药店和大型商场进行分销。1997 年百货商店零售的一次性尿布和训练裤大约达到 20 亿美元。1994 年以来，百货商店对一次性尿布和训练裤的分销占整个零售的比例在下降，1994 年占 60%，而 1997 年只占 51.2%。

大型商场和药店 1997 年销售一次性尿布和训练裤大约 19 亿美元，大型商场占整个一次性尿布和训练裤零售市场的份额由 1994 年的 30% 提高到 1997 年的 39.4%，而药店同期从10%降到9.2%。

竞争对手

一次性尿布和训练裤的生产者分为三类：(1) 溢价品牌生产者；(2) 价值定价品牌生产者；(3) 自有品牌生产者。宝洁公司和金佰利-克拉克公司以其众所周知的帮宝适和好奇高档品牌，是主要的溢价品牌生产者。它们在产品质量、特色、益处和价格方面展开竞争。例如，金佰利-克拉克率先推出为孩子提供的训练裤并占有该市场的77%。宝洁公司和金佰利-克拉克公司也在消费者广告和品牌的市场支持上大量投资。1997年，宝洁公司为帮宝适的媒体广告投入大约6 960万美元，而金佰利-克拉克公司为好奇品牌投入7 560万美元。以下是它们的媒体支出明细：

生产厂商	品牌	1997年媒体广告（百万美元）		
		电视广告	平面广告	总计
金佰利-克拉克公司	好奇	57.2	18.5	75.6
宝洁公司	帮宝适	52.8	16.8	69.6

1997年，宝洁公司和金佰利-克拉克公司占美国一次性尿布和训练裤销售额的78.9%。这两家公司的市场份额从1994年以来一直在增长（见图表2），部分原因是它们的广泛分销遍布百货商店、大型商场和药店市场。比如，两家公司在商店出售的产品占到了美国尿布和训练裤全部销售额的90%以上。然而，金佰利-克拉克和宝洁占据市场份额的分销渠道并不相同。如，金佰利-克拉克1997年在美国百货商店的市场份额据估计是40.6%，而宝洁的市场份额则占到34.1%。金佰利-克拉克在大型商场和药店市场估计有41.8%的份额，而宝洁有39.4%的份额。

	1994年	1995年	1996年	1997年
金佰利-克拉克公司	37.6%	39.6%	40.4%	41.2%
宝洁公司	37.4%	36.6%	37.3%	37.7%
其他公司	25.0%	23.8%	22.3%	21.1%

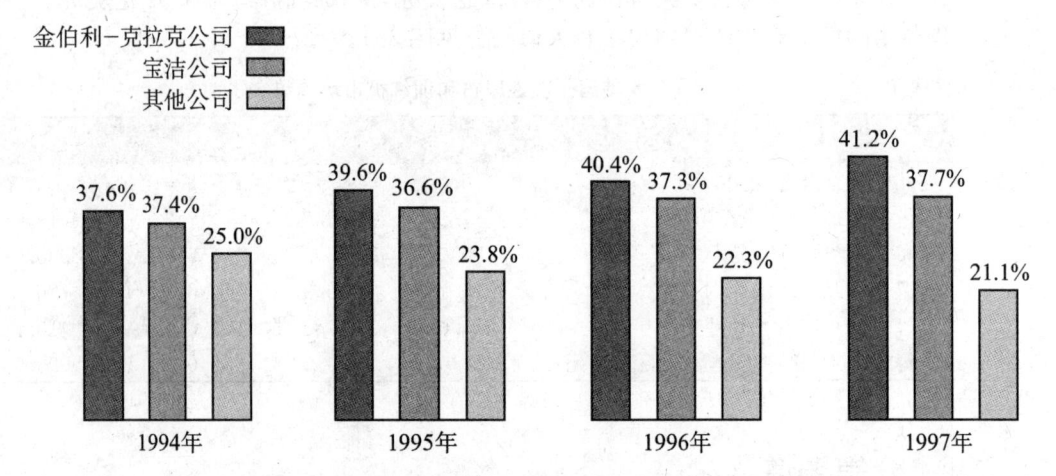

图表2 1994—1997年宝洁、金佰利-克拉克和其他公司在一次性尿布和训练裤上的综合市场份额

如Dryers公司这样的价值定价的品牌生产者，由于缺乏能够供应大型商场和连锁药店的全国性品牌认知和生产及分销能力，通常通过百货商店分销产品。价值定价生产者战略非常广泛，从以质量为重点和物美价廉，到仅仅是低价。产品范围从超值产品到质量较低的产品。这些厂家几乎不会进行广泛的研发，也不会在全国广告上投资。它们依靠店内促销或优惠活动，经常使用当地或区域性平面广告，和零售商共同做广告或开展促销计划。

自有品牌生产者，如 Paragon 贸易品牌公司、Arquest 公司（美国最大的两家自有品牌生产厂家），贴零售商的标签来销售产品。这些厂家着重于保证质量基础上的低价格和产品特色。它们很少在消费者广告和营销上投入，但是，零售商经常推广贴有他们自己标签的产品。1997 年，一次性尿布和训练裤的贴牌产品占以美元标价的销售额的 16% 和销量的 23%。自有品牌在药店渠道中起到主导作用。自有品牌产品通过渠道的销售细目见图表 3。

图表 3　自有品牌一次性尿布和训练裤在通过分销渠道的销售份额和销量份额（%）

分销渠道	自有品牌 销量份额	自有品牌 销售份额
百货商店	23.0	15.9
药店	31.3	21.7
大型商场	21.5	15.3
美国尿布和训练裤自有品牌生产份额	23.2	16.1

Drypers 公司概况

Drypers 公司（www.drypers.com）生产并经营高中档一次性尿布和训练裤，在美国以 Drypers 品牌销售，在国际市场以 Drypers 和其他品牌销售。除了自有品牌尿布、训练裤和婴儿湿巾，该公司同时还生产并在美国和国际市场上销售低档的以其他品牌命名的一次性尿布和训练裤（如 Comfees）。1997 年，美国市场上品牌产品占公司净销量的 88.9%，剩余部分是其他产品。公司的高档产品 Drypers 牌尿布占公司净销量的比例，从 1995 年 61.3%，1996 年的 62.3% 降到 1997 年的 52.3%。公司在美国、巴西、波多黎各、阿根廷和墨西哥等国的九个地方进行生产、分销和管理，总部在得克萨斯的休斯敦。

该公司是世界第六大婴儿一次性尿布的生产者和美国第三大品牌的一次性尿布的营销者。1997 年，公司的 Drypers 品牌是美国第四大尿布品牌，在百货商店销售训练裤的品牌中列第二位。

公司的销售和利润史

1995 年以来，公司以两位数增长，10 倍的增长主要来自国际市场的销售增长，如下所示：

	1995 年 (百万美元)		1996 年 (百万美元)		1997 年 (百万美元)	
国内[a]	154.5	94.3%	179.2	86.6%	191.3	66.7%
国际	9.4	5.7%	27.8	13.4%	95.7	33.3%
净销售额总计	163.9	100.0%	207.0	100.0%	287.0	100.0%

注：a. 国内销售包括美国、波多黎各以及这些生产厂商的出口经营。

公司在国外生产和出口的产品销往 28 个以上国家,但国际营销主要集中在拉丁美洲。例如,1997 年 2 月,公司得到了巴西木偶(Brazilian Puppet)这个品牌并建立一个合资公司在巴西销售该品牌。此外,该公司是沃尔玛在拉丁美洲的唯一自有品牌生产厂家,并给当地的沃尔玛商店供应 Drypers 的溢价品牌产品。

1995 年以来,公司的销量和利润都有很大增长。1995 年,公司的财务绩效受到其无法控制的外部因素的负面影响。[4]墨西哥比索于 1994 年 11 月贬值,之后是巴西经济不稳定,对公司销量和利润产生很大影响。此外,美国境内宝洁公司和金佰利-克拉克公司发起的尿布促销攻势和原材料成本的上升,降低了企业的毛利润。这些事件刚好发生在公司准备将它的四个美国区域品牌(南部的 Drypers,西部的 Baby's Choice,中西部的 Wee-Fits,以及东北部的 Cozies)整合为一个品牌的时候。在以前用区域品牌销售的区域由于 Drypers 品牌缺乏认知度而影响销量。

图表 4 是公司在 1995—1997 年 12 月 31 日的简化的利润表。1997 年公司的剔除利息、税、贬值、摊销之后的利润为 2 880 万美元。强大的现金流和销售增长,使得公司有能力在资本市场通过发行债券筹得 11 500 万美元。接下来,该资金用于再筹资金和在美国与拉丁美洲扩大生产能力。公司的运营资本在 1997 年年底达到 4 870 万美元。

图表 4　Drypers 公司 1995—1997 年简化的利润表(用净销售额的百分比表示)(%)

	12 月 31 日		
	1995 年	1996 年	1997 年
净销售额	100.0	100.0	100.0
商品出售成本	69.6	60.9	61.2
毛利润	30.4	39.1	38.8
一般的销售和管理费用	32.8	34.0	31.3
异常的费用	1.9	—	—
结构调整费用	2.6	—	—
运营收益(损失)	(6.9)	5.1	7.5
净利息费用	4.9	4.3	3.5
其他收入	—	—	0.1
税负和额外款项之前的收益(损失)	(11.8)	0.8	4.1
税负(收益)	(2.4)	0.2	0.8
额外款项	—	—	(2.7)
净收益(损失)	(9.4)	0.6	0.6

资料来源:Drypers Corporation, U. S. Securities and Exchange COmmission, Form 10-K, 1997, at p. 17.

□ 市场定位

Drypers 公司主要通过美国的百货商店分销产品。1997 年,公司估计通过 635 个杂货零售商的约 2 000 个零售店销售其产品。这些零售店的销量占到全美一次性尿布和训练裤百货商店市场的 66%。1995 年,公司在百货商店市场的分销覆盖率是 54%。公司估计,1997 年它的品牌在全美百货商店渠道的销售额占有率是 6.4%,销量占有率是 6.6%。但是,在明尼阿波利斯、明尼苏达的百货商店市场,公司在 Super Valu 和 Cub Foods 这样的百货商店销售份额高达 20%,与宝洁的帮宝适相当。

公司在大型商家和连锁药店没有大量分销。结果,Drypers 在整个一次性尿布和训练裤市场的份额大约是3.1%。[5]但是，公司最近有选择地在一些大型商场和连锁药店进行分销，包括凯玛特的超级凯玛特店，Meijer和Caldor。"我们准备进入大商场，争取到沃尔玛和塔吉特的货架。"市场营销副总裁戴夫·奥尔森（Dave Olsen）说："我们这样做的目的是告诉零售商，我们在保持价值定位的同时，确实让Drypers具有品牌差异化。"[6]Drypers南美洲公司的合作CEO和总裁特里·托格涅蒂（Terry Tognietti）补充道："大型商家希望看到的是你的产品因为自己的价值而不需要促销就会卖掉，而不需要努力替你卖掉它们。"[7]

□ Drypers公司的市场营销

作为全美第三大一次性尿布品牌，公司认为应采用新颖的方式去和金佰利-克拉克公司和宝洁公司展开竞争，如特里·托格涅蒂所说：

> 我们一直在金佰利-克拉克公司和宝洁公司不能仅仅靠投入大量的钱就可以生效的区域与它们竞争。一旦涉及资金，每次它们都能打击我们。所以我们需要并尝试把自己置于靠创意和快捷来竞争的区域，而不是看谁的钱包更鼓。[8]

产品革新和定价 Drypers公司擅长通过产品革新来改变尿布市场的规则，例如，1996—1997年，公司率先推出舒适、吸水、防渗漏同时保护皮肤的尿布。"我们感觉是Drypers作为品牌同其他品牌差异化的时候了。"特里·托格涅蒂这样说道。他还说：

> 我们不希望仅仅是一个高质低价雷同于其他品牌的尿布，我们希望顾客因为我们是Drypers而购买我们的产品，为了达到这一目的，我们努力使我们的尿布具有不同的特点——通过苏打来消除气味，用芦荟来使皮肤光滑。[9]

具有天然苏打的尿布和芦荟的尿布分别在1996年和1997年上市，并对公司1995—1997年在全美杂货渠道的渗透和增长起到了作用。此外，公司因最创新的婴儿产品——添加芦荟成分的尿布在1997年获得美国营销协会颇有声望的爱迪生金奖。公司同样给训练裤提供增值特色，包括一体设计，让它们看起来更像真正的衣服。这些创新，加上苏打和芦荟，有助于提高公司在训练裤市场的份额。Drypers公司成为销量仅次于金佰利-克拉克公司的第二大训练裤厂家，占全美销量的7.8%。

1997年，Drypers公司签订了一个允许在公司的产品、包装和广告材料上使用芝麻街（Sesame Street）的商标和形象的特许合同，这个协议被视为公司向儿童产品方向改进的有效例证。"儿童电视工作室在发放芝麻街形象使用特许时非常谨慎，"戴夫·奥尔森说，"芝麻街形象被视为最高目标，这是最热门的部分。"[10]

"Drypers公司的零售价格低于高档品牌可比产品40美分。一旦顾客意识到我们的产品和其他全国品牌相当——而且价格更合适——我们坚信能得到在尿布市场的份额。"特里·托格涅蒂说。

广告、促销和销售 Drypers公司长期在父母阅读的杂志上发布平面广告，通常把优惠券置于日报的食品栏目和星期天报的夹页中。公司同样发送大量的直销邮件、做店内促销，并在儿科诊室做样品陈列。例如，公司每年会送8 000~10 000份尿布到儿科诊室。并发送几百万份优惠券到托儿所。1997年，Drypers公司的综合广告和促销预算大约为3 000万美元，其中321.9万美元用于广告，而1996年的广告投入是185.4万美元。

公司在美国没有直销队伍，而是使用内部经理去协调非专营的通过百货商店分销产品的经纪公司，由于这些经纪公司和零售商店的长期友好关系，通过这种方法可以使公司进入连锁百货商店和独立百货商店的速度加快，使用经纪公司也可以降低公司一般管理成本。

1998年商业计划

Drypers公司的高层管理者为1998年制定了一个雄心勃勃的商业计划。1997年是公司在销售和利润最佳的一年,通过它的普通股价格可以证明(见图表5)。是继续推行产生良好结果的已有努力和追求新的主动权的时候了。这份商业计划有六个要素:

1. 继续产品创新以实现产品差异化。
2. 向顾客提供每天超值的品牌化产品。
3. 继续寻找国际市场扩张的机会。
4. 扩展产品系列去涵盖附加的消费品。
5. 向零售商提供高利润产品。
6. 提高品牌认知和零售渗透。

图表5　　　　　　　　1996—1997年Drypers公司普通股季度股价　　　　　　　　单位:美元

季度	1996年 高	1996年 低	1997年 高	1997年 低
第一季度	4.13	2.75	4.75	3.63
第二季度	4.00	2.75	7.75	3.88
第三季度	4.25	2.63	7.94	6.13
第四季度	5.63	3.50	9.00	5.13

资料来源:Drypers Corporation, U. S. Securities and Exchange Commission, Form 10-K, 1997, at p. 12.

上述每个要素描述如下:

继续产品创新以实现产品差异化。Drypers公司已经建立有意义的能为顾客创造价值的产品差异,1998年的计划仍然继续把它作为重点。公司准备在1998年9月推出带有防菌衬里的Drypers Supreme。该产品将品牌定位在唯一防菌的尿布。

向顾客提供每天超值的品牌化产品。Drypers公司产品定位重点在高中档,向顾客传递该产品是一个认知度很高、值得信赖的全国品牌,产品质量和特色与高档品牌相当,但价格更低。1998年的计划重申了这一价值定位和持续改进要做的努力。

继续寻找国际市场扩张的机会。国际尿布市场估计的年销售额是120亿美元。增长机会在那些一次性尿布顾客渗透率低的地区,包括拉丁美洲、太平洋地区和东欧。Drypers公司将继续在阿根廷、墨西哥和巴西扩大经营,并通过并购、合资或其他方式在太平洋地区和拉丁美洲寻找进一步扩张的机会。

扩展产品系列去涵盖附加的消费品。公司将生产并销售额外的高质消费品以占领大的细分市场中的专业利基市场,主要通过百货商店、药店和大型商场。1997年10月,公司得到一个特权:购买NewLund实验室公司,一个刚起步的在洗衣用的清洁剂技术上有突破的公司。该技术提供一种综合了洗涤剂、柔软剂和静电控制的片状产品。1998年的商业计划包含了在1998年年底推出这种产品。

向零售商提供高利润产品。公司继续以低于全国高档品牌产品的价格向零售商提供产品,使零售商在获得较高利润的同时能向消费者提供较低的价格。这种对零售商而言能维持具有吸引力的利润,对顾客而言能建立良好的价格—价值联系的能力,将促使公司在四个方向继续努力:(1)传递能实现产品差异化的创新产品的特色;

(2）在和主要全国品牌成本相当的基础上生产高质量的产品；（3）较低的广告、促销和研发成本；（4）维持较低的公司一般管理结构。

提高品牌认知和零售渗透。自公司1992年与三个最大的美国区域一次性尿布厂家合并之后，公司开始有意识地建立品牌资产。到1995年，不同的运营、技术和品牌自身被转换为Drypers，通过1996年和1997年显著的产品创新，Drypers品牌在市场上实现了差异化。所有这些努力都是为了实现一个清晰的公司目标：在全美实现Drypers尿布和训练裤的分销。公司高层作出的在1998年对全美电视广告上进行投资被视为是为了实现公司目标而迈出的合理的一步。"我们深信通过在全美电视广告上进行投资来建立品牌认知度是赢得产品全面分销和提高销量的关键。"[11]

1998年的商业计划包括了超过1000万美元的做全美电视广告的成本预算。该计划将在1998年的前两个季度实施，并与其他已有的促销计划相结合。1998年下半年，全部广告和促销成本，以占销售的比例表示，将下降到做广告之前的水平。通过广告建立品牌认知度会使公司逐渐减少对直接促销成本的依赖，提高Drypers品牌尿布的分销，并因此提高1998后半年的销量。

尽管为什么需要在全国电视广告上投资和这项投资应该做什么已经非常清楚，但关于全国电视广告应该做什么的讨论仍在继续。与短期和长期销量、品牌塑造影响和利润影响相关的讨论贯穿于1998年商业计划的形成过程。

[注释]

[1] Laurie Freeman, "Flanking Maneuver," *Marketing News* (October 27, 1997): 1, 16.
[2] Drypers Corporation, *U. S. Securities and Exchange Commission Form 10-K*, for the fiscal year ended December 31, 1997, at p. 9.
[3] Drypers Corporation, *1997 Annual Report*, p. 11.
[4] Alexandra M. Biesada, "The Poop on Drypers," *Texas Monthly* (July 1996): 50ff.
[5] Laurie Freeman, "Flanking Maneuver," *Marketing News* (October, 27, 1997): 16.
[6] Ibid.
[7] Ibid.
[8] Ibid.
[9] Ibid.
[10] Ibid.
[11] Drypers Corporation, *1997 Annual Report*, p. 3.

案例6—5　　Craft Marine 公司*

2001年10月，布雷登·弗兰克（Brayden Frank）作为Craft Marine公司的副总裁

---

* This case was prepared by Professor Roger A. Kerin of the Edwin L. Cox School of Business, Southern Methodist University and Professor Robert A. Peterson, The University of Texas at Austin, as a basis for class discussion and is not designed to illustrate effective or ineffective handling fo an administrative situation. All names and data have been disguised and are not useful for research purposes. This case is based on an earlier case by Robert A. Peterson and Larry Buntin Jr. Copyright © 2003 Roger A. Kerin and Robert A. Peterson. No part of this case may be reproduced without the written permission of the copyright holders.

完成了其头 6 个月的任职。弗兰克在一家管理咨询公司工作 5 年之后加入 Craft Marine 公司，用 6 个月时间熟悉了公司的各个方面并且会见了 Craft Marine 公司的经销商。目前，他正在开 Craft Marine 公司 2002 年广告会议。2001 年 9 月 11 日恐怖分子对纽约世贸大楼袭击后带来的经济和顾客的不确定性久久萦绕在他的脑海中。

Craft Marine 来年的广告计划为：(1) 继续 2001 年实行的陈列产品的开发活动；(2) 提高对船主和将有船务生意人的优先意识；(3) 维持上一年使销售增长的要素。公司在 2001 年花费了 280 万美元用于产品开发，实现了三个突破。第一，为 17 英尺和 18 英尺的家庭船新设计了一种船体，将于 2002 年上市。第二，公司开发了三种 20 英尺海上船（设计用于咸水），将于 2002 年上市。第三，公司开发出一种新的轻量级渔船。近期由 Craft Marine 实行的调查提出应强调优先意识。该调查表明，Craft Marine 品牌在十种调查品牌中具有最低的优先意识水平。而且，公司的美元销售额在 2000 年和 2001 年各有 15% 的增长，公司的高层管理人员想要在 2002 年继续保持这个增长率。

即使 2002 年广告程序和执行细节由广告部门具体负责，但弗兰克有作出相应财政预算的责任。特别是，他要将总的广告预算向最高管理人员汇报，并且汇报这些预算是如何安排的。

公司简介

Craft Marine 公司是第一个生产玻璃纤维游船的公司。到 2001 年，在公司产品开发的努力下，Craft Marine 的产品线拥有 5 个产品群，32 个不同的类型，从小渔船到舱式游艇。产品的细目如下：

产品群	型号数量
家庭（游）船	18
海上船	3
舱式游艇	7
渔船/滑水船	4

公司的船舶价格有竞争优势。"公司以质量和性能而不是价格取胜。"弗兰克说。2001 年 12 月 31 日，公司销售额为 1.205 亿美元，税后利润预计为 500 万美元。

分　销

公司约 95% 的销量来自美国大陆，其余 5% 在加拿大。公司和 241 个经销商有贸易往来。这些经销商代理一些竞争产品和 Marine 产品。其最大的美国代理商占有公司销量的 17%。这个代理商位于西北地区，包括了艾奥瓦州、堪萨斯州、明尼苏达州、内布拉斯加州和南、北达科他州。其后的两大代理商占有公司整个销量的 16%，位于东北区域（威斯康星州、印第安纳、密执安、伊利诺伊和俄亥俄）。这三家代理商销售 Craft Marine 的船都超过 20 年。

历史上，Craft Marine 在海上船销量最高的区域分销最弱（如佛罗里达和加利福尼亚），公司高层相信，2002 年引入的三种 20 英尺海上船将推动这些区域的销售。

销售和促销

公司的销售组织包括一个全美销售经理、两个区域销售经理和一支销售队伍。两个区域经理分别负责密西西比河的东岸和西岸。他们的职能是协调公司销售和代理商的销售之间的关系。

过去,促销行为局限在传统服装如夹克、旗帜、杯子和眼镜等的开发和分销。[1]但是近来,公司开始致力于船舶交易会和顾客展示会。交易会通常安排在深秋,而顾客展示会在冬季。两种形式的展示都在国内多个地区举行,并在这些展示会上展示新的船模。公司已经在秋季交易会上推出其新的船体设计和海上船,并计划在2002年冬季的顾客船舶展示会上展览这些创新产品。

作为2002年更为大胆的营销策略的一部分,弗兰克扩展了促销计划。该计划包括为公司代理商提供一个包括五个分别围绕季节主题设计的促销品的礼包(包括T恤、展示架、气球和旗帜等)。这些礼包将在2002年2月提供给代理商。

广　告

2001年,公司的广告支出是60万美元,而2000年和1999年分别为50万美元和41.5万美元。这个行业典型的广告方式是平面广告。2001年的广告预算份额和细目见图表1。

图表1　　　　　　　　　　　　　**2001年广告预算**

预算项目	费用（美元）	
全国的垂直划船杂志[a]	312 000	(52%)
经销商目录/消费者宣传册[b]	66 000	(11%)
与经销商合作的报刊广告[c]	132 000	(22%)
制作成本[d]	90 000	(15%)
	600 000	(100%)

注：a. 垂直杂志的对象是分销渠道成员（经销商）和顾客。图表5给出了垂直划船杂志的样本。
　　b. 经销商目录/消费者宣传册展示了Craft Marine的产品线,报道产品性能和规格。被经销商用做促销信息发给潜在购买者。
　　c. 合作广告的报刊广告费用与经销商五五分摊。典型的合作广告是用经销商广告语展示Craft Marine的产品。
　　d. 制作成本包括准备广告的成本和代理费用。

弗兰克对和其他全美船舶制造商在垂直船舶杂志上刊登广告非常敏感。尽管很难估计出公司的竞争能力在多大程度上是通过在这些杂志上做广告实现的,广告代理还是对此提供了一些估计值,在2001年的垂直船舶广告上,两个主要的竞争对象分别使用了0.53%和0.4%的销售收入。Craft Marine公司2001年在这些刊物上花费了0.26%的销售收入。在销售旺季,一个彩色的Craft Marine广告在每本杂志上出现了6次。

弗兰克还对作为一个整体的行业广告水平比较敏感。行业平均广告水平是销售额的0.7%。[2]根据广告部提供的资料,大型游船制造商花费了销售额的近0.9%。

最后,广告部向弗兰克指出,行业媒体的花费主要集中在销售旺季。还有,通过他自己对竞争对手的平面广告的观察,行业广告趋于一致。大多数广告提出一个单独的船型或产品线。小型船的广告强调的是事实,而那些大型、豪华和更成熟的船除了事实更强调船的"气派"。这种情况更加符合舱式游艇。"人们购买船只来排遣压力和摆脱从陆地上所在意的那些。"弗兰克说。

美国游船业

游船业的销售主要依赖于总体经济状况。在美国，行业销售额反映了个人可支配收入的类别。2001年年底的256亿美元的销售主要依赖于平均新型船只的13%的价格上调。2001年，美国的船舶行业销售实际下降了6%。行业美元销售额为2000年的255亿美元和1999年的222亿美元。

美国共有超过100家全产品线船舶制造商。其中有20～30家的产品达到全国水平并且以Craft Marine为竞争对象。没有一家制造商拥有超过10%的市场份额。比如，Genmar Holdings公司，美国船舶制造商的领袖，拥有著名的Glastron，Ranger和Wellcraft品牌的超过400种不同船型，完成12亿美元的销售额。（注意：美国船舶制造业的销售额比较难评估，因为许多制造商是私人所有或是出售一系列产品的大型公司的一个子公司。比如，著名的Sea Ray和Bayliner品牌的船都是由Brunswick公司——广泛的奢侈品制造业的领袖制造的。）

市场分布和季节性

从地理上讲，船舶销售由州和地区来分割。图表2显示了不同州的船舶登记情况。用10个州说明主要的销售情况。密歇根和加利福尼亚有最大的市场份额。佛罗里达和明尼苏达也代表着主要市场。有三个地区占据了超过一半的销售额。东北部中部地区（伊利诺伊，印第安纳，密歇根，俄亥俄和威斯康星）和南亚特兰大地区（特拉华，哥伦比亚特区，佛罗里达，佐治亚，马里兰，北卡罗来纳和南卡罗来纳，弗吉尼亚和西弗吉尼亚）每一个占据美国船舶年销售额的20%。西北部的中部地区（艾奥瓦，堪萨斯，明尼苏达，密苏里，内布拉斯加，北达科他和南达科他）占据美国船舶年销售额的12.5%。

图表2　　　　　　　　　　2001年船舶销售前10个州

州	百分比（%）
密歇根	7.75
加利福尼亚	7.74
佛罗里达	6.98
明尼苏达	6.40
得克萨斯	4.81
威斯康星	4.47
纽约	4.08
俄亥俄	3.22
南卡罗来纳	2.96
伊利诺伊	2.87
	51.28

全美注册船只达1 290万艘

资料来源：Company records (based on U.S. Coast Guard data)。

3—8月占全年 3/4 的船舶零售额,4—6 月是最重要的销售月。比如,典型的船舶销售从 12 月的低于 2%到 5 月的高于 15%的变化。相应地,工厂装船主要在 2—5 月,因为对美国国内的制造商来说,与经销商之间会有一个稍早些的购买合同。比如说,Craft Marine 公司一般在 9 月和次年 2 月之间进行大规模制造,并且给经销商提供一个淡季折扣以鼓励它们在旺季之前购买。"我们 2001 年所有的销售增长都在 2001 年 9 月之前,"弗兰克说,"对经销商的 11 月和 12 月的销售实际上是不存在的,它们把制造安排到了冬季。"

船舶购买者的行为

Craft Marine 在 2001 年年初推行的船舶购买行为调查表明了船舶所有者和他们购买船只的原因。这项研究调查了全美范围内随机抽取的船舶所有者。

根据调查,典型的船只所有者是 40 多岁的拥有两个十几岁孩子的已婚男士。船只所有者的平均家庭收入为 40 450 美元。钓鱼是船上的主要活动,然后是巡航和滑水。

就船只的特性和信息源的某些调查发现产生了一些疑问。弗兰克对于轻易发现构造品质是影响船只购买的一个最重要的特征(见图表 3)并不感到奇怪。但是,他比较奇怪的是,如果没有经销商或售货员的帮助,购买者是如何确定构造品质的。他自己知道,他是花费了好几个月才区别出好的和一般的构造品质的,而且,Craft Marine 制造部的副总裁还教过他去看哪些方面。他还对低价格是相对不重要的感到奇怪,而且认为这个发现可能是调查的假象。选择某一船舶品牌的信息源的类别由他所期望的构成(见图表 4)。最后,弗兰克特别指出了三个研究发现:

● 在那些决定在下 6 个月(3—8 月)购买船只的船只所有者中,34%认为这艘船是尺寸为 18 英尺或更小的家庭游船,47%认为是一种家庭舱式类型的船。
● 除了颜色外的其他要素都是由丈夫决定的。
● 在作购买决定之前,购买者一般最少会拜访两个海上船经销商。

图表 3　　　　　　　　　　　　**影响船舶购买的产品因素**

属性	相对重要性(%)
构造质量	100
性能	81
设计目的	78
价值	68
平稳航行	46
购后服务	42
运行经济性	29
转售价值	25
品牌	19
可用马达数量	9
低价	4
包含的配件	2

资料来源:Company records.

图表 4　　船舶购买的品牌信息来源

信息来源	相对重要性（%）
朋友和亲戚[a]	100
船只经销商	98
目录/宣传册	97
杂志广告	93
销售人员	86
杂志/报纸报道	85
报纸广告	69
电台/电视广告	67

注：a."朋友和亲戚"被硬性设定等级为100%。
资料来源：Company records.

广告预算决策

2002年的广告计划代表了弗兰克向Craft Marine的总裁和执行委员会所作的介绍。所以，这个介绍不仅仅是申请资金。他认为整个广告计划和隐藏于其后的逻辑性与最终预算一样重要。他认为从资金角度来说最终的预算应该是理想和现实的折中。这也应该反映经济现实。"因为停滞的美国经济和9月11日的灾难，2002年的销售额不可能很稳定。"弗兰克说。但是，他认为，如果他能清楚地明白船舶市场中广告的作用，他的建议将会得到更仔细地考虑并且他在预算应该如何安排的问题上所发表的言论也会更加有分量。

预算本身可以如图表1列出。说明部分证明了报告的特性。

应弗兰克的要求，广告代理商按他的思路对不同媒体上的广告做了一个总结。主要的垂直划船杂志和综合人文杂志如图表5所示。因为费用问题，Craft Marine没有在综合人文杂志上做过广告。另外，广告代理商准备了对新船体、3种海上船只和新的渔船的产品经销商目录和顾客宣传手册费用的估计。这些目录和宣传手册费用的概要如图表6所示。最后，考虑到Craft Marine经销商市场报纸广告的高费用，广告代理商提出公司广告增加5%的支出。

图表 5　　选择媒体的比较　　单位：美元

主要的划船杂志

	《划船杂志》(Boating Magazine)	《快艇》(Yachting)	《摩托艇》(Motor Boating)
出版周期	月刊	月刊	月刊
1页黑白	19 005	14 235	11 700
1页彩色	22 630	15 910	13 400
发行量	202 605	133 899	153 282
编辑说明	发行量最大的划船杂志	涵盖帆船和汽艇，列举主要事项，新产品描述	针对一些对娱乐感兴趣的小船/游艇船主

	综合人文杂志			
	《商业周刊》	《时代》	《美国地理》（National Geographic）	《体育画报》（Sports Illustrated）
出版周期	周刊	周刊	周刊	周刊
1页黑白	57 400	128 100	135 130	133 000
1页彩色	85 000	183 000	156 755	190 000
发行量	923 786	4 122 699	10 000 000	3 251 117
编辑说明	针对商业信息和管理新闻	国家事务的新闻简讯	国际范围；文化环境，科学信息	体育报道、娱乐和休闲

说明：所有的费用和发行量都是基于全国发行估计的。
地区性期刊也可用，成本为全国性期刊成本的15%～25%。
资料来源：Company records.

图表6　　　　　　　　　　目录和宣传册成本估算

目录		宣传册	
制作份数	成本（美元）	制作份数	成本
500	10 000	5 000	25 000
1 000	18 000	10 000	45 000
1 500	24 000	15 000	63 700
2 000	28 000	20 000	80 000
2 500	30 000	25 000	93 750
		30 000	105 000
超过2 500份的价格是12美元/百份		超过3 000份的价格是3美元/千份	

说明：2002年的目录和宣传册上是新的彩色的船体外形设计、海上船模型和全新的渔船。目录包括了所有的新产品，有照片和船只详情。目录打有三个孔，方便经销商和船只购买者装订。宣传册分别为新的彩色的船体外形设计、海上船模型和全新的钓鱼船单独制作（例如为新的彩色的船体外形设计制作5 000册，为海上船模型制作5 000册和为全新的渔船也制作5 000册）。宣传册一般包括2～4页。

[注释]

[1] 根据公司的会计程序，销售促销费用和船舶交易会及顾客展示成本的支付是在独立预算账本之外的。

[2] "2001 Advertising-to-Sales Ratios for the 200 Largest Ad Spending Industries," *Advertising Age* (September 17, 2001), p. 20.

案例6—6　　　　　　　　歌蒂梵欧洲公司*

1991年7月，歌蒂梵（Godiva）欧洲公司的总裁查尔斯·范·德维肯（Charles van

---

* This case study was prepared by Professor Jean-Jacques Lambin, of Louvain University, Louvain-la-Neuve, Belgium, with the cooperation of Jean-Francois Buslain and Sophie Lambin. Certain names and data have been disguised, and the case cannot be used as a source of information for market research. Used with permission.

der Veken) 满意地审查着歌蒂梵比利时公司上一年度的财务结果，它显示出 1 300 万比利时法郎的经营利润。"我们已经走了很长的路。"他自言自语道。他记得一年前接手这家公司时该公司亏损 1 000 万比利时法郎。[1] 在过去的一年里，查尔斯完全重建了这家公司。他先解雇了营销和推销人员，接着从众多的商店里撤出了公司的销售代表，从而改变了公司的零售网络。然后，他彻底重新思考了剩下商店里的装饰和设计，建立了适用于这些商店的精确的组织和运作规则。这些变化使得歌蒂梵比利时公司的分销渠道可以同公司在日本和美国的分销渠道相媲美。虽然在其他国家歌蒂梵商店向消费者传达着一种高质量的、华贵的产品形象，然而在这个形象的发源地比利时，这种品牌形象几乎不复存在。查尔斯害怕出现"飞去来器效应"，于是他首先集中重组歌蒂梵的零售网，这个目标正逐渐实现。查尔斯想："既然我们已经有了一个能在'三个国家'保持歌蒂梵品牌形象的零售网，那么现在正是把它广为传播的时候。"[2]

歌蒂梵欧洲公司

歌蒂梵起源于比利时，那里手工制作巧克力的历史悠久。20 世纪 20 年代，歌蒂梵的创立者约瑟夫·德拉普斯（Joseph Draps）在其父亲去世后接管了家族生意，创造了一种声名鹊起的巧克力，但是没有一个恰当的名字。他最终决定用歌蒂梵这个名字，因为它有世界通用的发音和历史渊源，那就是歌蒂梵夫人的故事：

> 歌蒂梵夫人是英国传说中的英雄。她是 11 世纪切斯特郡的伯爵利奥弗瑞克（Leofric）的妻子，大约在 1050 年嫁给了伯爵。罗格·德·温德弗（Roger de Wendower，13 世纪）讲述道，她劝说利奥弗瑞克降低考文垂的税收，伯爵说除非他的妻子裸体穿过城镇否则他不会降低税收。他的妻子照做了，裸体穿过城镇仅以长发遮体。约翰·布朗明顿（John Brompton，16 世纪）补充了这个故事，说当时没有一个人看她。根据 17 世纪的一个歌剧，歌蒂梵命令她的臣民全部待在家里，唯一偷看她的是轻率的窥视狂。从 1678 年开始，在考文垂每三年都要举行一次歌蒂梵游行（Grand Larousse，Vol. 5，p. 522）。

歌蒂梵在 1974 年被跨国公司金宝汤公司收购。歌蒂梵国际公司由三个决策中心组成：歌蒂梵欧洲、歌蒂梵美国和歌蒂梵日本，如图表 1 所示。歌蒂梵从一个比利时的小公司逐渐成为一个在美国、日本和西欧都有子公司的跨国企业。

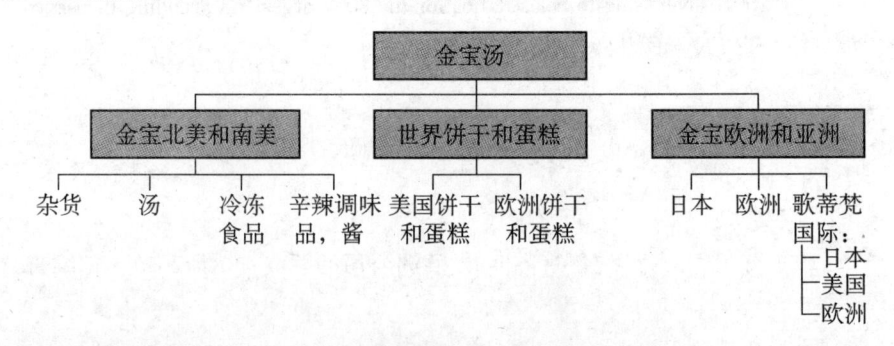

图表 1　金宝汤公司的组织结构

歌蒂梵欧洲公司的总部设在比利时的布鲁塞尔，其年产量3 000吨的工厂也在布鲁塞尔，从那里歌蒂梵的产品销往世界20多个国家，包括日本。另一个工厂在美国，其产量可以满足美国市场90%的需要，其余的从比利时进口。

1990年，歌蒂梵的销售收入达9.26亿比利时法郎。公司的地理位置便于其为它的第一大市场比利时服务。除了比利时，主要的欧洲市场有法国、英国、德国、西班牙、葡萄牙。歌蒂梵日本公司和歌蒂梵美国公司在各自的市场上销售产品，它们构成了另外两个最重要的市场。

公司在欧洲生产的产品大多（55%）以歌蒂梵的品牌出售，大约10%以自有品牌协议方式出售，另外有10%以Corné Toison d'Or品牌出售，余下的25%直接以公司内部转移价格出售给日本和美国的歌蒂梵公司。这样，只有65%的产品在欧洲是以歌蒂梵品牌销售的。歌蒂梵销售的很大一块来自世界20多个机场的免税商店。在免税商店销售的产品不必缴纳增值说，虽然这会损失部分当地销售，但有助于建立歌蒂梵的国际形象。[3]

歌蒂梵欧洲公司Corne Toison d'Or品牌的产品主要集中在布鲁塞尔地区的40家比利时商店销售。这个品牌的形象和歌蒂梵很相近：精美、手工制作、华贵。这个品牌是1989年收购的，目的在于充分利用此前两年已经现代化的布鲁塞尔工厂的生产能力。起初的目标是在定位上与歌蒂梵有所区别，但是管理者却从没有真正追求这一目标。还有一个复杂情况，在比利时已经有一个叫Corn'e的品牌Corn'e Port Royal，它拥有18家零售店。

歌蒂梵美国公司在费城设厂服务美国市场，歌蒂梵日本公司仅仅集中于营销、分销和出售歌蒂梵巧克力，产品从国外进口。日本市场对于歌蒂梵公司来说非常重要，因为每一公斤巧克力在日本卖4 000比利时法郎，而在美国只卖2 000法郎，在比利时只卖1 000法郎。[4]

歌蒂梵国际公司的相关市场由美国、日本和西欧国家组成。在金宝汤公司，歌蒂梵处在优势地位，它直接受金宝汤公司欧亚地区副总裁的领导而没有中间层。

世界巧克力市场

与咖啡和茶不同，巧克力有多种食用方法。它可以直接作为食品或饮料，也可以咀嚼或调味。欧共体的官方刊物把巧克力分为几类：空心或实心巧克力棒，巧克力糖或果仁巧克力糖（在比利时叫"果仁糖"），如歌蒂梵巧克力，以及其他的巧克力品种。

由于巧克力原材料价格上涨引起最终产品价格上升，20世纪80年代中期巧克力消费比较稳定。图表2显示，在1987—1989年这3年里全世界的巧克力（包括所有的巧克力品种）的消费情况良好，在1989年超过了300万吨，比1980年增长了30.7%。1980年以来消费增长最快的地区是日本（54.2%）、意大利（102.1%）、澳大利亚（45.1%）和美国。

图表2　　　　　　　　　　　巧克力甜食世界消费

项目	1980年	1985年	1986年	1987年	1988年	1989年
吨数（千吨）	2 359.6	2 778.1	2 780.2	2 862.0	2 990.8	3 083.6
指数	100	118	118	121	127	131

资料来源：IOCCC, December 1990, p. 45.

机器加工的巧克力与果仁巧克力糖是不同的。机器加工的巧克力放在包装好的有商标或没有商标的盒子里出售。普通的盒装巧克力大部分在圣诞节或复活节通过零售渠道出售；名牌盒装巧克力很昂贵，给人一种高质量的产品形象，强调包装上的品牌名称，并通过大量的广告来促销。这种产品的一个代表是费列罗公司（Ferrero）的 Mon Cheri。虽然名牌盒装巧克力的销售在增长，但普通盒装巧克力的销售在欧洲比较稳定。这意味着，消费者对于品牌名称和巧克力包装与广告传递的高品质的形象十分关注。

另一方面，果仁巧克力糖是手工制造或是手工雕饰的。果仁巧克力糖的最显著特征是它们独特的味道和华贵的包装。它们在保存和运输中易融化和易碎。歌蒂梵巧克力是这类产品中的一个典型品牌。

各国的巧克力消费

如图表3所示，各国的人均巧克力消费数量是不同的。巧克力消费在欧洲北部比较高而在地中海地区较低。1990年，瑞士的人均消费巧克力量最高，为9.4公斤；西班牙的人均消费量最低，为1.2公斤。

图表3　　各国巧克力消费量

国家	1989年人均消费量（公斤） 巧克力糖	巧克力甜食	巧克力糖在巧克力甜食中的比例（%）
比利时	2.65	6.09	43.5
丹麦	1.17	5.61	20.9
法国	1.69	4.59	36.8
西班牙	0.14	1.21	11.6
意大利	0.65	1.84	35.3
日本	0.44	1.59	27.8
德国	1.64	6.81	24.1
瑞士	3.17	9.41	33.9
英国	2.96	7.15	41.4
美国	1.14	4.77	23.9

资料来源：IOCCC, Statistical Bulletin, Brussels, December 1990. 巧克力糖包括巧克力棒、果仁和其他巧克力产品，如空心巧克力棒等。

图表3还列出了各国巧克力糖消费在巧克力甜食消费中的比例，比利时最高为44%，英国次之为41%，法国为37%，意大利为35%，瑞士为34%。瑞士是最大的巧克力糖的消费国，其次是英国和比利时，其他国家远远落后于这三个国家。

通过研究瑞士、英国和比利时的巧克力消费水平可以看出，世界市场的巧克力消费有很大的潜力。事实上，如果能够实施有效的营销计划，就可能使得日本、意大利和西班牙这些国家达到瑞士、英国和比利时的消费水平。行业统计数据没有提供更精确的关于"果仁巧克力糖"在巧克力糖果中所占比例的资料。

消费的演进

如图表4所示，巧克力消费的增长率在不同国家是有差异的。高增长率的国家有意大利、日本、英国和美国，除英国外，其他三个国家都是人均消费量最低的国家。

最大的消费国像比利时、德国和瑞士的人均消费量都达到了一个平台，很难再上升。

图表 4　　　　巧克力消费的演变：年均增长率（1980—1989 年）

国家	消费量（公斤/人） 1980 年	1989 年	平均增长 1980 年＝100	平均增长率（%）
比利时	6.04	6.09	100.8	1.76
丹麦	4.80	5.61	116.9	1.79
法国	3.96	4.59	115.9	1.65
西班牙	nd	1.21	nd	—
意大利	0.92	1.84	200.0	8.00
日本	1.09	1.59	145.9	4.28
德国	6.59	6.81	103.8	0.42
瑞士	8.44	9.41	111.5	1.22
英国	5.48	7.15	130.5	3.00
美国	3.69	4.77	129.3	2.89

资料来源：IOCCC，December 1990，p. 49.

巧克力消费者的购买行为

巧克力是在发现新大陆时代由西班牙人引进欧洲的，当时只有富人才吃得起巧克力。

今天，巧克力已经是一种大众化的食品，走进每一个人的生活，消费者需要和渴望品种的多样化。为使果仁巧克力糖成为一种华贵的产品，巧克力制造商赋予它一些贵族气质。手工制作和精美的雕饰给予果仁巧克力糖应有的地位。在节日和其他特殊的场合，在和谐的氛围中，朋友们分享果仁巧克力糖。它们和巧克力棒的购买行为不同。人们在购买果仁巧克力糖时非常认真和深思熟虑，它高于其他种类巧克力的价格并没有抑制消费者的消费却抑制了冲动的购买行为。

不同种类巧克力的消费和消费者的喜好有关。对比利时市场大量的研究发现，人们的喜好同人们对巧克力产品外形的精致、口感以及能否作为礼物有关。"……果仁巧克力糖是一种送礼的佳品而巧克力棒则主要用于自己消费。果仁巧克力糖倾向于女性化……女性更喜欢它们并认为它们外形精致味道好。"另外还具有强烈吸引人的味道、别致的外形。巧克力融化在嘴里的持久的美好感觉以及触感都是敏感的因素。最后，健康产品概念，远离化学制品的纯天然产品，也是消费者所关心的。

世界市场中的歌蒂梵巧克力

巧克力的发明始祖可以追溯到路易十三时代法国大使舒瓦瑟尔·德·普莱西斯-普拉斯兰（Choiseul de Plessis-Praslin）公爵的厨师，是他第一个把杏仁放在焦糖浆里烘烤。然而，我们今天所知道的巧克力，果仁包着巧克力外衣的那种，诞生在比利时。那是 19 世纪末期，住在布鲁塞尔的从纽沙特尔来的一位糖果店老板的儿子让·纽豪斯（Jean Neuhaus），制造了第一块巧克力糖，他把它叫做"果仁糖"。

歌蒂梵国际公司关心的是在全球传递一个一致的歌蒂梵巧克力的形象：华贵的、

典型的比利时巧克力。以下简单描述销售歌蒂梵产品的国家中消费者的特征。

☐ 比利时

比利时是巧克力的诞生地，比利时人消费巧克力的能力非常强。尽管比利时国内各地之间的消费没有太大的差别，但按社会职业分类看却有明显的区别（见图表5）。

图表5　　　比利时果仁巧克力糖的需求：1988年家庭平均支出　　　单位：比利时法郎

地区	比利时	布鲁塞尔	瓦隆	佛兰德斯
	814	884	812	793
家庭	私营	白领	蓝领	退休
	1 239	800	567	755

资料来源：INS, Enquête sur less budgets des ménages (1988)．总人口包括3 876 549个家庭。

60%的巧克力是作为礼物而购买的，消费者在购买巧克力作为礼物和自己消费之间分得很清楚。他们在挑选巧克力时喜欢凭包装来判断。然而，果仁巧克力糖的形象过时了，今天的巧克力仅仅被看作和鲜花一样的东西而不是一种奢侈品。在布鲁塞尔的一项品牌形象的研究（见附录A）证明：尽管歌蒂梵的形象和"最贵的价格"、"最好的包装"、"最漂亮的商店"等联系在一起，消费者却不能清楚地分辨出歌蒂梵和它的主要竞争对手纽豪斯的产品在质量上有什么显著的区别。在图表6的知觉图中，歌蒂梵和它的两个直接竞争对手纽豪斯和Corné被认为是非常相近的产品。

在比利时，歌蒂梵占有10%的市场，Léonidas占有40%的份额。Léonidas还占有很大的国际市场份额，在全球有1 500个销售点，年产量10 000吨，是歌蒂梵欧洲公司的3倍。1991年，比利时的巧克力果仁糖的销售额为36亿比利时法郎，或8 800吨。这个估计数来自图表5。

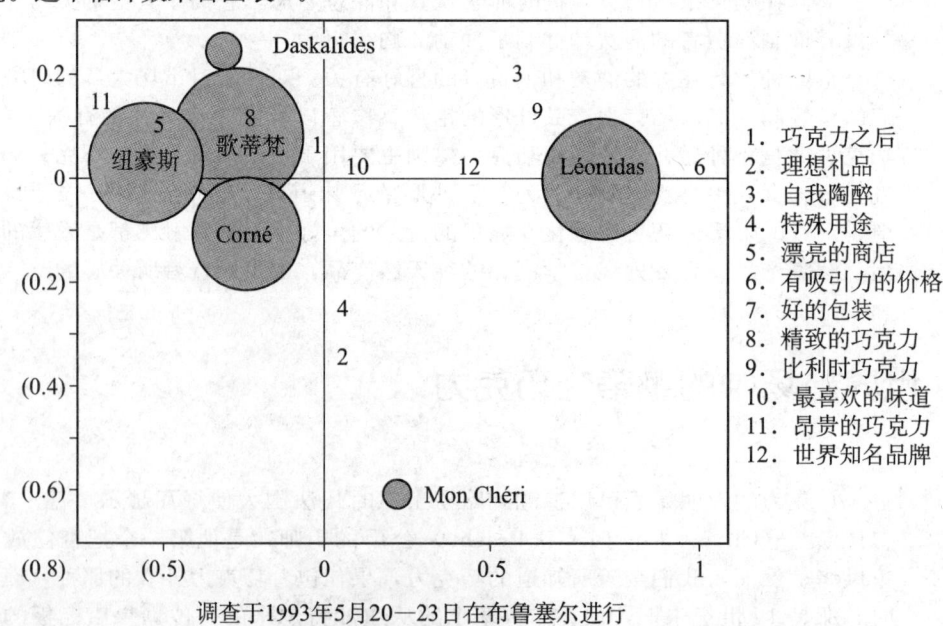

1. 巧克力之后
2. 理想礼品
3. 自我陶醉
4. 特殊用途
5. 漂亮的商店
6. 有吸引力的价格
7. 好的包装
8. 精致的巧克力
9. 比利时巧克力
10. 最喜欢的味道
11. 昂贵的巧克力
12. 世界知名品牌

调查于1993年5月20—23日在布鲁塞尔进行
样本数为128

图表6　品牌形象研究：比利时的果仁巧克力糖（面积代表认知度）

☐ 法　　国

法国巧克力发暗、干燥，比比利时巧克力苦。然而，比利时巧克力在法国闻名归功于 Léonidas 公司，它把比利时巧克力引进法国并占据了最大的市场份额，通过 250 家商店来销售。比利时巧克力的另一个代表是 Jeff de Bruges，它属于纽豪斯。歌蒂梵只能和几个在世界上毫无市场的法国巧克力商瓜分一个很小的市场。在法国，巧克力首先被看作一种在特定的日子里馈赠的礼物，因而消费的季节性很强（60%的购买发生在圣诞节），这导致在淡季巧克力很难盈利。图表 7 列出了法国的巧克力市场规模。

图表 7　　　　　　　　1988—1990 年法国巧克力估计消费量　　　　　　　　单位：吨

	1988 年	1989 年	1990 年
生产	44 302	47 660	50 720
进口（＋）	9 677	10 478	11 546
出口（－）	3 788	5 739	7 970
总计消费量	50 191	52 399	54 365
人均消费量（公斤）	0.900	0.935	0.965

资料来源："Production des IAA," SCEES (Décembre 1991): 61 (bonbons de chocolat); Eurostat "Foreign Trade"-Categories: 1806.90.11 and 1806.90.19. 由于包括果仁巧克力糖之外的其他产品，因此总的消费被高估了。

☐ 英　　国

英国人喜欢吃一种把不同类型的巧克力混合在一起的巧克力食品。歌蒂梵正在进入英国市场并力图创造一种高品质的比利时巧克力形象。这种心智的转变正在发生，不过英国人是相当保守的，而且他们的经济状况也不太好。马莎百货公司（Marks and Spencer），一家英国高消费阶层的零售公司，以自己的商标 Saint Michael 出售比利时巧克力，但在包装上清楚地标上原产国比利时。

☐ 西班牙和葡萄牙

在西班牙和葡萄牙，果仁巧克力糖还是一种新事物。歌蒂梵几年前将这种巧克力引进市场，受到欢迎，立即获得了一种美味、华贵的产品形象。在西班牙，歌蒂梵通过一家高消费阶层的百货商店 Corte Inglese 和几家特许经营店来销售。消费者的购买欲望很强烈，通常巧克力被当作礼物并放在昂贵的盒子里。

☐ 德　　国

在德国，"巧克力文化"并不存在。德国人比较喜欢传统的巧克力棒，并不太注意巧克力之间的质量区别。歌蒂梵通过五家特许经营店销售。

☐ 其他欧洲国家

在荷兰，人们认为果仁巧克力糖太贵了。在意大利和北欧国家，果仁巧克力糖的消费还比较少见。

☐ 美　国

巧克力在美国很受喜爱，被作为礼物在一些特殊的日子如生日、情人节和圣诞节馈赠。巧克力通常是事先包好，以不同的形式放置在包装内。歌蒂梵宾夕法尼亚工厂的产量基本可满足目前美国市场的需求，只有一小部分从比利时进口。比利时只向美国出口那些新产品和美国工厂不能生产的产品，如歌蒂梵高尔夫球和巧克力桶。除了公司拥有的95家商店外，还有800个商零售商经销歌蒂梵的产品。它们一般位于郊区大购物中心的高档百货商店里，如洛德泰勒，内曼·马库斯，萨克斯第五大道，Filenes 和 I Magnin。

☐ 日　本

在日本，歌蒂梵巧克力首先被认为是一种欧洲产品（60%的人认为是比利时产的，40%的人认为是瑞士和法国产的）。巧克力是一种代表身份和华贵的礼物。日本巧克力的消费季节性很强，75%的消费发生在情人节。很特别的是，日本女人在情人节送给男人巧克力。对歌蒂梵来说，日本是一个很有吸引力和不断扩大的市场。

☐ 免税市场

除了上述国家，按照销量来看，免税市场也很重要。免税商店的数量还在增加，销售量同航运业的发展紧密相连。歌蒂梵在这个细分市场中有很强的竞争力，而 Léonidas 还没有进入这个市场。

总的说来，歌蒂梵巧克力的年增长率在不同国家是有差异的。在美国，大约是5%~10%。日本的增长很强劲，大约在20%~25%。

歌蒂梵的营销战略

歌蒂梵果仁巧克力糖以四种方法制造：一是利用模子制成各种形状；二是中空；三是巧克力夹心；四是纯手工制造的巧克力。70%的巧克力是机器制造的，30%的巧克力是手工制造的。但是，机器制造的产品中有60%是用手工雕饰的，手工雕饰对于保证歌蒂梵的质量和形象是必需的。

歌蒂梵致力于在自动化和手工制造之间找到一个最理想的折中方案，希望既能够保证盈利又能够永远保持歌蒂梵作为一个手工制造的高级巧克力的生产者形象。然而，机器制造和手工制造巧克力之间的成本差别非常大（手工制造的成本是机器的七倍）。维肯对保持这种产品策略有另一种想法：

> 在手工制造巧克力上投资与消费者的期望相符吗？他们真的能发觉手工产品的附加价值吗？这种产品是不是太复杂了点？

无论如何，歌蒂梵所追求的目标正在改变欧洲市场，其他厂商正在仿效歌蒂梵果仁巧克力糖的质量标准。比利时的消费者有这样的观点："如果一种产品不能通过比利时顾客，即最好的顾客和巧克力最好的鉴赏家的检验，它又怎么能够在世界市场上占有一席之地呢？"

位于比利时的歌蒂梵工厂为全世界制造巧克力，除了美国。从比利时出口的巧克力质量都是一样的，但种类有所不同。比如，法国人喜欢吃干且有点苦的巧克力，但在英国白色带奶油的巧克力更受欢迎。比利时工厂的生产能力尚未充分利用，还有很大的余地。现在，美国的工厂生产的产品和比利时有所不同，品种也受到限制，但这种差别将逐渐消失，最终两地会生产同样的产品。由于巧克力消费的高度季节性和对它的新鲜度的要求，生产计划相当复杂。

包装策略

要适应不同国家的巧克力消费习惯，改变包装是非常必要的。在美国，人们倾向购买事先包装好的产品，而在欧洲和日本，顾客自己选择包装很流行。在日本，人们喜欢买很少量的巧克力，因此，漂亮的包装成为主要特色。然而在欧洲，尤其是比利时，礼物的价值在于巧克力种类的精心选择。正如歌蒂梵的经销商所说："顾客对于巧克力的品种有非常明确的想法，特别是在购买礼物时，他们不喜欢标准化包装的产品。"

现在，歌蒂梵的产品包装趋势是名为"收藏"的主题式包装。凭这些"收藏"，歌蒂梵赋予食品业高贵的特征。这种手工创造导致持续的研究开发活动，以确保不断的革新，为歌蒂梵的商店提供最新的陈列品。这些遵循"时装"原则手工加工的精美包装盒，在情人节、复活节、母亲节、圣诞节等展示出来。在比利时，这样一个盒子的价格（1 000法郎）相对于巧克力的价格来说高得离谱，可以说这些盒子不仅仅是为了出售巧克力，本身也是商品。

歌蒂梵还尝试在歌蒂梵小商品店旗下开茶室，让顾客能够品尝美味的糕点或冰激凌。在茶室驻足的人都觉得这里像天堂一样，他们可以在购物空隙过来休息一下，买上几块巧克力或一盒巧克力。

定价策略

制作歌蒂梵巧克力需要花费很多的人工，它的毛利是适度的（35%～40%）。金宝汤公司的最高管理层要求投资有15%的回报，对于奢侈品来说这是一个正常的回报率。

如图表8所示，歌蒂梵的价格在不同国家差别很大。考虑到1993年欧盟的诞生，歌蒂梵的当务之急就是统一欧洲的零售价格。

图表8　　　　　　　　　　一公斤歌蒂梵果仁巧克力的价格　　　　　　　　　单位：比利时法郎

国家	给特许店的价格	零售价格（包括增值税）	增值税税率（%）
比利时	640	1 080	6.0
法国	763	1 920	18.6
西班牙	640	2 145	6.0
英国	757	1 782	17.5
意大利	640	2 009	9.0
荷兰	640	1 261	6.0
德国	640	1 641	7.0
葡萄牙	640	2 408	16.0
美国	N.A	2 040	—
日本	N.A	4 000	—

资料来源：Trade publications.

以前，歌蒂梵的特许经营店必须同本国的歌蒂梵公司签署协议，只能从本国进货。从1993年开始，法国的特许经营店可以直接从价格较低的歌蒂梵比利时公司进货，这就是要统一价格的原因。调价首先在比利时进行，从 1991 年 8 月 1 日开始，歌蒂梵巧克力的价格上涨 10%，为每公斤 1 080 比利时法郎，而比利时巧克力的平均价格是每公斤 450 比利时法郎。

然而这个定价策略并不太容易被市场接受，尤其是在比利时，那里巧克力的价格差已经非常大了（见图表 9）。维肯注意到了 10% 的价格上升导致了 7% 的市场份额的丧失，而这部分市场份额会被 Léonidas 抢走。

图表 9　　　　　　　　　　　　　不同品牌零售价格比较

比利时		法国		英国	
品牌	价格（比利时法郎/公斤）	品牌	价格（法国法郎/公斤）	品牌	价格（英镑/磅）
歌蒂梵	1 080	歌蒂梵	320	歌蒂梵	13.50
纽豪斯	980	Hédiard	640	Gérard Ronay	20.00
CornéPR	880	Fauchon	430	Valrhona	16.80
CornéTO	870	Maison Ch	390	Charbonel	14.00
Daskalidès	680	Le Notre	345	纽豪斯	12.00
Jeff de Bruges	595	Fountaine Ch.	327	Léonidas	6.75
Léonidas	360	Léonidas	120	Thorton's	5.80

分销策略

歌蒂梵分销策略的总体目标就是在世界范围内达到贝纳通（Benetton）的模式：统一的形象。这个"形象"包括黑底金字的统一标识，内部采用粉红色的枫叶标志、玻璃柜台等。

零售渠道的最大问题在于，歌蒂梵形象在不同国家差别很大，尤其是在比利时（图表 10 列出了歌蒂梵的分销网络）。近几年来，比利时歌蒂梵商店的形象变得越来越缺乏吸引力，导致歌蒂梵的品牌形象过时。但是在国外，歌蒂梵享有很高的声誉，歌蒂梵商店从中受益匪浅。然而维肯仍然感觉很糟糕：

> 如果我们不尽快采取行动，歌蒂梵的世界形象很快会和比利时的一样。如果一个西班牙旅行者在比较了比利时陈旧的商店和西班牙装修精美的商店之后（而比利时是巧克力的诞生地），他会怎么想？

图表 10　　　　　　　　　　　　歌蒂梵的分销网络

国家	公司拥有的商店	特许经销商	百货店及其他	零售点总计
比利时	3	54	—	57
法国	1	19	—	20
西班牙	—	6	18	24
英国	2	—	15	17
意大利	—	2	—	2
荷兰	—	2	—	2
德国	—	4	1	5
葡萄牙	—	3	7	10
欧洲总计	6	90	41	137
美国	95	—	800	895
日本	—	22	67	89

资料来源：Trade publications and yellow pages.

歌蒂梵在比利时的分销网改造计划历时 18 个月。所有的特许经营店都和歌蒂梵签订了协议，不经营其他品牌的巧克力，并统一装修。所有的商店都必须革新。一旦这个计划在比利时完成，歌蒂梵希望能在欧洲产生溢出效应，因为新的商店形象可以作为其他特许经营店的参照物，并使它们产生革新的要求。

这个计划已经开始进行，每两个星期就有一家"新商店"落成。革新后的商店一切都是黑色的和金色的，内部装修也按照统一的豪华标准进行。

通常，比利时的顾客对此的反应是积极的，虽然在一定程度上他们觉得太漂亮了。对特许经营店来说，他们觉得好像在进行新的业务，也似乎改变了一些坏习惯。如果这种好的趋势能得以保持，维肯答应给特许经营店更多的毛利，但不同国家仍然有很大差别（见图表 8）。

歌蒂梵国际公司的董事长帕特里奇（Partridge）经常对这种昂贵的独家分销系统的明智性提出质疑，他认为人们购买巧克力并没有很强的目的性。在欧洲，开发一个广泛的销售系统是很困难的，因为人们不愿购买事先包装好的巧克力。但是维肯确信，歌蒂梵商店是歌蒂梵华贵形象的一个关键因素。

竞争环境

手工高级巧克力市场还被其他一些品牌占据。图表 11 列出了在比利时、德国和英国市场不同品牌的巧克力的市场占有情况，按市场占有率从上到下排列。从比较中可以看出 Léonidas 的竞争地位。Léonidas 创建于 1910 年，它制造巧克力和亨利福特制造汽车一样早，它们的策略很简单，低价格和大众化的消费；一公斤 360 比利时法郎；8 600 平方米的厂房；10 000 吨的产量。Léonidas 是歌蒂梵非常重要的竞争者，Léonidas 一年产值 26 亿比利时法郎，32％的经营利润率，在世界上有 1 500 个商店，在国际市场上扩展得很快。第二个主要的竞争者是纽豪斯，它已经和 Mondose 以及 Corné Port Royal 合并，也致力于发展国际市场。其他竞争者包括一些小型巧克力商，它们在大公司占据的市场夹缝中生存，提供新鲜的、从纯可可中提取的巧克力。

图表 11　　　　　　　　　　　　　欧洲主要的竞争者

比利时		法国		英国	
品牌	份额（%）	品牌	份额（%）	品牌	吨
Léonidas	42.8	Léonidas	62.0	Thornton's	1 200
歌蒂梵	10.3	Thornton's	18.0	Léonidas	300
纽豪斯	7.1	Jeff de Bruges	14.0	歌蒂梵	40
Mondose	5.4	歌蒂梵	3.0		
Corné TO	2.7	Le Notre	1.0		
其他	31.7	其他	2.0		

资料来源：Industry trade publications (market shares are calculated on sales revenues).

然而，考虑到歌蒂梵广泛的市场覆盖，维肯相信歌蒂梵在国际市场上有明显的竞争优势。这归功于歌蒂梵 13 年前并入金宝汤公司，使得它能够以比其他竞争者快得多的速度拓展国际市场。现在，歌蒂梵遍布世界，即使它在特定的市场有竞争者，但没有与它完全相同的。歌蒂梵可以被认为是高级巧克力细分市场的领导者。

只有在比利时，歌蒂梵在运用它的竞争优势方面感到困难。公司的销售量在世界各地增长，除了比利时。维肯认为，比利时市场已经饱和，只能尽力做得与众不同。

广告策略

今天，歌蒂梵已经不需要让世界知道自己，它的品牌已被世人熟知。现在公司所关心的，正如这几个月来所追求的，是在全世界传播统一的广告信息。但是在比较了比利时、美国和日本之后，证明这并不是一个简单的任务。在美国和日本，歌蒂梵的产品是新事物，并且因为没有竞争者，消费者对它有很深的印象。但是在比利时，消费者熟悉歌蒂梵巧克力及其品牌的演变，因此，加深比利时人对一个熟悉品牌的印象很困难。另外，比利时人每天接触其他品牌的巧克力，他们很容易和歌蒂梵的产品做比较。

正如维肯所指出的，歌蒂梵身处千变万化的世界。直到现在，美国的广告主要集中于声望、华贵和美味，采取和卡地亚、古琦、法拉利（Ferrari）相似的沟通风格。这些广告主要登载在一些与品牌期望定位相符的杂志中：美食、时装或一些高收入阶层读的商业杂志（见图表12）。

但是在比利时，这种广告只能强化歌蒂梵巧克力过时的、祖母般的形象。而且，人们所感觉到的形象（一种可以和其他食品互换的食品）和渴望获得的形象（一种特别的高级产品）之间的差距是如此之大，以至于不可能产生明显的结果。

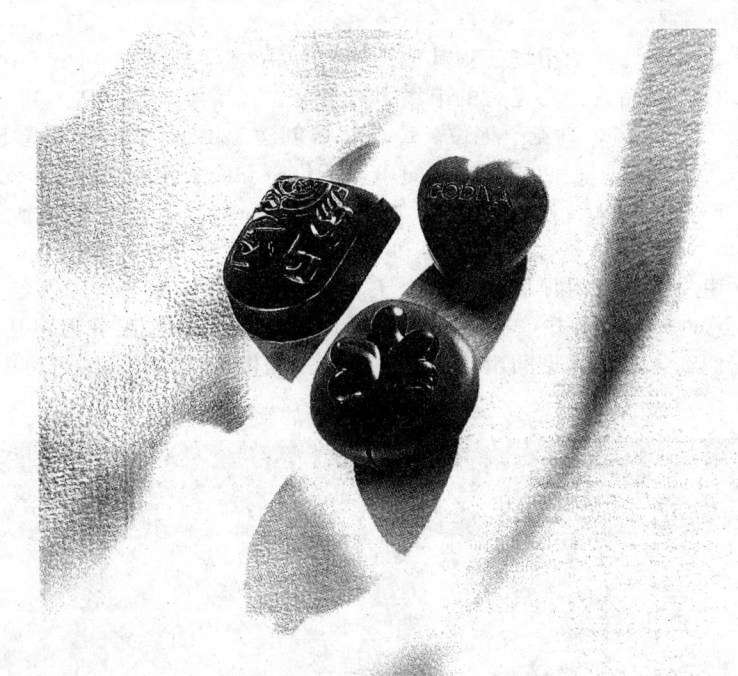

图表 12　歌蒂梵在美国的典型的平面广告

歌蒂梵所作的一项调查表明，没有人记得那些广告，更记不住广告的承诺。在比利时，歌蒂梵还利用事件营销：参与那些目标人群最有可能参加的活动。两年前，歌蒂梵曾赞助了在比利时举办的以其冠名的一次高尔夫球赛（歌蒂梵欧洲大奖赛）。这样的活动费用非常高，但效果很难衡量。歌蒂梵欧洲公司一年的广告预算是 3 100 万比利时法郎。

广告决策

意识到这个问题后，歌蒂梵欧洲公司开始评估其广告策略。下面的情况必须解决：在三个不同的市场推出统一的广告信息，同时又要考虑到不可避免的国家间的文化差异。

歌蒂梵美国公司刚刚传送给维肯一份国际广告战略的简要报告（见图表13）。他说，在欧洲采取这种风格的战略令他有某种程度的担忧：

> 我至少可以说在这两个大陆之间有着很大的心理差异。我们当然希望唤醒老的歌蒂梵，但我们也要注意过激的变化。

图表 13　　　　　　　　　　歌蒂梵国际公司概述

1. 目前的定位
   - 对于在特殊场合需要高品质巧克力的成人来说，歌蒂梵是巧克力商推荐的可接受的高级品牌。
2. 顾客利益
   - 无论你把歌蒂梵的产品作为礼物还是自己吃，你都会体味俗世的快乐：吃或者馈赠。
3. 承诺
   - 采用最好的原料和比利时配方，品尝后给人留下独特的口味体验。
   - 歌蒂梵继承了制造最好巧克力的传统。
   - 漂亮的包装。
   - 精美的欧洲风格的手工工艺。
   - 由有经验的巧克力匠人制造。
4. 心理特征
   - 歌蒂梵的购买者追求高品质。虽然他们珍惜金钱，但如果物有所值，他们就愿意购买。因为他们追求最好。
   - 歌蒂梵的顾客是普通人，他们享受与众不同的外形、感觉、味道、气味带给他们的乐趣。
5. 竞争环境
   - 礼品：花、香水、酒、其他高级巧克力、相同价格水平的礼品。
   - 自己消费：在歌蒂梵价格水平上的各种食品。
6. 目标顾客
   - 歌蒂梵的目标包括一定范围的特征群体：
     ——宽泛的年龄范围（主要是25～54岁）。
     ——男人和女人。
     ——包括广阔的收入阶层，但主要是针对高收入阶层。
7. 广告的目标
   - 保持歌蒂梵在世界上高品质巧克力的优势地位。
   - 鼓励歌蒂梵特许经营店更经常购买产品（馈赠或自己消费）。
   - 鼓励当前购买竞争产品和非巧克力礼品的消费者购买我们的产品。
8. 信息
   - 歌蒂梵巧克力精心制作，能够带来举世无双的享受。
9. 语气和方式
   - 华贵—充满活力—现代—上等—富有感情。

与营销人员进行反思后，维肯以下面的方式定义他的广告目标：

歌蒂梵美国公司的目标是增加歌蒂梵巧克力作为礼品和自己消费的购买频率，而比利时公司是想使品牌变得年轻。因此，美国歌蒂梵应该将其广告策略稍微朝下调，通过喜庆欢快的广告使歌蒂梵更容易被接受，少一些"塑料美人"。而在比利时，应当结合其他市场营销措施（重新设计商店、提高服务质量、包装时装化），将其广告策略向上调，强调它已有的有声望、华贵的形象，只是更年轻。

在比利时市场向上调整是一个大胆的挑战。维肯想知道在全球营销战略开始前的短暂的时间内这种方式是否合适。因为这种方法要考虑比利时的历史和文化背景。

就在这时，维肯的助手博格特（Bogaert）拿着一份歌蒂梵国际公司的传真走进办公室：

圣诞节马上就到了，广告战略不能立即执行。尽快准备好比利时的广告计划并联系代理商。5个星期后在纽约开会讨论我们的战略计划。

维肯立刻召见他的营销经理，通知她这个消息，请她在美国的广告战略基础上提交一份比利时市场的广告计划。广告战略首先在布鲁塞尔实施，但会扩展到整个欧洲市场，即使不是全世界。最后，他们在三个方面达成一致：

1. 定性目标：
- 快速强化歌蒂梵的华贵形象。
- 将可视性置于最重要位置。
2. 定量目标：
- 增加购买频率。
3. 其他目标：
- 最近几个月全力集中在比利时市场（销售高峰期）。
- 协同其他的促销和广告方式。

这次广告活动又追加了1 300万比利时法郎的广告预算。在经过深思熟虑之后，维肯似乎觉得，尽管有文化差异，全球性的广告战略在长期看是可行的。然而，他并不认为其他欧洲国家的销量不足以支持与比利时一样的广告预算。考虑到媒体成本和要达到同样的效果，这一点更加明显。1比利时法郎在法国等于1.6比利时法郎，在英国等于1.9比利时法郎。

维肯相信，如果不改进和加强歌蒂梵欧洲公司的销售网，欧洲广告战略是无济于事的。

附录A：布鲁塞尔市场品牌形象研究的结果

有提示时的品牌认知度（%）

品牌名称	完全不知道	只知道名称	靠经验	总计
Corné	24.2	28.9	46.9	100
Corné Toison d'Or	31.3	25.8	43.0	100
Corné Port Royal	69.3	16.5	14.2	100
Daskalidès	54.3	26.0	19.7	100
歌蒂梵	2.3	19.5	78.1	100
Léonidas	2.3	10.9	86.7	100
Mon Chéri	4.7	23.6	71.7	100
纽豪斯	13.3	25.0	61.7	100

说明：对Corné的三种品牌都不知道的有22.7%，对其中至少一种品牌知道名称或有经验的有77.3%。

品牌形象分析

特性	Corné	Corné Toisond'Or	Corné Port Royal	Corné 总计	Daska-lides	歌蒂梵	Léonidas	Mon Chéri	纽豪斯	Total
巧克力之后	7.1	5.5	0.8	(13.4)		37.8	27.6	1.6	19.7	100
理想礼品	11.0	3.1		(14.1)		29.1	26.8	10.2	19.7	100
自我陶醉	4.8	3.2	0.8	(8.8)	0.8	26.4	48.0	1.6	14.4	100
特殊用途	6.5	8.9	0.8	(16.2)	0.8	26.8	28.5	8.1	19.5	100
最美的店	6.0	9.4		(15.4)		40.2	12.0	0.9	31.6	100
最有吸引力的价格	3.3	2.5		(5.8)	0.8	5.7	81.1	4.9	1.6	100
最好包装	7.2	7.2	0.8	(15.2)	0.8	49.6	6.4	3.2	24.8	100
最精致产品	8.8	7.2	1.6	(17.6)	0.8	35.2	18.4	0.8	27.2	100
典型比利时巧克力	6.5	2.4		(8.9)		30.1	48.1	2.4	10.6	100
最喜欢口味	5.6	4.0	1.6	(11.2)		32.3	37.9	3.2	15.3	100
最贵的	6.7	8.4		(15.1)	2.5	40.3	5.9		35.3	100
世界知名品牌	4.0	0.8		(4.8)	0.8	42.7	39.5	4.8	7.3	100

不同情形下的品牌偏好（%）

自己消费		礼品	
Corné	2.4	Corné	3.9
Corné Toiuson d'Or	4.1	Corné Toison d'Or	3.9
Corné Port Royal	0.8	Corné Port Royal	0.8
Daskalidès	—	Daskalidès	0.8
歌蒂梵	24.4	歌蒂梵	29.1
Léonidas	48.0	Léonidas	27.6
Mon Chéri	2.4	Mon Chéri	5.5
纽豪斯	12.2	纽豪斯	25.2
其他	5.7/100	其他	3.2/100

[注释]

[1] 1991年，34比利时法郎＝1美元。
[2] 三级国家包括美国、日本和西欧国家。
[3] 增值税是政府根据从原材料到消费品过程中增加的价值征收的一种税。
[4] 1公斤＝2.205磅。

第7章 营销渠道策略和管理

营销渠道是组织营销战略的一个重要部分。**营销渠道**（marketing channel）包括参与为顾客或产业用户的消费或使用而提供产品或服务的过程的个人或企业。渠道不仅将生产者和购买者连接起来，而且提供了实现组织营销战略的手段。营销渠道决定企业选择的目标市场的可达性。促销策略的有效性部分取决于渠道中间商销售、做广告及促销活动的能力和意愿。此外，组织的价格策略受中间商加成比例和折扣政策的影响。最后，产品策略受中间商的品牌政策、存货和定制产品意愿、通过提供安装或维修服务增加产品价值的能力及赊销程度等因素的影响。

电子商务使得营销渠道战略和管理更加重要。以网络为基础的技术混合和使用的增长改变了用于顾客和产业用户消费或使用的产品或服务的制造。市场营销者面临的网络带来的挑战是，如何在渠道策略和管理中，以在盈利基础上创造顾客价值的方式，创新地应用这种技术。本章从多渠道营销的角度强调这一主题。

渠道选择决策

渠道选择决策是对各种渠道要素作出抉择的过程，而不是一种单独的行为。渠道选择的过程涉及确定营销渠道的类型、位置、密度和中间商的功能。在作出决策之前，营销经理必须进行彻底的市场研究，以便识别预期的营销渠道拟服务的目标市场。目标市场及其购买要求构成了渠道决策的基础。换句话说，营销经理要回答这样的基本问题：谁是潜在客户？在哪买？何时买？怎样买？买什么？从最终用户回溯，经理可以为特定的营销渠道制定框架，并识别出可供选择的各种渠道方案。[1]

例如，世界第一的在139个国家直销女士美容和相关产品的雅芳公司（Avon Products, Inc.）[2]，115年来，成功地通过人数达340万的独立销售代表网络将产品销售到世界各地。然而，雅芳的市场调研表明，如果雅芳产品更便利，59%不买其产品的女士将会购买。这个信息传达给雅芳高层管理者一个清晰的信息：给忙碌的女士一个选择，即何时何地以何种方式，通过直销代表、零售店或网上购物实现购买。如其首席执行官所说:"尽管直销一直是我们基本的销售渠道,扩充通向新顾客的途径将促进销量的增长。"今天,雅芳产品通过直销代表、网站(avon.com)和选定百货商场内的专柜进行销售。

营销渠道设计

图表 7—1 说明了消费品和工业品常用的营销渠道,也指出了营销渠道层次的数目。营销渠道层次的数目是由生产者与最终购买者或用户间中间商的数量决定的。中间商的数量增加,渠道变长。

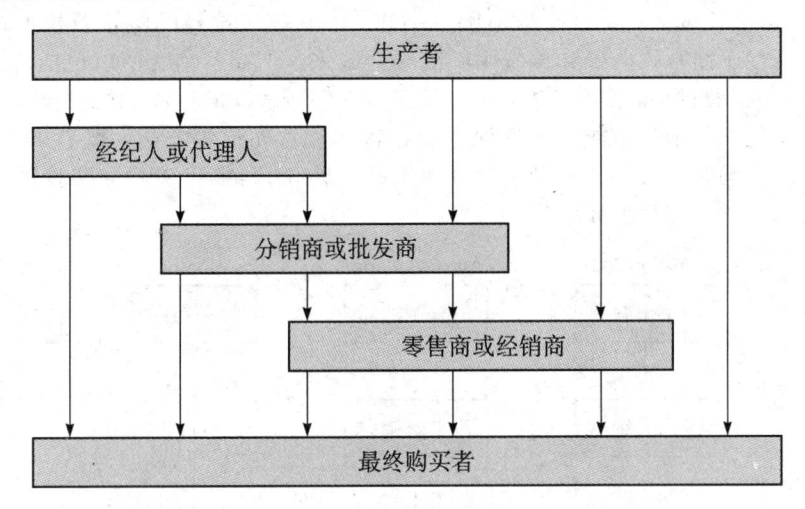

```
           生产者
    ┌────┬────┬────┐
    │    │    │    │
    │  经纪人或代理人
    │    │    │    │
    │    │  分销商或批发商
    │    │    │    │
    │    │    │  零售商或经销商
    │    │    │    │
    ▼    ▼    ▼    ▼
           最终购买者
```

图表 7—1 常见的营销渠道设计

直接分销与间接分销 经理人员需要作出的第一项决定是,企业要选择利用中间商抵达目标市场,还是直接通过自己的销售队伍或分销点与最终用户接触,或通过网络上营销网站和电子商店。若选用中间商,则必须确定类型、位置、密度和营销渠道层次的数量。

在下述情形下,企业经常会直接与最终用户接触而不通过中间商:目标市场由易于识别的买主构成;人员促销是企业沟通计划的主要手段;企业向目标市场提供多种产品;企业具有足够的资源来满足那些通常由中间商提供的服务(如信贷、技术支持、送货、售后服务)。当中间商无法抵达目标市场,或不具备满足目标市场要求的能力时,企业必须考虑采用直接分销渠道。例如,宝洁公司在菲律宾直接上门销售清洁用品,因为在该国的大多数地区没有其他的渠道可供选择。同样,Ingersoll-Rand公司最初推出其气动工具时采用了直接渠道,因为买主需要指导和服务。当顾客对产品较为熟悉后,公司就转向利用分销商。有些特殊的商品也适合直销,典型的有高技术产品(如计算机主机)、非标准化产品(如定制机器)和高价值产品。最后,总体营销策略可能适合采用直接渠道。企业可能试图营造一种使用中间商无法实现的独有氛围,或强调直接购买的吸引力,对于特定细分市场来说非常重要。直销对于想通过中间商来差异化其提供物的组织来说也同样适用。戴尔计算机公司成功的差异化战略的组成部分就在于强调个人电脑的网上订购。

虽然直销模式的支持条件很多,但必须注意一点,直销决策意味着企业要承担由中间商从事的所有职能(联系客户、储存、送货、信用安排等)。经理在作直销决策时，要考虑到"你可以不要中间商，但不能取消其职能"这一营销原则。有时营销经理在选择直销时会忽略这一点。承担这些职能的成本可能很高，主要取决于企业的资金来源和使用其他来源资金的机会成本。因此，即使所有迹象都支持直销，企业能力的限制也可能最终否定该决策。需要注意的另一点是那些试图取代上游或下游渠道成员职能的中间商（如零售商想开展批发业务）。

电子营销渠道 网络的应用给直销和间接销售的分析增加了技术方面的联结。[3] **电子营销渠道**（electronic marketing channels）采取包括网络在内的电子沟通的一些方式，使顾客和企业用户能够消费或使用产品和服务。

图表 7—2 显示了图书（Amazon.com）、汽车（Autobytel.com）、预订服务（Travelocity.com）和个人电脑（Dell.com）等所选择的电子营销渠道。这些渠道的特色在于通常将电子和传统中间商结合起来。产品营销之所以包括传统的中间商（如图书的分销商和汽车的经销商）是因为它们所发挥的物流职能——交易、储存和运输等。传统的中间商或生产者保留着这种职能，如戴尔公司，既有 Dell.com 作为直销渠道，同时又有 2/3 的销售是通过 Dell.com 和销售代表共同实现的——一种普通的直销实践，正如前面所述。

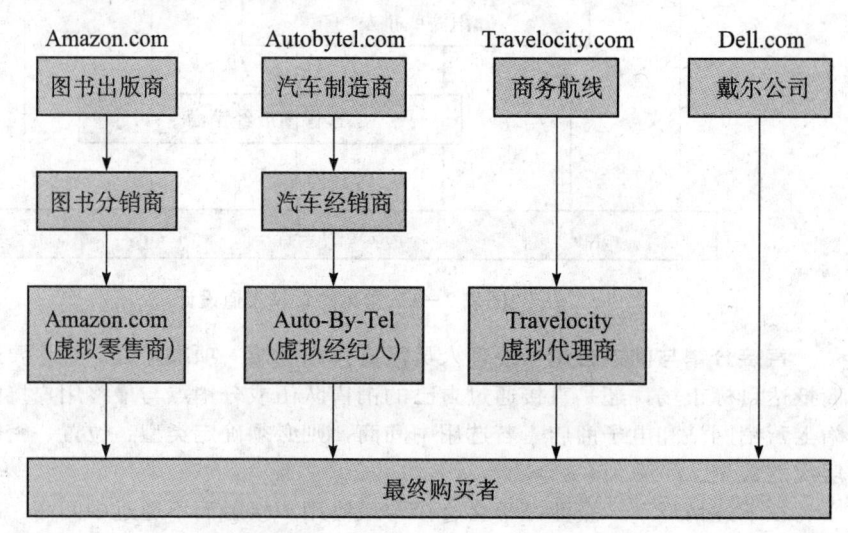

图表 7—2 代表性电子营销渠道

很多服务可以使用电子营销渠道进行分销，如通过 Travelocity.com 开展旅行预订，通过 Schwab.com 开展金融证券投资，通过 MetLife.com 投保。软件同样可以通过这种方式营销，但其他一些服务，如医疗护理和汽车修理等仍需要传统中间商。电子营销渠道可以为营销人员提供一种重要的渠道设计选择，和其他选择一样，必须对其在获得市场覆盖和满足顾客需求的基础上的收益能力进行评估。

零售层次的渠道选择

在选择了通过传统中间商到达目标顾客后，渠道选择决策就集中在确定从零售层次开始的营销渠道各层次上中间商的类型和地点。

考虑一下体育用品制造商的情况。若使用零售商，应该选择哪种零售商？五金店、百货商店还是体育用品专卖店？设在哪？郊区、农村还是城市？在哪个地区？

当识别通向顾客的众多路径之后，选择营销渠道和中间商时要考虑以下三个问题：

(1) 通过哪种渠道和中间商可以提供最佳目标市场覆盖？

(2) 通过哪种渠道和中间商可以最好地满足目标市场的购买需求？

(3) 通过哪种渠道和中间商最能获利？

目标市场覆盖 获得最佳目标市场覆盖需要考虑零售层次上选择的中间商的密度和类型。分销密度分为三个层次：密集分销、独家分销和选择性分销。

(1) **密集分销**（intensive distribution）意味着经理试图利用尽可能多的零售点分销产品。更具体些，经理试图利用尽可能多的某种零售店（如杂货店）分销产品。在最极端的情况下，密集分销指利用各种类型的零售店，就像软饮料和糖果制造商所采取的方式。例如，可口可乐的零售分销目标是把产品放在"想要时触手可及"的地方。

(2) **独家分销**（exclusive distribution）与密集分销相反，通常指在某地域内仅有一家零售商经营公司的产品，或一种零售链与制造商的生产线对应。通常，地域是为零售商确定的贸易地区。Mark Cross 牌钱包和 Regal 牌鞋都是以独家分销方式销售的。例如，Radio Shack 在其 7 000 家店里只销售 Thomson SA 公司的 RCA 牌音像产品。[4]

有时，独家分销涉及零售商与制造商以合同约定，给予零售商在一定区域内独家经营公司产品线或某产品或服务的权利，作为回报，要求零售商承担一些营销职能。独家经营的一般形式是特许经营。目前特许经营存在于 70 多个行业，从税收准备服务（H&R Block 公司）到油炸圈饼（唐恩都乐公司）。美国有近 3 000 个特许零售经营链，涉及 760 000 个单位，占零售销量的 41%。[5]

(3) **选择性分销**（selective distribution）介于两种形式之间。该策略指制造商在特定地区选择几家零售商销售其产品，常用于家具、品牌男装、高档女装。选择性分销兼具密集分销的市场覆盖性和独家分销的销售可控性的优点，因而近年来日益流行。

选择性分销的流行也源于一种称为有效分销的现象。**有效分销**（effective distribution）指零售层次上有限的零售商在营销潜力发挥上占有重要份额。例如，一款高档男士腕表仅通过现有渠道的 40% 进行分销，但这些零售商店占腕表销售量的 80%。将零售渠道的密度提高到 50% 有可能将潜在销量提高到 85%，但由此增加的成本有可能导致最多只能获得边际利润贡献。

选择哪种密度的渠道取决于顾客的购买行为、制造商对零售商的控制、中间商希望的独占程度以及中间商能够作出的营销努力。当购买频繁且买主注重方便性时，常常可以选用密集分销渠道。几乎可以肯定，很多便利性产品如糖果、个人护理品、汽油等均属此类。当销售需要有人员推销时，可以选择有限分销策略（包括独家分销和选择性分销）。大型家用器具和工业产品通常都采用独家或选择性分销。

零售分销密度与生产者对再销售的控制力及零售商对独占的期待程度成反比。即当再销售控制力和独占期望提高时，零售密度降低；古琦作为世界上顶级奢侈品的制造商，系统地摒弃了不能符合其严格的销售、服务和陈列标准的零售店。大型玩具零售商通常享有销售美泰、孩之宝（Hasbro）和其他厂家特定玩具的权利。这些独有权利给予零售商竞争优势和高额利润。[6]

满足顾客需求 渠道选择的第二个考虑是识别至少能够满足顾客在购买某公司的

产品或服务时的部分需求的渠道和中间商。这些需求分为四类：(1) 信息；(2) 便利性；(3) 多样性；(4) 附加服务。

信息（information）是当顾客对产品或服务的知识有限或期望特定数据时的一项重要需求。正确选择中间商，通过店内陈列、演示和直销的方式同顾客沟通。个人电脑制造商如盖特韦（Gateway）和苹果公司，自己开设配有受过良好培训的专业人员的零售店，向顾客传递它们的产品如何能更好地满足顾客需求的信息。[7]

便利性（convenience）对于顾客来说具有多种含义，如距离或开车时间。例如，7-11 便利店在全美有 5 300 家店来满足顾客这方面的需求，而糖果和快餐通过得到这些店内的展示位置而获益。对另外一些顾客，便利性意味着最少的时间和言语，如 Jiffy Lube 公司和 Q-Lube 公司承诺快速更换机油和过滤器。对于网上购物者，便利性意味着网站易于登录，图片下载速度快。网站开发者的一个共识是"8 秒定律"：如果下载速度超过 8 秒，顾客将放弃进入或登录一个网站。[8]

多样性（variety）反映了顾客可以选择多种竞争性或补充产品的需求。多样性是中间商产品或品牌的宽度和深度的体现，有助于它们吸引顾客。因此，宠物食品和用品的制造商通过宠物商店如 Petco 和 PetMart 来分销，这些店提供大量的宠物商品。

中间商提供的**附加服务**（attendant services）是诸如需要送货、安装和贷款的大型家庭用品的一个重要购买需求。因此，惠而浦寻找能提供以上服务的中间商。

获利性   第三个考虑是渠道获利性。获利性取决于渠道每个成员和整个渠道的边际利润（收入-成本）。渠道成本是获利性的关键因素。这些成本包括分销、广告和不同类型营销渠道的销售成本。渠道成员分担这些成本的程度决定了每个成员和整个渠道所获利润。

其他分销层次的渠道选择

确定零售渠道后，经理还要决定那些连接零售点的中间商的类型、地点和密度。这些具体的选择决策与前面讨论过的零售网决策是类似的。

若要确定二级中间商（批发商、经纪人、行业分销商），首先必须回答采用何种批发商的问题。是选择经营有限产品的专项批发商，还是经营各种产品的普通批发商？抑或在一个零售地区内经营各类产品的普通产品线批发商？或几种批发商的组合？很明显，重要的一点是何种批发商向企业所期望的零售商供货。当咖啡先生公司（Mr. Coffee）决定在超级市场销售替换咖啡过滤网时，该公司需要通过食品经纪人与零售商接洽。这类决策经常是基于何种渠道可行。若批发商无法满足制造商在交货、存货种类和数量、信贷等方面的要求，直销给零售商成为唯一选择。然而，在绕过批发商之前，应认真研究它们在分销中的角色，特别是在美国以外的地区。吉列公司在日本的经历恰好能说明问题。[9]吉列公司在日本试图像在美国那样通过公司自己的销售人员销售剃须刀，因而绕过了卫生用品市场传统的批发商。华纳-兰伯特公司则通过传统的批发商销售其舒适牌（Schick）剃须刀。结果，吉列市场占有率仅为10%，而舒适为62%。

批发商的地点是由零售商的地点决定的，因为在很大程度上，地理距离会影响诸如运输成本和快捷服务等因素。批发商密度受零售网络和批发商服务能力的影响。总体上，批发商密度随零售点的增加而提高。图书零售商巴诺公司就遇到了这一问题，该公司试图学习 Ingram 图书集团（全美最大的图书批发商，有 11 个战略分布的分销点）。这些分销点可以减少其超过 1 000 家书店的运输成本，减少日益增加的登录 barnesandnoble.com 的网上顾客的送货时间。这种学习不是物化的，巴诺公司发现有必要拓展自身的批发分销网络。[10]

在具体的营销渠道的各层次上，都要作类似的决策；这些决策依赖于所期望的市场覆盖率和中间商的可获性。可以肯定地说，营销渠道中层次的多少因企业所追求的市场范围而变化。

双重分销和多渠道营销

到目前为止，讨论集中在选择单一营销渠道。然而，许多企业同时应用多重渠道，两种常见的方式是双重分销和多渠道营销。

双重分销

双重分销（dual distribution）指企业通过两个或多个营销渠道分销商品，这些营销渠道可能存在竞争也可能不存在竞争。例如，通用电气公司向建筑商直销其产品而利用零售商销售给消费者。

采用双重分销的原因多种多样。如果制造商既以自己的品牌生产产品，又以商店品牌生产产品，商店品牌的产品可能直销给特定零售商，而制造商品牌由批发商经营。或者，制造商向大零售商直销，因为它们的销量和服务要求有别于其他零售商；同时又利用批发商向小型零售商供货。最后，地理因素本身也影响企业是使用直接分销还是间接分销方式。企业在销售量大、地理位置集中的市场中使用自己的销售力量，而在别处使用中间商。有时候，当实施多品牌营销战略时，企业也利用多种渠道（见第 5 章）。贺曼公司通过特许商店销售其贺曼牌（Hallmark）贺卡，而在杂货店和折扣店销售大使牌（Ambassador）贺卡。

双重分销的有效性依赖于具体情形和制造商与零售商的力量对比。若制造商决定在零售商服务区域直接向最终用户销售，零售商可能放弃经营其产品。这种可能性取决于产品对零售商的重要性和竞争者的产品状况。若零售商在市场上占有足够大的份额，终止经销该产品会对制造商销量产生消极影响。例如，世界最大的地毯和垫子制造商 Shaw 公司宣布开始成立自己的零售店和商业经销网络时，家得宝不再选择 Shaw 公司的产品，改为经销 Mohawk 公司的产品。[11]

多渠道营销

与双重分销类似，**多渠道营销**（multi-channel marketing）同样涉及两个或多个争夺或不争夺相同买主的营销渠道，多渠道营销是电子营销渠道（电子商店和网站）和传统渠道的结合，两者共同增进吸引、保留顾客和建立顾客关系。

选择多渠道营销有多种理由。[12]首先，电子营销渠道的加入可带来收入的增加。想想维多利亚的秘密公司（Victoria's Secret），销售 18～45 岁女士内衣的著名专业零售商，声称网站上 60% 的顾客是男性，他们中的大部分为公司带来了新的销售量。其次，电子营销渠道可以平衡传统渠道的存在。家具制造商 Ethan Allen 公司，在美国通过 ethanallen.com 和 300 家零售店来销售产品。Ethan Allen 的网站明显地列出零售店的位置，通过网站订购的顾客可以通过附近的商店送货，减少了送货费用。最后，多渠道营销可以满足顾客需求。雅诗兰黛公司旗下的倩碧（Clinique），通过百货商店和 clinique.com 销售化妆品，并在网站上提供产品、皮肤护理和化妆品使用信息。倩碧声称，80% 的顾客从百货商店购买倩碧产品后会访问其网站，而 37% 的浏览者登录网站后会购买倩碧产品。

多渠道营销的有效性源于多种考虑。[13]最主要的一点是电子营销渠道在多大程度上能够带来利润的增加或者简化传统渠道中间商的相互竞争。通常，利润增加可能是因为：（1）电子渠道达到了传统渠道没有覆盖到的顾客；（2）传统渠道和电子渠道共同增进了对顾客的吸引、保留和顾客关系的建立。与此相关，公司渐渐开始关注开办并维持一个电子商店会增加的成本和因此而增加的利润。尽管估算的方式不同，建立一个具备静态内容、简单搜索工具和非个性化产品的网站的初始成本是 35 万美元，运营成本是 14 万美元。而建立一个具备互动内容、复杂搜索工具和高度个性化产品的网站的初始成本高达 400 万美元，运营成本达 200 万美元。毫不令人惊讶的是，高利润和高产量的产品适合电子营销渠道。此外，还要考虑生产者或服务提供者和传统中间商之间的关系。中间商，特别是零售商，关心去中间化的问题，即为何将传统中间商从营销渠道中剔除而代之以电子商店。中间商认为**去中间化**（disintermediation）比彼此之间的竞争更为严重。彼此间的竞争只影响中间商的部分销量，而去中间化直接影响它们的生存。公司避免多渠道营销，是因为中间商的抱怨和中止经销其产品和提供服务的威胁。例如，李维斯公司和挪威邮轮公司（Norwegian Cruise）各自因为零售商和旅行经纪人的抱怨，而放弃了牛仔服装和在线预订的电子商店。

满足中间商的要求和贸易关系

中间商在渠道选择中的作用已多次提及，然而，一些特殊之处还需详细阐述。在到目前为止的论述中，中间商给人的印象似乎是营销渠道中相对温顺的成员。不过，我们要看事实。

虽然我们一直在谈论选择中间商的问题，但实际上选择是双向的。中间商也常常选择它们愿意与之打交道的供应商。例如，前面提到的 Radio Shack 公司只销售 RCA 音像产品，家得宝放弃了 Shaw 公司的产品而改为经销 Mohawk 公司的地毯，这些例子生动地说明了这一点。

中间商的要求

有经验的营销经理知道，为了建立有利可图的交换关系，必须时刻关注中间商可能的要求。中间商关心制造商的产品是否足以满足目标市场的需求，否则，它们会另觅他物。中间商还希望得到制造商的营销支持，对批发商的支持常常涉及促销帮助，对工业分销商的支持涉及技术帮助。如前所述，关注竞争的中间商通常会要求获得某种程度的独家经营权。若采用独家经营方式，中间商的市场覆盖率将决定制造商能否获得满意的利益。最后，中间商希望它们能得到的毛利应该与制造商期待它们从事的职能相一致。简言之，贸易折扣、供货率标准（制造业满足中间商供货数量要求的能力）、合作广告和其他促销支持、供货时间（从下订单到收货所需工作日）和产品独家经营权等都有益于建立长期交换关系。经理如果认识不到这些因素，那么开展销售联系、陈列、存货充足、服务和送货等满足购买者要求所必要的工作就开展得不尽如人意。

贸易关系

贸易关系在营销渠道管理和策略中是重要的。营销经理认识到，贸易关系中常常会产生冲突。

渠道冲突 当一个渠道成员（例如一个制造商或一个中间商）认为另一成员的行为已经阻碍其实现目标时，**渠道冲突**（channel conflict）便随之产生。导致渠道冲突最常见的原因有四种[14]：第一，绕过其他成员直接买卖。当沃尔玛公司甩掉制造商代理人直接从制造商进货后，遭到了代理人的纠缠，代理人还因此在《华尔街日报》上对此事进行抨击。第二，利润在渠道成员间如何分配。例如，通用汽车公司和菲亚特汽车公司（Fiat）希望米其林公司对其轮胎降价，米其林拒绝并中止了供货合同，低价使得米其林不能实现其目标边际利润。第三，制造商认为批发商或零售商对其产品重视不够。例如，耐克停止向Foot Locker供应流行的球鞋，如Nike Shox NZ，因为该零售商决定把更多的货架留给价格在120美元以下的球鞋。第四，制造商使用双重分销，特别是当不同的零售商或经销商经营同一品牌时。例如，特百惠（Tupperware）在塔吉特销售其商品的决定疏远了很多独立的经销商，它们建立了自己的业务与特百惠的经销商展开对抗。于是，特百惠在美国的销量直线下滑，被迫从塔吉特撤下其商品。

渠道影响力 冲突对渠道具有毁灭性。为减少冲突出现的可能性，某渠道成员有时会协调、指导和支持其他成员。因其具有影响其他成员行为的能力，这种成员称为**渠道首领**（channel captain）。

这种影响力有四种形式：第一，由于财力强大或顾客认同，某渠道成员有能力奖赏或劝说其他成员。微软公司和沃尔玛公司就是这样。第二，技术专长也是一种力量来源。例如，美国医院用品公司（American Hospital Supply）帮助客户（医院）处理几百种医疗设备的订单。第三，与特定渠道成员关系密切也形成一种力量。例如，零售商争相经营拉尔夫·劳伦品牌，制衣商争相让内曼-马库斯或诺德斯托姆经营其产品。第四，某渠道成员获得法定权力约束其他成员的行为。这常因合同协议（如特许经营合同）允许某渠道成员合法指导其他成员的行为。

渠道改进决策

虽然不像产品、价格和促销那么频繁，企业的营销渠道有时也需改进。买主地理集中度的变化、现有中间商无法满足买主需要和分销成本等都是改变现有渠道的外因。如果由于采用了市场开发或多角化战略而导致产品市场战略变化，企业也会改变渠道。本田（Acura）、丰田（Lexus）和日产（Infiniti）创立了单独的营销网向上层人士销售豪华型汽车。[15]不管什么原因，渠道改进决策应基于：（1）对目标市场提供最佳覆盖；（2）满足目标市场的购买需求；（3）收入最大及成本最低。渠道改进决策方法中涉及对因变化而造成的收益和成本进行估计。

改进决策的定性因素

改进决策的定性分析基于一系列问题。这些问题表明改进决策对现有渠道和新渠道的比较分析。
（1）改变渠道能否改进目标市场覆盖的有效性？如何改进？
（2）改变能否提高顾客满意度？如何提高？
（3）为了改变渠道，企业应承担什么营销职能？
（4）企业有没有从事新职能的资源？
（5）改变渠道对渠道其他成员有何影响？
（6）改变渠道对企业长期目标的达成有何影响？

改进决策的定量评估

定量分析通常要考察改进决策对收入和费用的影响。假设企业考虑以自己的销售中心替换批发商。批发商靠销售其产品所得的年毛利为 500 万美元，企业为批发商提供服务的费用为每年 50 万美元。因此，使用批发商的成本为其利润所得加 50 万美元的服务费，总计 550 万美元。如若取消批发商，这就是企业所得。

但如取消批发商，企业必须承担原来由批发商承担的职能，包括对零售客户的销售成本、销售管理费用。此外，存货、运输和仓储成本也要考虑。最后，如果批发商向零售商赊销，应收账款成本也要考虑。

一旦估计出取消批发商的成本，就可能从财务角度评估渠道改进决策，如下所示：

批发商成本（美元）		分销中心成本（美元）	
批发商利润	5 000 000	对零售商的销售额	1 500 000
服务费用	500 000	销售管理费	250 000
总成本	5 500 000	存货成本	935 000
		运输和仓储	1 877 000
		应收账款	438 000
		总成本	5 000 000

既然使用批发商的成本为 550 万美元，而通过分销中心销售的成本为 500 万美元，成本预测建议选择后者。然而，还必须考虑到对销售收入的影响。影响的大小由前面指出的问题决定，然后将市场覆盖率、顾客满意度、渠道成员的反应等转换成美元价值。

[注释]

[1] Anne T. Couglan, Erin Anderson, Louis W. Stern, and Adel I. El-Ansary, *Marketing Channels*, 6th ed. (Upper Saddle River, NJ: Prentice Hall, 2001): Chapter 2.

[2] Avoncompany.com, downloaded June 15, 2005, "Calling Avon's Lady," *Newsweek* (December 2004): 28-30.

[3] Portions of this discussion are based on Bert Rosenbloom, *Marketing Channels*, 7th ed. (Cincinnati, OH: Southwestern Publishing, 2004): Chapter 15.

[4] "Radio Shack Campaign Touts Its RCA Alliance," *Advertising Age* (June 5, 2000): 61.

[5] International Franchise Association, January 4, 2006.

[6] Joshua Levine and Matthew Swibel, "Dr. No," *Forbes* (May 28, 2001): 72-76; "Retailers Won't Share Their Toys," *Wall Street Journal* (December 4, 2001): B1, B4.

[7] Nick Wingfield, "How Apple's Store Strategy Beat the Odds," *Wall Street Journal* (May 17, 2006): B1, B10. "Boutiques for Flogging the Brand," *Business Week* (May 24, 2004): 48.

[8] Jonathan Mandell, "Speed It Up Webmaster, We're Losing Billions Every Second," *New York Times* (September 22, 1999): 58D.

[9] "Gillette Tries to Nick Schick in Japan," *Wall Street Journal* (February 4, 1991): B3, B4.

[10] "Barnes & Noble Likely to Build Centers for Distribution If Ingram Deal Fails," *Wall Street Journal* (June 2, 1999): B8.

[11] "Carpet Firm's Dynamic Chief Must Weave Succession," *Wall Street Journal* (August 19, 1998): B4.

[12] This discussion is based on *Multi-Channel Integration: The New Retail Battleground* (Columbus, OH: PricewaterhouseCoopers, March 2001); and "Online Stores Try New Pitch: Fetch It Yourself," *Wall Street Journal* (November 19, 2003): D1, D4.

[13] This discussion is based on "Multichannel Marketing: Channibalism?" clickz.com, downloaded August 25, 2005; and Jeffrey F. Rayport and Bernard J. Jaworski, *e-Commerce*, 2nd ed. (Burr Ridge, IL: McGraw Hill/Irwin 2004).

[14] "Feud with Seller Hurts Nike Sales, Shares," *Dallas Morning News* (June 28, 2003): 30; Rick Brooks, "A Deal with Target Put Lid on Revival at Tupperware," *Wall Street Journal* (February 18, 2004): A1, A9; "Michelin Cancels Supply Contract with GM Europe," *Wall Street Journal* (May 30, 2002): D6; and Christine B. Bucklin et al., "Channel Conflict: When Is It Dangerous?" *The McKinsey Quarterly* (Number 3, 1997): 36-43.

[15] Stephanie Kang, "Nike to Stop Selling Brand at Sears," *Wall Street Journal* (May 5, 2005): B8.

案例 7—1　夏威夷潘趣：进军市场的战略 *

2004年7月，凯特·侯迪贝克（Kate Hoedebeck）晋升为吉百利史威士美洲饮料公司（Cadbury Schweppes Americas Beverage）潘趣营销主管。夏威夷潘趣是美国

---

* The cooperation of Cadbury Schweppes Americas Beverages in the preparation of this case is gratefully acknowledged. This case was prepared by Professor Roger A. Kerin of the Edwin L. Cox School of Business, Southern Methodist University, as a basis for class discussion and is not designed to illustrate effective or ineffective handling of an administrative situation. Certain company information has been disguised and is not useful for research purposes. All financial information pertaining to Hawaiian Punch is disguised and is not useful for research purposes. Hawaiian Punch ® is a registered trademark of Dr Pepper/Seven Up, Inc. © 2006 Dr Pepper/Seven Up, Inc. Used with permission. Case copyright © 2006 Roger A. Kerin. No part of this case may be reproduced without written permission of the case copyright holder.

市场上第一位的水果潘趣饮品,也是紧随乐倍、思蓝宝和七喜之后的公司第四大品牌(按销量计算)。在担任这一新职务之前,侯迪贝克在乐倍/七喜公司做过品牌管理和战略规划工作。

总部设在伦敦的吉百利史威士公司在美国的三个独立业务单元——乐倍/七喜、思蓝宝饮料集团和美思(Mott's)——合并为具有统一名称的公司——吉百利史威士美洲饮料公司。[1]对侯迪贝克的任命是在这一合并之后。对于这次合并,公司总裁兼首席执行官评论道:

> 我们的目标是利用乐倍/七喜、思蓝宝和美思公司优秀的品牌组合,创造出一个一流的饮料营销和销售公司。我们正在缔造的这家公司会继续保持竞争力,饮料业务继续增长,不断开发出新产品来满足我们的装瓶商、分销商、零售商和消费者的需要。我们致力构建的公司会使消费者更容易偏好我们的品牌,使零售商便于储存和销售我们品牌的产品。

吉百利史威士美洲饮料公司新任命的销售经理重申了这些观点,他说:

> 能有机会把我们这么多的品牌放在一起,组成一个统一的销售公司,我由衷地感到兴奋。这也是零售商和食品服务消费者一直要求的,要保持竞争力,我们就必须这么做。

考虑到夏威夷潘趣的历史,此次吉百利史威士公司三个业务单元的整合,对夏威夷潘趣的业务和品牌营销就有特殊意义。1999年,吉百利史威士从宝洁公司收购了夏威夷潘趣的所有权。此次收购以后,美国第三大软饮料制造商乐倍/七喜公司,通过其装瓶商在超市和其他零售点碳酸软饮料通道或区域分销产品;美国非碳酸饮料、果汁、调酒饮料和苹果酱的主要供应商美思,则是通过独立食品代理商和仓库网在超市和其他零售点的果汁通道或区域来分销产品。吉百利史威士旗下同时使用这两种截然不同而又相互独立的制造、销售和分销网络,为相同的零售顾客准备和提供同一种饮料,夏威夷潘趣是唯一的一个品牌。

侯迪贝克要开始准备2005年夏威夷潘趣业务营销计划了,她日程表上的第一件事就是对两种制造、销售和分销网络进行回顾。每种渠道在未来销售额、利润率和夏威夷潘趣品牌特许经营权益所扮演的角色,首先在她的脑海中闪现出来,因为她的业务单元是自负盈亏的。

美国果汁和果汁饮料的种类

美国消费者平均每年消费182.5加仑的饮料(包括饮用水在内)。但在过去10年间,消费饮料的构成却发生了变化(见图表1)。碳酸软饮料仍最受欢迎,瓶装水和运动饮料的消费增长率最高,固体饮料的人均消费量(per capita consumption)下降最大。

图表1　　　　　　　　　　　　美国人均饮料消费量

饮料种类	加仑			市场份额(%)		
	1994年	2003年	2004年(估计)	1994年	2003年	2004年(估计)
碳酸软饮料	50.0	52.3	52.3	27.4	28.7	28.7

续前表

饮料种类	加仑 1994年	加仑 2003年	加仑 2004年(估计)	市场份额(%) 1994年	市场份额(%) 2003年	市场份额(%) 2004年(估计)
啤酒	22.4	21.7	21.6	12.3	11.9	11.8
牛奶	23.0	20.4	20.1	12.6	11.2	11.0
瓶装水	9.6	16.6	17.7	5.3	9.1	9.7
咖啡	23.3	16.7	16.6	12.8	9.2	9.1
果汁和果汁饮料	9.0	8.5	8.6	4.9	4.7	4.7
茶	7.1	7.0	7.0	3.9	3.8	3.8
运动饮料	1.2	3.0	3.5	0.7	1.6	1.9
固体饮料	4.8	2.5	2.6	2.6	1.4	1.4
葡萄酒	1.7	2.1	2.1	0.9	1.2	1.2
白酒	1.3	1.3	1.3	0.7	0.7	0.7
其他（包括饮用水）	29.2	30.4	29.1	16.0	16.7	15.0
总计	182.6	182.5	182.5	100.0	100.0	100.0
美国人口（百万人）	260.3	290.9	293.7			

说明：人均饮料消费量等于某年消费的总加仑数除以总人口数。由于舍入原因，数字加总有误差。
资料来源：Company records based on various industry trade sources and the U. S. Census Bureau.

果汁和果汁饮料的类别

果汁和果汁饮料占美国饮料消费量的 4.7%，这一比例在过去 10 年波动很小。按照饮料中水果成分的数量可将果汁和果汁饮料分为四类。

- 100%果汁：混合的和冷冻的 100%果汁和非浓缩液做成的 100%果汁。例如，美思苹果汁。
- 甜汁（25%～99%果汁含量）：使用浓缩的果汁或经过消毒的果肉做基料，然后加入甜味料和水。例如，Nantucket Nectars。
- 果汁饮料（少于 25%的果汁含量）：向不超过 24%纯度的新鲜果汁和浓缩液加入甜味料或水制成。例如，夏威夷潘趣。
- 水果口味的饮料（不含果汁成分）：不含有果汁、水果或果肉的一种水果口味饮料。例如，Kool-Aid Soft Drink Mix。

纯果汁的销量最大，占了所有果汁和果汁饮料种类的 54.9%（按销量算）；果汁饮料占所有种类的 33.7%，排在第二位；甜汁和水果口味饮料分别占 6.1% 和 5.3%。

果汁和果汁饮料有多种包装方式。纯果汁通常是放在冰箱里销售，有时也卖冷冻的浓缩液。甜汁、果汁饮料和水果口味饮料不需要冷冻，被称为"耐储存饮料"。"耐储存饮料"以粉状混合物的形式包装在瓶子、罐子和无菌容器中（特别是盒子和小袋子）。"耐储存饮料"占所有类别销量的 60%。包装大小也不尽相同，从加仑容器到典型的每包 20 盎司或更少的小包装。小包装占果汁和果汁饮料种类销量的 20%，它们通常在零售店软饮料通道或区域最显眼的位置，它们占销量的 75%。果汁通道小包装的销量约为 15%。

零售渠道

果汁和果汁饮料通过不同类型的商店销售。超市的销量超过一半（按销量计算，美国 53.5% 的果汁和果汁饮料通过超市销售），包括销售给饭店、食品服务公司和机构购买者（如学校和医院）在内的行业销售占销量的 18.5%。便利店和折扣店分别占销量的 10.6% 和 9.5%。果汁和果汁饮料分销零售如下所示：

商店	销售（销量）比例（%）
超市	53.5
行业贸易	18.5
便利店	10.6
折扣店	9.5
独立食品零售商	5.8
自动售货机	0.2
其他	1.9
	100.0

竞争者和品牌

在美国有 8 家公司进行著名品牌果汁和果汁饮料的分销，它们分别是可口可乐公司、百事公司、卡夫食品公司、优鲜沛公司（Ocean Spray Cranberries, Inc.）、阳光饮料公司（Sunny Delight Beverage Company）、吉百利史威士美洲饮料公司、Welch's 公司和美国雀巢公司（Nestlé USA）。

这些公司销售的品牌约为所有种类销量的 55%，自有品牌约为 20%。竞争者通过口味和包装创新、产品定位和广告来实现品牌差异化。公司不断地增加新的口味来吸引西班牙裔家庭，拓展小包装产品线，因为二者意味着增长机会。一些公司，尤其是那些销售 100% 橙汁的公司，已重新定位它们的品牌，更多地关注消费带给成年人和儿童的健康方面的益处。竞争者使用的首要媒体是电视和杂志。图表 2 是主要品牌的首要媒体和总支出。平均而言，竞争者销售每箱产品的媒体广告费用约为 24 美分。

图表 2　　品牌和首要媒体的广告代理费用

品牌（公司）	首要媒体	首要媒体广告支出（千美元）	所有媒体总计支出（千美元）
Capri Sun（卡夫食品）	电视 杂志	24 358.3 4 994.6	30 830.1
Ocean Spray（优鲜沛）	电视 杂志	28 677.0 2 942.5	2 255.3
Juicy Juice（美国雀巢）	电视	1 503.3	1 503.3
SunnyD（阳光饮料）	电视	44 178.9	44 178.9
Koo Aid（卡夫食品）	电视 杂志	6 991.0 3 681.5	10 677.7

续前表

品牌（公司）	首要媒体	首要媒体广告支出（千美元）	所有媒体总计支出（千美元）
Minute Maid（可口可乐）	电视 杂志	18 459.0 7 179.5	25 770.9
Hi-C（可口可乐）	电视 杂志	2 471.2 184.6	2 842.7
Welch's（Welch's公司）	电视 电台	9 838.6 5 877.6	15 729.6
Tropicana（百事）	电视 杂志	36 921.9 14 011.0	52 581.5

资料来源：Company records.

夏威夷潘趣

夏威夷潘趣是美国最畅销的水果潘趣饮品。其70年历史的品牌在美国消费者中的品牌认知度为94%。

夏威夷潘趣的历史

夏威夷潘趣的历史可以追溯到加利福尼亚州富勒顿的一个改建的车库。1934年，里奥（A. W. Leo）、汤姆·耶茨（Tom Yates）和拉尔夫·哈里森（Ralph Harrison）在这个车库发明了第一个夏威夷潘趣配方——菠萝、百香果、木瓜和石榴等天然水果的混合。他们想向冰淇淋原浆产品线加入一种热带风味的糖浆，并在太平洋柑橘产品公司（Pacific Citrus Product Company）厂商名下销售。当时的品牌名叫"里奥夏威夷潘趣"（Leo's Hawaiian Punch），卖给地区性的饭店、冷饮小卖部和冰淇淋制造商。几年后，"里奥"字样被从品牌名中去掉。

1946年，一家投资集团购买了这家公司，把公司重命名为太平洋夏威夷产品公司（Pacific Hawaiian Products Company）。尽管消费者已经发现里奥夏威夷潘趣浓缩液与水混合是一种美味的饮品，但他们却不能够直接买到它。为了弥补这一缺点，公司推出夸脱瓶装的浓缩液，在美国西部零售杂货店内销售，又在1950年提供一种46盎司罐装即饮（Ready-to-Serve）红色夏威夷潘趣。20世纪50年代，夏威夷潘趣和其他果汁饮品销量的飞速增长，使太平洋夏威夷产品公司跃进中档美国饮料公司的行列。1955年，公司又向杂货店推出一种6盎司罐装冷冻浓缩液。同年底，夏威夷潘趣以其广泛的分销成为一个全国性的品牌。

为了利用品牌欢快热情的形象，公司的广告代理商在1964年12月设计了人们熟悉的"潘崎"（Punchy）吉祥物（见图表3）。潘崎1962年首次出现在电视屏幕上，之后便迅速成为一个成功的广告和品牌识别器（brand identifier）。潘崎"来一瓶好喝的夏威夷潘趣怎样？"的标志性语言把品牌形象和广告人格化。20世纪90年代一直沿用这一标志性语言。

图表 3　夏威夷潘趣"潘崎"吉祥物

资料来源：Courtesy of Cadbury Schweppes Americas Beverages.

　　1963 年，雷诺公司（RJ Reynolds）以约 4 000 万美元收购了夏威夷潘趣。1981 年，这项业务移交给了雷诺公司的全资子公司 Del Monte。Del Monte 使夏威夷潘趣业务实现了增长，并在此品牌下引进了几个新产品，如粉状产品、软饮料和其他口味，同时也拓展了潘趣的分销渠道。

　　宝洁公司 1990 年以 1.5 亿美元的价格从 Del Monte 购买了夏威夷潘趣。接着，宝洁公司把浓缩业务翻了一倍，确立加仑瓶包装为果汁饮料最主要的包装形式。宝洁还设计了几款新型食品包装，为便利店送货上门，以及投资以潘崎吉祥物为主题的品牌广告。1999 年 5 月，吉百利史威士公司以 2.03 亿美元的价格从宝洁公司购买了夏威夷潘趣的所有权。[2] 夏威夷潘趣在当时的年收入是 1.333 亿美元，销量为 5 400 万箱（1 箱＝288 盎司，或＝2.25 加仑）。

☐ 夏威夷潘趣的产品线和定价

　　2004 年，夏威夷潘趣的产品线由 11 种口味组成。它们是：（1）原味（Fruit Juicy Red）；（2）绿莓味（Green Berry Rush）；（3）瓜组合（Mazin'Melon Mix）；（4）浆果味（Bodacious Berry）；（5）热带水果味（Tropical Vibe）；（6）紫甘蓝味（Wild Purple Smash）；（7）橙味（Orange Ocean）；（8）葡萄味（Grape Geyser）；（9）蓝莓味（Berry Blue Typhoon）；（10）草莓味（Strawberry Surfin'）；（11）柠檬味（Lemonade）。原味的红色果汁以较大的优势成为最受欢迎的口味。最近又引进了一种含糖量低 60% 的潘趣，它是红色果汁的轻装版。

　　夏威夷潘趣是一种耐储存的果汁饮料，它的包装有 1 加仑瓶装、半加仑瓶装、2 升（67.6 盎司）瓶装、20 盎司瓶装、6.75 盎司直立袋小包装和 12 盎司罐装。红色果汁口味夏威夷潘趣的典型包装如图表 4 所示。出售给零售商和批发商的品牌均采用竞争性定价。

图表 4　夏威夷潘趣的典型包装

资料来源：Courtesy of Cadbury Schweppes Americas Beverages.

□ 夏威夷潘趣的广告和促销

夏威夷潘趣总的媒体广告费用约为 220 万美元，这项开支可以平均分摊到广电和杂志印刷品广告上。图表 5 是两则夏威夷潘趣的平面广告。促销开支包括一个互动网站（hawaiian-punch.com）的成本、优惠券、货架横幅、店内/通道末端的产品展示。夏威夷潘趣广告和促销预算的一部分专门用于装瓶商，使其支持当地的营销推广，还有一部分预算用于补贴零售客户在果汁和果汁饮料通道货架摆放产品。

图表 5　夏威夷潘趣平面广告

资料来源：Courtesy of Cadbury Schweppes Americas Beverages.

夏威夷潘趣的生产、销售和分销

吉百利史威士美洲饮料公司依赖两个截然不同而又相互独立的夏威夷潘趣制造、销售和分销网络向超市和其他零售顾客供应货物。一个是"产成品",另一个是"直接货物配送"。

产成品 夏威夷潘趣产成品的生产、销售和分销网络按以下方式运作:吉百利史威士美洲饮料公司生产夏威夷潘趣果汁饮料,在公司位于宾夕法尼亚州的阿斯贝斯、纽约州的威廉森和墨西哥的塔咖提三个生产设施的其中之一,将它们包装到准备出售的集装箱中,然后将包装好的饮料运到仓库,或是向零售点或其他机构购买者配送货物的分销中心。销售责任属于独立的食品中间商和在零售商那里代表夏威夷潘趣的公司销售代表,他们主要的联系人是果汁或果汁饮料零售商,而零售商其中一个任务就是经营超市和其他零售点内果汁和果汁饮料通道或区域。

通过产成品网络销售的夏威夷潘趣的口味包括:(1)原味;(2)橙味;(3)葡萄味;(4)蓝莓味;(5)绿莓味;(6)草莓味;(7)柠檬味。只通过产成品网络销售的包装包括:1加仑瓶装、半加仑瓶装、6.75盎司直立小包装。新引进的轻装版夏威夷潘趣原味,仅有加仑瓶装是通过产成品网络销售。

直接货物配送 夏威夷潘趣直接货物配送生产、销售和分销网络的运作方式如下:吉百利史威士美洲饮料公司生产和销售夏威夷潘趣浓缩液给专属区域内的特许装瓶商,装瓶商把买来的浓缩液与甜味料和水混合,然后把它包装在瓶子和/或罐子里卖给零售商。夏威夷潘趣在美国的特许装瓶商有可口可乐、百事可乐、乐倍/七喜和独立的装瓶商,装瓶商主要的销售联系人是软饮料零售商。与产成品网络相反,直接货物配送网络中的装瓶商通常是把饮料配送和放在超市和其他零售点的软饮料通道和区域,而不是使用仓库和分销中心。装瓶商不在果汁和果汁饮料通道内提供服务(同样,产成品网络也不在软饮料通道内提供服务)。装瓶商也备有自动售货机,把浓缩液与甜味料结合起来生成糖浆,然后把糖浆送给饭店这样的顾客,再由它们向糖浆中加水形成非碳酸饮料,或加入碳酸水形成软饮料。

通过直接货物配送网络销售的夏威夷潘趣口味包括:(1)原味(包括轻装版);(2)绿莓味;(3)浆果味;(4)瓜组合;(5)热带水果味;(6)紫甘蓝味。仅通过直接货物配送网络销售的主要包装包括:2升瓶装、20盎司瓶装和12盎司罐装。

夏威夷潘趣生产、销售和分销网络的经济情况 图表6是夏威夷潘趣两种生产、销售和分销网络的经济情况——品牌12个月的利润表(截止日期为2004年6月30日)。值得特别关注的是,两种网络在产品销售费用上存在显著差异:夏威夷潘趣产成品销售费用成本约占净销售额的78%,这一比例直接货物配送仅有约19%。费用的差异是由于与生产产成品相关的装瓶和分销成本,直接货物配送网络不存在这些成本,这是因为夏威夷潘趣浓缩液仅销售给特许装瓶商,装瓶和分销的成本由装瓶商来承担。

图表6　　夏威夷潘趣12个月的利润表(截止到2004年6月30日)　　　　　　　　单位:美元

	夏威夷潘趣商标总和	生产、销售和分销网络	
		中间商/仓库 (产成品)	直接货物配送 (浓缩液)
箱数量(1箱=288盎司)	77 291 366	49 267 000	28 024 366
总销售额	292 460 214	241 086 000	51 374 214

续前表

| | 夏威夷潘趣商标总和 | 生产、销售和分销网络 ||
		中间商/仓库（产成品）	直接货物配送（浓缩液）
减：折扣与折让[a]	69 761 800	56 890 000	12 871 800
净销售额	222 698 414	184 196 000	38 502 414
产品销售成本	151 185 544	144 021 000	7 164 544
营销前总贡献	71 512 870	40 175 000	31 337 870
减：销售控制营销[b]	756 021	—	756 021
营销控制营销[c]	4 494 439	977 000	3 517 439
营销后总贡献	66 262 410	39 198 000	27 064 410

注：a. 折扣与折让包括优惠券、价格促销和支付给零售商用于把产品摆放在果汁通道货架上的补贴。
b. 销售控制营销包括装瓶商开发本地市场的资金。
c. 营销控制营销包括媒体广告、非价格促销、店内陈列、消费者研究和产品研究与开发。
资料来源：Company records. All figures are disguised and are not useful for research purposes.

夏威夷潘趣 2005 年品牌营销

作为夏威夷潘趣的营销主管，凯特·侯迪贝克负责这个品牌的全美营销开发、促销、广告方案、顾客研究和产品开发。此外，她还要与品牌装瓶商、中间商和有商业关系的零售商打交道。"尽快了解夏威夷潘趣的顾客、行业顾客、品牌资产是管理的首要任务。"侯迪贝克说。就任新职位后不久，她就委托 AC 尼尔森公司使用数码住户购物研究（HomescanTM）面板数据进行一项消费者购买研究。

☐ 对消费者的认识

AC 尼尔森数码住户购物研究得到四个主要的结果，可以更好地认识消费者。最突出的一个是，14%的夏威夷潘趣购买者是在超市内的两个通道（果汁通道和软饮料通道）购买，这些购买者购买了销售总箱数的 25%。夏威夷潘趣购买者和通过超市通道购买数量的明细分类如图表 7 所示。有 20%的果汁通道购买者和 34%的软饮料通道购买者在两个通道内都购买了夏威夷潘趣。其次，两种通道所吸引的购买者都是孩子年龄低于 18 岁的家庭。孩子年龄在 6 岁以下～12 岁年龄段的家庭更多是在果汁通道购买，而软饮料通道则更受孩子年龄在 6～17 岁之间家庭的欢迎，孩子年龄在 13～19 岁家庭也倾向于在软饮料通道购买。再次，在超市通道内购买夏威夷潘趣存在地区差异。西部和中部州明显倾向于在软饮料通道购买，而东部和南部州明显更倾向于在饮料通道购买。最后，77%的夏威夷潘趣购买者仅购买一种包装。1 加仑和半加仑包装的购买者显示出最大的排他性——68%的 1 加仑包装购买者和 53%半加仑购买者不再购买其他的包装；2 升瓶装和 20 盎司瓶装的购买者的排他性最小——35%的 2 升瓶装购买者和 38%的 20 盎司瓶装购买者不再购买其他包装。

图表 7　　　　　　　　　　　　超市中的夏威夷潘趣购买活动（%）

超市购物者的购买活动	夏威夷潘趣购买者百分比	夏威夷潘趣购买数量百分比
仅在果汁通道购物	58.1	56.7
仅在软饮料通道购物	27.7	18.1
在两个通道购物	14.2	25.2
	100.0	100.0

资料来源：Company records.

对行业顾客的认识

刚被任命为夏威夷潘趣的营销主管，侯迪贝克就访问了夏威夷潘趣的装瓶商、食品中间商、公司销售代表和零售商，其中包括美国所有大型超市连锁商和沃尔玛。各方均对品牌绩效和交易关系感到满意。自被吉百利史威士收购起，夏威夷潘趣销售的箱数平均每年增加 7%。但是，继所有果汁饮料增长放慢，夏威夷潘趣去年销售的箱数的增长也放慢了，但在果汁饮料中的份额却没有改变。"大家都相信所有类别的果汁饮料和夏威夷潘趣品牌都会从更多营销投入中受益，"侯迪贝克说，"大家对于新的营销举措都感到好奇。"

装瓶商、食品中间商和零售商同样认为，整个大类的果汁饮料都具有增长潜力。产品类别创新是关键，创新通常以新口味和新包装的方式呈现，而这些新口味和包装又要有消费者媒体广告和销售促进来支持。由于夏威夷潘趣轻装版对消费者摄入热量等健康问题的关注，这种包装的引进受到行业顾客的欢迎。但是，与行业顾客的谈话揭示了夏威夷潘趣生产、销售和分销网络创新的奥秘。侯迪贝克了解到，直接货物配送网络中口味和包装创新比产成品网络中的创新更能节约成本，这是由于直接货物配送网络中的装瓶商承担了包装成本。但在生产和上架更多种类口味和包装上，装瓶商总是受到容量和配送上的限制。装瓶商还希望新口味和新包装能够得到媒体广告和本地市场推广资金的支持。产成品网络中的口味和包装创新没有容量多少的限制，这是由于夏威夷潘趣使用公司自己的生产设施进行瓶装。可是，通过产成品网络销售的新口味和新包装要向零售商支付在货架上摆放产品的补贴，虽然支付的数额不等，但要在全国性超市果汁和果汁饮料通道上架，每商品分类存货单位要承担 280 万美元的补贴成本也是很正常的。[3]一个超市客户每商品分类存货单位支付的补贴为 1.5 万～2.5 万美元，这种补贴不适于由装瓶商供应的软饮料通道。

对品牌资产的认识

侯迪贝克从公司的研究中了解到，夏威夷潘趣从公司很强的品牌资产中获益。夏威夷潘趣较高的品牌知名度和信任度，加上与童年消费乐趣、独特清爽的口味、维 C 成分和潘崎吉祥物联系在一起的正面品牌联想，使它受到孩子年龄在 18 岁以下家庭的欢迎和偏爱。20 盎司瓶装和 12 盎司罐装的直立小包装拓展了它的使用场合，使其不仅仅局限于在家里饮用。对大部分美国消费者来说，夏威夷潘趣就是可以即时饮用的水果潘趣的同义语。侯迪贝克还了解到，新引进的口味（如浆果和热带水果等）在消费者当中的知名度不及原味红色果汁。

▢ 进军市场的战略

2004年9月中旬，凯特·侯迪贝克组成了夏威夷潘趣品牌团队，团队中没有人接触过这个品牌。这次开会的目的是，提醒团队成员在准备2005年夏威夷潘趣营销策划之前需要关注的问题和作出的决定。会议一开始，她就在会议室白板上画了一个三角形，并给每个定点都定了名。

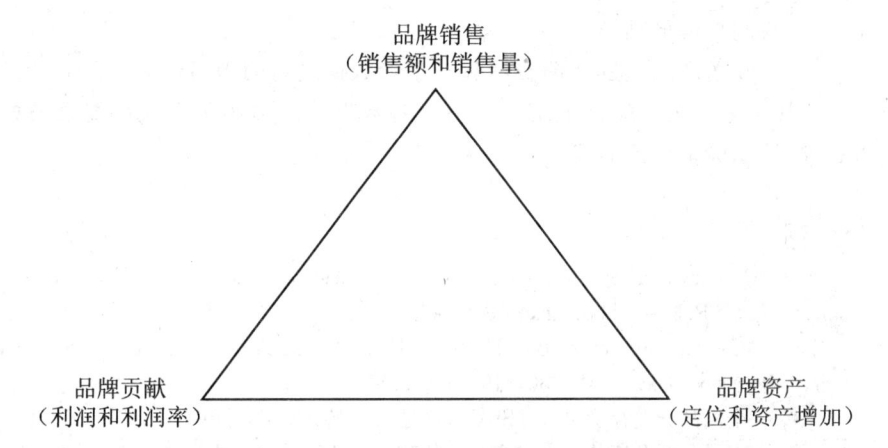

```
                品牌销售
             （销售额和销售量）
                  /\
                 /  \
                /    \
               /      \
              /        \
             /          \
            /            \
           /_____\
    品牌贡献              品牌资产
  （利润和利润率）      （定位和资产增加）
```

侯迪贝克的开场白重点讨论了夏威夷潘趣的两种生产、销售和分销网络，并强调这些网络是2005年夏威夷潘趣进军市场的战略的关键。侯迪贝克通过白板上的三角形给她的介绍做了总结。她指出，要从夏威夷潘趣的品牌销售、品牌贡献和品牌资产方面审视需要解决的问题和作出的决策。"改变价格不在选择之列。"她说。

定位 首先，侯迪贝克想让这个品牌团队明确夏威夷潘趣的定位。从宝洁公司那里收购了夏威夷潘趣以后，公司传统的以儿童为中心的方面就被弱化了。例如，虽然吉祥物潘崎仍然保留在包装上，但已不再像以前宝洁公司那样在媒体广告中扮演突出角色。还有，吉百利史威士美洲饮料公司有一项政策——不向8岁以下的儿童做广告。

依据前面的战略陈述，侯迪贝克了解到，在产成品网络中的定位不同于直接货物配送网络。产成品网络主要定位于家庭购买者——"妈妈"（看门人）。这一定位在实际操作中稍微向非裔美国人和西班牙裔妈妈们倾斜；直接货物配送网络中夏威夷潘趣主要定位于多元文化下的城市青少年，突出口味的多样性和以行动为导向的吸引力。图表5的广告反映了这一定位。

作为讨论的第一个问题，侯迪贝克想让团队准备一份能指导2005年品牌营销计划的夏威夷潘趣定位陈述。在她看来，定位会影响产成品和直接货物配送网络的相对重要性。

创新 第二个应该考虑的问题是创新。侯迪贝克相信夏威夷潘趣品牌会从迎合西班牙裔口味的饮料中获益，这种口味（如芒果味）也会吸引非西班牙裔家庭。为了扩展商标范围，使其不局限于水果潘趣，2002年初夏威夷潘趣增加了5种口味。根据前面夏威夷潘趣的战略陈述，这么做是为了满足8~12岁儿童和青少年的多样化和创新需求。虽然很多装瓶商销售新口味，但并不是每个装瓶商都销售，主要还是通过产成品网络来销售。2004年中旬，公司的研究表明，新口味在孩子年龄18岁以下家庭中知晓度很低，销售数量与原味的红色果汁相比也是微不足道。侯迪贝克想让品牌团队考虑在产成品和直接货物配送网络情境下的口味创新。

补贴和广告 第三个要关注的问题是产成品网络中产品上架补贴。她想让团队解决有关补贴的问题包括：（1）夏威夷潘趣产成品网络和直接货物配送网络创新相关的补贴；（2）与媒体广告相关的补贴。侯迪贝克问团队成员："产品上架补贴和媒体广告是相互替代的还是互补的？就增量销售、增量贡献和增加公司资产方面而言，哪种网络对我们来说最划算？"

在对配送产品类别、消费者和竞争者数据进行简短讨论后，品牌团队得到一个指示："接下来几天大家仔细研究一下这些数据，我希望每个人都能准备好，就这些问题和决策积极地交换意见。"

[注释]

[1] "Cadbury Schweppes Americas Beverages Restructures for Growth, Changing Marketplace," Company Press Release, September 18, 2003.

[2] "Cadbury Agrees to Buy Hawaiian Punch From P&G. Brock Says Deal Shows US Commitment," *Beverage Digest* (May 30, 1999), p. 28.

[3] 一个商品分类存货单位（SKU）就是一个特定的存货单位，它是一个独立的可识别的单位。同一种产品的2升瓶装和1加仑瓶装从存货角度就是独立的商品分类存货单位。类似地，一个品牌的不同口味也意味着不同的商品分类存货单位。因此，两种新口味的两种不同规格的包装从存货角度就是4个商品分类存货单位。

案例7—2 斯威舍割草机和机械公司：评估自有品牌的竞争机会[*]

1996年年初，斯威舍割草机和机械公司（Swisher Mower and Machine Company，SMC）的总裁兼CEO，韦恩·斯威舍（Wayne Swisher）收到一封从美国国内主要连锁商店寄出的信件，询问能否将SMC公司的割草机产品冠以该连锁商店的自有品牌出售。韦恩·斯威舍刚刚接替他的父亲同时也是公司的创始人麦克斯·斯威舍（Max Swisher），成为公司的主席。韦恩·斯威舍以前是主管销售的副总裁，在从位于得克萨斯州达拉斯的南卫理公会大学（Southern Methodist University）完成MBA学习后，他在这个位置上待了6年，在进行研究生学习前，他已经在一家大型的《财富》500强公司的销售和营销岗位上工作了3年。

自有品牌的分销是他继任主席和CEO后所面临的第一项决策。他认为这是一个需要谨慎考虑的机会，因为近年来SMC自动割草机的单位销售量一直在下降。然

---

[*] The cooperation of Swisher Mower and Machine Company in the preparation of this case is gratefully acknowledged. This case was prepared by Professor Roger A. Kerin, of the Edwin L. Cox School of Business, Southern Methodist University, and Wayne Swisher, Swisher Mower and Machine Company, as a basis for class discussion and is not designed to illustrate effective or ineffective handling of an administrative situation. Company financial and operating data are disguised and not useful for research purposes. © 1999 by Roger A. Kerin. No part of this case may be reproduced without written permission of the copyright holder.

而，详细情况还要做进一步考虑，因为这有悖于 SMC 当前的分销实践。

公司背景

　　SMC 的建立要归功于公司创始人麦克斯·斯威舍的机械天才。他在 18 岁时就获得了第一个变速箱装配的专利，之后不久他用这种技术开发了一种自推进式割草机。在将他父母的车库改装成操作间之后，他开始将这种割草机卖给邻居，并于 1949 年成立了 SMC。20 世纪 50 年代，他将自己的专利技术运用到乘式割草机上，并且以 Ride King 这个品牌进行销售。

　　1966 年，乘式割草机的销售达到顶峰，销售量达到 10 000 台，销售额 200 万美元。20 世纪 70 年代早期，由于公司服务的地区市场发生经济衰退使得割草机的销售下降。1975—1989 年，销售量变化不大。90 年代，销售量有所增长，年平均销售量达到 4 250 台。1995 年，公司割草机的销售量达到 4 200 台，公司的销售额达到 4.3 亿美元。图表 1 显示了该公司 1956 年以来的销售情况。

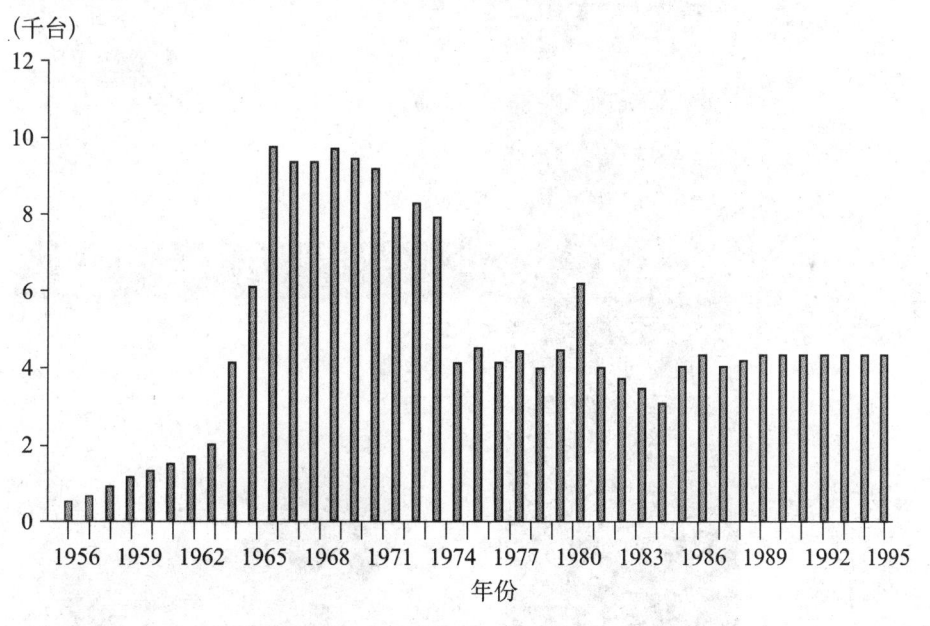

图表 1　SMC 乘式割草机销售量历史情况

　　SMC 生产割草机的工厂位于密苏里州的沃伦斯堡，但是依靠外部的供应商提供部分零部件。按每周 40 小时的班次，拥有每年 10 000 台乘式割草机的生产能力。公司的生产设备和办公空间是从相关厂家租用的。

　　麦克斯·斯威舍一直坚持认为，他的公司是顾客导向型组织，致力于识别和满足经销商和最终用户的需求。维持一个"小公司"的形象也是其经营哲学的一个方面，而这一点使得公司与经销商和用户之间建立了良好的个人关系。SMC 与初始经销商和分销商之间特殊的忠诚关系形成了该公司销售的基石。在可能的条件下，SMC 会继续保护经销商的销售区域。

□ 产品线

SMC 生产三种类型的割草机。公司的旗舰产品是 Ride King，一种零旋转半径的三轮乘式割草机。这种产品于 20 世纪 50 年代设计成功，与当时市场上竞争对手的产品相比有明显的优点，其控制方向的前轮同时也是驱动轮。这个特性允许割草机通过简单地把方向轮调转 180 度就可以实现完全转向，而无须换挡。公司以制造第一台零旋转半径的三轮乘式割草机而闻名。

一台标准的 Ride King 型号割草机的报价是 650 美元，制造商的毛利润率约为 15%。每台成本中劳动成本占 100 美元，零部件成本为 435 美元。

SMC 以生产高品质的割草机而著称，其简单的设计便于用户使用和维护。这一特点在 Ride King 割草机产品介绍材料中得到充分的反映（见图表 2）。使用寿命长显示出这种产品的可靠和耐用。SMC 的割草机通常可以使用 25 年，公司对所售的产品提供一年免费的零件及人工担保。1995 年，该公司销售额的 63.6% 和毛利润的 57.8% 来自乘式割草机业务。

图表 2　Rider King 产品情况

大多数目前使用的割草机零部件与 1956 年以后生产的老型号都可以互换。尽管零旋转半径割草机的专利已经过期，至今仍没有竞争者仿制这种产品。

SMC 也生产一种命名为 T-44 的拖拉式割草机，它包括一个 44 英寸宽的割草刀刃，对于乘式割草机有障碍的地方这种机器就显得更为有效。这种机器可以由各种拖车牵引。T-44 的销售和利润分别占 1995 年公司总额的 8.2％和 13.2％。图表 3 是 T-44 的产品介绍。

图表 3　T-44 产品情况

SMC 公司早在 20 世纪 60 年代就逐渐减少了自带动力的推式割草机的发展，原因是该型号的销量减少和乘式割草机的需求增加。在停止生产推式草坪割草机后，公司开始销售推式草坪割草机散件组合箱。散件组合箱共有三种型号可供选择，每种都包含有装配推式割草机所需的所有零部件。它们不使用 SMC 品牌，而以经销商的标签命名销售。散件组合箱只是为了满足经销商的需求，因此对公司的毛利润没有贡献。散件组合箱在 1995 年公司的总销售额中占 8.2％。

维修配件的销售占公司总销售额的 20％。由于这个行业中零部件的标准化程度很低，SMC 必须为自己的用户提供备件。该项业务所获利润占 SMC 毛利润的 29％。

公司计划于 1996 年扩大其产品线，并将一种新产品推向市场。Trim-Max 是一种新产品，图表 4 展示了 Trim-Max 的产品特征。

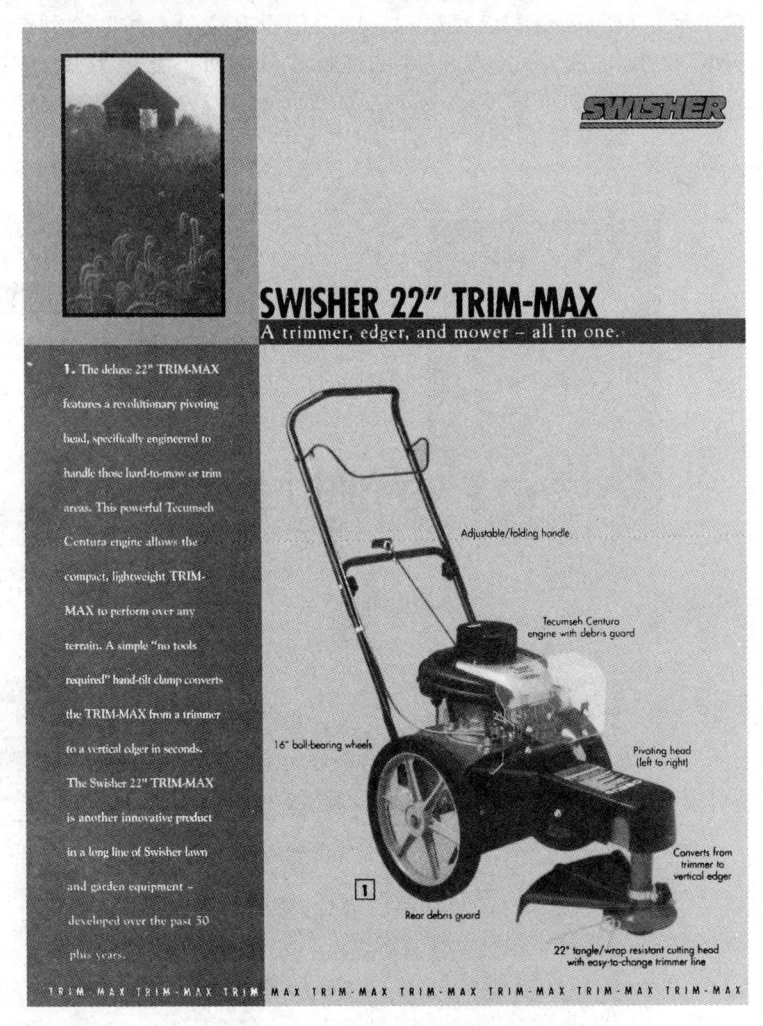

图表 4　Trim-Max 产品情况

☐ 分销和促销

　　SMC 的产品主要通过非城市地区的农具商店、园艺商店、家庭用品中心和工具商店销售。每年大约 75% 的销售额都产生于非城市地区。

　　SMC 通过独立的批发经销商和独立经销商两种方式销售其 Ride King 割草机。SMC 的批发商遍及全国，它们主要向分布于美国中南部和北部地区的经销商供货。向批发商的销售占 Ride King 割草机总销量的 30%，直接向经销商的销售大约占 25%。

　　自有品牌（即利用其他企业品牌）的销售占 40%。公司以 Big Mow 品牌为两大购买组织 Midstates（位于明尼苏达州的明尼安伯利斯）和 Wheat Belt（位于密苏里州的堪萨斯城）生产割草机。这两大组织是美国中西部地区独立的农机供应商店和家庭用品中心的代表，它们提供集中的采购服务。尽管这些购买集团基本在同一销售区域从事业务，但它们服务的商店通常不会坐落在同一个城市。图表 5 显示了 SMC 在美国通过品牌名称分销的地理区域。

■ Ride King
■ Big Mow
■ Big Mow/Ride King Overlap

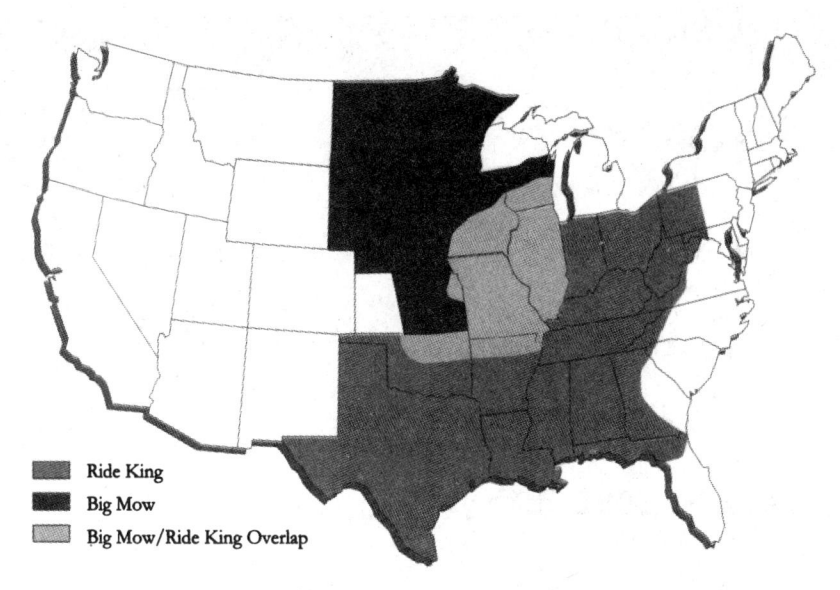

图表 5　SMC 分销地理范围

近年来，该公司还在欧洲和南太平洋部分地区建立了分销网络，其销售已占到总量的 5%。

1985 年以前，SMC 的广告大多面向批发商和经销商，重点在交易导向的促销。从 1985 年开始，SMC 开始通过与经销商合作广告的计划在广播、电视和报纸上做广告。Ride King 的广告出现在《国家园艺》（*National Gardening*）、《乡村杂志》（*Country Journal*）、《大众机械》（*Popular Mechanics*）等出版物上。

财务状况

尽管销售额下降，SMC 依然能够保持盈利。其净销售利润率持续保持在 10% 或者更高。不仅如此，该公司能够产生足够的现金流来满足公司长期或短期的财务需求。1995 财年，公司应收账款和库存分别达到总资产的 8.1% 和 5.8%。图表 6 显示了公司 1995 年的财务状况。

图表 6	SMC 1995 年的财务状况	单位：美元
收入表（截至 1995 年 9 月 30 日）		
销售额		4 292 000
产品销售成本		3 587 150
毛利润		704 850
销售和行政支出	264 700	
折旧	2 300	
总支出		267 000
持续运营的收入		437 850
其他收入（支出）		(7650)
净收入[b]		430 200

资产负债表（1995 年 9 月 30 日）	
资产	
当前资产	1 133 000
净房产和设备	53 000
总资产	1 186 000
负债和所有者权益	
当前负债	212 800
所有者权益	973 200
总负债和所有者权益	1 186 000

注：a. 所有数据都是虚构的，不适用于研究目的。
b. SMC 属于 S 类公司，因此，不用缴纳企业联盟或州收入税。

乘式割草机 1995 年行业情况

乘式割草机属于草坪和园艺设备。除乘式割草机外，草坪和园艺设备还包括推式旋转割草机、拖式割草机、花园播种机、扫雪机和一些为用户市场特别制造的户外动力设备。

根据行业数据的预测，1995 年该行业实现销售收入以出厂价计算达到 55 亿美元，其中 74% 来自最终产品，25% 来自发动机，余下的是零配件的工业产值。

☐ 销售趋势

行业统计调查表明，乘式割草机的销量，20 世纪 70 年代初期销量得到增长，但是 1975 年由于美国经济急速下降。1979 年又开始逐渐增长，但是随着 80 年代早期经济发展放缓，销量又开始下降。1983—1992 年一直重复这一模式。1993 年和 1994 年创造了销量纪录。对 1995 年和 1996 年的预测显示有进一步的增长。图表 7 显示了 1974—1994 年间乘式割草机的销量。

乘式割草机行业具有高度的季节性和周期性。约有 1/3 的乘式割草机是在每年的 3—5 月份销售出去的，超过一半的产品运输在 1—4 月份完成。该产品销量几乎成了美国经济的晴雨表。

☐ 产品规格

乘式割草机一般有两种基本设计：（1）前引擎草坪拖拉机；（2）后引擎割草机。当然市场上还有一些中置引擎的割草机，例如 SMC 公司生产的产品。20 马力或更大的草坪拖拉机属于花园拖拉机。

乘式割草机市场定位于拥有大片草坪（一英亩或更多）的用户。前引擎草坪拖拉机是最流行的设计。按照行业统计数字，前引擎设计（草坪拖拉机和花园拖拉机）比后引擎设计马力更大，适应更艰巨的任务。由于外观尺寸较大，消费者认为前引擎草坪拖拉机和花园拖拉机更加有力和耐用。

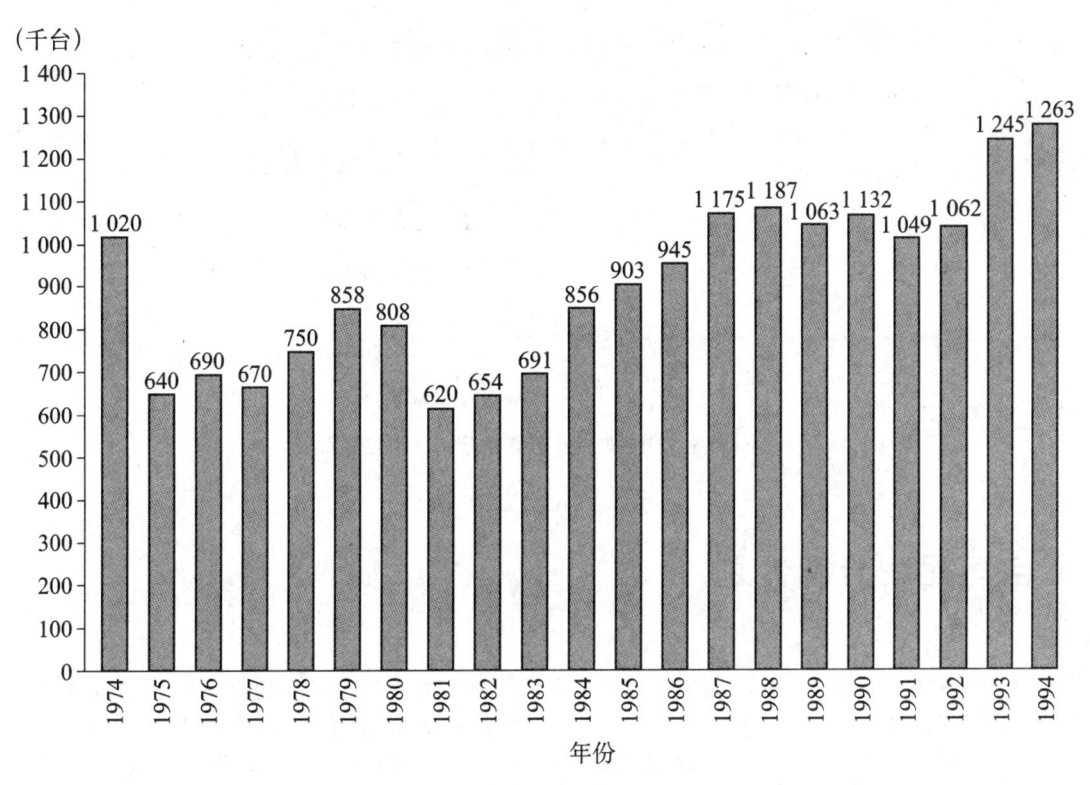

图表 7　乘式割草机销量（1974—1994 年）

竞争和零售分销

在 1995 年的乘式割草机市场上有 10 家主要的竞争对手，分别是：美国园艺产品公司（American Yard Products），Ariens，本田，John Deere，Kubuta，Mtd，Murray of Ohio，Snapper，Toro，Garden Way/Troy-Bilt。

Ariens，本田，John Deere，Kubuta，美国园艺产品公司，Murray，Mtd，Snapper，Toro 和 Garden Way/Troy-Bilt 通过园艺商店及专卖店销售其产品。Mtd，Murray 和美国园艺产品公司还将产品卖给全国性的批发商。所有这些公司都生产全国性品牌的乘式割草机，并且参与自有品牌生产业务。有几家公司生产全国性品牌的同时也为几家大型的商场进行自有品牌生产（例如，西尔斯，沃尔玛和凯玛特），家居中心（例如，劳氏，家得宝）和五金连锁店（例如，True Value 五金）。

自有品牌割草机获取了大量的增长份额，自有品牌的销售额占整个行业销售额的 65%～75%。

每个生产厂商都生产好几种不同价位的割草机。尽管零售价格不尽相同，有代表性的品牌零售价格在 800～5 000 美元。

户外动力设备，包括割草机，都是通过各种各样的零售商销售的。几家全国性的连锁商店像沃尔玛、家得宝和西尔斯占了全部销售量的很大一部分。这些连锁店加上户外动力设备/农具设备供应商店、园艺商店、折扣零部件商店和五金店约占行业总体销售量的 90%（见图表 8）。

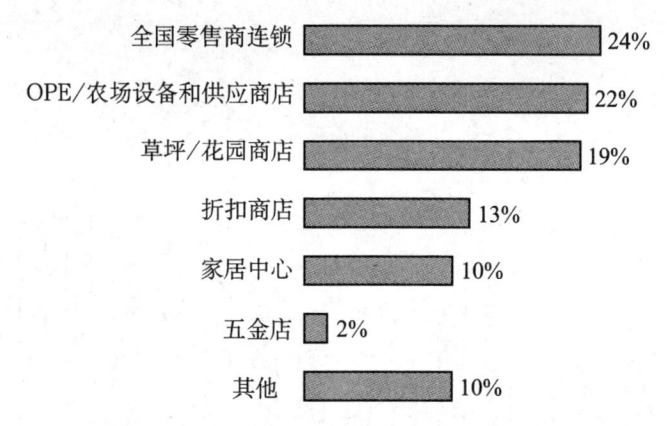

零售渠道	百分比
全国零售商连锁	24%
OPE/农场设备和供应商店	22%
草坪/花园商店	19%
折扣商店	13%
家居中心	10%
五金店	2%
其他	10%

图表 8　户外动力设备零售分销（销售额百分比）

自有品牌分销计划

　　SMC 收到的一份询盘是在 1997 年 1 月份订购 700 台标准割草机的自有品牌分销计划。对方是一家全国性连锁商店，希望签订一个每年约 8 200 台的合同。该建议与传统的 SMC 和其他自有品牌组织的业务关系很不相同。该连锁组织希望能以比 SMC 出厂价低 5% 的价格成交，同时还希望不要有制造商代表或公司销售代表访问它。它只要低价格，而不需要得到季节性或促销折扣，再次订货也用同样的价格。割草机将采用 FOB 出厂价格（即连锁组织将承担运费）。

　　该连锁组织希望货物运送到各地区的仓库，但在割草机运到指定商店之前，不希望拥有产品所有权。货物运抵指定商店后的 45 天内，付清货款。然而，该组织同意对已经在其中一个仓库里存放达两个月的产品享有所有权，付款期为 45 天。

　　割草机的外观要有一些小的变化，以区别于 SMC 的 Ride King 品牌的产品。该连锁组织希望选用不同的坐椅和一种特别的颜色以及喷漆型号，还有零部件全部在美国制造的字样或者最少显示美国制造商名称。连锁组织提供全部的贴纸来突出其品牌。

　　该连锁组织对割草机的机械规格无特别要求。它对割草机的设计和性能非常满意，只是在外观上做小改动。SMC 标准的零部件担保也应适用。该连锁组织希望 SMC 支付给它由于担保原因发生的劳务费，每小时按 22 美元计算。维修所需的零部件应按当前价格计算，以 FOB 出厂价发送。

　　该连锁组织提出了可以自动续延的为期两年的合同。任何一方都可以在通知对方 6 个月后终止合同。两年合同期满后，可以对价格进行谈判，每年可以对合同内容进行一次讨论。该连锁组织还希望 SMC 为割草机使用和维护中发生的伤害负责。该组织将完全负责与该产品有关的广告宣传，并且不允许 SMC 在其广告和促销中提及与该组织的关系。

评估计划

　　斯威舍觉得这个建议应该仔细考虑。利用这个机会可以将闲置设备用于生产并在城市地区拓展分销渠道,这似乎很有诱惑力,同时还有可能扩大拖式割草机和零部件的销售。但是,也要考虑其他一些因素。例如,自1956年公司成立以来,一直是自产自销,没有年产175 000台的生产经验。如果接受这个询盘,公司会面临大量的产品责任要求。

进一步说,虽然扩大生产可以通过加班来实现,但是由此发生的直接人工费(加班费)相当于目前乘式割草机制造商销售价格的4%。此外,增加的其他费用,如直接材料费和一般费用,均相当于制造商销售价格的1%,其他相关费用,包括增加的库存保险、被盗和破损、附加包装和维护、财产税等,大致为制造商销售价格的1.5%。

生产安排还会使SMC增加一些一次性费用,包括:安排特殊的材料、重新安排生产工具,这些将花费1万~1.2万美元。

增加的财务费用也需要特别考虑。一般来说,SMC从当地银行获得的短期贷款的利率比基准利率(目前为10%)高2.5%,这些资金用于应收账款和库存。新的生产安排会将库存增至2 100台。

通过该全国性连锁组织销售割草机会减少一些现有产品的销售。尽管该组织位于大中城市地区,仍然会与SMC的经销商发生重叠。斯威舍觉得,可能每年将会失去300台Ride King的销售量。再者,经销商也不会欢迎增加一个竞争者,斯威舍预计一些小的独立经销商将会不再经销SMC的产品。

斯威舍觉得,询盘当中一些条款是可以谈判的,例如付款期。根据他的经验,建议中的销售价格和样式修改没有商量的余地。他知道自己的讨价还价能力非常有限,因为该组织也会用同样的条件与其他生产商谈判。然而,他也很清楚SMC的产品是与众不同的。这是一个优势,其他的生产厂家的产品都大同小异。

韦恩·斯威舍几年来一直在考虑SMC的未来发展。自有品牌的分销计划以及大型连锁商店也许会给SMC带来很多的好处,但他还想知道有没有其他更好的办法。例如,通过更强劲的广告宣传攻势和销售努力来发展新的经销商,以及扶持现有的经销商的方法也值得考虑。而且冠有公司品牌名称的Trim-Max这种新产品也即将推向市场,并且扩展拖式割草机产品线也成为可能。同时他还在想这个分销计划已经是"囊中之物",因为其他的候选者还需要时间去证明它们的能力。

案例 7—3　固特异轮胎和橡胶制品公司[*]

1992年年初,固特异轮胎和橡胶制品公司(Goodyear Tire and Rubber Company)的高层管理人员正在重新考虑西尔斯-罗巴克公司提交的建议书。1989年,西尔

---

[*] This case was prepared by Professor Roger A. Kerin, of the Edwin L. Cox School of Business, Southern Methodist University, as a basis for class discussion and is not designed to illustrate effective or ineffective handling of an administrative situation. The case is basted on published sources. The author wishes to thank Professor Arthur A. Thompson Jr. of the University of Alabama for kindly granting permission to extract information from his industry note, "Competition in the World Tire Industry, 1992," for use in this case, the Goodyear Tire and Rubber Company for comments on a previous draft of the case and permission to reproduce its advertising copy, and Michelin Tire Corporation for permission to reproduce its advertising copy. Copyright © 1995 by Roger A. Kerin. No part of this case may be reproduced without written permission of the copyright holder.

斯曾与固特异接触，想销售该公司十分畅销的 Eagle 牌轮胎。但这个提议被否决了。当时，固特异的最高管理层认为这样的举动将会损害公司所拥有的固特异汽车服务中心和固特异特许经销商的轮胎销售，而它们是固特异牌轮胎的主要零售商。然而，在经历了 1990 年 3.8 亿美元的亏损并在 1991 年最高管理层改组之后，西尔斯的建议被重新提上议事日程。

西尔斯的建议之所以重新引起人们的兴趣，主要有两方面原因。[1] 首先，1987—1991 年，固特异牌轮胎在美国轿车更新轮胎市场的份额下降了 3.2%，这意味着损失了 490 万条轮胎的销售量。从图表 1 可以看出，仓储式会员俱乐部和轮胎折扣零售商以及经营多种品牌的大众销售网的增长导致了这一销售份额的下降。其次，在美国约 850 家西尔斯汽车服务中心中，每年有约 200 万条报废的固特异牌轮胎被其他品牌的轮胎所取代。据固特异公司一位高级管理人员透露，顾客之所以不重新购买固特异轮胎，原因是"西尔斯顾客的绝对忠诚导致他们购买西尔斯所提供的最好的轮胎"，而这其中不包括固特异牌轮胎。

图表 1　1982 年及 1992 年美国更新轮胎市场中不同零售类型的市场占有率（%）

零售类型	1982 年	1992 年*
传统的多品牌独立经销商	44	44
折扣的多品牌独立经销商	7	15
连锁店、百货店	20	14
轮胎公司所属商店	10	9
服务站	11	8
仓储购物俱乐部	—	6
其他	8	4

* 估计数。
资料来源：Goodyear Tire and Rubber Company.

西尔斯的建议促使固特异公司在如下几个方面进行战略考虑：首先，作为事实上的分销政策，20 世纪 20 年代以来（当时公司曾通过西尔斯销售），固特异公司一直没有通过大型商场销售轮胎。再者，通过西尔斯销售固特异客车轮胎的决策将预示着分销政策的显著变化，并将与其特许经销商产生冲突。其次，如果西尔斯的建议被接受，那么，将会在产品政策方面带来一些问题。具体来说，与西尔斯的合作是只包括 Eagle 牌固特异轮胎还是所有品牌的固特异轮胎？与此相关的是，固特异公司是否应允许西尔斯独家销售特定的一个或几个品牌，而让自己的经销商独家经销某些品牌？目前，固特异公司有 12 个品牌的轮胎是使用"固特异"的名称来销售的，范围从轿车到轻型卡车，从廉价轮胎到非常昂贵的特制高速轮胎。

■ 轮胎行业

轮胎行业是全球化的，竞争对手在世界范围内开发、生产和销售它们的产品。[2] 1991 年，世界轮胎产量大约 8.5 亿条，其中 29% 产于北美，28% 产于亚洲，23% 产于西欧。有 10 家轮胎企业生产了世界轮胎产量的 75%。总部设在法国的米其林轮胎公司是世界上最大的生产企业，其销售的品牌有米其林、Uniroyal 和 Goodrich 等。

固特异是第二大生产企业,其最知名的品牌有固特异,Kelly-Springfield,Lee 和道格拉斯(Douglas)等。日本的普利司通公司(Bridge-stone Corporation)是第三大生产者,它的主要品牌是普利司通(Bridgestone)和凡士通等。这三家公司分享了世界轮胎市场近 60% 的份额。

原装轮胎市场

轮胎业按最终用途可分为两个市场:原装轮胎市场和更新轮胎市场。原装轮胎由轮胎生产商直接销售给汽车和卡车生产企业,占每年轮胎产量的 25%～30%。固特异公司在原装轮胎市场中多年来占有领导地位,1991 年,在这个细分市场中占有 38% 的份额。图表 2 显示了在原装轮胎市场中主要供应商所占的份额。

图表 2　美国轿车原装轮胎市场中制造商品牌的市场份额(%)

原装轮胎 (OE)购买者	轮胎生产商(或品牌)						
	固特异	凡士通	米其林	Uniroyal Goodrich	通用轮胎	Dunlop	普利司通
通用汽车	33.5	1.5	14.5	32.5	18.0	0.0	0.0
福特	26.0	39.0	23.5	0	11.5	0	0
克莱斯勒	83.0	0	0	0	17.0	0	0
马自达	15.0	50.0	0	0	0	0	35.0
美国本田	30.0	0	47.0	0	0	16.0	7.0
丰田	15.0	40.0	0	0	3.0	42.0	0
Diamond Star	100.0	0	0	0	0	0	0
日产	0	35.0	22.0	0	35.0	8.0	0
Nummi(通用—丰田)	50.0	50.0	0	0	0	0	0
沃尔沃	0	0	100.0	0	0	0	0
Saturn	0	100.0	0	0	0	0	0
五十铃(Isuzu)	15.0	35.0	0	50.0	0	0	0
Subaru	0	0	100.0	0	0	0	0
现代(Hyundai)	35.0	0	65.0	0	0	0	0
所有 OE 市场份额	38.0	16.0	16.0	14.0	11.5	2.75	1.25

资料来源:*Modern Tire Dealer*,January 1991,p. 27.

原装轮胎的需求是引致需求,由汽车和卡车的生产决定。考虑到其引致需求的特点,轮胎的需求量是非常缺乏价格弹性的。然而,个别轮胎制造商(或品牌)的需求具有充分的价格弹性,因为轿车或卡车制造商可以很容易转向购买竞争对手的品牌。因此,轮胎制造商之间的价格竞争非常激烈,而汽车制造商通常都从两个或两个以上供应商进货。例如,在 20 世纪 90 年代初,通用汽车公司分散采购固特异、Uniroyal/Goodrich、通用轮胎、米其林等品牌。即使原装轮胎市场没有更新轮胎市场那么高的利润率,制造商还是将这个市场置于重要的战略地位。轮胎制造商在为这个市场制造产品时,可以得到规模经济的好处。而且它们认为,如果轿车和卡车的所有者对原装轮胎满意,当更新轮胎时,他们将购买同样的品牌。

更新轮胎市场

更新轮胎市场占每年轮胎销售量的 70%～75%，客车轮胎占其中的 75%。从根本上讲，这个市场的需求量是由每条轮胎的平均行驶公里数决定的。假定每条轮胎的平均磨损寿命为 25 000～30 000 英里的话[3]，车辆行驶平均里程每变化 100 英里将带来更新轮胎市场的销售量变化 100 万个单位。部分由于新轮胎磨损寿命变长，世界范围内该市场轮胎发货量保持稳定。图表 3 显示了 1987—1991 年美国原装轮胎和更新轮胎的销售量。

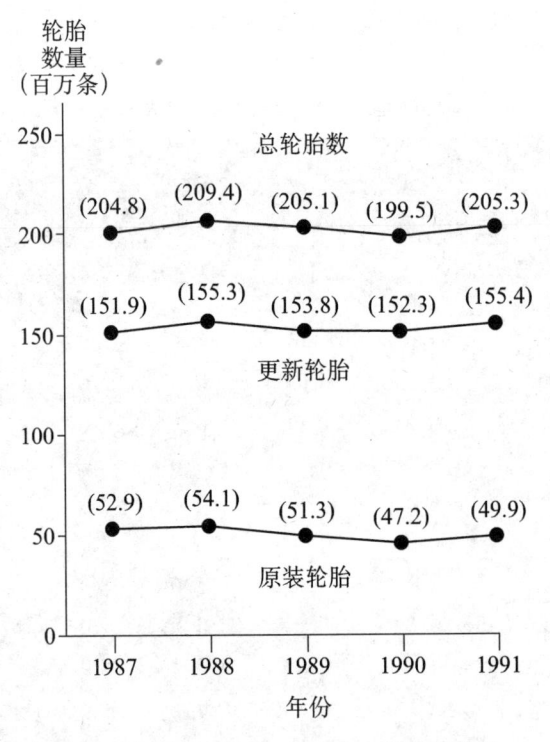

轮胎数量（百万条）

年份	总轮胎数	更新轮胎	原装轮胎
1987	204.8	151.9	52.9
1988	209.4	155.3	54.1
1989	205.1	153.8	51.3
1990	199.5	152.3	47.2
1991	205.3	155.4	49.9

图表 3 1987—1991 年美国市场轮胎销售量

资料来源：*Modern Tire Dealer*，1993 Facts/Directory.

企业以制造商品牌和自有品牌为更新轮胎市场生产许多不同档次和规格的轮胎。自有品牌的更新轮胎是依照制造商自己的标准生产的。一些供应批发商和大型零售连锁店的自有品牌轮胎是按购买者的标准而不是制造商的标准生产的。

主要的轮胎生产商经常利用有线电视广告来促销它们的品牌，介绍轮胎新型号，以及把顾客吸引到它们的经销商那里。其有线电视广告预算通常在 1 000 万～3 000 万美元，与经销商的合作广告预算通常在 2 000 万～1 亿美元之间。平面媒体的使用也十分广泛。例如，图表 4 是一则米其林的平面广告，它采用了这样一句广告语"选择米其林，因为它经久耐用！"有几家轮胎公司也通过赞助汽车拉力赛来显示其轮胎的性能。

固特异长期以来一直在美国更新轮胎市场中占据最大份额。该公司在轿车、轻型卡车以及高速公路卡车等类型汽车中居于领先地位（见图表 5）。

图表 4　米其林的平面广告

资料来源：Used with permission of Michelin Tire Corporation. All rights reserved.

图表 5　　　　　　1991 年美国 10 大更新轮胎品牌的估计市场份额（%）

轿车轮胎		轻型卡车轮胎		高速公路卡车轮胎	
品牌	份额	品牌	份额	品牌	份额
固特异	15.0	固特异	11.0	固特异	23.0
米其林	8.5	BF Goodrich	10.0	米其林	15.0
凡士通	7.5	凡士通	5.0	普利司通	11.0
西尔斯	5.5	米其林	6.0	通用轮胎	7.0
通用	4.5	Cooper/Falls	5.0	凡士通	6.0
BF Goodrich	3.5	Kelly-Springfield	5.0	Kelly-Springfield	6.0
普利司通	3.5	Armstrong	4.0	Dunlop	6.0
Cooper	3.5	通用轮胎	4.0	Yokohama	5.0
Kelly-Springfield	3.0	普利司通	3.0	Cooper	4.0
Multi-Mile	3.0	Dunlop	2.0	Toyo	3.0
其他	42.5	其他	44.0	其他	14.0
	100.0		100.0		100.0

资料来源：*Modern Tire Dealer*，January 1991，p. 27；*Market Data Book*，1991；*Tire Business*，January 1992，p. 13.

零售分销　主要品牌的轮胎生产厂家凭借其作为原装轮胎制造商的声誉和经验，通过与批发及零售商建立强有力的关系和网络，向汽车车主销售它们的更新轮胎。轮胎业采用"销售零售点"来衡量轮胎制造商及其品牌的零售覆盖面。固特异轮胎拥有最大的零售覆盖面，拥有大约 8 000 个"销售零售点"，其中大部分是分布在各地为固特异所有的"固特异汽车服务中心"或者特许经营的"固特异轮胎商店"。米其林集团的三大品牌——米其林，Goodrich，Uniroyal，大约拥有 1 400 个"销售零售点"。图表 6 列出了主要轮胎品牌的"销售零售点"数量。

图表 6   1991 年美国主要轮胎品牌销售零售点估计数量

轮胎品牌（母公司）	销售零售点数量（个）
Armstrong（Pirelli）	978
普利司通（普利司通公司）	5 960
Cooper（Cooper 轮胎和橡胶公司）	1 518
Dunlop（住友）	2 046
凡士通（普利司通公司）	4 208
通用（大陆公司）	2 107
Goodrich（米其林集团）	4 215
固特异（固特异轮胎和橡胶公司）	7 964
Kelly-Springfield（固特异轮胎和橡胶公司）	2 421
米其林（米其林集团）	7 159
Pirelli（Pirelli 集团）	2 133
Uniroyal（米其林集团）	2 321

资料来源：*Market Data Book*，1991；*Tire Business*，January 1992，p. 14.

零售市场营销[4]   独立的轮胎经销商通常经营几家主要轮胎制造商的品牌以及一个折扣价格的自有品牌，以便为更新轮胎购买者提供不同质量、品牌、价格的齐全的产品。埃克森、雪佛龙（Chevron）和阿莫科（Amoco）隶属的服务站经销凡士通（普利司通）公司生产的 Atlas 牌轮胎。其他服务站，特别是重视轮胎销售的服务站，经销一两家制造商的轮胎品牌及一个自有品牌。制造商拥有或特许的轮胎经销商（比如固特异轮胎店和凡士通超级汽车服务中心）只销售制造商的品牌，或许还有制造商生产的一个自有品牌或一个鲜为人知的折价产品系列。地方商店及主要的零售连锁店如沃尔玛和西尔斯-罗巴克等，有时经销制造商品牌轮胎，但通常只销售它们自己的自有品牌轮胎。

    制造商发现，向大多数购买者细分市场同时提供适合于各种车辆在不同路面和气候条件下使用的轮胎，是非常有益的。当车主到轮胎商店购买更新轮胎时，他们可以根据胎面设计、着地宽度、耐磨损程度、表现特性以及价格类别等选购。轿车和轻型卡车的车主经常被大量的选择机会所迷惑；很少有购买者是真正懂行的。很多购买者最后根据价格来选择；其他人则听从于他们经常光顾的当地经销商的介绍。更新轮胎的具体价格从翻新（再处理）轮胎每条 25～35 美元，直到顶级轮胎每条 125～175 美元。轮胎经销商经常在当地报纸上刊登促销广告，便于对价格敏感的购买者了解促销情况并购买降价轮胎。近年来，消费者对价格越来越敏感而降低了品牌忠诚度（这使得通过向汽车制造商销售原装轮胎来扩大更新轮胎销售的重要性大大降低了）。对车主来说，根据轮胎的质量和耐磨损程度来比较和购买轮胎往往是很困难的，因为轮胎的品牌、产品系列、档次和使用表现等日趋丰富。制造商抵制为更新轮胎制定标准化规格，而且通常缺乏描述轮胎档次和结构特性的术语。

    在多数地方，轮胎零售市场的竞争十分激烈。零售商大量在报纸、户外广告牌，偶尔在地方电视台上大做广告，以建立和维持其市场占有率。价格在竞争中举足轻重。许多零售商推出自有品牌的"非名牌"轮胎，因为与销售主要制造商的名牌轮胎来比，可以获得更大的边际收益。在美国，1991 年由经销商支持的自有品牌轮胎占更新轮胎销售总量的 15%～20%。调查发现，不论在品牌上还是在型号上，经销商都能影响车主对更新轮胎的选择。许多更新轮胎购买者没有很强的品牌偏好，这使得轮胎销售人员很容易诱导顾客购买对他们来讲利润率最高的品牌和档次的轮胎。一般来说,更新轮胎经销商的毛利润率在 35%～40%,但许多经销商通过削减毛利润率来赢得销售额的增长。

零售商利润率 自 20 世纪 70 年代中期,零售商的利润率一直受到竞争压力的影响,部分原因是轮胎市场销售停滞不前,部分原因是 1980 年以来零售价格的下降。为了维持利润率,轮胎经销商开展了汽车维修服务(发动机调整、防震器和消声器的重新安装、制动器维修)、轮胎翻新以及汽车附件销售等业务。有些轮胎零售商正在变成"整车维护中心"。汽车服务具有相当的吸引力,因为毛利大于销售更新轮胎的毛利。最近对独立的轮胎经销商的调查显示,它们 38.2% 的销售额和 45.8% 的利润来自汽车服务。[5]

固特异轮胎和橡胶公司

总部设在俄亥俄州亚克隆的固特异轮胎和橡胶公司是由弗兰克·西柏林(Frank Seiberling)和查尔斯·西柏林(Charles Seiberling)于 1898 年创建的。该公司开始时提供自行车和卡车轮胎,但很快就把战略重点转向刚刚诞生的汽车工业。快速分离轮胎和通用边缘技术(1903 年)的引入,使得固特异公司在 1916 年就成为世界最大的轮胎制造商,同年,该公司推出了可充气卡车轮胎。固特异在世界轮胎制造业龙头老大的地位一直延续到 1990 年 11 月。那时,米其林集团以 15 亿美元的价格收购了 Uniroyal Goodrich 轮胎公司(当时美国第二大轮胎制造商)而跃居首位。

固特异的主要业务是在全世界开发、制造、运输和销售轮胎。1991 年,轮胎和内胎占固特异公司 109 亿美元销售额的 83%。1991 年公司利润总额是 9 660 万美元。除了固特异轮胎,该公司还拥有 Kelly-Springfield 轮胎公司、Lee 轮胎和橡胶公司,以及 Delta 轮胎。该公司也制造自有品牌轮胎。

固特异控制了世界轮胎生产能力的 20%～25% 以及美国轮胎生产能力的 37%。在美国以外的销售收入占公司营业额的 42%。

市场现状

固特异在全世界的销售中有 60% 来自更新轮胎市场,40% 来自原装轮胎市场。固特异牌轮胎在北美洲和拉丁美洲占有最大的市场份额,在除日本之外的亚洲地区排第二位(仅次于普利司通)。固特异轮胎在欧洲的市场份额排第三位,仅次于米其林和 Pirelli。在全世界汽车、卡车和农用车轮胎市场中,在米其林集团(米其林,Uniroyal-Goodrich)之后排在第二位(见图表 7)。该公司在 28 个国家经营着 44 家轮胎制造厂和 7 个橡胶种植园。

图表 7   1990 年世界轮胎制造商的市场份额

轮胎制造商(品牌)	市场份额(%)
米其林/Uniroyal-Goodrich	21.5
固特异	20.0
普利司通/凡士通	17.0

续前表

轮胎制造商（品牌）	市场份额（%）
大陆/通用	7.5
Pirelli/Armstrong	7.0
Sumitomo/Dunlop	7.0
其他	20.0
	100.0

资料来源：Goodyear Tire and Rubber Company, 1991 annual report, p. 5.

产品线和定价

固特异几乎生产各种机动车用的轮胎。在所有制造商中，它拥有最广的产品系列，以固特异为伞形品牌而在大多数市场上销售的产品包括 Arricva, Corsa, Eagle, Invicta, Tiempo, Decathlon, Regatta, S4S, T-Metric, Wrangler（轻型卡车轮胎）和 Aquatred。Aquatred 是新近推出的具有防滑的胎面设计特色的品牌（见图表8）。根据最初的销售数据，1992年预计该品牌的销售量将达100万条。

图表8　Aquatred 平面广告

资料来源：Courtesy of the Goodyear Tire and Rubber Company.

固特异是世界上最知名的品牌之一。固特异轮胎是作为高质量的轮胎来定位和定价的。不过，该公司最近推出了中档价格的轮胎品牌，包括 Decathlon 和 T-Metric 品牌，与其他品牌相比，具有较低的耐磨性和牵引特性（见图表9）。

固特异的两家子公司 Kelly-Springfield 轮胎公司和 Lee 轮胎及橡胶公司，销售大约 16 种品牌的轮胎，并且从事自有品牌轮胎的制造。例如，沃尔玛销售的道格拉斯牌就是由 Kelly-Springfield 制造的。

图表 9   固特异轿车轮胎（包括耐磨损、牵引力及耐高温等的最低品级）

品牌	耐磨损[a] 直径 13"	其他	牵引力[b]	耐高温[c]
Aquatred	320	340	A	B
Arriva	260	310	A	B
Corsa GT	280	280	A	B
Decathlon	220	240	B	C
Eagle GA	280	300	A	B
Eagle GA（HNIZ）	280	300	A	A
Eagle GS-C	—	220	A	A
Eagle GS-D	—	180	A	A
Eagle GT（H）	—	200	A	A
Eagle GT II	—	320	A	B
Eagle GT+4	—	240	A	A
Eagle GT+4（HNIZ）	—	240	A	A
Eagle ST IV	280	300	A	B
Eagle VL	—	220	A	A
Eagle VR	—	220	A	A
Eagle ZR	—	220	A	A
Invicta	—	280	A	B
Invicta GA	—	280	A	B
Invicta GA（HN）	—	280	A	A
Invicta GA（L）	—	300	A	B
Invicta GA（L）(HN)	—	220	A	A
Invicta GFE	280	300	A	B
Invicta GL	260	280	A	B
Invicta GL（H）	—	280	A	A
Invicta GLR	260	280	A	B
Invicta GS	320	340	A	B
Regatta	300	320	A	B
S4S	240	280	A	B
Tiempo	240	280	A	B
T-Metric	240	240	B	C

注：a. 耐磨损。它说明在美国政府规定的条件下，相对于"标准轮胎"，某轮胎磨损的快慢。由于行使条件不同，该指标没有规定轮胎在车上的使用寿命。然而该指标表明，在类似条件下，耐磨损指数为 200 的轮胎的寿命是指数为 100 的轮胎的两倍。

b. 牵引力。它衡量在规定的条件下某轮胎在湿滑的路面上能停住的能力。品级从 A（最高）到 C（最低）。

c. 耐高温。它衡量在模拟快速行驶条件下某轮胎抗高温的程度。品级从 A（最高）到 C（最低）。

说明：美国交通部（DOT）要求轮胎制造商说明轮胎的尺寸、承载和压力、耐磨损、牵引力和耐高温等特性。此处的信息基于制造商的测试而不是 DOT 提供的。耐磨损、牵引力和耐高温特性是有用的质量指标，在轮胎侧面标明。

资料来源："How to 'Read'a Tire," *Consumer Reports*（February 1992）：78。

☐ 固特异的广告和分销

固特异是美国国内刊登广告最多的企业之一。该公司积极参与汽车比赛，以便强调其轮胎的高性能和公司对产品创新的重视。标有固特异品牌名称的小型飞艇在全美各地的公共活动中频繁露面，提高了公司的知名度。公司的广告语"世界上最好的轮胎都标有固特异"，向人们表达了固特异公司作为世界性高品质轮胎制造商和销售者的定位。

固特异通过全美约 8 000 个零售点和全世界 25 000 个零售点分销它的轮胎。该公司还经营着大约 1 000 个公司拥有的"固特异汽车服务中心"，并通过全美 2 500 个固特异轮胎特许经销商销售产品，其中很多是多场地经营者。这些零售点占固特异牌轮胎销售额的大部分。另外，公司也通过多品牌经销商销售产品。到 1992 年年初，公司一般不通过折扣多品牌经销商、大众购物连锁店或者仓储俱乐部销售固特异牌轮胎。[6]

■ 扩展分销的战略思考

再度考虑由西尔斯汽车中心销售固特异轮胎意味着，固特异的高层管理人员将不得不重新审视公司长期的分销政策。而且，与由西尔斯销售什么品牌有关的产品政策也需要考虑。固特异轮胎特许经销商对扩展分销渠道的反应及对于扩展分销渠道能带来的销售增量的估计，使得上述一系列政策的决策变得更加复杂。

听到西尔斯建议的固特异轮胎特许经销商将马上作出反应。根据《华尔街日报》的一则评论，一位经销商说："我们曾经和它们同甘共苦，可是现在它们想抛弃我们。"[7] 其他经销商声明将在产品系列中增加自有品牌的数量。一位经销商说："我们销售我们认为对顾客最有价值的产品，而不一定是固特异。"这表明，有些特许经销商反对任何扩展分销渠道的做法，有多少持类似看法还不清楚。而且，不知道到底有多少经销商将会经销竞争对手的品牌。

轮胎产业分析人士预测，西尔斯将从销售固特异轮胎中获利。根据一份产业贸易出版物《现代轮胎经销商》（Modern Tire Dealer）对市场份额的估计，西尔斯在美国轿车更新轮胎市场的份额自 1989 年的 6.5% 下降到 1991 年的 5.5%。[8] 固特异轮胎肯定会增强该公司的产品组合，吸引西尔斯的老顾客。能吸引多少顾客将取决于西尔斯汽车中心销售多少种固特异轮胎。

扩展分销渠道将使得公司拥有的"固特异汽车服务中心"及特许经销商的销售量下降，这意味着固特异的高级管理人员不得不考虑扩展分销渠道而带来的客车更新轮胎销售量的增长。换句话说，即使在制造商看来通过西尔斯销售可以增加固特异轮胎的销量，但也存在一种危险，即公司拥有的和特许的固特异轮胎经销商将会丧失一部分销售量。在西尔斯拥有强大市场势力的地区，这将会是一种灾难。

[注释]

[1] "Newsfocus," *Modern Tire Dealer* (March 1992), p. 13.

[2] Portions of the tire industry overview are based on "Competition in the World Tire Industry, 1992," in Arthur A. Thompson Jr, and A. J. Strickland Ⅲ, *Strategic Management*; *Concepts & Cases*, 7th ed. (Homewood, IL, 1993), pp. 581-614.

[3] "Competition in the World Tire Industry, 1992," p. 587.

[4] This material is extracted from "Competition in the World Tire Industry, 1992," pp. 588-591.

[5] "Dealer Attitude Survey Concerning Automotive Service," *Modern Tire Dealer* (Spring 1992), p. 1.

[6] 由于"转售",固特异牌轮胎有时在多品牌折扣经销店也可以买到。转售是指制造商授权的经销商和分销商将制造商的产品卖给那些未经授权的经销商或分销商,后者再将产品卖给消费者。这种情况对于许多消费品来说是相当普遍的。See W. Bishop Jr., "Trade Buying Squeezes Marketers," *Marketing Communications* (May 1988), pp. 52-53.

[7] "Independent Goodyear Dealers Rebel," *Wall Street Journal* (July 8, 1992), p. B2.

[8] Statistics reported in *Modern Tire Dealer* (January 1991):27; "Tire Makers Are Traveling Bumpy Road as Car Sales Fall, Foreign Firms Expand," *Wall Street Journal* (October 19, 1990), p. B1.

案例 7—4　　Merton 工业：批发分销决策*

2000年7月，苏珊娜·戈德曼（Suzanne Goldman）被安排与 Merton 工业公司的董事长罗伯特·梅多斯（Robert Meadows）会谈。戈德曼预计这次会面将与最近召开的董事会有关。不管是作为董事长的特别助理还是如她自称的"解决麻烦的能手"，戈德曼都注意到类似这样的会面通常会产生某些类型的计划。正如她所预期的那样，梅多斯开始描述董事会议上发生的事。

董事们对公司的现状和我们去年的表现表示满意。尽管我们落后于行业销售增长，我们的销售利润仍增长了3.6%。我们4%的净利润率很可观，而现金流足以支持现状。董事会成员对管理高层给予高度评价，并批准了红利发放。你为会议汇总的专业资料值得称赞。

考虑到行业的近期发展和我们的竞争地位，会上提出成立我们自己的分销中心和批发运营。我们在10年前就开始考虑这个问题，但认为这样做在战略上与我们的利益不符。同时我们的规模还小，没有财力那样做。你能否就2001财政年度研究一下这一方案，并为10月的董事会议准备一份报告？由于我们直接处理合同销售，所以把注意力仅对准居家用品业务；假定具有与2000财政年度相同的销售水平，考虑一下分销实践变化对战略和经济两方面的影响。记住，我们的政策是，除了资本扩张外，用内部资金支持这些计划。你去年曾制定过综合的广告和销售计划，我希望这次你能做得一样好。

美国地毯行业

美国消费者和企业每年大约花费50亿美元用于购买地面覆盖物。地面覆盖物中

---

* This case was prepared by Professor Roger A. Kerin, of the Edwin L. Cox School of Business, Southern Methodist University, as a basis for class discussion and is not designed to illustrate effective or ineffective handling of an administrative situation. Certain names and data have been disguised. Copyright © 2004 by Roger A. Kerin. No part of this case may be reproduced without the written consent of the copyright holder.

地毯销售及趋势

1999年，美国地毯行业以制造商价格计算的销售额是11.69亿美元[1]，零售额估计为17.9亿美元。数据表明，销售额比1998年大约上升7%。行业销售分为两部分：对机构及企业的"合约"或商业销售，对更换地毯家庭的居家销售。家用细分市场的销售占总销售额的74%，合同销售占26%。

根据估计，1999年地毯销售额占全美地面覆盖物销售额的68.1%，比1995年的73.4%和1985年的82%下降很多。比较而言，在这期间地面覆盖物中硬木和瓷砖的市场份额有所增长而弹性覆盖物的市场份额有所下降（见图表1）。另外，美国地毯制造商在美国本土之外已经历了销售额的下降。1980年以来，美国制造的地毯的出口市场竞争越来越激烈。1970年，美国企业供应世界地毯总量的51%，到1999年，这一比例下降到45%。

图表1　　美国地面覆盖物市场份额

地面覆盖物类型	市场份额（%）					
	1995年	1994年	1985年	1996年	1995年	1994年
地毯	68.1	70.8	71.1	72.9	73.4	73.6
弹性覆盖物	10.5	11.6	12.5	13.5	14.4	14.5
硬木	8.0	7.6	7.5	6.9	6.4	6.1
瓷砖	9.4	7.0	6.7	5.0	4.6	5.0
薄板	4.0	3.0	2.2	1.7	1.1	0.8
	100.0	100.0	100.0	100.0	100.0	100.0
总销售额（百万美元）	17 166	15 436	14 422	13 893	13 344	13 509

一些行业分析家声称，目前的形势部分应归咎于地毯行业自身。缺乏市场营销，特别是在家用地毯市场，这是一个经常被提及的问题。尽管制造商不断改善产品的质量，开发新的花色品种，批评家认为该行业没有就这些附加价值向消费者沟通，也没有将地毯同其他地面覆盖物加以有效区别。他们提到，整个行业花费销售额的2.4%用于消费者广告。相比之下，其他生产耐用消费品的制造商，例如家具和家用器具的制造商分别花费销售额的4.2%和2.5%用于广告。相反，价格在过去十几年中的大部分时间成为首要的营销工具，制造商将注意力集中到降低成本和实现规模经济。结果是，除了行业总体的边际获利能力，在过去十几年中销售额不规则地有所增加。

竞争者

20世纪80年代中期以来，美国地毯业进入联合的阶段。地毯需求的下降导致企业的兼并、收购和破产倒闭，过剩生产能力和逐渐减少的利润使得地毯制造商的数量从80年代中期的300家降到2000年年初的100家。这100家中包括96家以美国为基地的公司和4家以加拿大为基地的公司，其中绝大部分是私人公司。1995年以来的兼并和收购反映了地毯行业在生产和分销上盲目追求规模经济的后果。

到1999年，估计该行业中的10家公司生产了在美国市场上销售的地毯总量的

91%；家用细分市场的销售更为倾斜，三家公司——Shaw 工业、Mohawk 工业、Beaulieu of America 占了行业销售额的 85%。

销售额最大的是 Shaw 工业公司，1999 年它的销售额是 4.1 亿美元。该公司也是世界上最大的地毯制造商。图表 2 列出了 1998 年和 1999 年销售额排在前 20 位的地毯制造商。

图表 2　　　1998 年和 1999 年北美销售额最大的前 20 家地毯制造商

制造商	销售额（百万美元，仅限美国）	
	1999 年	1998 年
1. Shaw 工业	4 108	3 542
2. Mohawk 工业	3 083	2 639
3. Armstrong World Industries*	2 221	2 075
4 Beaulieu of America	1 850	1 500
5. Interface Flooring	745	780
6. Mannington Mills*	532	475
7. Dal-Tile*	510	450
8. The Dixie Group	457	415
9. Lear Corporation	440	405
10. Burlington Industries	425	410
11. Miliken Carpets	315	290
12. C&A Floorcoverings	275	170
13. Congoleum*	246	259
14. Kraus Carpet	200	185
15. Royalty Carpet Mills	179	163
16. Springs Industries	167	155
17. Gulistan Carpet	163	155
18. Wilsonart*	130	95
19. J&J Industries	125	120
20. The Burruss Company*	102	93

* 该制造商生产除地毯和毛毯外的其他铺地织物或包括地毯和毛毯在内的铺地织物。
资料来源："The Focus 100 International"（www.floordaily.com）.

□ 批发和零售销售

20 世纪 80 年代中期以来，美国地毯行业的批发和零售经历了三个截然不同的阶段。

80 年代中期：直接分销　　80 年代中期，最大的地毯制造商开始绕过批发商（分销商），直接大量销售给零售商。在许多情况下，直销牵涉在制造商经营的销售中心建立销售办事处。目的是获得支付给批发商的差价，于是补偿价格的下跌和经常是赤字的制造商利润。由于缺少建立销售中心所需的资本，小一些的制造商继续依赖批发商。批发商不断扩大经营的产品线，除地毯外还经销瓷砖、硬木和弹性覆盖物。尽管没有正式的统计数据，但到 1990 年，家用地毯大多数是通过公司的销售中心分销给零售商的。然而，大多数地毯制造商仍旧利用批发商。

由于家用地毯零售分销的特点，通过批发商销售在大多数地毯制造商中仍很流行。80 年代中期，独立经营的（通常较小）地面覆盖物专营店占家用地毯销售量的 58％，百货商店和家具店分别占 21％和 19％。直到 90 年代初以前，大商场、连锁店和折扣商店在地毯的零售方面作用有限。

90 年代早期：批发和零售的合并　　90 年代早期标志着美国家用地毯批发和零售分销第二个重大的变化。百货商店、家具店和独立经营的零售商店被大商场和折扣商店（凯玛特和沃尔玛）所替代，后来被家居中心所替代。随着在家用地毯市场中获得越来越多份额的大零售商数量的增长，在该行业专营店中间出现了一个新的现象：购买集团。零售购买集团是类似的零售商的组织，它们将采购集中起来以便从制造商那里得到价格（数量）折扣。集中采购使得独立经营的地面覆盖物专营店可以减少存货，同时得到更低的价格，因而降低了成本并减轻了超额订购带来的压力。较低的成本加上强调服务为独立经营的专营店与较大的对手竞争提供了基础。运输和储备存货物流在各集团间是不同的。一些购买集团将货物存放在替代批发商的中心仓库，另一些集团则要求制造商从制造商工厂或分销中心直接将货物发送给购买集团成员。

到 1995 年，三个零售购买集团 CarpetMax，Carpet One 和 Abbey Carpets 共采购了 3 亿美元的地面覆盖物。另外 10 个较小的购买集团共采购 10 亿美元。根据一个行业观察家的看法，如果将购买集团和大中型地毯连锁店（例如地毯交易行）、大商场、折扣商店和家居中心合在一起，它们几乎占了全美居家用地毯销售量的一半。尽管有不同的估计，但在大约 23 000 家出售地毯的零售店中，有 40％是购买集团、大型商场、折扣商店或家居中心连锁店的成员。到 1999 年，CarpetMax，Carpet One 和家得宝占有美国地面覆盖物销售的 45％。

购买集团、连锁店、大型商场、折扣商店和家居中心等在采购方面的合并对制造商产生了正反两方面的影响。即使要提供价格折扣，并且假设零售采购组织经营有中心仓库，对制造商来说，向一个地点集中供应大笔货物要比向几家分散的零售商提供小数额供货简单，并且省钱。另一方面，如果采购组织使用它的力量说服制造商接受低于正常利润（价格）的订货，并且要运送到不同地点，制造商就有可能面临降低销售额和利润的风险。

在 80 年代中期制造商开始直销后，90 年代早期零售商在采购和仓储方面的合并使一些地面覆盖物批发商在家用地毯市场中的地位岌岌可危。面向中小型独立经营的地面覆盖物专营店的批发商尤其易受到那些拥有自己的仓储设备的零售购买集团的打击。这些批发商向制造商和零售商阐述它们在分销中的作用。它们争辩说，只有当某些职能由购买集团做要好于批发商，而且足以弥补购买集团的价格折扣要求，对制造商来说，同购买集团合作才是合算的。类似地，它们争辩道，零售商从批发职能中得到的利益超出从仓储职能中得到的利益。尽管如此，近年来地面覆盖物批发商的绝对数量在下降，并且预计会进一步下降。批发商地面覆盖物销售占的份额预计将从 1995 年的 26％下降到 2000 年的不到 23％。

90 年代中期：前向一体化，进入零售业　　1995 年末，地毯行业分销实践中的另一个变化显露出来。1995 年 12 月 12 日，Shaw 工业公司，地毯业最大的制造商和销售领先者，宣称计划直接进入家用和商用地面覆盖物细分市场。它准备通过经营自己的零售店和商业经销商网络来实现这一目的。在宣布这个决定时 Shaw 工业公司的董事长和首席执行官罗伯特·肖（Robert Shaw）说：

> 近一段时间我们认识到，为了增强我们这个行业的活力，制造商应当大量参与到零售环境中去。今天，我们提供的产品质量超群、价值无与伦比，然而消费

者却不断转向购买其他类产品。而且,由于消费者传统上依据价格选购我们的产品,因此,从纤维生产者到制造者到零售商,利润已经连续几年停滞不前了。

尽管我们行业近年来已相当成熟,但目前的结构无法解决行业面临的一些根本问题。制造商与经销商的合作是大势所趋,因为扭转这些不利局面唯一可行的办法就是合并二者的资源。[2]

此后不久,Shaw 工业公司宣布已经收购了一定数量的商业地毯经销商、承包商和拥有 55 家连锁店的 Carpetland USA 公司。其他的收购计划还没有落实,该公司打算到 1996 年末在全美范围内拥有 200 家零售店。

作为对这种行动的回应,家得宝终止了与 Shaw 工业公司的合作关系,转向由 Mohawk 工业公司供货。Carpet One 和 Abbey Carpets 两个购买集团要求其成员不要和 Shaw 工业公司做生意。Shaw 工业通过创造自己的零售购买集团——Shaw 联合激励计划——在 26 个州开设 275 个零售店,来反击这些行动,在 1998 年中期实现年度销售 5.75 亿美元。1998 年 6 月,Shaw 工业公司宣布以约 9 300 万美元的价格将零售店出售给 CarpetMax 地毯商店的拥有者——Maxim 集团。[3] 1999 年,家得宝重新出售 Shaw 工业公司的地毯。

Merton 公司

Merton 工业公司是一家私人拥有的制造企业,主要生产家用地毯中从中等价位到高价的全部产品。公司以 Merton 和 Chesterton 品牌销售其产品。公司也向机构和企业销售产品,不过这部分的销售额仅占公司销售总额的 10%,并仅限于美国东南地区。公司没有产品出口。2000 财年,公司总销售额是 7 500 万美元,税前净利润是 300 万美元。图表 3 简要地描述了该公司的财务状况。

图表 3　　　Merton 公司财务状况(截至 2000 年 6 月 30 日)　　　单位:美元

收入状况	
净销售额	75 000 000
减:售货成本	56 250 000
毛利	18 750 000
分销费用	2 250 000
销售和管理费用	11 250 000
其他费用	2 250 000
税前净收入	3 000 000
资产负债表	
流动资产	26 937 500
固定资产	24 000 000
总资产	50 937 500
流动负债	10 312 500
长期负债和净值	40 625 000
总负债和净值	50 937 500

资料来源:Company records.

Merton 目前通过位于全美的 7 个批发商来销售其产品。这些批发商再供应 4 000 个零售客户，包括百货商店、家具店和专营店。对销售记录的分析显示，家用地毯销售额中的 80% 是通过一半的零售客户实现的。这种情况存在于 Merton 服务的所有市场区域。梅多斯认为，每一客户销售额所占的比例表明，在零售水平上公司有足够的市场覆盖面，如果没有过度覆盖的话。分销记录同样显示，为这 7 个批发商提供服务的成本是家用市场销售额的 6%。

Merton 的广告主要刊登在住宅类杂志和报纸上。广告的重点突出纤维类型、颜色、耐用性和地面阻力。同零售商的合作广告计划在戈德曼的建议下已经展开。根据戈德曼的介绍，"合作计划将被很好地接受，并拉近我们与零售客户间的距离"。公司聘用了两位地区销售协调人，作为与批发商的联络人，帮助管理合作广告计划，并定期访问大的零售客户。另外，他们负责处理合同销售。

地面覆盖物批发商在 Merton 的营销战略中扮演着重要角色。公司与其 7 个批发商有长期合作关系。其中两家经营 Merton 的产品已超过 30 年，4 家有 20～25 年，1 家有 10 年。Merton 的批发商拥有广泛的销售组织，平均每个批发商有 10 个推销员。按平均数计算，零售客户每月至少接待一次销售拜访。戈德曼早些时候对销售计划的评价显示，批发商的销售代表从事多种工作，包括检查存货和地毯样品、安排销售点展览、处理零售商的问题和抱怨、接受订单等。平均来说，销售人员大约 25% 的时间用于非销售性活动（准备拜访报告、充当制造商的协调人、旅行等）。每次历时一小时的销售拜访中，大约 40% 的时间用于推销 Merton 的地毯；60% 致力于推销非竞争性的产品。这一发现让公司管理层不安，他们认为应该将全部时间用来推销公司的产品。除销售外，批发商也储备地毯存货。Merton 的批发商一般拥有足够的库存，以保持每年存货周转 5 次。然而，Merton 的高级官员认为，要向零售商提供适当的服务，存货维持每年周转 4 次是必要的。最后，批发商提高了对零售客户的信用额度。作为对这些服务的回报，批发商得到按照零售商价格计算的销售账单 20% 的毛利。

在 2000 年 6 月与批发商的会议上，Merton 的经理得知，有几家批发商因对削减利润额以迁就零售商对定价的要求感到压力增加。似乎越来越多的零售客户已经加入了地区零售购买集团，并且正在寻求通过集团购买在价格上获得突破的可能。随后对这一问题的研究使 Merton 的经理得出结论，Merton 现有的零售商中有大约 1 200 家是购买集团的成员；它们占 Merton 家用地毯销售额的大约 1/3。在会议结束时，Merton 的经理同意考虑降低给批发商的价格，这样也可降低给零售商的价格。同时，批发商也同意考虑适当降低毛利。由一位批发商命名的"利润分享"建议将在 2001 年 1 月的下一次会议上被重点提出。同时，为了适应竞争需要，何时、何地调整价格也将确定。

竞争者的直销经验

在和梅多斯会面后，戈德曼开始搜寻有关竞争者直销经验的信息。尽管来自商业出版物和知识渊博的行业观察家的信息相互冲突，但她还是得出了几项重要结论。第一，自己拥有仓库或直销业务的竞争者主要位于或靠近 7 座大城市：亚特兰大、芝加哥、达拉斯、丹佛、洛杉矶、纽约和费城。除达拉斯和亚特兰大外，Merton 已经有批发商在这些大城市经营。公司分别通过位于得克萨斯州的休斯敦和弗吉尼亚州的里士满的批发商为达拉斯和亚特兰大两个地区服务。第二，只有当批发业务接近或超过500万美元，经营一个仓库才是合算的。经营仓库业务每年平均要70万美元的固定成本（包括租金、人工成本、经营费用）。戈德曼得知，在所考虑的大城市有合适的仓库场所，因此公司不必自己投资建设。第三，维持一位高水平的销售代表，包括薪水、费用和福利每年大约需7万美元。一位现场销售经理管理8位销售代表。每年，每位现场销售经理的薪水、费用和福利接近8万美元。销售管理成本一般是销售队伍和管理费用的40%。为零售客户的交货和相关运输费用估计占销售额的4%。尽管这些数据只是大致的估计，但是在戈德曼和她与之协商的其他人看来，这些数据是能够获得的最佳估计值。

2000年9月末，正当戈德曼准备为罗伯特·梅多斯起草报告时，她接到了一位经营公司产品的长期成功的批发商打来的电话。这个批发商告诉她，他和其他批发商听到在6月份的会议上有关她对直销可能性的调查时非常失望。这个批发商威胁，一旦第一家公司拥有的仓库开业，他将从Merton大批地退出。他暗示正在与竞争者商讨一个贸易协定。如果认为直销是可行的话，这次交谈将对她的推荐方案产生重要影响。简言之，在市场上展示这种方式似乎不太可能。快速转变是必需的，这要求相当大的现金支出和积极的销售人员招聘计划。

[注释]

[1] This overview is based on interviews with individuals knowledgeable about the carpet and rug industry and information contained in *The Tufted Carpet Industry History and Current Statistics 2000* (Dalton, GA: The Carpet and Rug Institute, 2000); Kimberly Gavin, "Carpet: State of the Industry," *Floor Covering Weekly* (March 15, 1999), pp. 1, 28; "The Focus Top 100," *Floor focus* (May 2000), pp. 19-25.

[2] Quoted in "The North American Top 50 Carpet & Rug Manufacturers," *Carpet & Rug Industry* (April 1996), pp. 12-13.

[3] "Show Industries to Sell Retail Arm to Maxim Group," *Wall Street Journal* (June 24, 1998), p. B11.

第8章

定价策略和管理

不可否认，定价确实是营销经理最重要的决策职能之一。正如一部营销著作所说："定价是一门艺术，一项高风险的赌博，对营销战略而言，它是真实瞬间，定价决策是营销活动关注的焦点。"[1]定价决策在很大程度上决定了组织的顾客和竞争者的类型。定价方面的一个错误会导致其他营销组合活动完全失效。尽管很重要，但价格很少被作为营销战略的核心，部分原因在于它是竞争者最容易模仿的营销组合活动。

显而易见，价格是直接决定利润（或损失）的因素。这可以从下面的公式看出：

利润 ＝ 总收入－总成本

收入等于单价乘以销售的产品数量，成本间接地受销售数量的影响，这又反过来影响到单价。因此，价格同时影响收入和成本。

虽然定价的重要性不可否认，但它仍是人们了解最少的营销组合活动之一。定价对购买行为的影响和定价的决定因素仍然是研究的焦点。

定价考虑因素

虽然成本和需求结构不容忽视，但在确立定价目标和策略时必须要考虑其他因素。最重要的是，定价目标必须与企业总的营销目标保持一致。把利润最大化作为定价的唯一目标不仅过于简单化，而且会破坏组织的其他目标。定价的其他目标包括：强化产品或品牌形象，提供顾客价值，获得足够的投资回报或现金流，在行业或市场中保持价格稳定。通常企业设定多个定价目标并进行排序。

图表8—1显示了各种因素是如何影响营销经理的定价决策的。产品或服务需求设置了价格上限；成本，特别是直接（或变动）成本，决定了价格下限。从更广的范围上看，消费者的价值感知和购买者的价格敏感度将决定卖者可以索取的最高价格水平。金宝汤公司近期证实了这一点。[2]该公司耗时7年花费5 500万美元开发出一系列IQ（Intelligent Quisine）食品。41种早、中、晚餐和快餐将是首次"被科学证实能够降低胆固醇、血糖和血压的食品"。15个月的试销之后，金宝汤公司放弃了这种产品，因为顾客认为产品价格太高且缺乏多样性。另一方面，所选定的价格必须至少能

够弥补变动成本，否则，每卖一件产品或提供一项服务都会产生亏损。一些通过网络销售产品的企业逐渐开始认识到交易的变动成本（包括订单履行和分销成本），经常超过产品本身的价格，其结果是产品销量上升而公司的财务状况受损。[3]

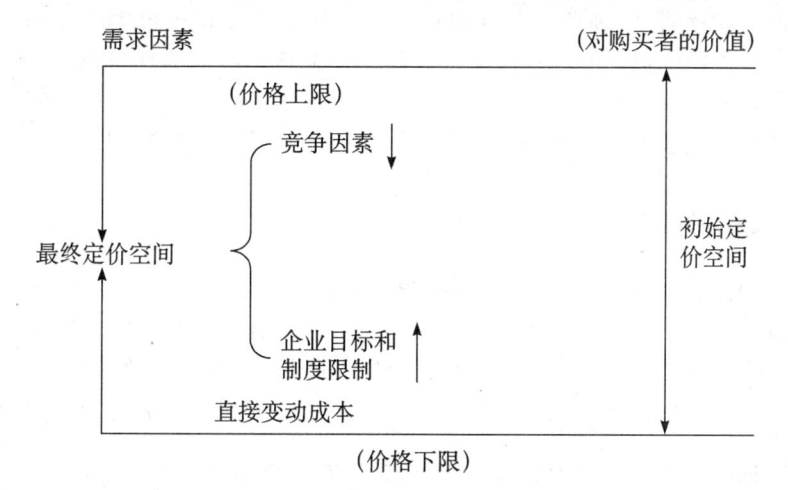

```
需求因素                    （对购买者的价值）
         （价格上限）
            ┐
            │ 竞争因素 ↓
            │
最终定价空间 ┤                    初始定
            │                    价空间
            │ 企业目标和 ↑
            ┘ 制度限制
         直接变动成本
         （价格下限）
```

图表 8—1　定价导向

资料来源：Kent B. Monroe, *pricing*: *Making Profitable Decisions*, 3rd ed. (Burr Ridge, IL: McGraw-Hill/Irwin, 2003). Reproduced with permission of McGraw-Hill/Irwin.

　　虽然成本和需求结构设定了价格上下限，但政府的法规、竞争产品的价格、组织的目标和政策等使得定价范围变窄。对掠夺性定价的禁止、与竞争产品的差异程度、企业的财务目标等都是在更广的成本和需求范围内影响价格水平的因素。

　　定价时还要考虑其他一些因素。产品或服务所处的生命周期阶段就是其中一个因素，在生命周期的早期允许的价格空间更大。另外还要考虑定价决策对渠道成员的毛利的影响。本企业生产的其他产品或服务的价格也应考虑。也就是说，现有产品或服务间应该存在价格差别，以使购买者能够察觉到不同产品或服务间的价值差异。

作为价值标志的价格

　　在判断产品价值时，消费者往往把价格与感知利益（perceived benefits）相比较。具体来说，**价值**（value）可定义为感知利益与价格之比[4]：

$$价值 = \frac{感知利益}{价格}$$

　　上述关系表明，在价格一定时，价值随感知利益的增加而增加。同样，价格一定时，价值随感知利益的减少而减少。有经验的营销人员知道，价值并不仅仅意味着低价格。用宝洁公司一位主管的话说："价值并不只是价格，它与性能和满足消费者预期相联系。"[5]

　　对某些产品而言，价格本身就可以影响消费者对质量和最终价值的感知。例如，《美好家园》对家具买主的一次调查的结果显示，84%的人认同"高质高价"。

　　价格还影响人们对声望的感知，以至于价格越高，需求量越大。[6]劳斯莱斯汽车、卡地亚钻石、香奈儿香水、景德镇瓷器、瑞士手表和莱俪水晶（Lalique）等产品低价销售要比高价销售卖得差。近来瑞士制表商 TAG Heuer 公司的成功就是一个例证。该公司将其手表的平均价格从 250 美元提高到 1 000 美元，结果销售量增长了 7

倍。TAG Heuer 成为继劳力士之后的第二大奢侈手表品牌。

消费者对价值的评估经常是比较性的。在这种情况下，消费者的价值判断涉及将某产品或服务的价值和期望与能够满足相同需要的替代品的比较。消费者对替代品的成本和获益的比较形成了"参照价值"。虽然含有天然甜味成分的糖替代品 Splenda 牌甜蜜素比糖贵，但一些消费者因其不含卡路里而认为其价值比糖高。零售商发现，对它们商店的品牌的定价不能低于制造商品牌的 20%～25%。如果那样，消费者常常把低价视为低质的信号。[7]

需求价格弹性

用来表征价格—数量关系性质的一个重要概念是**需求价格弹性**（price elasticity of demand）。价格弹性系数 E 衡量产品或服务需求量对价格变化的反应程度。换句话说，价格弹性系数衡量价格变动百分比引起的需求量变动的百分比。关系如下：

$$E = \frac{需求量变动的百分比}{价格变动百分比}$$

如果需求量变动的百分比大于价格变动百分比，称为需求**富于弹性**（elastic）。在这种情况下，价格的小幅下降将导致购买量的大幅增长，因而总收入增加。相反，如果需求量变化的百分比小于价格变化百分比，称为需求**缺乏弹性**（inelastic），价格下降对收入的影响较小。需求价格弹性是一个重要因素，例如航空公司对公务舱和经济舱的定价。[8] 公务舱的价格弹性小于经济舱。

有一些因素影响需求价格弹性。总的来说：

- **替代品**（substitutes）越多，弹性越大；
- **用途**（uses）越多，弹性越大；
- **价格与收入比率**（ratio）越高，弹性越大。

产品线定价

实际上，价格弹性概念通常用于不止一种产品或服务。通过计算产品 A 和 B 的**交叉需求弹性**（cross elasticity），可以测量出 A 产品需求量对 B 产品价格变动的反应程度。交叉弹性系数为负表示两种产品互补；交叉弹性系数为正表示产品相互替代。[9] 认识交叉弹性的意义对成功实施产品线定价尤为重要，因为同一产品线中的产品需求是相互关联的，目标是使整个产品线而不是个别产品或服务的收益最大化。

试想一家销售照相机和胶卷（或复印机和纸，或录像机和录像带）的企业。企业可否将照相机的价格定得接近甚至低于成本，以便促进胶卷的销售？胶卷可以定价较高。企业是否也可采取相反的策略，即高价位的照相机和低价位的胶卷。这种相互捆绑的定价策略确实可行。例如，游戏机市场的领先企业任天堂公司（Hintendo）将其硬件定价于接近成本而从软件中获得利润。[10] 最重要的一点是，多数企业的产品定价并不是孤立的。在特定情况下，个别产品可能亏损销售以吸引消费者或保证企业能够向潜在顾客提供产品线的全部产品。在这种情形中，价格与实际成本的关系不大。

此外，产品线定价需要确定：（1）定价最低的产品的价格；（2）定价最高的产品及其价格；（3）产品线中其他所有产品的价格差别。定价最低的产品与定价最高的产品发挥重要作用。定价最高的产品通常是质量和特性方面出众的产品。定价最低的产品用来吸引犹豫不决者或初次购买者的注意力。产品线中各产品间的价格差异应该对消费者而言是合理的，应能反映消费者对产品的感知价值。行为研究显示，当产品线向高档产品发展时，价格差异随之扩大。[11]

估计价格变化对利润的影响

第 2 章曾描述了盈亏平衡分析和杠杆原理的基本原则。同样的原则也适用于分析价格变化的效应。[12]

我们可以通过考察单个产品或服务的成本、价格和销售量等数据，来确定价格变化对利润的影响。看一下图表 8—2 中上半部分列出的两种产品 A 和 B，它们有同样的价格（10 美元）、销售量（1 000 个单位）和净利润（2 000 美元），但成本结构不同。A 的单位变动成本为 7 美元，待摊固定成本 1 000 美元；B 的单位变动成本为 2 美元，待摊固定成本 6 000 美元。A 的盈亏平衡销量是 333.3 个单位（1 000/3），B 的盈亏平衡销量是 750 个单位（6 000/8）。

决定价格平衡点的销量如下：

$$价格变动时销量变化（\%）=\frac{-价格变动（\%）}{初始贡献利润率（\%）+价格变动（\%）}$$

例如：如果一个产品有 20% 的贡献利润率，价格下降 5% 将带来销量上升 33%：

$$+33=\frac{-(-5)}{(20)+(-5)}$$

同样，一个具有同样贡献利润率的产品，如价格上升 5%，销量将下降 20%，同时利润下降：

$$-20=\frac{-(+5)}{(20)+(+5)}$$

图表 8—2 的下半部分说明了价格变化对两种产品潜在利润的影响。A 价格下降 10%，若要盈利，销量必须增加 50% 以上。相比之下，B 的单位贡献较大，销售量仅需增加 14% 就可盈利。

同样的方法也可用于分析价格提高。例如，A 的价格提高 10%，销量在利润减少之前可下降 25%。另一方面，B 因其单位贡献较大，若价格提高 10% 的话，可吸收的销量下降为 11%。为了说明问题，图表 8—2 中显示了其他价格变化的影响。

图表 8—2　　　　　　　　　　估计价格变化效应

	A 产品	B 产品
成本、销量和利润数据		
销售数量	1 000	1 000
单位价格	10 美元	10 美元
单位变动成本	7 美元	2 美元
单位贡献	3 美元（30%）	8 美元（80%）
固定成本	1 000 美元	6 000 美元
净利润	2 000 美元	2 000 美元
盈亏平衡销量的变化		
价格下降 5%	+20.3%	+6.7%
价格下降 10%	+50.0%	+14.3%
价格上涨 5%	−14.3%	−5.9%
价格上涨 10%	−25.0%	−11.1%

定价策略

因为需求估计比较难，多数定价策略以成本为基础。在很大程度上，价格策略可归为总成本或变动成本策略。**总成本价格策略**（full-cost price strategies）既考虑变动成本又考虑固定成本（又叫直接成本和间接成本），**变动成本价格策略**（variable-cost price strategies）只考虑与产品或服务相关的变动成本。

总成本定价

总成本定价策略通常有三种形式：加成定价、盈亏平衡定价和回报率定价。**加成定价**（markup pricing）是在产品成本上加一个固定数额，这个固定数额通常由成本或价格的百分比表示。如果生产一种产品的成本是 4.6 美元，售价为 6.35 美元，成本加成则为 38%，价格加成为 28%。

加成定价常用于常规定价情形，如杂货和服装，但有时也用于特殊产品或服务（如军需品或建筑工程）的定价。加成定价是最常用的定价策略。虽然它有缺点（特别是仅仅用单一的百分比而不考虑产品的弹性或竞争），但因其简单、灵活、可控而颇为流行。

在第 2 章讨论营销管理的财务方面时曾指出，在确定特定价格下需销售多少产品才能赚回全部成本时应用了盈亏平衡分析。使用恰当的话，还可以计算出盈亏平衡价格。具体来说，产品的盈亏平衡价格等于单位固定成本加单位变动成本。

回报率定价比加成定价和盈亏平衡定价稍微复杂，但它仍保持了两者的基本特征，可视为两者的延伸。采用**回报率定价策略**（rage-of-return pricing strategy）时，设定的价格应保证组织实现事先确定的投资（资本）回报率。投资回报率（ROI）等于利润（PR）除以投资（I）：

$$投资回报率 = \frac{利润}{投资} = \frac{收入 - 成本}{投资} = \frac{PQ - CQ}{I}$$

式中，P 和 C 分别代表单位价格和单位成本；Q 代表销售量。

从预先确定的回报率反推，可得出实现该回报率的销售价格。如果企业对一项 8 万美元的投资期望有 15% 的回报率，单位总成本估计为 0.175，预测需求量为 2 万个单位，则价格为：

$$\frac{投资回报率 \times 投资}{Q} + CQ = P = \frac{0.15 \times 80\,000 + 0.175 \times 20\,000}{20\,000} = 0.775$$

或约为 0.78 美元。

这种率先由通用汽车公司推广应用的定价策略多用于大企业和那些政府机构监控或管制回报率的公共事业部门。与其他总成本定价策略类似，回报率定价策略假设需求函数是标准的或线性的，买主对价格不敏感。然而，这一假设仅仅在特定价格范围内有效。

变动成本定价

变动成本定价策略是总成本定价策略之外的另一种选择，也称为贡献定价策略。

当企业生产能力使用不足，固定成本占单位成本比重很大时，有时采用这种策略。**变动成本定价**（variable-cost pricing）的基本思想是，在特定的短期定价情形下，要考虑的相关成本是变动成本而不是总成本。具体来说，在这种策略中，单位变动成本代表了产品销售的最低价格。任何高于这一价格的价格对固定成本和利润都会有所贡献。

变动成本定价是需求导向的定价，它有两个目的：（1）刺激需求；（2）转移需求。既然变动成本价格低于总成本价格，理论上讲，应该可以**刺激需求**（stimulate demand）和增加收入，因而能实现规模经济，降低单位成本，增加利润。这就是为什么航空公司有不同等级的价格，旅馆有周末特价，电影院对老年人给予折扣。由于不管产品或服务售出与否，固定成本都要发生，因此，变动成本定价是有道理的。不管有无乘客，飞机都要按时起飞；即使仅有一半顾客，旅馆和电影院也要开放，再增加一个顾客，增量（变动）成本也是微乎其微的。

试想一条从达拉斯到明尼苏达的明尼阿波利斯的公共汽车线。单程票价为 30 美元，平均载客率 60%。若单位固定成本和变动成本分别为 7.5 美元和 2 美元，应不应该给予 5 岁以下儿童半价票呢？不考虑价格弹性的话，回答是肯定的。半价票（15 美元）弥补了变动成本（2 美元）并对固定成本产生 13 美元的贡献。既然不管有多少乘客汽车都要开动，短期内每张半价票都对固定成本产生 13 美元的贡献。这种定价策略以没有其他更有利可图的能产生收入的活动为前提。

除了刺激需求，变动成本定价还可用于将需求从一个时期转移到另一个时期。电影院有时用低价日场票引导夜场观众下午观看。同样，公用事业（电话公司）实行不同时段不同价格的政策，引导需求由高峰期转移向其他时期。

新产品定价策略

总成本定价策略和变动成本定价策略用于企业最初制定或改变价格时。然而，新产品或新服务定价时还要考虑其他更为概念化的策略。

当推出一种新产品或服务时，企业可以采用下面三种定价策略之一。[13] 采用**撇脂定价策略**（skimming pricing strategy），价格在开始时定得很高，以后逐步降低价格。这种定价策略适用于如下情况：

1. 需求缺乏弹性。
2. 存在不同的价格细分市场，因而可首先吸引那些能接受高价位的买主。
3. 产品因专利、版权或商业秘密而具有独占性。
4. 生产或营销成本是未知的。
5. 生产产品或提供服务的能力有限。
6. 企业希望迅速回笼资金以收回投资或建设其他项目。
7. 产品或服务有实际的感知价值。

当吉列公司决定将其创新产品锋速Ⅲ的定价高于其 4 年前推出的非常成功的 SensorExcel 剃须刀 35% 时，就面临上述多种情况。锋速Ⅲ在 3 年内在 100 个国家通过这种策略获得 18 亿美元的年销售收入。[14]

另一极端方式是，企业可采用**渗透定价策略**（penetration pricing strategy），以低价格推出新产品或服务。这种策略适用于如下情况：

1. 目标市场需求富于弹性。
2. 产品没有独特性，或不受专利、版权或商业秘密的保护。

3. 竞争者会很快进入市场。
4. 没有明显独立的价格细分市场。
5. 若销售量大的话就有可能大量节约生产或营销费用。
6. 企业的主要目标是获取市场份额。

任天堂在 2001 年推出其任天堂 DS 最新一代手持视频游戏机时，充分考虑以上因素后选择了渗透定价策略，产品定价为 149.99 美元，约为索尼公司的 PlayStation 游戏机预期价格的一半。[15]

介于上述两种策略之间的是**中间定价策略**（intermediate pricing strategy）。正如人们所期望的，这种策略在实践中最流行。另两种定价策略看起来好像更有吸引力，然而，由于市场不可预知，中间定价策略似乎更适合大多数初始产品定价决策。

定价和竞价

不提及竞价的定价策略和管理是不完整的。[16]由于价格是营销组合中一个可以快速且轻易改变的因素，这使得竞价非常普遍。竞价是指竞争企业之间制定和改变其产品价格并评估诸如每个公司和整个市场的销售额、销售量、利润等结果的一系列行为和回应。竞价如同下棋。那些玩家同时出棋，寻求最小的损失和最快的机会。

令人惊讶的是，有关研究和实践表明，营销经理不断根据对手的反应、自己的回应和结果去回顾自己的初始定价决策。两种方法可以克服这种短视行为，首先，建议经理人应放眼于长期利益而不是短期结果。竞价很少局限到一定时期，即一种行动伴随着一种回应，同时，行动和回应的结果也不一定很快可以显现，因此，建议营销经理"向前看但思考过去"，预测未来的定价模式、竞争者的反应和可能的结果等。其次，建议营销经理换位思考并回答以下问题：

1. 竞争者的目标是什么，与我公司的目标有何区别？
2. 竞争者如何看待自身、我公司和产品及市场？其看法与我公司有何不同？
3. 竞争者认为自己的优势和劣势是什么？我们的优势和劣势是什么？

这些问题回答不好会导致错误理解竞争者价格的制定和改变，并误导接下来竞争者之间的价格行动和回应。错误理解形势会导致价格战。

价格战（price war）涉及竞争者之间一系列降价，用于提高或维持其销量或市场份额。[17]过去 10 年，各种行业都产生过价格战，从个人电脑到尿布，从软饮料到航空公司，从百货业到长途电话服务。价格战不是偶发的。期望通过低价获得更大市场份额、销量和更多利润的营销经理往往会发动战争，这往往实实在在会发生。但是，如果竞争者降低价格，同样，市场份额、销量、利润都会受损。更重要的是，因降价带来的整体走低的价格水平对任何竞争者都没有好处。建议市场营销者只在以下情形下才考虑降价：（1）与竞争对手相比，公司具有成本或技术优势。（2）如果价格下降，产品需求会增加。（3）价格下降仅针对某种产品或某些顾客（如飞机票），而不是全面降价。

某些行业倾向于挑起价格战。图表 8—3 显示了当行业具有某些特性时，价格战带来的风险高低。例如，当提供产品或服务的行业是无差异的，价格就成为一个重要的购买因素。这种情形下容易产生价格竞争和价格战。稳定或下降的市场增长比率且生产力使用低的公司为了提高销量的目标，往往倾向于通过降价促销。显然，可见的竞争对手价格、对价格高度敏感的购买者和一个行业成本的下降也加剧价格战的发生。

图表 8—3　　　　　　　　　　　行业特性和价格战风险

行业特性	风险程度	
	高	低
产品服务类型	非差异化	差异化
市场增长率	稳定/降低	提高
对竞争者而言的价格可见度	高	低
买方价格敏感度	高	低
整体行业成本趋势	高	低
行业生产力应用	低	高
竞争者个数	多	少

[注释]

[1] E. Raymond Corey, *Industrial Marketing: Cases and Concepts*, 4th ed. (Upper Saddle River, NJ: Prentice Hall, 1991): 256.

[2] Vannessa O'Connell, "How Campbell Saw a Breakthrough Menu Turn into Leftovers," *Wall Street Journal* (October 6, 1998): A1, A12.

[3] "Lessons of Cyber Survivors," *Business Week* (April 22, 2002): 42.

[4] For a comprehensive review of the price-quality-value relationship, see Valarie A. Zeithaml, "Consumer Perceptions of Price, Quality, and Value," *Journal of Marketing* (July 1988): 2-22. Also see Rolf Leszinski and Michael V. Marn, "Setting Value, Not Price," *The McKinsey Quarterly* (Number 1, 1997): 98-115.

[5] "Laundry Soap Marketers See the Value of 'Value'!" *Advertising Age* (September 21, 1992): 3, 56.

[6] Jean-Noel Kapferer, "Managing Luxury Brands," *The Journal of Brand Management* (July 1997): 251-260; "TAG Heuer Makes Time for New Marketing Tactics," *Brandweek* (May 9, 2005): 16.

[7] Jagmohan S. Raju, Raj Sethuraman, and Sanjay Dhar, "National Brand-Store Brand Price Differential and Store Brand Market Share," *Pricing Strategy and Practice*, Vol. 3, No. 2 (1995): 17-24.

[8] "Business Fares Increase Even as Leisure Travel Keeps Getting Cheaper," *Wall Street Journal* (November 3, 1997): A1, A6.

[9] For an extensive discussion on product complements and substitutes and marketing implications, see Allan D. Shocker, Barry Boyus, and Namwoon Kim, "Product Complements and Substitutes in the Real World: The Relevance of Other Products," *Journal of Marketing* (January 2004): 28-40.

[10] "Video Games: Everything to Play For," *The Economist* (May 13, 2006): 75.

[11] Kent B. Monroe, *Pricing: Making Profitable Decisions*, 3rd ed. (Burr Ridge, IL: McGraw-Hill/Irwin, 2003): Chapter 15.

[12] This discussion is based on Thomas T. Nagle and Reed K. Holden, *The Strategy and Tactics of Pricing*, 3rd ed. (Upper Saddle River, NJ: Prentice Hall, 2002): Chapter 3.

[13] The conditions favoring skimming versus penetration pricing are described in Monroe, *Pricing: Making Profitable Decisions*, 380-383.

[14] "Gillette's New Edge," *Business Week* (February 6, 2006): 44.

[15] "Nintendo to Sell New Game Device," *Wall Street Journal* (September 21, 2004): B8.

[16] This discussion is based on Bruce Clark, "Managing Competitive Interactions," *Marketing Management* (Fall/Winter 1998): 9-20; Joel E. Urbany and David B. Montgomery, "Rational Strategic Reasoning: An Unnatural Act?" *Marketing Letters* (August 1998): 285-300.

[17] The remaining discussion is based on Michael R. Baye, *Managerial Economics and*

Business Strategy, 5th ed. (Burr Redge, IL: McGraw-Hill/Irwin, 2006): Chapters 9-10; Robert A. Garda and Michael V. Marn, "Price Wars," *The McKinsey Quarterly* (November 3, 1993): 87-100; Akshay R. Rao, Mark E. Burgen, and Scott Davis, "How to Fight a Price War," *Harvard Business Review* (March-April 2000): 1076-1116; and "The Price Is Not Always Right, *Fortune* (May 14, 2001): 240.

案例 8—1　　　　　　西南航空公司*

1995年1月下旬的一天，美国西南航空公司（Southwest Airlines）的营销和销售副总裁戴夫·里德利（Dave Ridley）正准备与广告和促销副总裁乔伊斯·罗格（Joyce Rogge）、收入管理副总裁凯斯·泰勒（Keith Taylor）以及经营计划副总裁皮特·麦格莱德（Pete McGlade）一起参加每周的星期二例会。这种定期召开的例会主要是交流看法，彼此通报各自职责范围内公司的内外发展动态，并就价格和市场营销措施进行协调。这种非正式聚会促进了各个职能部门间的沟通，同时也培育了西南航空公司企业文化中不可或缺的团队精神。

在过去6个月的星期二例会上不断讨论的一个议题是，在大陆航空公司和联合航空公司各自发起实施"Continental Lite"和"联合穿梭"（Shuttle by United）创新计划后，西南航空公司所面临的竞争环境的变化。这两项计划代表了大型航空公司为了与西南航空公司的定价和服务策略竞争而作出的努力，此类战略还没有一家大型航空公司在过去成功实施过。1995年1月上旬，大陆航空公司的计划由于营运困难和随之而来的财务亏损而终止[1]，但联合航空公司的计划却仍在继续执行。"联合穿梭计划"启动于1994年10月1日，至1995年1月中旬该计划已在加利福尼亚州及邻近几个州的14条航线上实施，其中的9条航线与西南航空公司直接竞争。在宣布联合穿梭计划时，联合航空公司的总裁声称："我们将在价格上与西南航空竞争，并在服务上超过它们。"[2] 对于联合航空的这项创新计划，西南航空董事长赫布·凯莱赫（Herb Kelleher）说："联合穿梭计划就像一枚直接瞄准西南航空的洲际弹道导弹。"

会议刚开始，一位公司职员冲进来告诉他们，联合航空刚刚就"联合穿梭计划"的价格和服务做了两项变动。第一，它们的奥克兰到安大略、加利福尼亚州的航线将从1995年4月2日起不再继续经营。该航线一直是联合航空与西南航空竞争最激烈的9条航线之一，自1994年10月，西南航空在这条航线上的市场份额不断下降。第二，全部14条"联合穿梭计划"航线的单程头等舱及包厢票价一律上调10美元。联合穿梭计划先前曾在9条竞争航线上制定了与西南航空相竞争的价格。根据1995年1月中旬的资料，联合航空已在这些航线和另外5条西南航空没有参与竞争的航线上增加了航班数量。

联合航空为其穿梭作业计划所做的价格及服务调整引起了西南航空公司领导层的惊讶。原先预定的星期二例会议程被搁置一边，关注的焦点转向：（1）是什么导致这

---

* The cooperation of Southwest Airlines in the preparation of this case is gratefully acknowledged. This case was prepared by Professor Roger A. Kerin, of the Edwin L. Cox School of Business, Southern Methodist University, as a basis for class discussion and is not designed to illustrate effective or ineffective handling of an administrative situation. Certain information is disguised and not useful for research purposes. Copyright © 1996 by Roger A. Kerin. No part of this case may be reproduced without written permission of the copyright holder.

些事先未预计到的发展；（2）果真如此的话，西南航空应如何对这些"联合穿梭新招"作出反应。

美国客运航空运输业

美国交通部以年收入为基础将美国的客运航空运输公司分为三类[3]：大型航空公司指年收入在10亿美元以上的航空公司；全国性航空公司指年收入在1亿～10亿美元的航空公司；地区支线航空公司指年收入低于1亿美元的航空公司。1994年，大型航空公司占了国内旅客运输量的95%，其中的5家大型航空公司——美洲航空公司、大陆航空公司、达美航空公司、西北航空公司以及联合航空公司占了全部大型航空公司国内客运量的80%。图表1显示了1994年美国大型航空公司的国内市场份额。

图表1　　1994年美国大型航空公司估计市场份额
（以收入乘客里程流量为基础）

承运人	市场份额（%）
1. 联合航空公司	22.1
2. 美洲航空公司	20.2
3. 达美航空公司	17.6
4. 西北航空公司	11.8
5. 大陆航空公司	8.5
6. 美国航空公司	7.8
7. 环球航空公司	5.1
8. 西南航空公司	4.4
9. 美国西部航空公司	2.5

资料来源：Southwest Airlines company records. Figures rounded.

□ 行业背景

美国客运航空运输业1995年年初的状况可追溯到1978年。1978年以前的40多年间，美国的航空运输业一直受到联邦政府民用航空委员会（CAB）的管制。CAB就航空票价、航线及航空公司兼并制定规则，并且任何有关票价或航线系统的变更都必须事先得到CAB的批准。在这种情况下，CAB可保证各个航空公司获得较高的盈利性和半垄断性航线来补偿那些出于公众利益而配置的利润微薄的航线。价格竞争受到抑制，航线成本的提高通常转嫁到旅客身上，同时CAB允许各航空公司对它们的投资赚取合理的回报率。1978年，《放松航空管制法案》（Airline Deregulation Act）获得通过。这项法案允许航空公司无须通过CAB批准就可制定自己的票价以及进入或退出某些航线经营。航空公司的兼并管辖权首次移交到美国交通部，随后又于1988年转至美国司法部。CAB于1985年撤销。

放松管制和十年过渡期　　公共政策的制定者和行业分析家期望，放松管制将从许多原本提供半垄断航线服务的大型航空公司开始,以有序方式进行,从便产生健康的价格竞争。然而,针对放松管制,航空公司出人意料地改变了经营,对整个行业产生了深远影响。

有两项变化尤其值得注意。其一,大型航空公司将其注意力转向经营长途直达航线服务,这些航线依托于人口密集的大都市地区或城市之间,在以往管制环境中利润丰厚。这意味着航空公司更倾向于经营诸如从纽约到洛杉矶及从芝加哥到达拉斯的长途航线,而不是往返于诸如从新泽西州的巴尔的摩到纽瓦克等小城市间的短程航线。由于大型航空公司取消或减少了这些短程航线,现有的地区性航空公司和新的航空公司填补进来。1978年,美国有36家国内航空公司,到1985年数量已增至100家。其二,大型航空公司几乎一致放弃了点对点直达航线系统而采用了中转—辐射航线系统。点对点直达航线系统为两城市间的直达航线,在两城市间来回穿梭航行;而中转—辐射航线系统则是以从边远城市到中心城市的支线航班为特征。在中心枢纽城市,乘客可以乘坐同一航班继续航程,也可以转乘同一航空公司经营的另一架飞机抵达目的地。这种航线系统的关键是,将若干飞往中心枢纽城市的支线航班与更为有利可图的长途航班协调衔接,使每条支线都能增加长途航班的旅客人数。增加长途航班旅客人数会带来潜在收入增加并降低成本,但这些航班等待乘客造成的飞机利用率降低以及中枢设施的资本投资和需要更多的地勤人员又会导致成本提高,从而造成两者互相抵消。

航空运输业为生存和取胜的竞争随着放松管制而加剧。新成立的航空公司和地区性航空公司在管制环境下只允许经营区域性市场,而放松管制后它们增加了航线数量并加长了航线距离。这些航空公司主要经营比"中枢系统"更经济的点对点直达航线系统。它们没有"中枢系统"的高成本,也没有老的大型公司在管制时期形成的高负债,因而拥有明显的成本优势。这种优势使其在短途和长途航程中都能保持低价位。价格竞争很快爆发了,因为所有的航空公司都争抢顾客,试图填满其飞机座位。价格竞争降低了大型公司原先能盈利经营的长途航班票价,而这些大公司的经营成本却仍然居高不下。利润的降低迫使大公司削减班次,进而减少短途航线数量。

放松管制后的5年内,大型航空公司发现它们处于价格—成本的两难处境。正如某航空公司总裁所说:"我们或者不降价,丧失顾客;或者降价,丧失大量的收入,因为我们的成本如此之高。"[4]这种状况伴随价格消耗战的进行一直延续到80年代后期,最终导致大量的大公司并购案。值得注意的并购个案包括:1986年,环球航空公司(TWA)收购Ozark航空公司,达美航空公司收购西方航空公司,西北航空公司收购共和航空公司(Republic Airline)。1987年,美洲航空公司的母公司收购了加利福尼亚航空公司(Air California),美国航空公司收购了太平洋西南航空公司(Pacific Southwest Airlines)。

20世纪90年代初期的财务危机 80年代中期的收购行动使行业分析家相信:美国航空业不久将进入一个由少数航空公司控制国内多数航线的寡头垄断时期。直至80年代末,8大航空公司控制了美国91%的航线,但是它们的财务状况由于微薄的利润而脆弱不堪。

由于经济衰退以及1991年海湾战争期间油价的翻升和行业的运载能力过剩,航空公司的破产倒闭充斥90年代初期。美国航空业在1990—1993年期间发生了高达120亿美元的破纪录的亏损(见图表2)。1989—1992年,泛美航空公司(Pan Am)、大陆航空公司、美国西部航空公司(America West Airlines)、中途岛航空公司(Midway Airlines)(全国性航空公司)、东部航空公司(Eastern Airlines)和环球航空公司都被列为《美国破产法案》(U. S. Bankruptcy Code)第11款的保护对象。1991年,东部、泛美和中途岛航空公司停止运营。1993年，大陆和环球从破产中解脱出来；1994年下半年，美国西部航空公司也脱离破产境地，整个行业在1994年度有了少量的营业利润。图表3显示了1994财务年度美国各大航空公司的财务和经营数据。

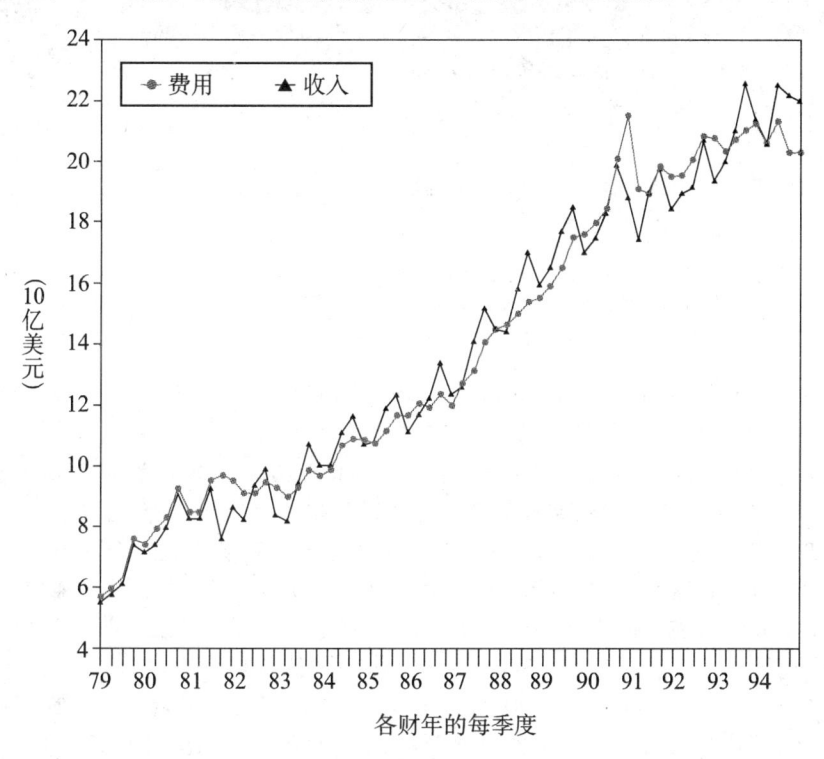

图表2　1979—1994年美国大型航空公司经营收入和费用

资料来源：U. S. Department of Transportation.

图表3　　　　　　　　　　1994年美国大型航空公司的财务和营运统计数据

	美洲航空	美国西部航空	大陆航空	达美航空	西北航空	西南航空	环球航空	联合航空	美国航空
财务数据（百万美元）									
营运收入	14 895	1 409	5 670	12 062	8 343	2 592	3 408	13 950	6 997
客运	13 616	1 320	5 036	11 197	7 028	2 498	2 876	12 295	6 358
货运/其他	1 279	89	634	865	1 315	94	532	1655	639
营运费用[a]	14 309	1 319	5 921	12 151	7 879	2 275	3 883	13 801	7 773
营运收入	586	90	251	89	464	317	475	149	776
其他收入（支出）	593	2	399	325	52	17	39	22	91
税前净收入	7	92	650	414	516	300	436	171	685
经营统计									
可获座位里程数（ASM）（百万英里）	157 047[e]	18 060	65 861[f]	130 198	85 016	32 124	39 191	152 193	61 540
收入乘客里程数（百万英里）	101 382	12 233	31 588	86 296	57 872	21 611	24 906	108 299	37 941

续前表

	美洲航空	美国西部航空	大陆航空	达美航空	西北航空	西南航空	环球航空	联合航空	美国航空
承载因子(%)	64.6	67.7	63.1	66.3	68.1	67.3	63.5	71.2	61.3
收益(美分)[b]	13.40	10.79	11.44	12.97	12.14	11.56	11.31	11.35	16.76
每 ASM 成本(美分)[c]	9.11	7.30	7.86	9.33	9.26	7.08	9.91	9.06	12.63
劳动生产率[d]	1 739	1 695	1 668	1 915	1 968	2 019	1 502	2 125	1 451

注：a. 营运费用包括利息支出。
  b. 每收入乘客里程的乘客收入。
  c. 营运费用包括每可获座位里程的利息支出。
  d. 每位员工以千英里计的可获座位里程数。
  e. 仅包括美洲鹰（American Eagle）短途往返航空公司和运输业务。
  f. 大陆航空公司的经营数据仅包括飞机经营。

资料来源：Company annual reports. Data and calculations (all rounded) are useful for case analysis but not for research purposes. Revenue, expense, and operating statistics also include international operations.

随着航空公司的倒闭，一些新公司涌现出来。大多数新的航空公司，如 ValuJet，Reno 和 Kiwi 国际都是定位为"低价格、少装饰"的航空公司。得益于 1989—1993 年大航空公司出售的低价飞机，加上聘用下岗的航空公司员工及直达航线系统的经济性，这些新进入者的成本大大低于多数大型航空公司。例如，Kiwi 由原东部航空和泛美航空的人员组建，资金也大部分由其员工筹集（每位飞行员受聘前须支付 5 万美元，其他员工为 5 000 美元）。这些"低价格、少装饰"的航空公司 1992 年的收入共为 4.5 亿美元，而 1994 年则增至 14 亿美元。尽管其收入在行业中占的比例很小，但这些公司的定价迫使越来越多的大型航空公司降低价格。1994 年，有 92% 的航空乘客购买打折机票，平均支付额仅为公布票价金额的 35%。

行业经济学和航空公司业绩

每个航空公司和美国航空业整体的财务状况都可以用航空旅行隐含的经济学原理作出解释。不管载客量多少，航空公司的大部分成本（劳务、燃料、设备、飞机）都是固定费用。对航空公司来说，最高的单项成本为人工费（工资、福利），其次为燃料，这两项成本约占总成本的一半，且相对固定在营运能力的某一水平上。燃料成本是不可控制的，航空业过去一直不定期地遭受油价飙升的打击，最近一次为 1991 年的海湾战争期间。根据 1993 年的《收入协调法案》（Revenue Reconciliation Act）征收的税收，使得燃料价格在 1995 年下半年每加仑可能会上升 4.3 美分。行业观察家估计，该项税负将使美国航空业每年的燃料支出增加 5 亿美元。

比较而言，劳务成本在一定限度内是可以控制的。1989—1994 年，共有 10 万多名航空公司职员失去工作。最近，各大航空公司都在尽力裁员以减少劳务支出，其中，联合航空公司裁掉了 55% 的员工，使该公司 1994 年夏季的劳务支出减少了 4.9 亿美元。1994 年春，达美航空公司宣布将在 3 年内减少运营支出 2 亿美元，该计划将导致 1.2 万~1.5 万个职位消失。

航空公司经营状况 虽然无论载客量多少，航空公司的大部分成本都固定在某一营运水平上，但其旅客收入与载客量和该营运能力水平上的票价仍有紧密联系。航空公司的载客能力是由其飞机机群、航班和航线长度确定的所能运载的"可获座位里程数"(ASM)来衡量的。一个座位"飞行"一英里定义为一个 ASM 单位(不管是空座还是有乘客的座位)。航空公司的生产率一般是用航空公司的经营成本除以可获座位里程数所得值来衡量的。航空公司的利用率用载乘因子(load factor)衡量。载乘因子即收入乘客里程数(revenue passenger miles, RPM)除以可获座位里程数之商。一个 RPM 的定义为一个有乘客的座位"飞行"一英里,它是航空公司运营情况的测量指标。单位收益(yield)用来衡量航空公司的客运收入能力,其表达式为:提供一位旅客飞行一英里所得的平均美元收入。单位收益的计算式是客运收入除以收入乘客里程数。

下述等式表明了单位收益、载乘因子和成本怎样共同决定航空公司、航线和整个行业客运经营的盈利性:

经营收入＝单位收益×载乘因子－成本

或

$$\frac{经营收入}{可获座位里程数} = \frac{客运收入}{乘客里程收入} \times \frac{乘客旅程收入}{可获座位里程数} - \frac{经营成本}{可获座位里程数}$$

通过设定经营利润为零并控制单位收益和成本,航空公司可为客运经营估算一个盈亏平衡的载乘因子,并将之不断与实际载乘因子比较。实际载乘因子高于盈亏平衡载乘因子,公司将会获得经营利润;实际载乘因子低于盈亏平衡载乘因子,将发生亏损。

行业趋势 图表 4 表明了 1974—1994 财年,美国联邦航空管理局(FAA)许可的航空公司的可获座位里程数(ASM)、收入乘客里程数(RPM)和载乘因子。当行业的 RPM 和 ASM 值呈上升趋势时,载乘因子由于行业运载能力和乘客需求间的不平衡而波动。例如,国内航空公司的运载能力(ASM)在 1994 财年增加了 1.4%,而 RPM 却上升了 6.5%,得到的载乘因子为 64.3%,该数字为国内航线取得的最高值。国内客运单位收入,以实际美元计(扣除通胀),在 25 年中一直呈下降趋势。根据实际产出(扣除通胀因素),1969—1971 年的票价的平均产出为 21.4 美分(以 1994 年美元为基价),至 1994 年,平均行业产出只有 12.73 美分。

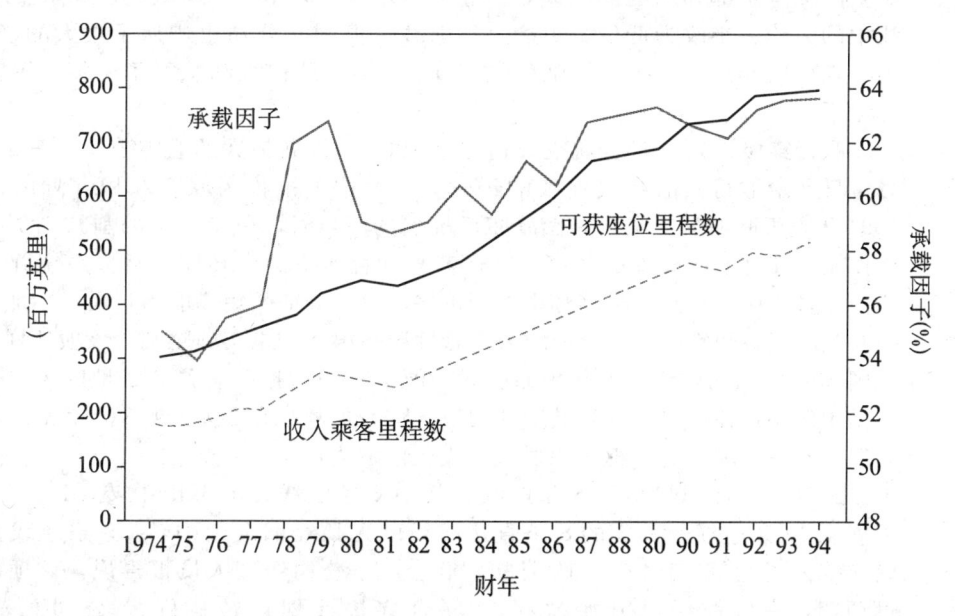

图表 4　美国所有注册航空公司的 ASM、RPM 和载乘因子(1974—1994 年)
资料来源:U. S. Department of Transportation.

尽管燃料价格不定期波动，单位可获座位里程数的成本自 1978 年来仍呈下降趋势。然而，各大航空公司劳务成本的降低、生产率的提高及节能型和低成本维护型飞机的逐步增加并未阻止行业单位收益的下滑趋势。如前所述，大型航空公司减少劳务成本的努力反映了它们对降低单位可获座位里程成本的持续关注。

航线套航线概念

20 世纪 90 年代的金融风暴沉重打击了航空业。大型航空公司中，似乎只有西南航空公司有能力运用航空经济学，从而避免了危机。该公司通过减少不必要的服务，集中精力于短途、直达航线，加快了飞机的飞行周转率，使运营成本远远低于其他航空公司。低运营成本又以一贯低价的方式返还给乘客。1990—1994 年，西南航空公司的经营收入增加了两倍多，经营利润几乎上升了 4 倍。美国交通部在调查了其经营情况和财务状况后，得出结论："西南航空公司的巨大增长已成为航空业变革的决定性动力……由于西南航空公司的持续扩张，其他航空公司将被迫发展短途低成本运输服务。"[5]

几家大型航空公司以西南航空公司的经营实践为蓝本，已经开始探索从事低成本的短途航线服务，出现了所谓"克隆"西南航空公司。这种努力的一个结果是产生了所谓"航线套航线"的概念。这个概念意味着经营一种有别于大型航空公司的中枢—辐射航线系统的低票价、直达短途航线系统。

Continental Lite 计划　大陆航空公司是第一个采纳这种概念的大型航空公司。这家航空公司刚刚通过降低经营成本而摆脱破产困境。经过消费者调查发现，75%的乘客依据航班时刻安排和价格来选择航空公司，因此，大陆航空公司于 1993 年 10 月 1 日公布了名为 Continental Lite 的服务计划。这项服务计划起初集中于大陆航空的美国东部和东南部航线。截止到 1994 年 9 月，大陆航空已将其 2 000 条航线中的大约一半改为低价、短途直达航线，但同时公司也遭遇了很大的经营困难。由于发生巨额财务亏损，大陆航空于 1995 年 1 月初主动恢复了中枢—辐射式航线运输系统。

联合穿梭计划　联合航空公司这个 1994 年世界最大的航空公司，于 1994 年 10 月 1 日开始推行其航线套航线的经营方针。这项被称为联合穿梭计划的创举是在 1994 年夏天联航员工实行有偿辞职后推出的。当时，员工工资的削减和更为灵活的工作制度安排使低成本的"穿梭"运营与联合航空的中转航线运输系统并存成为可能。联合穿梭计划是一种高频率、低价格、不求舒适的短途航运，最早在加利福尼亚州及其邻近各州实施。联合航空公司管理层指出，如果实施顺利，该项计划将扩展到美国 20%的国内航线，尤其是那些联合航空公司占据显著位置的地区。一个典型地区是中西部，在那里，联合航空公司以芝加哥的奥黑尔机场（O'Hare Airport）为中心经营着一个庞大的中枢—辐射式航线运输系统。

联合穿梭计划起步于 8 条航线，其中 6 条航线在旧金山中转，1995 年 1 月已扩展至 14 条航线。其中的 8 条直达航线已无须经旧金山中转，9 条航线直接与西南航空公司竞争。1994 年 12 月初，联合航空公司经理人员报告说，该项创举已超过预期，一些航线已开始盈利。"联合穿梭计划运转良好。"公司总裁马加利（A. B. Magary）这样评价。[6]

西南航空公司

按收入乘客里程数，1994年西南航空公司在美国所有航空公司中位列第八，总营运收入达2.6亿美元，实现净收入17.93亿美元。这已是该公司连续22年实现盈利，创下过去20年中美国航空业的纪录。作为公司董事长、首席执行官和创始人之一的赫布·凯莱赫这样描述西南航空的成功："高质量加低价格等于价值，再加上员工的敬业精神就等于不可战胜。"

西南模式

1971年6月18日，西南航空公司成立，致力于能够提供独特顾客服务的短途、定点、低票价、高频次航线。起初，只有3架波音737，航线限于达拉斯、休斯敦和圣安东尼奥3个城市，现在该公司拥有199架波音737，服务对象包括美国中西部、西南、西部地区的44个主要城市。以可获座位里程数计，59%的运营量在西部，22%在西南（得克萨斯、俄克拉何马、阿肯色和路易斯安那），19%在中西部（图表5是1995年年初的西南航空公司航线图）。

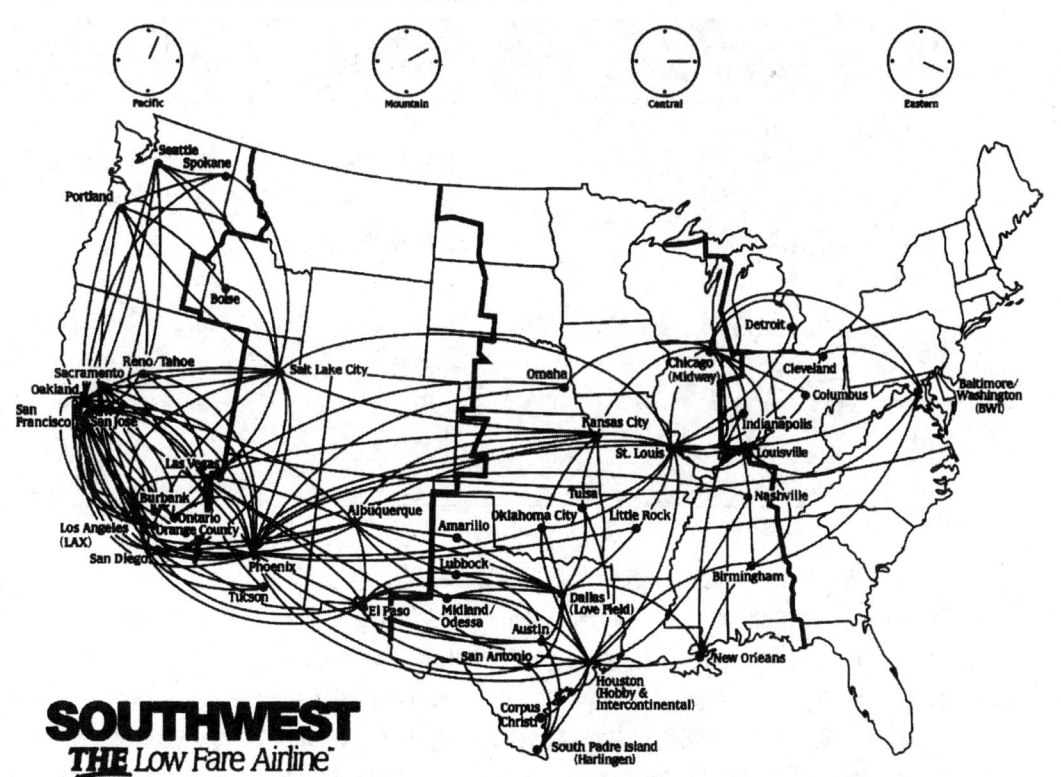

图表5　西南航空公司1995年年初航线图

资料来源：Courtesy of Southwest Airlines.

除了 1985 年和 1993 年分别收购 Muse 和莫里斯（Morris）两家航空公司外，西南航空公司一直依靠内部发展，不断完善和坚持为航空业所熟知的"西南模式"。这个模式的核心是重视顾客服务和营运、创造性营销及对员工的承诺。该模式给西南航空带来了极大的活力。

顾客服务 对顾客服务的关注体现在公司对员工的态度上。凯莱赫曾说：

> 在招聘新人时，我们最关心的是幽默感，其次是满足自我并在团体环境中很好工作。我们不在乎他的受教育程度和经验，因为我们可以教他怎么做。我们雇用的是"工作态度"。[7]

幽默感、同情心、对工作的渴望以及乐观向上等，在顾客服务中表现得淋漓尽致。你可以看到飞行员在登机口处帮忙、票务代理在搬运行李。公司在内部刊物《服务指南：西南航空公司的"疯狂"服务》（The BOOK on Service: What Positively Outrageous Service Looks Like at Southwest Airlines）上，定期介绍顾客服务方面取得的突出成就，西南航空对顾客服务的重视由此可见一斑。

西南航空对顾客服务的重视也的确产生了效果。1994 年，西南航空连续第三年荣获航空业的"三冠王"，在全美主要航空公司中，正点率、行李托运服务和顾客满意率三项指标名列首位（见图表 6）。还没有其他航空公司能够哪怕是获得一个月的"三冠王"。

图表 6　　　　　　　　　　　　　1994 年美国大型航空公司排名

正点率		行李托运		顾客满意度	
排名	承运人	排名	承运人	排名	承运人
1	西南航空	1	西南航空	1	西南航空
2	西北航空	2	美国西部航空	2	达美航空
3	阿拉斯加航空	3	美洲航空	3	阿拉斯加航空
4	联合航空	4	达美航空	4	西北航空
5	美洲航空	5	阿拉斯加航空	5	美洲航空
6	美国西部航空	6	联合航空	6	联合航空
7	达美航空	7	环球航空	7	美国航空
8	环球航空	8	美国航空	8	美国西部航空
9	美国航空	9	西北航空	9	环球航空
10	大陆航空	10	大陆航空	10	大陆航空

资料来源：U. S. Department of Transportation.

运营 西南航空致力于为客户提供短距离、低票价、直达、高频次的营运服务。作为短途直达的航空公司，西南航空的重点是当地交通，而不是采用中心—辐射系统中中转和中途停站的方式。这样做的结果是，80% 的乘客无须中转飞行。1994 年，乘客平均单程飞行距离是 506 英里，平均飞行时间仅为一个小时多一点。西南航空从调查中发现，短距离旅行的乘客最关心航班时刻表和班次数量。这意味着应该使飞机的飞行时间最大化，在地面时间最小化，尽可能使飞机抵达至下次起飞之间的时间缩短。[8]事实上，从飞机抵达至下次起飞的时间看，西南航空有一半飞机为 15 分钟，另一半为 20 分钟，而美国航空业的平均时间是 55 分钟。其结果是，西南航空的飞机每天可飞 10 班，比平均水平高出两班。

西南航空的经营方式在另外一些方面也与其他公司存在很大差异。第一，该公司通常使用的是小城市机场或大城市中的非繁忙机场，如达拉斯市的拉夫菲尔德机场（Love Field）和芝加哥市的中途机场（Midway Airport）。这些机场不像大机场那样拥挤，因而可以大大缩短停机时间。使用这些非枢纽的辅助机场，也就意味着西南航空不向其他主要航空公司转运行李。实际上，西南航空即使在少数几个枢纽机场也不与其他航空公司进行行李转托运，如洛杉矶国际机场。

第二，在机票预订及座位安排方面，西南航空与其他大航空公司也不同。西南航空没有加入计算机机票预订系统，乘客和票务代理需要与西南航空直接联系。这样，只有不到一半的机票是通过票务代理出售的（大多数公司为90%），西南航空因此每年可以节省3 000万美元的代理佣金。与其他公司相反，西南航空也不提供座位确认服务。凯莱赫曾说："我们会保留您的座位，只不过不确定您是2C还是38B。"公司发放可重复使用的编号登机卡来识别顾客和决定登记顺序。先办完登机手续的乘客优先登机，每批30人，分批登机。

第三，西南航空的航班上一般只提供饮料和零食。最主要的零食是花生，1994年共提供了约6 400万包花生，只有在长途飞行的航班上才提供正餐。

第四，西南航空只采用波音737客机，并且全部设置为经济舱，不分头等舱、经济舱、商务舱等。其他大航空公司一般都用多种飞机，如空中客车、波音、麦道。采用单一机种大大降低了飞机的维护和保养费用。西南的机群在各大航空公司中是最年轻的，仅为7.6年，1995年有新购的25架波音飞机投入运营。1994年，西南航空由于飞机机械故障而导致航班延误或取消的比例不超过1%，连续多年被评为世界最安全航空公司。

西南经营模式的综合效果在成本方面体现得非常明显。1994年，西南航空公司每可获座位里程的成本是7.08美分，在全美各主要航空公司中是最低的。

营销　从一开始，西南航空就试图通过创造性的市场营销来实现差别化。正如赫布·凯莱赫所说："我们确立了个性和市场区隔。我们追求的是消遣、惊奇和快乐。"

西南航空的营销导向是与其顾客及营运导向交织在一起的。服务、便利性和价格是该公司营销的三个要素。将顾客服务和营运理念融入营销观念之中，使得西南航空具有与其他公司不同的特色。例如，在定价方面，西南航空一直把汽车而不是其他航空公司当做最主要的竞争对手。据西南航空公司负责客户事务的执行副总裁科琳·巴雷特（Colleen Barrett）说："我们把汽车当成竞争对手。我们向顾客提供更好、更便利的服务和合理的价格，要让他们觉得乘飞机比自己开车合适。"1994年，西南航空公司乘客的平均票价为58.44美元。营销沟通在不断地向顾客传递着乘坐西南航空公司飞机的好处。过去24年中，西南航空以"爱之航线"宣传其服务，以"公务飞机"宣传其便利，最近又以"低价航线"宣传其价格低廉（见图表7）。

西南航空还实施了一项与众不同的名为"企业俱乐部"的频繁乘客计划。与公司一贯强调的航班频率和短途飞行相吻合，该计划规定，乘客若在12个月内8次往返乘坐西南航空的航班，可以免费获得一张飞往西南航线上任何一个城市的机票；如果在12个月内往返乘坐50次，顾客可得到一张一年有效的伴侣免费乘机通行证。与其他频繁乘客计划相比，由于没有总里程数和其他方面的限制，上述计划的成本最低，频繁旅行者得到的实惠更多。

WHEN YOU WANT A LOW FARE, LOOK TO THE AIRLINE THAT OTHER AIRLINES LOOK TO.

SOUTHWEST
THE Low Fare Airline

Call your travel agent or 1-800-I-FLY-SWA

图表 7　西南航空公司的代表性平面广告

资料来源：Courtesy of Southwest Airlines.

西南航空的飞机上画有各种各样的图案用来代表飞机所服务的地区。有的飞机上画有大鲸鱼来突出西南航空与加州"海洋世界"和得克萨斯的密切关系；有的飞机上画有得克萨斯州州旗，叫做"得克萨斯之星"；还有其他的图案，例如"亚利桑那一号"，画有亚利桑那州州旗（见图表 8）。

对员工的承诺　公司与员工之间的良好关系被认为是西南模式中最重要的组成部分。赫布·凯莱赫称之为"心灵的写照"。他补充道：

> 我认为公司必须与员工同甘共苦。你必须关心你的员工，他们可能对国家失望，甚至他们的家庭也会出现变故，但我要让他们知道，西南航空永远和他们在一起。[9]

由于员工间和谐紧密的关系，在最近的一项研究中，西南航空位列全美十佳受雇公司之一。该项研究指出，在西南航空工作最大的好处是："激动人心；最大缺点是：你会忙得头尾不顾。"[10]

西南航空对员工的承诺表现在多个方面。与其他大航空公司相比，西南航空的员工流动率极低，而且是首家实施员工分红计划的航空公司。通过这个计划，员工拥有

图表 8　西南航空公司的飞机

资料来源：Courtesy of Southwest Airlines.

公司10%的股份。在西南航空，80%的提升是内部提升；团队建设和交叉培训在公司的"人民大学"（People University）中亦得到重视。

竞争和财务业绩

西南航空对于顾客服务、营运效率、创造性市场营销和员工的重视最终给公司带来了无与伦比的竞争成功和财务结果。

竞争表现　据美国交通部的统计，西南航空在美国48个州的前100对城市市场中搭载的乘客比其他任何公司都多。[11]这100个航运市场占国内全部旅客的1/3。在这100对城市市场中，西南航空公司占65%的市场份额；而其他航空公司仅占40%。在超过90%的前50对城市市场中，西南航空一直位居前两位。它于1971年在得克萨斯州开始营运。得克萨斯州有11个机场，西南航空在其中10个机场客流量均为最大。1994年，占了70.8%的得克萨斯州州内市场；同期占了56.4%的加利福尼亚州州内市场，而在1989年仅占不到3%。

财务业绩　20世纪90年代，西南航空平均营运收入和收入增长率、总资产回报率及持股人权益均位居美国航空界首位。图表9为西南航空公司5年合并的财务和运营情况。

图表 9 西南航空公司 5 年合并财务和运营总结（摘要）

(除每股数值外均为千美元)	部分合并财务数据				
	1994 年	1993 年	1992 年	1991 年	1990 年
营运收入：					
客运	2 497 765	2 216 342	1 623 828	1 267 897	1 144 421
货运	54 419	42 897	33 088	26 428	22 196
特许及其他	39 749	37 434	146 063	84 961	70 659
营运总收入	2 591 933	2 296 673	1 802 979	1 379 286	1 237 276
营运费用	2 275 224	2 004 700	1 609 175	1 306 675	1 150 015
营运收入	316 709	291 973	193 804	72 611	87 201
其他净支出（收入）	17 186	32 336	36 361	18 725	(6 827)
所得税前收入	299 323	259 637	157 443	53 886	80 434
所得税准备金	120 192	105 353	60 058	20 738	29 829
净收入	179 331	154 284[d]	97 385[e]	33 148	50 605
总资产	2 823 071	2 576 037	2 368 856	1 854 331	1 480 813
长期债务	583 071	639 136	735 754	617 434	327 553
股东权益	1 238 706	1 051 019	879 536	635 793	607 294
合并账务比率					
平均总资产回报	6.6%	6.2%	4.6%	2.0%	3.5%
平均股东权益回报	15.6%	16.0%	12.9%	5.3%	8.4%
资本负债率	32.0%	37.7%	45.5%	49.3%	35.0%
合并营运统计					
载运收入乘客数	42 742 602	36 955 221	27 839 284	22 669 942	19 830 941
RPM（千英里）	21 611 266	18 827 388	13 787 005	11 296 183	9 958 910
ASM（千英里）	32 123 974	27 511 000	21 366 642	18 491 003	16 411 115
承载因子	67.3%	68.4%	64.5%	61.1%	60.7%
乘客旅行平均航程	506	509	495	498	502
飞行次数	624 476	546 297	438 184	382 752	338 108
平均客票票价（美元）	58.44	59.97	58.33	55.93	57.71
每 RPM 乘客收入（美分）	11.56	11.77	11.78	11.22	11.49
每 ASM 营运收入（美分）	8.07	8.35	7.89	7.10	7.23
每 ASM 营运费用（美分）	7.08	7.25	7.03	6.76	6.73
年终员工人数	16 818	15 175	11 397	9 778	8 620
年终机队规模（架）	199	178	141	124	106

资料来源：Southwest Airlines 1994 *Annual Report*.

1994 年，尽管西南航空实现了有史以来最高的营运收入和净收入，但其第 4 季度（1994 年 10—12 月）净收入与 1993 年同期相比，下降了 47%。公司上次宣布季度收益与上年同期下降是 1991 年第 3 季度。1994 年第 4 季度营运收入仅比 1993 年同期上升 3％，前 3 季度与 1993 年相比，营运收入要低两位数。1994 年 2 月西南航空在纽约股票交易所的价格为 39 美元，而 12 月因受其第 4 季度财务报告的影响，股票价格暴跌至 52 周以来的最低点——15.75 美元。

西南航空第 4 季度的表现反映了众多因素造成的累积效应。其中包括：将近期收购的莫里斯航空公司转变为西南航空的运作模式；竞争对手不断降低价格与西南航空较量；大陆和联合航空公司发起了"航线套航线"的计划。在评价其第 4 季度财务和经营业绩时，赫布·凯莱赫说：

> 尽管这些短期效应令我们的持股者失望，但为加强西南航空的实力，近期的投资对我们取得长期成功是至关重要的。我们在情绪上、精神上和物质上都严阵以待，准备以更低成本和更完善的顾客服务来面对更激烈的竞争。[12]

西南航空与联合穿梭计划

1994 年 10 月 1 日，星期六早晨 6 时 25 分，联合穿梭计划的首架航班从奥克兰国际机场起飞，飞往洛杉矶国际机场。午后，联合航空的执行副总裁从芝加哥附近的联合航空的世界总部抵达那里祝贺。他对新闻媒体说："我们所做的是重返市场，夺回我们的顾客。我们过去拥有奥克兰和洛杉矶市场，后来赫布·凯莱赫插进来。我们要保护属于自己的东西。"[13] 当时，戴夫·里德利认为"奥克兰飞行"由于两个原因而具有象征性意义：首先，联合航空公司到 20 世纪 80 年代末期一直是奥克兰机场最主要的航空公司，但在与西南航空面对面竞争后于 90 年代初撤出。其次，奥克兰机场已成为西南航空在加利福尼亚北部的主要基地，并且就空中交通而言，它是加利福尼亚州 10 大机场中发展最快的。

联合穿梭计划[14]

联合航空公司的经理和员工经过一年的努力推出了联合穿梭计划，内部命名为 U2。其设计在许多运作方面都模仿了西南航空，比如：点对点服务、低价格、高密度航班、最低限度的设施等。因为联合航空在国内短途航线（750 英里以内）上每座位英里成本为 10.5 美分，所以降低营运成本成为联合首要的任务。该公司的目标是每座位英里成本降到 7.5 美分。

与西南航空类似，联合穿梭计划配备了可容纳 137 位乘客的波音 737，往返停机时间努力达到 20 分钟，仅提供饮料和零食（花生和椒盐饼干）。管理和地勤人员参加了企业文化和激励等课程，重点讲授团队工作和顾客服务。与西南航空不同的是，它提供头等舱（12 个座位）和经济舱；西南航空以 30 个人为一组登机，而它采用了称为 WILMA 的座位安排方法，按窗口、中间和通道座位先后登机。如乘客乘坐 8 次往返飞机，西南航空为其提供一张免费机票，联合航空面向所有顾客的"里程计点"常客飞行计划提供了可与之媲美的选择。

联合穿梭计划开始时有 8 条航线，其中 6 条是联合航空对包括公司在旧金山的中心枢纽改造后的航线。只有 3 条航线与西南航空直接竞争，即旧金山至圣迭戈、奥克兰至洛杉矶、洛杉矶至萨克拉门托。在这3条航线中，联合航空的单程"随到随走"经济舱票价是69美元，与西南航空在加利福尼亚州内所有航班的最高票价相同。[15]其余5条航线的票价各不相同。旧金山—伯班克—安大略的票价是104美元，旧金山—洛杉矶为89美元，旧金山—拉斯韦加斯为99美元，旧金山—西雅图139美元。

联合穿梭计划不久后又增加了6条航线，均与西南航空直接竞争。从奥克兰起始的航线包括到伯班克、安大略和西雅图的3条。洛杉矶到凤凰城和到拉斯韦加斯的航线及圣迭戈到萨克拉门托的航线是在原有基础上推出的新的服务。除奥克兰到西雅图的航线外，西南航空和联合穿梭计划的单程"随到随走"经济舱票价为69美元。在奥克兰到西雅图航线，两公司的单程"随到随走"经济舱票价均为99美元。联合穿梭计划还增加了它在14对城市市场中的12对城市的航班班次，其中主要是原来在旧金山中枢系统中的城市。联合穿梭计划所服务的城市如图表10所示。

图表10 联合穿梭计划服务的城市

说明：该地图不是按实际比例绘制的。

1994年12月初，联合航空公司报告，联合穿梭的每可获座位里程的成本没有达到 7.5 美分的目标。在一次采访中，马加利说："我们比半途而废要好。"[16]

西南航空公司

在联合穿梭计划于 10 月 1 日实施的前几个月，西南航空就开始制定应对联合航空的行动。1994 年 6 月，西南航空的一位发言人宣称，西南航空将"坚决捍卫我们在加利福尼亚州的霸主地位"。

在联合穿梭计划推出前，西南航空在加利福尼亚州一些竞争激烈的航线上投入了新的飞机以提高航班频次。到 1995 年 1 月中旬，西南航空已将其 16% 的运力（以可获座位里程为单位）调配到了加利福尼亚州州内市场。到 1995 年 1 月底，已有 13% 的总运力与联合穿梭计划相重叠。

西南航空同时还提高了用加利福尼亚州州内市场的广告促销预算，尤其以与联合穿梭计划直接竞争的航线为重点。西南航空的"低价航线"广告战首当其冲。西南航的"随到随走"票价在 1994 年第 4 季度维持在 69 美元，与 1993 年同期相比没有变化。不过，西南航空大力促销新推出的提前 21 天预订的票价及其他折扣票价。这种定价策略导致西南航空在与联合穿梭计划服务的相同航线（除奥克兰—西雅图）上，平价票价在 1994 年第 4 季度到 1995 年 1 月上旬期间由 1994 年第 3 季度的 45 美元降到 44 美元。1994 年第 4 季度奥克兰—西雅图航线的平均票价从上个季度的 60 美元降到 51 美元。里德利估计，联合穿梭计划的平均票价分别比西南航空相应航线的平均票价高出 5%～10%（在与西南航空直接竞争的 9 个市场）、20 美元（在除旧金山以外的未与西南航直接竞争的 5 个市场）。这种价差来自联合穿梭计划提供的更多的头等舱座位（在相互竞争市场中）以及总体较高的票价（在非竞争的市场中）。

星期二会议

1995 年 1 月末举行的"星期二会议"原定议程集中于讨论运营问题。比如，西南航空将于 1995 年 3 月开通内华达州奥马哈的航线，因此，广告、销售、促销和日程安排等都需引起注意。西南航空的"无票"旅行系统或"电子机票"系统当时也在议程中。使用这种系统的话，旅客通过电话预订，告知自己的信用卡号，然后得到一个确认号码，但是没有票。该系统在成功地经过地区性试验后，将于 1995 年 1 月 31 日在全美铺开。最后的细节还有待讨论。

里德利还准备向他的同事们通报加利福尼亚州的竞争形势。一位工作人员已准备好一份显示第 4 季度西南航空的承载因子以及联合穿梭计划估计承载因子的报告。他希望与小组成员分享这些信息（见图表 11）及其他最新动态。例如，几天之前，联合穿梭计划已将旧金山—伯班克航线的单程"随到随走"经济舱票价削减到 69 美元。这一价格与两家公司对奥克兰—伯班克航线的定价相同。另外，西南航空 1995 年 1 月的合并收益和承载因子低于 1994 年同期的水平。如果目前的这种形势延续下去，西南航空 1995 年 1 月的合并承载将比 1994 年同期降低大约 5 个百分点。

图表 11　西南航空和"联合穿梭"城市间每日往返航班及季度估计承载因子

市场（城市间）	飞行里程	西南航空每日往返航班 1994年10—12月	西南航空每日往返航班 1995年1月中旬	联合穿梭计划每日往返航班 1994年10—12月	联合穿梭计划每日往返航班 1995年1月中旬	1994年第4季度承载因子 联合	1994年第4季度承载因子 西南	1994年第3季度承载因子 联合	1994年第3季度承载因子 西南	1993年第4季度承载因子 联合	1993年第4季度承载因子 西南
旧金山—洛杉矶	338	←未开→	40	66%	—	77%	—	68%	—
旧金山—伯班克	359	←未开→	12	60%	—	70%	—	64%	—
旧金山—安大略	364	←未开→	12	47%	—	63%	—	64%	—
旧金山—拉斯韦加斯	417	←未开→	10	73%	—	85%	—	74%	—
旧金山—西雅图	678	←未开→	16	74%	—	89%	—	77%	—
旧金山—圣迭戈	417	12	12	10	12	77%	61%	87%	68%	84%	70%
奥克兰—洛杉矶	338	19	25	10	15	62%	59%	—	74%	—	63%
奥克兰—伯班克	326	13	16	7	11	40%	63%	—	80%	—	70%
奥克兰—安大略	362	12	14	7	7	32%	57%	—	68%	—	65%
奥克兰—西雅图	671	4	7	4	5	52%	66%	—	77%	—	—
洛杉矶—萨克拉门托	374	5	6	5	6	81%	65%	73%	53%	67%	—
洛杉矶—凤凰城	366	25	23	9	10	48%	61%	—	60%	—	56%
洛杉矶—拉斯韦加斯	241	13	19	10	12	61%	65%	—	73%	—	61%
圣迭戈—萨克拉门托	481	9	9	5	5	50%	68%	—	78%	—	67%

资料来源：Southwest Airlines company records. 为便于分析，给出了两家航空公司每日往返航班双程的承载因子。

一些意外的消息，如联合穿梭计划准备停止部分服务以及提价等，改变了原有的会议议程，也向西南航空的管理者提出了一些新问题。譬如：提价是否意味着联合航空公司改变了原来的"我们将追赶西南航空"的战略？若果真如此，这对西南航空有什么影响？西南航空应对这些变化作出什么反应（如果需要的话）？西南航空是跟着将机票提价 10 美元还是继续保持目前的价格和服务战略？联合航空的行动和西南航空的反应对其他航空公司的利润有什么影响（如果有的话）？联合航空的定价行动与其宣布撤出奥克兰—安大略市场的决定有什么联系（如果有的话）？

[注释]

[1] Bridget O'Brian, "Continental's CALite Hits Some Turbulence in Battling Southwest," *Wall Street Journal* (January 10, 1995): A1, A5.

[2] Quoted in Jon Proctor, "Everyone Versus Southwest," *AIRWAYS Magazine* (November/December 1994): 6-13.

[3] This section is based on information provided in *FAA Aviation Forecasts* (Washington, D. C.: U. S. Department of Transportation, March 1995); *Standard & Poor's Industry Surveys* (New York: Standard & Poor's, January 1995); *U. S. Industrial Outlook* 1995 (Washington, D. C.: U. S. Department of Commerce, January 1995); Timothy K. Smith, "Why Air Travel Doesn't Work," *Fortune* (April 3, 1995), pp. 42-56; and Jon Proctor, "Everyone Versus Southwest," *AIRWAYS Magazine* (November/December 1994), pp. 6–13.

[4] William M. Carley, "Rough Flying: Some Major Airlines Are Being Threatened by Low-Cost Carriers," *Wall Street Journal* (October 12, 1983), p. 23.

[5] U. S. Department of Transportation press release, May 11, 1993.

[6] Quoted in Michael J. McCarty, "New Shuttle Incites a War Between Old Rivals," *Wall Street Journal* (December 1, 1994), pp. B1, B5.

[7] Quoted in Kenneth Labich, "Is Herb Kelleher America's Best CEO?" *Fortune* (May 2, 1994), pp. 28-35.

[8] Numerous activities occurred during a turn's elapsed time. Passengers got on and off the plane and baggage was loaded and unloaded. The cabin and lavatories were tidied and the plane was refueled, inspected, and provisioned with snacks and beverages.

[9] Quoted in Kenneth Labich, "Is Herb Kelleher America's Best CEO?" *Fortune* (May 2, 1994), pp. 28-35.

[10] Robert Levering and Milton Mosckowitz, *The 100 Best Companies to Work for in America* (New York: Doubleday/Currency, 1993).

[11] U. S. Department of Transportation press release, May 11, 1993.

[12] Quoted in Terry Maxon, "Southwest Forecasts Dip in Earnings," *The Dallas Morning News* (December 8, 1994), pp. D1, D3.

[13] Quoted in Catherine A. Chriss, "United Shuttle Takes Wing," *The Dallas Morning News* (October 3, 1994), pp. 1D, 4D.

[14] Portions of this discussion are based on Jesus Sanchez, "Shuttle Launch," *Los Angeles Times* (September 29, 1994), pp. D1, D3; Randy Drummer, "The Not-So-Friendly Skies," *Daily Bulletin* (September 30, 1994): C1, C10; "United Brings Guns to Bear," *Airline Business* (November 1994), p. 10; Michael J. McCarthy, "New Shuttle Incites a War Between Old Rivals," *Wall Street Journal* (December 1, 1994), pp. B1, B5.

[15] "随到随走"票价是指随时可买、没有任何限制和处罚、没有提前购买要求的票价。

[16] Michael J. McCarthy, "New Shuttle Incites a War Between Old Rivals," *Wall Street Journal* (December 1, 1994), pp. B1, B5.

案例 8—2　　　　　　Superior 超市：天天低价[*]

2003 年 4 月初，詹姆斯·艾利斯（James Ellis）参加了 Superior 超市第 1 季度的财务结果的会议。作为 Hall Consolidated 公司的高级副总裁和 Superior 超市的总裁，他将会见负责位于密苏里州森特勒利亚的三个店面的地区经理。其他参会者还包括 Hall Consolidated 零售业务的副总裁和 Superior 超市的主管。2003 年第一个四分之一年会的议程是讨论为获得既定目标的地区进展情况和发布与区域经理管理的超市相关的一些问题。

在会议中，兰德尔·约翰逊（Randall Johnson），Superior 超市第三区域经理，发表了重新考虑在森特勒利亚的三个店使用的天天低价的策略[1]的见解，他引用公司的调查说明 Superior 超市在森特勒利亚地区的相对高价和森特勒利亚购物者的不断增强的价格观念。他还强调，因为店面销售低于 2003 第 1 季度的预算水平，Superior 超市将会丢失在森特勒利亚的市场份额。他补充说，2002 年第 4 季度的销售收入——由于感恩节和圣诞节通常占有较大的销售份额——也低于 2001 年同期的销售额。

森特勒利亚的天天低价策略在 2002 年 8 月作为年度计划的一部分进行过简单的讨论。但是，最终决定继续采用现在的价格策略而没有进行进一步的讨论。詹姆斯·艾利斯认为应该是正式具体地讨论这个问题的时候了。

公司简介

Superior 超市是 Hall Consolidated 的一个分公司。Hall Consolidated 是一家批发和零售食品的私人发行商。Hall Consolidated 成立于 1959 年，初期包括一些批发食品运营和生产的公司。公司的第一个食品杂货连锁店在 1970 年建立。Superior 超市连锁店在 1975 年建立。到 2002 年，Hall Consolidated 给 150 个公司拥有的超市单位配送食品和相关产品，这些单位在 12 个大型分销中心的三个超级市场连锁店的名义下运营。这些分销中心还给美国其他大约 1 100 个独立的食品杂货店供货。Hall Consolidated 2002 年的销售额为 23 亿美元。

Superior 是 Hall Consolidated 拥有的三个超市连锁店中最小的一个，2002 年销售额为 1.922 亿美元。Superior 经营一些传统的超市，给美国南部的中部地区的一些城市和城镇提供服务。中等规模的 Superior 超市的面积为 20 730 平方英尺，这以行业标准来说属于小型（美国超市中等规模的为 44 000 平方英尺）。虽然如此，以市场份额来说，Superior 是该领域数一数二的。

---

[*] This case was prepared by Professor Roger A. Kerin, of the Edwin L. Cox School of Business, Southern Methodist University, as a basis for class discussion and is not designed to illustrate effective or ineffective handling of an administrative situation. Company names and data have been disguised. Copyright © 2003 by Roger A. Kerin. No part of this case may be reproduced without the permission of the copyright holder.

密苏里州森特勒利亚的竞争环境

森特勒利亚是斯科特的主要贸易地区，位于密苏里州的中部。森特勒利亚贸易区2002年的总零售额为7.25亿美元。2002年食品和饮料零售店的销售为6 230万美元，比2001年增加了4.6个百分点。在森特勒利亚一共有20个公司从事食品和饮料的生意。

根据美国2002年的人口普查，森特勒利亚拥有4.1万人口，包括1.35万户家庭。森特勒利亚的人群的平均年龄是35岁；家庭的平均收入是3.6万美元；80%的本地居民拥有高中或以上的受教育水平。略高于一半（51.5%）的森特勒利亚居民受雇于工厂、零售店、教育、卫生和社会服务公司。

图表1说明了森特勒利亚居民的年龄和家庭收入的分布。

图表1　　　森特勒利亚人口特征：年龄和家庭收入分布

年龄分布		家庭收入分布	
类别	百分比	类别	百分比
19岁以下	29.6	10 000美元以下	10.4
20~24岁	6.8	10 000~14 999美元	7.5
25~34岁	13.8	15 000~24 999美元	16.1
35~44岁	14.9	25 000~34 999美元	14.5
45~54岁	12.9	35 000~49 999美元	19.8
55~59岁	4.4	50 000~74 999美元	19.8
60~64岁	3.5	75 000~99 999美元	6.3
65~74岁	6.9	100 000~149 999美元	3.8
75岁以上	7.3	150 000美元以上	1.9
	100.0		100.0

资料来源：U. S. Census 2000.

主要竞争对手

有4家食品杂货连锁店总共占有2002年森特勒利亚所有食品销售额的85%（见图表2）。其余的零售食品的份额被两家独立的小食品杂货店、一些便利店、专门的食品店（面包店、肉食店）和季节性农贸市场所分享。连锁店中的三个——Harrison's, Grand American 和 Missouri Mart——在森特勒利亚各经营一家店。Hall Consolidated 在森特勒利亚经营三家 Superior 超市，这三家超市要比其他连锁店小。Harrison's, Grand American 和 Missouri 把它们的客户定位于比 Superior 更大的地理范围，包括森特勒利亚之外的业务。尤其是 Missouri Mart 对森特勒利亚之外的业务很感兴趣。

图表 2　　　　　　　　　　森特勒利亚超市市场估计份额（%）

	1995 年	1996 年	1997 年	1998 年	1999 年	2000 年	2001 年	2002 年
Superior	24	29	27	30	31	22	23	23
Grand American	22	11	7	6	6	6	6	13
Missouri Mart	25	25	26	28	30	34	34	27
Harrison's	9	14	19	16	14	20	20	22
其他	20	21	21	20	19	18	17	15

说明：市场份额的估计由 Hall Consolidated 公司的管理层根据所掌握的可靠信息做出。每栏数据加总等于中心区的所有销量。

资料来源：Company records.

商店的位置见图表 3。

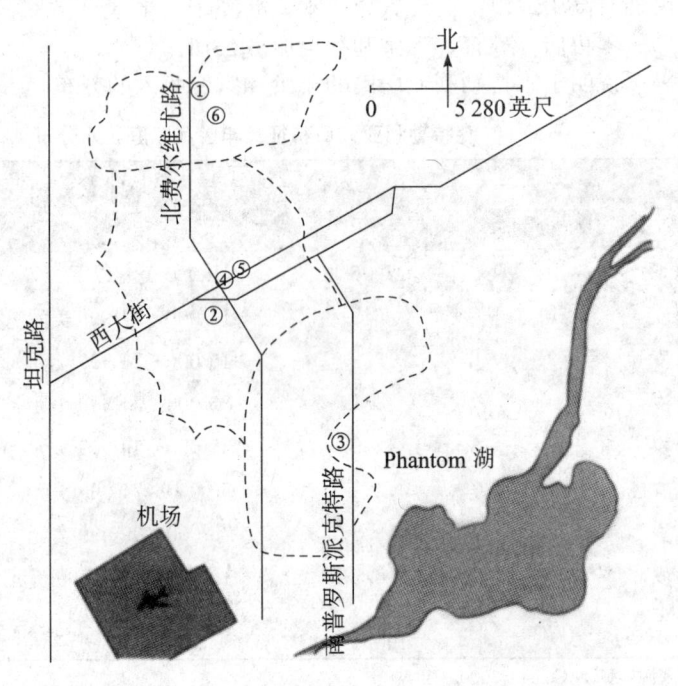

图表 3　森特勒利亚的商店、交通要道、主要城市贸易区的连锁超市位置分布

关键商店：

1. Superior（北费尔维尤）　　4. Grand American
2. Superior（西大街）　　　　5. Harrison's
3. Superior（南普罗斯派克特）　6. Missouri Mart

说明：基于对 Superior 商店顾客的个人访谈划出贸易区的界线。访谈后随即在地图上标出每个顾客的地址和贸易区界线。

Harrison's 店　Harrison's 超市位于西大街，1976 年成立，1990 年扩建，1999 年重建。商店的总面积为 5 000 平方英尺，大约 15% 用于日常用品和一个小型药房。Hall Consolidated 的高层认为，Harrison's 已经抓住了森特勒利亚的大多数中高收入人群，这些人每年的平均家庭收入超过 4 万美元。在所有主要连锁店里，Harrison's 超市的收入位于第二。它在森特勒利亚的店面是公司遍及密苏里州和伊利诺伊州的 65 个超市之一。

Harrison's 有很好的管理，干净、有序并且很有吸引力。它的格调很温暖，员工也很友善，并且有易于购物的布局。它出售的商品着重于不同食品、高质肉及商品的平衡。店面地理位置较好，有很好的停车设施。商店的促销原则是每天低价，就像它们的广告宣传所说，"总额节约"。根据 Hall Consolidated 的调查，Harrison's 在顾客中拥有很好的声誉。

Grand American 店 Grand American 店面积 39 800 平方英尺，2001 年年中开业，位于费尔维尤和西大街的拐角处。该店取代了一家较旧的小型工厂，这个工厂位于新址东北部的几个街区。森特勒利亚的店是 Grand American 经营的 148 个超市中的一个，Grand American 是一家大型的地区食品分销商和零售商。Grand American 的店面是森特勒利亚最现代化的商店，有最好的设施和装修。它拥有宽阔的通道，相应地也就易于购物。

Hall Consolidated 的高层将 Grand American 当作第二竞争对手。根据 Hall Consolidated 的调查，该店管制过严，有较少的革新商品的提议。它拥有适度种类的肉类、农产品和食品，但是其日用品却不被森特勒利亚的购物者关注。该店拥有基本的日常用品和一个小型药房。Grand American 的周广告重点是大体积商品，试图通过每周广告商品的竞争性低价创造一个低价位的形象。该店还提供双倍优惠券和店内"特殊管理"。商店的顾客群比 Harrison's 的要小；但是，Grand American 顾客群的家庭平均收入为 2 万～3.5 万美元。

Missouri Mart 店 Hall Consolidated 的高层认为 Missouri Mart 是森特勒利亚食品销售的巨头，是 Superior 超市的首要竞争者。大约 32% 的 Superior 的顾客会定期购买 Missouri Mart 的商品。Missouri Mart 的大多数客户是中年和老年家庭，他们的家庭年收入超过 3 万美元。商店的大小为 12 万平方英尺，其中 60% 用于放置日常用品，40% 用于食品。该商店在 2001 年重修。三家 Superior 店的管理者认为，"Missouri Mart 的主要商品侧重点是食品和特价商品展示"。其中一个管理者说："农产品没有秩序性和整洁性，并且缺乏其他在森特勒利亚的超市所拥有的高质量和新鲜性。"广告的特点是强调非常低价的特价品，这些商品大量陈列在食品部分的通道末端。与 Harrison's 和 Grand American 的自由柜台不同，Missouri Mart 是多种类型商店综合的一部分，包括一些服务商店、一个面包店、一家药店还有一家家具店。Missouri Mart 公司建立并且运营于森特勒利亚的地区连锁店，最近被特许给一位独立的商业人士，他将继续在 Missouri Mart 旗下经营该店。

Superior 超市 在森特勒利亚的三家 Superior 超市要比它的主要竞争者更久一些。每个店以简单购物中心（由 Hall Consolidated 拥有）为目标，包括一个 Superior 超市和一个药店，加上两个或三个商店（比如干洗店、修鞋铺、面包店或花店）。这三家店的销售额在过去 3 年有了一定的涨幅，在 2002 年达到 14 326 700 美元（见图表 4）。2002 年，这三家店的总计边际利润率为 28.8%。相应地，美国超市的边际利润率为 26.4%。

图表 4　　　　2000—2002 年森特勒利亚超级市场销售额　　　　　　　　　　单位：美元

店名	2000 年	2001 年	2002 年
北费尔维尤	4 050 277	4 287 686	4 437 632
西大街	5 194 972	5 174 051	5 374 517
南普罗斯派克特	4 098 898	4 227 304	4 514 551
总计	13 345 147	13 689 041	14 326 700

资料来源：Company records.

这三家 Superior 店的销售额分布如下：食品（包括日用）占 50%；新鲜肉类、家禽和海产品占 20%；农产品占 18%；季节和通用商品（包括健康和美容产品）占 7%；烘烤类（包括面包和其他烘烤食品）和熟食（包括自助和服务熟食）占 5%。这些商品的边际利润率分别如下：食品（包括日用）为 30%；新鲜肉类、家禽和海食品为 18%；农产品为 30%；季节和通用商品（包括健康和美容产品）为 33%；烘烤类和熟食为 50%。

公司的高层认为，Superior 超市提供了比主要竞争者更少种类的商品，但是，Superior 提供了更高质量的商品，尤其是休闲食品和新鲜农产品。高层指出，新鲜肉类、家禽和海产品能适应不同的客户需求度。

Superior 采用了 Missouri Mart 和 Harrison's 所用到的全部广告方式，包括报纸广告、通知信件、报纸插页、电台广告和户外广告。Grand American's 的广告要比 Superior 用到的媒体少。Superior 指出了其广告的重要价值地位：Superior 超市＝超级价值。2002 年，Superior 在广告上花费了 12.75 万美元，占其销售额的 0.89%。Missouri Mart 和 Harrison's 的广告费用为销售额的 1%，Hall Consolidated 的高层认为，所有的食品店均不能在电视上做广告。

根据对超市竞争者所作的市场调查，在森特勒利亚地区，Superior 是最高价的食品店。（图表 5 显示了在森特勒利亚的超市的食品销售的美元细目分析。）虽然如此，Superior 广告主题为以极高的折扣销售大容量商品，以及"低价领导者"——以给销售者的价格或接近的价格售给顾客的商品。软饮料、面包、鸡蛋和面粉是森特勒利亚地区的常见低价领导者商品。

图表 5　　森特勒利亚的典型超市中 100 美元如何消费　　单位：美元

易腐食品		49.67
鲜肉、家禽、海鲜	14.32	
蛋	9.70	
奶制品	9.08	
冷冻食品	6.95	
熟食	3.38	
面包和烤烤食品	3.15	
店内自烤面包	2.14	
其他	0.95	
食品杂货		30.95
饮料	10.71	
主食	8.44	
休闲食品	6.39	
杂货	5.41	
非食品类百货		8.77
健康美容护理		3.72
日常用品		3.45
药品		2.49
未分类		0.95
		100.00

资料来源：Company records.

北费尔维尤店 建于1975年的北费尔维尤店是在森特勒利亚的三个Superior超市中历史最久的一个。在1990年和1995年对该店进行了一定的改善,包括一些新的柜台和新的冰箱。该店距离Missouri Mart不到两个街区。大约20%的北费尔维尤顾客来自居住在森特勒利亚之外的人。这些顾客大多数居住于距离商店3 000～4 000米的地区。

西大街店 位于西大街的Superior店在1977年开业。在1992年做了一些改善,包括增加了一些冷冻食品和日用商品,并且增加了一些新的柜台。2002年增加了一个"小型熟食店"作为一个小小的革新。该熟食店加工在自己店中和北费尔维尤店和南普罗斯派克特店所销售的食品。

有两个竞争者(Harrison's和Grand American)是跨街区的。即使每一个都是强有力的竞争对手,Hall Consolidated的执行者认为,西大街店吸引了店面南部区域的大部分顾客,Harrison's和Grand American吸引了该区域较少的客户。大约22%的西大街店的销售额来自居住在城外的人。

南普罗斯派克特店 南普罗斯派克特店在1982年建成,在2000年做了一些改善。没有主要竞争者位于该店附近。南普罗斯派克特店拥有三个店面中唯一一家预订面包店,每天给其他商店分销。公司管理者认为,这家面包店提供比其他专门的零售面包店更高质量但是较少种类的食品。大约23%的销售额来自居住在森特勒利亚之外的人。

顾客调查行动

2002年年中,Hall Consolidated委托一家独立的市场调查公司对森特勒利亚的三家Superior店进行一系列的调查。为这些调查提出了两个目标。首先,Hall Consolidated的执行者寻找开发一个最新的Superior购物者的形象,确定这些顾客的购物行为,这个信息将用于做商店商品和革新的决定。其次,执行者希望询问顾客对于Superior店的喜好,这将揭示出这些店的具体形象。公司高层从2000年就开始讨论商店形象的问题,当时一个公司的细节调查显示出森特勒利亚的店因为缺乏一个很强的顾客形象而没能达到全年销售额和利润期望。

第一个研究由400个森特勒利亚居民的电话调查组成,这些人被要求阐述Superior,Missouri Mart,Grand American和Harrison's的重点。超过30%的被调查者认为,Superior的价格超过平均水平。相对地,有20%的被调查者认为Missouri Mart和Grand American的价格低于平均水平,Harrison's拥有最低的价格。该研究的其他结果见图表6。

图表6　　　　　森特勒利亚的主要食品店的特点(%)

特性	Grand American	Harrison's	Superior	Missouri Mart	Don't Know	总计
价格最合理	11	36	7	34	12	100
最便利	18	21	35	25	1	100
肉类质量最好	20	27	18	11	24	100

续前表

特性	Grand American	Harrison's	Superior	Missouri Mart	Don't Know	总计
肉的种类最全	22	25	20	18	15	100
产品质量最佳	24	35	21	11	9	100
产品种类最多	24	30	14	18	14	100
最佳商店服务	12	30	28	13	17	100
罐装食品质量	12	24	14	14	26	100
总体种类最好	6	8	2	74	10	100
最佳商店陈设	27	24	14	9	26	100
最佳自烤面包	5	20	25	5	45	100
最佳熟食	5	9	9	2	75	100

资料来源：Company records.

第二个研究在森特勒利亚招募了两组人讨论选择和光顾食品店的不同方面的问题。他们讨论的概要如下：

价格 价格是最主要的商店选择因素。讨论认为，对杂货食品来说，在森特勒利亚的商店拥有同样的全国性品牌商品，并且商店自有品牌的质量也相近。大家认为Harrison's拥有最好的整体价格。

肉类 24个参与讨论人员中有20个人认为，肉类质量是选择和光顾食品店的第二要素。他们喜欢看到肉食部的整洁。肉类食品的陈列也是一个重要的考虑因素。人们认为Harrison's拥有最高质和多品种的肉类。Missouri Mart的肉类评分最低。

农产品 继肉类之后，农产品的质量、种类和陈列成为选择和光顾食品店的决定性因素。参与讨论人员将农产品的质量（和肉类质量）等同于商店形象的质量。Harrison's是森特勒利亚的"农产品之店"。Missouri Mart在农产品的质量、种类和陈列上位列最低。

购物的便利性 参与讨论人员趋向于认为购物便利性是第四要素。便利性包括车进出商店的容易度，结账的速度，打包服务，整齐和有序的柜台，店员的友善性。离家或单位近似乎也是很重要的，尤其是对时间紧迫的购物族。

综合商店 参与讨论人员一般对食品店的种类感兴趣。他们平均一周购买两次食物。一次是主要食品购买，一次是补充购买。他们通常要在一家以上的店购物。

Missouri Mart店 喜欢Missouri Mart的参与讨论人员的典型议论是："假如你在Missouri Mart购物，你一定会超出你的预算，因为有太多的东西要购买。"但是，他们不喜欢Missouri Mart的服务，也不在乎肉的质量。

Grand American店 大多数关于Grand American的评论是中性或否定的。参与讨论人员说，Grand American经常缺货并且经常与广告不符。根据一些参与讨论人员所述，Grand American广告的特价商品往往不是特价。

Harrison's店 Harrison's赢得了与Missouri Mart的价格战。人们认为Harrison's拥有最好的价格、礼貌、商品的质量和服务。参与讨论人员相信Harrison's的"节约总额"的广告。

Superior（整体） Superior似乎是商店便利性的赢家。从森特勒利亚各地来的参与讨论人员认为Superior是一家很好的邻居商店。因为高的食品、肉类和农产品价格，人们质疑"Superior超市＝超级价值"的广告。

第三个研究是对 Superior 三家店里的 587 位顾客的个人调查。顾客被要求回答调查者提出的一些问题和对店的陈述。对各问题的回答见图表 7，为三家店的汇总。

图表 7　　　　　　　　　　Superior 超市购物者评价结果（％）

	南普罗斯派克特店	西大街店	北费尔维尤店	整体
顾客年龄（岁）				
65 及以上	7.5	16.8	9.7	10.7
64～50	13.7	25.5	28.0	21.6
49～35	33.0	35.8	33.1	33.8
34～25	18.9	15.3	24.0	19.7
24～18	21.2	6.6	4.0	11.6
18 岁以下及无应答者	5.7	0	1.2	2.6
每户平均人口	2.6	1.9	1.9	2.1
光顾商店频率				
每周 4 次	18.1	11.7	9.7	13.4
每周 3 次	19.9	21.2	22.7	21.2
每周 2 次	28.2	38.0	40.0	35.0
每周 1 次	10.6	11.2	9.2	10.3
每月 3 次	0.9	1.7	5.4	2.6
每月 2 次	6.0	4.5	7.0	5.9
每月 1 次	9.7	8.9	5.4	8.1
其他	6.5	2.8	0.5	3.5
光顾年限				
少于 1 年	11.4	10.0	7.1	7.6
1～3 年	19.3	8.8	8.0	12.5
3 年及以上	69.3	81.2	84.9	77.9
购买的总体食物需求比例				
几乎全部	13.0	12.4	24.4	17.0
约 3/4	18.8	14.1	13.3	15.0
约 1/2	50.0	58.2	47.2	51.7
约 1/4～1/2	6.7	7.9	7.2	7.1
少于 1/4	11.5	7.3	7.8	9.2
光顾的超市部门				
杂货、肉类、蛋类	22.5	17.4	30.2	23.4
杂货、肉类	10.7	10.4	13.6	11.5
杂货、蛋类	11.2	7.3	5.4	8.2
肉类、蛋类	6.5	3.7	2.2	4.3
杂货	33.5	45.1	32.2	36.9
肉类	1.4	2.4	4.3	2.7

续前表

	南普罗斯派克特店	西大街店	北费尔维尤店	整体
蛋类	0.9	3.7	2.7	2.3
一般商品，包括				
健康/美容品类	15.2	9.2	7.5	10.9
冷冻食品	22.4	20.8	28.5	23.9
奶类	39.6	37.6	49.7	42.3
面包/熟食	23.3	22.4	29.1	24.9
经常光顾的其他商店				
Grand American	7.6	7.8	4.9	6.8
Harrison's	30.8	40.8	16.8	29.5
Missouri Mart	29.0	22.1	43.8	31.6
Superior	0.6	0.6	—	0.4
Independent 1	5.8	—	0.6	2.2
Independent 2	4.7	0.6	3.7	1.8
其他	3.5	3.0	0.1	3.4
无	18.0	15.0	30.1	14.3
最中意其他商店的因素				
普通商店				
价格	33.8	29.5	19.5	27.0
肉类	8.8	22.7	7.8	11.6
蛋类	10.3	9.1	6.5	8.5
位置	10.3	9.1	5.2	7.9
其他回答	36.8	29.6	61.0	45.0

（无一种类占总数的比例超过 7%）

资料来源：Company records.

对于 Superior 的评论，购物者强调需要更低价位和更多的品种。购物者建议，日常用品区应该更干净一些，肉类价格应该更低一些，烘烤类食品的品种要更多一些，自有品牌的缺货情况应弥补，农产品的质量和新鲜程度要加强。关于 Superior 形象的问题得到各种不同的回答。外观和整齐度、友善性、服务和到家或工作单位的便利性受到较多好评。

季度讨论会议

詹姆斯·艾利斯马上召集了这次季度讨论会议，当在参与人之间交换了意见之后，对兰德尔·约翰逊的第三区的 15 家店的表现进行了讨论。除了在密苏里州的森特勒利亚的三家 Superior 超市，所有的店都达到了预定的季度销售额、毛利润率、费用和利润指标。森特勒利亚的三家店在销售额上有 1% 的负差额。由于商店的混合经营增加了高边际毛利润类商品（食品、日用品和面包/熟食）的百分比，这就增加了商店的边际毛利润的百分比。微高的边际毛利润百分比再加上相对低的费用，使得边际净利润略低于 1%——2003 年第 1 季度的预算为 1% 的边际净利润。另外，顾客对这三个店的评价要比 2002 年第 1 季度高，总的来说，第三区的经营达到了期望水平。

每天低价的讨论

接着第三区的季度经营的回顾，讨论转向兰德尔·约翰逊提出的在密苏里州的森特勒利亚实行天天低价策略。他向詹姆斯·艾利斯重申了备忘录中的观点：(1) 在当时购物者的价格观念中，Superior 的价格要比竞争者的高。(2) 因为价格差异，Superior 可能会失去在森特勒利亚的市场份额。第 1 季度，森特勒利亚的销售额比预定的销售额目标低了 3%。这样，接续 2002 年第 4 季度略显的端倪，"预示了一种趋势"。约翰逊说："我们有丢掉在森特勒利亚第二大超市（根据市场份额）地位的风险。"

Hall Consolidated 在三个连锁店中规划较好的市场地区选择性地实行了天天低价策略。根据 Hall Consolidated 的零售业务的副总裁所述：

我们的天天低价策略是很成功的。当应用于更大的范围时应再加上广告效应，它将更为出色。我们还发现，实行天天低价策略后，我们不再需要在贸易领域成为最低价超市。天天低价策略应该在贸易区域的每一个店实行，除非我们质疑自己的商店形象或位置。简单来说，我认为我们需要仔细研究一下近期的顾客调查，找出我们在森特勒利亚的位置和天天低价策略是如何改变我们的形象的。

Superior 超市的主管指出，天天低价策略在降低运营成本的竞争力。他说：

天天低价策略从两个方面降低我们的运营成本。根据稳定的、可预知的需求，它能降低我们的存货和管理费用。因为有较少的频繁短期价格削减，它也可以降低我们的劳动成本。根据我们的经验，因为更低的存货和管理费用，我们可以获得另外的 50 个基点（销售收入的 0.5%）。因为要对商品、柜台标签再标价，包含的人工费用，花费我们 60 个基点（销售收入的 0.6%），这个在实行了天天低价策略后可以削减。任何一项节约都可以增加我们的边际毛利润。

兰德尔·约翰逊补充说："我们可以使用这些节余来为我们的天天低价策略做广告。"每个人都同意这个看法。

执行天天低价策略的考虑

"我们不要匆忙决定采用天天低价策略，"詹姆斯·艾利斯说，"我们还有一些事情需要考虑，而不仅仅是如何实行的问题。"

所有的执行官都认识到 Superior 超市被"超市购物者认为在森特勒利亚拥有最高价位"的说法。每一个人都同意，很少有购物者会比较商店的具体商品和某类商品价格。就算是价格的观念存在，这也取决于不同的产品类别。先前的公司顾客调查指出，购物者只是对他们经常购买的商品有一个相对较好的价格观念。举例来说，年轻的父母对婴儿食品和尿布有较强的价格观念。当这些有价格观念的顾客看到广告或店里的商品时，能指出吸引（低）或不吸引（高）价位并且对发现"划算的商品"很在行。

"当我们考虑使用天天低价策略时，我们不得不考虑是否要在我们所有类别的商品中实行该策略还是只在部分商品中实行。"詹姆斯·艾利斯说。兰德尔·约翰逊倾向于在所有商品中使用，指出对顾客认知的影响会更大一些。零售业务的副总裁从运营角度分析，倾向于在食品（包括日用品）、季节和常用商品（包括健康和美容产品）

中实行天天低价策略。超市主管说："我们更乐意在这些类别的商品中实行天天低价策略来节约成本而不是其他部分。这些类别代表了 Superior 在森特勒利亚销售收入的 57％，这些类别上的天天低价策略可以传达出我们所追求的形象。"

詹姆斯·艾利斯继续说："另一个需要考虑的问题是价格本身。我们应该降低多少价格？"对超市竞争对象的市场调查指出，Superior 超市的价格要比 Harrison's 高 10％，比 Grand American 和 Missouri Mart 高 7％。兰德尔·约翰逊说："存在这样一种情况，Grand American 或 Missouri Mart 会给天天低价商品一个较大的折扣。"所有的 Hall Consolidated 的执行官都认为 Superior 的价格不能比 Harrison's 更低，并且有人建议说继续在森特勒利亚的 Superior 做同样的事情是很不明智的。

就在这时，电话铃响了。艾利斯被告知安排好的他与第二区经理的会议他要迟到了。"兰德尔，我答应你，我们会就你的天天低价策略给出一个答复。"然后，在会议结束时，他说："今天早晨我们已经取得了一些进展，但我认为这件事还要进一步考虑。明天早上我们会再次开会。同时，我们都需要努力认清森特勒利亚的情况，考虑我们在市场上的地位，并就如何开展下一步达成共识。"

[注释]

[1] 在天天低价策略下，零售商不提供或只提供很少的价格折扣，每天对商品收取不变的较低的价格。这一做法与高-低价格策略不同。对于后者，零售商每天都收取较高的价格，但会开展频繁的促销，尤其是对一些选定的商品提供很大的价格折扣。

案例 8—3　　　　宝威公司：叠氮胸苷*

我认为宝威公司（Burroughs Wellcome）非常渴望尽快收回投资，因为太阳不会永远照耀着。[1]

——Project Inform（一家艾滋病治疗信息机构）的共同创办人（1987 年）

一旦这种药品在市场上脱销，该公司就控制了其定价。[2]

——乔治·斯坦利（George Stanley）博士，美国食品和药品管理局（1987 年）

为使每个有需要的人都能获得 AZT，宝威必须放弃大量的金钱利益。[3]

——全美同性恋工作组（National Gay and Lesbian Task Force）执行主任（1989 年）

没有计划进行另一次降价。[4]

——阿尔弗雷德·谢帕德（Alfred Sheppard）爵士，威康公司（Wellcome PLC）董事会主席（1989 年）

---

* This case was prepared by Professor Roger A. Kerin, of the Edwin L. Cox School of Business, Southern Methodist University, with the assistance of Angla Bullard, graduate student, as a basis for class discussion and is not designed to illustrate effective or ineffective handing of an administrative situation. The case was prepared from published sources. Quotes, statistics, and published operation information are footnoted for reference purposes. Copyright © 1995 by Roger A. Kerin. No part of this case may be reproduced without the written permission of the copyright holder.

1990年1月，宝威公司的经理不断受到要求降低叠氮胸苷价格的压力。叠氮胸苷牌齐夫多定是一种名叫叠氮胸苷嘧啶（AZT）的药物的商标名称，这种药物已被发现在艾滋病（AIDS）和艾滋病相关症（ARC）的治疗中是有效的。艾滋病是由能攻击人体免疫系统并破坏其抗感染能力的病毒引起的疾病。没有一个有效的免疫系统，人体就容易受到病毒、细菌等的感染并引起危及生命的疾病，如癌症等。艾滋病是由1983年发现的HIV病毒引起的。AZT被认为是一种能阻碍HIV复制的抗病毒药物。尽管如此，AZT也只是一种治疗而非治愈艾滋病的药物。

1987年，宝威公司得到美国食品和药品管理局（FDA）的批准，销售叠氮胸苷。直至1990年，这是唯一获准的治疗艾滋病的药物。1987年3月19日，宝威公司获准按处方销售叠氮胸苷后不久就卷入了有关这种药物价格的争论之中。批评者指出，把这种药物以每粒100毫克的100粒胶囊188美元的价格卖给批发商的宝威公司在"高度脆弱的市场"中从事价格敲诈活动。该公司的总裁海格勒（T. E. Haigler）回应说，高价格是由于"这种药物的市场不明确，可能出现新的疗法，以及利润通常来源于重要的新药物"。[5]

尽管如此，1987年12月，宝威公司将这种药物的价格调低20%，并且于1989年9月再一次下调20%。就在1989年降价之前，美国众议院健康与环境委员会（Health and the Environment of the U. S. House of Representatives）发起了一个针对叠氮胸苷可能的"不合理"定价的调查。宝威公司在1989年宣布该药品降价不久，该委员会的主席说这是"一个良好的开端，但我认为应能做得更好"。[6] 1989年11月，宝威公司的母公司威康公司的主席说："没有计划进行另一次降价。"[7] 但是，降价的压力依然存在。

获得性免疫缺损综合征

获得性免疫缺损综合征可追溯到1959年存放在非洲中部扎伊尔的一个血清样本（见图表1）。但直到1982年，位于佐治亚州亚特兰大的疾病控制和预防中心才首次记录了这种疾病，并警告这种疾病能通过血液和精液传播。1983年和1984年，法国和美国的科学家分离出被怀疑是引起获得性免疫缺损综合征的病毒。后来在1988年这种病毒被命名为HIV。HIV是能在细胞的DNA中形成一条额外链条的逆转录病毒。HIV控制并最终破坏F_4细胞。F_4细胞是人体抵抗外来病毒侵袭的免疫系统中一个重要的组成部分，缺少了F_4细胞，人就会死于各种疾病。HIV的发现是一个重要突破，特别是在1984年之前，科学界不能证实诸如HIV之类的逆转录病毒会引起疾病。

图表1　　艾滋病年表（1959—1990年）

1959年	存放在中部非洲国家扎伊尔的血清样本。1986年重新检验这批样本，医生发现其已受到HIV感染。
1978年	医生断定纽约的一个小孩直接死于免疫系统缺损。
1981年	疾病控制中心（CDC）报告了数例男同性恋者免疫系统缺损并引起感染疾病和癌症的案例。
1982年	CDC把这种"神秘的疾病"称为获得性免疫缺损综合征（艾滋病），并警告它会通过诸如血液和精液之类的体液传播病毒。
1983年	法国巴黎Pasteur研究院的科学家分离出一种怀疑是引起艾滋病的病毒。

1984 年	美国研究人员识别出与法国科学家分离出的相同的能引起艾滋病的病毒。
1985 年	一个实验被批准,以检测血液里引发艾滋病的病毒。
1986 年	引发艾滋病的病毒被命名为人类免疫缺损病毒(HIV)。
1987 年	FDA 批准销售 AZT,这是一种能减缓艾滋病和艾滋病相关症状的药物。
1988—1990 年	在医学界致力于寻找治愈艾滋病的方法的时候,艾滋病的死亡个案一直在增加。

☐ HIV 和艾滋病的个案及费用

追踪和预测 HIV 和艾滋病的个案及费用的努力始于 1986 年。研究集中在鉴别高度危险的个人,判断这种疾病的地理集中区域并估计传染的人数。[8]研究发现,几乎 90% 的艾滋病受害者是同性恋者及静脉注射毒品的人。所有已报告的艾滋病案例中,有 50% 发生在旧金山、迈阿密、纽约、洛杉矶和休斯敦等都市区。

追踪和预测艾滋病个案及 HIV 感染病例已证明是很困难的。疾病控制和防治中心(CDCP)在 1984 年报告了 5 992 个艾滋病案例,在 1989 年则提供了 35 198 个个案。据估计,根据不同的估计方法,感染 HIV 的美国人有 80 万~130 万人左右。1981—1989 年发生的个案见图表 2。艾滋病病人的死亡率在 1981 年和 1989 年分别为 91% 和 46%。

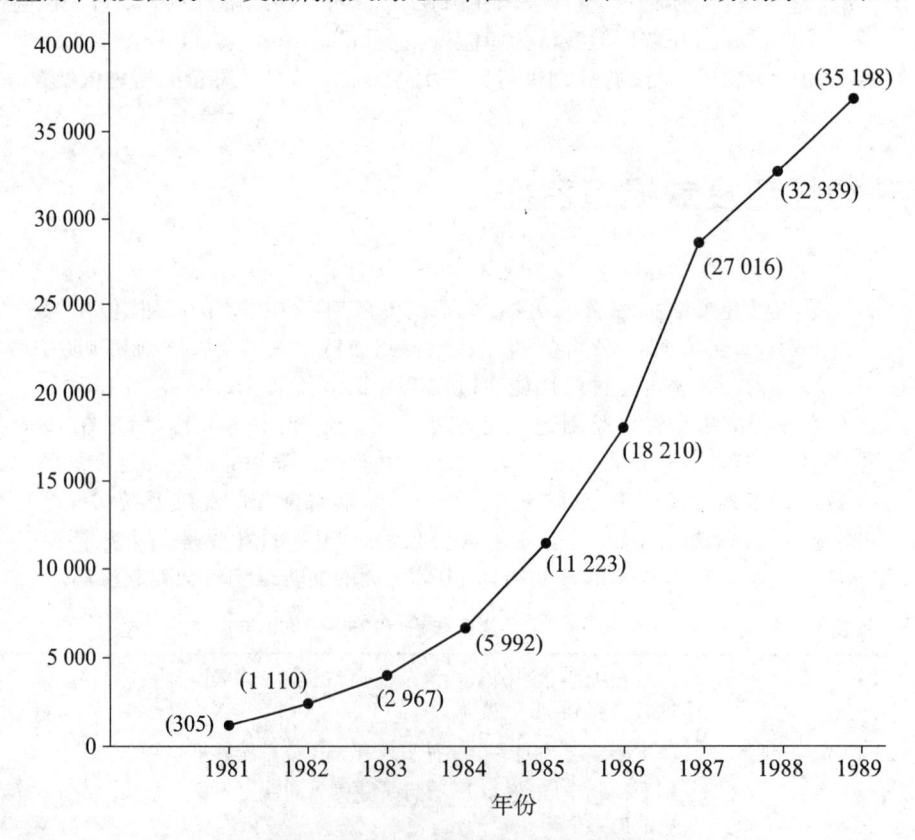

图表 2 1981—1989 年艾滋病案例

资料来源:Based on Centers for Disease Control and Prevention, "HIV/AIDS Surveillance Report" (U. S. Department of Health and Human Services, Public Health Services: December 1990).

治疗艾滋病的费用是非常昂贵的。根据国际知名的研究组织兰德公司（Rand Corporation）的研究报告，艾滋病患者一生的医药费在 7 万～14.1 万美元之间。相比之下，治疗食道癌患者一生的费用是 4.7 万美元，白血病患者 2.9 万美元，至于心脏病患者则为 6.7 万美元。

估计有 40% 的艾滋病病人接受医疗救助计划（Medicaid Program）资助的治疗。该项目由健康卫生财政管理局（Health Care Financing Administration）负责，并由联邦政府（55%）和地方政府（45%）共同注资。1988 年，估计由医疗救助计划提供的每年用在艾滋病治疗方面的费用为 7 亿～7.5 亿美元，1992 年则估计达到 24 亿美元。另外，私人保险机构每年用于与艾滋病有关的药费也有 2.5 亿美元。

抗 HIV 的药物治疗

20 世纪 80 年代中期成功识别出 HIV 促使大量的医药公司研究抗病毒药物。宝威走在前面，部分是因为其抗病毒药物的超前发展。除了宝威提供的 AZT 之外，其他复合疗法正处于开发和商业化阶段。[9] 有一种抗病毒药物在 FDA 有条件的同意下可以使用，并且当病人对 AZT 产生副作用时也能使用，这种 Bristol Myers 公司生产的名为 DDI 的抗病毒药物能显著抑制 HIV 的复制并减缓其破坏程度。DDI 是美国癌症研究中心首次研究的用于治疗艾滋病的药物。就像 AZT 一样，它能干扰受 HIV 感染的细胞产生新病毒的能力，并减缓其程度，但不能根除。DDI 相对于 AZT 而言主要的优点是副作用较少。Hoffman-LaRoche 公司开发的 DDC 于 1989 年进行了临床试验。由 Glaxo 公司和 Triton Biosciences 公司等生产的其他同类药物也进行了检测。行业分析家相信，1991 年将会有更多这类药物获得 FDA 的批准以处方销售。

宝威公司

宝威是一家总部位于伦敦的英国公司威康公司在美国的子公司。[10] 威康公司是一家在 18 个国家进行生产经营并有雇员 20 000 人的跨国公司。该公司近 18% 的员工从事研究开发工作，占 1989 年总收入 89% 的主营业务是人类健康保护产品，包括以处方和非处方销售的。两种以处方销售的占人类健康保护品收入 34% 的产品是阿昔洛韦和叠氮胸苷。阿昔洛韦是用于治疗疱疹感染的药物，是公司销量最大的产品，1989 年销售额达 4.92 亿美元。叠氮胸苷是第二大销量的产品，同年销售额为 2.25 亿美元。另外，该公司还销售两种非处方感冒药：Actifed 和 Sudafed。这两种产品每年的销售额共 2.53 亿美元。威康公司生产的动物保健产品占公司收入的 11%，不过这部分产品在 1989 年下半年被放弃了。

北美以年销售额 9.97 亿美元的业绩成为威康公司的最大市场，其中美国的营业额约为威康公司全球营业额的 42%，而英国则是第二大市场并占全球营业额的大约 10%。

威康公司在 1987 财政年度总收入为 17.5 亿美元，税前净收入为 2.621 亿美元。1989 财政年度（财政年度止于 1989 年 8 月 31 日）总收入和税前净收入分别为 21 亿美元和 4.75 亿美元。[11] 威康公司 1987—1989 财政年度的财务和经营数据见图表 3。

图表 4 是美国医药业其他主要厂商的相应统计数据。威康公司自 1985 财政年度以来的销售和净收入增长情况如下：

财年	销售增长率（%）	净收入增长率（%）
1985—1986	0.2	7.2
1986—1987	12.6	47.3
1987—1988	10.4	35.1
1988—1989	12.6	42.9

图表 3　　　　威康公司部分财务和经营比率（%）

	财政年度[a]		
	1989 年	1988 年	1987 年
财务比率			
毛利润率（毛利/销售额）	70.6	68.1	67.5
销售回报率（税前净收入/销售额）	20.0	17.7	14.9
资产回报率（税前净收入/总资产）	20.0	18.0	15.0
权益回报率（税前净收入/普通权益）	35.0	36.0	32.0
经营比率			
研发费用/销售额	13.4	13.1	12.6
促销、一般和行政费用/销售额	36.9	36.5	39.2

注：a. 财政年度截止于 8 月 31 日。
资料来源：Wellcome PLC annual reports.

图表 4　　　　1989 年美国医药公司财务和经营比率（%）

	医药公司					
	Schering-Merck & Co.	Pfizer, Inc.	Abbott Labs	Upjohn	Plough	Eli Lilly
财务比率[a]						
毛利润率	76.3	63.6	52.5	69.8	73.8	69.9
销售回报率	34.8	16.2	22.2	15.8	20.4	31.9
资产回报率	33.8	11.0	24.6	14.2	17.9	22.7
权益回报率	64.9	20.2	43.8	26.5	33.0	35.4
经营比率						
研发费用/销售额	11.5	9.4	9.3	14.0	10.3	14.5
促销、一般和行政费用/销售额	30.7	37.2	20.5	40.3	42.3	27.5

注：a. 比率的定义见图表 3。
资料来源：Company annual reports.

叠氮胸苷的开发

宝威的艾滋病研究计划始于 1984 年 6 月，目的是广泛寻找潜在的药物资源。据病毒研究权威人士菲利普·富曼（Philip Furman）说："我们复查过所有的已知抗病毒药物，以免重复工作。"[12]

☐ 实验室试验

宝威的科学家在5个月的时间里试验了数百种化合物，但证明都是不可行的。1984年11月，科学家在试验中发现AZT能抑制动物的病毒。1964年，一位研究人员在密歇根癌症基金会（Michigan Cancer Foundation）实验室合成了AZT。AZT曾被认为是有效治疗癌症的药物，但经过研究，它在抗癌方面是没有潜力的。20世纪80年代早期，宝威的科学家在寻找有效的抗病毒感染的化合物的研究中再次合成了AZT。这次研究提供了有关这种化合物抗细菌活性和它的毒性以及用于试验的动物新陈代谢的信息，但并没有进行进一步的研究。这种药物一直到1984年被认为有助于治疗艾滋病后才重新进行试验（见图表5）。

图表5　　叠氮胸苷开发的重大事件（1984—1990年）

1984年6月	宝威开始执行艾滋病研究计划以寻找能有效抗击HIV的药物。
1984年11月	宝威的科学家发现AZT在抗艾滋病方面可能有效。
1985年春	AZT抗HIV的活性在杜克大学、FDA和美国癌症研究中心（NCI）的实验室里被证实。宝威这次要求的鉴定工作是以被编上号码的样本来进行的，没有向外界透露这些样本的化学特性。
1985年春	宝威继续进行AZT的毒物学和药物学试验，也开始加大药物的合成量，因为还没有生产出超过试验使用量的化合物。
1985年6月	FDA允许宝威开始在人身上进行AZT的临床试验。
1985年7月	AZT被定为治疗艾滋病的"指定药品"（当受感染的人数不足20万时的一个命名）。
1985年7月	宝威开始了同NCI和杜克大学第一阶段的合作研究，以评估AZT在人身上的安全性和耐久性。
1985年12月	据第一阶段研究记录，最终有40名患者和来自NCI等的研究人员参加试验，而患者的反应是令人鼓舞的。
1986年2月	宝威开始实行由其独立注资的在12个研究所进行的第二阶段研究工作，最终有281名患者参加此项研究。
1986年9月	当一个由独立数据安全与监察委员会所作的报告显示使用AZT治疗的患者比使用安慰剂的患者死亡率更低时，第二阶段的研究工作停止。
1986年10月	宝威，NCI和FDA建立了一个治疗新药调查（IND）计划，以作为在获得FDA批准之前提供更广的使用AZT机会的一种手段。
1986年12月	宝威向FDA递交了新产品申请书。
1987年3月	FDA宣布AZT为治疗早期艾滋病相关症和艾滋病的药物。
1988年2月	基于公司科学家的创新性工作，宝威被批准拥有使用叠氮胸苷治疗艾滋病的专利。
1989年8月	控制临床试验表明，某些早期感染HIV的有症状和无症状的患者能从使用叠氮胸苷中获益，并且副作用较少或没有。
1989年10月	宝威建立了一个儿童IND项目，以在获得FDA批准之前为适于治疗的小孩提供更广的使用叠氮胸苷的机会。
1990年1月	FDA宣布了经修改的用叠氮胸苷治疗严重HIV感染者的剂量标准。

资料来源：Abridged from a Burroughs Wellcome news release. "Retrovir Milestones," dated December 13, 1990.

宝威的科学家经过实验室试验后，50 个编上号码的包括 AZT 的化合物被送到杜克大学、美国癌症研究中心（NCI）和 FDA，以进行独立的试验来评估这些化合物抗人类病毒的体外活性。[13] 1985 年年初，这些试验显示 AZT 在试管里能主动抗击 HIV。1985 年春，公司进一步进行了临床前的毒物学和药物学试验。与此同时，也开始按比例增加药物的合成量以便进行 HIV 患者的临床试验工作。1985 年 6 月 14 日，宝威向 FDA 递交了一份申请书，以获得这种化合物能使用在少数严重艾滋病和艾滋病相关症患者身上的 IND 地位。一周后，FDA 通知宝威其提交的数据足以开始进行人体临床试验。

人体试验

1985 年 7 月 3 日，在马里兰州贝塞斯达的美国健康研究院（NIH），叠氮胸苷首次使用于患者身上。按宝威与 NCI、杜克大学、迈阿密大学和加州大学洛杉矶分校的科学家签订的协议进行的第一阶段的研究包括 40 名感染 HIV 的患者。第一阶段测试的目的是判定叠氮胸苷是如何作用于人体的，其适当的剂量是多少，及其可能的反作用或副作用。初始的效果是令人鼓舞的，一些病人有好转的迹象，包括自我感觉日益良好，体重增加，及在各种免疫功能测试中出现积极的变化。然而，随着进一步治疗，在某些使用高剂量药物的病人中红血球和白血球细胞减少了。

1986 年年初，宝威获得了叠氮胸苷进行进一步人体测试的充足数据。现在需要的是证明这种药物能为艾滋病和艾滋病相关症患者提供有用的治疗。执行第二阶段的试验需要更多的志愿者和用作比较的其他试验对象。1986 年 2 月 18 日，由宝威组织和资助的控制试验开始了，共有 281 名患者参加。这次试验向在过敏和感染疾病美国研究院（NIAID）资助下召集的专家委员会提供了定期检查的数据。如果使用安慰剂组或药物治疗组分别感觉很好或很差，就无须继续试验，这个试验就可停止。

与此同时，医学界和公众都已获悉第二阶段试验已开始。随着这项试验的知名度越来越高，艾滋病患者支持组织对于冗长乏味而且是不必要的试验过程显得不耐烦了。它们开始指控宝威和 FDA 拖延这种药物的使用。它们认为，阻止对艾滋病患者进行可能的有效治疗是残忍的和不人道的，而使用安慰剂也是不人道的。宝威的副总裁和研发部主任大卫·巴里（David Barry）为这个试验辩解并声称：“如果安慰剂检验过程被删除，将会破坏已经制定的最现代化和最快速的临床研究计划。”[14]

1986 年 9 月，检察委员会建议终止使用安慰剂的试验。数据分析表明，接受叠氮胸苷治疗的病人在平均 6 个月内的死亡率大大降低了。当试验结束的时候，在 137 个使用安慰剂的病人中有 19 个死亡，而在使用叠氮胸苷的病人中只有 1 个死亡，同时也降低了受 HIV 感染的个案。在第一阶段试验中所注意到的体重增加、免疫力加强和自理能力提高等都得到了证实。然而，第二阶段试验的患者也出现了与先前报告相类似的副作用。由于不再适宜拖延对使用安慰剂患者进行药物治疗，在 FDA 的同意下，所有先前使用安慰剂的患者都接受了叠氮胸苷的治疗。

扩大该药品的销售意味着公司必须拥有大量胸苷的供应，这是一种来自鲱鱼精液的生物化学物，是 AZT 的重要原料。1986 年，全世界胸苷的供应量为 25 磅。意识到供应的胸苷会很快耗尽，并且要花数月的时间和 20 次的化学反应才能制造出这种原料，宝威的技术开发部主管开始在全球范围寻找胸苷的供应商。这次搜寻选中了辉瑞公司在德国的一家子公司。辉瑞公司的总部设在纽约，曾于 20 世纪 60 年代生产胸苷。宝威要求这家公司大量生产胸苷。

1987 年 3 月，FDA 批准叠氮胸苷作为有症状 HIV 感染患者的治疗药品。对这些患者，这种药品在临床试验中显示是有效的。虽然没有确凿的数据，但估计在美国有大约 5 万人有 HIV 感染症状。对有症状 HIV 感染患者建议的剂量是每天 12 粒 100 毫克的胶囊，即每天 1 200 毫克。

研究开发费用

据行业分析家估计，与叠氮胸苷有关的直接研发费用大约为 5 000 万美元。[15] 这个费用水平被认为是较低的，因为在美国研究一种新药品的典型费用是 1.25 亿美元。的确，在过去 5 年中，在叠氮胸苷还未得到批准和取得商业成功之前，威康公司在 12 种新药品的开发上已花去了 7.26 亿美元。然而，如果把不生产叠氮胸苷的新工厂和设备的费用考虑进去之后，总的研发费用估计为 8 000 万～1 亿美元。另外，公司还免费向 4 500 名艾滋病患者提供了相当于 1 000 万美元的药品，以及向美国健康研究院的艾滋病临床试验免费提供了 1 000 公斤 AZT。

宝威的研发成果得益于 AZT 在 1985 年依据 1983 年制定的《指定药品法案》（Orphan Drug Act）而被定为"指定药品"。该法案适用于治疗 20 万名或少些患者的药品，给这些药品的供应商特殊优惠待遇。例如，把叠氮胸苷定为"稀有药物"，在这种药品进入商业生产、享受税收优惠和政府的临床试验津贴后，还可获得 7 年的市场垄断权。

叠氮胸苷的营销

1987 年 3 月，由于叠氮胸苷的供应短缺，药品初期的分销受到一些限制。后来公司成立了一个专门的分销系统，以确保患者能够获得这种药品。这种分销系统一直维持到 1987 年 9 月。当药品的供应充足时，扩展的分销渠道是可行的。

1987 年 3 月，叠氮胸苷的最初批发定价是每 100 粒 100 毫克胶囊 188 美元。考虑到批发商和药房合计 5%～20% 的毛利，这一价格水平意味着，一位艾滋病患者使用这种药物年花费在 8 528～9 745 美元。公众、媒体和艾滋病患者支持组织对价格的公正性提出质疑。他们要求降低价格或由联邦政府提供补贴。批评者指出，相比之下一种抗癌药每年的花费仅仅是 5 000 美元。一个艾滋病治疗信息机构 Project Inform 的共同创办人说："我认为宝威非常渴望尽快收回资金，因为太阳不是永远照耀着的。"[16] 后来，国会举行的听证会导致了健康和环境委员会的主席指责宝威"期望那些想买这种药品的人有法弄到钱"，或者让政府介入，向那些没能力购买药品的人提供补贴。[17] 而国会随后建立了一个 3 亿美元的紧急基金，资助那些没能力购买 AZT 的艾滋病患者。[18]

公司的高层管理者承认定价是很困难的。据某高层管理者说："我们不知道市场需求是多少，也不知道怎样大量制造，以及什么样的竞争产品将在市场上出现。我们根本就没有办法找到答案。"而另一个公司高层管理者说："我想，我们假定由病人或第三者以某种方式支付药费。我们真的不想对此考虑太多。"[19]

1987 年 12 月 15 日，叠氮胸苷的价格下调了 20%。公司宣布降价是由于生产成本的节约和人造胸苷的供应增加。1988—1989 年，该公司继续进行 AZT 的研究，其中包括对感染 HIV 的儿童的治疗。1989 年 8 月，研究显示叠氮胸苷对推迟 HIV 感染人群艾滋病的发病有积极的效果。这一发现使这种药品的使用者增加到 60 万～100 万人。（然而，资料显示只有不到一半的感染 HIV 患者被检测出来和被告知他们的情况因此而寻求治疗。）预计，FDA 将在 1990 年 3 月批准向更多的这类人群销售叠氮胸苷。

由于认识到存在更多的潜在患者和预期会有规模经济性，宝威公司将叠氮胸苷的价格于 1989 年 9 月再次下调 20%。关于这次价格下调，宝威的 1989 年度报告写道：

> 在考虑降价的过程中，我们仔细权衡了很多因素。这些因素包括我们对病人和股东的责任，市场上仍然存在的不确定因素，以及继续进行研发工作的资金需要。[20]

新的批发价是每 100 粒 100 毫克胶囊 120 美元，零售价大约为 150 美元。行业分析家估计每个胶囊的直接生产和销售费用是 30～50 美分。[21]

叠氮胸苷的历年销售情况见图表 6。叠氮胸苷在 1990 年的销售量比 1989 年增长了 53%。

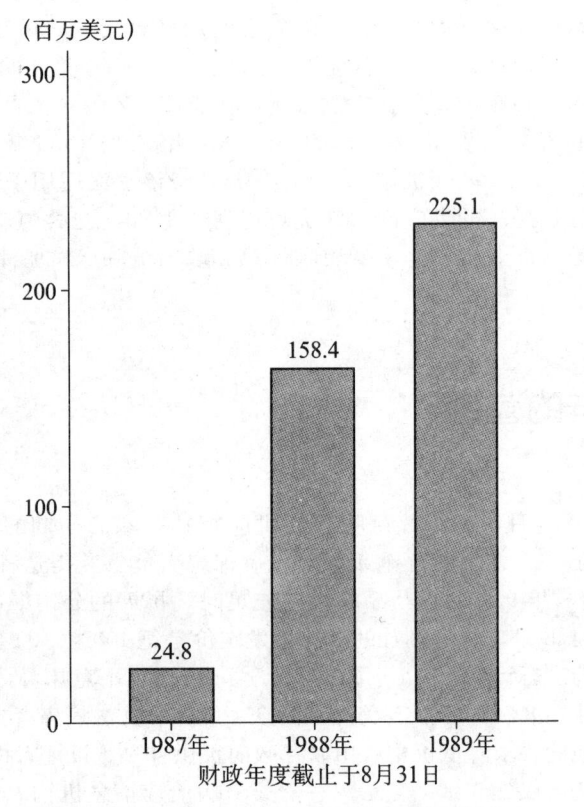

（百万美元）

年份	销售额
1987年	24.8
1988年	158.4
1989年	225.1

财政年度截止于8月31日

图表 6 1987—1989 年叠氮胸苷的销售额

说明：美元销售额计算采用了平均汇率：1987 年，1 英镑＝1.55 美元；1988 年，1 英镑＝1.76 美元；1989 年，1 英镑＝1.68 美元。

资料来源：Wellcome PLC, *1990 Annual Report*.

艾滋病患者支持组织继续抨击叠氮胸苷的价格。艾滋病患者中心积极分子在伦敦、纽约和旧金山股票交易所前打出了"赶快卖掉你持有的宝威股票"的标语。全美同性恋工作组的执行主任指出："为使每个有需要的人都能获得 AZT，宝威必须放弃大量的金钱利益。"[22] 参议员爱德华·肯尼迪（Edward Kennedy）的工作人员开始研究通过援引允许美国政府以国家安全为由废除专利权的法律把这种药品的所有权收归国有的可能性。另据报道，美国民众自由联盟（American Civil Liberties Union）正考虑对宝威提出诉讼，认为是政府的科学家发现 AZT 抗 HIV 的功效，应该终止授予宝威公司为期 17 年的专利权。[23] 发起对这种药品可能的"不恰当"定价调查的参议院健康与环境分委员会继续召开听证会。然而,公司主席阿尔弗雷德·谢帕德爵士依然坚定地说:"没有计划进行另一次降价。"后来于 1990 年他又说:"如果我们用一张 10 英镑的钞票包装这种产品,然后送出去,人们又会说太浪费了。"[24]

1990 年 1 月,FDA 批准了经过修改的使用叠氮胸苷的剂量标准。这个新标准把 1987 年制定的有艾滋病症状患者每天 1 200 毫克的剂量减至每天 500 毫克。然而,临床医师警告应小心开更低剂量的药方。同年 1 月,国会的说客开始了一个控制"此行业超额利润"的运动。行业分析家展望,由于美国国会、媒体和艾滋病患者支持组织的持续压力,叠氮胸苷的价格将会于 1990 年再次降低。[25]

[注释]

[1] "The Unhealthy Profits of AZT," *The Nation* (October 17, 1987), p. 407.

[2] Ibid.

[3] "AZT Maker Expected to Reap Big Gain," *Now York Times* (August 29, 1989), p. 8.

[4] "Wellcome Seeks Approval to Sell AZT to All Those Inflicted with AIDS Virus," *Wall Street Journal* (November 17, 1989), p. B4.

[5] "The High-Cost AIDS Drug: Who Will Pay for It?" *Drug Topics* (April 6, 1987), p. 52.

[6] "How Much for a Reprieve from AIDS?" *Time* (October 2, 1989), p. 81.

[7] "Wellcome Seeks Approval to Sell AZT," *Wall Street Journal* (November 17, 1989), p. B4.

[8] Portions of this material are based on statistics reported in Brad Edmundson, "AIDS and Aging," *American Demographics* (March 1990), pp. 28-34; Fred J. Hellinger, "Forecasting the Personal Medical Care Costs of AIDS from 1988 through 1991," *Public Health Reports* (May-June 1988), pp. 309-319; William L. Roper and William Winkenwerder, "Making Fair Decisions about Financing Care for Persons with AIDS," *Public Health Reports* (May-June 1988), pp. 305-308; Centers for Disease Control, "Human Immunodeficiency Virus Infection in the United States: A Review of Current Knowledge," *Morbidity and Mortality Weekly Report* (December 18, 1987), pp. 2-3, 18-19; "Now That AIDS Is Treatable, Who'll Pay the Crushing Cost?" *Business Week* (September 11, 1989), pp. 115-116; Centers for Disease Control, "HIV/AIDS Surveillance Report" (U. S. Department of Health and Human Services, Public Health Services: December 1990).

[9] Portions of this material are based on "A Quiet Drug Maker Takes a Big Swing at AIDS," *Business Week* (October 6, 1986), p. 32; "There's No Magic Bullet, but a Shotgun Approach May Work," *Business Week* (September 11, 1989), p. 118.

[10] Much of this material is described in Wellcome PLC's 1989 and 1990 annual reports; "Burroughs Wellcome Company," Burroughts Wellcome news release, December 13, 1990; Brian O'Reilly, "The Inside Story of the AIDS Drug," *Fortune* (November 5, 1990), pp. 112-29. 账务数据和比率是大致数值,因为数据是以美元和英镑计的。这些数据不适用于研究目的。

[11] 这些数据依据平均汇率:1987 年,1 英镑 = 1.55 美元;1989 年,1 英镑 = 1.68 美元 (*Wellcome PLC* 1990 *Annual Report*)。

[12] This material is based on "The Development of Retrovier," Burroughs Wellcome news release, June 1990; L. Wastila and L. Lasagna, "The History of Zidovudine (AZT)," *Journal of Clinical Research and pharmacoepidemiology*, Vol. 4 (1990): 25-29; "The Inside Story of the AIDS Drug," *Fortune* (November 5, 1990), pp. 112-129; "AIDS Research Stirs Bittrer Fight over Use of Experimental Drugs," *Wall street Journal* (June 18, 1986), pp. 26.

[13] "体外"(in vitro) 是拉丁语,意思是"在瓶子里",在医学上指与活着的有机体会分开,人工保留在试管中。

[14] 巴里于 1987 年 7 月 1 日对国会政府事务委员会政府间关系和人力资源分委员会做的证词。

［15］成本估计是由行业分析家做的，还没有被宝威公司证实或否认。
［16］"The Unhealthy Profits of AZT," *The Nation* (October 17, 1987), p. 407.
［17］1987 FDC Reports——the Pink Sheet 49 (11), p. 5.
［18］"Find the Cash or Die Sooner," *Time* (September 5, 1998), p. 27.
［19］"The Inside stroy of the AIDS Drugy," *Fortune* (November 5, 1990), pp. 124-125.
［20］Wellcome PLC, *1989 Annual Report*. 13.
［21］"How Much for a Reprieve from AIDS?" *Time* (October 2, 1989), p. 81.
［22］"AZT Maker to Reap Big Gain," *New York Times* (August 19, 1989), p. 8.
［23］"A Stitch in Time," *The Economist* (August 18, 1990), pp. 21-22.
［24］"The Inside Story of the AIDS Drug," *Fortune* (November 5, 1990), pp. 124-125.
［25］"Profiting from Disease," *The Economist* (January 27, 1990), pp. 17-18.

案例 8—4　　美国维珍移动公司：首次定价*

> 理查德·布兰森（Richard Branson）打电话和我讨论美国维珍移动公司（Virgin Mobile USA）CEO 职位的人选时，我马上意识到这是一个机会——一个成为一家新创公司首席执行官的机会。这家公司属于高度竞争的资本密集型行业，这一行业异常拥挤，且已日渐成熟。哦，是的，我还应该提一下，这不是一个以顾客服务知名的行业，而我们的一个品牌会进入这一行业。除了作为航空公司可能被人知晓以外，这一品牌名在美国的知名度很低。但我又一想："这不正是那种可以证明一个团队的机会吗？如果这样都可以成功，那才叫匪夷所思呢。"
>
> ——美国维珍移动公司 CEO 丹·舒尔曼（Dan Schulman）

2001 年夏，舒尔曼接受了这项挑战，着手组建团队，开发新的维珍品牌服务，并于 2003 年 7 月推出这一服务。舒尔曼在美国电话电报公司（AT&T）工作 18 年，最近一直担任 Priceline.com 公司的 CEO。他需要利用在两家电信公司的工作经验，来开发一项有吸引力的服务，使其在这个饱和的市场中成功。他的目标是：维珍移动的运营速度到第一年年底总用户数达到 100 万，第 4 年达到 300 万。[1]

美国维珍移动一个关键决策是选择能够吸引和保留用户的定价策略。

公司背景

维珍是在理查德·布兰森领导下的公司，总部设在英国，位居英国最知名品牌前三甲。公司有品牌延伸（brand extensions）的传统——在过去 20 年比任何一家大公司的

---

* Professor Gail McGovern prepared this case. HBS cases are developed solely as the basis for class discussion. Certain details have been disguised. Cases are not intended to serve as endorsements, sources of primary data, or illustrations of effective or ineffective management. Copyright © 2003 President and Fellows of Harvard College. To order copies or request permission to reproduce materials, call 1-800-545-7685, write Harvard Business School Publishing, Boston, MA 02163, or go to http://www.hbsp.harvard.edu. No part of this publication may be reproduced, stored in a retrieval system, used in a spreadsheet, or transmitted in any from or by, any means—electronic, mechanical, photocopying, recording, or otherwise—without the permission of Harvard Business School.

品牌延伸度都高——产生了一个广泛的产品组合。这一组合由 200 多个公司实体组成，从飞机、火车到饮料、化妆品，无所不包。把这些业务连在一起的是维珍品牌的价值观：

> 我们相信差异化。在我们的顾客看来，维珍就代表着物有所值、质量、创新、快乐；代表着竞争和迎接挑战的意识……我们寻找和抓住每一个为顾客提供更好、更新、更有价值服务的机会。我们通常会进入那些顾客总是受到不公正待遇，而竞争者又不思改进的领域……一些庞大、反应迟钝的公司尾随我们，而我们则主动出击、快速反应，总能把它们甩在后面。[2]

公司的许多下属企业，像维珍唱片集团（Virgin Music Group），取得了异常的成功，其他像维珍可乐（Virgin Cola）却以失败而告终。维珍在英国的手机业务位于成功之列——短短 3 年时间约 250 万客户与公司签约。公司开创性地成为英国第一个移动虚拟网络运营商（MVNO），这意味着从另一家公司——德国电信公司（Deutsche Telecom）租用网络空间，而不需要投资和运营企业内部网络系统。

但在新加坡，情况却不尽相同。在那里，公司的手机服务——与新加坡电信公司合资的企业——却陷入了困境。自 2001 年推出服务以来，吸引的顾客不足 3 万，就连新加坡 MVNO 也于近期关门大吉。尽管双方一致认为，是市场太饱和了，已容纳不下一个新进入者，但一些分析师却对失败给出了另外一种解释：维珍的时尚定位没有与新加坡市场步调一致。

尽管遭遇挫折，维珍仍要加速前进，计划在美国推出无线电话服务。又一次使用 MVNO 模式，公司与斯普林特公司（Sprint）成立了一家各自拥有 50％股份的合资企业，维珍移动在美国的服务会挂在斯普林特的个人通信业务（PCS）网络上（斯普林特正在对网络进行更新和扩充容量，所以它有足够的容量兼顾其他用户）。根据这一协议，维珍会像 PCS 使用者一样向斯普林特购买使用时间。

"这一模式的好处在于我们不用担心庞大的固定成本或基础设施投资，"苏尔曼说，"我们可以专注我们最擅长的——理解和满足顾客需要。"

拥挤的手机市场：识别利基市场

美国维珍移动的领导团队清醒地意识到了美国移动通信行业异常拥挤的状况。2001 年年底，全美有 6 家全国性的运营商和许多地区性分公司，行业渗透率接近 50％，拥有 1.3 亿用户，该市场被认为已经成熟（见图表 1 各运营商的用户数量）。

图表 1　美国各无线服务运营商用户数量（2004 年第 4 季度）　　单位：百万人

运营商	用户
美国电话电报（分公司）	20.5
辛格乐（Cingular）	21.7
弗莱森电信（Verizon）	29.5
声流电信（VoiceStream）	6.5
全能通信（Alltel）	6.7
斯普林特	14.5
美国移动（U. S. Cellular）	3.5
利普（Leap）	1.1
其他运营商	26.1
总计	130.0

资料来源：Adapted from The Yankee Group.

但年龄在 15～29 岁的消费者的渗透率却非常低。据预测，在接下来 5 年，这一人群渗透率增长势头强劲（见图表 2 中的增长率）。[3]

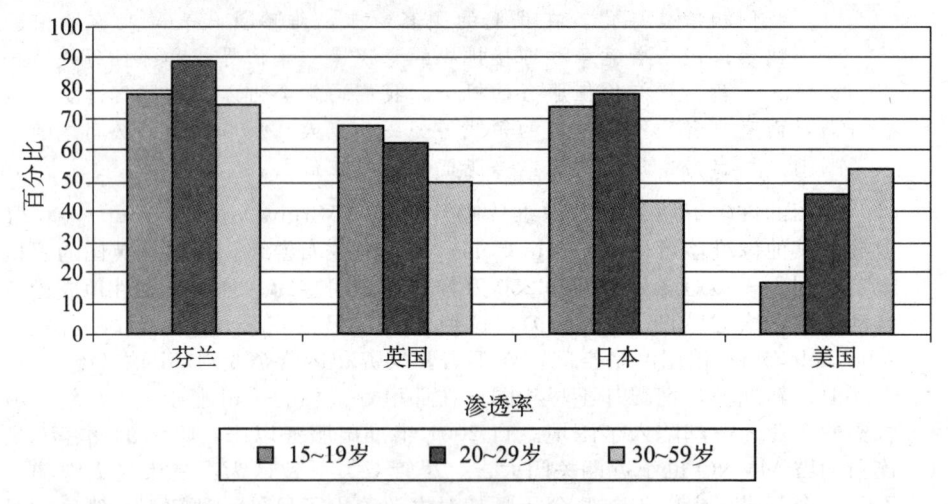

图表 2　不同年龄段手机渗透率

国家	15~19岁	20~29岁	30~59岁
芬兰	79	89	75
英国	68	62	50
日本	74	79	44
美国	17	46	54

资料来源：Adapted from IDC, Salomon Smith Barney.

舒尔曼还注意到，"大公司还没有瞄准这一细分市场"，原因是这些年轻消费者信用度一般不高。舒尔曼指出："他们要么没有信用卡，要么经常通不过手机合同所要求的信用审查。"

此外，在这一行业，获取一位顾客的平均成本约 370 美元。许多运营商认为，得到这样一群不经常使用手机的消费者有点划不来。"前提是，如果你不是用电话来谈生意或者你还没有订购手机服务，那么你就不太可能成为一个经常使用手机的用户。"舒尔曼解释说。实际上，全国性运营商平均每个月的话费账单是 52 美元，约 417 分钟。由于服务一位顾客的每个月的成本约为 30 美元，因此在获取低价值用户方面，运营商都很谨慎。

尽管存在这些挑战，维珍移动团队还是觉得这一市场代表着最大的机会。舒尔曼解释说："这是一个现有运营商还没有注意到的市场"，"他们有未被满足的特殊需求"。

这一年龄段的许多消费者处在他们生命中多变的阶段，他们要么是刚刚离开家的大学生，要么是刚拥有第一部手机。他们对手机的使用可能不是很稳定，他们可能一个月一次都不用，也可能一个月用很多次，这要取决于他们是在放假还是在上课。

他们对手机的使用方式与那些典型的商务人士不同，他们对于短信和用手机下载资料这类新东西更开放，更可能使用手机铃声、面板和图形。事实上，他们中的一些人需要用"匿名电话铃声"，他们对这个达到了痴迷的地步。手机对这些年轻人来说不仅仅是一种工具，而是一种时尚的饰品和个性的表达。

维珍附加服务

在这场大卫（David）与许多巨人（Goliaths）的战斗中，我们弹弓中的石块是焦点所在。我们从零开始,把所有的精力完全集中于这一年轻人市场。我们正把自己置于这样一种境地:以一种前所未有的方式服务这些顾客。

——丹·舒尔曼

美国维珍移动团队迅速地着手寻找,开发吸引这一年轻人市场价值诉求的方法。据预测,在接下来几年,从手机娱乐中获得的收入会稳步增长(见图表3),所以团队决定维珍移动服务的关键是向顾客提供资讯、专题报道和娱乐,他们称之为"维珍附加服务"。为此,公司就内容和市场推广方案与音乐电视网(MTV networks)签订了多年的排他性合同:向维珍手机用户提供音乐、游戏和音乐电视网(MTV)、美国音乐频道和尼克罗顿国际儿童频道(Nickelodeon)播放的节目(见图表4中的截图)。这一合同保证用户能够使用带有音乐电视网商标的手机和配件,以及像图形、铃声、短信提醒和语音信箱这些品牌服务;公司还可以使用音乐电视网的频道和网站进行促销。根据这一合同,维珍手机用户还可以使用手机为他们最喜欢的视频进行投票,像音乐电视网的节目"大现场"(Total Request Live)。正如舒尔曼所说:

> 我们会把手机服务提高到一个全新的层次。这是一个很好的搭配:音乐电视网拥有一些全美最知名的年轻人的品牌,30岁以下市场规模空前;维珍品牌所代表的是欢乐、诚实和物有所值,这些都是目标市场想要的。把二者特点结合起来推出的手机会让人兴奋不已。这对我们而言是个强有力的关系。

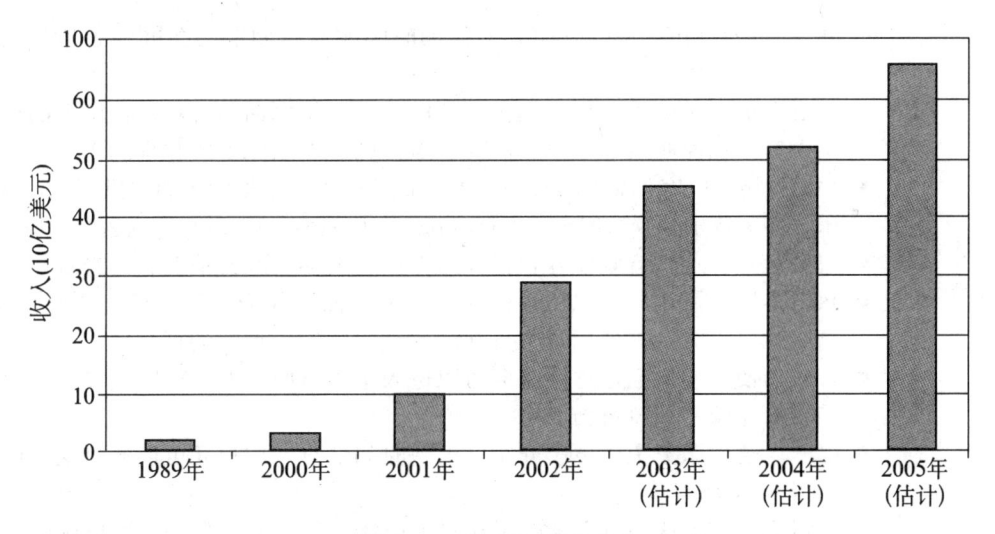

图表3 手机娱乐服务收入

说明:收入包括视频、音频、图像和游戏。
资料来源:Adapted from The Yankee Group.

除了音乐电视网的品牌服务,维珍移动还提供以下附加服务:
- 发送短信。舒尔曼认为对年轻人来说,短信是一个主要的卖点。"短信量在上课期间会急速上升,孩子们在上课的时候会小心翼翼地发短信。他们用这种方式交流的部分原因是不想让他们的父母知道他们在给谁打电话。对他们来说,这是一种非常私人的交流方式。"
- 在线实时缴费。这是另外的一种不被父母知道、保护个人隐私的方式。每个月电话账单上没有孩子通话的细节。维珍移动提供一个网站实时记录个人的通话情况。
- 解救铃声。为防约会进行得不顺利,维珍移动用户可以设定"解救铃声"的时

图表 4　美国维珍移动提供的服务截图

资料来源：Company Web site.

间，"解救铃声"就会在事先安排的时间响起；如果约会进展顺利，他们会告诉"打电话的人"，明天会给他回电话。

- 叫醒电话。美国维珍移动提供叫醒电话，这些电话是喜欢挖苦别人的名人的真实声音，从而叫醒那些早上需要一点帮助才能从床上爬起来的人。
- 手机铃声。顾客如想个性化自己的手机铃声，有大量的乐曲可供下载，从嘻哈音乐、摇滚音乐到《海绵宝宝》（Sponge Bob Square Pants）的主题曲，应有尽有。
- 搞笑短片。这些音频短片包括花边新闻、笑话、八卦消息、体育资讯等。
- 热门排行榜。用户可以用手机聆听十大金曲，并为它们投票。自己投票以后，顾客就可以听到其他用户"喜欢"或"讨厌"一首歌的百分比。
- 音乐信使。用户通过这项服务可以进入十大金曲，然后给朋友发个信息，让他们也来体验一下流行新曲。
- 电影。这项服务提供电影介绍、上映时间信息，用户还可以通过这项服务用电话提前购票。

维珍团队相信，这些特点会吸引年轻人市场，增加使用量，产生忠诚。舒尔曼进一步指出："我们的市场研究表明，维珍附加服务会吸引和保留年轻人这一细分市场。年轻人不仅仅会被这些特点所吸引，我们还相信他们会对此着迷，这些特点会把我们的顾客和他们的手机黏在一起。"

■ 购买服务

大部分手机提供商通过自己的零售店、商场中的信息亭、高端电子商店（如 Radio Shack）和专卖店等销售服务。由于这些零售店通常雇有拥有高科技知识的销售人员，大部分提供商要付很高的销售佣金才能保证他们亲自服务。

相比之下，维珍移动团队已决定采用一种不同的渠道战略，而这一战略又是与目标市场的选择紧密相连的。舒尔曼解释说：

我们已决定在年轻人购物的渠道中分销产品。这就意味着像塔吉特、山姆古迪（Sam Goody）音乐商店和百思买这样的地方是我们的目标。孩子们习惯于在这些商店中购买电子消费品，像CD播放机或MP3。所以，我们决定用电子消费品的方式来包装我们的产品，而不是放在盒子里，锁在柜台后面。我们采用的是吸塑包装，从外面可以清楚地看到手机，消费者不用销售人员的帮忙就可以挑选手机，就像购买其他电子消费品一样。

手机运营商以前都是从诺基亚（Nokia）、摩托罗拉（Motorola）、三星（Samsung）和LG这些制造商那里购买手机。虽然每部手机的成本一般在150～300美元，但运营商卖给终端用户的价格通常为每部60～90美元。[4]这种手机补贴可以看做运营商获取顾客成本的一部分。

维珍与手机制造商Kyocera公司签订了一份合同。合同规定，无论从哪里购买Kyocera的手机，手机的价格在60～100美元，这取决于手机的外观特征和功能。[5]最初的两款基本样式分别叫"派对狂人"（Party Animal）（Kyocera 2119）和"超级模特"（Super Model）（Kyocera 2255）。两种样式首先会被装在可以互换的面板中，再用吸引人的颜色和图案来修饰面板（见图表5中的手机样品），最后把它们分别放在鲜红色的吸塑包装盒中（见图表6中的包装图片）。

图表5　美国维珍移动手机样式

说明：第二排的手机是同一手机款式的不同面板。

资料来源：Company Web site.

图表 6　美国维珍移动："超级模特"的初始包装（吸塑包装）

资料来源：Company Web site.

把这种初始包装放在大型售货点的展架上，人们很容易就能看到（见图表 7），公司将会通过零售商销售这种包装。与行业渠道平均每部 100 美元的佣金相比，塔吉特和百思买收取的佣金低于传统的行业渠道——每部手机 30 美元。[6]公司已与这两个零售商签订了分销合同。这种包装也会在山姆古迪、Circuit City、媒体播放公司（Media Play）和维珍超级商店（Virgin Megastore）销售。公司希望在 7 月推出服务的时候，总共会有超过 3 000 家美国零售店销售它的手机。

图表 7　美国维珍移动售货点的展架

资料来源：Company Web site.

广 告

> 你的年龄要是不在 14~24 岁,你可能永远不打算看我们的广告。如果你在"60 分钟"(60 Minutes)栏目看到过我们的广告,那么你会认为我们已误入歧途。再想想华纳兄弟(WB)、音乐电视网(MTV)和喜剧中心频道(Comedy Central)(三个年轻人导向的电视网)上的广告吧。
>
> ——丹·舒尔曼

据预测,2002 年美国手机行业广告开支约为 18 亿美元。大多数全国性运营商有高额的广告预算。例如,弗莱森电信一家公司 2002 年主要媒体广告支出就高达 6.5 亿美元。[7] 相比之下,美国维珍移动的广告预算就少得多——约 6 000 万美元。

然而,舒尔曼下定决心,要充分利用这一有限的预算。"毫无疑问,巨头们要把东西卖给所有人,它们大把大把地扔钞票向别人传递了这一一信息:在很大程度上,它们实行的是无差别的战略。"他说,"我们的目标却不同,我们要从混沌中突围出去。我们的优势在于,我们聚焦于一个很窄的目标市场,这意味着我们必须比竞争者更有效地传递我们的信息。"

维珍团队已经决定了他们的营销方案,并相信这一不落俗套的方案与竞争者的方法完全不同。广告会使用一些奇怪的、通常让人难以理解的隐喻来突出年轻人这一主题。就像维珍移动首席营销官霍华德·汉德勒(Howard Handler)所说:"我们要从竞争者中脱颖而出,这就意味着我们的广告要别出心裁,在广告的传递中创造性地加入一些娱乐和独特的成分。"

此外,公司还与诸如《情节》(*The Complex*)、《气氛》(*Vibe*)和《特大号》(*XXL*)青年杂志的编辑合作,刊登广告评论向读者来赞美维珍移动。"他们是意见领导杂志,"汉德勒说,"能在上面做广告对我们很重要。"

维珍移动还计划做很多引人注目的街头营销事件。这些事件会突出雇来的表演者——从头到脚全穿红色的舞蹈演员和体操运动员的形象——他们会表演各种不同的特技。

最后,团体着手策划一个非同寻常的事件来推出美国维珍移动服务。这一服务要求百老汇歌舞剧《一脱到底》(*The Full Monty*)的所有演员与理查德·布兰森同时出现,理查德·布兰森只穿一个精心安排的大手机,悬挂在纽约时代广场的一幢大楼上。

定价决策

> 我在设计服务的时候就明白,定价是成败的关键,我们负担不起错误定价的代价。因此,我们在目标市场中做了大量的市场研究。有一点是确定的:我们的听众不信任行业的定价方案。他们全都标榜"这免费"、"那免费",可年轻人知道他们收了很多隐性费用。他们讨厌这一点。这是一群精明的消费者,他们讨厌那种被欺骗的感觉。所以,我们得到了一个可以通过定价实现与竞争者差别化的机会。
>
> ——丹·舒尔曼

在美国，超过90%的用户与手机提供商签有合同。合同期限一般是一到两年，并且需要严格的信用审查。许多提供商推出了通话时间"打包"业务，例如，顾客可以签订300分钟的时间包。但如果他们实际使用的时间超过了300分钟，对超过部分会给以极高的处罚（如40美分/分钟）；如果他们实际使用少于300分钟，每个月照样要支付固定费用，这就提高了他们每分钟的电话费。

通常情况下，运营商在高峰时段收取的话费要高于非高峰时段，但高峰时段在逐渐缩短。最初的高峰时段开始于下午6点，随后改到了下午7点，然后是下午8点，最后是下午9点。像辛格乐这类运营商为将高峰时段延后一个小时，每个月收取一定的月租费（约7美元）。舒尔曼指出：

> 这个行业是从顾客的困惑中赚钱。作为顾客，要想获得好的信用评级，你就得在你与运营商签订的那一狭窄的时间范围内使用；你还得搭配好高峰时段和非高峰时段的通话时间。事实上，如果所有顾客签订的都是最优的使用合同，那么运营商赚的钱要比现在少得多。

实际上，如果顾客总能为他们的使用方式选择最合适的方案，行业定价还是很合理的（见图表8a）。可是，顾客通常不能预测他们的使用情况。维珍移动研究了上百个顾客发现：他们实际支付的价格差别很大（见图表8b）。舒尔曼接着说：

> 顾客常常认为他们的通话时间要多于实际使用时间。比如，在我们的目标市场中，大多数的年轻人每个月实际使用时间是100～300分钟，但如果你要让他们预测一下使用时间，他们通常会说出一个高得多的数字。为了不用支付高额的月租，一些人会选择一个较短的"时间包"，但他们还是会拿到一份100美元的账单，这是因为他们没有意识到，他们要为高出"时间包"的通话时间每分钟支付40美分。

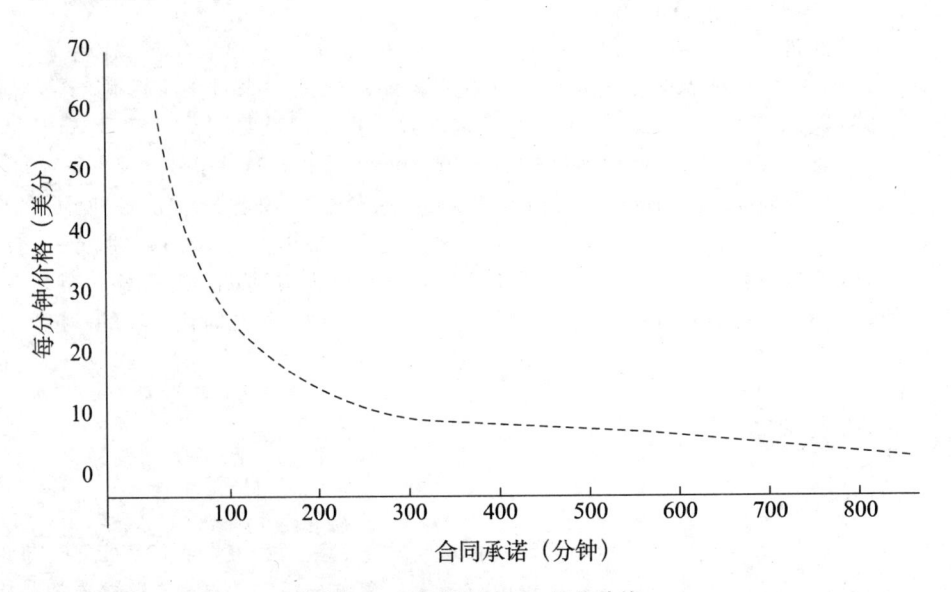

图表8a 拨叫计划——行业价格

资料来源：Adapted from company data, Morgan Stanley research.

大多数运营商收取额外费用来增加每个月的话费，这加剧了消费者的不满。舒尔曼解释说："运营商只告诉你每个月'时间包'的费用，对你要支付的赋税和基本服务费用却只字不提。你还要支付许多一次性费用,这些它们事先并没有说明。所以,即使你选择了合适的'时间包',你选择 29 美元的业务,最后你却要支付 35 美元。"

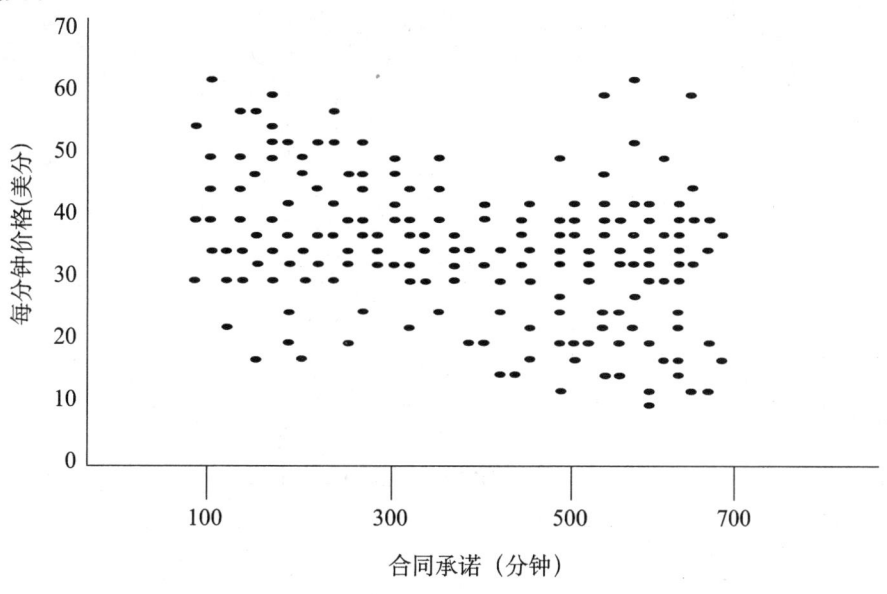

图表 8b　顾客实际支付的价格

资料来源:Adapted from company data, Morgan Stanley research.

舒尔曼及其团队仔细考虑了各种定价策略。虽然有无数种可能的定价方案,团队相信实际可行的只有三种。舒尔曼说:"我们尽可能地放开思想,我们有从头开始的优势,我们有机会解决这个行业特有的问题。"我们仅有的限制在于:(1)要确定我们的价格是否有竞争力;(2)我们能否赚钱;(3)不会引发竞争性反应。

选择 1——克隆行业价格

第一个选择仅是克隆行业现有的定价结构(见图表 9a)。所有大型运营商都向销售人员支付高额的佣金,用于向顾客解释他们复杂的定价结构和进行信用审查(事实上,30%的潜在顾客通不过这些信用审查)。考虑到维珍移动的非传统渠道战略,它的定价信息必须相对简单。舒尔曼说:"选择第一种定价,我们只要告诉消费者,我们的定价和别人一样具有竞争力,但我们有些关键的优势,像应用音乐电视网实现差异化和卓越的顾客服务。"

另外,维珍移动还可以通过提供更好的非高峰时段和收取较低的隐性费用来与竞争对手实现差异化。"我们知道顾客讨厌隐性费用和始于晚上 9 点的高峰时段。因此,我们要解决年轻人真正的痛处。"舒尔曼说。

他接着说:"这个办法的好处在于很容易推广。人们可能不喜欢这种定价方案,但考虑到行业在推广这个方案上所花的费用,人们已经习惯了'时间包'和高峰时段/非高峰时段的区别定价。考虑到我们有限的广告预算,我们在其中加入不同元素,对我们来说可能是一条突围的道路。我们还可以把它放在包装上,即使没有销售人员的帮助,消费者也能够理解。"

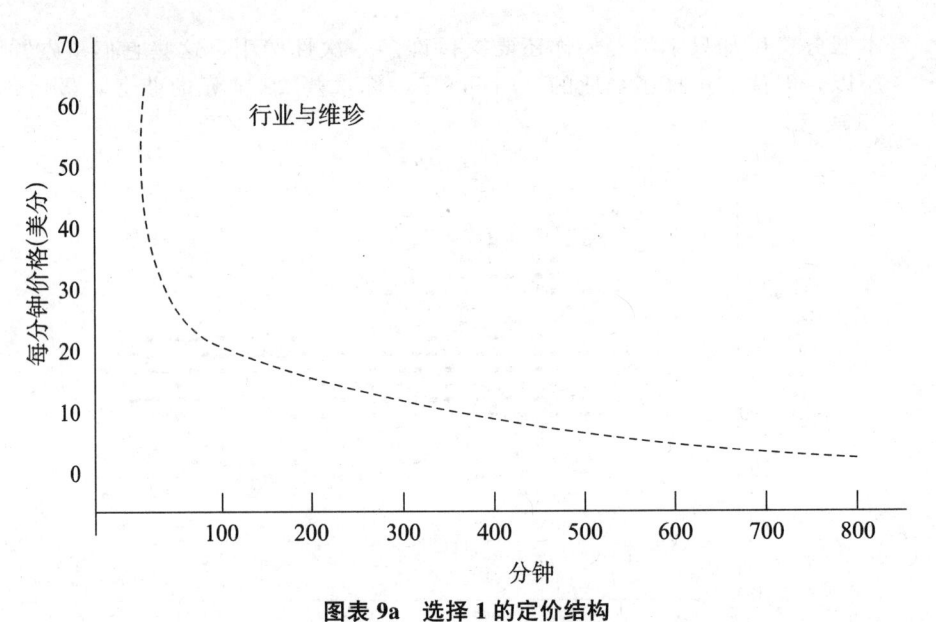

[图表 9a 选择1的定价结构]

图表 9a 选择1的定价结构

资料来源：Adapted from company data，Morgan Stanley research.

选择 2——价格低于竞争者

第二种方法采用与行业中竞争者相似的定价结构，实际价格要略低于竞争者。也就是说，维珍移动保持了"时间包"和时间折扣，但几个主要"时间包"每分钟的价格要低于行业平均水平（见图表 9b）。

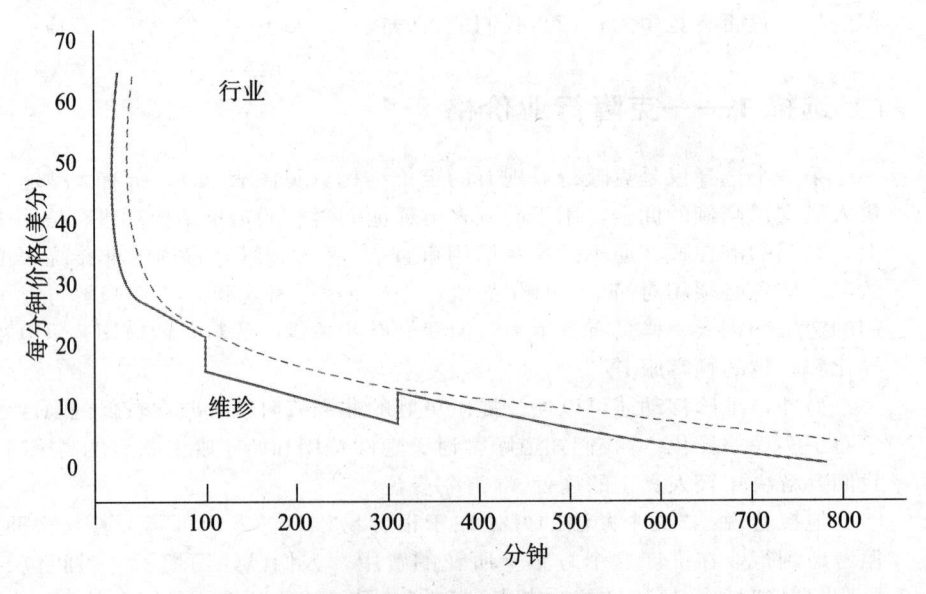

图表 9b 选择2的定价结构

说明：价格包含高峰时段和非高峰时段通话时间，非高峰时段始于下午 9 点。非高峰时段每分钟减少的平均价格约为 1.5 美分。

资料来源：Adapted from company data，Morgan Stanley research.

"这一选择会告诉消费者我们相对便宜,而且是实打实的。因为我们的目标市场每个月的通话时间一般在100~300分钟之间,所以这一选择会带给消费者最好的价格。"舒尔曼说,"选择这一方法,我们还能够提供更好的非高峰时段和较少的隐性费用。但是我不知道我们每分钟的价格明显低于竞争者是否有必要,我们可不想白白浪费这么多钱。"

☐ 选择3——一个全新的方案

第三种选择最关键。这是一个全新的创意,一个完全不同的定价结构,一个与竞争者定价显著不同的方案。舒尔曼要考虑的变量包括:

- 合同的作用。削减认购合同的条款有意义吗?或者干脆取消合同?合同可以阻止顾客流失,保证年金流。然而,即使签订合同,手机供应商也还是要应对行业平均每月2%的流失率。如果维珍移动打算削减或是取消这类合同,就要冒着流失率迅速上升的风险。事实上,估计流失率会攀升至每个月6%。[8]

舒尔曼补充说:

从营销的角度来看,如果我们可以向所有人宣布我们已取消了合同,毫无疑问,这样做太好了。但应记住的是,如果你未满18岁,你甚至不能与手机提供商签合同,需要你父母替你签。所以,从获取顾客的角度来看,取消合同对我们来说是一大优势。当然,就顾客保留而言,合同是一张安全网。所以问题是,不用安全网的飞翔对我们有意义吗?

- 预付与后付。现在在美国,绝大多数的手机用户(92%)选择后付话费,这就意味着根据合同来支付每个月的话费。预付是指消费者预先购买若干分钟。由于预付话费价格昂贵(通常情况下,每分钟在35~50美分,有的高达每分钟75美分),这种方式并不常见。大部分的预付顾客只是把他们的手机当做安全装置,偶尔用一次。"他们只是把手机放在汽车仪表板上的小柜里。"就像舒尔曼说的一样。这些顾客中的许多人信用状况都不好,实际上,预付方案吸引他们的原因就在于这种方案不需要信用审查。顾客因此认为预付协议是个污点,只会吸引那些不常使用的用户。但像芬兰和英国这样的国家预付协议还是很普遍,占新增用户的大部分。舒尔曼知道,采用预付定价结构的风险很大。美国运营商对预付消费者尤其谨慎,这是由于他们的流失率很高,一旦他们用完所有预付时间,便不再忠诚于原来的提供商。如果维珍移动打算采用预付定价结构,危险在于公司再也收不回顾客获取成本。据业内分析师估计,每新增一位预付顾客的获取成本是或低于100美元才可行。[9]另外,还有许多相关的问题要考虑。预付定价结构的实现需要一些途径——通过网络或是电话卡——消费者通过它们很容易就能给手机充值。

- 手机补贴。大部分运营商从诺基亚、摩托罗拉和三星等手机制造商那里以每部150~300美元的价格购得手机,然后向终端用户补偿手机的成本。补贴通常在100~200美元,是顾客获取成本的一部分。"我们就这里所有的选择展开辩论,"舒尔曼说,"从增加补贴使我们的手机比竞争者更便宜,到降低补贴让消费者感到投入很多,从而对我们的服务忠诚。"

- 隐性费用和非高峰时段。"我们的目标之一就是给我们的服务提供一种简单的定价,使消费者不需要数学学位就能弄明白。"舒尔曼指出,"一种方式就是取消所有的隐性费用，包括税负、基本服务费用，所有一切。按字面理解就是'所看即所得'。但是，这就意味着要把所有那些隐性成本融进我们的定价结构中，使目标市场感到我们的价格具有竞争力的同时又能让我们赚钱。"至于非高峰时段，"我们需要考虑什么对我们的目标顾客有意义，"舒尔曼说，"这些孩子的生活方式与典型的商务人士不同，所以在给我们的服务限定非高峰时段时应考虑到这一点。"

舒尔曼回顾了不同的定价方案，他意识到为未来盈利奠定基础的重要性。"有这样一个假定——年轻人市场无利可图。"他说，"我们的目标就是要证明情况是相反的。从理论上讲，我们获取的每位顾客对我们来说都有正的终身价值（LTV）"（见图表10 手机顾客终身价值的详细情况）。

图表10　　　　　　　　　手机顾客终身价值的计算方法

一般来说，顾客终身价值（LTV）计算公式如下：

$$LTV = \sum_{a=1}^{N} \frac{(M_a)^{(a-1)}}{(1+i)^a} - AC$$

式中：N——计算的年数；

M_a——a 年的顾客利润；

r——保留率（r^{a-1} 是 a 年的保留率）；

i——利息率；

AC——顾客获取成本。

资料来源：Adapted from "Customer Profitability and Lifetime Value," HBS Note 503-019.

在手机行业，不同时段的利润相对稳定。因此，可以假定经济年限为无限大（如，令 $N \to \infty$），上面的公式就可以简化为：

$$LTV = \frac{M}{1-r+i} - AC$$

月利润 = 每单位每月的平均收入 − 每月的服务成本
　　　　　（ARPU）　　　　　（CCPU，或每位用户的现金成本）

AC 包括每增加一位顾客的广告费、支付每位用户的销售佣金和手机补贴。

CCPU 包括关注顾客的成本、网络成本（使用斯普林特网络成本）、IT成本和其他杂项开支。业内分析师估计，在营业的第一年维珍移动的 CCPU 会保持在收入的 45%，因为维珍成本的大部分是变动成本。签订合同的顾客流失率估计为 2%，预付顾客为 6%。* 利息率为 5%。

* 由于竞争原因，数字是虚构的。

"这就是定价决策如此关键的原因。"他接着说，"如果我们能找到一个创造价值的方式，我们就可以成功地进入这个竞争激烈、高度饱和的市场，还能在目标市场中获取利润，那么我们才真正是做了件了不起的事。"

[注释]

　　[1] 由于竞争原因，案例中的数字是虚构的，使用的是业内分析师估计的原始数据。

　　[2] Company Web site.

　　[3] Strategies Group.

　　[4] Morgan Stanley research.

　　[5] 出于竞争方面考虑，数字是虚构的。

　　[6] 出于竞争方面考虑，数字是虚构的。

　　[7] TNS Media Intelligence/CMR. 全国性运营商获取一位顾客的广告费用通常在 75～105

美元。

　　[8] Morgan Stanley research.
　　[9] Morgan Stanley research.

案例 8—5　奥古斯丁医药公司：Bair Hugger 病人加温系统*

　　奥古斯丁医药公司（Augustine Medical, Inc.）是明尼苏达的一家公司，该企业开发和销售医院手术室和术后康复室使用的产品。公司计划生产和销售的两个首批产品是获得专利的用于康复室治疗术后体温过低的病人的加温系统和用于手术室和紧急用药时的气管插管。

　　公司的经理忙于最后敲定 Bair Hugger 病人加温系统的营销计划。尚未解决的主要问题是如何给这套系统定价。

Bair Hugger 病人加温系统

　　Bair Hugger 病人加温系统是一套为控制术后病人的体温而设计的装置。具体说，这套设备是来治疗术后体温过低（当体温低于 36 摄氏度或 96 华氏度时的状态）的病人。

　　医学研究表明，60%～80%的术后康复室的病人被临床诊断为体温过低。导致术后体温过低的几个因素是：（1）病人暴露于寒冷的手术室温度下（该温度使外科医生感到舒适和便于控制注射）；（2）因手术前给病人擦洗的消毒液体蒸发而导致热量散发；（3）热量随着暴露的肠体散发；（4）病人吸入干燥的麻醉气体。

　　Bair Hugger 病人加温系统包括加热/吹风装置和一个独立的可膨胀的塑料（或纸）单或毯子。加热/吹风装置是一个大的、方的、像盒子一样的结构，加热、过滤并通过一个塑料单吹动空气。在装置的后面绕着一根电线用于充电。设备还装了轮子以方便运输。吹风导管通过一个简单的卡纸联结带缚在加温毯上，它能缩回装置的顶部以便储藏。温度通过装置在顶部的一个有 4 个按钮的转盘来设置。顶部的盖子朝着一个装有 12 个加温毯的储物箱开口以便于拿取。一次性使用的加温毯用一根 18 英寸长的软管捆着。打开时，塑料或纸毯膨胀起来，对一个中等身材的病人可从肩膀盖到脚踝。这种毯子由一层薄薄的塑料和一层压成全长的塑料或纸的管道组成。毯子的内表面有一些小洞，当通过病人脚部的联结膨胀时，呈弧形的管状结构盖在病人的身

---

　　* This case was prepared by Professor Roger A. Kerin, of the Edwin L. Cox School of Business, Southern Methodist University; Michael Gilbertson, of Augustine Medical, Inc.; and Professor William Rudelius, of University of Minnesota, as a basis for class discussion and is not designed to illustrate effective or ineffective handling of administrative situations. Certain names and data have been disguised. The assistance of graduate students Anne Christensen, Joanne Perty, and Laurel Wichman of the University of Minnesota is appreciated. The cooperation of Augustine Medical, Inc. in the preparation of the case is gratefully acknowledged. Copyright © 2000 by Roger A. Kerin. No part of this case may be reproduced without the written permission of the copyright holder.

上，为病人创造一个独立的环境。暖空气通过毯子内表面的小洞，在病人身上形成一股温和的暖气流。每个病人的加温时间大约是两小时。

塑料毯 1986 年获得专利，而加热/吹风装置没有受到专利保护。

竞争技术

许多有竞争力的技术可用于防止和治疗体温过低。这些技术通常有两种：表面加温或内部加温。

表面加温技术

在康复室和其他地方，医用加温毛毯是治疗体温过低最普通的方法。使用医用加温毛毯一个疗程，要在病人身上连续放置 6~8 床加温毛毯。几乎所有的病人至少接受一个疗程的治疗；估计约 50% 的术后病人需超过一个疗程。医用毛毯的优点在于简单、安全，相对来说较便宜，主要的缺点是温度降得很快，只能用于将病人和外界隔离，而病人需要利用自身的体温回暖。

水循环毯也较普遍地用于治疗术后体温过低。水循环毯可以放在病人身下或病人身上，或两者兼而有之。如果毛毯只放在病人身下，则只有 15% 的体面受影响。医院通常是将水循环毛毯放在病人身上或放在病人身体的上下，这样就形成一个可以包裹病人体表 85%~90% 的隔离环境。水循环毯的缺点是它们很重，价钱昂贵且在压点会引起燃烧。还有，虽然它已广泛应用且人们已接受了这种加温技术，但对于较严重的体温过低症，水循环毯则收效甚微。

电毯一般不用于治疗体温过低症，因为在有氧气的地方使用，会有引起燃烧或爆炸的危险。

空气循环毯和床垫在美国并不常用，虽然由这种技术引申的其他技术在过去得到应用。这种技术依靠暖空气流过身体给病人传热。暖气技术的优点是安全、轻便，理论上较医用加温毯或水循环毯更有效。但是，运用这种技术的产品在美国市场并不多见。

热披盖，即反射毯，最近作为一种预防手段，被引进手术室并被医生所接受。它们包括盖头、毛毯和护腿，放在病人身上包缠不到的地方。它们的用处得到了肯定，因为病人 60% 的体表可以被覆盖。这种技术的优点是简单、安全、便宜，能减少热量散失。缺点是它仅仅把病人隔离开来，并不能把热量传给已经体温过低的病人。

红外线加热灯已普遍用于对婴幼儿的治疗。当将其放置在距离身体安全的地方时，灯光照在皮肤上，它们能辐射热量给病人。加热灯的优点是有疗效且能照亮病人以便观察和治疗；缺点是需要暴露肌肤，羞怯感妨碍其在成年人中的使用。护士们不喜欢这种辐射加热灯和板，因为它们会把整个康复室加热，在这种环境下工作会感到不舒服。

部分热水浸入法在过去也曾使用，特别是在病人为减缓新陈代谢而有意受冷时。

采用这种方法时,病人被放置在一个装有热水的澡盆里并需小心看护。这种技术的好处是它能有效地传热且方法简单,缺点是这种系统应用不方便,而且需要小心地监护病人,增加了人力消耗。另外,采用水浴时应注意观察,以防细菌的滋长,还有它们的使用价格昂贵。

慢慢升高室内温度是最有效地防止和治疗体温过低的方法,但是人们很少使用这种方法。它的优点是简便,相对来说较便宜,温度在 70 华氏度以上就有效果;缺点是在室内温度高的环境下护士和医生无法工作。另外,温度高会增加感染的危险。

内部加温技术

对于用插管法治疗的病人(那些在气管里插入导管呼吸的病人),吸入热的、潮湿的空气是当今非常有效的内部加温技术。但是,通过面罩或塞子传送热湿空气对于那些手术后无须插管的病人是行不通的。戴了面罩并试图插入导管,会干扰观察和沟通,还有这样做会增加感染的机会。事实上,对于应该插管治疗的病人来说有不利之处,但是绝大部分术后病人不需要插管治疗。

静脉滴注热的输液在治疗体温严重过低的病例时也采用。加热静脉液体是非常有效的,因为它们可将热量直接传递给循环系统。这种技术的不足之处是需要非常小心地监护病人的体内温度和医术高明的医生。

药物治疗能减少冷的感觉和寒战,但是不能真正提高身体的温度。虽然药物治疗方便且令病人感到舒适,但是不能令他们的体温上升,事实上还延迟了他们从麻醉和手术中康复的时间。

竞争产品

市场上有许多采用了上面提到的技术的产品(见图表 1)。经过对竞争者的销售和对医院人员的访问,可以将竞争产品分为以下几种。

医用加温毛毯

医院使用自制的毛毯来治疗成年人体温过低。医院在大型的加热设备中加热这些毛毯。许多厂商生产这种医院用的加热设备。清洗 6~8 条两磅重的医用毛毯的费用是平均每磅 0.13 美元。清洗和加热的费用计入医院的一般费用中。

水循环毯

一些生产商生产水循环床垫和毯,Cincinnati Sub-zero,Gaymar Industries 和 Pharmaseal 是主要的供应商。用于自动控制和测量毯与病人温度的元件价格在 4 850~5 295 美元。人工控制元件的价钱也要 3 000 美元,虽然它们实际上已打了 40%的折扣。

水循环控制元件的平均寿命是 15 年。根据质量的不同,可重复使用的毯子价格由 168 美元到 375 美元不等。一次性使用的毯子价格为 20~26 美元,毯子批量购买可以差不多打 50% 的折扣。

水循环毯的技术在过去 20 年中变化很少，只是增加了固态控制。不同公司的产品之间差别也很小。

□ 反射热疗被单

O. R. Concepts 公司正在销售一种名为热疗被单的产品，适用于成年人和小孩。成年人的盖头定价为每个 0.49 美元；根据尺寸不同，适合成年人使用的被单定价从 2.50～3.98 美元不等，护腿价格为 1.50 美元。

□ 空气循环毯和床垫

就我们所知，现有两个竞争者生产与 Bair Hugger 病人加温系统类似的空气循环产品，但是现在这两家公司都未在美国销售其产品。Sweetland 暖床和 Cast 干燥器 25 年前曾经使用过，但现在已不再生产。这种产品由加热/吹风系统组成，通过放置在毛毯下的软管来传送热空气。Hosworth-Climator 理疗仪是英国制造的产品，借助床垫空气的流动提供一个可调温的"小气候"。很多型号的理疗仪可供康复室使用，有小心看护型、燃烧型、普通护理型或家庭型。最适用于手术后康复室的型号价格为 4 000 美元。这种产品将于 1988 年在美国上市。一些有代表性、有竞争力的产品的概要和评价见图表 1。

图表 1　　具有代表性的产品及其价格比较

产品	定价	生产厂家	备注
Blanketrol 200	手动 2 995 美元/套 自动 4 895 美元/套 可重复使用毯 165～305 美元/条； 一次性毯 20 美元/条	Cincinnati Sub-Zero	该设备只占其总销售额的一小部分
MTA 4700	4 735 美元/套 可重复使用毯 139 美元/条 一次性毯 24 美元/条	Gaymar Industries	该设备是主要产品
Aquamatic	4 479 美元/套	American Hamilton	该设备只占其总销售额的小部分
Climator	4 000 美元/套	Hosworth Air Engineering Ltd.	该公司 1988 年将在美国分销该产品

医院市场

美国每年要做将近 2 100 万个外科手术，平均每天 8 小时有 8.4 万个手术，有将近 5 500 家医院有手术室和术后康复室。

奥古斯丁医药公司的调查研究指出，美国医院有 31 365 张术后康复床位和 28 514 个手术室。一项关于医院术后康复床位的数量与外科手术所占比例的估计分析如下：

康复床位数量（张）	医院数量	估计外科手术所占百分比（%）
0	1 608	0
1～6	3 602	20
7～11	1 281	40
12～17	391	20
18～22	135	10
23～28	47	6
29～33	17	2
>33	17	2

根据术后康复室床位的需要，公司估计少于 7 张床位的医院不大可能接受 Bair Hugger 病人加温系统，公司还建议每 8 张手术后康复病床应配备一套 Bair Hugger 病人加温系统。

通过与病理学家和护士交谈以及这套系统的演示，得到很多反馈意见：

1. 被访者认为"让病人感到更舒适"的人道主义的做法是很重要的。
2. 被访者觉得 Bair Hugger 病人加温系统会在术后病人中推广使用。
3. 被访者想在术后康复室的实际情况下进行设备的测试。不经过测试，他们不愿作出购买的承诺。有一种典型的评论是，不能"未见实物，瞎买东西"。
4. 被访者觉得产品在变相地涨价。人们很乐意接受便宜的加热/吹风毛毯或使用一次性毛毯。关于这一点，病理学家想从管理过加温系统治疗的那些人，如术后康复室的护士长和主要的麻醉师那里得到证实。
5. 被访者认为让病人顺利通过手术和术后阶段的压力比过去大得多。最有效的途径是通过语言来感化他们。
6. 医院的资本支出要由预算委员会批准。虽然金额不同，但是购置设备的经费超过 1 500 美元，要通过正式的复审和决策过程。

奥古斯丁医药公司

奥古斯丁医药公司于 1987 年由一位麻醉学专家斯科特·奥古斯丁（Scott Augustine）医生建立。他的经验使他确信医院急需采用一种使术后病人保持体温的新方法。凭着丰富的医疗知识和敏锐的科学观察力，他开发出了 Bair Hugger 病人加温系统。

和水循环毯相比，Bair Hugger 病人加温系统具有以下几个优点：第一，暖空气使病人感到温暖，不再发抖；第二，此系统不会引起燃烧，而且在电力设备四周不会发生水泄漏现象，因为它不是水循环毯；第三，一次性使用毯排除了病人之间交叉感染的可能性；第四，运用此系统，病人不用被抬起或包裹。奥古斯丁认为，由于具有这些特点，护士和病人将十分乐意使用该系统。这些特点和好处在公司的推广资料中都有详细的表述。

投资者对于奥古斯丁医药公司及其医疗技术很感兴趣，最初投资了 50 万美元。这些资金用于进一步研究和发展、人力资源、设备和营销。相信这笔投资可以满足公司头一年经营所需的各方面费用（包括薪水、土地租金和推广资料的费用）。公司将把加热/吹风设备的生产转包给别人，并在公司内部用专门的设备来生产保温毯。只有较少的生产集中在公司内完成。

Bair Hugger 病人加温系统将通过全国各地的医药产品分销机构销售。这些分销机构将拜访医院，演示这些系统，保留必要的库存。给这些分销商的差额利润是加热/吹风设备批发价的 30%（较少的折扣）和毯子批发价的 40%（如果可以打折的话）。

承包商的初步推测和动时研究表明，加热/吹风设备的成本价是 380 美元，每床一次性塑料毯的原材料、制造和包装费为 0.85 美元。

考虑到价格折扣的盛行，当前的中心问题是确定卖给医院的加热/吹风设备和塑料毯的报价。关注价格问题是很重要的，这里至少有三个原因：首先，Bair Hugger 病人加温系统的定价会影响到潜在购买者的比例；其次，价格和批量会影响公司的现金流动状况；最后，公司需要尽快为该系统首次面市地区的分销机构和拟定的医疗展销会准备价格材料。

第9章 营销战略的调整：控制过程

营销战略很少一成不变。随着环境的变化，产品市场和营销组合也要随之变化。此外，由于企业不断追求提高生产率，因此必须随时关注营销的效率。

营销控制过程是实现对环境变化的战略性适应和对生产率需求的经营性适应的机制。营销控制包括两类相辅相成的活动：战略控制，与"做正确的事"有关；经营控制，与"将事情做好"有关。**战略控制**（strategic control）通过组织显性的或隐性的目的、目标、战略和应对环境变化及竞争活动的能力来评估组织的方向。确定组织能力和目标的适应性以及环境的机会和威胁是战略控制的核心议题。**经营控制**（operations control）评估组织营销活动的实施效果。其假定是，企业的方向是对的，只是组织实现特殊目标的能力需要加强。

把握战略控制和经营控制间的区别是非常重要的。正所谓"计划执行不好就像不好的计划一样容易产生不良后果"。[1]虽然不良后果（销售额下降、市场份额减少、利润下降）或许一样，但两种情况下大的补救措施并不相同。着眼于经营控制的补救措施强调营销努力或识别提高**效率**（efficiency）的途径。相反，着眼于战略控制的补救措施强调提高组织的**有效性**（effectiveness）以寻求机会或减轻环境的威胁。对战略控制和经营控制需求的错误估计可能会导致灾难性的后果，如企业将更多的资金投入设计错误的战略中，只能造成利润的进一步下降。

战略性变化

战略性变化（strategic change）指影响组织长期利益的环境变化。由于组织的竞争地位不同，战略性变化可能会带来机会或威胁。例如，美国人口的老龄化给从事儿童业务的组织带来威胁，而对向老年人提供产品或服务的组织则是机会。

战略性变化的源泉

战略性变化有多种来源。[2]其一是**市场演进**（market evolution），源于对产品基本需求的变化和技术变革。例如，儿童和成人对钙的需要促使厂商提高全麦片和橙汁中钙的含量。类似地，消费者对于网络安全的关注促进了对保护个人数据信息的软件产品的原始需要。

技术革新（technological innovation）常常会促使市场演进和营销技巧发生变化，个人计算机的强大文字处理能力使得专业打字员渐渐消失，高密唱片在录音行业取代了盒式录音带，DVD快速取代了录像带。技术革新同样影响市场实践，我们在第6章和第7章介绍了互联网对市场促销和渠道的影响力。

市场重新定义（market redefinition）是战略性变化的另一来源。市场重新定义源于买主对于产品要求的变化和竞争者的促进作用。例如，只向银行提供自动取款机的企业发现市场重新定义为电子资金划拨，银行购买的不仅仅是设备，而是整套系统。具有系统开发能力的企业，如IBM和NCR等公司，因此在重新定义的市场中赢得了竞争优势。

营销渠道的变化是战略性变化的第三个来源。互联网技术的影响力、分销成本的减少和在市场渠道中变化的能力在市场相对位置中代表了三种机会或威胁，基于这几种维度的战略改变，在美国汽车市场分销中表现得尤为明显。[3]如今的消费者根本不用去零售店只需通过互联网就能比较价格的高低。这种对行业边际利润的侵蚀使得制造商和零售商共同去寻求降低成本的机会，特别是占据一部新车零售价25%～30%的分销成本。

战略性变化：威胁还是机会

威胁的严重性或机会的潜力取决于组织的业务界定。换句话说，机遇或威胁是否与顾客类型、顾客需要、企业满足这些需要的手段或上述因素的组合相联系呢？

在世界手表业的发展过程中，战略性变化的效果是明显的。[4]虽然瑞士制造商主宰这一行业长达一个世纪，但市场演进、市场重新定义和营销渠道的变化都对瑞士企业构成了灾难性影响。技术变化推动产品从珠宝手表发展到石英和电子手表，基本营销渠道从珠宝店发展到大型商场和超市。此外，表的概念也在发生变化。人们不仅从工艺和珠宝的高贵来看待表，许多人把表视为经济的、可丢弃的计时器。这些由天美时（Timex）和精工（Seiko）、西铁成（Citizen）等日本制造商带来的重大改变严重影响了瑞士手表制造商。今天，大部分瑞士制造商退守到高度专业的营销领域，即代表名望、奢华、艺术的手表市场。例如，瑞士表"表现自我"（Patek）和"世界上最名贵的"（Piaget）。

这个例子说明了战略性变化是如何影响整个行业和各个企业的。实际上，面对战略性变化，组织可以有几种选择：

1. 组织可以尝试配置必要资源来改变其技术和营销能力，以便与市场成功的要求相一致。（瑞士手表制造商没有这样做，而是将一定数量的研究资金投入完善机械表的设计，在这点上它们具有明显优势。只有Ebauches公司投资于电子技术，寻求廉价时尚表（斯沃琪（Swatch））的市场机会。

2. 组织可以将重点转向市场需求与企业的独特能力明显吻合的产品市场，同时减少对受到包抄的产品市场的投入。（许多瑞士手表制造商采用这种策略。）

3. 组织可以退出这一行业。（超过1 000家瑞士手表制造商作出这一选择，因此减少了4.5万个工作机会。）

经营控制

经营控制的目的是提高营销活动的生产率。由于成本识别和分摊是评价营销效果和盈利性的核心,因此,营销成本分析就成为经营控制的基本内容。下面扼要介绍营销成本分析和产品—服务组合分析、销售分析和营销渠道分析方面的例子。

营销成本分析的性质

营销成本分析（marketing-cost analysis）的意图是将成本指派或分摊给特定的营销活动或实体（以下简称为"部分"），以精确体现活动或实体对企业的财务贡献。营销部分通常是以下述方面定义的：（1）产品—服务提供物的要素；（2）顾客的类型或规模；（3）销售分部、地区或地域；（4）营销渠道。成本分摊的原则是,特定的成本可以直接或间接地分摊到每一营销部分。[5]

成本分摊涉及如下问题：

1. 成本如何分摊到特定的营销部分？作为一般原则,经理应力图按照适用于每一实体的可识别的指标分摊成本。

2. 什么成本需要分摊？同样,作为一般原则,从事某项营销活动发生的成本或根据行政政策对该活动安排的支出应予以分摊。

3. 是否所有成本都要分摊到营销部分？这要看经理是否选择"整体等于各部分之和"的利润表。若如此,全部成本都应完全分摊。但是,如果特定成本没有明确适用于某营销部分的可识别的指标或不是由某特定部分产生的,则不应分摊。

成本分摊时应遵循两个指导思想：第一,分摊时应保持成本行为模式的基本区别；第二,综合成本（没有可识别的分摊基础或是由多种营销活动引起的）越多,成本分摊的准确性越差。一般来说,成本分摊越细,提供的有用信息越多。

产品—服务组合分析

对产品—服务组合的合理控制包括两项相关任务。第一,评估提供物在相关市场的表现。第二,评价产品—服务提供物的财务价值。

作为绩效指标之一的销售量可以从两个方面进行分析。销售数量的上升或下降提供了产品在相关市场被顾客接受的能力。同样重要的是产品—服务组合中单个产品所占的销售比例和销售分布如何影响盈利性。许多公司经历了80/20法则——80％的销售额或利润来源于20％的产品。例如,在20世纪80年代后期,20％的柯达产品占有公司80％以上的销售额。这种组合的不平衡在竞争或市场行为的突然变化威胁那20％的产品时,就会给总的获利性带来灾难性后果。90年代早期,由于技术的进步（如数码照相机）改变了照相器材市场,柯达遇到过类似问题。另外,富士公司（Fuji）在柯达传统的胶卷和照相器材市场上也是有力的竞争者。[6]

市场份额作为绩效指标是销售量的补充。使用得当,市场份额可以用来鉴别本企业与竞争对手相比市场占有量的增减。将市场份额用于控制时必须考虑几个问题。第一,市场份额百分比是针对什么市场而言的？市场定义是否发生了变化？市场份额可以按地理区域、产品类型或型号、顾客或渠道类型等计算。在第8章固特异公司的例子中，轮胎市场份额是以地域（美国还是世界）、产品类型（轿车还是卡车）、零售点类型（公司拥有的商店还是折扣轮胎商店等）、制造商的销售总额等计算的。第二，市场本身是否变化？例如，高市场份额本身可能会误导企业，因为市场销售总额可能扩大或缩减。第三，必须考虑分析的单位，是销售额还是产品销售数量。由于价格的差异，考察市场份额时最好使用销售数量而不是销售额。

产品服务控制的第二方面是评估市场提供物的财务贡献。评估过程中一个重要的步骤是以能够反映获利性的方式分摊成本。然而，这一步是困难的，常常需要管理人员的敏锐判断。此外，提供物的定义本身是模糊的。例如，航空公司安排的"红眼"航班（早晨或晚上）可视为一项提供物。麦当劳和塔可钟早餐时间营业的决定也可视为一项提供物，成本不但包括制作食物的成本，而且包括开业成本。

从控制的角度看，经理可以用**贡献—利润法**（contribution-margin approach）评价市场提供物的财务价值，其中相关成本包括直接成本和待摊费用。成本如何分解应该考虑对分析的意义。

我们可以考察一下连锁加油站的业主是如何评价其经营业绩的。图表9—1显示了各部门分摊成本前后的经营业绩。仅考察总体情况不会提供多少管理信息。然而，将成本按部门分解后可发现，显然汽油业务是赔钱的，而一般产品和汽车服务是盈利的。幸运的是，每个部门都对管理费都有"贡献"，即每个部门的收入都超过其分摊的变动成本。

图表9—1　　　　　　为产品—服务组合控制所做的加油站成本的分解　　　　单位：千美元

	总计	汽油	一般产品	汽车服务
销售额	4 000	2 000	1 700	300
产品销售成本和变动成本	3 000	1 600	1 220	180
毛利	1 000	400	480	120
固定成本	900	500	310	90
净收入	100	(100)	170	30

这种分析在识别潜在问题点时是有用的。采取纠正行动有多种选择。如果业主决定放弃不盈利的产品线而且不增加新的业务，则一般产品和汽车服务就要弥补那些仍继续存在的全部固定成本。对此业主并无把握（因为汽油分担了部分固定成本）。另一种可能是，业主扩大其他部门来利用闲置的场地。为此，需要进一步考虑市场需求和预测销售收入。此外，还要投入更多资源，这实际上大大改变了业务的性质。

销售分析

进行销售分析要求经理同时关注销售活动的行为和成本。行为因素包括销售努力和促销时间的分配，成本包括销售行为发生的费用和管理费用。

销售分析的基础通常是对销售区域业绩的分析、顾客或客户的规模和类型、产品，或上述变量的组合。评估销售业绩的指标有销售收入、毛利、销售拜访频次、销售区域内的客户渗透率、推销和销售管理费等。

现在假定一个地区销售经理要求对本地区内的两名销售代表进行季度业绩评估。这两人没有完成销售额、毛利和利润指标。图表9—2根据客户类别列出了两名销售代表的业绩。这些类别和下面的预期季度拜访次数是全国销售经理依照行业标准设立的。

图表 9—2　　　　　　　　　两名销售代表的业绩概览

客户类别	潜在客户	活跃客户	销售额（美元）	毛利（美元）	拜访次数	推销费用（美元）	管理费（美元）
	(1)	(2)	(3)	(4)	(5)	(6)	(7)
A	80	60	48 000	14 000	195	18 400	
B	60	40	44 000	15 400	200	17 900	
C	40	10	25 000	12 250	50	11 250	
D	20	6	33 000	16 500	42	9 000	
总计	200	116	150 000	58 550	487	56 550	10 000

客户定义　　　　　　　　　　　　　　　　　　预期季度拜访次数
A：销售额低于 1 000 美元　　　　　　　　　　2
B：销售额介于 1 000～1 999 美元　　　　　　4
C：销售额介于 2 000～4 999 美元　　　　　　6
D：销售额高于 5 000 美元　　　　　　　　　　8

两名销售代表的 A，B，C，D 等各类客户的数量相同。

图表 9—3 中的主要指标是地区销售经理根据图表 9—2 中的有关数据准备的。从图表 9—3 可以得出以下几点主要结论：

1. 销售代表的客户渗透率随客户规模反方向变化。他们在 A 类客户中的渗透率为 75%，而在 D 类客户中只有 30%。

2. 产生这种业绩的部分原因在于销售代表所做的销售拜访。在 A 类和 B 类客户中，他们的拜访次数超过了标准，而在 C 类和 D 类上不足。此外，他们所做的努力似乎也不够（487 次拜访/90 天/2 名代表＝每人每天 2.7 次）。

3. 从对小客户的销售中得到的毛利润率低于大客户，这反过来影响了获利性。

4. 尽管客户销售额与毛利和推销费用是一致的，但很明显小客户产生了净损失。

图表 9—3　　　　　　　反映销售业绩的部分经营指标

	销售量/活跃客户（美元）(3)/(4)	毛利/活跃客户（美元）(4)/(2)	推销费用/活跃客户（美元）(6)/(2)	对销售管理费的贡献（美元）（毛利－销售费用）
A：	800	240	307	－67
B：	1 100	385	448	－63
C：	2 500	1 225	1 125	100
D：	5 500	2 750	1 500	1 250

	客户渗透率（%）(2)/(3)	拜访次数/活跃客户（美元）(5)/(2)	每次拜访的推销费用（美元）(6)/(5)	毛利百分比/活跃客户（%）(4)/(3)
A：	75	3.25	94.36	30
B：	67	5.0	89.50	35
C：	25	5.0	225.00	49
D：	30	7.0	214.29	50

本例的销售分析过程揭示出两位销售代表在拜访客户方面不积极（每天仅 2.7

次），且集中于那些获利性差、实际上增加了管理费用的小客户。鉴于这种情况，有必要调整工作方向。

营销渠道分析

营销渠道分析包括两个相辅相成的过程。经理首先要评估可能改变营销渠道结构、行为和业绩的环境和组织因素。这在第 8 章中已经强调过。其次，经理要评估营销渠道的获利性。

营销渠道获利性分析遵循产品—服务分析的一般格式，但成本鉴别和分摊不同。有两种成本（获取订单的成本和订单服务成本）必须要识别出来并追踪到不同的营销渠道。**获取订单的成本**（order-getting costs）包括销售费用和广告补贴。**订单服务成本**（order-servicing costs）包括包装和运输成本、仓储费和开具单据费用。[7]

假设有一家生产家具上光漆、清洁剂和各类家具养护产品的企业。该公司运用自己的销售人员通过三种营销渠道销售产品：家具店、百货商场和家居用品店。图表 9—4 显示了三种营销渠道的合并及各自（一般费用和管理费未包括或分摊）的利润表。很明显，通过渠道追踪成本和收入的话，家具店和百货商场能带来同样的销售收入；然而，家具店亏损严重，而百货商场独占了几乎全部净收入。为什么回报如此不同？

图表 9—4　家具养护产品在不同营销渠道中的成本　　　　　单位：千美元

	总计	营销渠道 家具店	百货商场	家居用品店
销售额	12 000	5 000	5 000	2 000
产品销售成本	8 000	3 500	3 100	1 400
毛利	4 000	1 500	1 900	600
费用				
推销费用	1 000	617	216	167
广告费	750	450	150	150
包装运输费	800	370	300	130
仓储费	400	200	150	50
结算费用	600	300	250	50
总费用	3 550	1 937	1 066	547
渠道净收入（损失）	450	(437)	834	53

仔细分析各项成本后得出如下结论：

1. 销售给家具店的产品的综合毛利率是 38％，而销售给百货商场和家居用品店的为 30％。因而，后二者产品平均利润率较低。

2. 通过家具店获取订单的成本（促销和广告）占销售额的 21％，而通过百货商场和家居用品店分别为 7％和 16％。

3. 家具店的订单服务成本占销售额的 17％，而百货商场和家居用品店分别为 14％和 12％。

简言之，通过家具店渠道销售产品比通过百货商场和家居用品店要付出更大的努力（反映在成本上），而且毛利润率较低。一旦识别出这些问题，就可以以系统的方式探索解决问题的方法。

顾客盈利分析

信息技术的进步以及数据库管理技术使得识别单个顾客对组织盈利的贡献成为可能。能够带来盈利的顾客可以是一个人、一个家庭或者一家公司，在一段时间内为组织带来的收入总是高于组织为了吸引、销售产品或者为这些顾客提供服务所产生的成本。注意，这里要强调的是这种收入和成本是在一段持续的过程中，而不是指单次的顾客交易中产生的利润。

顾客盈利性分析远比前面提到的几种分析方法复杂。例如，观察"80/20法则"的差异。想想LSI Logic公司的例子，这家高科技半导体制造商近来发现公司90%的利润来自其10%的顾客。[8] 而且，公司一半的顾客都让公司赔钱！因此通过观察得到的启示是公司要想盈利就必须在不影响其将来业务的前提下"炒掉"最差的顾客。这让我们想起考虑渠道盈利能力时的两种成本：（1）获取订单的成本；（2）订单服务成本。这两种成本在进行顾客盈利分析时也同样要用到，但是形式不同。获取订单的成本在这里叫做"顾客获取成本"；订单服务的成本在这里叫做"顾客维系成本"。从顾客的毛利润中扣除这些成本剩下的就是利润。在针对单个顾客进行分析时，最好将顾客按照不同的利润层级划分。一种分类框架是把这些顾客分为铂金顾客（高盈利的）、黄金顾客（盈利的）、铁质顾客（低盈利性，但值得保留），以及要剔除的顾客（即不盈利又不值得保留的）。[9] 一旦确定之后，经理的任务就是要通过交叉销售或上游销售把铁质顾客移动到黄金顾客一层，把黄金顾客移动到铂金顾客一层；也就是把顾客引导到更盈利的层级。营销人员通常获得的建议是剔除不盈利又不值得保留的顾客，或者向他们征收高价，或降低为他们服务的成本以使得他们更能盈利。金融服务行业已经采取这种做法好几年了，将精力更多地花在盈利顾客身上，对不能盈利的顾客收费，比如对他们使用ATM机收费，但这些营销实践通常会带来顾客关系方面的问题，因此需要谨慎考虑。

营销控制的思考

战略控制和经营控制的顺利实施要求经理关注如下几个主要问题。

问题与症状

有效的控制，不管是战略层次还是经营层次，都要求经理认识到根本问题和表面症状的不同。这意味着经理必须分清各种现象之间的因果关系。例如，如果出现销售下降或利润减少，经理必须审视数字背后隐藏的原因，寻找"治疗"方法。这种诊断角色类似于外科医生，为了弄清病因，必须先分析症状。

效益与效率

需要考虑的第二个问题是效益和效率之间的动态关系。效益指企业在既定的环境机会和限制及企业一定的能力水平下是否达到了预定目标。效率与生产率有关,即在投入一定的条件下产出的水平。假设一位销售代表每天拜访的次数多且每次拜访的费用较少,那么从效率的观点看,他是有效的。若企业强调的是解决问题和顾客服务,他可能会被视为缺乏效益的。

资料与信息

第三个需要考虑的问题是资料和信息在性质上的区别。资料基本是有关活动、事件或业绩的记录,而信息则是为了便于解释和帮助决策对活动、事件或业绩的分类。两者的区别已在有关营销成本分析技巧的讨论中阐述过,在那里资料被组织成有意义的类别和经营比率。

[注释]

[1] Thomas Bonoma, "Making Your Marketing Strategy Work," *Harvard Business Review* (March-April 1984): 68-76.

[2] These concepts were drawn from Derek Abell, "Strategic Windows," *Journal of Marketing* (July 1978): 21-26.

[3] Evan R. Hirsh et. al., "Changing Channels in the Automotive Industry: The Future of Automotive Marketing and Distribution," *Strategy & Business* (First Quarter 1999): 42-50; and "Click Here for a New Sedan! (Not Yet, Alas)," *Newsweek* (November 11, 2002): E-10-E-12.

[4] David S. Landes, *Revolution in Time*, revised ed. (Cambridge, MA: Harvard University Press, 2000); and Anthony Young, "Markets in Time: The Rise, Fall, and Revival of Swiss Watchmaking," (New York: The Foundation for Economic Education, September 9, 2005).

[5] B. Ames and J. Hlavacek, "Vital Truths about Managing Your Costs," *Harvard Business Review* (January-February 1990): 140-47; and S. L. Mintz, "Two Steps Forward, One Step Back," *CFO* (December 1998): 21-25.

[6] "New Digital Camera Deals Kodak a Lesson in Microsoft's Ways," *Wall Street Journal* (July 2, 2001): A1, A6.

[7] For an example of cost identification in marketing channels, see Robin Cooper and Robert S. Kaplan, "Profit Priorities from Activity-Based Costing," *Harvard Business Review* (May-June 1991): 130-137.

[8] Bob Donath, "Fire Your Big Customers? Maybe You Should," *Marketing News* (June 21, 1999): 9.

[9] Valerie Zeithaml, Roland Rust, and K. Lemon, "The Customer Pyramid: Creating and Serving Profitable Customers," *California Management Review* (Summer 2001): 118-142.

案例 9—1　　法玛西亚-普强公司：罗根生发药*

1996年2月9日，美国食品和药品管理局（FDA）批准罗根（Rogaine）生发药可以无须医生处方销售。罗根是当时被医学证明唯一有效的治疗男女普通遗传性脱发的生发药物，从1988年起在美国作为处方药物开始销售。进入市场以来，罗根在美国的累计销售额已超过7亿美元，在全世界的累计销售超过10亿美元（见图表1）。[1]

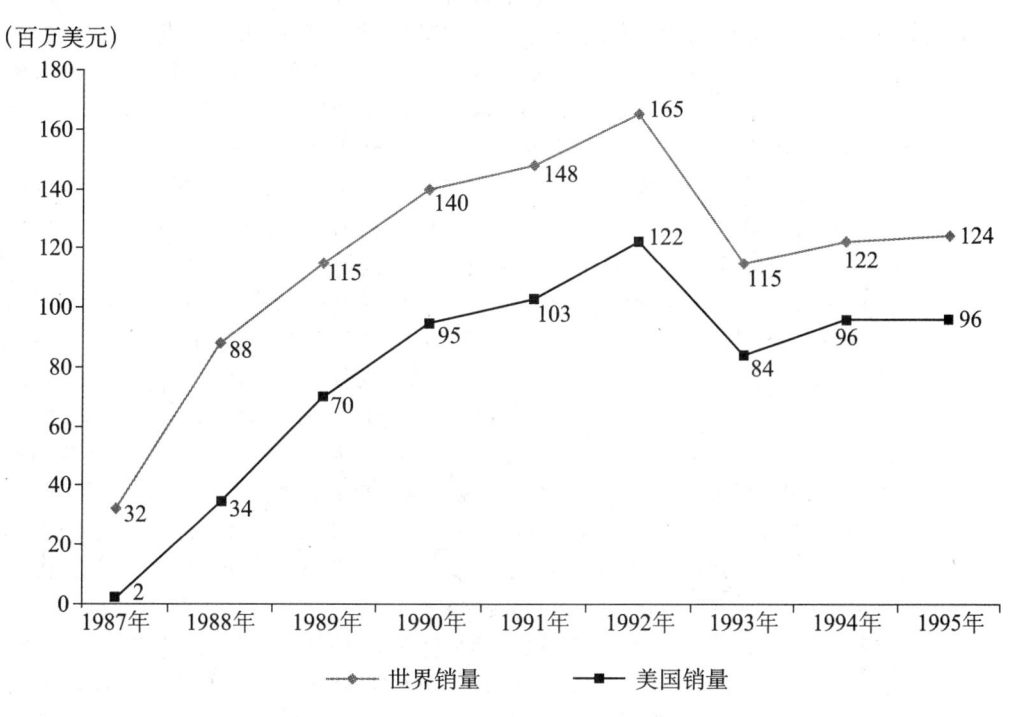

（百万美元）

年份	世界销量	美国销量
1987年	32	2
1988年	88	34
1989年	115	70
1990年	140	95
1991年	148	103
1992年	165	122
1993年	115	84
1994年	122	96
1995年	124	96

图表 1　罗根以美元计的销售额（采用的是制造商价格）

4天后，罗根的专利将要期满，此时FDA批准罗根成为非处方药，或称柜台药品（OTC），对这一产品的生产者法玛西亚-普强公司（Pharmacia & Upjohn）确实是一个好消息。公司一位高层说：“我们对FDA把罗根从处方药转为柜台销售药品非常高兴。罗根可以在柜台销售对于数以百万计的有一般性脱发经历的人无疑是非常方便的，我们正在制定一个积极的时间表来使罗根能尽快和广泛地到达消费者”。[2]非处方的罗根定于1996年4月开始销售。到那时，作为处方药的罗根将终止销售，因为处方和非处方的罗根的配方是完全相同的。该公司请求FDA依据《美国食品、药品和化妆品法案》（U. S. Food, Drug and Cosmetic Act）的《维克-哈奇斯曼修正案》

---

* This case was prepared by Professor Roger A. Kerin, of the Edwin L. Cox School of Business, Southern Methodist University, as a basis for class discussion and is not designed to illustrate effective or ineffective handing of an administrative situation. This case is based on published sources, including The Upjohn Company and Pharmacia & Upjohn, Inc. annual reports, news releases, and interviews with individuals knowledgeable about the industry. Quotes, statistics, and published information are footnoted for reference purposes. Copyright © 1996 Roger A. Kerin. No part of this case may be reproduced without written permission of the copyright holder.

(Waxman Hatch Amendment)，批准公司对非处方罗根为期3年的独家营销。这些法律条款允许制药公司进行3年的独家营销，如果它们为将处方药转变为非处方药开展了新的研究。FDA预计将在1996年3月底或4月间对该申请作出回应。

在等待FDA对非处方药物的审批和随后于1995年11月得到FDA指导委员会的正面推荐期间，由于预计FDA对其3年独家营销会作出积极回应，该公司已经制定出将于1996年6月启动的市场营销计划的框架。[3]罗根的目标市场是25~49岁的男性与女性，定位为现有唯一不需处方的医学证明有效的生发药物。男用和女用的罗根将单独包装，分开出售。每一包装上都有特性标签并附一本用来帮助潜在使用者准确地识别自己是罗根适用者的小册子。一瓶药装有一个月用量，建议零售价将是29.5美元。这一价格接近于一个月用量的处方药罗根价格的一半。罗根的分销将延伸至药房或食品店、杂货店和大商场的护发部门。在品牌导入期的6个月中，营销费用估计为7 500万美元，用于支持罗根和公司重新推出的非处方罗根洗发水。营销费用的一半以上将用于消费者广告，这在公司历史上是对于非处方产品进行消费者营销和贸易推广方面投入最大的一次。据行业信息，该公司官员向经营保健和美容辅助产品的零售商宣称，该品牌一年的潜在零售额为2.5亿美元。

1996年4月5日，FDA通知法玛西亚-普强公司，关于3年期非处方罗根独家营销的申请被否决了。[4]另外，截止到1996年4月9日，FDA共批准了三种含有2%的米诺地尔（一种能够刺激头发生长的活性化学成分）的罗根的未注册产品无须处方即可销售。未注册产品应该与品牌产品具有相同的医疗效果，但定价要低25%~50%而且不做广告。1996年4月12日，法玛西亚-普强公司在密歇根的大激流市向联邦地区法庭对FDA提起诉讼，要求法庭推翻FDA关于非处方罗根独家营销的规定并命令FDA推迟批准含米诺地尔的竞争性非处方产品。4月15日，法庭发布一个临时性命令，阻止FDA的行动。初步听证会在4月30日举行，听取法玛西亚-普强公司关于在庭审结束前不得解除初步禁令的请求。

罗根从处方药到非处方药身份的转变和FDA拒绝罗根的3年期独家营销以及批准非注册竞争产品获得批准，这些因素结合在一起提出了许多相关的市场和营销问题。首先，在利用米诺地尔治疗脱发已经不需要处方的情况下，整个产品类别的潜在的销售数量和销售额是多少？法玛西亚-普强公司认为，根据市场营销计划和假设没有竞争产品的话，罗根未来5年内销售额达到10亿美元是可能的。然而，也有人提出了不甚乐观的看法。一位行业分析家相信，"有足够的虚荣心让很多人尝试它，至少在初期"。但是，另一位分析家指出，"那些真正有意向的人可能已经试过了"。[5]

其次，失去了自产品投入以来享有的美国专利保护和独家销售权以及竞争性非注册产品的出现对罗根品牌的销售有何影响？制药行业还没有出现过类似的情况可以回答这个问题。[6]例如，制药行业分析家估计，通常有专利的处方药会在专利期满后的6个月内由于非注册产品的竞争，销售量减少60%。然而，这种情况对处方药物是典型的，但不一定发生在处方药物在专利期满后转变为非处方药物的情形。另一个例子是戒烟口香糖，这是一种戒烟产品，在1994年6月失去独家营销权。但是，由于增加了广告投入和没有有品牌的产品及非注册产品的直接竞争，戒烟口香糖在1995年销量增长了差不多6%。与戒烟口香糖不同，如果罗根失去它的独家营销权，1996年就会面对含有2%米诺地尔的非注册产品或其他品牌的竞争。这些产品由Bausch & Lomb公司、Alpharma公司和以色列Teva制药工业公司下属的Lemmon公司制造。Bausch & Lomb公司的发言人说："我们确实看到米诺地尔市场是有发展前景的并非常愿意参与。"Lemmon公司生产非注册药品和自有品牌产品,并且宣布到1996年年中拥有一种含米诺地尔的非注册和自有品牌产品。这家公司已经与其他公司商讨提供一种有品牌产品的计划。另外,默克公司正在试验可以刺激头发生长的前列腺素药品Proscar,它是一种片剂。这种产品将于一年内提交FDA审批并在1999年上市。最后,在FDA最近发布的规定之前就已制定的非处方罗根的美国市场营销战略是否需要调整?如果需要,怎样调整?非处方的罗根已经送抵零售商,消费者广告和营业推广计划也已经准备实施了。

脱发的治疗

一个"满头头发"的人的头皮上大约有30万根头发。[7]一个人头上的头发数量取决于出生前即生成的头发毛囊。平均来说,一个人每天要脱落100～150根头发,同时新头发从毛囊生成。但是,许多人经历了永久性的脱发,称为雄激素性脱发。女性和男性都可以有这种现象。男人最常见的脱发形状是谢顶,正常的头发从太阳穴和头顶脱落,代之以细细的毛茸茸的头发。由于正常发际线的后退,这一区域越来越宽。这种脱发的过程是遗传性的,典型的男性脱发过程如图表2所示。女性也可能脱发,但是以一种弥散的形式,由于全部头发变得稀疏而显现出来。女性的脱发与男性典型的谢顶过程不同,尽管年轻女性和绝经期后的女性偶尔也可能出现谢顶现象。

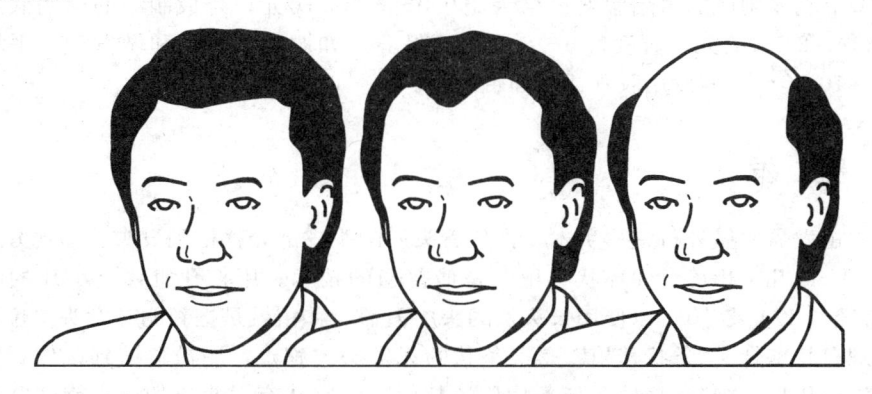

图表2 男性谢顶的典型过程

有调查表明,38.6%的女性说,如果脱发就会寻找治疗,而男性的比例是30.4%。[8]然而,同一研究也显示,在被调查的正在脱发的女性中仅有13.3%的人真正寻求某种形式的治疗,同时正在脱发的男性中至多9.9%的人真正寻求治疗。脱发的人和寻求治疗的人有多种治疗方法可供选择。最常见的治疗方法包括处方和非处方洗发水、洗剂和调理素。这些头发增厚产品经常用于治疗头发稀疏。据估计,美国有4 000万名男性谢顶和2 000万名女性头发稀疏,他们每年在这些产品上花费超过3亿美元。图表3列出了男性和女性愿意每年花在治疗脱发上的费用。假发、植发和药物,如米诺地尔,都可以在脱发很明显时使用。美国消费者每年在这些治疗方法上花费大约13亿美元。另有1亿美元花在偏方、茶、马蹄膏等方面。

图表 3　　　　　　　　美国成年人愿意花在脱发治疗方面的费用

数额	男性（%）	女性（%）
1 000～10 000 美元	11.3	11.1
600～1 000 美元	7.1	5.3
300～599 美元	13.5	9.7
100～299 美元	14.2	13.5
99 美元以下	27.0	28.5
不知道	26.9	31.9
	100.0	100.0

资料来源：Gallup Organization Survey of 1,000 U. S. adults commissioned by *Advertising Age*. Reported in Laurie Freeman, "Upjohn Takes a Shine to Balding Women," *Advertising Age* (February 27, 1989), p. S1. Reproduced with the permission of *Advertising Age*.

□ 假　发

超过 200 万的美国人戴假发，每年大约有 4 亿美元花在这些产品上，其中包括定期清洗和整形。假发可以用真发做成，或用合成材料如尼龙制成。由真发制成的假发使用期一般不超过 1 年。合成假发可使用 2 年。一小片真发制成的用于谢顶男性的额头的补发仅用 325 美元就能买到，一个完整的女用假发可能花费 2 000 美元或更多。典型的真发制成的男用假发价格为 1 000～3 500 美元，合成制品的男用假发价格为 1 800～2 500 美元。假发每 6～8 周需要保养，如调整、清洁和做发型，平均花费为 50～100 美元。假发用胶水或双面带固定。

□ 植　发

植发需要做外科整形手术，把长着头发的头皮部分移植到没头发的地方，通常包括一个或几个程序。"环状移植"是最普通的技术。用打孔机移走小片的谢顶头皮（直径约 1/4 英寸），以便用长头发的头皮覆盖。移植就是把新的有发头皮位置固定住直到自然愈合。"条状移植"是把条状的无发头皮移走，用被移植到该位置的条状有发头皮代替。"旗状移植"与条状移植相似，将旗状有发头皮切开、旋转并移植到要替换的无发头皮位置上，这在形成新的发际线时是典型的过程。"减少男性谢顶"包括切下谢顶的头皮，然后用周围有发头皮来替代谢顶的地方。无论多么成功，植发能维持的时间不是无限的。随着时间的流逝，移植的部位仍会变秃。

在美国，每年大约有 8 亿美元花在植发上。植发费用依移植面积不同从 3 000～15 000 美元不等。每个"减少男性秃顶"治疗通常要在移植费用上再加 2 000～3 000 美元，治疗通常不能享受医疗保险。

□ 药　物

尽管许多药膏和偏方也在推广，但只有一种产品在 1996 年 4 月前被 FDA 批准作为男性和女性促进头发生长的药物。法玛西亚-普强公司生产的罗根生发药于 1988 年

8月被FDA批准用于美国国内的男性，1991年又被批准用于女性。罗根是一种含2%米诺地尔的溶液，每天在头发稀薄或无发处涂抹2次。由公司进行的临床试验表明，对于促进30岁以下和脱发初期男性的头发生长效果更为明显。据估计，30岁以下的男性中有35%有脱发现象。米诺地尔的特性决定了要将它作为促进头发生长的药膏，每天需要使用2次，否则脱发会继续。就是说，如果希望用米诺地尔促进头发生长并保持效果长久的话，就要终生使用。

1996年2月以前，购买罗根需要医生的处方。使用一个月需要50~60美元，如果使用高度集中或与其他药物如A酸搅在一起使用，费用可能达到125美元。此外，定期去看医生也增加了治疗成本。罗根一般不能享受医疗保险。

1996年2月，FDA批准罗根成为非处方药物，这一决定推翻了1994年拒绝罗根为非处方药物的规定。那时，FDA官员认为，这种药用于早期脱发很有效，但不是一种解决办法。FDA皮肤病组的负责人曾说，罗根是一种治疗脱发可有可无的产品。[9] 1996年批准罗根为非处方药品时，FDA的报告说，罗根为25%的男性和20%的女性带来了"有意义的"头发生长。[10] FDA对"有意义的"头发生长的解释是，"新长出的头发覆盖部分或全部稀疏的地方，但是不如头部其余地方的头发密"。更多的使用者看到了有一些新头发长出来，但不足以覆盖稀疏部位。

在法玛西亚-普强公司进行的临床试验中，在有中等程度脱发的年龄在18~49岁的白人男性中，使用罗根4个月后，有26%的人有了中等至浓密的头发再生，33%的人报告说有少量头发再生。[11] 与之对比，18~49岁年龄段的男性，使用安慰剂（不含2%的米诺地尔）4个月后，11%的人报告有中等至浓密的头发再生，31%的人有少量头发再生。对于年龄为18~45岁、有轻微至中度脱发的白人女性的临床试验却得出了不同的结果。试验发现，使用罗根8个月后，19%的女性报告有中度头发再生，40%报告少量头发再生。接受安慰剂的对照组在8个月后，7%的女性报告中度头发再生，33%报告少量头发再生。

据一位罗根营销经理说："我们很清楚这种药物的作用。它不是一种快速见效产品，需要保证一天使用2次。它是一种必须使用4~6个月的药物，对某些人来说甚至用一年才能看到效果。"[12] 进一步说，罗根只治疗类似男性谢顶式的脱发，美国男性与女性脱发患者的95%有这种情况。另外，这种药物更容易使头顶的头发再生，而不是向后缩的前发际线上的头发。

法玛西亚-普强公司

法玛西亚-普强公司是由瑞典的法玛西亚公司和美国的普强公司于1995年11月合并成立的。[13] 这次合并使新公司成为世界第九大制药公司。截止到1995年12月31日，法玛西亚-普强公司当年净销售额为69.49亿美元，净收入9.24亿美元（除去合并有关的费用）。

法玛西亚-普强公司是人类健康护理产品和相关产品的提供者，经营范围遍及全球。该公司的管理中心位于英国伦敦，主要的研究和制造中心分散在美国、瑞典、意大利。公司销售额的90%来自药品，诊断、生物技术或生物试剂产品占10%。公司大约70%的销售额是在美国以外地区实现的。

该公司每年的研究开发预算为10亿美元，主要集中在开发新产品和产品线延伸。

1995年，开发出了25项新产品或延伸产品，预计将在1995—1997年间提交管理机构审批。

□ 人类健康护理业务

法玛西亚-普强公司宣布要通过合并实现和保持在许多治疗领域的领导地位，其中最主要的是肿瘤、代谢病、危重护理、感染性疾病、中枢神经系统疾病、妇女保健和营养等。图表4显示了公司1994年和1995年按主要治疗组分类的销售收入。

图表4　　　　　　法玛西亚-普强公司年度净销售额比较　　　　　　单位：百万美元

产品组	1995年销售额	变化率（%）	1994年销售额
感染性疾病	687.1	10.3	622.9
代谢病	635.9	(2.1)	649.4
危重护理	579.7	12.8	514.1
中枢神经系统	571.8	0.3	570.3
肿瘤	566.2	6.7	530.6
妇女保健	541.2	6.1	509.9
营养	399.0	8.1	369.0
眼科	296.0	5.3	281.0
其他处方药	957.7	(12.8)	1 098.1
消费者健康护理	441.5	(2.1)	451.2
动物保健	383.1	14.0	336.2
化学和合同制造	199.9	17.1	170.7
全部药品	6 259.1	2.6	6 103.4
生物技术/生物试剂	437.0	13.5	385.0
诊断	253.0	17.1	216.0
合并净销售	6 949.1	3.6	6 704.4

资料来源：Pharmacia & Upjohn, *Inc. Annual Report*：1995，p. 37.

处方药销售　　公司84%的药品销售额来自处方药品。通过专门训练过的销售代表去拜访内科医生、药师、医院员工、健康维护组织（HMOS）和其他受管制的医疗组织以及药品批发商等，这些药品直接销售到世界范围内的健康护理者手中。处方药的产品文字广告和销售努力直接面对健康护理专家。这种方式是必需的，因为FDA长期以来一直规定所有处方药物做广告时都要列出所有的副作用和禁忌症。因为受时间、空间及技术词汇等方面的限制，在面向消费者的电视和平面广告中完全传递这些信息，对广大的处方药品生产商来讲是很昂贵的。

1995年，感染性疾病药物销售的主导产品是氯洁霉素（美国以外称克林霉素）类抗生素产品。代谢病产品中最主要的是健豪宁，一种生长激素。危重护理和血栓形成类的主打产品是甲强龙（一种注射用类固醇），及其他类固醇药物。中枢神经系统类销售主要来自赞安诺（一种抗焦虑药）和一种叫酣乐欣的安眠药以及治疗老年性痴呆的思尔明。在肿瘤药物方面有两种是主要的，治疗实体肿瘤和白血病的表阿霉素以及治疗癌症的阿霉素。妇女保健产品的销售主要是醋甲孕酮（一种注射用避孕药）。营养药物独领风骚的是在美国以外销售的英脱利匹特（一种静脉内营养脂肪乳）。此外，白内障手术所需的透明质酸钠在眼科产品销售方面居领先地位。

非处方药销售　　法玛西亚-普强公司也制造和分销其他许多不需处方的药物，包括止痛药类的布洛芬片与胶囊，治疗腹泻的白陶土和果胶制剂，含有氢化可的松的抗表面炎症的 Cortaid，复合维生素，防晕车药苯海明，治疗小块皮肤感染与烧伤的抗生素药膏 Mycitracin 及非处方缓泻药 Doxidan 和多库酯钠。该公司还生产戒烟口香糖（一种戒烟产品），通过授权由史克必成公司经销。

人类健康护理业的竞争很激烈，在美国至少有 50 家销售处方与非处方药的竞争者。公司之间竞争的基础是产品开发和推出治疗与预防疾病的新药和改进药物方面的效益。产品质量、定价和分销渠道以及向健康护理专家传播技术信息和提供医疗辅助建议也是重要的。在非处方药物营销中，面向消费者的广告和营业推广以及向零售商提供的贸易促销十分重要。因此，这类产品经常被称为"广告药物"。

□ 罗根生发药的发展[14]

罗根的发展可以追溯到 20 世纪 60 年代中期。当时，普强公司研究人员发现，一种原以为是抗酸剂的药物可以降低试验动物的血压。在随后的研究中生产出一种被证明可以有效降低人类高血压的药物，属名定为米诺地尔。后来，商品名称取为长压定，1979 年该药品获得 FDA 批准开始销售。

1971 年，研究人员在将米诺地尔作为一种抗高血压药物的临床研究中获得意外的发现，一些口服米诺地尔的患者出现非同寻常的头发生长现象。随后的 1973 年，一名服用米诺地尔治疗高血压的病人头上明显秃顶的地方开始生长头发。1977—1984 年，对 4 000 多名患者进行了米诺地尔的临床试验和相关研究。在 27 个不同的试验地点对 2 326 名患者进行了跟踪临床研究，这些人几乎均为身体健康的白人，年龄在 18～45 岁，被诊断有中等脱发。该项研究得出的结论是，每天在头上涂两次含 2% 米诺地尔的溶液对这一群体是最安全和最有效的。对于 18 岁以下的青少年没有进行该产品安全性与有效性的试验（罗根不向 18 岁以下人士推荐使用）。使用此药出现的副作用是头皮治疗部位发痒和对皮肤的刺激。在有效性方面，48% 的患者说，他们在使用 1 年后长出中度或浓密的头发。同时，研究人员的判断是，39% 的患者在使用 1 年后有中度至浓密的头发生长。这些数据在 1985 年呈报 FDA，FDA 最终认定了 39% 的人有中度至浓密头发生长的结论。1986 年，普强公司以 Regaine 的商标名在美国以外地区销售含 2% 米诺地尔的溶液。然而，FDA 更严格和费时的复审程序减慢了在美国国内的审批过程。

对米诺地尔持续的研究使公司的研究人员得出两个基本结论：

第一，很明显，在外用米诺地尔 4 个月后可以在一部分头皮上长出头发。第二，在许多病例中效果与患者的年龄、脱发程度及脱发时间长短有关。那些刚开始脱发的年轻人使用此药效果更好。但这一发现有例外，年龄与使用效果间的关系还没有得到科学验证。[15]

1987 年，公司组建了生发研究部来分析米诺地尔的作用机制，开发新的、更好的米诺地尔类似物并探索影响头发生长或脱落的其他药剂。当时，研究人员仅仅能够就米诺地尔能刺激一些患者头发生长作出推论。公司的首席皮肤病学家说：

似乎最合理的解释是，米诺地尔也许在毛囊的基质细胞注定要死亡时能刺激它再生。它能起到阻止那种遗传倾向。但是，我们不清楚米诺地尔是如何调整细胞代谢活性的。[16]

1988 年取得了两项引人注目的进展。第一，一项为期 8 个月的对女性脱发者使用罗根情况的临床研究完成。研究结果被呈递给 FDA，最终使 1991 年 8 月 FDA 批准米诺地尔溶液可以销售给女性。然而，孕妇和哺乳期妇女被劝告不要使用罗根。第二，1988年8月，FDA批准可以在美国向男性销售这种溶液。FDA官员认为，Regaine暗示米诺地尔溶液能使头发完全生长出来，所以更改为罗根。这时，米诺地尔已在消费者、营销媒介和投资者中获得很高的知名度，被认为是治疗脱发方面的奇迹。例如，华尔街财务分析家相信，罗根治疗男性谢顶的能力可很快带来4亿～5亿美元的年销售收入。[17]

为罗根生发治疗制定的处方药营销计划

美国男性用处方罗根最初的市场营销计划是与FDA审批过程并行的。罗根的营销目标是："在美国新市场使罗根的销售最大化。"[18]自罗根被FDA批准为处方药后，普强公司开始将注意力放在那些拜访内科医生、皮肤病专家和其他保健专家的销售人员的培训和教育上。罗根是通过销售人员、医药杂志和期刊上的广告而进入医药界的。公司的一位发言人说："只有在医药界的认知度足够高后我们才会开始向消费者推销罗根。"[19]

消费者广告计划

罗根消费者广告的目标是25～49岁的男性，于1988年11月开始启动（见图表5，其中提供了美国男性与女性的年龄与收入情况）。由于试用少而导致处方药销售缓慢，因此，广告计划比原定时间提早2个月推出。电视广告于1988年11月23日开始。在流行的消费者杂志和报亭出售的商业读物上刊登了平面广告。

图表5　　　　　　　　　　美国人的年龄和收入情况

年龄段（岁）	人数（百万人）	2 500美元以下	2 500～4 999美元	5 000～9 999美元	10 000～14 999美元	15 000～24 999美元	25 000～49 999美元	50 000～74 999美元	75 000美元以上
男性									
15～24岁	17.4	28.1	15.1	22.0	14.9	14.8	4.9	0.3	—
25～34岁	21.3	3.1	3.7	10.0	13.8	28.6	34.4	4.7	1.7
35～44岁	19.0	2.6	2.8	6.5	8.3	20.1	41.8	11.8	6.0
45～54岁	12.4	3.0	2.4	6.3	8.5	18.4	39.3	13.9	8.1
55～64岁	10.2	3.1	4.1	10.8	11.2	21.1	33.1	10.1	6.4
65岁及以上	12.5	1.9	5.8	24.7	20.9	24.2	16.0	3.9	2.6
全体男性	92.8								
女性									
15～24岁	17.5	31.0	19.7	22.8	13.1	10.5	2.7	0.1	—
25～34岁	21.6	15.7	8.8	16.5	15.3	25.0	17.2	1.2	0.4
35～44岁	19.6	14.9	7.6	14.8	13.8	23.0	22.2	2.7	1.0
45～54岁	13.3	14.7	7.9	15.3	14.2	21.7	22.2	3.0	1.0
55～64岁	11.2	17.0	14.8	20.4	14.5	17.0	13.0	2.5	0.8
65岁及以上	17.5	5.0	19.4	37.0	16.7	13.8	6.8	0.9	0.5
全体女性	100.7								

资料来源：U. S. Bureau of the Census, *Current Population Reports*.

电视和平面广告的信息突出强调的是温和的推销方法，鼓励消费者"去看医生……如果你为脱发而忧虑"。这些广告未提及罗根，因为那时联邦当局禁止在消费者广告中使用处方药的品牌名称。但是，普强公司的名称在广告中出现了。由于1989年第一季度每月销售额仅为400万美元，因此公司作出了改进广告攻势的决定。新的广告描述一位谢顶男士站在浴室镜子前。与以前的信息一样，观众被鼓励去看医生。罗根在美国的销售额得到改善，1989年达到了7 000万美元。第三次广告攻势于1990年2月展开。在FDA批准下，平面广告第一次提及罗根的品牌名称。广告文案用大标题重点强调罗根是FDA批准的唯一生发产品："好消息是只有一种药品被证明有生发作用……罗根。"同时进行的电视广告中仍然没有提及罗根。1990年，罗根在美国的销量达到9 500万美元。这一广告攻势持续到1991年，经FDA批准，罗根名称开始出现在电视广告中。1991年，罗根销量为1.03亿美元。据行业估计，罗根在消费者标准媒体广告方面的费用，1989年为4 914 500美元，1990年为9 347 500美元，1991年为3 443 000美元。[20]

价格—销售推广过程

依药店毛利的不同，使用一年罗根可能花掉消费者600～720美元。[21]患者一年的总花费可能高达800～900美元，其中包括定期看医生的诊费。因为在第一次咨询后患者被要求每年看两次医生。

一系列价格奖励和营业推广活动都鼓励患者去看医生。例如，从医生那里拿到罗根处方的患者可得到部分退款；患者可以在买第一瓶罗根时得到一张价值10美元的返券，或者把用过的4瓶药的瓶盖寄回而得到20美元返券；向部分理发店和美容院提供为担心脱发者准备的信息手册，另包括15万盘录像带；消费者广告中还提供了一个可以咨询产品信息的800电话号码。至1991年，公司已经接到过近百万个咨询电话。据估计，普强公司从1991年把处方药罗根导入市场以来，每年的营销费用在4 000万～5 000万美元，包括专业广告及消费者广告、价格—销售推广活动及推销费用。

1991年9月，罗根的价格—销售推广活动成为在华盛顿特区举行的一整天的国会听证会的主题。[22]几位国会议员对处方药品销售中使用顾客回扣和现金激励的做法提出批评意见。一位FDA官员说："我们担心的是这类战术。"就处方药品消费者广告的一般情况，FDA特派员戴维·凯斯勒（David Kessler）博士评论说："总的来说，我们认为处方药广告对公众的服务是不够的。"一位FDA发言人稍后总结说："我们会让它（罗根目前的促销方式）继续下去，尽管我们对将来发生的事不会袖手旁观。"

尽管FDA和一些医生不喜欢处方药广告，但是消费者对处方药广告的反应是积极的。一项对2 000位成年美国人的调查发现，40%的人说他们因为看过广告而与医生进行了交谈，72%的人认为广告是一种教育工具，71%的人认为处方药广告是有价值的。[23]

女性用罗根[24]

FDA批准罗根可用于女性是在1991年8月，直接面向女性的广告和推广活动于1992年2月开始。女性市场进入计划与男性市场营销计划一模一样，包括统一的价格和在广告中提及罗根品牌名称。面向消费者的平面广告大量出现在《世界妇女》(Cosmopolitan)、《人物》(People)、US、《时尚》(Vogue)、《女人节》(Women's Day) 以及其他杂志上。然而，由于男性之间常谈论脱发问题而女性间却很少，面向女性的罗根广告文案与面向男性的有所不同。据一位普强公司的负责人讲，受脱发困扰的女性"因为没人谈论它而感觉更孤独"。[25] 这种看法在面向女性的罗根平面广告的信息中得到体现。例如，在罗根平面广告中，一位妇女说："不仅仅是接受事实，我终于能对脱发多做些什么了。"在广告结尾，推出"取得你一直想要的控制权，并且现在就做"旁白。电视广告也于白天、傍晚、周末在美国主要大城市市场的当地电视台和有线电视网络播出。在电视广告中，扮成新闻记者的一位女性说："做这一行，你没办法在掌握事实前编出故事。所以，当听说含米诺地尔的罗根后，我想为自己了解到全部的事实。"

价格—销售推广计划包括看医生或皮肤病专家可得到 10 美元奖励，打 800 电话可得到有关产品信息的小册子。小册子在药店及医生诊室也可得到。杂志广告、直接邮寄和销售人员方面广泛的专业化努力，包括为药剂师准备的新的印刷品及录像材料，有力地支持了产品的上市。1992 年，为在女性市场上市所做的总的营销预算（包括广告）达 2 000 万美元。由于产品的顾客群扩大，1992 年罗根的销售额上升至 1.22 亿美元。据行业估计，1992 年为罗根所做的消费者广告的支出达 1 256.96 万美元。

直到 1995 年，罗根对男性及女性顾客都作为处方药品销售。[26]在此期间，新推出了两则面向女性的广告和一则面向男性的广告。广告费用随之增加。据一位公司发言人说，鼓励患者主动与医生讨论脱发问题的积极广告是维持罗根销售基本的因素。这位发言人说："许多医生不主动当着患者的面谈论脱发问题。"[27]据行业估计，在标准媒体上的广告支出，1993 年为 3 457.98 万美元，1994 年为 3 240.4 万美元，1995 年为 4 000 万美元。由于 1995 年仅在有线电视上就花费 2 100 万美元，罗根成为美国在这一媒体上的第五大广告品牌。另外，1995 年公司首次制作了处方药信息片。这个时长 30 分钟的信息片针对女性，由女演员辛迪·威廉姆斯（Cindy Williams）主持。她采访了一位持证皮肤科医生、一位发型设计师和公司的一位营销经理。公司还为该产品建立了一个网站，这在该行业中也是第一次。

在这 3 年期间，公司还重点建立了罗根的潜在顾客和现有使用者的数据库以便支持关系营销计划的开展。事实证明，这对于与潜在顾客和现有使用者开展直邮和电话销售非常有用。公司在这方面的努力收到了效果，开始使用罗根治疗的患者持续较长时间地用药。另外，罗根的价格—销售推广计划继续执行。1993 年，罗根在美国的销售额降至 8 400 万美元，然后在 1994 年和 1995 年上升并保持在 9 600 万美元。

□ 产品与销售的发展

自 1988 年导入市场后，公司一直在进行罗根的产品和市场开发。例如，对不同浓度的米诺地尔进行了检验，看哪一种可以达到每天只需使用一次而不是两次。这一改进可更方便使用。正如一位原公司经理所承认的，"每天用两次是很困难的"。[28]另外，一种易于使用的凝胶在欧洲投放市场。1989 年年初，公司推出了男女均可使用的非处方普罗根（Progaine）浓发洗发水产品线。这类产品并不促进头发生长，仅适合稀疏头发者洗发。据信这些产品将从好听的品牌名中受益并被认为是罗根的伴侣产品。1995 年 12 月，公司向 FDA 呈报了一项用来治疗一般性脱发的含 5% 米诺地尔的罗根新药申请。这种凭处方购买的生发药的营销许可预计在 1996 年年底得到。

全球范围的市场开发也在继续。到 1996 年 4 月，罗根（在美国以外市场中使用的是 Regaine 品牌）在超过 80 个国家中销售，300 多万人使用过它。FDA 批准罗根可以作为非处方药的决定意味着该产品在 13 个国家中可以不凭处方销售，包括丹麦、荷兰、新西兰、西班牙、英国及美国。罗根（即 Regaine）在美国以外的销售额 1995 年为 3 000 万美元。

罗根生发药的柜台营销计划

非处方罗根营销计划的推出同时意味着处方罗根营销计划的终止。处方罗根的生产、分销、广告和推广在 1996 年 4 月 3 日停止。

非处方罗根的营销计划

对非处方罗根的营销计划过程始于 1995 年年底，其使命是创造一个称为"头发再生"的产品类别。预计该营销计划的费用为 7 500 万美元，其中一多半用于消费者广告以引起人们的关注和试用产品。该计划的主要内容如下[29]：

目标市场、产品定位和包装 与处方药的营销计划一样，非处方罗根的目标市场将是 25~49 岁的男性和女性。产品将定位为唯一经医学证明的头发再生产品。

虽然产品本身无区别，但是男用和女用产品将采用不同包装。男用产品的包装是淡蓝色的硬纸盒，女用产品的包装是粉色硬纸盒。包装内将夹带包括使用说明和有关对消费者关心问题的解答的手册，内容因性别而不同。一瓶含量为 60 毫升，分一瓶装、两瓶装和三瓶装销售。一瓶可以足够一个月使用。在瓶上注明要避免儿童接触。男用罗根采用滴管和喷雾器方式，女用罗根采用加长喷雾器方式，便于长发使用。

广告和促销 为罗根设计了多种长期的广告和促销计划。广告的目标是激发消费者对该品牌最近获准的非处方身份的认知，鼓励试用产品，引导顾客的期望。开始时，分别为男用和女用产品各制作一则 30 秒钟的电视广告。据公司的一位发言人称："男性和女性对于脱发的生理和心理感受是不同的。他们对罗根的反应也不一样。因此，与包装类似，罗根的广告将突出不同性别的使用者关心的问题。"[30]罗根的品牌经理补充道，广告将突出教育色彩，强调"医学证明的唯一的生发产品"这个事实。[31]男用产品广告将在晚上黄金时段、体育节目、有线电视体育节目、午夜和综合性节目中播出。女用产品广告将在晚上黄金时段和白天在电视网、有线电视和综合性节目中播出。

计划的播出时间表应该保证 92% 的目标顾客可以在非处方罗根上市 4 周内 7 次看到产品广告。平面广告应让 77% 的目标顾客接触到。负责罗根的广告代理商说："如果仍然有消费者不知道该产品，不知如何使用，不清楚它的作用机理，以及不需处方就可购买的事实，那么，这项新的计划将解决这些问题。"[32]

广告计划将由广泛的消费者和贸易促销活动支持。估计将有 4 万名医生接收到说明罗根非处方身份的信件。2 万名药剂师将收到邮寄的药箱。在药箱中将包括针对药剂师的培训手册和录像带、消费者培训手册和药房柜台用的板架。消费者促销将包括宣传单、店内散发广告和奖券。

直销活动也要开展，目的是让消费者对产品满意，重复购买，强化使用者的期望。计划定期向使用者邮寄的东西包括优惠券、介绍头发护理和定型的简报、有关使用者和皮肤科医生及其他权威人士对产品的评论。消费者只要填写并寄回产品包装内夹带的登记卡或直接打免费电话说明,就可以加入直销计划。

分销和定价 分销渠道将包括药店、食品店中的头发护理部、杂货店和大型商场。做这样的选择是由于公司进行的市场调研发现,消费者将预期在这些地方购买到这种产品。

非处方罗根的价格大致为处方罗根的一半。单瓶装罗根的建议零售价为29.5美元,两瓶装的为55美元,三瓶装的在部分商店销售,建议零售价为75美元。零售商销售罗根的毛利约为建议零售价的20%。在谈到这种扩展的分销渠道和定价时,公司的一位高级管理人员说:"非处方罗根对于这个国家数以百万计的有遗传性脱发症的人来说,是一个喜讯。他们无须去医生的办公室,只要步入食品店、杂货店或大型商店不用处方就可以买到罗根。这样更方便,价格也低,人们更能买得起。"[33]

头发生长类别的开发:罗根和普罗根

非处方罗根上市的重点是在公司负责人所说的"头发生长"产品类别中,按建议零售价计算,创造一个年销售额为2.5亿美元的品牌。为此,公司同时再次推出普罗根洗发水,这预示着公司致力于将罗根和普罗根整合为一个品牌名称体系。重新推出普罗根涉及包装的再设计,增加了蛋白的新配方、护发素、使头发浓密的活性物质等。为了强化罗根和普罗根间的联系,在罗根的包装盒中将夹带普罗根的优惠券。同时,在商店里,两种产品将摆放在一起。普罗根洗发水1995年的销售额为200万美元。同年,美国洗发水零售总额为15亿美元。[34]

1996年4月30日:联邦地区法庭的裁决

1996年4月30日,联邦地区法庭作出了有利于FDA的裁决[35],这意味着罗根将没有为期3年的独家营销权,3种竞争性非注册产品也可以在美国不需处方就可销售。

这一进展给FDA批准的含2%米诺地尔的非处方头发生长产品的营销机会,特别是罗根,带来了许多问题。例如,头发生长类产品的潜在销售数量和销售额将受到什么影响?该公司原认为,在罗根是唯一含2%米诺地尔的头发生长产品的情况下,该产品预期5年内的销售额可达到10亿美元。这个数据现在是否需要调整?应修订为多少?比较好的方法可能是回顾处方罗根销售的历史情况。这将涉及对处方罗根试用和重复购买的形态进行模拟,确定这些形态对销售增长的贡献是怎样的。

与此相关的是,失去独家营销权和竞争产品的出现改变了竞争环境。罗根已经不再是唯一含2%米诺地尔的头发生长产品了,因而失去了垄断地位。原来潜在的使用者现在可能会尝试竞争产品,而现有的顾客也可能转向其他产品。对罗根销售的影响需要进一步的关注。

非处方头发生长产品类别的销售和罗根在其中占有的份额,在很大程度上取决于非处方罗根的营销计划。在预计FDA对3年独家营销申请作出积极反应条件下制定的计划已经在实施。眼下的问题是这个营销计划如何进行修订。

[注释]

[1] Sales figures are based on information provided in "Rogaine Will Be Sold Over-the-Counter," *PR Newswire*, February 12, 1996; estimates made by Bear, Stearns, & Company and Prudential Securities industry analysts; and data reported in "For Rogaine, No Miracle Cure—Yet," *Business Week* (June 4, 1990), p. 100, and "Blondes, Brunettes, Redheads, and Rogaine," *American Druggist* (June 1992), pp. 39-40.

[2] "Rogaine Will Be Sold Over-the-Counter," *PR Newswire*, February 12, 1996.

[3] This description is based on "Rogaine Will Be Sold Over-the-Counter," *PR Newswire*, February 12, 1996; Michael Wilke, "New Rivals Push Rogaine to Jump-Start Its OTC Ads," *Advertising Age* (April 15, 1996), p. 45; Michael Wilke, "Rogaine, Nicorette Seek Edge from FDA," *Advertising Age* (February 19, 1996), p. 4; "OTC Rogaine Receives FDA Advisory Committee Recommendation," *PR Newswire*, November 17, 1995; Sean Mehegan, "Hair Today," *BRANDWEEK* (April 8, 1996), pp. 1, 6.

[4] This discussion is based on "Generic Versions of Rogaine OK'd," *The Dallas Morning News* (April 9, 1996), p. 4D; "Pharmacia & Upjohn Files Lawsuit Over OTC Rogaine Exclusivity," *PR Newswire*, April 12, 1996; "Rogaine Awarded Temporary Restraining Order," *PR Newswire*, April 15, 1996.

[5] Laurie McGinley, "Baldness Drug Cleared for Sale Over Counter," *Wall Street Journal* (February 13, 1996), p. B3; Michael Wieke, "OTC Status Might Not Be Boon to Rogaine," *Advertising Age* (January 29, 1996), p. 10.

[6] The following discussion is based on Patricia Winters, "Prescription Drug Ads Up," *Advertising Age* (January 18, 1993), pp. 10, 50; "Rogaine, Nicorette Seek Edge from FDA," *Advertising Age* (February 19, 1996), p. 4; Sean Mehegan, "Hair Today," *BRANDWEEK* (April 8, 1996), pp. 1, 6.

[7] This material is based on Charles B. Clayman, ed., *The American Medical Association Encyclopedia of Medicine* (New York: Random House, 1989), pp. 88, 504; William G. Flanagan and David Stix, "The Bald Truth," *Forbes* (July 22, 1991), pp. 309-310; "Baldness: Is There Hope?" *Consumer Reports* (September 1988), pp. 533-547; Gary Belsky, "Beating Hair Loss," *MONEY* (March 1996), pp. 152-155; "Hair Loss: Does Anything Really Help?" *Consumer Reports* (August 1996), pp. 62-63.

[8] Laurie Freeman, "Upjohn Takes a Shine to Balding Women," *Advertising Age* (February 27, 1989), p. S1. These statistics are based on a Gallup Organization survey of 1,000 adults in the United States.

[9] "Upjohn's Rogaine Fails to Win Vote of FDA Panel in Nonprescription Bid," *Wall Street Journal* (July 28, 1994), p. A2.

[10] Laurie McGinley, "Baldness Drug Cleared for Sale Over Counter," *Wall Street Journal* (February 13, 1996), p. B3.

[11] Based on Rogaine product literature prepared by Pharmacia & Upjohn, Inc.

[12] "Rogaine: Promises, Promises, Promises," *Advertising Age* (October 3, 1993), p. S14.

[13] This company overview is based on *The Upjohn Company Annual Report*: 1994 and *Pharmacia & Upjohn, Inc. Annual Report* 1995.

[14] This description is based on *The Upjohn Company Annual Report*: 1988, pp. 10-11; Steven W. Quickel, "Bald Spot," *Business Month* (November 1989), pp. 36-43; "Baldness: Is There Hope?" *Consumer Reports* (September 1988), pp. 533-547.

[15] *The Upjohn Company Annual Report*: 1988, p. 11.

[16] "Baldness: Is There Hope?" *Consumer Reports* (September 1988), p. 544.

[17] "The Hottest Products: Baldness Treatment," *ADWEEK* (November 7, 1988), p. 6; "For Rogaine, No Miracle Cure—Yet," *Business Week* (June 4, 1990), p. 100. The Upjohn Company neither confirmed nor denied these sales projections.

[18] The Upjohn Company, Annual Report, 1988, p. 11. The following material is based on Stuart Elliott, "Upjohn Turns to Women to Increase Rogaine Sales," *Advertising Age* (January 2, 1992), p. 4; "Rogaine for Women Gets $ 20M in Support," *Advertising Age* (January 6, 1992), p. 1; "New Hope for the Hair-Impaired," *Business Week* (June 4, 1990), p. 100; "Britain Approves Upjohn Hair Drug," *New York Times* (April 6, 1990), p. 4; Laurie Freeman, "Can Rogaine Make Gains Via Ads?" *Advertising Age* (September 11, 1989), p. 4; Laurie Freeman, "Can Rogaine Make Gains Via Ads?" *Advertising Age* (September 11, 1989), p. 12; Stephen W. Quickel, "Bald Spot," *Business Month* (November 1989), pp. 36-37ff; Laurie Freeman, "Upjohn Takes a Shine to Balding Women," *Advertising Age* (February 27, 1989), p. S1; Patricia Winters and Laurie Freeman, "Nicorette, Rogaine Seek TV OK," *Advertising Age* (November 27, 1989), p. 31; "Minoxidil," *Vogue* (September 1989), p. 56; "Hair Today: Rogaine's Growing Pains," *New York* (October 30, 1990), p. 20; "Blondes, Brunettes, Redheads, and Rogaine," *American Druggist* (June 1992), pp. 39-40.

[19] Steven W. Quickel, "Bald Spot," *Business Month* (November 1989), p. 40.

[20] 可测量媒体指报纸、消费者杂志和周末杂志,户外广告牌,网络,有线电视和电台等。不可测量媒体指直接邮件、合作广告、目录和商业出版物等。

[21] Although pharmacy margins varied, pharmacists typically obtained a gross profit margin of 10 percent *American Druggist* (June 1992), p. 40.

[22] Steven W. Colford and Pat Sloan, "Feds Take Aim at Rogaine Ads," *Advertising Age* (September 16, 1991), p. 47.

[23] "Upswing Seen in R_x Drug Ads Aimed Directly At Consumer," *American Medical News* (June 1, 1990), pp. 13, 15.

[24] This discussion is based on "Blondes, Brunettes, Redheads, and Rogaine," *American Druggist* (June 1992), pp. 39-40; Steven W. Colford and Pat Sloan, "Feds Take Aim at Rogaine Ads," *Advertising Age* (September 16, 1991), p. 47; Stuart Elliott, "Upjohn Turns to Women to Increase Rogaine Sales," *Advertising Age* (January 2, 1992), p. 4.

[25] Stuart Elliott, "Upjohn Turns to Women to Increase Rogaine Sales," *Advertising Age* (January 2, 1992), p. 4.

[26] This discussion is based on Emily DeNitto, "Rogaine Raises Women's Interest," *Advertising Age* (February 28, 1994), p. 12; "Rogaine: Promises, Promises, Promises," *Advertising Age* (October 3, 1993), p. S14; Emily DeNitto, "Rogaine Fashions New Ads for Women," *Advertising Age* (February 28, 1994), p. 12; Jeffrey D. Zbar, "Upjohn Database Rallies Rogaine," *Advertising Age* (January 23, 1995), p. 42; Joshua Levine, "Scalped," *Forbes* (November 6, 1995), p. 128; "Rogaine Opens New Category for Infomercials: Pharmaceuticals," *Advertising Age* (March 11, 1996), p. 10A; "Top 80 Brands on Cable TV," *Advertising Age* (March 25, 1996), p. 34.

[27] Yumiko Ono, "Prescription-Drug Makers Heighten Hard-Sell Tactics," *Wall Street Journal* (August 29, 1994), pp. B1, B7.

[28] "For Rogaine, No Miracle Cure—Yet," *Business Week* (June 4, 1990), p. 100.

[29] This discussion is based on "Rogaine Will Be Sold Over-the-Counter," *PR Newswire* (February 12, 1996); "OTC Rogaine Introduced," *PR Newswire* (April 8, 1996); "New Rogaine TV Commercials Begin," *PR Newswire* (April 22, 1996); Sean Mehegan, "Hair Today," *BRANDWEEK* (April 8, 1996), pp. 1, 6; Sean Mehegan, "Rogaine/Progaine," *MEDIAWEEK* (April 8, 1996), p. 38; Michael Wilkie, "New Rivals Push Rogaine to Jumpstart Its OTC Ads," *Advertising Age* (April 15, 1996), p. 45.

[30] "New Rogaine TV Commercials Begin," *PR Newswire* (April 22, 1996).

[31] Sean Mehegan, "Hair Today," *BRANDWEEK* (April 8, 1996), p. 6.

[32] "New Rogaine TV Commercials Begin," *PR Newswire* (April 22, 1996).
[33] "OTC Rogaine Introduced," *PR Newswire* (April 8, 1996).
[34] Pat Sloan, "Brand Scorecard: Premium Products Lather Up Sales," *Advertising Age* (July 24, 1995), p.24.
[35] "Court Allows Sale of Generic Forms of Rogaine," *New York Times* (May 1, 1996), p.40.

案例 9—2　马尚特艺术与历史博物馆[*]

2005年年初，马尚特艺术与历史博物馆（Marshant Museum of Art and History）发展与社区事务部主任阿什利·默瑟（Ashley Mercer）和财务与管理部主任唐纳德·佩特（Donald Pate）在一起讨论前一天下午开会时提出的问题。那次会议的与会者包括博物馆的高级职员和部分理事会成员，主要议题是博物馆的财务状况。马尚特艺术与历史博物馆在2004年已是连续第三年亏损，默瑟和佩特被指定负责制定扭转这种局面的建议。

马尚特艺术与历史博物馆

马尚特艺术与历史博物馆（MMAH）是一个非营利机构，位于美国西部的大都市区环球影城。成立于1925年的这座博物馆最初由范奈尔县每年拨款提供经费，名称为范奈尔县艺术博物馆（Fannel County Museum of Fine Arts）。2000年，更名为马尚特艺术与历史博物馆，以纪念博物馆的主要赞助人乔纳森·A·马尚特（Jonathon A. Marshant）。马尚特是当地一位富有的土地所有者和慈善家，他为博物馆提供了一笔可观的捐款。去世前他向展览馆捐了2 500万美元，根据事先约定，展览馆的章程和名字都做了变动。博物馆的章程声明其目的在于：

为范奈尔县的居民和参观者及其后代提供一个可以从历史和文化两方面欣赏艺术的有吸引力的场所。

博物馆的总监兰德尔·布兰特三世（Randall Brent Ⅲ）指出，正是这个章程把MMAH同艺术博物馆和历史博物馆区分开来。他说：

博物馆的章程赋予我们机会和挑战。通过跨越艺术和历史两方面，博物馆为欣赏艺术品提供了一个独特的视角。另一方面，只有愿意熟悉历史的人才能真正欣赏到我们所拥有的艺术品的真谛，这就是我们的挑战。

1997年，MMAH成功发行了2 800万美元债券，博物馆用募集的资金在范奈尔县环球影城的中心商业区建了一座更新、更大的展览馆。新馆与老馆相距6个街区，拥有更大的停车场，而且方便乘坐公共交通工具。这个地点是以1美元从乔纳森·

---

[*] This case was prepared by Professor Roger A. Kerin, of the Edwin L. Cox School of Business, Southern Methodist University, as a basis for class discussion and is not designed to illustrate effective or ineffective handling of an administrative situation. The museum name and certain operating data are disguised and not useful for research purposes. Copyright © 2006 by Roger A. Kerin. No part of this case may be reproduced without the written permission of the copyright holder.

A·马尚特名下的地产中得到的。2000年1月，在新馆的落成典礼上，布兰特说：

> 我常常觉得，我们新博物馆的最大优势在于它是公众托付的。范奈尔县的居民和乔纳森·A·马尚特的慷慨捐赠和想象力为我们提供了一个可以从文化和历史两方面欣赏艺术品的环境。作为公众托付的管理者，MMAH现在可以致力于收集优秀的艺术品，提供奖学金和教育，揭示艺术品的历史和文化内涵。

博物馆的收藏和展品

MMAH拥有超过15 000件永久性艺术收藏品。但是，与其他大多数博物馆一样，由于场地空间所限，博物馆并没有同时展出它全部的收藏品。收藏品是轮流展出的，有一些则短时期借给其他博物馆供展览用。

MMAH的收藏包括前哥伦布时期的、非洲的和大萧条时期的艺术品，同时还有欧洲和美洲的装饰艺术品。这些艺术品在博物馆的不同部分展出，而各个展部的建筑风格正好衬托了这些艺术品。例如，大萧条时期的艺术品在20世纪20年代和30年代风格的场馆展出，19世纪后期的装饰和建筑艺术品在Nouveau Wing艺术馆展出。此外，博物馆的讲解员会在参观者参观时讲解艺术品的历史背景。

MMAH每周一到周六上午10点到下午6点开放，周四开放至晚上8点，周日从中午12点开放到下午6点。参观博物馆的永久性收藏品是免费的，但是，参观特别展览要收取3~5美元的费用。博物馆也可用来安排私人展品展出，在平日和周末晚上还经常用于社团、基金会和各种集资活动。图表1列出了1996—2004年博物馆的参观人次。

图表1　　　　　　　　　　　博物馆参观人次

年份	总参观人次	特别展览[a] 参观人次	占总参观人次比例
1996	269 786	无	无
1997	247 799	无	无
1998	303 456	无	无
1999	247 379	无	无
2000	667 949	220 867	0.33
2001	486 009	140 425	0.29
2002	527 091	227 770	0.43
2003	468 100	203 800	0.44
2004	628 472	284 865	0.45

注：a. 特别展览包括在博物馆举办的私人企业、基金会和各种筹款活动。

博物馆的组织结构

MMAH的组织是根据功能分类的：（1）收藏与展示部；（2）发展与社区事务部；（3）财务与管理部。每个部门由一位主任领导，而主任对博物馆总监负责。博物馆有 185 名职员，另外还有 475 名志愿者在不同的岗位上工作。

由托马斯·克兰（Thomas Crane）领导的收藏与展示部具体负责：监督博物馆的收藏，安排特别展览，负责教育计划并为博物馆有关艺术品的活动提供人力和行政后勤支持。财务与管理部由佩特领导，负责博物馆的日常运作。博物馆的利润中心（地平线餐厅、停车场、礼品店和特别展览）也由财务与管理部负责。发展与社区事务部由默瑟领导，负责营销策划、公共关系、会员制和赠款。这个部门还从事博物馆的资金筹集，为一般的运作支持、赠款和收购等提供补助资金。此外，它还负责向基金会、联邦、州和本地的资助申请。

博物馆的财务

图表 2 表明了 2002—2004 年 MMAH 的财务状况。博物馆在这一时期的总收入和总支出如下所示：

	2004 年	2003 年	2002 年
总收入	10 794 110 美元	7 783 712 美元	8 694 121 美元
总支出	11 177 825 美元	7 967 530 美元	8 920 674 美元
净收入（亏损）	(383 715 美元)	(183 818 美元)	(226 533 美元)

在 7 年收支平衡或有盈余之后，连续 3 年亏损。累计 794 066 美元的亏损总额耗尽了博物馆的财务储备。

图表 2　　2002—2004 年收入和开支总结　　单位：美元

运营情况	年度截止于 12 月 31 日		
	2004 年	2003 年	2002 年
收入			
范奈尔县拨款	1 786 929	1 699 882	1 971 999
会费	2 917 325	2 956 746	3 134 082
捐赠	338 664	221 282	42 244
资助	763 581	281 164	645 853
投资收益	27 878	28 537	32 205
捐赠所得	673 805	693 625	583 612
其他	149 462	128 628	196 195
收入总计	6 657 644	6 009 864	6 606 190
费用			
人事	1 973 218	1 086 177	1 681 653
会员制	854 461	869 043	906 314
出版/公共信息	594 067	404 364	441 710
教育	616 828	519 805	542 076
行政管理*	3 777 042	3 345 153	3 389 124
费用总计	7 815 616	6 224 542	6 960 877
运营收入	(1 157 972)	(214 678)	(354 687)
辅助活动			
辅助活动收入			
特别展览	1 655 200	510 415	451 347
博物馆礼品店	1 596 775	606 503	810 123

续前表

运营情况	年度截止于 12 月 31 日		
	2004 年	2003 年	2002 年
地平线餐厅	515 843	305 952	418 960
停车	131 512	45 068	64 651
博物馆协会	337 136	305 910	342 850
辅助活动收入	4 236 466	1 773 848	2 087 931
辅助活动费用			
特别展览	814 741	313 057	137 680
博物馆礼品店	1 679 294	662 685	990 090
地平线餐厅	592 051	457 841	462 475
停车	31 168	16 528	16 536
博物馆协会	344 955	292 877	353 016
辅助活动费用	3 462 209	1 742 988	1 959 797
辅助活动利润	774 257	30 860	128 134
净收入	(383 715)	(183 818)	(226 553)

* 行政管理费用包括几乎所有的一般费用，如保险、维修、公共事业、设备租赁等。

在最近的一次理事会上提出的几项事宜表明了关注博物馆财务状况的必要性：

1. 范奈尔县的拨款将会减少。尽管每年的县拨款是 200 万美元，但在 2005 年及将来，每年的拨款将不会超过 160 万美元。

2. 2003 年和 2004 年利息率下降表明博物馆的基金和投资收益将可能持平或亏损。

3. 2004 年的捐赠和其他捐款收入特别多，而 2005 年不太可能再有这么多。

4. 会费收入连续第 5 年下降，而会员代表了博物馆收入的最大来源。

5. 来自辅助性活动（这些活动主要是营利性的）的收入继续显示出对博物馆运作的正面贡献。

特别展览和活动是非常有利可图的。然而，从 2005 年来看，有限的特别展览、日渐减少的日程活动和提高的费用（例如保险费）意味着 2005 年此类活动的收入很可能下降而成本则会提高，地平线餐厅、礼品店和停车场、博物馆协会的运作基本保持收支平衡。

博物馆的营销

作为发展与社区事务部主任，默瑟负责 MMAH 的营销。她的具体职责涉及改善博物馆的形象、提高博物馆来访者人次、建立博物馆的会员组织。谈及她的职责时，她说：

实际上，博物馆形象、访问人次和会员情况是相互影响的。形象影响访问人次和会员数；访问人次某种程度上是由会员人数驱动的，而会员人数似乎也以某种微妙的方式影响访问人次，从而影响着博物馆形象。

博物馆形象

博物馆的新建筑落成后不久,MMAH 的公众形象开始受到关注。这座新的四层建筑位于毗邻摩天大厦的市中心,有时被批评家称为"大理石盒子",因为这座建筑的正面镶嵌有意大利大理石。当被问及 MMAH 的形象时,布兰特说:

> 基本上可以这样说,在公众心目中,博物馆没有形象。这座建筑上没有标志表明"这是博物馆"或"请进来"。许多人对高雅文化并没有兴趣,还以为这里是自助银行或写字楼。
>
> 美国的大部分艺术博物馆存在形象问题。使我迷惑不解的一件事是,人们总认为博物馆存在某种问题。MMAH 在这里是最公共化的,而且比其他博物馆更大程度上依赖于会员的支持。像大部分博物馆一样,它依赖于捐赠和可靠的公共基金会的资助。这个博物馆选择作为公共的、免费开放的,这点非常高尚。博物馆没有选择作为有钱人的团体,这样非常好。
>
> 博物馆有超出人们预想的特点。它拥有比国内任何博物馆比例搭配更恰当的西方与非西方艺术品收藏。我们还未决定是推销或推广收藏品的这一独特风格还是推销或推广博物馆对历史背景的重视。我们拥有的是与众不同的机制,我们应该可以将其转化为优势而不是对其表示遗憾。

其他工作人员认为,博物馆形象是存在的,但是对服务的不同群体而言它是有差别的;或者 MMAH 并没有作出令人满意的努力为自己塑造一种形象。默瑟这样说:

> 根据我们的市场调查,我认为存在两种根本不同的形象。一种是无形象。人们不知道博物馆是什么,他们也不知道我们会在午餐、晚餐、购物、电影等方面提供给他们什么。他们不熟悉我们的收藏,尽管他们很可能也为社区里有这么一个美丽的艺术博物馆而骄傲。
>
> 另一种形象是我们只是为某些人而存在。这种形象很可能是建立在我们的会员构成上。大约 85% 的会员是受过大学教育的(全县人口总数 250 万人中的 70% 是大学毕业),60% 的会员家庭收入超过 60 000 美元(相对全县人口的 25%),一半超过 40 岁(相对全县人口的 25%),98% 为白人(相对全县人口的 75%)。

负责会员事务的助理珍妮特·布莱克(Janet Blake)说:

> 在我们的会员中,MMAH 被视为一个有特色的社区组织。它是令人激动的、有教育意义的、令人满意的和有魅力的,是一个供我市参观者进午餐和浏览一个下午的好地方。

MMAH 的一个批评者说:

> 在我看来 MMAH 有一个固定的形象。它是吃午餐或吃早餐的好去处,在那儿可以买本艺术图书或历史图书消遣,假如时间允许的话还可以看一些东西。它的停车场位置很好,可以让它的会员在去市中心购物时很方便地停车,特别是在圣诞假期。

☐ 博物馆访问

由于通常认为参观者数量的增加可带来会员的增加，默瑟的下属一直致力于增加博物馆与外界的交往。默瑟说："博物馆内的社会、文化、教育活动是一个主要目标，而且与参观艺术品并不冲突。"这些努力可区分为一般计划、超越计划与涉及特别展览和项目的计划。

出版界关系 博物馆一直通过向出版界发布消息宣传它的特别展览和活动而与当地媒体保持着密切联系。关于艺术和历史轶闻、公共计划及人们感兴趣问题的报道时常见诸报端。2002年年初在MMAH举行的5周年庆祝晚会将是免费的，目的是吸引普通百姓。

教育和超越 MMAH有许多针对公众教育的计划，包括成人游览、学校游览、演讲、艺术电影和专题电影等。MMAH还致力于吸引社区公众参与演出活动，出租演出场地给当地的艺术表演团体。

特别展览 为宣传特别展览，博物馆撰写的公共服务通告在本地电台中播出，关于特别展览的广告在一份5县地区发行的当地报纸上刊出。对于主要的特别展览，广告活动通常交给一家当地公司主办。

默瑟相信，这些努力增加了博物馆的参观人次。例如，定期的参观者调查表明，当只有永久收藏品展出时，一天内85%的参观者不是MMAH的会员。她补充说，即便如此，在参观时只有不到1%的非会员实际申请加入组织。这一发现有助于每年发展新会员。

☐ 博物馆会员制

据默瑟说：

> 博物馆会员制和会费收入在MMAH的成功和日常运作中发挥着重要作用。博物馆及其会员之间是共生的关系。会员为博物馆提供了自愿者的基础，没有他们，我们的营运成本将是巨大的。会员志愿者提供导游服务，在服务台帮忙，在礼品店和地平线餐厅帮忙，他们在补充新会员和更新老会员时起的作用是无法衡量的。
>
> 为了鼓励会员参与，我们成立了MMAH协会。这个协会约有1 000名成员，它使志愿者的努力变为可能。475名志愿者中的95%是协会成员。协会在筹集资金方面起到了积极的作用，对会员为MMAH所做的一切，我们表示赞赏。仅在去年，协会直接筹资额几近350 000美元。反过来，博物馆也为协会成员主办了一些社会活动，如由艺术历史界权威人士开办的演讲和提供一些其他的普通会员无法享受的特权。

会员类别、利益和成本 MMAH有两种会员：个人会员和团体会员。这两种会员按其捐款额和得到的利益又可进一步细分。按每年个人会费50~5 000美元范围内共分为6类个人会员；按每年会费1 000~10 000美元范围内共分为4类团体会员。这些类别和参与者的层次是在博物馆迁入新址时确立的。2004年，共有17 429名个人会员和205家团体会员。

图表3介绍了各类个人会员可享受的利益。图表4介绍了在过去5年里个人会员按类别细分的人数和他们每年交纳的会费收入。2004年，个人会员的会费收入占全部会费收入的将近80%。

图表3　　　各会员类别的利益

类别	50美元	100美元	250美元	500美元	1 500美元	5 000美元
受邀参加特别预览/活动	*	*	*	*	*	*
次数有限的免费停车	*	*	*	*	*	*
特别展览免门票	*	*	*	*	*	*
地平线餐厅和礼品店15%的折扣	*	*	*	*	*	*
每月日程安排表	*	*	*	*	*	*
电影/讲座折扣	*	*	*	*	*	*
其他博物馆的互惠会员资格	*	*	*	*	*	*
受邀参加著名讲座			*	*	*	*
在年报中列入				*	*	*
亲自进入展区					*	*
受邀参加专门预览/活动					*	*
不受次数限制的免费停车					*	*
独特的旅行机会					*	*
授予博物馆勋章					*	*
优先观看新艺术品						*
在所有参观中有优先权						*
与总监共餐						*

图表4　　　2000—2004年个人会员类别与年收入

会员类别	金额（美元）	2004年	2003年	2002年	2001年	2000年
		会员人数				
普通	50	13 672	12 248	13 483	16 353	17 758
附属	100	2 596	2 433	2 548	2 576	2 465
收藏者	250	364	325	397	461	454
常客	500	102	85	65	0	0
合伙人	1 500	604	638	679	741	882
总监俱乐部	5 000	91	86	98	0	0
会员总计		17 429	15 815	17 370	20 131	21 559
		会员收入[a]				
		2004年	2003年	2002年	2001年	2000年
普通	50	639 664	556 120	611 864	600 188	662 631
附属	100	234 871	232 398	249 317	244 961	242 981
收藏者	250	81 415	76 987	97 474	108 432	105 840
常客	500	48 100	44 293	35 500	0	0
合伙人	1 500	815 666	958 419	968 239	1 187 728	1 041 898
总监俱乐部	5 000	406 673	405 016	458 938	282 219	0
会员收入总计[b]		2 298 449	2 334 583	2 485 352	2 451 638	2 079 330

注：a. 会员人数乘以相应类别会费美元数不等于会员收入，因为有些会员资格是免费赠予的。
b. 由于有些会员资格是免费的，因此这里的数据与利润表中的数据不一致。

团体会员享受与500美元或以上的个人会员同样的利益。此外，团体会员还可根据其类别得到若干"员工会员"名额。例如，属于1 000美元类别的团体会员可获得25个员工会员名额，而10 000美元类别的团体可得到250个员工会员名额。

博物馆的会计部门对 MMAH 向个人和团体会员提供的利益的直接成本进行了测算。这是根据所得税法的要求做的，因为法律规定限制了在会员直接成本和所得收益之间的差额中扣除会费的数量。2000 年以来，博物馆每年向会员提供的利益总成本估计超过 100 万美元。[1] 关于利益成本的分类的明细表列在下面。每一类中的基本成本项目包括：（1）参观展览免门票；（2）停车；（3）博物馆活动、展览、事件的月程表；（4）地平线餐厅和礼品店的消费折扣。

类别	利益成本（美元）
普通（50 美元）	631 016
附属（100 美元）	81 903
收藏者（250 美元）	64 135
常客（500 美元）	39 628
合伙人（1 500 美元）	99 567
总监俱乐部（5 000 美元）	15 975
团体（全部类别）	125 576
总计成本	1 057 800

会员补充与更新　默瑟说："补充新会员和更新老会员是一项重要任务。"尽管有些补充和更新活动发生在参观期间，但补充工作多半是围绕邮件、电话和当面请求开展的。邮件和电话方式主要集中于 50～250 美元类别的个人会员的补充和更新。由博物馆协会和 MMAH 友好者开展的当面的入会推广是针对补充和更新 500～5 000 美元类别的个人会员和团体会员。

MMAH 用来发邮件和打电话的名单来自其他文化组织和名单代理机构。这些名单中包括了邮政编码和电话号码。邮件中包括一封以博物馆总监名义写的信、一本介绍博物馆情况的小册子和一张会员申请表格。电话联络后，通常随后寄出一本小册子和申请表。

根据默瑟对 2004 年 8 月邮寄情况的估计，直接邮件费用如下：

总邮件请求数	148 530
总新增会员数	1 532
回复率	1.03%
总会员费收入	84 280 美元
总直接邮费成本	66 488.8 美元

每年要进行两次类似的直接邮件推广。

大额类别的个人会员和团体会员的发展过程依赖于个人接触，通常由博物馆志愿者和团体会员主管人员进行。有希望的人员会通过个人接触、从流失会员花名册、社会宣传页、其他组织会员名单和较低等级会员名单中被识别出来。一旦被识别，博物馆会当面与他们接触。首先会有一封信寄给他们，向他们介绍博物馆概况，之后会有一个私人电话或一封邀请信邀请他们参加在博物馆举办的一个非正式聚会。在聚会上，这些潜在会员被介绍给其他会员，博物馆邀请他们直接入会。

更新工作也包括邮件和电话推广。此外，也采用会员晚会、特别预览和在博物馆日程表中的夹页。

博物馆记录表明，在 50 美元类别的会员中，70% 的人在第一年后终止他们的会籍。在那些续会籍的会员中，50% 的会员会在以后每年续办。在 100~500 美元类别的会员中，续办率达到 60%，而在 1 500~5 000 美元类别的会员中续办率则达到 85%。默瑟认为，在个人会员中，只有不到 10% 的人会在续办时增加他们会籍的金额。不考虑类别的话，团体会员的续办率约在 75%。

对 2005 年的考虑

默瑟与佩特会面来商讨他们将向理事会提交的用来扭转 MMAH 日益恶化的财务状况的建议。佩特指出，在早些时候和他的下属召开的会议上，曾提出了削减人员的建议。具体来说，他认为削减 10% 的人事和管理费用是可能的。而且，他的下属认为，范奈尔县的拨款、捐助、赠款、投资收益、捐赠基金收入和其他收入将会比 2004 年的水平低 15%。收藏和展示部主任最乐观的估计是：2005 年，来自特别展览和活动的收入会有 120 万美元，成本为 67.5 万美元；来自非会员的停车费收入和费用预计与 2004 年持平。教育计划的大致预算表明，经过努力，2005 年比较现实的行政开支为 50 万美元。佩特说，他负责的其他附属机构，即地平线餐厅和礼品店不准备做什么变动。

默瑟对佩特给予博物馆现状的关注印象十分深刻。在会谈前，她也考虑了关于博物馆形象、参观、会员等问题。遗憾的是，在早些时候与她的下属召开的会议上，他们提出的更多的是一些问题，而不是立竿见影的建议。下属的建议包括从对成人收取 1 美元门票制度（12 岁以下儿童免票）到设立 30 美元会员资格制度（针对年龄在 13~22 岁的学生和年龄在 60 岁以上的老年市民）。由于 MMAH 以往一直只是对特别展览和活动才进行宣传，因此有人提出建立广告制度的需求。有一些下属谈到应增加给会员的利益。比如，建议将地平线餐厅和礼品店的折扣率提高到 20%。也有人提出，可以考虑向 500 美元和以上类别的个人会员派送描述博物馆收藏的主要艺术品的休闲书籍。

莫瑟听取了这些建议，知道有些可能不会获得理事会通过，其中包括一些增加出版或公共信息方面的费用（如新书和博物馆付费的广告）的建议。她已得知，此类活动费用不可能超过 2004 年的水平。改善会员利益看来是个好主意。增加餐厅和礼品店折扣，即使这两个店 65% 的生意已打过折，从利润角度看，也不失为一个好主意。佩特说他会考虑这个建议，但他希望默瑟从整个会员利益组合角度进一步考虑一下。对非会员收取象征性门票也有道理。对参观者的调查显示，50% 的非会员参观者表示他们愿意为看永久收藏品支付 1 美元的门票（参观特别展览仍继续收取入场费）。进一步看，会员可以获得额外的好处，即免门票。然而佩特注意到，MMAH 一贯标榜自己是免费开放的，他对理事会如何看待这一建议感到忧虑。针对学生和老年市民而设的 50 美元以下的额外会员类别，看来为吸引这些以往非目标会员的群体提供了新的机会。

默瑟和佩特认为他们的初次会谈已发现了许多好主意，但他们都觉得需要进一步考虑这些事项。双方同意再次会面并着手准备一份整体的行动计划和一份 2005 年的预计利润表。

[注释]

[1] 图表2中显示的提供会员利益的成本估计值超过了会员支出，因为在估计数中包括了出版物和其他项目的费用。这些费用被分摊到几个不同的项目。

案例9—3　　Circle K 公司*

Circle K 公司是美国最主要的专业零售商之一，也是美国第二大便利店经营者和特许商。从1984财政年度（截至4月30日）起，该公司采取了一项重大的成长战略，到1990年，该公司收购了3 326家店，新建了983家店，同时关闭了899家店。在此期间，公司的销售额从1984年的10亿美元增长到1990年的近37亿美元。

1990年5月15日，Circle K 和它的主要下属公司根据《美国破产法》第11款申请了破产保护。这是因该公司不断恶化的财务状况造成的，部分原因是：不断加剧的竞争，扩张计划带来的沉重债务负担，1989年制定的商品和价格政策所带来的负面效应。在申请破产后不久，Circle K 的总裁小罗伯特·A·迪尔思（Robert A. Dearth, Jr.）宣布，重组公司以使它恢复盈利并在1991年还清债务。[1]复兴 Circle K 的计划主要包括：改变销售做法，加大促销力度，采取主动的定价策略；所有这些努力都是为了改进顾客服务和扩大销售。另外，将继续关闭和出售那些不能盈利的商店。公司计划的改革战略定在1990年夏季开始实施。Circle K 的管理层最关心的是顾客和竞争者的反应以及所宣布的战略的获利性。

Circle K 公司

根据《财富》杂志介绍，总部设在亚利桑那州凤凰城的 Circle K 公司是美国第30大零售商。该公司的便利店业务起源于1951年的 Circle K 便利店有限公司。在1980年，它成为 Circle K 公司的一个下属机构。Circle K 公司是一家控股公司，它通过全资控股经营着美国4 631家便利店和相关设施。另外，Circle K 公司在13个国家还有约1 400家特许或合营店。

Circle K 公司从1984年起就保持着年均25％的销售增长率。1984—1990年期间，Circle K 经营的商店数年均增加14％。商店的增加大部分源于兼并。1989年，Circle K 公司营业损失达380万美元，在这之前的4年中，该公司营业利润平均每年增长25％。图表1和图表2列出了公司1988—1990年的合并财务报表。

---

*This case was prepared by Professor Roger A. Kerin, of the Edwin L. Cox School of Business, Southern Methodist University, as a basis for class discussion and is not designed to illustrate appropriate or inappropriate handling of administrative situations, or to be used for research purposes. The case is based on published sources, including the Circle K Corporation annual reports and 10-K Forms. The assistance of Angela Bullard and Deborah Ovitt, graduate students, in the preparation of this case is gratefully acknowledged. Copyright © 1995 by Roger A. Kerin. No part of this case may be reproduced without written permission of the copyright holder.

图表 1	Circle K 公司的合并利润表		单位：千美元
	截止到 4 月 30 日		
	1990 年	1989 年	1988 年
收入			
销售收入	3 686 314	3 441 384	2 613 843
其他收入	50 238	53 507	42 879
收入合计	3 736 552	3 494 891	2 656 722
销售成本和费用			
销售成本	2 796 559	2 580 398	1 893 058
经营和管理费	865 602	729 306	561 894
重组和重建费用[a]	639 310	—	—
折旧和待摊费用	127 652	93 033	65 659
利息和借款费用	126 799	95 912	56 608
销售成本和费用合计	4 555 922	3 498 649	2 577 219
营业利润（损失）	(819 370)	(3 758)	79 503
资产出售收入[b]	—	32 323	8 198
海外合资企业的权益损失	(15 064)	(1 784)	
联邦及州所得税前收益			
（损失）和会计变更的累计影响	(834 434)	26 781	87 701
联邦及州的所得税（费用）损失	61 565	(11 367)	(32 790)
会计变更累计影响前的净收益（损失）	(772 869)	15 414	54 911
以前年度会计变更对所得税的累计影响	—	—	5 500
净收益（损失）	(772 869)	15 414	60 411

注：a. 该公司 1989 年 10 月以来一直致力于财务重组。公司董事会对经营状况的审核评价导致 1990 年 4 月 30 日时的重组和结构调整费用达 6.393 亿美元。包括：（1）收购净资产的支出和海外投资；（2）放弃、回绝、保留停止经营的租赁店的固定资产；（3）停止不再开发的房地产和其他项目；（4）债务保险和其他成本。

b. 1988 年 10 月 31 日，公司出售了与冰块、三明治和其他快餐的制造和分销有联系的资产。1987 年 10 月 27 日，公司出售了全资英国子公司中 50% 的股权。

资料来源：The Circle K Corporation，Form 10-K. Fiscal Year Ended April 30, 1990；The Circle K Corporation 1989 Annual Report. 利润表中有大量的解释，也是合并财务报表的组成部分。

图表 2	Circle K 公司的合并资产负债表（经删节）		单位：千美元
	1990 年 4 月 30 日	1989 年 4 月 30 日	1988 年 4 月 30 日
流动资产：			
现金和短期投资	50 205	38 488	44 216
应收账款	38 138	36 265	34 446
存货	175 308	239 916	191 000
其他流动资产	39 865	94 341	109 851
流动资产合计	303 516	409 010	379 513
财产、厂房和设备（减累计折旧和待摊费）	836 123	1 068 489	708 314
其他资产	134 651	567 441	447 957
总资产	1 274 290	2 044 940	1 535 784
流动负债：			
银行借款	—	91 000	60 000
应付账款	112 111	134 944	112 144

续前表

	1990 年 4 月 30 日	1989 年 4 月 30 日	1988 年 4 月 30 日
其他流动负债	101 504	124 501	108 463
流动负债合计	213 615	350 445	280 607
和解负债	1 206 395	—	—
长期负债	54 651	1 158 563	844 065
递延所得税款	40 496	93 045	38 133
其他负债	130 915	45 359	17 191
递延营业收入	32 285	19 632	24 767
可赎回优先股	42 500	47 500	47 500
股东权益	(451 567)	330 396	283 521
负债和股东权益合计	1 274 290	2 044 940	1 535 784

资料来源：The Circle K Corporation, Form10-K, Fiscal Year Ended April 30, 1990; The Circle K Corporation 1989 Annual Report. 表中有大量的说明，也是合并财务报表内在的组成部分。

□ 店铺和机构扩张

典型的 Circle K 店有 2 600 平方英尺的零售面积。大部分店坐落在拐角的地方，在一侧或多侧有停车的场地，并有现代化的装备、设备和冷藏设施。几乎所有的店都是每周 7 天、每天 24 小时营业。Circle K 经营的 4 631 家商店分布在美国 32 个州，其中大约 84% 的店位于从加利福尼亚州到佛罗里达州的阳光地带。店铺集中的地方是：佛罗里达州（846 家）、得克萨斯州（735 家）、亚利桑那州（679 家）、加利福尼亚州（604 家）和路易斯安那州（301 家）。

该公司目前商店数量的增多源于从 1983 年 12 月开始的激进型兼并计划。当时，公司收购了有近 1 000 家店的 UToteM 连锁，接着，又于 1984 年 10 月收购有 435 家分店的 Little General 连锁。1985 年 2 月，Circle K 收购了 21 家 Day-n-Nite 商店，并在 1985 年 9 月兼并了 449 家 Stop & Go 连锁。该公司在 1987 年 3 月购买了国民便利店（National Convenience Stores）的 189 家分店，并在 3 个月后从 Southland 公司手中买下了 63 家 7-11 便利店。1987 年年底，Circle K 的公关经理宣布，到 1990 年该公司将拥有 5 000 家分店。[2]

1988 年 4 月，Circle K 公司从 Southland 公司手中买下了一系列的资产，包括 473 家便利店、90 家已关闭的便利店、一些便利店的店址和正在建设中的商店以及相关设施。该公司最近的主要兼并行动发生在 1988 年 9 月 30 日，它买下了 Charter Marketing 集团。这桩交易使公司又增加了 538 家加油站便利店。Circle K 公司在 1990 年没有再兼并任何商店，因为它的财务状况恶化，最终导致公司根据《美国破产法》第 11 款提出破产申请。尽管如此，它还是开始了关于出售在夏威夷及太平洋西北地区的 375 家店的谈判。

□ 产品—服务组合

Circle K 销售超过 3 800 种不同的产品和服务。食品类包括杂货、奶制品、糖果、面包糕点、农产品、肉、蛋、冰淇淋、冷冻食品、软饮料，以及在允许的地方出售含酒精饮料（啤酒、葡萄酒和白酒）。速食类包括矿泉水、油炸面圈、三明治、咖啡。Circle

K公司销售的非食品类产品包括烟草制品、保健品和化妆品、杂志、书籍、报纸、日用品、礼品和玩具。食品和非食品类产品的销售在1990年占该公司收入的50%。

Circle K 公司77.5%的商店销售汽油。汽油销售在1990年占公司销售收入的48.6%。另外，该公司还提供多种多样的顾客服务，包括汇票服务、出售彩票、经营游戏机和出租录像带等。这些服务收入和利息收入、特许权使用费和牌照费一起构成了该公司收入的其余部分。

Circle K 公司长期以来不断尝试引进一些能吸引更多顾客和刺激客流增加的新产品和新服务。据公司的董事长卡尔·埃勒（Karl Eller）说："我们是大型的分销系统。只要我们店做得到的事，我们都会去做。"[3]这一政策的最新证明是它在1 146家店添设了自动柜员机（ATM）或借记卡系统，并在一些店出租场地供联邦快递公司的投递包裹服务使用。

1989年夏天，Circle K 公司采取了增加高利润产品销售同时减少销售受欢迎但盈利少的产品的行动。事实证明，这一行动付出了高昂代价。尽管产品销售毛利增加，销售额却下降了（图表3列出了商品和汽油的销售和毛利情况）。公司总裁迪尔思认为，公司的老顾客并不需要这些产品。1991年的商品计划包括专门针对每一家商店客户的种族和社会经济特征而提供的产品和服务。[4]国民便利店公司（National Convenience Stores, Inc.）及它的下属商店已经采用了类似的计划，以使它的商品符合附近居民的人口统计特征。该商品计划的早期结果显示，销售额将会上涨4%～5%。[5]

图表3　　　　1988—1990年 Circle K 公司商品和汽油销售额和毛利润率

收入来源	1990年 销售额（百万美元）	毛利润率（%）	1989年 销售额（百万美元）	毛利润率（%）	1988年 销售额（百万美元）	毛利润率（%）
商品	1 869.4	37.2	1 962.4	36.0	1 649.2	37.5
汽油	1 817.0	10.8	1 479.0	10.5	964.6	10.6
其他[a]	50.2		53.5		42.9	
合计	3 736.6		3 494.9		2 656.7	

注：a. 其他收入包括游戏机和彩票佣金、汇票收费、利息收入、特许和授权费及其他项目。
资料来源：The Circle K Corporation, 1990 10-K Form, pp.30-31.

□ 广告和促销计划

Circle K 公司传统上使用广告媒体和特殊的促销方式来吸引顾客。1989年，该公司在广告方面花了400万美元，比1988年减少了41.2%。与之相比，国民便利店公司（包括1 100家Stop & Go店）每年花在广告上的支出大约有1 200万美元。在整个便利店行业，广告支出占销售额的百分比在1989年是0.6%，1987年和1988年都是0.3%。

Circle K 公司在1990财政年度晚期减少了广告费用。1990年4月，该公司的全美广告经理说："Circle K 公司没在做广告，它一直没有这样做。我们正经历困难的时刻。"[6]该公司最近的促销活动是在佛罗里达州和亚利桑那州发起的一个叫"不平常价格"的促销战。这一活动在1990年的第2季度结束。

Circle K 公司复兴计划的第二步是采取更具进攻性的广告和促销行动。公司宣布将在1990年夏天发起一场耗资1亿美元的促销行动。[7]这个为期8周的促销活动的核心是一个叫"我们在压低价格"的博彩活动,内容包括向在超过 3 700 家 Circle K 店购物的顾客发放大约 1.8 亿张即刮即中彩票。彩票将以现场赢取商品折扣、主题公园折扣和中大奖(如吉普牧马人(Jeep Wranglers)汽车、大陆航空公司的往返机票和 Bayliner Capri 17 英尺快艇)为主要特征。

博彩活动将通过商店橱窗上的横幅、屋顶垂下来的标语和放在收银台附近的标志牌公之于众。该公司还计划在加油站附近设置户外标志,还将通过广播和户外广告进行促销。据该公司的一个新闻发布会透露,这次促销活动的目的是通过使 Circle K 的顾客"用他们的钱买到更多的东西"来告诉大家商店的价格发生了变化。

这个将在 1990 年夏天推出的新促销计划将会与 7-11 便利店在 1990 年 4 月份开始的一个类似活动展开直接的竞争。[8] 7-11 便利店的活动包括发放 6 盎司的咖啡样品、矿泉水和思乐冰,还派发价值 250 美元的优惠券,凭此不但在 7-11 便利店,而且在西尔斯-罗巴克公司、Radio Shack 商店和儿童宫(Children's Palace)购物消费时均可打折。7-11 便利店通过电视和电台广告来促销。

价格政策

Circle K 公司战略的第三部分是在进行 1 亿美元促销和改变商品政策的同时,把价格全面下调 10%。迪尔思说:"以前,我们的看法是从顾客那里挖出我们想得到的东西。"[9] 过去,由于 Circle K 店位于便利的地方,有较长的营业时间,容易到达,并能提供快速的服务而无须排长队付款,因此它能对食品和非食品类商品收取较高的价格。它还阶段性地对香烟、啤酒、面包、软饮料、牛奶和汽油等销售量大的商品实行促销价。这些定价做法使 Circle K 公司拥有便利店行业最高的毛利润率。然而,1989 年由于竞争压力加大及成本上升,公司的毛利润率自 1984 年以来首次跌到 25%。而且,Circle K 公司出现了它自 1980 年注册成立以来的第一次经营亏损。

1990 年年初,Circle K 公司将商品价格提高了约 6%~7%。据行业分析,商品销售量减少了 8%~10%。汽油销售量下降了 1%~6%。[10] 1990 年 2 月,Circle K 公司将价格恢复原状。Circle K 公司 1990 年的销售额比 1989 年减少了 4.7%,公司的毛利润率也下降了 3.3%。

便利店行业

在过去 20 年中,便利店行业是零售业中增长最快的部门之一。从 1977 年起,便利店的数量年均增长 6.5%,销售额年均增长 17%。然而,1985—1989 年,销售额和便利店数量均在下降。到 1989 年,全美估计有 70 200 家便利店,行业销售额达 677 亿美元。

便利店行业的获利能力在过去 5 年中波动不定。1989 年,由于商品差价缩小,便利店行业的毛利润率跌到了最低水平。行业的税前净利润率在过去 5 年中逐年递减,1989 年达到 0.4% 的低水平。行业分析家认为,商品扩张所带来的租金、建筑费、设备费、保险费和经营费以及财务费用的上涨导致了利润率的下跌。图表 4 对行业销售额、单位增长和获利能力进行了总结。

图表 4 便利店行业概览（1980—1989 年）

	1980	1981	1982	1983	1984	1985	1986	1987	1988	1989
销售（含汽油）										
总销售（10 亿美元）	24.5	31.2	35.9	41.6	45.6	51.4	53.9	59.6	61.2	67.7
环比变化（%）	31.0	27.3	15.1	15.9	9.6	12.7	4.9	10.5	2.7	10.6
销售（不含汽油）										
总销售（10 亿美元）	17.7	21.6	23.7	25.8	29.3	33.3	36.0	39.1	39.2	40.6
环比变化（%）	22.9	22.0	15.7	8.9	13.6	13.3	8.4	8.6	—	3.6
商店数据										
商店总数（千家）	44.1	47.9	51.2	54.4	58.0	61.0	64.0	67.5	69.2	70.2
环比变化（%）	10.0	8.6	6.9	6.3	6.6	5.2	4.9	5.5	2.5	1.4
每家销售（千美元）(不含汽油)	394.0	450.0	463.0	474.0	511.0	544.0	564.0	579.2	567.0	578.0
环比变化（%）	11.0	14.2	2.9	2.4	7.8	6.5	3.7	2.7	2.1	1.9
盈利数据										
毛利润率（%）										
商品						32.5	35.5	35.9	36.4	32.1
汽油						7.3	11.2	10.6	11.5	11.7
合计						22.8	25.1	24.4	26.2	21.8
所得税前净利润率（%）						2.7	2.6	2.2	1.9	0.4

资料来源：Based on *The Convenience Store Industry* (Baltimore: Alex Brown & Sons, 1988), p.3; *The State of the Convenience Store Industry* 1990 (Alexandria, VA: National Association of Convenience Stores, 1990).

竞争对手

便利店行业是高度分散化的。1989 年，全美便利店协会（National Association of Convenience Stores）有 1 353 家会员公司。据 Alex Brown and Sons 公司的统计，约 42% 的商店和 31% 的行业销售由不到 50 家便利店公司控制的便利店网络所有。[11] 最大的便利店网络是 Southland 公司（即 7-11 便利店）。图表 5 列出了以销售额和商店数计算的美国最大的便利店经营者。

图表 5 美国最大的便利店经营者

公司	主要连锁店	销售额（百万美元）	商店个数（大约）
Southland 公司	7-11，High's 牛奶店，Quick 超市，Super 7 商店	7 950.3	7 200
Circle K 公司	Circle K 商店	3 441.4	4 631

续前表

公司	主要连锁店	销售额（百万美元）	商店个数（大约）
Emro Marketing 公司	Speedway 商店，Gastown，Sarvin Marvin 商店，Bonded	1 250.0	1 673
国民便利店公司	Stop N Go	1 072.5	1 147
便利食品超市公司（Convenient Food Mart, Inc.）	Convenient Food Mart	875.0	1 258
Cumberland Farms 公司	Cumberland Farms	800.0	1 150

资料来源：Company annual reports and 10-K forms; *Convenience Store News Industry Report* 1989 (New York: BMT Publications, 1989).

便利店的经理认为他们主要的竞争对手是其他的便利连锁店、出售食品的加油站、超市和快餐供应点。Southland 公司的一位经理认为便利店的竞争取决于产品类别：

> 如果你讲的是速食食品、咖啡和三明治，那么我们的竞争对手是像麦当劳、汉堡王之类的快餐店和其他便利店。如果你说的是啤酒和软饮料，那么我们的竞争对手将是超市、其他便利店和一些加油站商店，或者是一家主营汽油但兼营一些小便利店的石油公司。[12]

经营加油站商店的石油公司与便利店的竞争最为直接。德士古公司（Texaco）、雪佛龙公司、阿莫科公司、大西洋富田公司（Atlantic Richfield Company）、滨海公司（Coastal Corporation）、美孚公司、BP 美国公司和钻石三叶草公司（Diamond Shamrock）都拥有超过 600 家加油站商店的规模。[13] 这些充分资本化的公司凭借着拥有一流地段和更新的商店的优势，在创造便利类商店方面变得非常有竞争力，虽然它们在零售面积和商品储量方面小于便利店（便利店的商品比加油站商店多 33%）。加油站商店主要销售那些习惯上被当作便利店商品的东西，如烟草制品、软饮料和啤酒。

超市在吸引便利店的顾客方面也很有竞争力。特别是，超市通过延长营业时间和提供预先包装好的食品，把目标集中在那些主要购买"8 件或少于 8 件商品"的匆忙的消费者身上。这一部分销售额一年有 450 亿美元。超市还向那些要将预制食品拿走消费的顾客提供服务。现在，超市卖出的预制食物一年有 24 亿美元。更重要的是，行业调查显示，超市由于其食品价格较低、质量较好而在顾客心目中享有比便利店更高的声誉。[14]

便利店顾客和购买行为

大约 90% 的美国成年人（18 岁或以上者）至少每年去一趟便利店，他们中几乎有 2/3 的人每月去便利店 2~3 次。典型的便利店顾客是一位受过中学教育、年龄在 18~34 岁、受雇于蓝领职位的白人男性。图表 6 勾画出了便利店顾客的轮廓。

图表 6　在某一特定日期便利店顾客的简要描述

	占便利店顾客比例（%）	占美国人口比例（%）
性别		
男性	57	48
女性	43	52

续前表

	占便利店顾客比例（%）	占美国人口比例（%）
年龄		
18～24 岁	21	15
25～34 岁	31	24
35～49 岁	25	25
50 岁及以上	23	35
受教育程度		
未读完中学	19	18
中学毕业	62	60
上过大学	19	22
家庭年均收入		
少于 10 000 美元	14	13
10 000～14 999 美元	11	10
15 000～19 999 美元	12	10
20 000 美元及以上	48	48
未知	15	19
种族		
白人	83	87
不是白人	17	13

资料来源：The Gallup Organization. Used with permission.

便利店经理对存在固定类型的便利店顾客一事很敏感。他们也意识到，未来的销售增长机会在于吸引女性尤其是职业女性、年长的女性和男性、专业人士和白领工人。一位 7-11 便利店的经理说：

  7-11 的两个重要的人口组别是日益增长的年长人士和职业女性。通常，年长人士作为人口中增长最快的一部分，并不是便利店顾客。同样，职业女性现在占劳动力的 45%。到 1995 年，年龄在 25～44 岁的 80% 的女性将在工作。而现在，女性仅占我们顾客的 1/3。我们必须做更多的工作，开发出满足他们需要的项目以吸引潜在的顾客到我们店里来。

  24～45 岁年龄段的人口的可支配收入正在大幅度提高，这促使我们要提高商店的服务水平以满足他们的需要和品味。[15]

类似地，一位 Circle K 公司的经理也说："我们觉得我们能够吸引除了过去那种传统的蓝领顾客以外的其他人士。我们愿意更多地转向办公室职员和白领工人。"[16]

行业分析家也认为，如果便利店行业想在 20 世纪 90 年代繁荣的话，它需要更广泛的顾客群。他们提到，在 90 年代早期，美国在 18～34 岁之间的人口实际上将会缩减。他们还指出，便利店行业必须扩大其顾客基础，吸引更多的年长者、双职工家庭和女性购买者。

643 个平均每天去一趟便利店的顾客主要购买的商品有汽油、香烟、含酒精饮料、预制食品和软饮料。这 5 类产品占了便利店销售额的近 80%。1989 年，每一顾客每次平均支出 2.29 美元。

行业趋势和担心

行业观察家分析了几种可预见的未来影响便利店行业发展和获利前景的趋势。这些趋势及其含义简述如下。

第一种趋势是行业成熟和商店饱和。行业分析家引用了几种发展趋势，其中部分已列在图表 4 中：

1. 近年来行业销售增长与 20 世纪 70 年代和 80 年代相比变慢了。同样，新开商店的数量增长平缓，而且，由于企业大多通过兼并获得发展，合并的趋势正在出现。

2. 近年来行业的盈利下降了。净利润率的连续下降妨碍了各公司的再投资。

3. 在许多地方，商店数量正趋于饱和。可能出现商店过剩的地区包括美国的西南部、东南部和西部。行业预测人员预言对便利店的需求将是这样的，1990—1995 年，市场每年只能支撑新开 400~500 家商店。

第二种趋势是便利店竞争者间的差别将会消失。据 7-11 便利店的一位经理说："要做的事是避免雷同。"[17] 差别的消失通常导致在特定市场展开成本高昂的价格战，这在佛罗里达州和得克萨斯州最为明显。为区别新产品和服务所作的努力经常马上就遭到报复。"到处都是糟糕的小偷，"一位经理说，"一旦我们发现可行的东西，马上就有人模仿。"[18]

第三种趋势是商品和汽油的销售组合发生了改变。在 70 年代晚期，便利店销售额中大约 82% 来自商品；到 1989 年，销售额的 60% 来自商品。汽油销售占总销售比例的增长已经影响到行业的盈利能力，因为汽油的毛利润率较低，而设备成本较高。而且，行业观察家相信，石油公司的加油站商店更适于应付低利润率的销售。行业分析家说，那些"低价格高销量"、大约 80% 的销售来自汽油的加油站商店和那些越来越愿意向便利店顾客提供服务的超市，把便利店给困在中间了。[19]

1991 财年的战略设想

在申请破产前的一个星期，卡尔·埃勒辞去了 Circle K 公司主席、CEO 和董事长的职务。他这样做是为了寻求个人事业发展的机会，并给公司董事会留下"为未来建立新目标的余地"。[20]

Circle K 公司已宣布的复兴战略包括以下主要内容：（1）价格全面下调 10%；（2）改变商品选择做法以使各家商店能够储存可反映其所在地区的社会经济特征的商品；（3）花费 1 亿美元的广告和促销计划。作为该战略的设计者，公司总裁迪尔思先生在公司申请破产时表示，他无意缩小公司规模或对公司 27 000 名员工进行裁员。

对这个战略的最初反应各不相同。一家 Circle K 公司的债权银行说："我们将鼓励任何能产生收入的计划。我们认为这个营销计划或许可以做到这一点。"[21] 然而，行业分析家则持怀疑态度。一些人认为，该公司的困境将迫使它卖掉 10% 的商店。到 1990 年 8 月，Circle K 公司已经中止了 400 份已关闭商店的场地租赁合约。这 400 份租赁合约每月估计要花去 Circle K 公司 100 万~150 万美元。此外，有 201 家不盈利的商店将在 1990 年 8 月关闭。另外，该公司在申请破产以前已达成出售 375 家在夏威夷和太平洋西北地区的商店的交易。这些交易被推迟了，以等候破产法庭的批准。关闭商店所节省的资金、中止租赁合约所带来的损失和出售商店的潜在收益仍有待于进一步确定。[22]

行业分析家还表达了对 Circle K 公司复兴计划具体内容的财务可行性的忧虑。较低的价格将吸引顾客和增加客流。但是，毛利润率将因此而降低。而且，改变商品组合的努力将涉及存货的实质性变化，而广告和促销计划也是耗资巨大的。一位便利店分析家说："我不知道他们哪来的钱。"[23]

在给联邦证券交易委员会的书面陈述中，Circle K 的管理层说他们"相信但不能保证这个计划会成功地改善公司的经营状况"。而且，该公司"预计在该营业计划得到充分的研究和执行之前，公司仍会继续出现经营亏损"。[24]因而，"宣布的计划真能使 Circle K 恢复其总裁所期望的盈利状态吗？"这个问题仍有待回答。

[注释]

[1] "Circle K Squares Off with Its Creditors," *Wall Street Journal* (May 17, 1990): A4.

[2] "Mergers of Convenience," *Progressive Grocer* (December 1987), pp. 50 - 51; "Karl Eller's Big Thirst for Convenience Stores," *Business Week* (June 13, 1988), pp. 86, 88; Circle K Corporation 1990 10-K Form.

[3] Lisa Gubernick, "Stores for Our Times," *Forbes* (November 3, 1986), pp. 40 - 42.

[4] "Circle K Squares Off with Its Creditors," p. A4.

[5] "Convenience Chains Pump for New Life," *Advertising Age* (April 23, 1990), p. 80.

[6] Ibid.

[7] "Circle K Unveils $100 Million Promotion," *Convenience Store News* (August 27-September 23, 1990), p. 12.

[8] "Convenience Chains Pump for New Life," p. 80.

[9] "Circle K Squares Off with Its Creditors," p. A4.

[10] Ibid.

[11] *The Convenience Store Industry* (Baltimore: Alex Brown & Sons, 1988).

[12] "A Conversation with S. R. 'Dick' Dole." *The Southland Family* (August 1986), p. 9.

[13] "Convenience Chains Pump for New Life." p. 80.

[14] "Convenience Store/Supermarket Market Segment Report," *Restaurant Business* (February 10, 1990), p. 125.

[15] "A Conversation with S. R. 'Dick' Dole," pp. 9 - 10.

[16] "Convenience Store/Supermarket Market Segment Report," p. 134.

[17] "Convenience Chains Pump for New Life," p. 80.

[18] "Stores for Our Times," p. 41.

[19] "Recent Events Show Plight of C-Store Chains," *National Petroleum News* (May 1990), p. 10.

[20] "Karl Eller Resigns as Circle K Chairman, CEO," *Wall Street Journal and Dow Jones News Wire* (May 7, 1990).

[21] "Circle K Squares Off with Its Creditors," p. A4.

[22] "Circle K Begins Closing 201 Unprofitable Stores," *Wall Street Journal and Dow Jones News Wire* (August 21, 1990).

[23] "Circle K Squares Off with Its Creditors," p. A4.

[24] The Circle K Corporation, Form 10-K, for the fiscal year ended April 1990, "Management's Discussion and Analysis of Financial Condition and Results of Operations," pp. 26, 30.

第10章 综合营销计划

组织的综合营销计划将销售的产品或服务与所采用的抵达目标市场的营销组合有机结合起来,最终创造了顾客。制定和实施综合营销计划的过程包括前面各章描述的所有概念、工具和观点。

负责制定和实施综合营销计划的经理人员面临的挑战可分为三项相关的决策和行动。[1]第一,决定在哪里竞争。产品市场的选择决定了组织的顾客和竞争者。这项决定通常基于组织的业务界定、机会和目标市场分析。在这方面,经理人员有多种选择,从聚焦于单一产品市场的集中营销到同时追逐多种产品市场的差异化营销。第二,决定如何竞争。经理人员可利用的工具蕴藏在营销组合要素或活动中。这里也存在多种选择。假定一种简单的情形,营销组合中的四个要素每个都有两种选择,就有16种可能的营销组合。第三,决定何时竞争。这项决策与时机相关。例如,一些组织采取了"先入为主"的姿态,而另一些在制定市场进入决策时则持"等待观望"的态度。设计和实施综合营销计划有四个核心问题。第一,营销经理必须考虑与市场、组织和竞争的**适配**(fit)。第二,必须考虑与目标市场直接相关的营销组合的**灵敏度**(sensitivities)和**交互作用**(interactions)。第三,**实施**(implementation)问题。第四,必须考虑组织问题。下面就这四个方面分别展开讨论。

营销计划的适配

一项成功的综合营销计划必须能有效刺激目标市场购买,必须与组织的能力保持一致,必须能机动灵活战胜对手。[2]营销计划与市场的适配取决于营销组合能够满足所选定目标市场中买方独特需求的程度。营销计划与组织的适配一方面依赖于组织的营销技能和财务地位的匹配,另一方面有赖于所考虑的营销组合。最后,计划与竞争的适配与组织的优势、劣势及竞争者有关。

实现营销计划与市场间的适配是项艰苦的任务。杜邦公司(DuPont)花了将近20年的时间开发凯夫拉纤维(Kevlar)(一种同等重量下具有5倍于钢材张力的合成纤维)的市场。公司为凯夫拉纤维选定的目标市场是生产辐射钢条轮胎的轮胎制造商。尽管产品具有独有的特性,而且公司在该产品上投入6亿美元的开发和营销费用，但杜邦的营销计划并未能说服凯夫拉纤维能很好满足其需求的轮胎制造商。最近，杜邦公司首席执行官宣布该公司"应更加集中于顾客需要"。[3]

综合营销计划必须与组织相适应。成功的营销计划应建立在组织的优势和核心能力基础上，应避免暴露组织的劣势。不能做到这一点，后果将不堪设想。例如，大陆航空公司曾推出名为"Continental Lite"的综合营销计划，其目的是模仿美国西南航空公司成功的低票价、短程、点到点的航线系统。然而，大陆航空的高成本和在经营短程、点到点航线系统方面的能力缺陷使其 15 个月内损失了近 6 亿美元。Continental Lite 计划的失败很大程度上是因为它突出了公司的劣势而不是优势和核心能力。[4]

最后，成功的营销计划要符合市场竞争的现实。正如第 10 章所述，营销战略很少是没有时限的。随着竞争环境的变化，营销计划也必须进行调整。最近放松管制的美国电信业就是一个例子。1996 年的《电信法案》（Telecommunications Act）允许长途电话公司（如 AT&T，MCI，斯普林特）与像贝尔·大西洋（Bell Atlantic）、美国西部（U. S. West）、Nynex 等地区性电话公司竞争当地电话业务。它还为电话、手机、传呼、互联网等通信技术和服务的合并及新竞争者联盟的形成铺平了道路，以便满足家庭和企业全方位的通信需求。这些变化使得垄断环境下产生的营销计划过时。那些集中于单一通信技术和服务（如手机）及靠法规保护索取高价的营销计划逐步被强调以低价位提供一揽子通信技术和服务的营销计划所取代。[5]

营销组合的灵敏度和交互作用

迄今所做的大多数案例分析都明确或含蓄地集中于目标市场对一个或几个营销组合要素的敏感度。第 4 章中琼斯·布莱尔公司的案例就是其中之一。当该公司制定计划时，关于如何刺激销售有几种观点。一位高级主管倾向于增加 35 万美元的企业品牌广告费。另一位主管要求削价 20%，还有一位建议增加销售人员。每个人都认为自己建议的营销组合要素对目标市场最具敏感性。

然而，在现实中可选择的范围通常更广泛，必须考虑到两个或更多个营销组合要素间的相互影响。例如，同时增加企业品牌广告费和削价 20% 的效果如何？相对于只改变一个营销组合要素，这种方法是否更为有效？

虽然同时考虑营销组合的灵敏度和相互影响是一个复杂的过程，但是营销经理必须对此加以考虑。考虑一下杜邦公司负责胜特龙（Sontara）的营销经理约翰·默里（John Murray）所面临的问题。胜特龙是一种用于生产医院手术室使用的一次性外套和帘子的多元酯纤维。[6]默里需要制定一项综合营销计划以实现两个目标：（1）保持市场份额；（2）让制衣商相信杜邦能够支持它们向最终用户促销胜特龙，并且在一次性纤维市场中保持优势。

默里认为，若销售人员/维持费从预定的 45 万美元增加到最大的合理水平 55 万美元，同时其他费用保持原有水平，市场份额将达到 35%。同样，若其他组合因素增加到最大的合理水平，同时其余各项费用维持不变，市场份额也将增加，但幅度较小。具体来说，他认为：

- 如果销售人员/拓展费用为 20 万美元（而不是一分不花），市场份额将增至 33%。
- 若贸易支持/维持费增至 10 万美元，市场份额将增至 33%。
- 若在贸易支持/拓展上花费 10 万美元，市场份额将增至 33%。
- 若对中间用户的广告费增至 5 万美元，市场份额净增加 1%。
- 对最终用户的广告费增至 30 万美元，市场份额净增加 1%。

开支减少将导致相反的效果。销售人员/维持费用降至零，而其余费用不变，可能使胜特龙的市场份额在未来 12 个月内下降到 22%。同样，若将营销人员/拓展费、贸易支持/维持费、贸易支持/拓展费、中间用户广告费、最终用户广告费等降至零，那么，市场份额将分别降至 32%，27%，32%，31%，28%。

作为对以上估计的有效性的检测，默里描述了将上述所有方面的开支增至最大的合理水平和同时降为零时将出现的情况。他认为，前者将实现 39% 的份额，但他无法确定这种激进战略的长期效果。若将所有开支降为零，他预计市场份额将在未来 12 个月降至 22%，并且会进一步下降。

这个例子显示了营销组合要素之间的复杂关系，同时也说明在考虑营销组合的灵敏度和交互影响时假设和判断的作用。

营销经理越来越倾向于采用为了衡量营销组合的灵敏度和交互作用而精心设计的市场检测。通过在市场检测中改变广告和促销的类型和数量以及价格水平，可以确定出每种产品和服务的营销组合弹性和关系的数量估计。例如，从测试中得到的一项常规发现是，与市场上已有的产品相比，密集的电视广告对新消费品销售增长的作用要大得多。[7] 市场检测提高了经理的决策质量，但它无法替代基于经验的判断。

营销实施

实施是制定综合营销计划时的第三项内容。营销经理已经认识到，实施不利会阻碍设计精巧的计划的成功。

在各种决定营销计划成败的微妙因素中，时机是关键的。时机到来而没有实施计划会导致失败或减少成功的可能性。例如，一些行业观察家认为，米勒酿酒公司推出的 Matilda Bay 清啤的失败是时机不当造成的。一是清啤已不像以前那么流行；二是该产品在秋天上市，正赶上清啤销售的淡季。[8]

阻碍实施的第二个因素是未考虑营销计划的物流方面。当冬青农场（Holly Farms）通过超市试销一种烤鸡时，顾客反应良好。但该农场很快意识到，这种烤鸡保质期仅为 18 天，而从工厂运到超市就要 9 天，所以不得不终止了向全国推出的计划。[9]

营销实施不力通常是因为不能使营销组合的活动同步进行。Iridium LLC 公司的经历就是个例子。[10] 该公司价值 50 亿美元的全球卫星电话系统试图通过随时随地通话的实现来进行电信革命。Iridium 公司 1 亿美元的国际营销计划，以全世界范围内的广告运动启动，收集了对超过百万潜在用户的问询。但是，由于缺乏营销渠道和现场销售人员，要安装的电话供应不足，订单不能实现。该公司最终申请破产。

制定综合营销计划是项艰难的工作，往往需要在缺乏足够信息的条件下进行准确的分析和判断。与此同时，营销活动的规划和设计不能脱离实施。"我们应该做什么"和"我们如何做"不能割裂开来。对于计划的制定和实施给予同样的重视，营销经理就可以增加营销计划成功的可能性。[11]

营销组织

强调营销实施实际上意味着关注组织结构。人们常说，战略决定结构，组织结构反过来又决定了营销计划的设计和实施是否有效率和效益。[12]

创建有用、高效的营销组织的中心议题是在营销活动（包括战略生成和实施）的集中化和分散化之间求得平衡。试图满足有限地理区域内顾客的独特需求和适应竞争需要而采取的地区营销战略增加了战略营销决策和实践的分散化。例如，菲多利的地区营销小组设计和实施了包括定价和促销活动在内的特定地区的营销计划，他们还管理着公司30%的广告和促销预算。[13]国际市场竞争中全球性营销计划的努力创造了弹性组织结构。这种组织既可以通过产品开发和制造的规模经济实现高效率，又可以通过在不同国家对广告、促销、定价和分销的定制实现高效益。例如，可口可乐的浓缩液配方和广告主题在世界范围内是标准化的，但人造甜味剂、包装、销售和分销渠道等因国家而异。[14]营销战略的制定和实施中对于定制化和标准化的不同侧重最终会体现在组织结构中。对于可口可乐、菲多利以及其他越来越多的企业来说，"协调的集中化"的概念促成了这样一种国内和全球组织结构的出现。这种组织可以在追求市场机会和营销计划实施方面保持集中的方向，同时又能促进对当地情况的适应。

[注释]

[1] This discussion is based on Subhash C. Jain, *Marketing Planning and Strategy*, 7th ed. (Cincinnati, OH: Southwestern Publishing Co., 2005): 26.

[2] Benson P. Shapiro, "Rejuvenating the Marketing Mix," *Harvard Business Review* (September-October 1985): 28-34.

[3] Scott McMurry, "Changing a Culture: DuPont Tries to Make Its Research Wizardry Serve the Bottom Line," *Wall Street Journal* (March 27, 1992): A1, A4; and "What's New," Kevlar.com.

[4] Robert H. Hartley, "Southwest Airlines—'Try to Match Our Prices,'" in *Marketing Mistakes & Successes*, 10th ed. (New York: John Wiley & Sons, 2006): 292-308.

[5] *E. I. DuPont de NeMours & Co.: Marketing Planning for Sontara and Tyvek* (Charlottesville, VA: University of Virginia, Darden School of Business Administration).

[6] For a description of this research and additional research, see Demetrios Vakratsas and Tim Ambler, "How Advertising Works: What Do We Really Know?" *Journal of Marketing* (January 1999): 26-43.

[7] Claudio Aspesi and Dev Vardan, "Brilliant Strategy, But Can You Execute?" *The McKinsey Quarterly* (Number 1, 1999): 88-99.

[8] "Miller Jumps into Cooler Cooler Market," *Business Week* (October 26, 1987): 36-38.

[9] "Holly Farms' Marketing Error: The Chicken That Laid an Egg," *Wall Street Journal* (February 9, 1988): 36.

[10] Eric M. Olson, Stanley F. Slater, and Andrew J. Czaplewski, "The Iridium Story: A Marketing Disconnect?" *Marketing Management* (Summer 2000): 54-57.

[11] For a discussion on marketing strategy implementation, see Charles H. Noble and Michael P. Mokwa, "Implementing Marketing Strategies: Developing and Testing a Managerial Theory," *Journal of Marketing* (October 1999): 57-73.

[12] Bill Donaldson and Tom O'Toole, *Strategic Marketing Relationships: From Strategy to Implementation* (New York: John Wiley & Sons, 2002).

[13] S. McKenna, *The Complete Guide to Regional Marketing* (Homewood, IL: Richard D. Irwin, 1992).

[14] Philip R. Cateora and John L. Graham, *International Marketing*, 12th ed. (Burr Ridge, IL: McGraw-Hill/Irwin, 2005).

案例10—1　　　　Dexit 公司——一个营销机会

> 我每年都花近 2 000 美元为客户和其他商业伙伴购买咖啡，我知道还有些公司花的钱更多。在 Dexit 诞生之前，出于商务和税收目的，我无法追踪这些费用，而且没有实用的办法去追踪小额交易。
>
> ——勒纳·佩尔索夫斯基（Renah Persofsky），Dexit 有限公司执行总裁

此时是 2002 年 11 月 15 日，位于多伦多的 Dexit 公司的执行总裁勒纳·佩尔索夫斯基面临着关于公司开发零售交易的新电子支付系统的重要决策。Dexit 已经吸引了加拿大最大的两家银行以及 Telus 移动——加拿大第二大通信公司的无线电子公司，作为初期投资商。这三个合作伙伴积极响应了佩尔索夫斯基关于无线支付服务的想法，但是每一家在承诺给 Dexit 投入更多的资源之前都想看到具体的营销方案。

佩尔索夫斯基在推进这个项目之前有几个关键决策需要制定。首先，她和她的团队（见图表1）需要确定 Dexit 服务的对象是哪些商家和消费者，因为这些目标选择决定了营销方案的所有其他内容。其次，她还需要决定是否针对产品本身做些增添和变动——例如计划中的标签阅读器。接下来，佩尔索夫斯基明白必须思考制定不同的定价策略，要将新服务给商家和消费者带来的价值和他们愿意支付的价钱都考虑在内。最后，佩尔索夫斯基必须提出一个能传递到目标群体的促销方案，还要决定是只在多伦多投放市场，还是在一个区域投放，或者是在加拿大几个主要城市进行全国范围的投放。

图表1　　　　Dexit 管理团队

勒纳·佩尔索夫斯基，总裁和首席执行官，近期曾任蒙特利尔银行（Bank of Montreal）主管，Cebra 公司的创立总裁和首席执行官，蒙特利尔银行电子商务部的负责人。在 Cebra 任职期间，她创立了电子邮局（EPOST），而且，同她的团队一起创立了基础结构部门，还建立了与加拿大邮政（Canada Post）、蒙特利尔银行及 Telus 的战略关系。

戴维·坎贝尔（David Campbell），首席财务官，加入 Dexit 之前任职于一家在证券交易所上市的金融服务技术公司——Basis100 公司，从 1998 年到 2001 年 8 月，他是 Basis100 公司的合伙创始人和首席财务官。戴维使 Basis100 公开发行股票，通过股票和和借入资金从加拿大和美国的公共机构和私人投资商处募集了 7 500 万美元的资金。在加入 Basis100 之前，戴维是一个持有加拿大风险基金的风险资本投资商。

斯蒂夫·多斯韦尔（Steve Doswell），销售和商业发展高级副总裁，加入 Dexit 公司之前任职于爱立信公司（Ericsson），在爱立信他负责发展并提升公司的无线网络业务，达到 85 个雇员和 2 000 万美元的销售额。在这之前，斯蒂夫是 iSTAR 网络的创建管理团队的一员，主持建立了一个 60 人的销售团队，在 3 年多的时间使收益从零增长到 4 800 万美元。

迈克尔·弗里德汉德勒（Michael Fridhandler），副总裁和总顾问，是一个经验丰富的法律专业人士，给 Dexit 团队带来丰富的电子和金融服务经验，以及在初启动、中等规模和大型企业时期引导企业服务部门的经验。近期迈克尔曾任 Cebra 公司的法务和人事副总裁。

戴比·甘布尔（Debbie Gamble），战略和产品高级副总裁，在支付行业有 20 年经验，包括任 Mondex 国际公司的北美总经理，该公司是领导智能卡和电子支付方案的提供商，负责 OpenCola 的 VP 交易和一家新兴的对等网络软件公司。在从事这些职业之前，戴比在加拿大智能卡推广方面起到很大作用，并且负责 CIBC 的运营智能卡团队。

> 皮埃尔-安东尼·罗伯格（Pierre-Antoine Roberge），研究与开发副总裁，在加入这个团队之前，在 724 Solutions 公司任技术总监，负责新产品和服务的战略性研究与开发。在进入 724 Solutions 之前，皮埃尔是蒙特利尔银行无线移动公司（Wireless and Mobile Initiatives）的高级经理，主管新技术渠道的研究与开发以及 Veev 公司——北美第一家无线银行、代理公司和生活方式满意服务的一体化公司。
>
> 迈克尔·卢瑟福德（Michael Rutherford），营销副总裁，2004 年 1 月被任命为营销副总裁，给 Dexit 管理团队增添了直接营销和数据库营销的宝贵经验。迈克尔先前是 Flavour 广告公司——Wolf 集团（北美一家大的营销和通信代理公司）的分支机构的客户服务和一对一营销副总裁。在加入 Flavour 之前，迈克尔是加拿大邮政的全国总部销售经理，Harte-Hanks 公司（全球进行直接营销和数据库营销的主要参与者）的加拿大运营部的创始人。
>
> 道格·萨瑟兰（Doug Sutherland），运营和技术副总裁，2004 年加入 Dexit 任技术和运营副总裁。之前他是加拿大 Reuters 公司（2002—2004 年）和美国 Reuters 公司（2001—2002 年）的高级副总裁，道格拥有技术产品开发、构造、计划、计算机和网络运营以及服务运输的跨国经验。道格还曾担任真实网络公司（Reality Online Inc.）、新星技术公司（Newstar Technologies）和 Bryker 数据系统公司的高级管理职务。

资料来源：Company files.

作为一个有经验的企业家，佩尔索夫斯基知道她的方案需要对市场规模和增长进行合乎实际的预测。另外，她感觉，要使得 Dexit 服务最有可能成为加拿大低值交易的电子支付系统的标准，快速推动这项服务是很重要的。

Dexit 公司

Dexit 公司（全名为 Debit Express 公司）是一家私有控股公司，勒纳·佩尔索夫斯基为了寻找更多有利机会，离开蒙特利尔银行的电子商务部，于 2001 年在多伦多成立了此公司。

这家公司的目的是为顾客提供方便使用的电子支付系统，从而成为低值交易的一种可选付款方式。Dexit 预期使用 Dexit 服务的平均购货交易额约为 4 美元，尽管公司认为顾客也许使用这项服务的购货支付额可以达到 25 美元。

Dexit 服务是让顾客通过将一个电子标志牌贴近放置在零售柜台上的专门读卡器来为产品或服务付款（见图表 2），从而能同 Dexit 中心支付清算系统绑定连通。这样，交易可以在不到 3 秒的时间内完成，简易快速，支付过程还可以被追踪到，保证用户能够控制和监管他们的小额购买。该项系统得到广泛检测，具有较高的可信度，是基于无线电射频识别技术的。顾客的标志牌中含有绑定的个人识别码，能无线被商家的终端读出，商家终端是与顾客个人的预付账户相连的，从而允许顾客根据他们的账户金额支付购买。

电子支付行业

2002 年末，加拿大的电子支付行业由信用卡和借记卡支付系统主导，大部分由加拿大的六大银行控制：加拿大皇家银行（Royal of Bank，RBC）、加拿大皇家商业

图表2　Dexit标志牌读卡器系统

资料来源：Company files.

银行（Canadian Imperial Bank of Commerce，CIBC）、蒙特利尔银行、新斯科舍银行（Bank of Nova Scotia，Scotiabank）、TD加拿大信托（TD Canada Trust）和加拿大国民银行（National Bank of Canada）。消费者和零售商都很喜欢这些银行提供的支付方式，因为这能让他们更加轻松、有效地进行零售交易。然而还没有人发现一种有效方法能提供小额购货（small-ticket）服务，所以现金仍然是这种交易方式的首选。Dexit调研发现，加拿大现金购货总价值到2003年增长到2 700亿美元（以平均每笔4.50美元进行了近600亿次交易），这些购货由信用卡和借记卡进行支付的数额分别达到1 510亿美元和1 150亿美元（见图表3）。

图表3　加拿大支付行业

	现金/支票	借记卡	威士卡/万事达卡	总计
市场规模（2003年预计）	2 700亿美元	1 150亿美元	1 510亿美元	5 360亿美元
交易总额（2003年预计）	600亿美元	26亿美元	15亿美元	无
平均交易额（2003年预计）	4.50美元	44.23美元	100.67美元	无
市场规模（2005年预计）	无	1 640亿美元	2 024亿美元	无
平均年增长率	无	14.7%	13%	无

资料来源：Company files.

加拿大人是世界上使用电子支付系统最多的用户之一。在2002年一项关于世界十大经济体系的报告中,国际清算银行(BIS)将加拿大人列为平均使用自动取款机(ATM)和借记卡服务最多的用户。[1]该研究还发现加拿大借记交易的平均价值比其他发达国家都要少(见图表4)。据加拿大银行家协会统计,加拿大的销售点借记卡购货交易于2001年达到22亿次(见图表5)。

图表4　　发达国家的单笔借记交易的平均价值(1997—2001年)　　单位:美元

国家	1997年	1998年	1999年	2000年	2001年
加拿大	30.6	29.4	29.4	28.5	26.9
荷兰	48.8	48.2	48.6	42.9	41.4
法国	52.2	52.2	49.2	42.8	41.5
比利时	59.5	57.5	53.8	47.0	45.1
美国	41.5	41.6	43.0	43.9	45.9
英国	50.0	52.2	51.6	50.3	51.7
瑞典	83.3	76.2	72.7	60.9	54.9
意大利	100.8	90.8	81.5	66.6	61.3
德国	74.3	84.7	79.7	67.7	65.7
瑞士	73.3	63.8	76.0	89.5	100.2
日本	57.9	61.1	243.5	427.1	405.3

资料来源:Bank of International Settlements(BIS),2001.

图表5　　加拿大交互直接支付用户、终端、商家和交易价值(1994—2001年)

年份	每月用户数(百万)	交互支付终端数	参与商家数	交互交易数(百万)	交互交易总价值(10亿美元)
1994	5.5	119 797	87 998	185.0	9.4
1995	8.3	189 898	137 428	393.8	18.8
1996	10.8	253 089	181 058	676.5	30.2
1997	12.5	330 530	235 268	1 003.9	44.3
1998	14.3	393 730	280 482	1 355.4	58.5
1999	15.7	406 050	286 596	1 661.4	72.1
2000	16.7	438 179	310 946	1 960.1	85.2
2001	17.6	463 244	328 009	2 236.6	94.9

资料来源:Interac Association, http://www.interac.ca/en_n3_31_idpstats.html, accessed November 1, 2004.

Dexit自己的研究证实,加拿大超过350 000家零售商使用了借记卡支付,其中约20%是小额交易。同时,Interac直接支付协会——一个主要银行财团,负责处理几乎全部的加拿大借记交易,记录显示加拿大2001年有近1 760万名借记卡用户。综合借记卡用户、商家和交易的数量来看,安大略省、魁北克省和不列颠哥伦比亚省是加拿大的三大借记市场(见图表6、图表7和图表8)。行业专家评论道,多伦多(安大略省)、蒙特利尔(魁北克省)和温哥华(不列颠哥伦比亚省)等城市分别占据了它们各省内近30%的借记市场。

图表 6   各省参与交互直接支付的用户数

省份	1999 年	2000 年	2001 年
安大略	5 794 892	6 238 182	6 551 298
魁北克	4 174 313	4 376 090	4 588 871
不列颠哥伦比亚	2 020 857	2 145 694	2 265 847
艾伯塔	1 634 287	1 771 547	1 905 505
马尼托巴	537 871	576 760	605 425
萨斯喀彻温	447 904	480 729	504 490
新斯科舍	432 892	465 117	496 113
新不伦瑞克	348 649	375 068	399 284
纽芬兰	213 561	233 326	250 010
爱德华王子岛	58 670	64 065	68 888
加拿大总计	15 663 896	16 726 578	17 635 731

资料来源：Interac Association, http：//www.interac.ca/en _ n3 _ 31 _ idpstats.html, accessed November 1, 2004.

图表 7   各省参与交互直接支付的商家数

省份	1999 年	2000 年	2001 年
安大略	99 761	108 694	116 241
魁北克	72 197	74 004	75 081
不列颠哥伦比亚	45 482	49 400	52 198
艾伯塔	31 103	34 019	37 687
马尼托巴	9 697	10 700	11 164
萨斯喀彻温	9 524	10 406	10 924
新斯科舍	8 353	9 093	9 524
新不伦瑞克	7 245	7 831	8 084
纽芬兰	4 793	5 251	5 526
爱德华王子岛	1 441	1 548	1 579
加拿大总计	289 596	310 946	328 009

资料来源：Interac Association, http：//www.interac.ca/en _ n3 _ 31 _ idpstats.html, accessed November 1, 2004.

图表 8   各省交互直接支付的交易额   单位：百万美元

省份	1999 年	2000 年	2001 年
安大略	552	662	755
魁北克	438	500	563
不列颠哥伦比亚	240	281	320
艾伯塔	199	243	284
马尼托巴	61	73	83
萨斯喀彻温	50	59	67
新斯科舍	48	57	66
新不伦瑞克	40	47	53
纽芬兰	25	30	35
爱德华王子岛	7	9	10
加拿大总计	1 661	1 960	2 237

资料来源：Interac Association, http：//www.interac.ca/en _ n3 _ 31 _ idpstats.html, accessed November 1, 2004.

无线射频识别行业

尽管电子支付在发达国家（比如加拿大）已经非常流行，但是大部分借记和信用系统还需要刷卡。尽管并不烦琐，这额外的步骤还是拖延了交易的时间。为了使过程提速，得州仪器公司（Texas Instruments）开发了无线支付系统，于1997年在美国作为ExxonMobil Speedpass进行市场开发。这个快速传递系统采用无线射频识别（RFID）技术，包含了一个标志牌（发射应答机）和一个阅读器（问询器），通过无线电信号激活标志牌并收集存储于其中的信息。

虽然支付系统是最有可能使用无线射频识别技术的，但是该技术还有广泛的潜在应用。其他用途包括访问控制、畜牧管理、无线通信和供应链管理。特别地，沃尔玛研究了使用RFID技术的可能性，使用该技术能及时监管它在美国的3 000家门店的产品库存量。存储在标志牌中的信息范围可以从一个简单的识别码到复杂的数据。

加拿大Mondex公司的经历

尽管Dexit公司起初似乎并没有直接的竞争者，但是电子货币（e-cash）的基本概念实际上已经存在了好几年。1993年，两大英国财政巨头——Natwest银行和Midland银行——成立了一家名为Mondex的公司，开发并占据了电子货币市场。Mondex的产品在概念上和Dexit类似，但是与Dexit不同，Mondex系统在一个微芯片上将货币存储为单机电子信息，从而就没有必要再去核查用户的外部储蓄账户的金额了。这种电子货币荷载在卡上，随后通过特殊的Mondex终端被转到商家、银行和其他个人的账户上，从而使得支付可以在个人间、通过电话或者在互联网上进行。Mondex系统不需要签名、个人识别码（PIN）以及交易许可，并且该系统能同时输入五个不同的币种。1996年，为了将Mondex转变成全球电子支付的标准，该公司的股份被卖给17个不同国家的银行。1997年，Mondex的控股权益被万事达信用卡国际公司购得。

Mondex 1995年传到加拿大，加拿大皇家银行（RBC）和CIBC共同获得加拿大此项技术的授权。加拿大其他银行大多也紧随其后开始签约使用。然而，1998年在圭尔夫（安大略省的一座城市，人口为109 000人）的初步市场测试的结果并不理想。尽管提供了一些激励，包括给每个使用卡三次以上的个人15美元的信用额度，消费者并没有认可这项服务。这样差的反响让Mondex管理层震惊了，为确保Mondex卡能够获得近乎全世界的认可，Mondex管理层将商家终端放置在该城市90%的零售商店。

1999年下半年初，为了找出第一次测试中出现的一些问题，在舍布鲁克（魁北克省的一座城市，人口为142 000人）进行了第二次测试。为了给用户增加便利性，它开始使用一种"新改良的"Mondex卡，除了计算机芯片还有一块磁条。这种改进可以让顾客选择是使用银行借记账户支付还是通过转账直接存储在卡上的电子货币进行购买支付。Mondex还宣布将把卡与一系列大众忠诚项目联系起来，从而为用户提供单次或多次使用的购物卡和支付卡。实践证实新卡在比原卡要受欢迎的同时也产生了新的问题。商家发现支付过程成本很高而且不方便。因为它们必须操作两个独立终端：一个是为想要使用该卡进行借记交易的顾客提供的传统读卡器，另一个是读取该卡计算机芯片中存储的交易信息的装置。而且，将 Mondex 卡与零售商忠诚项目联系起来比预想的要复杂得多，而且很多情况下根本无法操作。到了 2001 年年初，Mondex 加拿大管理层总结认为这种经济形式不适合在全国范围内投放，从而放弃了这项服务。

同时，在巴里（安大略省的一座城市，人口为 104 000 人），新斯科舍银行采用它以竞争的 VisaCash 卡进行了类似的测试，该卡被 350 家零售商接纳，包括电影院、快餐店和音像店。VisaCash 卡像 Mondex 卡一样提供电子货币服务，还包括一项购物忠诚项目鼓励顾客使用该项服务。结果反应良好，50 000 人——近乎该城市一半人口——签约使用了该项服务。然而，由于硬件成本太高，该公司最终决定不进行全国范围的展示并终止测试。

Dexit 的机会

由于零售业（比如咖啡厅、便利店和快餐店等）的特征表现为频率高、交易价值低，因此控制交易的速度和便利性是非常重要的。Dexit 系统似乎是非常适合这种商业形式的。另外，加拿大的许多杂货店都开始提供"自动支付"，消费者能够在不与柜台交流的情况下进行支付购货。那么，一个能为这些商店提高速度、便利性和安全性的系统似乎也是大有潜力的。

除了信用卡和借记卡发行者，Dexit 的竞争者还包括发行自己的购物支付卡（proprietary payment cards）的零售商，比如星巴克咖啡店。此外，很多国有零售商已经开始推广"赠品卡"，消费者有时购得这些卡并存储价值用做支付卡。然而，Dexit 的方案既然能被各种类型的商家接受，那么它显然比上述这些卡更具优势。

Dexit 服务

对于消费者来说，预订 Dexit 服务将需要在 Dexit 授权的特定商家、Dexit 网站或者通过给 Dexit 呼叫中心打电话完成一份注册表。他们随后将收到一个 Dexit 的 RFID 标志牌，这个牌子可以挂在钥匙链上。这项服务本身不会被激活，除非消费者转账到他们的 Dexit 消费者账号上，一旦这样转账了，消费者只需将他们的 Dexit 标志牌贴近放置在柜台旁边的 RFID 读卡器，就可以为他们在零售商店的购货付款了。这个读卡器将与销售点终端相连，销售点终端会与 Dexit 主机系统绑定连接用以验证标志牌，证实交易并完成支付，所有这一切只需要几秒钟。然后，消费者使用 Dexit 标志牌支付的钱在当天结束时将通过电子系统存到商家的银行里（见图表9）。

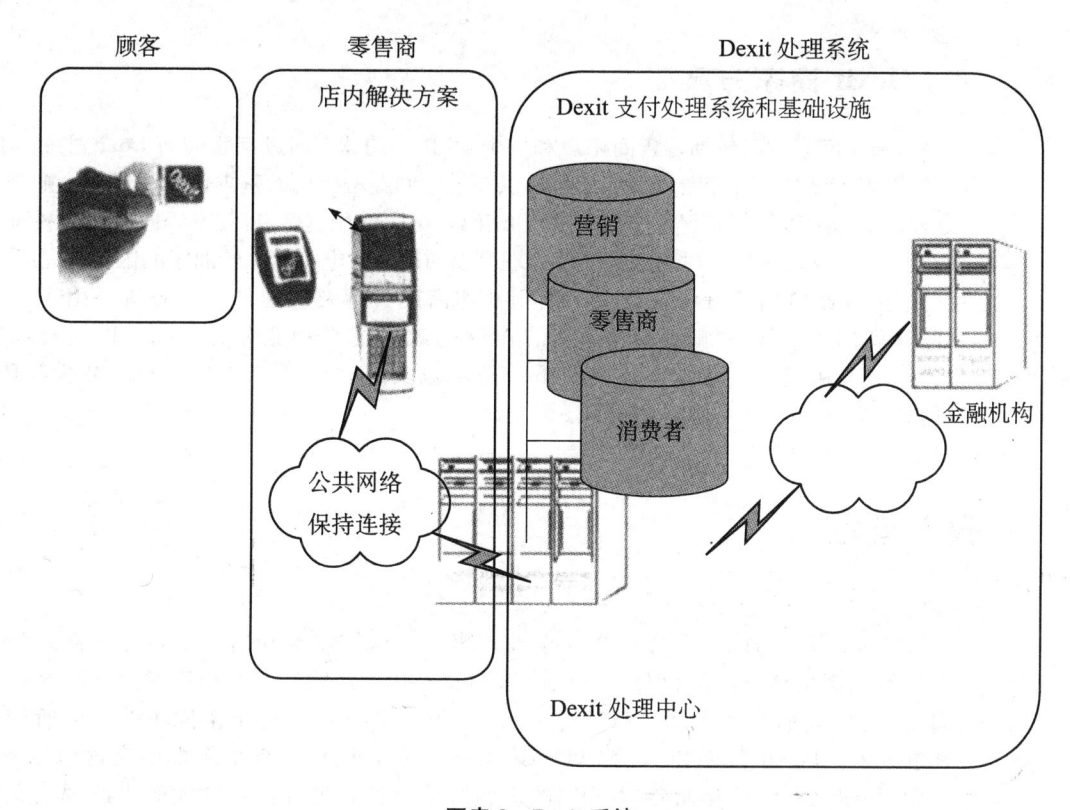

图表 9　Dexit 系统

资料来源：Company files.

☐ Dexit 消费者方案

当消费者注册使用 Dexit 服务，他们将收到一个用户名和密码，然后使用它们登录到账户和个人信息。尽管特定细节没有最终敲定，用户很可能还可选取他们的 Dexit 标志牌形式（一个钥匙链或者其他形式），他们再次购买的频率和数量以及他们想要从 Dexit 收到的通知方式。消费者可以通过互联网和电话进入账户，通过电话进入账户的可以选择使用交互的语音——应答系统或者现场连线客户服务代表。账户余额实时有效，每 5 分钟更新一次。顾客还可以选择使用主动的信息服务，接收关于日常账户余额信息、余额不足的警示信息和账户充值确认信息等自动信息。这些信息可以通过电子邮件、短信或者电话发送。

初步计划是让顾客充值到他们的账户，方法是可以通过提交书面表格向 Dexit 授权从他们的银行账户转账，或者通过使用顾客自己金融机构的网上银行服务进行电子转账，或者使用现金或借记卡在指定的 Dexit 售货点进行。充值到账户的资金将被加拿大的主要银行持有和托管，并被用来支付与商家进行的交易以及与 Dexit 服务相关的费用。

消费者得到的益处有很多：Dexit 服务使得个人不再需要携带零散硬币和一定的零钱；交易支付比现金或借贷更加快速；可以避免从 ATM 机提款以免出现假钱；由于消费者能够控制他们小额购货的交易历史还能帮助顾客进行更好的个人预算。

☐ Dexit 商家方案

Dexit 商家方案包括零售商账户和一个 RFID 读卡器/通过互联网与 Dexit 主机系统相连的销售点终端。商家首先可以通过提供关于它们金融机构的基本信息注册一个账户用来处理付款。然后他们获得一个用户 ID 和密码，可以使用这个 ID 和密码通过互联网和Dex-it 呼叫中心进入账户。对商家的交易处理可以通过日常电子转账给商家的银行来完成。

Dexit 给零售商提供比现金、信用卡和借记卡都要快速的支付系统。由于平均预订规模增加、顾客的顺手牵羊减少、出纳的效率提高和业务量增加、现金管理费用（包括被盗和短款）减少、核查假币的需求减少、现金计算和存储费用减少等因素，可以预期商家的收入将得到提升。

收入模型

Dexit 有能力以多种方式产生收入。第一，与信用卡和借记卡企业一样，公司通过保留每笔交易价值的百分比征收商家的交易费用。第二，它可以通过向顾客收取他们使用 Dexit 服务的费用。第三，可以收取预支给 Dexit 供未来使用的资金所产生的利息收入。Dexit 预期 2003 年（Dexit 运营的第一年）占有小额现金支付市场 6% 的份额，并且到 2007 年每年以 50% 的份额持续增长。另外，加拿大的小额现金交易数量预计每年以 6% 的比率增长。

如果出售 RFID 标志牌和 Dexit 的 POS 终端能得到超过制造成本的收入，Dexit 还能通过出售这套设备获取收益，尽管管理层起初并没有想要这样做。硬件成本根据供应商的不同而不同，RFID 读卡器每台 150～200 美元，一块 RFID 标志牌平均 2～3 美元。需要与 Dexit 主机系统绑定通信的销售点终端，每个 500～600 美元。既然对硬件的需求将按比例增加顾客数（至少最初如此），Dexit 估计它在标志牌、读卡器和终端上付出的成本分别占公司总收益的 11%，16% 和 23%。加上其他成本约占收益的 10%，Dexit 估计它 1 美元的利润将近 40 美分。

营销机会

☐ 目标市场

在佩尔索夫斯基作出关于产品首次公开展示的决定之前，她必须确定 Dexit 的目标顾客是谁。根据 Dexit 的商业模式，佩尔索夫斯基需要同时确定消费者（Dexit 标志牌的用户）和商家（Dexit 的销售点终端用户）。佩尔索夫斯基认为考虑各种顾客和商家组合在 Dexit 服务上体现的价值，以及哪个细分市场更有利可图是很重要的。

消费者市场可以根据人口统计学特征、态度、工作和生活方式以及收入水平进行细分。佩尔索夫斯基认为，会受到类似 Dexit 的技术革新吸引的消费者个人通常需要新技术带来的好处。然而，她不确定这些"早期采纳者"是否为最终使用最多的用户。这种区别是特别重要的，因为使用多的用户最终将为 Dexit 带来更多的利润。另外，佩尔索夫斯基想知道目标锁定特定的地理区域和生活方式是否有意义。

佩尔索夫斯基还必须确定哪些零售商将使用 Dexit 服务。高价值的购买有产生较高交易费用的可能，但是 Dexit 似乎更适合小额的交易。而且，佩尔索夫斯基还想知道根据商家为之服务的消费者的人口统计学特征和生活方式去锁定目标商家是否有意义，或者，在地理上细分商家可能更加明智。

□ 产　品

尽管佩尔索夫斯基和她的团队很自信他们为 Dexit 提出的采用 RFID 技术的决定，但是佩尔索夫斯基想知道钥匙链标志牌和阅读器组合设备是否为具有最佳可能性的系统。对于顾客来说，携带一个 Dexit 支付标志牌是不是最安全和最便利，抑或是有 Dexit 团队没有考虑到的其他选择？既然加拿大人习惯于使用借记卡和信用卡进行电子支付，佩尔索夫斯基想知道一张卡片是不是也更容易被消费者接受。

□ 定　价

Dexit 还必须进行定价，确定消费者和商家使用 Dexit 服务的付费。也许佩尔索夫斯基面对的最大问题是她是否应对所有消费者收费。毕竟，Dexit 在支付行业的很多竞争者，包括信用卡和赠品卡，似乎并不直接收取消费者的交易费用。在佩尔索夫斯基为 Dexit 服务定价前，她必须考虑当使用借记卡、信用卡和现金时面对的成本。佩尔索夫斯基不确定让消费者在购货之外还额外付费他们的反应如何。他们是否认为和附加的"消费税"差不多，或者让他们认为是为 Dexit 服务传递的价值付费会让他们更舒服？如果是后者，Dexit 应该怎样收费？一份早期咨询报告认为 Dexit 获利的价值定在交易价值的 2%～4%，但这实际上是否有意义？而且，佩尔索夫斯基还想知道 Dexit 应该对消费者根据每次交易收费，还是按预先规定的交易收费，或是按月收费，或者是上述收费方式的组合？

下一步，对商家的定价也必须按照上述定价考虑。佩尔索夫斯基知道借记卡和信用卡公司收费无论在哪里通常都是交易价值的 2%～5%，但她并不确定现金的管理费用是多少。大致地，一旦她知道商家使用借记卡、信用卡和现金的成本，她就能用它们作为基准为 Dexit 商家方案定价。另外，佩尔索夫斯基还想知道向商家按每笔交易收费与让他们每月支付预订费这两种收费方式哪种更有意义。

佩尔索夫斯基知道无论决定采用哪种定价方案，在定价中都需要注重赢取早期消费者和商家的接受度，还要考虑战胜竞争者的潜在反应。

□ 促　销

佩尔索夫斯基还需要制定一个促销策略帮助她推广到她选取的目标市场。特别地，她想知道是"推式"还是"拉式"策略更有效：Dexit 是否应该给商家提供激励来推广和促销 Dexit 服务，或者集中信息发布鼓励终端用户对该服务的需求？还有其他她没有考虑到的方法吗？由于 Dexit 受现金约束，公司需要确定它达到了最大限度的促销激励。可选择的方式包括销售促进、直销和传统广告，对于后者，Dexit 的营销团队考虑使用广播、报纸、杂志、电视、广告牌、招贴牌和活动便利亭（见图表 10）。佩尔索夫斯基知道在制定详细计划时她必须仔细考虑他们的目标市场。

图表 10　　　　　　　　　　　各种促销方式的成本

	多伦多	蒙特利尔	温哥华
地方电视台			
30 秒黄金时段广告	15 000 美元	10 000 美元	12 000 美元
广播电台			
30 秒高峰时段广告	250 美元	175 美元	175 美元
报纸	《多伦多星报》(Toronto Star)	《蒙特利尔公报》(Montreal Gazette)	《温哥华太阳报》(Vancouver Sun)
半页篇幅广告	15 000 美元	7 500 美元	10 000 美元
公交候车亭			
60 个场所放置一周	15 000 美元	10 000 美元	15 000 美元
地铁广告栏			
60 个场所放置一周	5 300 美元	5 300 美元	5 300 美元
大街广告栏			
8 个大流量的交通场所放置一周	4 000 美元	4 000 美元	4 000 美元
室内广告亭			
月租	5 000 美元	5 000 美元	5 000 美元
两位员工每周工资	2 000 美元	2 000 美元	2 000 美元
室外广告亭			
月租	10 000 美元	10 000 美元	10 000 美元
两位员工每周工资	2 000 美元	2 000 美元	2 000 美元

资料来源：Company records.

佩尔索夫斯基还必须考虑 Dexit 是否需要雇用一组销售力量为 Dexit 服务寻找潜在的企业客户。某种程度上这似乎没有必要，因为这些公司的主管人员大都能看到 Dexit 的客户广告并且知道该设施能够带来的利益。然而另一方面，企业市场确实有一些明显的特征使得人员销售值得尝试。此外，销售人员有助于招募商家使得它们接受 Dexit 服务作为支付形式。佩尔索夫斯基估计一个销售人员的成本为每年 100 000 美元，这包括薪金和基本费用，但不包括差旅费。然而她不确定需要多大规模的销售力量，一个同事建议在多伦多 10 名员工是可行的，而若要在全国范围内推广则需要 25 个人。

□ 分　销

Dexit 还需要决定在哪里投放它的服务，是应该在全国范围推广还是只在安大略省引进？而且，是否有对于推广 Dexit 服务较有价值的特殊区域，比如多伦多？全国范围的推广有利于建立最大可能的客户基础，还能为 Dexit 争取到在全国范围的首发优势，但是全国推广策略还伴有较大财政亏损的风险以及投放市场没有达到预期所带来的负面压力。佩尔索夫斯基认为有关 Dexit 投放市场规模的决定对于企业最终的胜败起决定性作用。而且佩尔索夫斯基不得不考虑 Dexit 如何能将它的标志牌送到消费者手中。Dexit 的网站是个很好的渠道，它的商家网络也不错，但是还不清楚这些渠道是否足以召集到足够数量的顾客以便让该服务对商家具有吸引力。为了拓宽该企业的渠道，佩尔索夫斯基还很重视和这些商家合作的可能性，从而有可能帮助 Dexit 迅速吸引消费者。然而，她还没有决定该靠近谁，以及该寻找哪种类型的协议。

决　策

在佩尔索夫斯基思考她的下一步时，上述这些问题在她脑海里都占据着很重要的地位。在消费者和商家细分市场中选择目标市场的时间很紧迫，而且她很快需要制定十分关键的有关营销组合和有关市场推广的决定。作为一位行业经验丰富的人员，佩尔索夫斯基深知 Dexit 的未来就在于她将作出的这些选择。

[注释]

　　[1] www.bis.org/publ/cpss60.pdf，accessed November 1，2004.

案例 10—2　　　菲多利集团：Sun Chips 杂粮小吃 *

　　1990 年年中，菲多利集团营销调研与新业务副总裁德怀特·里斯基（Dwight Riskey）博士召集了负责 Sun Chips 杂粮小吃的产品管理团队。全天会议的目标是为向菲多利集团高管层关于该品牌后续行动的陈述做准备。

　　Sun Chips 杂粮小吃是由全麦、玉米、大米、燕麦粉精制而成的，是入口微咸、回味带甜的脆片。与大多数薯片相比钠的含量较低，采用葵花油制成。这种脆片比用其他油制成的脆片饱和脂肪的含量低将近 50%，并且不含胆固醇。正如一位菲多利的经理所说，这是"有创意的、升级的时尚脆片"。

　　该产品已经在明尼苏达州的明尼阿波利斯-圣保罗都市区进行了 10 个月的市场测试。尽管结果显示消费者的反应非常好，但是里斯基及手下都明白这次对高管层的陈述必须有说服力，在陈述关于市场测试数据的详细评估之后，里斯基补充道：

　　　　我们必须进行任务很重的销售（针对高层管理者），因为 Sun Chips 杂粮小吃需要新的加工流程，用了新的品牌名称，并且开创了新的脆片品类。这需要巨大的资本投入和巨大的营销投入，而判断这些的唯一标准是该产品必须在将来很长的一段时间内有持续发展的可能。

菲多利集团

　　菲多利集团隶属于百事集团，是一个立足于纽约的拥有多样化消费者产品和服务

---

* The cooperation of Frito-Lay, Inc. in the preparation of this case is gratefully acknowledged. This case was prepared by Professor Roger A. Kerin, of the Edwin L. Cox School of Business, Southern Methodist University, and Kenneth R. Lukaska, Product Manager, Frito-Lay, Inc., as a basis for class discussion and is not designed to illustrate effective or ineffective handling of an administrative situation. Certain company information is disguised and not useful for research purposes. Copyright © 1995 by Roger A. Kerin. No part of this case may be reproduced without written permission of the copyright holder.

的公司。其他百事集团的分支包括必胜客、塔可钟、百事可乐、肯德基以及百事食品国际。百事集团1990年的净收入为10.77亿美元,净销售额为178亿美元。

公司背景

菲多利是世界范围内脆片类休闲食品生产和营销的领先者。知名的品牌包括乐事,Ruffles, Fritos, 多力多滋,Tostitos,Santitas,Cheetos,以及Rold Gold。公司的主要品牌及其世界范围内的预估销量见图表1。其他知名的菲多利产品包括Baken-Ets炸猪皮、Munchos薯片,以及Funyuns洋葱口味的休闲食品。此外,公司还销售一系列的休闲食品脆片、沙拉、坚果、花生酱以及奶酪三明治、牛肉饼、Smartfood即食爆米花、祖母饼干。

引入:1981年
1990年零售额预计为1.43亿美元

引入:1938年
1990年零售额预计为7.26亿美元

引入:1958年
1990年零售额预计为11亿美元

引入:1966年
1990年零售额预计为12亿美元

引入:1948年
1990年零售额预计为6.38亿美元

引入:1986年
1990年零售额预计为1.36亿美元

引入:1932年
1990年零售额预计为6.29亿美元

图表1 菲多利集团的主要品牌

资料来源:1990 PepsiCo, Inc. Annual Report.

菲多利集团占有美国休闲食品市场的13%，涉及糖果、曲奇、薄脆饼干、坚果、薯片以及其他品类。该公司是美国休闲食品脆片的领先生产商，占有该品类零售销量的半壁江山。其中8种在美国超市最畅销的10种休闲食品名单中榜上有名（见图表2）。多力多滋玉米薄饼和Ruffles薯片是全球零售销量过亿美元的佼佼者。

菲多利的休闲食品业务囊括了休闲食品生产的各个方面，从农场到超市的货架。1990年仅在美国地区，菲多利就用掉了16亿磅土豆、6亿磅玉米、0.55亿磅四季豆。该公司拥有39家种植园，超过1 600家分销机构，10 000名销售人员负责每周拜访美国境内的超过40万家零售商店。1990年，菲多利集团在美国地区的销售额为35亿美元。

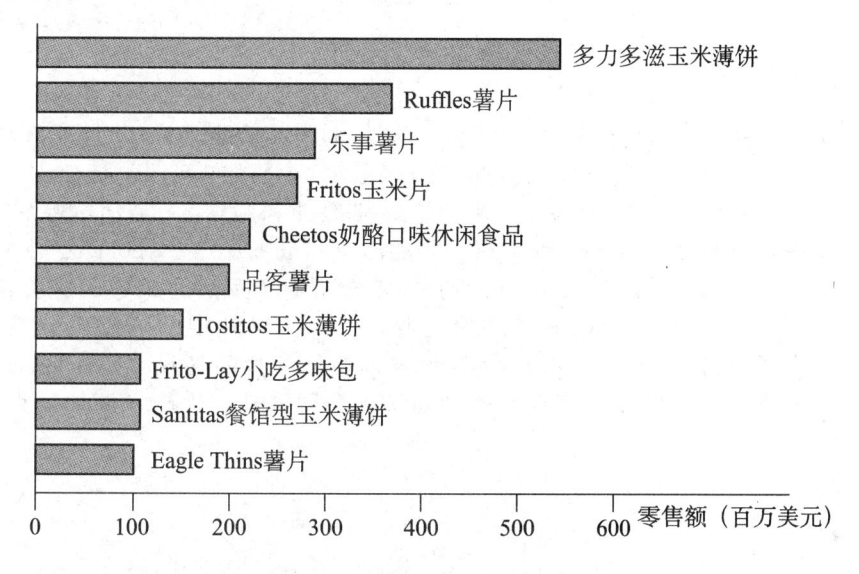

图表2 美国超市中最畅销的休闲食品

资料来源：1990 PepsiCo, Inc. Annual Report.

☐ 产品营销战略

菲多利通过四种战略寻找增长机会：

1. 通过产品线的延伸促进品牌增长。消费者寻求产品口味和外形的多样性同时又注重质量，菲多利营销经理通过产品线的延伸来满足上述需求。近期的案例包括Tostitos玉米薄饼，以及Cheetos的Flamin热芝士口味的薯片。

2. 通过开发新产品满足不断变化的消费者偏好和需求。菲多利持续开展营销调研以不断地发现消费者口味的变化。这些努力的近期成果是低油脂的薯片产品线的投放。

3. 为迅速增长的休闲食品品类开发产品。休闲食品不同品类的增长率不同，营销经理持续地监测消费模式以识别出新的机会。例如，1989年菲多利兼并了Smart-food爆米花品牌。1990年，该品牌成为美国市场即食爆米花的第一名。

4. 在国际市场上复制菲多利的成功。在美国市场的领先地位同时也为其在国际市场上的成功创造了机会。首先着重进入大型的、发展较好的休闲食品市场，诸如墨西哥、加拿大、西班牙和英国。创新营销加上产品开发的努力仅1990年一年就为公司创造了全球16亿美元的销量。

休闲食品脆片种类

美国休闲食品脆片行业1990年的零售量为370亿美元,比1989年增长了5%。其中薯片、玉米片以及即食爆米花的销量约为98亿美元——比1989年增长了5%。主要的增长来源来自消费资本的增加。1990年,美国消费者购买了35亿磅休闲食品脆片,接近人均14磅;1986年,休闲食品脆片的单人消费量还不足12磅。

竞争者

该品类中有三种类型的竞争对手:(1)全国品牌企业;(2)地区品牌企业;(3)自有品牌企业。全国品牌企业在全国范围内分销产品,包括菲多利、Borden(Guys牌薯片和玉米片,Wise牌薯片、奶酪泡芙和脆饼)、宝洁(品客牌薯片)、RJR Nabisco(包括Planter's牌脆饼、奶酪泡芙和玉米片)、Keebler公司(O'Boisies牌薯片),以及鹰牌休闲食品(安海斯-布希公司旗下品牌,销售鹰牌脆饼和薯片、玉米片)。第二种竞争者是地区品牌企业,仅在美国特定的地区内分销产品。代表性的公司包括Snyders, Mike Sells和查理斯休闲食品脆片(Charles Chips)。自有品牌由地区或当地生产商在与连锁超市的合同基础上生产(例如,克罗格和西夫韦)。

竞 争

休闲食品脆片的竞争非常激烈。每年由全国和地区品牌企业新投入市场的产品就有650种。大多数产品是已有休闲食品的新口味。休闲食品的新产品失败率很高,行业报告显示不到1%的新产品能够在第一年获得2 500万美元的销售量。

休闲食品的竞争者主要依靠电子和平面媒体广告以及消费者促销和进场费交易来刺激销售量并且保留在超市的货架空间。定价的竞争性很强,休闲食品生产商经常通过价格来吸引消费者。休闲食品的生产技术允许生产商以较快的速度对竞争对手的新产品(口味)做出回应。全国品牌企业所采用的密集的销售和分销系统,允许它们监视新产品和促销行动,并且迅速在超市陈列有竞争力的产品。

Sun Chips杂粮小吃的开发

Sun Chips杂粮小吃是菲多利持续的营销调研和产品开发项目的结果。但是,它的口味和名称可以追溯到20世纪70年代。

产品传承

在20世纪70年代早期,当公司营销调研显示消费者在寻求营养薯片时,菲多利产品开发人员率先考虑了杂粮小吃的可能性。一种叫做 Prontos 的杂粮小吃在 1974 年被引入市场，其定位如下：由菲多利精选天然的玉米、燕麦、全麦，融入全新的配方，精制而成、独特又美味的新型休闲食品。尽管有广告和产品的支持，这个产品仍不算成功。由于销量下滑和生产困难，1978 年该产品停止了全国分销。菲多利集团的经理认为，该产品的失败是由于没有遵守承诺的复制、让人疑惑的产品名称和目标市场的狭窄。考虑到这些经验，里斯基补充道："我并不确定产品的设计以及生产过程的困难是多大的事情。也许它的开发和投入市场的时间太早了。"

该品牌的名称有着同样艰难的过去。Sun Chips 的名称在 70 年代原本隶属于玉米片、薯片和爆米花产品线。1976 年，该品牌名称被用于一种玉米片，但是到了 1985 年，由于销售表现不佳，该产品线停止了分销。

产品开发："最丰收的项目"

80 年代早期　对于杂粮小吃的兴趣在 80 年代早期再次兴起，因为菲多利集团的营销经理开始担心长大的"婴儿潮"一代（1946—1964 年出生的人）会不会继续吃咸味休闲食品，例如薯片、玉米片和薄饼。里斯基说道：

> 长大的"婴儿潮"一代（在我们的考虑中）是很重要的因素。我们在寻找能引发他们兴趣的休闲食品。但是我们在寻找"对你更好"的产品，并且打破人口发展规律。

1981 年，菲多利集团的营销调研和产品开发人员启动了"丰收"项目，目的是开发出对消费者有吸引力的杂粮小吃。经过了几轮产品概念测试和家庭产品使用测试的失败后，他们得出的结论是健康休闲食品的市场还没有被充分地开发出来以接纳这些产品。其他的证据也支持这一观点。1983 年，菲多利进行 O'Grady's 品牌薯片的测试，结果是显著的。基于市场测试的计划显示该品牌会创造 1 亿美元的年销量，而 1984 年和 1985 年确实做到了。

80 年代中期　"丰收"项目在 80 年代中期继续进行，但是由于人员的改变和项目团队成员的其他职责，开发的步伐放缓。这时，管理高层和公司目标也有改变，将产品开发的努力放在传统的休闲食品上，同时强调已有品牌的口味延伸（例如，Cool Ranch 多力多滋牌玉米薄饼）和低脂的薯片、玉米片和薄饼。此外，注重成本构成测量和持续的质量改进运动，利用现有的生产设施与休闲食品脆片生产技术和流程。

80 年代晚期　对杂粮小吃开发的努力在 1988 年早期再次得到强调。在其后的 13 个月中，不同的产品配方（例如，少油与常规；含盐量；薯片形状），不同的定位，品牌选择（扩展已有品牌与新的品牌名称）都通过消费者口味测试和产品概念测试得到了仔细的研究。这些测试的综合结果产生了有隆起的味道特殊的杂粮小吃。对品牌名称和口味的进一步测试显示消费者对两个名称（其中一个是 Sun Chips）和三种口味（原味、法国洋葱味以及淡味切达）的偏好。

进一步的消费者研究显示杂粮小吃的理念和相应的口味被认为是"更健康的产品"。这个研究也揭示出在消费者食用前（在进行产品品尝之前）的期望是这个产品不是"日常的休闲食品"。消费者在食用了产品后又会认为该产品是日常的休闲食品。至少原味和法国洋葱味的产品如此。图表 3 显示了消费者对于不同口味产品在食用前的期望和食用后的感知。同时对品牌名称的调查显示了对 Sun Chips 名称的偏好。该名称可以引起积极的消费者联想——健康，口感好，低能量，独特，有趣。

食用前产品期望
健康产品

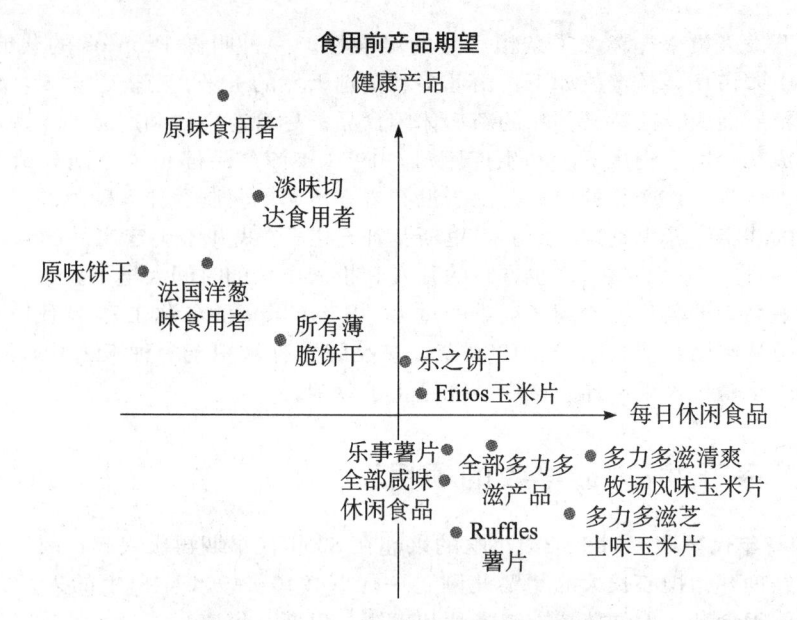

- 原味食用者
- 淡味切达食用者
- 原味饼干
- 法国洋葱味食用者
- 所有薄脆饼干
- 乐之饼干
- Fritos玉米片

每日休闲食品

- 乐事薯片
- 全部咸味休闲食品
- 全部多力多滋产品
- 多力多滋清爽牧场风味玉米片
- Ruffles薯片
- 多力多滋芝士味玉米片

食用后感知：重复食用者与非重复食用者
健康产品

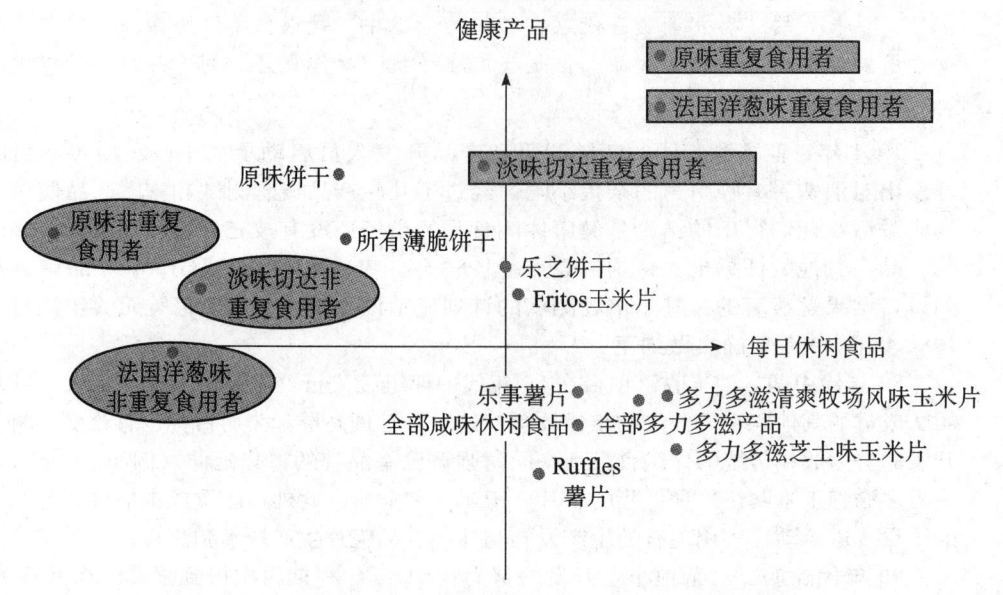

- 原味重复食用者
- 法国洋葱味重复食用者
- 淡味切达重复食用者
- 原味饼干
- 原味非重复食用者
- 所有薄脆饼干
- 淡味切达非重复食用者
- 乐之饼干
- Fritos玉米片

每日休闲食品

- 法国洋葱味非重复食用者
- 乐事薯片
- 全部咸味休闲食品
- 全部多力多滋产品
- 多力多滋清爽牧场风味玉米片
- 多力多滋芝士味玉米片
- Ruffles薯片

图表3 消费者对于薯片和杂粮小吃的感知和期望

前市场测试

消费者对产品理念和品牌名称积极的回应促进了对 Sun Chips 商业潜力的预先评估。模拟市场测试或者前市场测试（PMT）于1989年4月由一家独立的营销调研公司进行。

PMT包括消费者态度和产品种类（例如，休闲食品）使用习惯的访谈。消费者将会接触到以产品描述或模拟广告形式传递的产品理念，并评估他们的反应（见图表4）。有兴趣的顾客会收到产品。经过几周的家庭食用后，会电话联系他们并且询问他们对产品的态度、产品的食用情况和购买意图。这些数据会整合输入计算机模型，包括产品的营销计划（价格、广告、分销覆盖）。PMT 提供的结果包括对家庭食用率、重复率、初尝购买的平均单位和第一年后续重复次数，产品蚕食和第一年销售量的估计。[1]

Introducing new SUN CHIPS™ multingrain snacks from Frito-Lay®

The great tasting snack chip for people who care about what they eat.

More and more people care about what they eat because they know that eating habits affect overall health and fitness. SUN CHIPS™ are a special blend of whole wheat, golden corn and other natural great tasting grains. These wholesome grains combined make a uniquely delicious chip with the golden goodness of corn and the nut-like flavor of wheat. They're cooked'till lightly crisp and crunchy. Then they're lightly salted to let all that naturally good flavor come through. SUN CHIPS™ are a unique combination of great taste, great crunch, and natural goodness, all rolled into one remarkable chip.
So, try new SUN CHIPS™, the chip with the unique delicious taste for people who care about what they eat.

Available in these two delicious flavors:
● Natural ● French Onion

图表 4　市场前测试的理念

　　PMT 产品概念测试使用的定价与多力多滋玉米薄饼类似。计划的分销覆盖层次与菲多利薯片层次相同。对两种口味的组合（原味与法国洋葱味，以及原味与淡味切达）和三种广告与推销支出水平（1 100 万美元，1 700 万美元，2 200 万美元）进行了测试。[2]

　　PMT 的结果显示 Sun Chips 杂粮小吃在第一年可以创造将近 1.13 亿美元的销售

量，其中包括 2 200 万美元的广告和推销支出。估计的第一年销售量超出了新产品销量 1 亿美元的目标。原味和法国洋葱味的组合创造了对其他菲多利品牌的最低蚕食率（42%）。模拟市场测试的综合统计数据见图表 5。

图表 5　　　　　　　　　　　模拟市场测试结果（节选数据）

	产品与促销策略[a]			
	原味与淡味切达组合		原味与法国洋葱味组合	
	广告和推销预算 1 700 万美元	广告和推销预算 2 200 万美元	广告和推销预算 1 700 万美元	广告和推销预算 2 200 万美元
购买动态				
品牌认知度（家户的百分比）	40	48	40	48
累计第一年尝试率[b]	23	27	21	25
累计第一年重复率[c]		61		57
第一年平均每重复购买户的购买次数		5.9		6.2
销售预期（百万美元）				
悲观	87	102	86	102
最可能	96	113	95	113
乐观	106	125	106	125
销量年增长率（%）		50		58
从菲多利产品蚕食销量百分比（%）		50		42

注：a. 1 100 万美元的广告和推销预算数据比表中数字的数值要低。例如，品牌认知度为 35%，累计第一年尝试率为 19%。
b. 累计第一年尝试率指愿意尝试该产品的家庭所占百分比。
c. 累计第一年重复率指尝试过该产品的家庭愿意重复购买该产品的比率。

市场测试

消费者研究和模拟市场测试的积极结果得出了在里斯基的领导下继续 Sun Chips 开发和进行市场测试的建议。圣保罗-明尼苏达都市区成为测试点，因为菲多利集团的管理者相信该区域代表了美国的社会和经济特征。而且，圣保罗地区总体看来是测试消费者接受程度和竞争行为的典型竞争环境。该地区有 198 万户家庭是休闲食品脆片的消费者，占美国 9 000 万休闲食品脆片消费家庭的 2.2%。经过菲多利营销、销售、分销和生产等部门经理，以及公司广告部的讨论，市场测试于 1989 年 10 月 9 日开始。相应地，市场测试计划和预算也完成了。市场测试计划为期 12 个月，定期进行总结。

休闲食品行业的分析师在公司准备市场测试后不久就意识到了菲多利开发杂粮小吃的努力。其中一位分析师说道：

> 这是与玉米或者土豆相分离。小麦是不同的。要记得很多年前它在 Rumbles，Stuffers 和 Toppels 品牌中就已经与玉米和土豆分开了，而且味道不好。我敢肯定这会花费一定的时间来真正测试它。不过它们还有其他的产品，所以不必急于求成。[3]

☐ 测试市场计划

产品策略　根据消费者研究和模拟市场测试的结果，菲多利公司的经理决定同时开发原味和法国洋葱味两种口味。Sun Chips 杂粮小吃将有两种包装：7 盎司和 11 盎司。这些包装大小与多力多滋玉米薄饼类似。还会同时使用一个 2.25 盎司的试用装。

包装设计被认为相当重要。菲多利的经理说："我们需要独特的、现代的图画，能够传递一种全新的、与众不同的、有趣的积极形象——太阳和一棵小麦。"这种理念最后体现在金属边线的包装上，有黑色（原味）和绿色（法国洋葱口味）。

定价策略　Sun Chips 杂粮小吃与多力多滋玉米薄饼建议零售价相同。研究显示这些价格点与顾客对休闲食品脆片的参考价一致，并且具有很大的价值。建议销售价格与菲多利对零售商的价格见图表 6。

图表 6　　　　　　　　　　Sun Chips 杂粮小吃价格表　　　　　　　　　单位：美元

包装规格	建议零售价	菲多利向零售商的售价
2.25 盎司	0.69	0.385
7 盎司	1.69	1.240
11 盎司	2.39	1.732

广告与推销策略　Sun Chips 电视广告第一层级的受众是年龄在 18～34 岁的成人，因为这些目标受众原则上是休闲薯片的购买者和重度使用者。第二层级的受众年龄界限延伸到了 49 岁，因为 34～49 岁更易接受健康的休闲食品。18 岁以下的家庭成员会因在家食用产品而接触到产品。广告信息中会传递微小的信息，包括有益身心、有趣、简便。

报纸上的优惠券在市场测试期间用来刺激尝试和重复购买的销量。此外，超市中会派发免费样品。同时也会为零售商提供交易进场费。

分销与销售策略　Sun Chips 的分销和销售将通过菲多利商店-门户递送系统进行处理，在这个系统中递送人员和销售人员的责任结合到了一起。在这个系统中，递送/销售人员获取订单，进行货架储存，向零售商店的人员介绍商品计划。Sun Chips 将会通过超市、杂货店、便利店和其他零售菲多利休闲食品的零售商进行销售。

生产的思考　菲多利的生产人员和营销人员一起为谷物产品大规模生产的事务进行工作。数量有限的小规模样品很容易开发，但是大规模生产要求产品线有能力满足市场测试的充分需求。因为谷物产品需要不同于薯片或玉米片的产品和流程技术，对新产品线的投入是必要的。开发每年能生产和包装 100 万磅谷物食品的新生产线在理论上得到了赞同。为了 1989 年 9 月市场测试的需要，在运作中生产线会将产品分成两种口味和三种包装规格。

☐ 市场测试预算

进行市场测试的广告和推销预算相当于在全国分销基础上的 2 200 万美元的支出。将近 70% 的预算会用在市场测试的前 6 个月。

市场测试结果

消费者的反应在市场测试一开始就由一家独立的调研公司进行监测。由这家调研公司将收集的数据每月提交给菲多利集团，包括购买种类、尝试和重复购买行为的发生率，以及测试市场的产品蚕食情况。

购买类型 2.25盎司包装占购买量的15%，7盎司包装占47%，11盎司包装占38%。其中55%的购买量属于法国洋葱口味，45%的购买量属于原味。

尝试与重复购买率 菲多利的管理层十分关心家庭尝试和重复购买行为的发生率。图表7显示了市场测试前10个月两种口味累计的尝试率和重复购买率。测试市场中大约1/5的家庭选择了尝试产品，而这些尝试的家庭中有41.8%的家庭选择了在10个月中至少重复购买产品一次。

图表7　　Sun Chips家庭尝试率和重复购买率（%）

	追踪（4周为一个周期）									
	1	2	3	4	5	6	7	8	9	10
累计尝试率[a]	4.7	8.2	9.8	11.3	14.1	15.7	16.5	17.4	19.5	19.9
累计重复率[b]	8.0	22.5	27.1	31.0	32.7	36.5	39.0	39.7	41.8	41.8

注：a. 尝试率是指尝试该产品的家庭所占比率。
b. 重复购买率是指重复购买该产品的家庭所占比率。

管理层同时也很关心由调研公司提供的重复购买的深度数据。重复购买的深度是指重复购买者在初次重复购买行为之后购买该产品的次数。Sun Chips的重复购买者重复购买产品的次数为2.9次。尝试者估计的平均购买量为6盎司。初次重复购买和深度重复购买的家庭在每次购买时的平均购买量为13盎司。

产品蚕食 独立的研究机构还识别出产品蚕食的发生率。公司的追踪数据显示Sun Chips 30%的净销量来自顾客从菲多利的薯片、玉米片、玉米薄饼的转换行为。大约1/3的蚕食量来自多力多滋玉米薄饼。

30%的蚕食率在休闲食品的新产品推广中是常见的。例如，在菲多利推广O'Grady's薯片时，销量的1/3来自Ruffles和乐事薯片。即使蚕食在考虑市场测试表现时是一个问题，但是菲多利的管理层注意到Sun Chips的毛利润要比其他薯片高。[4]

市场测试回顾

里斯基向公司高级管理层的陈述将会包含他对Sun Chips未来营销的建议。他会建议测试再进行6个月的时间，或者通过同样的进入策略或者在原有基础上稍作修改将测试拓展到其他地理区域。他也建议可以使用同样的策略或者是改进的策略对Sun Chips进行全国范围的推广。

规划思考

在召开的产品管理团队会议上提出了许多问题。及时和有竞争性的回应是一个重要问题。里斯基相信全国性和地方性的竞争对手正密切关注菲多利的市场测试。而且很有可能这些竞争对手已经在研究薯片以开发它们自己的版本。及时成为一个重要因素有许多原因。首先，里斯基如果继续进行产品测试，竞争者有可能开发一个类似的产品在全国或地区内推广，使菲多利相形见绌。成为市场先锋的机会就会失去。其次，如果考虑延伸的产品测试或者全国推广，就必须迅速地决策来确保充分的生产能力和有效运作。生产能力的扩展要求不小的资本投入。初步的统计数据显示，服务美国25%和50%的休闲食品用户分别需要500万美元和1 000万美元的资本支出。全国范围的推广则需要2 000万美元的支出。

与生产能力扩展相关的建议是不断地对 Sun Chips 销量的大小和可持续性进行调整。相应地，里斯基要求营销调研人员提供 O'Grady's 薯片的品牌认知度、累计的家庭尝试率和重复购买率，因为这个品牌是最近菲多利刚刚推出的，在第一年就达到了1亿美元的销量。关于两个品牌的品牌识别的研究显示 O'Grady's 薯片的认知度在市场测试期间为28%，而 Sun Chips 的认知度为33%。图表8显示了两个品牌关于尝试率和重复购买率的对比。他对销量可持续性的关注进一步引发了对补充数据例如重复购买深度统计数据的需求。

O'Grady's 薯片的重复购买深度或者"重复购买者的重复频次"为1.9次，即每年重购2次，相比之下 Sun Chips 为2.9次，即每年重购3次。

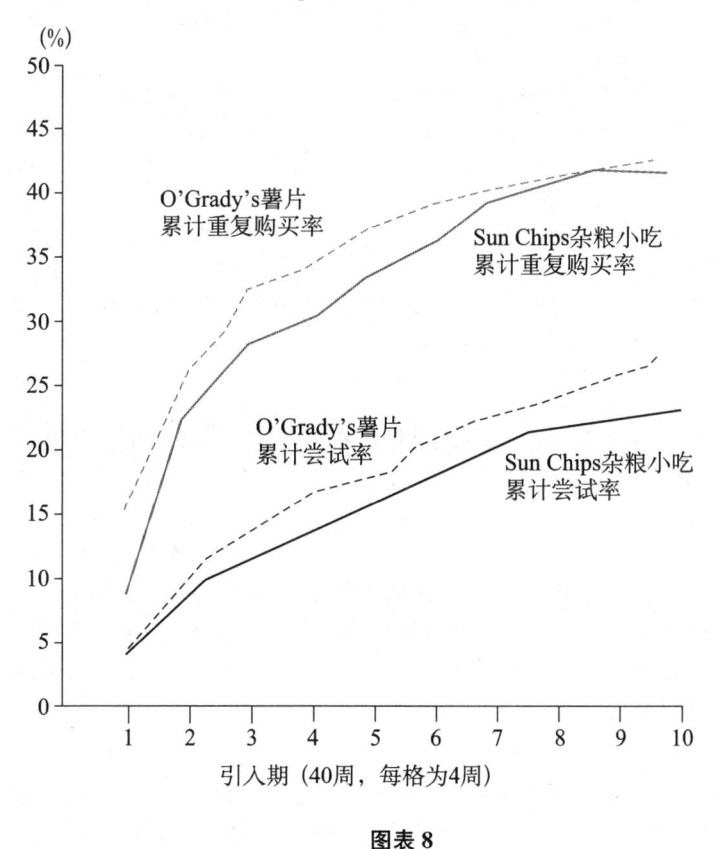

图表 8

战略思考

在会上还探讨了几种战略选择。许多产品管理团队的成员主张在该品牌的测试延伸或进行全国推广时增加广告和产品支出。他们相信随着支出的增加品牌的认知度也会增加，并且感觉3 000万美元的全国推广支出会同样刺激品牌的尝试购买。其他人解释说购买数据说明引入更大的包装（例如，15盎司的包装）意味着销量有可能增加。他们相信第四种更大的包装会增加每个重复购买者年均1.5盎司的购买量。每盎司按照11盎司的包装定价，那么这一行动对于品牌每磅的毛利润不会有实质的影响。其他人相信等品牌已经在市场上建立起来的时候另一种包装规格会更有意义。并且，四种规格的生产和营销会扩大生产能力，增加目录，并且给销售人员带来获得零售商货架和展示空间的挑战。

许多讨论也围绕着建立家庭重复购买率和重复购买深度进行。例如，提出了一种口味的延伸（例如，淡味切达）。这个方案的支持者建议一种口味的延伸会增加顾客的选择从而将重购者的重购量年均增加3.5次。但是，有人认为另一种口味的增加会使蚕食率增至35％。并且，淡味切达口味的大规模生产工艺还需要进一步完善。其他人也强调如果大包装和口味延伸同时进行，仓库单位的数量会从6（2种口味×3种包装）变为12（3种口味×4种包装）。大家都赞同这样做会带来严重的生产困难，因为杂粮小吃的工艺技术还没有经过测试。

[注释]

[1] 前市场测试的模型表明75％的情况下需要将产品真实表现上下浮动10％ (see, for example, A. shocker and W. Hall, "Pretest Market Models: A Critical Evaluation," *Journal of Product Innovation Management* 3, (1986), pp. 86-107)。

[2] 广告和推销支出包括电子和平面媒体广告、消费者促销和交易许可。

[3] New Multigrain Chip Being For Test, Advertising Age (June 26, 1989). 产品指的是Stuffers芝士夹心小吃，Rumbles格兰诺拉麦块，Toppels芝士脆饼。这些产品20世纪80年代中期进入市场，没有达到销售量的期望，因此退出了市场。

[4] 菲多利集团未透露关于单个产品或产品线的利润数据。但是为了案例分析和课堂讨论的需要，每磅杂粮小吃的毛利润可以估计为1.3美元，其他种类脆片（薯片，玉米饼，玉米片）每磅的毛利润可以估计为1.05美元。毛利润是指销售价格和原材料与生产成本（原料、包装、直接劳动力、其他生产支出和设备损耗）之间的差额。

案例10—3　　Keurig家用咖啡产品：新产品开发管理[*]

2003年2月一个周三的下午，Keurig公司总裁兼CEO尼克·拉扎里斯（Nick Lazaris）乘飞机回他在马萨诸塞州的韦克菲尔德办公室，路上他一直在考虑这一天的事情以为他的高级管理团队的简报做准备（见图表1）。他意识到之后两周对公司最新产品在单杯咖啡市场的首次成功推出是至关重要的。拉扎里斯刚刚准备好一份展示给绿山咖啡烘焙有限公司（Green Mountain Coffee Roasters Inc., GMCR）管理团队

---

[*] © 2005 by the Kellogg School of Management, Northwestern University. This case was prepared by Elizabeth L. Anderson under the supervision of Professor Eric T. Anderson. Cases are developed solely as the basis for class discussion. Cases are not intended to serve as endorsements, sources of primary data, or illustrations of effective or ineffective management. To order copies or request permission to reproduce materials, call 847-491-5400 or e-mail cases @ kellogg. northwestern. edu. No part of this publication may be reproduced, stored in a retrieval system, used in a spreadsheet, or transmitted in any form or by any means—electronic, mechanical, photocopying, recording, or otherwise—without the permission of the Kellogg School of Management. One-time permission to reproduce granted by Kellogg School of Management, January 27, 2006.

的陈述，该公司是 Keurig 公司的一个战略合作伙伴和商业投资商。拉扎里斯回想着 GMCR 公司从开发创新性的咖啡冲泡系统转到家庭消费者市场的过程中，要求 Keurig 重新考虑关于它在消费者市场使用一种不同版本的咖啡分袋包装——K-Cup 装的决定。在提出上述要求时，GMCR 为在两种渠道上使用现存商品分袋包装提供了许多有力的理由。

图表 1　　　　　　　　　　　　Keurig 高级管理团队

尼克·拉扎里斯：总裁，CEO

拉扎里斯于 1997 年进入 Keurig 公司。他在家用设备和办公用品行业中有超过 20 年的从业经验，包括担任总裁/CEO 和营销、销售、财务以及商业开发副总裁的经历。在进入 Keurig 之前他是 MW Carr 公司（该公司是相框的制造商和营销商）的总裁和 CEO 以及 Tech Specialists 公司（一家具有专业人员配备的公司）的主管。在职业生涯的早期，拉扎里斯曾为西弗吉尼亚州的州长担任首席顾问。2001 年和 2003 年他荣获安永公司评选的年度企业家称号。他在麻省理工学院获得学士学位，并从哈佛商学院获得 MBA 学位，而且是注册会计师。

迪克·斯威尼（Dick Sweeney）：名誉董事长，工程与运营副总裁

斯威尼于 1993 年与其他人共同创办了 Keurig 公司，在 1996 年作为主管工程的副总裁加入公司。他为 Keurig 带来的是在制造、产品开发和工业与消费装备（包括浓缩咖啡机）咨询等领域超过 25 年的经验。在进入 Keurig 之前，他是 Canrad-Hanovia 公司负责制造的副总裁，这是一家紫外线精密照明设备的制造商。在那之前他是 V-M 工业公司的运营副总裁，这是一家消费装备的制造商和进口商。斯威尼在新泽西技术学院（New Jersey Institute of Technology）获得学士学位，并从费尔雷迪克森大学（Fairleigh Dickinson University）获得 MBA 学位。

克里斯·史蒂文斯（Chris Stevens）：销售副总裁

史蒂文斯在 1996 年加入 Keurig。他为公司带来了他在消费品销售和营销以及管理方面超过 20 年的经验。在宝洁公司的 7 年的销售职业生涯后，他成为 August A. Busch 公司的总裁，这是安海斯-布希公司旗下的一家公司。后来，他成为 United Liquors 公司的执行副总裁，之后他成为新英格兰体育博物馆（Sports Museum of New England）的执行经理。史蒂文斯在圣母大学（Notre Dame）获得学士学位，并在哥伦比亚商学院（Columbia Business School）完成管理培训项目。

戴夫·曼利（Dave Manly）：营销副总裁

曼利在 2002 年加入 Keurig。他为 Keurig 带来了在消费品销售和营销领域超过 20 年的经验。他的成绩包括在担任副总裁和总经理期间通过创新营销渠道创建了食品和消费品行业知名的消费品牌。曼利曾在 Nexus Energy Guide 公司、Energy USA 公司、LoJack 公司、波士顿捕鲸船公司（Boston Whaler Boat Company）以及宝洁公司（食品部门）负责营销工作。他从德堡大学（DePauw University）获得学士学位，从普渡大学（Purdue University）获得 MBA 学位。

约翰·郝瑞斯基（John Whoriskey）：副总裁，家用部总经理

郝瑞斯基在 2002 年加入 Keurig。他为 Keurig 带来了在家用设备、礼品和消费品行业担任营销和销售副总裁和总裁超过 20 年的经验。在进入 Keurig 之前他是 Fecto Home Décor 和 Optelec 公司的总裁。在那之前，他担任 Honeywell Consumer Products、Tucker Housewares、The First Years 和 Polaroid 等公司的副总裁。他从波士顿学院（Boston College）获得学士和 MBA 学位。

资料来源：Keurig, Inc.

拉扎里斯驾车经过一家新开的星巴克，他开始思考精品咖啡馆如何能帮助 Keurig 的单次供应泡制系统铺平道路。软饮料从 20 世纪 60 年代开始增多，导致咖啡失去了在社交场合处于核心元素的地位，20 世纪 40 年代中期，咖啡消费量达到人均 16.5 磅的高峰，而到了 90 年代中期，咖啡消费量急剧下降至人均 6.1 磅的空前低潮。[1]精品咖啡馆的进驻重振了咖啡市场,形成了独特的饮用咖啡的亚文化群,培养了年轻消费者关于传统咖啡以及浓咖啡和乳制专业饮料的知识。结果,据估计 2003 年有 2 000 万美国人有每天喝咖啡的习惯。

Keurig 在 20 世纪 90 年代后期开发了办公室咖啡器具市场的单杯冲泡系统,这得益于喝咖啡的人日益增加的经验。办公室雇员很享受泡制单杯咖啡所能带来的更大的多样性、新鲜和便利。办公室经理意识到其中可以带来的好处有,减少咖啡浪费、提高雇员的工作效率以及减少看管咖啡机所带来的争论。

2003 年 2 月,Keurig 准备好要在家用细分市场开发新型 B100 系统,希望在这个更大但竞争也更强的市场再现它的成功。听到其他单杯竞争者准备进入市场的传言,拉扎里斯知道 Keurig 需要快速动作以便获取在新兴单杯咖啡消费者市场它想得到的定位。重新继续进行双 K 杯战略的决定可能会偏离公司开发的努力方向,并且需要拉扎里斯和高级管理团队的高度关注。重新评估 K 杯策略还将迫使他们重新思考他们新产品计划的其他要素,包括定价和营销。距离 9 月份推向市场还不到 6 个月,时间很关键。

公司及其产品

Keurig 公司的成立是为了发展一项创新技术,这项技术能让咖啡爱好者每次正好冲泡一杯咖啡。1993 年公司成立之初,取名"Keurig",该词来源于荷兰语,意为"优质",作为公司产品和服务发展依据的指导原则。公司从风险投资基金中融资,将单杯冲泡系统的概念转为可行的商业模式,开发了独袋包装和变革型的新咖啡机并获得专利。第一种咖啡机 B2000 1998 年投放市场,其目标是办公室咖啡器具市场。与 GMCR 签订的许可协议同意 GMCR 将它的专业咖啡装入 Keurig 获得专利的容器 K-Cup(见图表2)。起初有 8 种咖啡可以卖给办公室。Keurig 采用选择性战略而非独家战略继续扩展它与咖啡原料厂商(比如 GMCR)的联系。通过持续的努力,Keurig 的咖啡原料战略伙伴扩展到 5 家,从而 2003 年单杯系统咖啡市场包含了最大数量的咖啡品种。

图表 2 B2003 商用酿造器和 Keurig K-Cup

资料来源:Keurig, Inc.

2002年2月，Keurig通过与两个咖啡原料合作伙伴签订的协议改变了Keurig的所有权结构。Keurig将股份卖给Van Houtte公司，筹集近1 000万美元资金用来支持发展家用商业模式。这项投资卖给Van Houtte将近28%的Keurig所有权股份。同时，GMCR要求并执行特权，从现有股东手里购买Keurig大量股份，使得Keurig的大股东合并成少数几家。GMCR拥有了Keurig 42%的股份。经过这些变动之后，Van Houtte，GMCR及Memorial Drive Trust（MDT）成为Keurig三家最大股东。MDT是一家投资咨询公司，负责美国利润分享计划，从1995年开始作为主要风险投资商服务于Keurig，并主导Keurig董事会。在给MDT的个别股东协议中，GMCR和Van Houtte都不能在董事会拥有一席之地。考虑到这些原料股东的情况，拉扎里斯在一封写给授权分销商和其他原料合作伙伴的信中巩固了公司的地位：

我们不计划让任何一个原料商或其他的商业伙伴坐上我们董事会的位置。我们的核心战略仍然没有改变：我们将采用多原料商战略，一些精制咖啡原料商具有引以为傲的咖啡消费经验，这种消费经验维护了它们的品牌对消费者的意义，我们挑选这样的原料商并与其建立很强的关系。[2]

单杯冲泡技术

Keurig的单杯装系统靠三个主要元素运作：一个恰好控制分量、温度和水压的咖啡机，持续提供一杯味道一流的咖啡；一套独特的分装系统，包含咖啡豆粒和滤纸；以及一份多样的咖啡品种选择，用以获取精品咖啡馆中用到的品种。

Keurig商用产品市场上的咖啡机具有一种"不停歇"的特征，使得它在一天中的任何时间都能在一分钟之内就泡制一杯咖啡。根据水位线，一个自动重装水系统可保存12杯达到冲泡温度的水。在顾客将K-Cup插入冲泡机，放置8盎司的水杯接冲泡的咖啡，按下"冲泡"按钮，冲泡机将穿透K-Cup，注入压进的开水并冲泡咖啡。K-Cup，从最初基于酸奶杯的仿制设计演化而来，包含一个嵌入的锥形过滤器，以及恰好冲泡一份8盎司的单杯咖啡的精确分量并磨制后的咖啡。K-Cup不透空气、水和光线，确保至少6个月保鲜。

Keurig的冲泡系统的一个主要不同在于咖啡品种的选择，通过与不同的咖啡原料商的协议认证可得到各种各样的咖啡品种。咖啡原料商控制了它们咖啡的质量和通过K-Cup生产线的可用种类。生产线也许可由咖啡原料商控制或者从Keurig租借。K-Cup由6个品牌和多于75个的咖啡品种的5个原料商生产。[3]原料商合作伙伴包括绿山咖啡、Diedrich咖啡、Van Houtte咖啡、Timothy's世界咖啡、Ueshima咖啡等公司。对于每份K-Cup的出售，原料商支付Keurig将近0.04美元的酬金。

品尝的艺术

"品尝"指品出已完成的（已冲泡好的）咖啡产品，是原料商和许多大的零售商用于评估咖啡味道的方法。类似于酒类品尝，咖啡品尝指的是在嘴里舔舐咖啡评价出这种咖啡味型的成分。专业"品尝家"一天能品尝至少10～20种，分析其味道、明澄度（酸度）、香气、稠度和爽滑度。这个过程从烘焙和研磨一小批咖啡豆开始。一旦这些咖啡豆被放进杯里，热水冲进去，分析过程就开始了。这个品尝过程可以用工艺状况良好的机器加以补充，确保产品的一致性。

在精品咖啡世界里，咖啡商提供各种咖啡，迎合饮用咖啡的人的不同口味。每种咖啡一经推出，咖啡品尝者就建立一种预期的味型。这种味型得以形成的过程被品尝者在品尝过程中密切控制。然而这些相同的控制在传统的家庭冲泡过程不能总得以完成。想要的味型在咖啡原料商或者咖啡品尝者控制下仍被一些因素影响着：消费者使用的咖啡或水的量，泡制过程中的温度变化，或者咖啡在饮用前放在咖啡壶里的时间。通过在咖啡泡制过程中对这些关键元素的密切控制，Keurig 系统使得这些味型可以被重复泡制出来，并确保咖啡饮用者能反复体验到相同的味觉享受。

非家用市场

Keurig 市场包括两大目标消费者群体：办公室用户和家庭用户。[4]Keurig 首先选择几种非家用的办公室用户的商品细分市场，希望一次成功展示能为家用细分市场的开发提供跳板。星巴克和其他专业咖啡商奠定了开发非家用办公室咖啡器具（office coffee service，OCS）市场的基础。它们成功培养了消费者对高品质咖啡的需求，并使得他们愿意为一杯咖啡或咖啡类饮料支付 1.50 美元或更多。利用人们想在办公室能享用到与在咖啡馆相同味道的咖啡的要求，培养消费者需求的行动为 Keurig 和其他商家打开了单杯系统的办公室市场大门。

2002 年，办公室咖啡器具市场的总收益达到 34.6 亿美元。[5]同时，在办公室咖啡器具分销商的调研中显示，单杯冲泡技术显然得到认可。2000 年只有 14.8% 的分销商提供单杯系统，但是这个数据到 2001 年增加至 44.8%。[6]到 2003 年，总的单杯咖啡冲泡机出货量达到 143 200 台（见图表 3）。

图表 3　　　　　　　　OCS 分销商在美国单杯冲泡机市场的格局　　　　　　　　单位：台

制造商	产品	1999 年/2000 年	2000 年/2001 年	2001 年/2002 年	2002 年/2003 年
Cafection	Avalon	7 500	11 000	13 000	16 000
Crane	Cafe System	22 500	23 000	11 000	12 000
Filterfresh	Filterfresh/Keurig	23 000	24 000	26 500[a]	30 000[b]
Flavia	Flavia	8 000	19 000	32 000	40 000
Keurig	Keurig	13 000	23 000	30 000	33 000
Newco	Gevalia	0	1 000	1 200	1 300
Progema	Venus	0	0	1 000	2 400
Unibrew	Unibrew	3 200[c]	3 200	3 200	3 200
Zanussi	Brio/Colibri	5 000	6 400	8 000	10 000
其他		1 100	1 600	516	4 600
总计		83 300	112 200	126 416	143 200

注：a. 包括 1 484 个 Keurig 产品。
　　b. 包括 1 484 个 Keurig 产品。
　　c. 仅允许 Filterfresh 公司经营。
说明：表格经过适当调整以排除浓缩咖啡机销售量。
资料来源：*Automatic Merchandiser*，February 2002，July 2004。

自 1998 年第一批咖啡冲泡机产品开发出来，Keurig 很快就占据了单杯冲泡系统的销售主导地位。2002 年底这个市场开发 5 年之后，Keurig 在北美出售了 33 000 台咖啡冲泡机，相当于所有办公室咖啡冲泡机的 1%。拉扎里斯很快指出，与竞争对手相比，Keuirg 在以何种速度渗透市场：

> Filterfresh 花了 20 年时间在北美出售 45 000 台冲泡机。Flavia 在它第一个 5 年，在北美仅仅出售 8 000 台。此外，我们 2001 年底扩张到亚洲，为我们提供了更多的增长机会。通过与亚洲顶级原料商 UCC 公司的合作，我们最初在日本、韩国的销售超过了 2 700 台冲泡机。

Keurig 在办公室咖啡器具市场所获取成绩的第二次测评是针对它拥有专利的 K-Cup 的出货量。2002 年 Keurig 的原料商合作伙伴出售了 1.25 亿个 K-Cup，使得 K-Cup 总出货量从投放市场起达到 3.4 亿个。供应茶的 T-Cup 的开发也在计划之中，成为第一种"四季供应"的茶。

☐ 非家用产品分销渠道

办公室咖啡市场有由近 1 700 家分销商构成的网络服务，它们负责办公室咖啡冲泡机的安装和维护以及持续的咖啡供应。Keurig 与总共 180 家 Keurig 授权的分销商合作在整个北美销售。Keurig 授权分销商中的少数几个几乎控制了整个美国或北美的消费者，而大多数只占领较小的区域。

办公室经理控制了购买决策。"办公室经理将不再头痛。咖啡种类多，冲泡便利，Keurig 系统的清理可被忽略，这意味着可减少员工抱怨和提高员工工作效率。"克里斯·史蒂文斯说道。他是非家用市场销售副总裁，负责管理 Keurig 与 Keurig 授权的分销商网络的日常关系。顾客关系由 Keurig 授权的分销商管理，顾客反馈的问题和提出新的特征需求通过 Keurig 授权的分销商集中反应给 Keurig。

Keurig 授权的分销商从 Keurig 处以 500~1 000 美元的批发价购买咖啡冲泡机。冲泡机免费放置在办公室或者收取低价月租用以交换咖啡销售。通常，尽管 Keurig 根据办公室员工数目设置预期的咖啡量，在 Keurig 授权的分销商和办公室经理之间却并没有正规的契约。如果数量达不到预期水平，Keurig 授权的分销商将从办公室移出冲泡机或者提高 K-Cup 的价格。Keurig 授权的分销商还负责使用中的咖啡冲泡机的修理。

Keurig 授权的分销商根据它们的个人消费特征为办公室提供各种咖啡。Keurig 授权的分销商为购买 K-Cup 参与一个或更多经认证的原料商的直接关系。Keurig 授权的分销商支付原料商每个 K-Cup 0.25 美元的价格，将 K-Cup 以 0.4~0.5 美元的价格出售给办公室经理。原料商然后支付 Keurig 每个 K-Cup 0.04 美元的使用费。

☐ 非家用单杯竞争者

在非家用市场有两个主要竞争者。

Filterfresh 基于送料斗发明的单杯技术在 20 世纪 80 年代后期由位于马萨诸塞州威斯特伍德的 Filterfresh 咖啡器具公司开启先河。Filterfresh 是加拿大 Van Houtte 公司（Keurig 的一个股东）的一家美国分公司，是北美一家主要的精品咖啡原料商、营销商和分销商。Filterfresh 商业化的单杯系统是根据咖啡冲泡的"法式压榨"方法制成的。咖啡豆被装进一个储存漏斗里。一旦按下按钮要得到一杯咖啡，一定量的原豆粒就将从漏斗送下去并混合开水，移出渣滓就得到一份单杯咖啡。泡制的咖啡不会有残留，不像传统玻璃壶冲泡咖啡系统一样常有浪费，而且人们每次都能享用到新鲜泡制的咖啡。此咖啡系统需要有规范的管理去除咖啡渣滓并重新在储存漏斗里装进新的咖啡豆。Filterfresh 2001年10月同Keurig建立了新的关系，在市场上出售Keurig的商用咖啡冲泡机，并供应一个能提供更多种类单杯咖啡和茶水的系统。

Flavia Flavia公司由Mar公司所有。于1985年在英国将它的第一批单杯冲泡机引进办公室，还扩张到欧洲和日本，1996年将它的"按包冲泡"系统引进美国和加拿大。与Keurig冲泡机类似，S350商用冲泡机采用单次供应包装。每种过滤包装包含它自己的过滤器和合适分量的配料，这些配料用箔封好以隔绝空气和防潮。这个系统可供选择24种咖啡。

家用市场

在办公室咖啡器具市场成功的基础上，Keurig将家用消费者市场看成是它的商业战略的合理延伸。约翰·郝瑞斯基2002年加入Keurig成为家用部门的总经理和副总裁。他拥有20多年的消费品销售和营销的经验。"我爱上了Keurig和它的泡制系统，"他说道，"我认为自己并不是个品尝咖啡的人，可是我很喜欢一杯上好的咖啡。我会在下班的路上开车一英里去挑选一杯好咖啡。有了Keurig冲泡机，我们可以为您在舒适的家里提供便利味美的咖啡。"家用市场对Keurig来说意味着巨大的机会。权威的市场调研公司预计零售咖啡市场的总份额2000年达到近185亿美元。家庭零售消费是一个69亿美元的市场，其中家用精品咖啡占有31亿美元的市场（见图表4）。非家用精品咖啡是39亿美元的市场，主要是在类似星巴克的咖啡厅或其他食品供应商处如餐厅等地方销售的。同时，预计有1.57亿美国人喝咖啡，其中60%使用原豆咖啡，10%刚开始使用全豆咖啡。[7]喝咖啡的人的类型根据产品类型的不同而不同，其中原豆咖啡的消费者呈现出高消费阶层的特征（见图表5）。另外，美国每年出售约1 800万只咖啡壶，意味着约4.5亿美元的零售额。咖啡壶是出售给家庭使用的最大数量的小器具。[8]

以前上层消费市场——咖啡/茶室，精品/专营店，厨房用具店，和咖啡馆——的精品咖啡越来越多地在大众市场出售。同时，全豆咖啡的日益流行推动了各种烘焙咖啡、混合咖啡、调味咖啡的开发。例如，2000年星巴克的全豆咖啡的销售增长超过100%。[9]

图表4　　　　　　　　　　　　美国家用零售市场

年份	普通咖啡零售额（百万美元）	销售量（百万磅）	精品咖啡销售额（百万美元）	销售量（百万磅）
2000	3 815	840	3 100	320
1999	3 800	850	3 000	310
1998	3 975	830	2 800	290
1997	4 205	845	2 500	270
1996	3 905	850	2 200	255

资料来源：*Packaged Facts Market Profile：The U. S. Coffee and Tea Market*，September 2001.

图表 5　　　　　　　　　　　不同产品形式的人口统计学差异

因素	基础装	速溶	全豆
年龄（岁）	55～64	NS	45～54
种族	NS	黑人；西班牙人	亚洲人；其他
婚姻状况	NS	寡居	已婚
家庭收入	NS	1万～1.5万美元	7.5万美元以上
受教育程度	NS	高中学历以下	大学毕业
工作状态	退休	家庭主妇	全职
职位	NS	NS	专业人士/管理者
家庭规模	NS	NS	NS
区域	中西部	NS	西部

说明：本表指美国成人。NS 意为统计学上无显著差异。
资料来源：*Packaged Facts Market Profile*：*The U. S. Coffee and Tea Market*，September, 2001.

咖啡广告主要集中于两个主题：好味道和正向激励。广告语如 Maxwell House 的"好到最后一滴"强调的就是味觉体验。正向激励集中于喝一杯特殊咖啡带来的收益。比如，著名的广告词"醒来最好的感觉是 Folgers 在你的杯里"，说明你生活中的压力和挑战将被饮下那第一口咖啡克服。

☐ 家用单杯市场调研

Keurig 1999—2001 年在进行任何重要的发展努力之前，都委托多种市场调研公司进行了关于家用产品概念的研究。"我们想要了解单杯方法的接受度，获得为 K-Cup 和冲泡机定价的视角，以及形成我们最初的消费观。"拉扎里斯解释道。这些调研以多种方式进行，包括街头拦截调研、基于互联网调研、现场办公室咖啡器具用户调研、家庭用户测试者的调研和焦点小组访谈。

2000 年夏天在三个城市进行了拦截访谈。拉扎里斯解释这次研究的重点是："我们很有兴趣与规范的精品咖啡饮用者交谈，所以根据他们泡制咖啡的习惯和咖啡消费选取访谈对象。"为了保证拦截访谈的质量，消费者必须喝精品咖啡，包括新鲜的全豆咖啡、精品咖啡原料商提供的咖啡，以及优质咖啡馆的咖啡比如星巴克、唐恩都东、Seattle's Best 或 Caribou 咖啡。所有参与者必须每天至少喝一杯咖啡。

近 94% 的调研对象反映他们很满意他们在家喝的咖啡，88% 的人表示对产品概念感兴趣。兴趣主要集中在便利性、特别快捷的冲泡过程、易使用性和最简单的清洁，以及对现有冲泡系统的最不满之处。根据对产品本身的解释，超过 3/4 的被访者说他们将很可能会购买这样一个系统。产品演示对这个数据有巨大的影响。超过 90% 的被访者表示这次产品演示增加了他们购买产品的可能性。产品演示中名列最高的关键因素包括准备咖啡的时间和清洁的时间。

Keurig 从先前的市场调研中获得关于冲泡机的定价知识（见图表 6）。它现在想和考虑购买此系统（冲泡机和 K-Cup）以及体验了产品演示的消费者探讨产品的定价问题。在拦截访谈中，通过访谈对象的自我报告了解到日常咖啡消费率为平均 2～3 杯。当问到他们愿意为他们品尝到的那样一杯咖啡支付多少钱时，44% 的被访者表示他们愿意支付 0.55 美元（见图表 7）。在调研后期，询问被访者他们愿意为 K-Cup 和咖啡冲泡机支付的价格。对此系统感兴趣的被访者中有超过 30% 表示愿意为 K-Cup 支付 0.50 美元或者更多。在提及冲泡机定价问题之前，被访者被告知高质量咖啡壶价格在 69～149 美元范围内。约有 1/4 的被访者愿意为此冲泡机支付 130 美元。喝咖啡越多的消费者就越愿意为 K-Cup 和冲泡机支付更多钱。

图表 6　　　　　　　　　　　　　　初步市场研究

冲泡机定价 （美元）	熟悉的人所占百分比（%） （N=170）	不熟悉的人所占百分比（%） （N=601）
199	6	1
449	9	7
99	31	18

说明：街头拦截的结果分为熟悉 Keurig 系统的人和不熟悉 Keurig 系统的人。
资料来源：Company-sponsored market research.

图表 7　　　　　　　　　　　　　　街头拦截市场调查

A. 愿意支付的价格

调研的被试会被询问他们愿意为他们品尝的咖啡付出多少钱。调研者引导被试并且从 0.55 美元开始进行价格询问。下表中的数字代表了愿意支付不同价格被试的累积百分比。

初始定价（美元）	被试的百分比（合计）
0.55	43.8
0.50	53.5
0.45	60.0
0.40	69.5
0.35	79.3
0.30	87.3
0.25	97.8

资料来源：Company-sponsored market research.

B. K-Cup 基于咖啡消费的定价

调研的被试会被询问他们愿意为 K-Cup 支付多少钱。下表中的百分比代表的是在每种价格上愿意支付的被试的累积百分比。仅包括了十分愿意或比较愿意购买系统的消费者的回答。

K-Cup 定价 （美元）	1 杯/天[a]（%） （N=78）	2 杯以上/天[a]（%） （N=446）
0.55 以上	5.1	14.6
0.50～0.54	16.7	30.7
0.45～0.49	20.5	33.6
0.40～0.44	22.0	41.5
0.35～0.39	28.2	48.2
0.30～0.34	41.0	58.5
0.25～0.29	60.3	75.6

注：a. 每周咖啡消费。
资料来源：Company-sponsored market research.

C. 冲泡机和 K-Cup 基于咖啡消费的定价

下表反映了被视愿意为冲泡机支付的价格。按他们之前陈述的 K-Cup 定价和咖啡消费进行细分。回答中只包括那些非常或有点愿意购买冲泡机的消费者。

K-Cup 定价（美元）	130 美元以上	1 杯/天[a]（%）(N=78) 100～129 美元	不到 100 美元	130 美元以上	2 杯以上/天[a]（%）(N=446) 100～129 美元	不到 100 美元
低于 0.30	34.1	9.4	5.9	22.2	8.9	6.3
0.30～0.39	7.1	8.2	2.4	6.2	5.3	5.2
0.40～0.49	2.4	2.4	4.7	5.7	2.5	1.9
0.50 以上	10.6	5.9	1.2	9.9	9.5	10.1
不知道	5.9			6.3		

注：a. 每周咖啡消费。

资料来源：Company-sponsored market research.

基于对 Keurig 系统总体描述的互联网调查（见图表 8），将该系统展示给有日常饮用咖啡习惯的人。调查结果显示，该理念有很强的吸引力，67% 的受访者表现出了兴趣。该系统主要的差异化因素在于它冲泡一杯咖啡的速度。第二重要的因素是不用准备和清洁的便利性。作为研究结果的一部分，测出价格点为 149.99 美元。有 9% 的被访者认为以这个价格"肯定会买"或"很可能买"这个咖啡系统，这部分人被认定为"核心顾客"。这些被访者比较年轻且大部分为男性。随后的调研问题揭示核心顾客愿意为这个咖啡系统支付的平均价格为 125 美元。

图表 8	网络调查理念描述

引入革新的家庭咖啡制作系统
杯装咖啡的家庭体验

新鲜
快速
方便
美味

● 系统——一种使用独立包装的新鲜咖啡原料、采用独特的咖啡制作工艺的革新咖啡制作系统，每次只制作一杯咖啡。每一个使用者都可以选择自己中意的品牌和口味的咖啡，用 30 秒钟的时间得到一杯新鲜、滚烫的咖啡。

● 美味新鲜——独立的包装来自 36 个咖啡品牌，包括绿山咖啡，Diedrich 咖啡，Gloria Jean's 咖啡。咖啡通过烘焙机进行烘焙、磨碎，包装成为新鲜的独立包装咖啡。包装提供空气、光和水分隔离来保证 6 个月的新鲜品质。不论选用轻烧咖啡、烤黑咖啡、脱咖啡因咖啡还是香味咖啡，系统都可以为你提供，每次都带来完美的冲泡体验。

● 方便——整个冲泡过程在包装中进行。没有残渣，不需要清理锅或过滤器，操作简单。冲泡完后只需要丢掉用过的包装。

● 快速——只需要按下按钮，30 秒钟就可以完成一杯新鲜热咖啡的制作。只要准备好开水就可以启动机器。

资料来源：Keurig, Inc.

为了进行家庭使用测试，商用模型冲泡机被放置在一些精品咖啡饮用者的家中。然后要求这些测试者通过传真、电邮或电话以零售价 0.50 美元购买 K-Cup，供他们个人咖啡消费使用。接下来的访谈和焦点小组访谈发现用户一致提到使用快速和便利的系统享受美味的咖啡。其他被强调的产品属性包括味道一致性、咖啡的种类多和准备过程的清洁性。特别注意到的一个事实是，家庭的咖啡消费随着 Keurig 冲泡机的出现得到增长。家庭平均每天约消费 2.25 杯咖啡。参与者不仅表示早上喝咖啡多起来，而且他们在家庭以外买咖啡更少了。冲泡机价格的可接受范围被定为 129～199 美元，超过 200 美元的价格则引起一种反映，认为这个机器成为奢侈品因而购买时需要更多的考虑。然而，K-Cup 的定价似乎不再是一个问题。

家用单杯的竞争市场

Keurig 家用市场战略的关键部分是成为该产品类型的首批进入者之一。让自己成为高端消费单杯冲泡品类的先锋，Keurig 预计接下来的压力范围自然包括证明 Keurig 系统是单杯系统的先锋以及提高它在高端消费市场的可视度。

在传统咖啡消费者市场，宝洁和卡夫是经由百货商店分销的共享市场的领导者（见图表 9）。在广告支出上，这两家公司占据总费用 1.63 亿美元的 84%。[10] 在咖啡器具市场，器具品牌目标是高消费或大众市场零售商。在高消费细分市场，Cuisinart，Krups，Braun，DeLonghi 和 Bunn 有很强的分销系统。所有咖啡器具中有 70% 经由大众市场渠道出售，咖啡先生，百得，Sunbeam 和 Hamilton Beach 占据很有分量的位置。

图表 9　　　　　　　　　　　　　咖啡市场份额

公司	市场份额（%）
宝洁[a]	36.9
菲利浦·莫里斯/卡夫	31.8
雀巢[b]	5.0
星巴克	3.7
Chock Full o'Nuts[c]	3.1
Tetley[d]	2.1
Community Coffee	1.8
自有品牌	7.5
其他	8.1
总计	100.0

注：a. 包括 Folgers 和 Millstone 基础装的销售量。
　　b. 雀巢在 2000 年年底将其基础品牌出售给了莎拉李（Sara Lee）。
　　c. Chock Full o'Nuts 在 2000 年出售给了莎拉李。
　　d. Tetley 在 2000 年售出了其咖啡品牌。
资料来源：*Packaged Facts Market Profile*：*The U. S. Coffee and Tea Market*，September 2001.

市场预测使得 Keurig 相信，许多已建立的大型消费品公司也在准备进入这个新兴单杯市场。除了单杯系统在非家用市场的增长，近期欧洲的趋势显示了传统咖啡冲泡系统对美式咖啡冲泡系统的适应。包括 Keurig 在内的每种冲泡机的系统都是享有专利的，每个单独的冲泡机只能和兼容的咖啡冲泡装置系统一起工作。

Salton 公司 2002 年的销售额达到 9.22 亿美元，是美国国内领先的品牌小型设备设计者、营销者和分销商。2003 年 5 月正式宣布将以其特许的品牌名称"Melitta"推出新冲泡系统：一比一。一比一冲泡机将用 Java 冲破装置冲泡咖啡，用小圆滤纸密封包装原豆。Salton 预期的冲泡机零售定价为 49 美元，冲泡装置定价为每壶 0.25 美元。

莎拉李是美国一家消费者包装产品公司，2002年销售额为176亿美元，原本主要活跃于欧洲咖啡市场。然而，2000年经过一系列兼并后开始在美国拥有更强大的势力。它的两大知名品牌是Chock Full o' Nuts和Hills Brother。

莎拉李声称Senseo-Crema冲泡机系统也许在2003年下半年进入美国市场。之前在欧洲推出Senseo-Crema冲泡机系统时，Sara Lee采用了不同于Salton Java冲泡机规格的咖啡冲泡机，实现了Senseo-Crema冲泡机系统近200万美元的销售额。该公司在消费者市场上的经验使它成为潜在的强大竞争者。借鉴Senseo-Crema在欧洲的定价，其在美国的零售价为70美元，单位冲泡容量的价格约为0.20美元（两冲泡容量需要提供一个8盎司的器具）。

还有传言说宝洁与一个器具商合作开发自己拥有所有权的冲泡机系统。根据宝洁在杂货店渠道的实力，预计宝洁的冲泡机系统将主要集中于大众分销渠道。预计宝洁的定价和分销将与Salton及莎拉李的相似。

Nespresso是由雀巢集团成立的一家欧洲简装单杯咖啡冲泡机系统公司。它的优点与Keurig系统类似，包括味道、多样性和便利性。从1987年引进至今，采用电话、传真、网络等直接营销的模式，在欧洲出售了超过500 000单位的产品。Keurig想知道基于它在单杯咖啡方面的经验，雀巢是否会决定进入美式单杯咖啡市场。

杯子是半满的还是半空的

Keurig公司没有通过零售渠道发布B100型号咖啡机的资源。然而，它却认为可使用在线商业网站通过直接营销的方法来销售咖啡机和K-Cup，这样也可以同时利用到咖啡商以及授权经销商（KAD）的分销能力。为了实现这个策略，Keurig遇到了大量的渠道问题，这些问题更会威胁到它原有的商用办公室咖啡服务（OCS）市场。平衡OCS渠道需求和发展新的家用市场生意之间存在着矛盾，克里斯·史蒂文斯对此做了解释。

> 从Keurig授权经销商得到的反馈来看，它们认为我们把在线销售渠道引入家用市场，从长远来看这将是把在线销售引入OCS市场的第一步。考虑到这一点，Keurig授权经销商就会减少它们在OCS和家用这两个市场的营销努力，进而会侵蚀核心OCS市场的盈利基础，也会削弱其在家用市场的有效推广。同时，我们也担心对授权经销商失去价格控制（经销商对Keurig产品折价销售），因为它们不需要再收回对咖啡机的投资。另外，我们也担心Keurig公司的经理们不会支持对家用市场的营销活动，他们会担心K-Cup会被调配到家用市场的咖啡机。

考虑到这些问题，Keurig公司的目标就是有控制地销售咖啡机和K-Cup，以实现最大化开发家用市场的同时也能保护OCS市场。这个策略的关键就在于引入了第二种Keurig-Cup作为产品差异化的基础——专门为家用市场所开发的新K-Cup，这一决定迄今为止推动着Keurig的营销努力。K-Cup仅在商用咖啡机中使用，而Keurig-Cup仅在家用咖啡机中使用。这两种包装的颜色也有所不同，K-Cup是白色，Keurig-Cup是黄褐色。它们在同一条包装生产线上生产。新的Keurig-Cup杯型模具设计与成型花了 40 万美元。此外，为了让包装生产线能同时生产 K-Cup 和 Keurig-Cup，每条生产线的额外成本不超过 6 万美元。这样，新型 B100 咖啡机的目标市场包括了小型 OCS 客户和家用顾客，通过颜色和形状的不同可达到区分这两个咖啡机市场的目的。

通过产品差异化，Keurig 公司的控制性分销策略允许咖啡商在直接和间接市场销售 Keurig-Cup，而授权经销商则只在直接市场销售，并保证实现相应咖啡机销量。授权经销商对咖啡机销量的承诺保证了经销商在销售 Keurig-Cup 的同时也会关注对咖啡机的销售，这样它们就会对整套系统的营销进行投入。咖啡商负责制造 Keurig-Cup，并通过网络直接销售给家用顾客。"两种包装"策略一方面为授权经销商提供了 Keurig 公司未来计划的必要保证，另一方面也打消了 Keurig 公司经理对将 K-Cup 挪为家用市场的疑虑，增加了他们对该计划的支持力度。

然而，该计划在下午同 GMCR 的会议中遇到阻碍。拉扎里斯稍后将 GCMR 的疑虑总结起来，通过电子邮件发给 Keurig 的高层管理团队。他提到："我们同 GMCR 的管理团队探讨了控制性分销结构的计划。从 GMCR 得到的反馈是该计划很复杂，同时会增加 K-Cup（Keurig-Cup）的生产和储存量。另外，这也可能会引起顾客的不满（咖啡机用错了咖啡包）。GMCR 出于长期简易性考虑，也想加快新进咖啡机的推广，则倾向于采取单一包装的模式。当然，GMCR 也与我们有一致的利益关系。GMCR 在 OCS K-Cup 市场中占有最大的份额，它们不可能舍弃这条渠道。同时，它拥有 Keurig 所有权，希望看到其长期价值增加。但是，在这个时候对董事会提出这个巨大的转变绝非易事。"

☐ 家用产品定价

2003 年早期另一困扰 Keurig 高层管理团队的问题，就是 Keurig-Cup 和家用 B100 型咖啡机的定价问题。GMCR 提出的到底是单一 K-Cup，还是两种包装的问题直接影响到 Keurig 的定价策略。"两种包装"的控制性分销策略，其一大优点是可增加价格控制，尤其是对 Keurig-Cup 而言。约翰·郝瑞斯基解释说："在家用市场中我们对直接销售模式感兴趣。有了 Keurig-Cup，我们可制定一个价格而无须担心它会影响到原有 OCS 市场的盈利。"如果没有了产品差异化，公司经理就有机会从授权经销商处或是直接从 Keurig 网站上购买 K-Cup 包装，潜在地拉走了授权经销商的生意，危害了它们与公司的关系。总之，不管是采取单一包装还是两种包装，Keurig 都得为其直接销售渠道制定一个价格。

对 B100 型咖啡机的定价同样具有挑战性。早期的市场研究发现顾客更加关注咖啡机的定价，这直接影响到顾客是否选择 Keurig 系统。价格测试阶段，高端顾客更倾向于价格区间在 149～170 美元的定价，如果 Keurig 公司是以该定价作为产品发展和商业规划的基础的话。2003 年 9 月预估的发行阶段，公司预计到年底会有 20 000 台家用咖啡机出货。其中大约有不到 2/3 会直接通过 Keurig 公司的销售活动售出，其余的则会通过咖啡商和授权经销商售出（或是将 B100 型咖啡机售给家用顾客，或是推荐潜在顾客到 Keurig 网站）。另外，Keurig 公司也希望授权经销商购买 3 000 台 B100 型咖啡机用于 OCS 渠道的小型公司。K-Cup 和 Keurig-Cup 的销量则根据商用/家用咖啡机的销量而定。

还有一个问题在于新型咖啡机的制造成本。为了加快对另一小型商用咖啡机 B1000（于 2002 年 12 月发布）的研发，家用咖啡机的研发进程于 2002 年暂停。在工程与运营副总裁迪克·斯威尼的领导下，B1000 发布后 B100 型家用咖啡机的研究工作又重新启动。尽管 B100 也能用于办公室，但它主要针对家用市场。B1000 型咖啡机的成本超过 300 美元，其中涉及一些突出的设计问题。斯威尼解释道："产品研发经常会有一些始料不及的情况。优秀公司的成功之处就在于能解决问题并进一步前进。在这种情况下，B1000 型咖啡机的研发经验对 B100 型家用咖啡机的研发非常宝贵。"即便如此，制造商的最新报告显示 B100 的预计成本将在 220 美元左右，并希望通过进一步的技术努力将成本降到 200 美元。

Keurig 的高层管理团队和董事会成员对 B100 型咖啡机的定价十分困扰。三个关键考虑的销售价格点分别是 199 美元、249 美元和 299 美元。对于理想的价格 149 美元，公司根本无法承受，同时当前也不可能再按照更低的成本来设计产品。如果以 299 美元的价格销售，在扣除了营销和研发等成本之后公司还会有小额利润空间。而如果以 199 美元的价格销售，公司当前会有一大笔损失，但市场研究发现 199 美元比 200 美元或以上的价格更有吸引力。Keurig 的商业模式是通过消费者对 K-Cup 的忠诚来弥补咖啡机的损失，然而损失程度也影响到现金流量。拉扎里斯琢磨着："假如定价太高，我们总能降低价格，但是由于竞争压力的存在，却未必来得及去纠正我们的定价。"

□ 家用咖啡机的营销计划

与 OCS 市场不同的是，家用市场中咖啡机与咖啡的销售并不是在一起的。传统上消费者都是分开交易的。咖啡机的销售是通过一些小型电器零售店，如百货商店、大型零售商、厨具用品店，而咖啡则是通过杂货店、美食店、咖啡店来销售的。每种产品均是独立促销，并且所有咖啡机适于所有咖啡。因此 Keurig 咖啡机和其专利的咖啡包 K-Cup 就受到了前所未有的挑战。为了实现 Keurig 的系统销售，这就需要直接营销，或是在传统渠道上进行大量投资（为了拉动零售货架的咖啡包销售就得放置足够多的咖啡机）。使问题更为复杂的是，市场研究已经证实，Keurig 系统是个"展示驱动的产品"。现在的问题就是如何向目标市场的咖啡爱好者最好地展示 Keurig 系统。

"基于市场研究和 Keurig 系统面临的巨大挑战，利用我们已有的 OCS 市场进行渗透将成为家用咖啡机推广的主导战略。我们将针对 Keurig 商用咖啡机使用者，那些已经对 Keurig 系统好处颇为熟悉的人，将他们转化为 Keurig 系统的家用产品购买者，从而为渠道扩张建立起强大的后盾。"商用营销的副总裁戴夫·曼利解释道。当前已经有超过 30 000 个商用咖啡机用户，也就意味着有 100 万人在 Keurig 直接营销活动中需要关注。

对于这样一批已有"Keurig 意识"的消费者，直接营销能否成功的关键在于 Keurig 授权分销商的支持和参与。授权分销商维持着与商用客户的关系，知道咖啡机的位置，也知道每个办公室的大小。没有授权分销商的帮助，Keurig 是不可能对办公室的咖啡饮用者进行营销活动的。因此，Keurig 设计了 KAD 推荐计划，给予经销商激励以支持新型咖啡机的销售。

KAD 推荐计划主要是鼓励经销商设置销售点广告，用以在办公室咖啡机旁展示（见图表 10）。作为设置销售点广告的奖励，对归于授权经销商 OCS 账户的家用咖啡机销售每台可补偿 15 美元，同时接下来三年 Keurig 销售的 Keurig-Cup 每杯可补贴经销商 2 美分。克里斯·史蒂文斯强调了公司的期望："我们希望 60% 的授权经销商能参与联合销售计划，在设置销售点广告的每间办公室能销售出两台家用咖啡机。我们希望余下的 40% 能设计它们自己的营销计划,并对顾客维持强有力的控制。"

图表 10　销售点陈列

资料来源:Keurig, Inc.

另一个途径就是互联网直接营销。自商用咖啡机在 OCS 市场发布以来,Keurig 就已收到超过 12 000 封办公室用户的邮件,询问何时家里也能用上这样的 Keurig 系统。Keurig 计划对这些人直接进行营销,从而在咖啡机发布的头 3 个月就使他们中的 20% 产生购买行为。最后,展开公共关系宣传活动加上咖啡商的一些营销活动,如零售店摆放、目录、网站等来向咖啡饮用者进行宣传。

拉扎里斯的困境

拉扎里斯在准备高层管理会议时,对 Keurig 家用咖啡机的发行战略进行了认真思考,他想弄明白的是:

1. 对 GMCR 提出的转变为单一 K-Cup 的要求,我们应如何回答?做出这个决定我们真正需要了解些什么?我们的咖啡商和授权经销商会如何反应?我们的团队真能在现在这个时候执行一个新的营销计划,以使产品仍在 6 个月内发行吗?取消新的 Keurig-Cup 及其包装产品线,我们负担得起吗?

2. 咖啡机的合理定价是多少?是否有任何我们能够承担 149 美元的价格的可能而我们还没考虑到?

[注释]

[1] United States Department of Agriculture.
[2] Internal memo dated February 5, 2002.
[3] 目前有 3 条租借生产线,另外有 8 条原料商所有生产线,计划再增加 3 条生产线。
[4] 从早期的试验活动中,Keurig 确定它的单杯服务冲泡系统不能很好地匹配提供大量咖啡的

食品服务业商家的需求。

[5] International Coffee Organization, London, UK.
[6] *Automatic Merchandiser* 2002 Coffee Service Market Report.
[7] Simmons Market Research Bureau (2000).
[8] Keurig Company Information.
[9] *The U. S. Market for Freshly Brewed Coffee Beverages*, Packaged Facts, March 2004.
[10] *Packaged Facts Market Profile*: *The U. S. Coffee and Tea Market*, September 2001.

案例 10—4　　　　　西玛登山鞋公司*

"多么美妙的徒步旅行啊！"安东尼·西蒙（Anthony Simon）将他的 HX350 型登山鞋扔进汽车时，不禁感叹道。他刚刚完成在怀俄明州杰克逊北部的特顿瀑布峡谷极富挑战性的徒步旅行。安东尼经常徒步旅行，因为这是检验西玛登山鞋公司（Cima Mountaineering, Inc.）生产的登山鞋的最好方法。西玛登山鞋公司是父母留给他和姐姐玛格丽特（Margaret）的企业。安东尼驾车返回杰克逊时，他开始思考与西玛公司总裁玛格丽特的会面。在过去几个月中，他们一直在探讨提高公司销售额和利润的营销战略。至今尚未作出任何决定，但是两位所有者之间的分歧已越来越明显了。

如图表1所示，西玛公司的销售额和利润额稳步增长；从多项指标看，公司都相当成功。然而，由于外国厂商的竞争和市场的变化，增长速度开始放慢。玛格丽特注意到，市场逐步转移到更休闲化、时髦化的鞋，这类鞋对于那些希望鞋子具有多种用途的消费者颇具吸引力。她热衷于产品多样化战略，认为应推出一条面向周末徒步旅行新手的产品线。安东尼也认识到了市场的变化，不过，他主张延伸已有的登山鞋和旅游鞋的生产线。西玛公司已经在上述两类产品中获得了成功。安东尼对于如何延伸产品线和拓宽分销渠道已有了一些设想。"这是更好的增长途径，"他想，"我担忧玛格丽特方案的风险。如果转向更休闲化的鞋，我们必须解决一系列新的营销和竞争问题，而且需要资本投资新的生产线。我不敢肯定我们能做到。"

图表1　　　　　1990—1995 年西玛公司的收入和净收入

年份	收入（美元）	净收入（美元）	毛利润率（%）
1995	20 091 450	875 134	4.27
1994	18 738 529	809 505	4.32
1993	17 281 683	838 162	4.85
1992	15 614 803	776 056	4.97
1991	14 221 132	602 976	4.24
1990	13 034 562	522 606	4.01

当晚回到杰克逊后，安东尼到办公室阅读资料。如图表2和图表3所示的表格和丹佛市一家咨询公司所做的营销调研报告放在桌子上。营销副总裁哈里斯·弗莱明（Harris Fleming）几个月前就委托一家机构对旅游鞋进行深入的市场研究，以帮助公司

---

* Case material is prepared as a basis for class discussion, and not designed to present illustrations of either effective or ineffective handling of administrative problems. Some names, locations, and financial information have been disguised. Copyright © 1995, Washington and Lee University.

制定未来的决策。在安东尼翻阅这些报告时,有两组重要数据引起他的注意。一个是旅游鞋的市场细分(见图表4),另一个是市场竞争者概况(见图表5)。"非常有趣,"他想,"我希望玛格丽特在我们会面前能看到这些材料。"

图表 2　　　　西玛公司利润表(年度截止于 12 月 31 日)　　　　单位:美元

	1995 年	1994 年
净销售额	20 091 450	18 738 529
产品销售成本	14 381 460	13 426 156
毛利	5 709 990	5 312 373
销售和管理费用	4 285 730	3 973 419
营业所得	1 424 260	1 338 954
其他收入(费用)		
利息费用	(160 733)	(131 170)
利息收入	35 161	18 739
总的其他所得(净值)	(125 572)	(112 431)
所得税前的盈利	1 298 688	1 226 523
所得税	441 554	417 018
净收入	857 134	809 505

西玛登山鞋公司的历史

童年时,安东尼和玛格丽特曾观看父母在荷贝克鞋业公司(Hoback Boot Company)制造西部牛仔鞋。这个公司是父母拥有的小企业,坐落在杰克逊。他们从小就学会了制鞋工艺,大学毕业后加入了这个公司。

20 世纪 60 年代后期,西部牛仔鞋销售量开始下降,荷贝克公司为生存而努力挣扎。1975 年,父母在接近退休时试图关闭这家企业,但是玛格丽特和安东尼决定努力拯救公司。年长的玛格丽特成为总裁,安东尼成为执行副总裁。到 1976 年底,销售额已经下降到 150 万美元,而利润仅有 45 000 美元。显然,公司面临生存危机,必须重新选择有市场前景的新产品。

重新调整业务

在大学时代,安东尼参加了杰克逊北部特顿国家公园的登山学校。学习登山时,他开始意识到登山运动的普及和登山鞋的普遍使用。由于有了西部牛仔鞋的经验,他注意到了登山鞋的局限性。尽管这些鞋有良好的防滑性能,但太重了,不够舒适,并且几乎没有登山中需要的防水和防雪的功能。他鼓励玛格丽特寻求发展登山鞋和旅游鞋的可能性。

1977 年,安东尼和玛格丽特开始了为期 12 个月的市场研究。他们俩调查市场和竞争对手,分析荷贝克公司拥有的设备中能否有用来生产新品种鞋的剩余能力。到 1978 年夏天,荷贝克公司开发出登山鞋和旅游鞋的试样。几个来自登山学校的教练试穿了这些鞋,他们给出了极为积极的评价。

图表 3　　　　　　西玛公司的资产负债表（年度截止于 12 月 31 日）　　　　　　单位：美元

	1995 年	1994 年
资产		
流动资产		
现金及其等价物	1 571 441	1 228 296
应收账款	4 696 260	3 976 608
存货	6 195 450	5 327 733
其他	270 938	276 367
总计	12 734 089	10 809 004
固定资产		
财产、工厂和设备	3 899 568	2 961 667
减去：累计折旧	(1 117 937)	(858 210)
总固定资产（净值）	2 781 631	2 103 457
其他资产		
无形资产	379 313	568 087
其他长期资产	2 167 504	1 873 151
总固定资产（净值）	18 062 537	15 353 699
负债和股东权益		
流动负债：		
应付账款	4 280 821	4 097 595
应付票据	1 083 752	951 929
到期长期负债	496 720	303 236
应计负债		
费用	2 754 537	2 360 631
薪水和工资	1 408 878	1 259 003
其他	1 137 940	991 235
总计流动负债	11 162 648	9 963 629
长期负债		
长期负债	3 070 631	2 303 055
租赁费	90 313	31 629
总计长期负债	3 702 820	2 334 684
其他负债		
递延税收	36 125	92 122
其他非流动负债	312 326	429 904
总负债	14 672 043	12 820 339
所有者权益		
提留收益	3 390 494	2 533 360
总负债和所有者权益	18 062 537	15 353 699

☐ 过渡期

1981 年，荷贝克公司已经为进入两种类型鞋的市场做好了准备：一种面向专业登山者，他们需要全天候登山鞋；另一种面向徒步旅行爱好者。两种类型的鞋都是用防水皮革做鞋面，并使用花纹形鞋底以取得更卓越的防滑效果。产品通过怀俄明州和科罗拉多州的登山鞋商店销售。

荷贝克公司继续为其忠诚的顾客生产西部牛仔鞋，但是玛格丽特计划在旅游鞋业务得到发展时逐步将其淘汰。由于他俩并不完全了解市场需求，因而聘请了登山教练哈里斯·弗莱明帮助他们设计产品和开展营销。

图表 4 旅游鞋市场细分

	登山者	徒步旅行爱好者	周末旅行者	实用者	有孩者	时尚追求者
利益	耐用/粗犷 稳定/支持 干燥/保暖 控制/防滑	稳定 耐用 防滑 舒适/保护	轻便 舒适 耐用 多用途	轻便 耐用 价格 多用途	耐用 保护 轻便 防滑	时尚 款式 外观 轻便 便宜
人口特征	年轻人 基本是男性 购物：专卖店、专业邮购	年轻人和中年人 女性和男性 购物：专卖店、户外邮购	年轻人和中年人 男性和女性 购物：运动鞋店、邮购	年轻人和中年人 基本是男性 购物：鞋店、百货店	已婚年轻人 男性和女性 购物：百货店、邮购	年轻人 男性和女性 购物：鞋店、百货店、邮购
生活方式	探险 独立 冒险 喜欢挑战	热爱自然 户外 运动 旅游	休闲散步 与家人和朋友 交往 喜欢户外	实际 社交 户外工作和娱乐	热爱家庭 喜欢户外 孩子话多 父母关注价格	崇尚物质 赶时髦 社交 非徒步旅行 重视品牌 关注价格
品牌	Asolo Cliff Raichle Mt. Blanc Salomon Adventure 9	Raichle Explorer Vasque Clarion Tecnica Pegasus Dry Hi-Tec Piramide	Reebok R-Evolution Timberland Topozoic Merrell Acadia Nike Air Mada, Zion Vasque Alpha	Merrell Eagle Nike Air Khyber Tecnica Volcano	Vasque Kids Klimber 耐克 Merrell Caribou	Nike Espirit Reebok Telos Hi-Tec Magnum
估计市场份额	5%	17%	25%	20%	5%	28%
价格范围（美元）	缓慢增长 210～450	中速增长 120～215	快速增长 70～125	稳步增长 40～80	缓慢增长 至多 40	快速增长 65～100

图表5　　　　　　　　　　　　　　　竞争者情况

公司	地址	登山鞋（款式）	旅游鞋（款式）	男鞋	女鞋	童鞋	价格
Raichle	瑞士	有（7）	有（16）	有	有	有	高
Salomon	法国	有（1）	有（9）	有	有	无	中等
Asolo	意大利	有（4）	有（26）	有	有	无	高
Tecnica	意大利	有（3）	有（9）	有	有	无	中等/高
Hi-Tec	英国	有（2）	有（29）	有	有	有	中等/低
Vasque	明尼苏达	有（4）	有（18）	有	有	有	中等/高
Merrell	佛蒙特	有（5）	有（31）	有	有	有	中等
Timberland	新罕布什尔	无	有（4）	有	无	无	中等
耐克	俄勒冈	无	有（5）	有	有	有	低
锐步	马萨诸塞	无	有（3）	有	有	无	低
西玛	怀俄明	有（3）	有（5）	有	有	无	高

资料来源：Published literature and company product brochures, 1995.

□ 一个新公司

20世纪80年代，荷贝克公司获得了很大的成功，这得益于户外旅行活动普及带来的市场扩张。该公司逐渐增加了产品线并集中生产对流行趋势相对不敏感的经典鞋。1986年，荷贝克公司的销售额已经达到350万美元。

在以后的几年中，销售稳步增长。1987年，荷贝克公司聘用独立的销售代表处理销售和服务事宜。而在不久之前，荷贝克公司的鞋是通过怀俄明、科罗拉多和蒙大拿那些专营旅游与登山用品的零售商销售的。玛格丽特决定中止西部牛仔鞋的生产，以腾出生产能力扩大旅游鞋业务。为体现公司新的经营方向，公司更名为西玛登山鞋公司。

□ 西玛的起飞

20世纪80年代后期是一个超常的增长时期。随着顾客追求健康活泼的生活新潮流，对西玛公司鞋的需求增长迅速。公司扩大了旅游鞋的生产，并且提高了鞋的性能。1990年，公司销售额已达到1 300万美元，盈利522 606美元。玛格丽特对增长非常满意，但对由于外国同行的竞争带来的低盈利深表忧虑。她试图寻求新的设计方法和降低制造成本的途径。

□ 增长与创新

在随后的5年中，销售增长、技术革新以及越来越激烈的国内外竞争伴随着该行业。除了登山旅行外，人们越来越多地在休闲时穿旅游鞋，这使得市场继续扩大。西玛公司及其竞争者开始用压模鞋床制造鞋，采用新材料以减轻鞋的重量。[1] 款式也成为一个重要因素，耐克和锐步公司以各种材料和色彩来显示鞋的轻便，以满足顾客对时尚（除性能之外）的追求。西玛公司于1993年采用计算机辅助设计系统来缩短产品开发周期，集中精力进行设计。该公司对设备进行了调整，实施了模式化制造；改变了流水线生产方式，实施系统制造方法，由一个工作团队完成每一双鞋制造中的多个过程。新方法明显降低了成本，提高了公司利润和鞋的质量。

□ 1995年的状况

1995年，公司的销售额增至2 000万美元，比上年增长7.2%。员工人数为425人，85%的生产能力得到应用，生产多种款式的登山鞋和旅游鞋。节省时间的创新和降低成本的措施已经收到效果，利润达到历史最高水平。时年57岁的玛格丽特仍然是总裁，安东尼依然是执行副总裁。

西玛公司的营销战略

据估计，1994年是美国登山鞋和旅游鞋销售创纪录的一年，零售额超过了6亿美元，共有1 500万双鞋销售出去。顾客在从事各种活动时都穿这些鞋，从登山到各种休闲活动。近年来，市场悄悄发生了变化，价格低廉、轻便的旅游鞋越来越流行，一种新的舒适、轻便的"跋涉"鞋正为运动鞋厂商所关注。

西玛公司的目标市场只是市场中的一部分，公司的绝大多数顾客是户外活动的热衷者，包括那些在崎岖不平地带攀登的人和长途跋涉的旅行者。西玛鞋的需求呈现出季节性，绝大多数购买发生在登山和旅游活动较旺的夏季。

□ 市场定位

西玛公司的产品被定位成"顾客的最佳选择"。顾客认为，该公司生产的鞋耐用、舒适，且具有超乎寻常的品质。在零售商看来，该公司能快速采用最新的制造技术，而在款式方面则相对保守。西玛公司有意识地保持传统的风格，以避免流行款式过时和频繁地变更设计。有几种最畅销的款式已经在市场上销售了几年而没有做任何明显的更改。图表6中的冰川MX350型鞋和图表7中的高山HX350型鞋就是很好的例子。冰川MX350型的定价为219美元，是专门为初学登山的男士设计的单层鞋底的鞋。高山HX350型是为男女徒步旅行者设计的，价格为159美元。图表8列出了登山鞋和旅游鞋产品系列的情况，图表9提供了西玛公司鞋的销售历史。

图表6　冰川MX350型登山鞋

图表 7　高山 HX350 型旅游鞋

图表 8　　西玛公司的登山鞋和旅游鞋产品线

产品线	描述
冰川	
MX550	为登山专家攀登挑战性的山峰设计；适用于岩石、冰和雪等条件；用线缝制，具有出色的稳定性，加强型鞋跟和鞋头，脚脖和脚尖衬垫，带钉铁的鞋底，保暖和防水内衬。零售价为 299 美元。
MX450	为熟练的登山人员在地理环境复杂的高山地带爬山设计；舒适，稳定性能好；用线缝制，具有深花纹防滑的鞋底和鞋跟，加强型鞋跟和鞋头，脚脖和脚尖衬垫，带钉铁的鞋底，保暖和防水内衬。零售价为 249 美元。
MX350	为登山新手在地理条件和气候较好的情形下登山设计；用线缝制，具有独特的鞋底设计，防滑，脚脖和脚尖衬垫，好的稳定性，快速干燥的鞋垫。零售价为 219 美元。
高山	
HX550	为需要杰出性能的有经验的徒步旅行者设计。尼龙鞋带牢固结实，有防水内衬，鞋底内中部有橡皮软垫，防滑，脚脖和脚尖衬垫。零售价为 197 美元。
HX450	为携带很多东西的长途徒步旅行者设计。保暖，具有橡皮软垫，防水内衬，高保护性能，防滑。零售价为 179 美元。
HX350	为在恶劣地理环境下徒步旅行者设计。具有超级橡皮软垫，好的稳定性，防水内衬，在泥泞地带和斜坡上有良好的防滑性。零售价为 159 美元。
HX250	为在已开发的路径上徒步旅行的人设计。只提供必要的技术性能，包括橡皮软垫、脚脖和脚尖衬垫、防水内衬和防滑鞋底。零售价为 139 美元。
HX150	为那些比普通徒步旅行者（在平常和周末）更常散步旅行的人设计。有多种用途，橡皮软垫，防水内衬，防滑，适用于多种路面。零售价为 129 美元。

图表 9　　　　　　　　　　　　西玛公司的销售情况

年份	销售数量比重（%）		销售额比重（%）	
	登山鞋	旅游鞋	登山鞋	旅游鞋
1995	15.00	85.00	21.74	78.26
1994	15.90	84.10	22.93	77.07
1993	17.20	82.80	24.64	75.36
1992	18.00	82.00	25.68	74.32
1991	18.80	81.20	26.71	73.29
1990	19.70	80.30	27.86	72.14

☐ 产品线

该公司采用企业品牌策略，将"西玛"嵌在鞋面两边的皮革上以强化顾客识别。产品线也做了标记，按字母顺序和数字顺序区别产品线中的每一品种。每一产品线都有不同的款式和特征，以覆盖许多重要的市场用途。然而，所有的鞋都具有公司确信对市场定位极其重要的特征。标准的特征包括防水皮革鞋面和高防滑性能的鞋底及鞋跟。鞋带孔是钢质的，鞋带是结实耐用的尼龙。质量在产品线中受到高度重视。

☐ 冰川登山鞋

冰川系列产品包括三种男鞋。MX550 是为全天候的登山专家设计的，具有顶级的防滑、保护和保暖性能；MX450 适合长途旅行的有经验的登山者；MX350 面向缺乏经验的登山者，他们通常是在普通的地域和天气下攀登。

☐ 高山旅游鞋

高山系列有五种男女款式。HX550 适合有经验的旅行者，他们追求尽可能优良的品质。这种鞋的鞋面是防水的皮革，鞋里是防水的麻料，鞋底中层是橡皮垫子，鞋底中间狭窄部分用尼龙固定以保证鞋体不变形，鞋底具有高防滑性能，鞋面有灰色和棕色的。[2] 高山 HX150 在此产品系列中最便宜，是为那些刚开始经常徒步旅行（不仅仅是偶尔在周末徒步旅行）的人士设计的。它的特点是具有多种用途，有防水鞋面，鞋底中层是橡皮垫，具有优良的防滑性能。HX150 作为刚入门的户外旅行者的用鞋十分流行。

☐ 分销渠道

西玛公司的销售区域包括亚利桑那、加利福尼亚、科罗拉多、俄亥俄、蒙大拿、内华达、新墨西哥、俄勒冈、华盛顿、怀俄明等各州和加拿大西部，销售是通过这些地区的专营登山、徒步、旅行装备的零售商进行的。偶尔也有邮购公司和运动鞋连锁店与西玛公司接洽，提出经销西玛产品的建议。西玛认真考虑了这些建议，但目前尚未使用这些渠道。

☐ 促　销

西玛公司的销售和营销办公室设在杰克逊，只有几名营销人员，由哈里斯·弗莱明负责。促销是营销战略的重要方面，广告、人员推销、营业推广等都是为了寻求西玛品牌鞋的扩张。促销直接指向消费者以及经销西玛登山鞋和旅游鞋的零售商。

☐ 人员推销

公司聘用了 10 名独立的销售代表在美国西部和加拿大销售公司的鞋。这些销售代表不销售竞争对手的鞋，但他们可以销售相关产品，如户外服饰以及登山、旅行和徒步旅行装备。他们获取佣金，除销售外还负责顾客服务。公司管理层也参与人员推销。弗莱明负责培训独立的销售代表，并陪同他们拜访客户。

☐ 广告和营业推广

广告和营业推广都是重要的促销手段。公司采用平面广告来提高品牌知名度和帮助零售商促销。广告通常刊登在领导新潮流的杂志上，例如《登山》(*Summit*)、《户外》(*Outside*) 和 *Backpacker*，向登山者和旅行者传递这样一种信息：西玛公司的鞋性能卓越、经久耐用并且款式典雅。另外，公司也开展合作广告，鼓励零售商宣传西玛品牌并明确它们在商店内展销的地点。

营业推广是促销活动的重要部分。为了着眼于品牌的识别，西玛公司提供产品说明书和销售要点与材料来帮助零售商促销。另外，公司定期在行业产品展览会展出产品。这些展览通常由推销人员和独立的销售代表进行具体操作，对保持与零售商的联系和推广公司产品都非常有效。

☐ 定　价

根据款式不同，西玛公司卖给零售商的价格是每双 64.5~149.5 美元。由于做工和性能因素，登山鞋要贵些，而旅游鞋便宜些。零售商获得零售价 50% 的毛利，因此，零售价除以 2 才是西玛公司的销售价。西玛公司的定价要比竞争者高一些，目的是支持西玛公司在每一价位上高品质的形象。支付条件是 30 天内付款（和竞争者相同），并且鞋从杰克逊的厂房中直接运抵零售商所在地。

▌旅游鞋市场细分

安东尼仔细阅读着弗莱明委托做的市场研究报告，他的注意力集中到图表 4 所示的市场细分上。报告非常有趣，因为公司管理层从未认真考虑过市场细分问题。当然，安东尼明白并非每个人都是西玛公司的潜在顾客。但令他非常惊讶的是，他们的产品系列是多么完美地满足了登山者和旅游爱好者的需要。当研读市场细分报告时，他非常细致地看了关于登山者、旅游爱好者和周末休闲者的描述,因为他试图确定哪个细分市场可作为西玛公司扩张的目标。

☐ 登山者

登山者与在高海拔地区的徒步旅行者属于这个细分市场,他们极其热衷于爬山运动和享受冒险的乐趣。由于登山者的安全通常有赖于鞋的质量,他们最需要的是稳定的质量,韧性优良,防滑性能好,能适合各种登山条件,并且能在雨天和寒冷的天气使用。

☐ 徒步旅行爱好者

他们迷恋大自然,极其关注自身的健康和身姿。他们热衷在险要地区的旅行或超负荷训练或长途旅行。这些人对品牌极其敏感,喜欢耐用、高品质的鞋,要求鞋具备高韧性、舒适和防滑性能。

☐ 周末休闲者

这个细分市场的顾客只是偶尔做些徒步旅行。他们喜欢在周末或平常与家人及朋友一起出去旅行。他们感兴趣的是那种舒适、防护性能好、在各种地表防滑性能好的轻便、舒适的鞋。周末旅行者通常会选择各种活动时都能穿的多功能鞋。

国际和国内竞争

报告中吸引安东尼注意的第二部分是关于竞争状况的分析。尽管安东尼和玛格丽特都已意识到竞争愈发激烈,但他们还是低估了外国厂商进入市场的状况。显然,外国竞争者已经注意到市场的扩大并且已打入美国市场,建立了销售机构和独立的销售代理网络与西玛公司争夺顾客。这些著名的品牌有 Asolo、Hi-Tec、Salomon 和 Raichle,它们具有良好的性能和信誉,已进入登山者、徒步旅行爱好者和周末休闲者细分市场。

这份研究报告还提及最重要的国内竞争者。Vasque 和 Merrell 的产品直接与西玛竞争,但其他竞争者则是向增长更快的细分市场提供产品。当安东尼审读图表 5 时,他意识到锐步和耐克进入登山鞋市场是非常自然的。这两个企业都在销售既有登山鞋的外观和耐用性,又有运动鞋的轻便和舒适双重优点的鞋。结果导致时髦的登山鞋深得品牌和款式意识较强的年轻人的青睐。这两家公司都在扩张它们的产品线并且进入对性能要求较低的细分市场。

玛格丽特和安东尼对营销战略的讨论

从瀑布峡谷回来几天后,安东尼与玛格丽特和哈里斯会面讨论营销战略问题。他们每个人都阅读了顾问公司的报告，分析了市场细分情况和竞争概况。会议开始后，他们三人的讨论进展如下。

玛格丽特："看起来我们今年又要创纪录了。经济在增长，消费者的消费信心很足而且购买欲望强烈。尽管如此，我对未来还是有些忧虑。外国制鞋企业的介入使得市场竞争日趋激烈。它们生产的鞋具有突出的品质和有吸引力的价格。在制造方面的进步使得我们可以控制成本和获得稳定的毛利，但是，看起来竞争和市场增长放慢将使我们很难提高利润。我们有必要考虑寻求新机会。"

哈里斯："我赞成，玛格丽特。过去一周，我们在科罗拉多的博尔德失去了洛基山运动鞋市场。销售经理约翰·克莱恩（John Kline）决定不再和我们打交道，要转向 Asolo 公司。我们与他们的年交易额达 7 万美元，他们经营我们所有各类产品。我们在科罗拉多温泉也失去了巨大的西部户外休闲鞋市场。他们与 Merrell 公司建立了业务联系。销售经理说，时下大学生需要的是低价格的 Merrell 鞋，去年他们进了 6 万美元的 Merrell 鞋。"

安东尼："洛基山地区和广大的西部地带曾是我们的好客户。不过我并不惊讶。我们的冰川系列需要另外一种鞋，高山系列缺少足够的产品深度，因而不能涵盖所有价格水平。我们需要拥有低价位的一些款式与 Merrell 和 Asolo 竞争。我倾向于通过延伸现有的产品线来扩大我们的市场覆盖面。在我看来，最好的竞争策略就是坚持生产我们做得最好的东西，即制造登山鞋和长途旅行鞋。"

玛格丽特："不要急于下结论，安东尼。问题是我们的市场容量狭小，并且增长速度没有快到足以应付那些以优异产品进入市场的外国竞争者。我们可以保持现有水平，但我怀疑我们是否能做得更好。我认为我们公司的未来应适应市场变化。顾客需要的是更多的款式，更低廉的价格，有更多用途的轻便鞋。让我们再看看市场细分报告吧。周末休闲市场很大且正在增长，这是我们需要用与传统的皮革鞋不同的新款式的鞋打入的市场。"

安东尼："也许是这样，但是生产轻便鞋需要具备皮革和尼龙的组合技术，我们在这方面没有多少经验。另外，我也不能肯定我们是否有足够的资金支持产品开发和进入一个已有很多竞争对手的新市场所需要的大量的营销活动。我还担心我们通过 20 年努力建立的品牌形象是否会因此受到不良影响。一条廉价的休闲鞋产品线似乎与顾客对我们产品的感知不符。"

哈里斯："两种战略各有千秋。我确信我们没有时间和资源同时执行这两种战略，因而我们最好作出慎重的选择。另外，我想我们必须重新考虑对那些专营登山和旅游设备的邮购公司的销售。上周我收到从 REI 公司打来的一个电话，它要求在 1997 年销售旺季卖给它部分高山系列鞋。这可能是我们增加收入和扩大市场的良好途径。"

玛格丽特："你说得对，哈里斯。我们需要重新考虑对邮购公司的态度。绝大多数邮购公司在我们尚未染指的东部市场有很高的渗透率。我注意到 Gander 登山鞋公司正在经营 Timberland 的产品，L. L. Bean 公司除了经销自己的品牌外还经营 Vasque 产品。"

安东尼："我同意。我们不如将各自的意见汇总一下，然后再开会继续讨论。"

哈里斯："好主意。我们需要销售预测和一些成本数据。将你们的建议传给我，我将请咨询公司做一些预测。我想我们已经有一些成本信息。给我几天时间，然后我们再碰面。"

开会审阅建议书

接下来的一周，讨论继续进行。玛格丽特提出了自己的建议，概要见图表 10。她建议公司通过经营两种新的旅游鞋进入周末休闲鞋细分市场。安东尼提出了不同的建议，概要见图表 11。他倾向于延伸现有的产品线，增加一种新的登山鞋和两种低价位高山旅游鞋。哈里斯为两种建议提供了销售预测，经讨论和修正后的最终结果见图表 12。哈里斯也从生产副总裁那里收集到了成本信息，列在图表 13 中。接下来是漫长的讨论，讨论中玛格丽特和安东尼就行动方案没有达成一致。哈里斯建议，在进行市场调研后再对每一种意见进行深入探讨。他提议将营销人员分成两组对每个建议进行研究，然后再将意见提交给玛格丽特和安东尼。哈里斯在图表 14 中的备忘录中对每一组下了指示。安东尼和玛格丽特之间的讨论进展如下。

玛格丽特：“一旦市场调研完成，我们就立即听取他们的报告，届时我们应当对哪个战略更好有明确的认识。希望能得出一个明确的方向，采纳其中的一种建议。无论如何，我对邮购公司很感兴趣，因为我们尚未真正将这些公司发展为客户。我只是希望知道我们能从它们那里获得多少业务。"

安东尼：“我们应当严肃对待这个问题，玛格丽特。像 L. L. Bean，Gander 和 REI 这样的公司经营旅游鞋已经有好多年了。但是，对我们来说可能有一个问题，这些邮购公司最终希望的是，由我们向它们供货，然后以它们自己的品牌销售产品。我想这可能不是我们所希望的，因为我们是通过经营自己的'美国制造'的品牌而发展起来的。我还要提及的是，我们要考虑到零售商发现我们销售给邮购公司后的反应，这会带来一些问题。"

哈里斯：“那也是我们需要解决的一个战略问题。我现在还不能确认典型的制鞋企业通过邮购得到的销售的百分比。如果要使用邮购渠道的话，我们就必须回答这个问题，以避免我们的生产能力不足。我要求每个小组都为此提供预测数据。明早我将乘早班飞机到丹佛。现在六点半了，我们已整整讨论了一天了。"

会议于下午 6 点 35 分结束。很快，市场调研小组成立，每个小组都指派了一位负责人。

图表 10　　　　　　　　　　　　玛格丽特的营销建议

备忘录

致：安东尼・西蒙，执行副总裁
　　哈里斯・弗莱明，营销副总裁
自：玛格丽特，总裁
主旨：营销建议

　　我相信有扩大西玛公司销售额和利润的良机，即进入周末休闲鞋市场。根据咨询公司的报告，该细分市场增长迅速，目前在总市场中占有 25% 的份额。我建议立即开发两种新产品，并着手准备下述营销策略。

目标市场和市场定位

　　男女消遣型旅行者寻求的是舒适、轻便的鞋，要求有吸引力的价位，适于短途徒步旅行和休闲穿着。周末休闲者喜欢和家人及朋友进行一天或整个周末的户外旅行。

　　新鞋应通过杂志广告定位为性能和款式适用于短途徒步旅行和户外休闲穿着的旅游鞋。

产品

　　有两种尺码的男女鞋，用皮革和尼龙做鞋面，由橡胶压模制成。需要创立一条新品牌的产品线以满足该细分市场的需要。这些鞋（WX550 型和 WX450 型）应具有以下特征：

	WX550	WX450
皮革和尼龙鞋面	√	√
橡胶压模鞋底	√	√
鞋底中部有橡胶垫	√	√
防护垫和鞋舌	√	√
耐用的鞋孔和鞋带	√	√
防水内衬	√	

鞋面将重新设计,选择方案包括棕色的全纹理和剥离纹理皮革或与坚固尼龙结合的精细纹理皮革,颜色为:米色、黑色、蓝色、灰色、绿色和暗蓝色。

零售点
经销旅游鞋、休闲鞋和运动鞋的专营店,经营户外服装、旅行产品和野营设备的邮购公司。

促销

独立的销售代表	销售点展品资料
杂志广告	产品手册
合作广告	展销会

建议零售价
WX350 型:89 美元
WX450 型:69 美元

竞争者
Timberland,Hi-Tec,Vasque,Merrell,Asolo,耐克和锐步。

产品开发及所需投资
我们将利用一年时间进行必要的产品开发和测试。我估计成本约为 35 万美元。另外,我们需要 15 万美元的资金来购置新设备。

图表 11　　　　　　　　　　安东尼的营销建议

备忘录

致:玛格丽特·西蒙,总裁
　　哈里斯·弗莱明,营销副总裁
自:安东尼·西蒙,执行副总裁
主旨:营销建议

多年来,我们已在登山鞋和旅行鞋上获得了成功,而且这是我们的实力所在。我建议延伸我们的冰川产品系列和高山产品系列,而不是冒险进入一个新的我们不熟悉的市场。我的建议概括如下。

产品开发
引入两种高山系列的新款鞋(HX100 型和 HX50 型),推出与男鞋具有相同特点的冰川 MX350 型女鞋。这种新型女式冰川鞋建议零售价为 219.99 美元,而 HX100 型和 HX50 型的建议零售价分别是 119 美元和 89 美元,这在整个产品线中是价位最低的。新型的男式和女式高山鞋将首次采用皮革和尼龙鞋面并有如下特征:

	HX100	HX50
皮革和尼龙鞋面	√	√
橡胶压模鞋底	√	√
鞋底中间有橡胶垫	√	√
防护垫和鞋舌	√	√
快干鞋里	√	√
防水内衬	√	√

鞋面使用的皮革必须确定。我们应该考虑全纹理皮革、反毛皮革和绒面皮革,因为在这个细分市场中这些用料广为人知。我们必须从中选择一种作为首次推出产品使用。尼龙鞋面将有两种颜色,可选择的是:米色、棕色、绿色、暗蓝色、褐红色和纯蓝。随着销售的增长和我们对消费者偏好的认识,可考虑增加不同颜色。

产品开发及所需投资

MX350 型、HX100 型和 HX50 型的产品设计和开发费合计为 40 万美元,购买切割和缝合皮革尼龙鞋面的设备需投资 15 万美元。产品开发和测试时间为一年。

市场定位

增加的高山系列产品将被定位为适合那些期望良好品质和合理价格的徒步旅行爱好者的旅游鞋。这些鞋同样也对休闲旅行者有吸引力,随着徒步旅行经验的增长和户外活动的增加,他们需要更好的鞋。

零售点

我们可以利用现有的零售点。此外,新款鞋的低价位对邮购购买者极有吸引力,我建议考虑通过邮购公司销售。

促销

我们需要重新修订产品手册和为高山系列的新产品研制新广告。促销活动需要一如既往地保持平衡,因为它运作得很好。我相信销售代表和零售商会欢迎我们的新鞋,因为增加新产品拓宽了顾客的选择范围。

建议零售价

MX350 型女鞋:219 美元
HX100 型:119 美元
HX50 型:89 美元

竞争者

Asolo、Hi-Tec、Merrell、Raichle、锐步、Tecnica 和 Vasque。

图表 12　　　　　　　　　　　　西玛公司的销售量预测　　　　　　　　　　　　单位:双

年份	计划 1		计划 2		
	WX550	WX450	HX350	HX100	HX50
2001—2002	16 420	24 590	2 249	15 420	12 897
2000—2001	14 104	21 115	1 778	13 285	11 733
1999—2000	8 420	12 605	897	10 078	9 169
1998—1999	5 590	8 430	538	5 470	5 049
1997—1998	4 050	6 160	414	4 049	3 813

说明:销售量预测是根据最大和最小估计值推算出的。
新款式推出后会给已有产品带来蚕食作用。上述预测考虑到了现有产品销售损失的影响。无须做进一步调整。WX550,WX450,HX100,HX50 的预测包含了男鞋和女鞋。

图表 13	西玛公司登山鞋和旅游鞋的成本预测		单位：美元
		有内衬	无内衬
零售毛利润率		50%	50%
营销和制造费用			
销售佣金		10	10
广告和营业推广费		5	5
材料费		42	35
工时费、一般费用和运费		28	35

说明：仅指 1997—1998 年的成本。销售佣金、广告和营业推广费、材料费、工时费、一般费用和运费成本均指西玛公司销售价格的比例。1997—1998 年后，营销和制造费用年增长 3%，销售价格增长 4%。

图表 14　　　　　　　　　　弗莱明给营销部成员的备忘录

备忘录

致：营销部成员
并：玛格丽特·西蒙，总裁
　　安东尼·西蒙，执行副总裁
自：哈里斯·弗莱明，营销副总裁
主旨：市场调研项目

本备忘录的附件是我们公司讨论的两份建议书（见图表 10 和图表 11）。每份建议书都是进一步进行市场调研的指南。你被挑选加入一个项目组来进一步研究某个建议，并要求向管理层提出你的看法和意见。请尽快完成以下内容。

项目组 1　建议进入旅游鞋市场中周末徒步旅行者细分市场

请分析图表 4 和图表 5 中的市场细分和竞争概况，识别出那些符合所描述细分市场特征的消费者，然后采用小组访谈或问卷调查或两者兼用，进行实地研究。你也可以访问经营旅游鞋的零售商来检查陈列品和产品手册。利用该建议书中的信息和你调研得到的补充信息，准备以下事项：

1. 对旅游鞋进行设计（WX550 和 WX450）。请准备展示鞋面式样的草图。我们打算对不同的鞋使用相同的设计，唯一的不同是 WX550 鞋的防水衬垫。在你的设计中，列出你认为重要的鞋的特征，可以考虑增减建议书中所列内容。
2. 推荐一类皮革（从那些建议中）和两种颜色，与用在鞋面上的尼龙配套。我们计划设计两种样式，每一类鞋一种颜色。
3. 为该产品线推荐一个品牌名称，并说明理由。
4. 证明所建议零售价的可接受性。
5. 为旅游鞋准备杂志广告，提出做此广告的理由。
6. 按比例将建议零售价格转变为西玛公司的销售价格，并利用销售量预测和成本信息（图表 12 和图表 13）推算该产品线从 1997—1998 年开始的 5 年期内的税前利润。假定 1998—1999 年成本增加 3%，价格增长 4%。用 15% 的折现率将未来利润折成现值。所有的折现都以 1996—1997 年度作为基年。
7. 确定该建议书中的投资回收期。假设产品开发和投资发生在 1996—1997 年度。

8. 就这些款式的鞋对邮购公司和顾客的吸引力，提出你的看法。你可能希望通过分析目前邮购目录了解旅游鞋的特征。假设西玛公司对邮购公司的销售很成功，请估计对这类客户的销售占我们公司总销售额的比重。

9. 请提交一份概括你们项目组建议的报告，包括建议书的优缺点。请预先准备好在项目完成后尽快向管理层汇报你们的产品设计、品牌、预先估计收益、回收期和建议。

10. 概括你们的研究并列出用来准备这个报告的信息来源。

项目组2　建议延伸现有的登山鞋和旅游鞋产品线

通过分析图表4和图表5的市场细分和竞争概况，识别那些符合所描述的细分市场特征的消费者，然后采用小组访谈或问卷调查或两者兼用，进行实地研究。你也可以访问经营旅游鞋的零售商来检查陈列品和产品手册。利用该建议书中的信息和你调研得到的补充信息，准备以下事项：

1. 对旅游鞋进行设计（HX100和HX50）。请准备展示鞋面式样的草图。我们打算不同产品采用不同设计，请为每类鞋提供一个草图。在草图中，列示你建议的鞋具有的特征，可以考虑增减建议书中所列内容。MX350型登山鞋不需要任何草图，因为我们将使用和男鞋相同的设计。

2. 推荐一类皮革（从那些建议中）和两种颜色，与用在鞋面上的尼龙配套。我们计划设计两种样式和一种颜色用在每一类鞋上。

3. 证明建议零售价的市场可接受性。

4. 为旅游鞋准备杂志广告，并说明做此广告的理由。

5. 按比例将建议零售价格转变为西玛公司的销售价格，并利用销售量预测和成本信息（图表12和图表13）推算该产品线从1997—1998年开始的5年期内的税前利润。假定1998—1999年成本增加3%，价格增长4%。用15%的折现率将未来利润折成现值。所有的折现都以1996—1997年度作为基年。

6. 确定该建议书中的回收期。假设产品开发和投资发生在1996—1997年度。

7. 就这些款式的鞋对邮购公司和顾客的吸引力，提出你的看法。你可能希望通过分析目前邮购目录了解旅游鞋的特征。假设西玛公司对邮购公司的销售很成功，请估计对这类客户的销售占我们公司总销售额的比重。

8. 请提交一份概括你们项目组建议的报告，包括建议书的优缺点。请预先准备好在项目完成后尽快向管理层汇报你们的产品设计、品牌、预先估计收益、回收期和建议。

9. 概括调研要点并列示用来准备报告的信息来源。

[注释]

[1] 将鞋面与鞋底连接有两种方法。传统上，鞋面和鞋底是用针线缝在一起的；采用现代工艺，则是用防水胶粘和。许多登山鞋的制作采用传统工艺，因为这样做的鞋很牢固；而旅游鞋多采用现代工艺，因为这样可以减轻重量。西玛公司在登山鞋的生产中采用传统工艺，在旅游鞋的生产中采用现代工艺。

[2] 在生产旅游鞋时采用不同的皮革。全纹理皮革：质量高，耐久，皮子的最上面那层，纹理自然，结实和透气。剥离纹理皮革：最上面那层剥离后的皮革，重量轻和舒适是主要特点。反毛皮革：一种非常精细的剥离纹理皮革。绒面皮革：擦磨过的全纹理皮革。抛光皮革：打蜡后可防水的皮革。西玛公司生产的鞋多采用两种或三种皮革。登山鞋和旅游鞋用蜡或其他化学品处理后可防水。为了防水，在鞋内还有一层内衬。只有有里衬的鞋才能真正防水。

案例 10—5　　　　　格兰尼尔系统公司：进入印度市场*

"真遗憾我不能待到排灯节，"拉胡尔·查特吉（Rahul Chatterjee）想。"但无论如何能回加尔各答的家看看都是件开心的事。"排灯节及其庆典将在 2000 年 11 月初举行，届时，查特吉已经返回美国两个多星期了。查特吉是格兰尼尔系统公司（Graneer System Inc.）的一位国际市场联络员。他已在该公司工作了 8 年，这项工作符合他的爱好。当查特吉被提升到这个职位时，他的老板告诉他："你的责任是寻找在发展中国家的商机。"查特吉接受了这项挑战。当被告知在 4 月份将去孟买和新德里时，他很激动。那次出差的目的是收集关于格兰尼尔系统公司进入印度市场可行性的背景资料。初步的结果令人满意，因而促成他第二次去印度。

查特吉第二次出差主要是研究加尔各答和班加罗尔两座印度城市的消费者，并收集潜在竞争对手的资料。这两座城市是两个迥然不同的大都市，在地理位置、规模、语言、基础设施，甚至居民供水方面都不一样。这些问题在许多发展中国家很常见，对家庭净水设备的销售是有利的。

查特吉将根据两次出差收集到的资料，提出一套市场进入战略。格兰尼尔系统公司的管理人员会将查特吉的报告与公司另外两名联络员的报告进行对比。那两位联络员主要负责阿根廷、巴西和印度尼西亚市场。

印度的家用滤水及净水市场

像印度的绝大多数方面一样，它的家用滤水及净水设备市场很令人费解。尽管做了许多努力，查特吉意识到仍有许多东西是未知的或模糊的。例如，市场似乎很成熟，有四五家印度厂商在争夺市场份额。但事实是怎样的呢？另一种观点认为，该市场上没有真正的全国性企业，大概有 100 家小的地区性厂商，每一家仅在印度 25 个省中的一两个展开竞争。很明显，这个市场处于早期成长阶段，这一点可以从大量的产品设计、原材料和性能等方面得到反映。或许，通过新一代产品及世界水平的营销努力，格兰尼尔系统公司可以巩固市场并大幅度刺激需求增长，就像印度的汽车市场一样。

这些不确定因素使得估计市场潜力十分困难。尽管如此，查特吉还是收集了三种类似产品（吸尘器、缝纫机和彩电）十年的销售量评估数。此外，一家位于德里的调研公司还提供了最畅销的 Aquaguard 牌净水器在印度几个省的销售量估计值。查特吉将这些数据输入格兰尼尔系统公司建立的两个预测模型，结合三种主观推测的情境（现实、乐观和悲观），得出了如图表 1 所示的净水器估计值和预测。"不管怎样，"查

---

* This case was written by Professor James E. Nelson, University of Colorado at Boulder. He thanks students at the Indian Institute of Management, Calcutta, for their invaluable help in collecting all data needed to write this case. He also thanks Professor Roger Kerin, Southern Methodist University, for his helpful comments in writing this case. The case is intended for educational purposes rather than to illustrate either effective or ineffective decision making. Some data as well as the identity of the company are disguised. Copyright by James E. Nelson. Used with permission.

特吉向他的上司解释道,"我的预测是保守的,因为它们描述的仅是首次销售,而不包括十年预测期内的任何重置销售"。他还指出,他的预测仅反映目前该行业重点的大城市地区的行业销售情况。

图表 1　　1995—2010 年印度水净化器行业销售量估计值和预测值　　单位:千台

年份	销售量估计值	销售量预测值 乐观	销售量预测值 悲观	销售量预测值 现实
1995	60			
1996	90			
1997	150			
1998	200			
1999	220			
2000	240			
2001		250	250	250
2002		320	370	300
2003		430	540	400
2004		570	800	550
2005		800	1 200	750
2006		1 000	1 500	850
2007		1 300	1 900	900
2008		1 500	2 100	750
2009		1 600	2 100	580
2010		1 500	1 900	420

有一点似乎可以肯定,多数印度人期望改善水质。民间传说、报纸、消费者权益活动家和政府官员通过描述印度的劣质水来一再强调这种需要。实际上,在季风季节,由于污染严重的水进入水处理厂以及排水系统中大量的泄漏和随意排放,水质受到严重影响。这些泄漏和排放的污水污染了从自来水厂出来的净水。那些竞选国家、省、地方政府官员的政治家也通过在竞选中的承诺强化了改进水质的需求。政府制定了使用于全国的水质标准,并且建议消费者不要饮用不安全的水。

在水质差的时期,许多印度人没有选择。但是,受过良好教育的人、富人和健康意识强的消费者积极采取措施保护家人的健康。查特吉认为,乐观估计的话,这类家庭将有 4 000 万个左右。这些消费者在许多方面与欧美的中产阶层或中上层家庭类似。他们崇尚舒适及产品选择,将物质产品消费视为提高生活质量的途径。他们喜欢外国品牌,只要外国产品优于印度产品,他们宁愿高价购买。查特吉认定,公司的目标市场应该是这 4 000 万个家庭再加上另外 400 万个有相同价值观和生活习惯但还没有努力改善用水的家庭。

☐ 家用水净化的传统方法

目标市场中传统的水净化方法不是依赖商业产品而是采用煮沸的方法。每天或每天几次,由厨师、女佣或者家人将 2~5 升水煮沸 10 分钟,待冷却后,装入容器中储存(通常放在冰箱中)。查特吉估计目标市场中 50% 的家庭使用这种方法。在消费者看来,煮沸经济实惠,是杀灭危险细菌的有效且传统的方法。许多使用这种方法的消费者认为"煮沸水"比使用市场上任何产品都更有效。但是，煮沸影响水味，烦琐耗时，而且很难除去杂质和异味。于是，大约有10%的家庭采用第二个步骤，在储水前，用"蜡质过滤器"过滤。尽管许多采用这种方法的消费者知道在处理和储存水的过程中可能会污染水，但他们仍这样做。

□ 家用水过滤和净化的机械方法

目标市场中大约40%的家庭使用机器来改善水质，其中一半家庭用烛式过滤器，主要是因为其价廉而且使用方便。这种过滤器有两个容器，彼此上下连接。上层容器中有一个或多个多孔陶瓷圆筒（呈蜡烛形），水因重力而渗至下层容器。容器由塑胶、陶瓷或不锈钢制成，通常可储存15～25升过滤水。购买费用因材质和容量而有所不同。小塑胶型为350卢比，大的不锈钢型为1 100卢比。[1] 烛式过滤器效率低，每24小时可生产15升（1个"蜡烛"）至45升（3个"蜡烛"）的过滤水。为保持这样一个产量水平，过滤筒经常需要替换、清洗并煮20分钟。大多数制造商建议消费者，应根据沉淀物情况，每年一次或更频繁更换过滤筒（每次40卢比）。

另一半家庭使用净水器。净水器比烛式过滤器复杂。使用净水器通常分三个阶段，首先去杂质，然后去味和色，最后去有害的细菌和病毒。格兰尼尔系统公司的工程师怀疑大多数净水器是否能达到它们承诺的效果。不过，所有的净水器都比烛式过滤器要好。

烛式过滤器在去除细菌和病毒方面毫无效果（甚至可能会增加污染），尽管广告中宣传的正好与此相反。净水器通常使用不锈钢容器。根据厂家、产品特性及容积，售价为2 000～7 000卢比。通常的流速是每分钟产生1～2升净化水。有些简单的维修可以由消费者自己来做，复杂的维修需要将产品带到附近的经销商那里或由熟练的工人上门服务。

目标市场中剩余的10%的家庭既不使用过滤器也不使用净水器，而且很少煮沸水。他们中的许多人对水质不重视，认为水质能够接受。不过，在这组人中，有些人不会买他们认为没有用的产品。所以，查特吉认为这群人中只有一小部分人可以改变习惯而成为公司的顾客。目标市场中90%的家庭要煮沸水，或煮沸后再过滤水，或仅过滤水，或要净化水，因此这些家庭是最有吸引力的细分市场。

目标市场中的所有细分市场在对影响净水器购买的重要因素的看法上表现出许多共性。根据查特吉的调研，最重要的因素是产品性能，包括去除杂质、细菌、病毒的能力和容量（储存量或流速）、安全性和占地大小。价格对于那些煮沸水或煮沸后过滤或仅过滤水的消费者也很重要。接下来最重要的因素是容易安装和服务便利，款式和外观也很重要。最不重要的是担保和购买时的信贷。最后，所有细分市场都希望净水器有18～24个月的保质期和使用5～10年不出现大问题。

在印度的外国投资

印度对外国投资者所表现的吸引力始于1980年，当时的拉吉夫·甘地政府推行了一系列的政策。这些政策总的特征是自由化。由于认识到了保护政策的弊端和目睹了苏联的巨变及西方经济技术的发展，印度向国外投资者开放。自由化意味着需要在许多方面做出重大改变：新商业项目的审批、投资政策、税收程序等，最重要的是政府官员的态度。在1991年甘地遇刺后的两届政府期间，这些变革都得以延续。

如果格兰尼尔系统公司决定进入印度市场，它有三种选择：（1）合作经营；（2）合资公司；（3）收购。若采用合作经营，格兰尼尔系统公司要向制造和销售组装产品的印度公司提供净水器的关键部件。在合同期内（一般是5年，可以再延续3年），格兰尼尔系统公司可以根据生产数量获得许可费。若采用合资方式，格兰尼尔系统公司可以与现有的印度公司合作，制造和销售净水器。合资经营所得利润依据合同规定进行分配。合资合同中通常包含有一项说明在一定期限后适用于双方的收购/出售条款。若采用收购进入方式，格兰尼尔系统公司可收购印度现有的公司，然后在所收购的公司中增加水净化器的生产，所得利润归布莱尔公司。

除了对上述基本进入方式可能性的认识，查特吉意识到自己对于市场进入涉及的法律问题缺乏了解。经过与加尔各答一家咨询公司两天的接触，他得到以下信息：格兰尼尔系统公司必须就市场进入向工业部工业项目审批秘书处下设的外国投资促进会提出正式申请。在接到申请后，该委员会将对相关技术及印度对这种技术的需求进行评估。如果该委员会同意，申请书再转呈财政部所属的印度储备银行，就特许费和各种费用、股息红利的汇出（如果有的话）、利润和投资资本的汇出及国外贷款的偿还等进行审批。虽然这个过程听起来烦琐耗时，但咨询人员向查特吉保证，政府通常会在6个月内做出决定，而且咨询公司基本可以保证最终会获得批准。

在印度，商标和专利是受法律保护的。商标的保护期为7年，在支付规定费用后可以延期。专利保护期为14年。查特吉告诉老板，"总的来说，在印度保护知识产权与在美国差不多，只要不上法庭"。查特吉继续解释说，在印度打官司费用高而且周期长，诉讼复杂费时，有时一个案件可能会拖上十多年。因此，许多外国公司宁愿要求仲裁，因为印度是含有对外仲裁奖（Foreign Arbitral Awards）的《日内瓦公约》（Geneva Convention）的成员。

印度对外国公司在印度经营所得要征税。利息、分红、特许收入和出售资产的资本所得等都要缴税。政府在税收方面对外国投资者做了大量的妥协，包括宽松的折旧费及大量的扣除。如果外国投资者在印度六个自由贸易区中的任一地区投资，政府还将提供更优惠的税收待遇。查特吉认为，印度的企业税率稍高于美国。但是，最近几年印度的平均资产回报率约为18%，而在美国为11%。

一般利润的汇出需要获得印度储备银行的批准。但是，如果格兰尼尔系统公司能表明拟汇出的利润来自出口所得的硬通货，则很容易获得批准。考虑到印度极低的工资率和地处南亚较富国家的中心地带，查特吉认为实现出口创汇并不困难。"利润的汇出并不是个大问题。"他想。要实现盈利，需要3年时间；至少要5年，才会有足够的利润需要汇出。考虑到印度政策的自由化趋势，届时汇出利润可能就不需要储备银行审批了。最后，如果汇出利润仍很困难，格兰尼尔系统公司可采取交叉贸易或其他行动来转移利润。

总的来看，1996年印度的投资和贸易法规意味着在印度经营比以前容易了。来自欧洲、日本、韩国和美国的数以百计的公司已进入印度市场，并渗入其经济的各个方面。在家电市场有11家外国公司，包括Carrier、伊莱克斯、通用电气、金星、松下、胜家、三星、三洋、夏普、东芝和惠而浦。这些公司多数还没有实现可观的利润，但都已看到这个巨大市场未来几年的发展潜力。

格兰尼尔系统公司

格兰尼尔系统公司是尤金·格兰尼尔（Eugene Graneer）在辞去 Culligan 国际公司研究开发部的职位后于 1980 年创建的。公司最初的产品是将盐从海水中去除的分离器，目标顾客是佛罗里达的移动家庭公园（mobile home parks）。这种产品获得了巨大成功，市场迅速扩展到附近的城市、小企业、医院和水装瓶厂。市场地域也在扩大，从最初公司总部所在的佛罗里达州坦帕市的沿海地区扩展到美国西南部的沙漠地区。公司还不断推出新产品，到 1996 年，产品线包括去盐器、微粒过滤器、臭氧器、离子交换器和净水器。行业专家认为公司的产品在质量和性能方面非常出色，同时，价格也高于许多竞争厂家。

格兰尼尔系统公司 1996 年的销售收入达到 4 亿美元，利润接近 5000 万美元。过去 5 年中销售收入年增长率平均为 12%。有 4 000 名员工，其中 380 人从事技术工作。

该公司去盐器和相关产品的出口始于 1985 年。最初的出口市场是墨西哥和伯利兹的旅游胜地，后来又扩展到德国的水装瓶厂。出口销售增长很快，因此，公司于 1985 年组建了国际部。国际部的销售增长也很快，1996 年达 1.4 亿美元，其中大约 7 000 万美元来自南美国家，3 000 万美元来自欧洲（包括发往非洲的部分），4 000 万美元来自南亚和大洋洲。国际部在德国的法兰克福、日本的东京和新加坡设有销售代表处、部分组装设备和分销设施。

法兰克福代表处对于在 20 世纪 90 年代开发和销售公司第一种完全面向家庭消费者的家用水过滤器是十分重要的。在 1989 年柏林墙倒塌后不久，法兰克福代表处的销售工程师就开始收到消费者和分销商对家用水过滤器的征询。1991 年年末，在美国设计的两种型号的产品在德国（主要是前民主德国地区）、波兰、匈牙利、罗马尼亚、捷克和斯洛伐克上市。

格兰尼尔系统公司的决策层怀着极大的兴趣见证了这两种水过滤器的成功。发展中国家的净水市场规模大、利润大而且在社会责任感意义上也很有吸引力。不过，许多发展中国家的水质很差，使用水过滤器的效果不佳。于是，在 1994 年年末，公司管理层决定在现有的产品线上再开发一种净水器。工程师将最终设计的产品命名为"喜乐"（Delight）。当时，查特吉和其他市场分析员采纳了这个名字，但并不知道印度或其他国家是否已有类似品牌。

喜乐净水器

喜乐净水器综合了几种技术来去除饮用水中的四种污染物：沉淀物，有机和无机化合物，微生物或毛囊，异味。这组技术在污染物处于"合理"水平的情况下是有效的。公司的工程师将"合理"水平解释为世界卫生组织在有关饮用水的几份报告中所描述的水平。使用这组技术可使净化后的水质超过世界卫生组织的标准。工程师多次向查特吉保证喜乐在技术上没有问题。在公司实验室，让10台净水器连续使用5 000个小时后，没有发现任何故障或性能下降的情况。"但是，"查特吉认为，"在进入印度市场之前，我们应在印度进行实地试验。失败的话，风险太大，我们不能马虎。另外，实地试验的结果有利于我们说服消费者和零售商购买。"

查特吉和其他市场分析人员仍面临着将技术转化为实际产品的设计问题。例如，采用"入水口"设计的话，可以将产品直接安装在水流入家庭的接口，对水流到所有出水口之前进行处理。相反，若采用"出水口"设计的话，产品可以安装在柜子顶上、墙上或水龙头末端，只处理流到某出水口的水。基于对成本的估计、竞争产品的设计以及他个人对印度消费者的认识，查特吉将要求工程师开发符合市场需要的"出水口"设计。

其他一些技术细节还没有确定。例如，查特吉需要向工程师提出的建议如过滤水的流速、储水量（如果需要的话）、产品外观和总体尺寸以及其他一些具体特性。一个具体特性是，是否安装能够驱动过滤器工作几个小时的小型电池，以防停电（在印度和其他许多发展中国家经常发生）。另一个特性是，是否安装一两个"铃或哨"提醒厨师、女佣或家人机器工作良好。还有一个特性是具有添加剂功能，允许用户在水中添加氟化物、维生素，甚至调味品。

查特吉知道，印度市场最终会需要多种型号的产品。不过，在进入市场之初，可以只推出两种产品，一种是适合于较大住宅的大容量的产品，另一种是适合公寓住房的小容量产品。为了与竞争者的产品进行区分，他认为喜乐净水器的款式特点应是西式的、高科技的设计。为此，他曾指示外形设计师提出两种方案。在第二次到印度出差时，他曾考察过消费者对设计方案的反应（见图表2）。两种设计消费者都喜欢，不过他们更喜欢柜顶式设计。

墙壁式设计　　　　　　　　　　　　　柜顶式设计

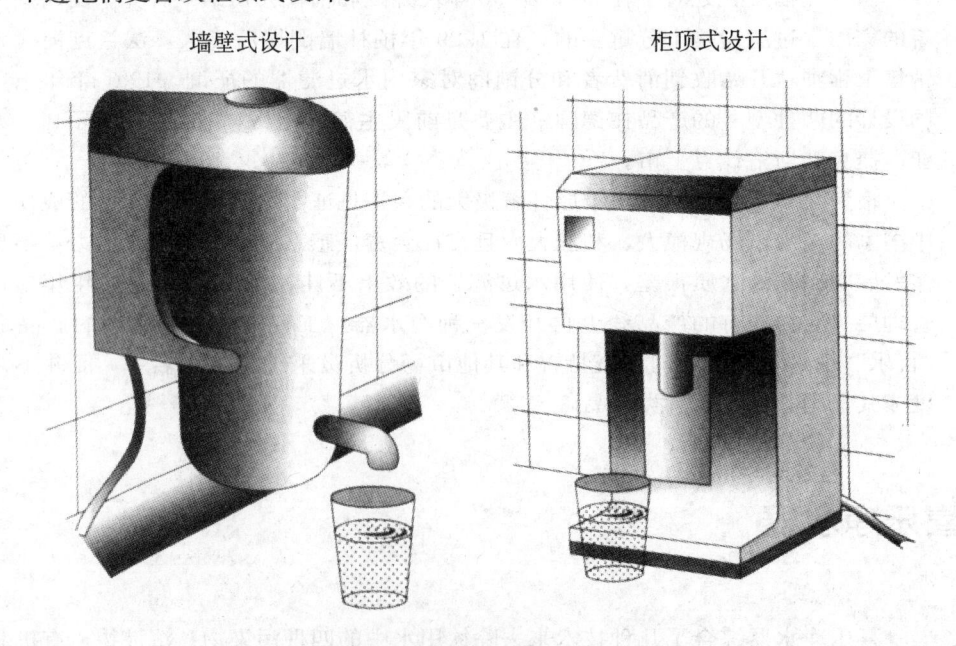

图表2　喜乐净水器的两种外形设计

竞争对手

印度的家用水过滤和净化市场有 100 多家公司在竞争。尽管很难获得大多数公司的信息，查特吉和他在印度的研究机构还是掌握了三家主要竞争者较详细的情况，对其他几家企业也略知一二。

☐ Eureka Forbes 公司

水净化器市场最主要的竞争对手是 Eureka Forbes 公司。这是由伊莱克斯公司（瑞典）和 Forbes Campbell 公司（印度）于 1982 年共同建立的一家合资企业。该公司销售多种"现代生活用品"，包括水净化器、吸尘器、搅拌/研磨机，其水净化器的品牌为 Aquaguard。这个品牌在印度非常出名，以致许多消费者把其他品牌的水净化器或该产品类别也称为 Aquaguard。Aquaguard 上市已十年，是市场中的主导产品，几乎是印度唯一家喻户晓的品牌。然而，Eureka Forbes 公司最近推出了另外一种 Puresip 品牌的净水器。除了在水处理的第三阶段有所不同外，Puresip 与 Aquaguard 差不多。它使用高分子树脂代替紫外线来杀死细菌和病毒。这意味着 Puresip 净水器可令水储存得更久些。与 Aquaguard 净水器不同，Puresip 净水器不用电。

不过，这两种产品最大的差异是销售方式。Aquaguard 是完全通过 2 500 名推销人员上门推销的；与之相反，Puresip 则是通过小家电经销商销售。1996 年，Aquaguard 和 Puresip 的零售价分别接近 5 500 卢比和 2 000 卢比。查特吉相信，Puresip 的销量比 Aquaguard 少很多，但增长很快。

普通的 Aquaguard 净水器装在厨房的墙上，净水器接有一个进水管。一条 2 米长的电线连接在 AC230V 的插座上（印度的标准电压）。如果电压降至 190V 或更低，设备会停止工作。该产品还有其他一些局限，如只有少量的活化碳，因而只能去除轻度有机异味，但不能去除很重的异味和类似铁化硝的无机溶解物。与烛式过滤器类似，使用这种产品时，如果要储存水或与储水箱连接时，可能会影响水质。

Aquaguard 的促销策略强调人员推销。每位推销员负责其居住地附近一定区域的销售并受小组长的管理，小组长则受管理人员的监督。每位推销员都要向周围住户推销产品，选择潜在客户（如年收入超过 7 万卢比的家庭）示范产品，努力推销产品。重复性的销售拜访有助于引起消费者对水质问题的关注，并告诉他们可以随时购买 Aquaguard 净水器。电视、杂志和报纸广告被用来辅助人员推销。查特吉估计，Eureka Forbes 公司 1996 年在促销方面花费了 1.2 亿卢比，约相当于其销售收入的 11%。他估计其中的 1 亿卢比是促销佣金，广告费仅为 100 万卢比。

Eureka Forbes 公司是一个强大的竞争对手，拥有一支规模庞大、积极性高涨和管理良好的推销队伍。不仅如此，Aquaguard 是进入净水器市场的第一种产品，其品牌名称就是巨大的品牌资产。就其产品本身而言，可能是该公司战略要素中最弱的，但是要让消费者认识到这一点绝非易事。尽管推销队伍为该公司提供了很大的竞争优势，但这实际上也意味着巨大的固定成本和将促销努力仅仅局限在城市地区。印度人口的 80% 居住在农村，那里的水质更差。

离子交换公司

　　离子交换公司（Ion Exchange）是印度的首家水处理公司，主要从事日常用水处理、液体处理及工业废水处理。该公司当初是 British Permutit 公司下属的一家合资企业，1964 年开始运营。British Permutit 公司 1985 年从该企业撤资，于是离子交换公司成为印度的全资公司。公司目前的客户涉及很多行业，包括核电站、热电厂、肥料、石油化学产品、净水器、纺织品、汽车和家用净水器，其家用净水器的家族品牌名称是 ZERO-B。

　　ZERO-B 净水器在其三个阶段的净化过程中部分采用了树脂环技术。第一步用过滤网去除可能的不洁物，第二步用活性炭去除异味，第三步用少量的碘杀菌。该产品的独到之处是它可预防碘缺乏病，并使净化水保质 8 小时。

　　主要的家用净化产品名叫 Puristore。通常，Puristore 放在厨房柜台上，靠近水龙头，但不用电及管道卡。这种设备可储存 20 升净化水，售价为 2 000 卢比。消费者每年要花 200 卢比更换一个树脂环。

　　查特吉估计 ZERO-B 在印度市场的占有率约为 7%。市场份额这么小的主要原因可能是消费者知之甚少。ZERO-B 净化器上市不足 3 年，广告宣传也不够，而且公司也没有像 Aquaguard 那样开展强力推销。在调查期间，查特吉发现在加尔各答只有 5 家经销商经销 ZERO-B 净水器，在班加罗尔则连一家都没有。他接触到的零售商认为，ZERO-B 的营销将会加强。有两家零售商听到传闻，该公司计划采用上门推销方式和开展消费者广告。

　　在访问了加尔各答的广告代理后，查特吉已经证实了其中的一条传闻。一则 10 秒钟的商业广告将很快将在 Zee 电视台和 DD 城市频道播出。这则广告致力于教育消费者"它不是一个过滤器"；相反，ZERO-B 是一种水净化器，在保护健康方面比烛式过滤器更有效。除了广告宣传，该公司采用的其他促销方式只有在销售地点由经销商向潜在客户散发的产品手册。

　　查特吉认为，离子交换公司大体上可以看成是市场中的主要竞争对手。这家公司在水净化方面有 30 年的经验，而且每年投入 1 000 万卢比进行研究和开发。"事实上，"他想，"离子交换公司最迫切的是充分利用市场潜力，并把它置于重要位置。"但是做到这一点并不容易，因为该公司的主要精力一直放在工业市场。查特吉估计，1996 年 ZERO-B 牌产品的销售额不到离子交换公司约 10 亿卢比收入的 2%。他认为，ZERO-B 的营销开支大约为 300 万卢比。

胜家公司

　　最新进入印度水净化市场的企业是印度胜家有限公司。起初，印度胜家是美国胜家公司的子公司，但在 1982 年，它将 49% 的股份卖给了印度投资商。所有权的改变导致该公司在 1983 年投资生产缝纫机。1991 年，公司规模进一步扩大，开始生产系列家用产品，包括缝纫机、食品加工器、熨斗、搅拌器、面包机、热水器、吊扇、炊具和彩电。1996 年，该公司的销售收入大约为 9 亿卢比。

　　查特吉在加尔各答期间，曾到胜家公司位于公园街的展览室参观。起初，他认为该公司是生产和销售喜乐牌净水器的合适伙伴。但令他吃惊的是，该公司已经在销售自己的品牌产品 Aguarius。这种产品在加尔各答还未有销售，但在孟买和德里已有销售。

德里的一家市场调研机构收集了一些有关胜家净水器的资料。这种产品的水处理过程包含 9 个步骤，售价是 4 000 卢比。它能够除杂质、重金属、不好的味道、气味及颜色，亦有杀菌作用。这种净水器要求水压不得低于 8PSI 才能使用，不用电。它只有一种柜顶式的设计，可从一个房间移至另一个房间。按照每秒 3.8 升的流速，这种机器的寿命可持续到 4 万升（按照普通的印度家庭状况，大约可使用 4～6 年）。如果流速更慢，这种机器的寿命可持续到 7 万升。到了 7 万升，这种产品就不能再用了。这家机构报道，胜家公司在德里展开了一场闪电式的强大的广告攻势，重点是电视和报纸广告，再加上户外和车身广告。胜家公司在德里的所有 10 间展览室都提供生动活泼的产品演示。

查特吉不得不承认，在加尔各答展览室展出的 Aquarius 净水器图片看起来很吸引人。一篇商业文章指出，与目前市场上"原始"的产品相比，该产品简直就是杰作。查特吉和格兰尼尔系统公司的工程师认为，Aquarius 产品所用的无污染塑胶是美国宇航局（NASA）研制的，已被证明在杀灭细菌和病毒方面百分之百有效。他想："如果我能带一台回去的话，就可以认真检测，看它究竟好在哪里。"这篇商业文章也提到，胜家公司希望以后两年可以销售 4 万台这种产品。

查特吉意识到，胜家在印度是一个著名的受人尊重的品牌名称，而且，胜家的分销渠道要优于市场上任何竞争对手（包括 Eureka Forbes 公司）。在胜家公司的三种分渠道中，最突出的是该公司拥有的位于市区的 210 间展览室。每个展览室都销售胜家公司所有的产品，提供完善的服务，并且均由熟悉业务和产品的员工经营。该公司的产品也由遍布印度的 3 000 家独立的经销商销售。这些经销商从 70 家胜家指定的分销商进货。根据德里的市场研究机构的信息，Aquarius 产品的分销商的毛利是零售价的 12%，经销商的毛利润率为 5%。最后，胜家公司雇用了 400 多名推销员从事缝纫机和食品加工器的上门推销业务。与 Eureka Forbes 一样，该公司的直销人员主要在大城市推销产品。

其他竞争对手

查特吉注意到，在印度市场还有另外几种净水器。位于马德拉斯的 S&S 工业公司生产的 Delta 牌净水器除了有更醒目的台式设计外，几乎就是 Aquaguard 的翻版。根据促销文献，Delta 品牌用于一系列与水相关的产品，如净水器、水软化剂、除铁锈剂、除盐剂和臭氧机。另外一个竞争者是孟买的 Alfa 净水器公司。这家公司提供四种型号的净水器，根据容量大小，价格在 4 300～6 500 卢比。Symphony 公司的 Spectrum 牌净水器在孟买周边卖得很好，每台售价 4 000 卢比，但它只能去除悬浮杂质而不能去除重金属或细菌。位于科因巴托尔的山姆集团（The Sam Group）最近推出了 Water Doctor 牌净水器，价格为 5 200 卢比。这种产品在处理过程中的第三步用臭氧杀灭细菌和病毒，有两种吸引人的台式外型设计，储水量分别为 6 升和 12 升。Batliboi 是德里的研究机构提及的另一个竞争对手，查特吉对这个品牌知之甚少。1996 年，这些企业再加上 ZERO-B 和胜家公司，总的净水器销量为 6 万台，Aquaguard 和 Puresip 的销量为 19 万台。

至少有 100 家印度公司在制造和销售烛式过滤器，其中最大的一家可能是 Bajaj

电气公司,该公司的其他产品包括热水器、熨斗、电灯泡、面包机、搅拌机和烘焙机。Bajaj 的烛式过滤器由经营公司全部产品的为数众多的经销商销售。其他制造商生产的烛式过滤器大多数通过专营小家电和五金用品的经销商销售。大概没有一家烛式过滤器制造商能够在一个地区市场上占有超过 5% 的份额,也没有一家制造商会试图占领全国市场。尽管如此,烛式过滤器市场也值得关注与深思,因为喜乐的进入策略可能是吸引烛式过滤器的使用者转而购买一种更好、更安全的产品。

最后,查特吉了解到,1996 年几乎所有品牌净水器的销售都来自大城市。没有一家制造商将目标对准农村和小城市。查特吉估计,目前的消费市场仅限于集中了印度人口 10%~15% 的地区。如果能用合适的产品占领大城市之外的广大市场,必然会带来销售额的急剧增长。

建 议

查特吉认为,格兰尼尔系统公司进入印度市场的策略取决于三个因素。第一,战略重点放在农村或小城市地区并不明智,至少在初期是这样。印度农村的分销渠道和信息设施落后,因此任何市场进入都应从大城市开始,最有可能在西海岸。第二,应该在印度生产产品。由于印度熟练工人的小时工资为 20~25 卢比(美国为每小时 20~25 美元),成品进口不应考虑。但是,开始时进口少量的关键部件还是必要的。第三,格兰尼尔系统公司应该在印度寻找合作伙伴。查特吉在印度考察期间已经发现了一些有潜力的合作伙伴:加尔各答的 Polar 工业公司、孟买的米尔顿塑料公司、奥兰加巴德的 Videocon 家电公司、班加罗尔的 BPL 三洋公用事业和家庭用品公司、德里的 Onida Savak 公司、孟买的 Hawkins 公司、孟买的 Voltas 公司。所有这些公司都生产并销售一系列高质量的家电产品,拥有一个或更多著名品牌,并且有较好的经销网络(至少有 10 000 家经销商)。这些公司都或多或少与国际伙伴保持联系;都是中型企业,与格兰尼尔系统公司的规模相比不是很大(不至于产生一边倒的情况),但也不太小(具有必要的管理能力和其他资源)。第四,它们都有盈利(1995 年资产回报率为 15%~27%),并且前景看好。但是,查特吉还不清楚这些公司是否认为喜乐净水器和格兰尼尔系统公司很有吸引力,是否能够说服他们出售部分或全部业务。

实地检测和产品建议

查特吉面临的最迫切的决定是是否应该建议进行实地检测。这项活动需耗资 2.5 万美元,在印度三座城市的家庭中安装 20 套设备,并对其运作进行 3~6 个月的监测。正如查特吉的老板已经说过的,实地检测实际上意味着决定进入印度市场。假如印度不存在好的经营机会,花费这么多时间和金钱是不值得的。在实地检测时期,格兰尼尔系统公司的代表可以识别合适的印度公司作为授权对象、合资伙伴合伙或收购对象。

市场进入涉及的最根本问题是产品设计。格兰尼尔系统公司的工程师已经决定,喜乐采用的净水技术应该是电力驱动的各种款式。需要电力驱动臭氧器,并能提醒用户机器运转正常(或不正常,这种情况可能有)。除此之外,其他方面可以有多种设计。

查特吉认为模块设计方法是最好的。基本的模块是台式产品（如图表 2 所显示的），从流速、去除异味、耐用性及可靠性等方面优于市场上现有产品，可储存 2 升净化水。另外两个模块可去除特定地区水中含有的铁锈、钙和其他金属污染物。例如，加尔各答及其周边地区水中的铁锈污染非常严重，印度市场上现在还没有一种过滤器或净水器能够将其很好净化。在这个国家的其他地区，供水中含有钙、盐、砷、铅或硫等杂质。许多印度家庭不需要这两种附加模块，有些可能只需要其中之一，但很少有人同时需要两种模块。

□ 市场进入和营销规划建议

假定查特吉决定建议进行实地检测，他需要就市场进入模式提出建议。另外，他的方案中还应包括营销计划的纲要。

授权方式 如果市场进入采用授权方式，格兰尼尔系统公司的财务投资将很少。查特吉认为，格兰尼尔系统公司至多需要在生产设施和设备方面投入 3 万美元的资本，再加上 5 000 美元的办公设施和设备投资。这些投资将通过受让方付给格兰尼尔系统公司的技术转让费和员工培训费完全得到补偿。开始时，格兰尼尔系统公司每年的固定费用不会超过 4 万美元，而且随着聘用、培训和提升当地的员工，年固定费用将降至 1.5 万美元。当地雇员的职责是，与格兰尼尔系统公司在美国的员工和受让方的管理层协同工作，保证生产的产品符合格兰尼尔系统公司的要求。除此之外，格兰尼尔系统公司对受让方的经营不再有任何控制权。查特吉预计，受让方需向格兰尼尔系统公司支付的技术转让费平均每台为 300 卢比，其中在印度国内销售的产品技术转让费为 280 卢比，出口产品为 450 卢比。

合资/收购 如果市场进入采用合资或独资方式，财务投资和每年的固定费用将很高，具体数额很大程度上取决于经营范围。查特吉粗略估计出三种经营范围水平上合资经营的费用（见图表 3）。他估算的依据是，所需的全部投资加上每年用于销售活动的固定花费、一般管理费、研究与开发费、保险和折旧。从销售渠道看，可以通过经销商或直接的上门推销。查特吉认为，收购进入方式每年所需的固定花费与合资差不多，但是所需投资（用于收购）可能会很高、与合资类似或较低，具体有赖于收购对象。

图表 3　　　　　　　　　合资市场进入的投资和固定费用

	经营范围		
	两个地区	四个地区	全国市场
1998 年市场潜力（件数）	55 000	110 000	430 000
初始投资（1 000 卢比）	4 000	8 000	30 000
年固定一般费用（1 000 卢比）			
使用经销商渠道	4 000	7 000	40 000
使用直接推销队伍	7 200	14 000	88 000

查特吉对喜乐的单位产品毛利的估计是建立在一系列假定基础上的，其中包括预期的规模经济性、经验曲线效应、印度的劳动力和原材料成本、竞争者的价格策略等。不过，最重要的假定是喜乐的价格策略。如果采取撇脂定价策略并通过经销商销售产品，基本模块的定价是，给经销商的价格为 5 500 卢比，零售价为 5 900 卢比。他认为："只要生产销售顺利，单位产品的贡献将达 650 卢比。"与之相比，如果采用

渗透定价策略且亦通过经销商销售，基本模块的定价为，给经销商的价格为 4 100 卢比，零售价为 4 400 卢比，单位产品贡献为 300 卢比。为了简化，查特吉假定两种附加模块的价格是，给经销商的价格为 800 卢比，零售价 1 000 卢比，单位产品贡献为 100 卢比。最后，他假定所有售给经销商的产品均由格兰尼尔系统公司直接供应（中间没有分销商）。

如果使用直销推销人员而不采用经销商，查特吉认为上面谈到的零售价格不会变化。但是，要支付销售佣金，维持及管理销售队伍也需要一笔固定费用。采用撇脂定价策略的话，销售佣金将为每件产品 550 卢比，单位产品贡献为 500 卢比。若采用渗透定价策略，销售佣金将为每件产品 400 卢比，单位产品贡献为 200 卢比。他将在报告中解释这些财务估计值，估计值适用于 1998 年或 1999 年，即预期运营的第一年。

撇脂或渗透并不仅仅是定价策略问题。与渗透策略相比，撇脂定价策略所要求的产品设计要更先进，性能要更出色，质量更高，要有更长的保质期，更多的产品功能和更吸引人的外观。当然，定位也很可能不一样。查特吉已认识到几种可能的定位：性能和口味，物有所值/低价，安全，健康，便利，吸引人的款式，防止疾病和有利于健康，出色的美国技术。他认为目前市场上唯一占有优势的是 Aquaguard，它突出保护家人健康和上门服务。查特吉认为，为了传播喜乐的定位，应该投入大量的广告和促销费用。在他的建议中，他需要估计这些费用的数额。尽管其他竞争对手也宣传了它们产品的具体定位，但在财务资源方面投入都不多，喜乐可战胜它们。

"如果我们看好'喜乐'的市场，就应该立即行动，"查特吉想，"机会的大门已经打开，但是如果胜家的产品真如其宣称的那样好，我们将面临一场恶战。Aquarius 看来在水压要求及价格方面仍然有问题。我们需要能够制胜的产品"。

[注释]

[1] 2000 年，35 卢比 = 1 美元。

附 录

准备书面案例分析 *

第 3 章粗略介绍了制定营销决策和案例分析的方法。本附录的目的是通过一个实例更为详细地介绍书面案例分析所涉及的步骤和过程。下面的达拉斯大众国民银行的案例描述了银行经理人员遭遇到的实际问题。然后提供了按照第 3 章要求的格式准备的一份学生案例分析。学生案例分析告诉我们如何组织书面案例和案例分析的性质和范围，既包括定量分析，也包括定性分析。在检查学生的案例分析前，请仔细阅读和分析案例。

案例　达拉斯大众国民银行：可协商提款账户业务

■ 导 言

1977 年初，达拉斯大众国民银行（Republic National Bank，RNB）的营销官员鲁斯·克鲁森（Ruth Krusen）被要求估算如果可协商提款（NOW）账户业务在全国合法化的话对 RNB 有何影响。她被要求：

1. 考察 RNB 在可协商提款账户业务上的利润影响。
2. 推荐一套开展可协商提款账户业务的营销策略。

可协商提款账户业务是一套有效的支付利息的支票账户，自 1972 年开始在新英格兰地区使用。1977 年初，一项旨在允许商业银行和节俭协会在 50 个州开展可协商提款账户业务的议案提交到国会。[1] 尽管国会有一些反对意见，但观察家相信，在

---

* The cooperation of Republic National Bank of Dallas in the preparation of this case is gratefully acknowledged. This case was prepared by Professor Roger A. Kerin, of the Edwin L. Cox School of Business, Southern Methodist University, as a basis for class discussion and is not designed to illustrate effective or ineffective handling of an administrative situation. Certain data have been disguised.

1978 年第一季度允许开展可协商提款账户业务的立法会被通过，并将在 1979 年 1 月生效。

得克萨斯的银行业

得克萨斯是一个实行"单一银行"的州，即每家银行都不能开办分支银行。这项将银行限制为单一场所经营的条例被列入 1876 年的州宪法。然而在 1971 年，《银行控股法案》（Bank Holding Act）修正案允许银行收购小机构，前提是被收购的小银行的身份得到保留。1971 年以来，达拉斯的大银行已经形成控股公司，目的是提高贷款能力，更好地为大商业客户提供更好的服务。截至 1977 年，33 家银行控股公司在达拉斯开业，控股公司拥有 1 360 家银行中的 250 家，存款额占该州全部银行存款额的 55%。

得克萨斯州 3 家最大的银行控股公司的总部都在达拉斯，每一家下属的最大的银行都在达拉斯市区经营。经营第一国民银行（First National Bank）的第一国际银行股份公司（First International Bancshares）是得克萨斯最大的银行控股公司。得克萨斯共和公司（Republic of Texas Corporation）经营着达拉斯 RNB，是得克萨斯第二大银行控股公司。摩堪泰尔（Mercantile）达拉斯公司操纵着摩堪泰尔国民银行（Mercantile National Bank），按照资产排名是第五大银行控股公司。

银行经营活动基本上都与城市和商业的增长相吻合。一般来讲，银行经营活动集中在从达拉斯到福特-沃思及休斯敦沿线的大城市。圣安东尼奥市的银行经营活动已经发生了巨大的变化，部分是由于人口和经济的增长。

达拉斯的竞争态势

达拉斯银行市场包括达拉斯市的 57 家银行和达拉斯县的 43 家银行。1976 年年末，达拉斯市的 57 家银行有存款 132.7 亿美元，达拉斯县的 43 家银行有存款 12.5 亿美元。

三家最大的市区银行控制着达拉斯银行市场。1976 年年末，第一国民银行、RNB 和摩堪泰尔国民银行，占达拉斯市银行存款的 78% 左右以及达拉斯县存款的 71%。RNB 是领导者，存款为 46 亿美元；紧随其后的是第一国民银行，存款 44 亿美元；摩堪泰尔国民银行存款 12 亿美元。这三家银行与其他 12 家银行很近，都在步行距离内。

传统上，达拉斯银行业的竞争集中在零售（消费者）和批发（商业）银行客户发展上。地处郊区的银行以往的重点是零售业务，市区银行集中在批发业务。然而，达拉斯最近几年竞争环境已经发生重大变化。一位达拉斯银行业务的观察家认为：

> 竞争越来越激烈，不仅仅是诱人的广告主题。银行不断地对消费者服务进行再包装，推出许多新的服务项目，交叉销售服务，取悦企业客户。例如，星期六银行业务，延长营业时间，24 小时不间断服务，外币销售，现钞机，免费支票

组合交易，自动薪水存款业务，养老金（退休金）管理服务，计算机账单服务，旅游安排服务，旅行者支票，设备租赁，信用卡贷款，贷款组合，保险箱等，不一而足。第一国民银行自己就能列出 400 种不同的服务产品。[2]

克鲁森同意观察家对达拉斯银行市场的看法。她认为 RNB 在银行服务方面仍有竞争力，但是在零售客户营销方面应该具有多大进攻性的问题还没有解决。即使不比对手的多，RNB 也至少向客户提供与竞争者一样多的服务。

除了商业银行，储蓄和贷款协会（S&Ls）也在达拉斯县居民中开办储蓄账户业务。1976 年底，22 家达拉斯郊区的储蓄和贷款协会拥有存款 28.5 亿美元，达拉斯联邦储蓄（Dallas Federal Savings）是最大的储蓄和贷款协会，大约有 9.096 亿美元的存款，或者说占总存款额的 32%。得克萨斯联邦储蓄（Texas Federal Savings）和第一得克萨斯储蓄（First Texas Savings）共计有 9.92 亿美元的存款，或者说占总存款额的 35%。达拉斯市的储蓄和贷款协会在达拉斯县开了 150 个办事处，达拉斯县外的储蓄和贷款协会也在达拉斯县开了大约 50 个办事处。

储蓄和贷款协会最近几年盯住了存款。达拉斯的储蓄和贷款协会已经超过了全美储蓄和贷款增长规模的平均数。储蓄和贷款协会在储蓄营销方面突出了两点优势：第一，提供 5.25% 的利息，而按照法律商业银行只能提供最高 5% 的利息。第二，以同一名称发展分支机构，而商业银行在得克萨斯只能有一家经营场所。

储蓄和贷款协会最近几年把业务重点放在用户消费者贷款或分期付款的贷款上。得克萨斯是美国唯一允许储蓄和贷款协会经营分期付款贷款业务的州，一些协会利用这个机会吸引存款。按照一个行业观察家的看法："储蓄和贷款协会过去吸引了一部分上岁数的客户，分期付款的贷款业务又吸引了一部分年轻客户去储蓄和贷款协会开一个储蓄账户。"

信用卡联盟也是市场上的重要竞争对手。截止到 1976 年年底，在达拉斯及其周边地区有 218 家信用卡联盟，开办了 232 家办事处，总资产额达 6.66 亿美元，客户超过 50 万。

信用卡联盟以三种有效的方式参与竞争。第一，以有竞争力的利率向会员提供消费者贷款或分期付款贷款，抓住了达拉斯巨大的汽车贷款市场。第二，吸引了会员的储蓄资金。第三，向会员提供股金提款。允许会员从生息的储蓄账户支付。这种做法与支票类似，但实际是信用卡联盟开出然后通过银行支付。

大众国民银行

RNB 于 1920 年建立，当时叫做担保和信托银行，获得了州银行业务许可。几经更名，现在的名称于 1937 年采用，并获得全国性银行业务许可。RNB 是得克萨斯共和银行控股公司中最大的会员，截止到 1977 年年底，按资产和存款排名位列全美第 21，按资产、存款、贷款和股本权益排名位列得克萨斯和南部地区第 1，同时，按照《美国银行家》（American Banker）杂志排名，位列非社会主义国家银行世界 500 强的第 150。RNB 总资产超过 60 亿美元，净收入约 0.363 亿美元。

零售账户营销

尽管无法获得其他银行的数据，RNB 的零售账户业务在达拉斯地区是最大之一，如果不是最大的。克鲁森认为，这主要是由于 RNB 长期以来采取了"抓住小客户和社区服务"的做法。1977 年，RNB 大约有 55%的零售支票账户在 500 美元以下，图表 1 为按账户规模的分布。

这种经营理念在 RNB 的广告中得到体现。从 20 世纪 60 年代末的"银星服务"到后来的"明星待遇"的广告活动中，RNB 向现有的和潜在的客户表示：他们是特殊的客户，同时 RNB 向他们提供许多特殊的服务。1977 年年初，银行推出了"RNB 就是达拉斯"的广告活动，由奥尔森·威利斯（Orson Welles）朗读电视和电台广告词，达拉斯交响乐团演奏主题音乐。这个活动的目的是反映 RNB 的互助传统和展现达拉斯居民的进取心和成长导向，同时也强调银行的领先能力及服务与达拉斯城市的繁荣与生活质量的互相依赖。市场研究显示，1975 年以来，RNB 在达拉斯地区的银行中被认为是"最具创新意识"的银行。

图表 1　　1977 年年初个人支票账户估计余额的分布

账户规模（美元）	账户百分比（%）	总支票账户存款百分比（%）
200 以下	32	3
200～499	23	3
500～999	14	4
1 000～4 999	18	13
5 000～9 999	7	11
10 000～24 999	3	13
25 000～100 000	2	20
100 000 以上	<u>1</u>	<u>33</u>
	100	100

个人支票账户数量：45 000

个人支票账户存款：1.5 亿美元

资料来源：Figures reported in this exhibit reflect approximations drawn from 1977 *District Bank Averages*：*Functional Cost Analysis*（Dallas：Federal Reserve Bank of Dallas，1977）.

零售账户服务

RNB 的营销努力为客户带来了许多传统的和创新的服务。例如，RNB 提供 24 小时出纳服务，一种自动存取现金的机器服务。这项服务一天 24 小时不间断，分布在达拉斯城区的 26 个地方及得克萨斯州其他 6 个城市。另一项创新服务是"明星包"账户，每月固定收费 3 美元向客户提供整套银行服务。图表 2 描述了这项业务。RNB 个人支票账户在达拉斯市场上具有很强的竞争力，只要保持每月 400 美元的最低余额就可以免交服务费。月余额达到 300 美元，收取 1 美元服务费；月余额达到 200 美元，收取 2 美元服务费；交 3 美元，没有最小余额限制。

图表 2　　　　　　　　　　　RNB"明星包"账户的内容

1. 无限制的支票——当拥有"明星包"个人支票账户后，无最小余额要求，对每笔支票不收费，对所签的支票金额无限制。
2. 免费个人支票——将按照你的名字、地址、电话号码制作个性化的预先编号的支票，需要时可随时索取。
3. 低贷款利率——仅因此特征，许多人使用"明星包"付款。贷款到期时，若你按照规定的方式偿还贷款后，我们将退还 1 000 美元或以上的分期付款利息的 10%。当然，你的贷款要接受正常的信用审批。
4. 对旅行支票银行不收费——当你出示"明星包"账户卡后，汇票或银行开出的支票均不收费。
5. 免费保险箱——5 美元左右的免费，金额更多的从租金中扣除 5 美元。
6. 合并月清单——你的月清单中可包括你和你的配偶在 RNB 的部分或所有账户。你可以选择月清单中你想包括的账户，包括支票账户、储蓄账户、定期存款甚至个人贷款。当然，同时你也得到每个账户独立的正常的清单。
7. 编号支票清单——你的月清单中将报告你按顺序开出的每一张支票，这样你可以更容易清点每月的支出。
8. 自动透支保护——这项可选择的服务给你额外安全感和处理好异常成交商品的情况。基本原则是，如果你开出的数额超过了你支票账户的余额，我们将覆盖透支额最高到你在本银行的万事达卡或者威士卡的信用额度。延迟支付将按正常利率计算，偿还将通过万事达卡或者威士卡进行清偿。
9. 24 小时出纳服务——你可以通过"明星包"账户或万事达卡和威士卡，在位于达拉斯和得克萨斯其他 6 个城市的 26 台 24 小时服务机器及全美范围内的 12 000 家银行，提取现金。利用这一服务，你可以每周 7 天、每天 24 小时取现金。
10. 自动还款——如果你在银行有分期付款，我们可以按照你的要求，从你的"明星包"支票账户中扣除掉你每月的贷款还款额，这样可确保你利息的 10% 的退款。
11. 自动储蓄账户存款——如果你以前未存过，这项计划将解决这个问题。你只需告诉我们数额以及在该月的哪一天存入。在你指定的那一天，我们从你的支票账户中自动将该数额转存到你的储蓄账户上。我们将支付可能的最高存款利率，从而使你的储蓄增长得更快。
12. "明星包"账户卡——它用来识别你为 RNB 的优先客户，使你有权享有"明星包"账户的所有权利。
13. 无额外收费——"明星包"所有的这些服务每月收费 3 美元，无其他收费。

除此之外，可以享有面向所有 RNB 客户的服务——当你通过信函使用银行服务时，我们支付双向邮资。当你来银行时，你可以免费存车。我们将为你的账户指派一位个人理财专家，你可以得到需要的指导和帮助。

资料来源：Bank brochure.

零售账户服务的收入和成本估算

在准备报告的过程中，克鲁森与 RNB 的有关管理人员进行了接触，获得了零售支票账户的收入和成本数据。依据美联储统计资料，几乎达 85% 的零售支票账户存款是可供投资的，换句话说，15%的零售支票账户存款需要保留。96%的储蓄账户余额可供投资。

同时，数据也表明，1977年RNB在贷款和有价证券方面的平均收益约为7.5%。克鲁森注意到这个数字是RNB最近几年来最低的，1974年约为10.59%。直接来自美联储的统计资料表明，对商业银行全部2亿美元存款的平均数如下：

每个账户每月服务与管理费	1.56美元
每月账户成本（包括支票、存款及其他分摊一般费用）	5.24美元

可协商提款账户

可协商提款账户的形成缘于一家马萨诸塞州的共同储蓄银行试图绕过禁止节俭协会提供支票账户的规定的努力。在经过两年的管理和与立法的斗争后，马萨诸塞州Worcester消费者储蓄银行赢了这场官司，于1972年6月开始提供一个储蓄账户，利用该账户可以开出类似于支票的金融工具协商提款汇票（可协商提款）。马萨诸塞州和新罕布什尔州的其他共同储蓄银行不久也推出了该业务。

尽管管理当局坚持认为，可协商提款账户是一种可以开支票的储蓄账户，但是从用户角度（或从运作角度）来看，它就是一种支付利息的支票账户。随着消费者对可协商提款的逐渐了解，商业银行的不少客户转向这种有吸引力的账户，因为商业银行无法与之竞争。为此，联邦和州法律通过法案，允许马萨诸塞州和新罕布什尔州的商业银行和共同储蓄银行及储蓄和贷款协会一样，可以从1974年1月起提供可协商提款账户。到1976年3月，新英格兰地区其他几个金融协会也获得了同样的权利。其中，康涅狄格和缅因两个州的节俭协会较早几个月获准提供支票账户。

在新英格兰地区，可协商提款账户可以向个人和非营利组织提供（康涅狄格州除外，在那里可协商提款账户仅向个人提供）。[3] 最高利率不超过5%的规定适用于所有机构。本案例后面的附录介绍了RNB营销部关于可协商提款账户在新英格地区发展情况报告的部分内容。

可协商提款账户营销策略

克鲁森面对的任务非常困难，原因如下：第一，可协商提款账户仅有的信息是有关新英格兰地区的，尽管这对推测可协商提款账户的普及率是有用的，但达拉斯地区的银行和节俭协会会如何反应并不很清楚。第二，必须制定几个应急计划。如果RNB的高层管理者认为可协商提款账户不合适，克鲁森必须提出能保持RNB用户的策略。这个策略将取决于可协商提款账户在达拉斯是会流行起来还是竞争者会采取更为保守的策略。她认识到，若可协商提款账户被RNB采用，可协商提款账户组合（是作为分离账户还是银行现有业务的一部分）和价格（如果有一些服务费用的话）必须定下来。可协商提款账户的内容和价格部分取决于竞争环境和可协商提款账户的成本。

时间的选择是第三个要考虑的问题。RNB是作为领导者还是采取"等一等，看一看"的姿态？最后，如果 RNB 决定推出可协商提款账户，还要考虑沟通问题。例如，RNB 是应该仅仅告知现有客户银行已经推出了可协商提款账户还是通过大规模的广告活动向整个达拉斯市场宣传？

附录：新英格兰地区的可协商提款账户——达拉斯大众国民银行营销部准备的报告

对新英格兰地区可协商提款账户进行调查的目标是：
1. 了解可协商提款账户影响的速度和程度，作为估计对 RNB 产生的可能影响的基础数据。
2. 识别和评估不同的营销策略及其对本银行的适用性。

可协商提款账户的渗透

获得提供可协商提款账户业务授权后新英格兰金融机构的反应如图表 A—1 所示，数据包括到 1976 年 8 月时提供可协商提款账户的节俭协会和商业银行所占的百分比以及商业银行的市场份额。截止到 1976 年 8 月，马萨诸塞州和新罕布什尔州的共同储蓄银行已提供可协商提款账户业务达 50 个月，商业银行达 30 个月，在其他州，各种机构提供该项业务仅仅 6 个月。

图表 A—1　　1976 年 8 月新英格兰地区可协商提款账户的采用情况表（%）

	提供可协商提款账户的机构的百分比		商业银行在可协商提款市场中份额	
	节俭协会	商业银行	账户百分比	余额百分比
马萨诸塞	94[a]	72	32	52
新罕布什尔	81[a]	64	43	62
康涅狄格	69	53	35	74
缅因	32	40	68	81
佛蒙特	23	29	89	93
罗得岛[b]	25	75	83	85

注：a. 只包括共同储蓄银行；在每个州，2/3 的储蓄和贷款机构提供可协商提款账户业务。
b. 罗得岛的附属共同储蓄银行和商业银行的情形与众不同。图表中的数据仅指非附属的节俭协会和商业银行。附属集团中有 66% 提供可协商提款服务。

不管马萨诸塞州和新罕布什尔州的商业银行如何反对可协商提款账户业务，图表 A—1 显示，多数商业银行正在提供此项业务。在新英格兰的其他地区，商业银行已加快采纳可协商提款账户，这就是这些州的商业银行比马萨诸塞州和新罕布什尔州的商业银行占有更大的可协商提款账户业务份额和余额的原因之一。在这些州，商业银行也获取了比节俭协会更大的可协商提款账户业务余额。

从这些数据可得出的一个结论是，金融机构的竞争力与所在州人口集中到大城市的程度直接相关。

图表 A—2 中有关马萨诸塞州和新罕布什尔州的其他数据表明在个人支付账户市场上可协商提款账户具有显著影响。从图表 A—2 可看出，4 年之后（到 1976 年 8 月），新罕布什尔州 72％的支票账户余额转化为可协商提款账户业务，在马萨诸塞州为 44％。节俭协会已获新罕布什尔州 27％和马萨诸塞州 21％的份额。

图表 A—2　　　　　　　　　**1976 年 8 月个人支付账户**

	个人支付余额	
	可协商提款账户所占的百分比	节俭协会所占的百分比
新罕布什尔	72％	27％
马萨诸塞	44％	21％

说明：个人支付账户包括所有的支票账户和 80％的可协商提款余额。可协商提款余额中来自储蓄账户的 20％已经扣除。

营销战略

马萨诸塞和新罕布什尔　与生息支票账户概念的出现一样，可协商提款账户在新英格兰的导入造成了初始市场定位、价格和营销战略方面的混乱。

市场定位　由于种种原因，节俭协会开始时把可协商提款账户定位为在存取资金方面特别方便的储蓄账户。开立此账户的客户没有把它们视为支票账户，因此使用得很少。此外，当开始推出可协商提款账户时，有的银行也很消极。它们告诉客户："我们有可协商提款账户业务，但是，你们不是真正想花掉你们的储蓄，难道不是吗？"

后来，节俭协会和银行及时大胆地将可协商提款账户转变为功能等同但加付利息的支票账户。可协商提款账户现在已成为支票账户的替代品，可以完全取代支票账户（或者在开立可协商提款时意识到原来的支票账户没有必要而将其关闭）。

定价　定价在开始时相当保守。在新罕布什尔州，可协商提款账户通常比储蓄账户的利率低，而在马萨诸塞州，根据每项服务内容收费是普通的做法。因此，价格战开始出现，后来，越来越多的机构提供免费可协商提款账户，也就是说，客户可以享受最高的利率同时免服务费，也不要求有最低余额。

提供免费可协商提款账户的机构的比例在 1975 年上半年前一直是增加的，自那以后，情况发生变化，主要是因为后进入者不再提供慷慨大方的服务内容。有些较早提供免费可协商提款账户的机构现在也开始收费或增加了最低余额要求。

推出免费可协商提款账户的原因和动机有：

1. 在导入期，货币市场利率高以至于可协商提款账户资金仍会有一定的利润盈余。
2. 节俭协会对支票账户服务涉及的成本不熟悉。
3. 一些节俭协会想尽早抢占市场份额，而不关心短期收益。
4. 在主要市场上，支票账户是免费的。

价格和服务包　在新英格兰可协商提款账户的定价结构与支票账户收费一样，都是多种多样的。通过利息率竞争是唯一的新方法。当可协商提款账户不免费时，发生了以下的一些变化：

1. 利率。开始时，一些机构支付的利息率低于储蓄账户最高利率，然而，在市场竞争的压力下，在一些主要市场上，利率很快升至5%的最高限度，许多机构不是按存款日到提款日计算利息。尽管现在很少有银行按综合余额结算，但是几家大银行正准备这样做。也有一些银行按最小余额结算利息。

2. 余额要求。获得免费可协商提款账户服务的余额范围是200～1 000美元。尽管像Shawnut那样的大银行有平均余额要求，但大多数情况下，这是最低余额。当余额低于最低限额时，会如何呢？有时是不付利息，有时是收取服务费或交易费，还有一些情况下是既收费又不付利息。在一些孤立的市场中，对所有账户都要收费，但在竞争激烈的主要市场，达到一定余额水平后可协商提款账户是免费的。

3. 交易费用。每张支票的费用为10～25美分。通常，如果余额在要求的水平下，对所有支票都要收费。有时，一定数目的支票是免费的（如每月10～15张），在另外一些情况下，免费的支票数目是与余额相关的（例如，每100美元平均余额将获得5张免费支票）。

4. 服务费用。一些银行收取固定费用而不是按交易次数收费。费用大约在1～2美元。

新英格兰地区其他州　可协商提款账户业务获准在新英格兰地区其他州开展后，商业银行和节俭协会有机会评估可协商提款在最初两个州的成本和竞争影响，同时货币市场也已发生变化。金融机构在推出可协商提款时的反应说明了这一点。商业银行比它们在新罕布什尔州和马萨诸塞州转变得要快，与此同时，商业银行和节俭协会在定价方面也趋于保守。

康涅狄格州　节俭协会积极地同时推出支票账户和可协商提款账户。尽管在主要市场上，免费支票业务非常盛行以及大约1/3的节俭协会提供免费可协商提款账户，但是大银行提供可协商提款业务时仍附带一些较保守的条件（较高的最低余额要求以及对低余额的账户收取服务费）。商业银行要求客户有超过4 000美元的平均余额。

罗得岛州　金融市场为少数几个机构高度控制。在可协商提款账户业务合法化6个月后，9家商业银行中有6家与节俭协会建立了联系，8家非关联银行中的6家，以及4个关联节俭协会中的一个开始提供可协商提款账户业务。它们当中没有一家提供免费可协商提款账户业务。与这个州的支票市场一样，可协商提款账户有相对较高的最低余额要求。值得指出的是，由于与商业银行的附属关系，大多数节俭协会实际上已经能提供支票账户给客户。

缅因州　节俭协会的精力集中在销售支票账户而非可协商提款业务上。节俭协会和商业银行在推出可协商提款账户业务时行动迟缓，几乎很少提供免费服务。

佛蒙特州　这个州在可协商提款业务方面进展最慢，没有免费业务。

[注释]

[1] 商业银行和节俭协会包括互助储蓄银行、合作银行、信用合作社以及储蓄和贷款协会等。商业银行和节俭协会不同于商业银行，只有银行才能接受活期存款、支票存款或提供商业债务。

[2] Dave Clark, "A big Pitch for Bucks," *Dallas-Fort Worth Business Quarterly* 1, no. 2.

[3] 在本案例发生时以及出于研究目的，只有零售（个人和非营利）支票账户受达拉斯地区的可协商提款账户所影响。

| 案例分析 | 达拉斯大众国民银行：可协商提款账户 |

战略问题

达拉斯大众国民银行（RNB）的营销官员鲁斯·克鲁森的职责是：（1）考察可协商提款账户业务可能对 RNB 利润的影响；（2）推荐关于可协商提款账户业务的营销策略计划。

完成这一任务涉及许多重要因素。首先，她必须评估在推出可协商提款业务时达拉斯的竞争环境是趋于宽松还是保守。由于 RNB 在达拉斯市场的领先地位和它在零售账户营销方面积极的姿态，因此需要考虑 RNB 在影响环境方面所扮演的角色。最终，她必须作出推出还是不推出可协商提款业务的决定。如果决定推出该项业务，她必须就服务的方式、目标市场、价格和促销方式等提出建议。如果不推出该项业务，她必须分析没有可协商提款账户业务对达拉斯共和国银行竞争地位的影响以及采取什么措施降低不利影响。RNB 面临的问题是如何在环境威胁下（即可协商提款账户业务）维持银行的主导地位，同时保持收益率和客户。

从新英格兰地区的经验中得到的启示

从营销部报告中的资料可以看出，可协商提款账户的经验有以下几点启示：

1. 商业银行推出可协商提款账户越快，获得的可协商提款账户的市场份额和余额越大。

2. 推出可协商提款账户后，支票账户会受到损失。新罕布什尔州 72% 的支票账户余额转移到可协商提款账户，马萨诸塞州 44% 的支票账户转移到可协商提款账户。这些数字反映了可协商提款账户导入 50 个月（4 年）后的情况（见图表 A—2）。

3. 案例中的图表 A—1 显示可协商提款账户的余额是高的。这可能是由于拥有较高支票账户余额的个人更有可能转到可协商提款账户。康涅狄格州的经验表明，最低余额要求刺激了可协商提款账户余额的增长。从新罕布什尔和马萨诸塞两个实行免费可协商提款业务的州得到的数据也可以看出，拥有较高支票账户余额的个人转到可协商提款账户。

4. 可协商提款账户的使用与支票账户非常接近，因此，支票账户的成本可以转到可协商提款账户管理。

5. 由可协商提款服务内容反映的竞争活动表明，免费可协商提款业务是最早推出的，但是金融机构后来提供的服务就不那么大方了。

6. 可协商提款账户的服务内容在最低余额、服务费和定位上与支票及储蓄账户大不相同。

新英格兰的经验表明，达拉斯市场存在三种可能的情形：

环境	环境描述
不采用可协商提款账户：	金融机构拒绝采用。
自由采用可协商提款账户：	可协商提款账户以无最低余额和服务费、5%的利率和积极的促销和沟通活动被采用。
保守采用可协商提款账户：	可协商提款账户以有一定形式的最低服务费、低于5%的利率和较少的促销或沟通被采用。

许多因素会影响每种环境在达拉斯市场出现的可能性。

有利于不采用可协商提款账户的环境因素：

1. 新英格兰地区的经验表明，对所有金融机构都存在失败的可能性。例如，银行不得不对以前无息资金支付利息，储蓄和贷款协会和信用卡联盟的成本较以前提高。
2. 目前货币市场利率很低，不太可能获得足够的利润收益。

有利于采用可协商提款账户的环境因素：

1. 新英格兰地区的经验表明，只要可协商提款业务合法化，就有某些机构以某种显示采用。
2. 如果达拉斯市场竞争激烈，金融机构都在争夺存款，那么，可协商提款提供了一种吸引存款的方式。新英格兰地区的经验也表明，"率先进入"是至关重要的，"跟随"得不到好的回报。
3. 储蓄和贷款协会正准备利用可协商提款将存款利率从5.25%降到5%，这意味着5%为最高利率。

有利于自由采用可协商提款账户的环境因素：

1. 节俭协会把可协商提款业务看作快速吸纳存款的一种方式。
2. 由于目前为储蓄账户支付5.25%的利息，因此，即使可协商提款提供5%的利息，储蓄和贷款协会仍可以从可协商提款账户受益。
3. 信用卡联盟提供的汇票同可协商提款账户的汇票是相似的，因此，可协商提款看起来是一种自然的延伸。

有利于保守采用可协商提款账户的环境因素：

1. 这在新英格兰地区是一种趋势。
2. 达拉斯的银行一般不提供免费支票账户。
3. 货币市场利率低。

由于RNB在达拉斯市场占据统治地位，看起来，决定可协商提款环境演变的一个潜在因素将是RNB的决策。RNB对环境的影响似乎仅仅取决于它能否快速推出一套精心设计的可协商提款业务方案。可协商提款业务是必然趋势，也就是说，不利于可协商提款业务的环境看起来是不可能出现的。问题是会出现自由的还是保守的可协商提款环境。RNB对此可以产生影响。

大众国民银行

RNB在达拉斯金融市场起着主导作用，其总资产（60亿美元）约为全部信用卡联盟资产总和（6.66亿美元）的10倍，其存款总额（46亿美元）超过所有储蓄和贷款协会的存款（28.5亿美元），在达拉斯银行系统中，存款额和零售存款账户居首位。

然而，RNB管理层显然还没有决定如何在零售市场采取积极的营销策略。这似乎与银行想把重点放在批发市场而非零售市场有关。

案例中图表A—1的数据显示，RNB大约55%的支票账户在500美元以下，但全部支票账户余额的96%来自500美元以上的账户，存款余额的53%来自25 000美元以上的账户。平均账户规模是3 333美元（1.5亿美元存款除以45 000个账户）。支票账户的利润分析显示，RNB在每年低于500美元的账户上是亏损的（见本分析报告的图表1），低于500美元的账户每年造成519 210美元的损失。

低于200美元的账户：　　　　14 400个账户×（24.24美元）=（349 056美元）
介于200～499美元的账户：10 350个账户×（16.44美元）=（107 154美元）
损失　　　　　　　　　　　　　　　　　　　　　　　　　　　=（519 210美元）

图表1　　RNB零售账户利润分析（单位为美元，基于图表A—1的数据）

账户规模	平均利息收入[a]	+	平均服务收入[b]	=	平均收入	−	账户成本[b]	=	利润（亏损）
少于200	19.92		18.72		38.64		62.88		(24.24)
200～499	27.72		18.72		46.44		62.88		(16.44)
500～999	60.71		18.72		79.43		62.88		16.55
1 000～4 999	153.47		18.72		172.19		62.88		109.31
5 000～9 999	333.93		18.72		352.65		62.88		289.77
10 000～24 999	920.83		18.72		939.55		62.88		876.67
25 000～100 000	2 125.00		18.72		2 143.72		62.88		2 080.84
100 000以上	7 083.00		18.72		7101.72		62.88		7 038.84

注：a. 计算公式为：（账户规模对应存款额/该规模账户数量）× 85% ×0.075。对于200美元规模的账户，利用图表A—1的数据：（450万美元/14 400）×0.85 ×0.075=19.92美元。

b. 给出的是年平均账户收入和成本，月账户服务费为1.56美元，月账户成本为5.24美元。

更重要的是，分析结果为可协商提款账户的定价和服务方式提供了重要的数据。在后面我们将进行讨论。

行动计划

RNB有两种基本的选择：提供或不提供可协商提款。如果决定推出可协商提款，那么形式、价格和促销必须确定。可供选择的方案是：

1. 不提供可协商提款。
2. 无条件提供可协商提款，以强劲的或谨慎的方式促销。
3. 有条件地提供可协商提款，以强劲的或谨慎的方式促销。

上述选择对RNB的优势与劣势是：

1. 不提供可协商提款。

优势：
- RNB占据支配性地位，有足够资源来等待和观望。
- 提供可协商提款对收入有重大影响。假设所有账户受到可协商提款不利影响，并且因为可协商提款账户要支付 5％ 的利息而使利息收入从 7.5％ 下降至 2.5％，那么利息收入损失将达 600 万美元。

支票存款　可投资率　可投资存款额
1.50 亿美元 ×85％ ＝1.275 亿美元

利息收入
1.275 亿美元 ×0.075 ＝9 562 500 美元
1.44 亿美元 ×0.025 ＝－3 600 000 美元
利息收入损失　　　　5 962 500 美元

考虑到可协商提款账户可以视为储蓄账户，96％ 的储蓄将是可投资的。

劣势：
- RNB 将失去作为革新者或"市场先入者"的机会，而这在新英格兰地区被证明是有益处的。
- 储户将会减少，因为各储户将会转向提供可协商提款账户的机构。如果大量的账户转走将是一个很重要的因素，并且他们看起来一定会这样做，因为他们认定能从可协商提款账户中得到很多好处。

2. 无条件提供可协商提款账户。

优势：
- 无条件提供可协商提款账户对达拉斯银行业有巨大影响。提供可协商提款账户的银行极有可能大量地吸引储蓄和账户，因为可协商提款比要求最低余额和收取服务费的支票账户要好，何况还提供利息。
- 无条件提供可协商提款账户将为市场竞争确立新的格局。不提供可协商提款账户的零售银行将无竞争力。
- 通过无条件提供可协商提款账户，RNB 将保持现有的账户数量不被竞争者吸引。

劣势：
- 这种战略可能非常昂贵。就像早先指出的，除了账户成本，有可能发生 600 万美元的利息损失。
- 这种战略将几乎完全挤掉支票账户。

3. 有条件提供可协商提款账户。

优势：
- 最低余额要求使得 RNB 可以只接受有利可图的客户。
- 收取服务费和手续费也将提高账户选择性。
- 通过"盈亏平衡"分析可以确定出 RNB 在现行的每年服务收费和账户成本基础上所需要的最低余额。盈亏平衡点是指，在该点上全部收入（利息加上服务费、手续费）减去全部成本（每月的账户成本）等于零。由于 RNB 有 2.5％ 的账户利息收入，从每个账户上每年获得 18.72 美元的服务费和手续费收入（1.56 美元 ×12 个月），每年的账户成本是 62.88 美元（5.24 美元 ×12 个月），最低账户余额可以按下面公式求出：

利润 ＝ 账户利息收入＋服务（交易）费－账户成本
$0 = 0.025X + 18.72$ 美元 -62.88 美元
44.16 美元 $= 0.025X$
$1 766.40$ 美元 $= X$

因此，在现有的每个账户每年服务费和手续费及账户维持成本的条件下，盈亏平衡的账户规模是 1 766.4 美元。这个最低余额水平将成为大约 80%～90% 的 RNB 账户必须达到的条件。

劣势：
- 如果上述条件太严格，这一战略容易受到竞争对手的攻击。
- 过于复杂的条件和客户对服务收费缺乏准备将会损害银行的商誉，特别是在那些大余额储户中间。

可协商提款账户推荐营销战略

上述分析表明，RNB 可以塑造达拉斯的可协商提款账户环境。下面的可协商提款账户营销战略可以保证做到这一点。

目的和目标

1. 为确立竞争基调和创造理性的可协商提款环境，RNB 应该成为达拉斯市场上可协商提款账户的先锋。
2. RNB 应该能够争取到 85% 回头客。
3. RNB 应该在可协商提款账户上做到盈亏平衡。

目标市场

可协商提款账户的目标市场应该是那些拥有较大账户余额的现有储户。具体来说，账户规模在 1 800 美元以上的现有客户应该是基本的目标市场。这个市场基本上代表了 RNB 几乎所有的现有客户。对于可协商提款账户来说，吸收新客户收效甚微。

市场组合策略

产品策略 可协商提款账户将包含在现有的服务组合——"明星包"账户中。预计可协商提款账户将挤掉现存的账户。RNB 集中力量于现有客户是留住现有客户必要的一种手段。

价格策略 可协商提款账户应该收取服务费。建议每个账户收取 18.75 美元。考虑到现有的账户成本和账户利息收入，这将使 RNB 达到损益平衡的最低账户余额为 1 766.40 美元。

分销策略 可协商提款账户将由新账户职员在各地提供。对 RNB 的新账户职员应立即开始培训。"明星包"账户文件应立即修改，以适应可协商提款账户。

广告和促销 建议为可协商提款推出中等程度的广告促销计划。这一计划应集中于现有客户，通过直接邮寄，特别是在月清单中夹带。"明星包"账户的平面和电视广告中应包括可协商提款账户。

术语表

广告机会（advertising opportunity） 产品或服务可以从做广告中获益的条件，主要包括：（1）对产品或服务有利的基本需求；（2）做广告的产品或服务可以与竞争对手显著地区分开来；（3）产品或服务具有能够通过广告有效表达的隐性质量和利益好处；（4）顾客有较强的情感性购买动机。

品牌权益（品牌资产）（brand equity） 品牌名称提供给产品或服务的超过其功能性利益的附加价值。

品牌延伸战略（brand extension strategy） 使用现有品牌名称进入一个完全不同的产品市场。

盈亏平衡分析（break-even analysis） 组织既没有盈利也没有亏损的销售数量或销售额。决定盈亏平衡数量的公式是：盈亏平衡产量＝总固定成本/（销售单价－单位变动成本）。

捆绑（一揽子）（bundling） 将两种或两种以上的产品或服务作为一个整体按一个价格销售。

业务使命（business mission） 描述了组织与顾客、产品或服务、市场、经营哲学、技术等有关的目的。

蚕食（cannibalism） 新产品或服务的销售是以牺牲企业已有产品或服务为代价的过程。

链比法（chain ratio method） 估计市场销售潜力的技术，利用影响市场销售潜力的几个调整性因素乘以一个基数。

渠道首领（channel captain） 营销渠道中有能力影响其他渠道成员行为的成员。

渠道冲突（channel conflict） 一个渠道成员认为其他成员在从事阻碍其目标达成的行为时出现的状态。

合作品牌（品牌合作）（co-branding） 将两个制造商的两个品牌加在一个产品上。

贡献（contribution） 总销售收入与总变动成本间的差额。或者，就单位产品而言，指销售单价与单位变动成本的差额。贡献可以用百分比的方式表述（贡献率），也可以用货币表述（每单位产品的贡献）。

产品销售成本（cost of goods sold） 直接用于产品生产的材料、劳动力和一般费用。

交叉需求弹性（cross-elasticity of demand） 一种产品或服务的需求数量对另一产品或服务价格变动的反应程度。

顾客终身价值（customer lifetime value） 从顾客关系中得到的未来现金流的现值。

折现现金流（discounted cash flow） 未来的现金流折算成当前的价值。

去中间化（disintermediation） 通过电子营销渠道，使传统的中介和直销渠道成为多余。

独特能力（distinctive competency） 组织独特的优势或素质，包括能将组织实现有效差别化的技能、技术或资源。这些能力不容易被竞争者完全模仿，能够提供出众的顾客价值。

多样化（diversification） 涉及开发或获取

对于组织来说是新的提供物，并将这些提供物引入组织以往没有进入的市场的产品—市场战略。

双重分销（dual distribution） 通过两个或更多个可能是也可能不是针对类似顾客的营销渠道分销产品或服务的实践。

有效需求（effective demand） 潜在购买者愿意而且有能力购买组织提供物的情形。

电子营销渠道（electronic marketing channels） 在营销渠道中使用了一些电子传播媒介，包括互联网，使产品和服务能为消费者和工业使用者消费与使用。

独家分销（exclusive distribution） 生产者在一个地理区域中只通过一个零售点销售产品或服务的分销策略。

对抗性品牌战略（fighting brand strategy） 在组织服务的产品市场中增加一个新的品牌来专门对抗竞争品牌的实践。

固定成本（fixed cost） 在一定的时间范围内（通常是一个预算年度）不随产出规模变动的支出。随着产出的增加，产品的单位固定成本越来越小。固定成本包括两类，一是为创造销售发生的酌量性成本；二是维持组织运营需要的约束性成本。

侧翼品牌战略（flanker brand strategy） 根据价格—质量连续谱，在产品线的顶端或底端增加新品牌的做法。

总成本价格策略（full-cost price strategies） 在产品或服务定价时同时考虑变动成本和固定成本（总成本）的策略。

全球品牌（global brand） 在多个国家采用相同品牌名具有相似的和中心协同的营销计划的品牌。

毛利（或毛利润）（gross margin (or gross profit)） 总销售额与产品销售总成本间的差额。或就单位产品而言，指销售单价与单位产品销售成本间的差额。毛利可以用货币数量或百分比表示。

收获（harvesting） 为了降低成本或改善现金流动而减少在某业务实体（事业部、产品部）的投资。

整合营销沟通（integrated marketing communication） 以相互强化的方式对沟通组合中不同的要素进行组合的实践。

密集分销（intensive distribution） 在一个地理区域内通过尽可能多的零售点销售产品或服务的分销策略。

生命周期（life cycle） 一种产品、品牌、服务或一类产品或服务沿时间变化的过程。

市场（market） 愿意和有能力购买组织现有或潜在提供物（产品或服务）的潜在购买者。

市场开发战略（market-development strategy） 组织将其提供物引入新市场的产品—市场策略。在全球营销中，这种策略可以通过出口、对外授权、合资或直接投资等方式实现。

市场演进（market evolution） 某类产品基本需求的变化和技术的变化。

市场渗透战略（market-penetration strategy） 在已有市场中寻求更大的主导地位的产品—市场战略。这种战略通常意味着在已有市场中获取更大的市场份额。

市场重新定义（market redefinition） 购买者需求的变化或竞争者促销的提供物的变化。

市场销售潜力（market sales potential） 在给定（1）所有组织的营销组合活动和努力和（2）一定的环境条件下，在特定时期内在特定的市场中所有组织可以获得的最高的销售水平。

市场细分（market segmentation） 根据与购买或消费行为有关的某类共同特征（如年龄、收入、地区）等，将潜在购买者分类聚合的过程。

市场份额（market share） 一个企业、一种产品或品牌的销量除以市场总的销量。

目标市场选择（market targeting (or target marketing)） 确定组织希望追求的特定的市场区隔。差别化营销意味着组织同时服务几个不同的市场区隔，在每个市场区隔采用不同的策略。集中化营销意味着只服务单一的市场区隔。

营销审计（marketing audit） 全面、系统、独立、定期地检查公司或其业务单位的营销环境、目标、策略和活动，以便确定问题和机会，提出改进企业营销业绩的行动计划。

营销渠道（marketing channel） 在为消费者或工业使用者生产一种可消费的产品或服务的过程中所包括的所有个体或企业。

营销—成本分析（marketing-cost analysis） 根据特定的营销活动或实体分配或安排成本，准确显示组织的活动或实体的财务贡献。

营销组合（marketing mix） 由组织可以控制的活动，包括提供的产品和服务或观点、将提供物向顾客沟通的方式、分销或传递提供物的方法、提供物的价格。

大规模定制（mass customization） 在大批量生产和相对低成本的前提下，使产品或服务迎合个体购买者的偏好或口味。

多品牌（multibranding） 给公司的产品和产品线冠以不同名称的实践。

多渠道营销（multi-channel marketing） 电子营销渠道与传统渠道的混合，相互补充来吸引、留住客户以及与客户建立关系。

多产品品牌策略（multiproduct branding） 在公司的所有产品中使用同一个名称。许多时候称作家族品牌或公司品牌。

新品牌战略（new-brand strategy） 开发一种新的品牌，通常是组织以往没有进入的产品类别中新的提供物。

（税前）净利润（net profit margin（before taxes）） 从销售收入中剔除产品销售成本、其他变动成本和固定成本后的余额。或者，就是总收入减去总成本。它可以以货币数量或百分比表示。

提供物（offering） 组织提供给目标市场的总的利益或满足。一项提供物包括有形产品或服务，再加上相关服务、担保、包装等。

提供物组合（offering mix or portfolio） 指组织所有的提供物的集合。

营业杠杆（operating leverage） 指产品或服务的生产和营销中使用的固定成本和变动成本的程度。

经营控制（operations control） 对组织在实现计划目标的过程中，评价组织从事营销活动的好坏。

机会分析（opportunity analysis） 识别机会、将机会与组织相适应和评价机会的过程。

机会成本（opportunity cost） 采用某方案而不采用其他方案，放弃了资源使用的其他用途。有时，指放弃其他方案而失去的利益。

回收期（payback period） 组织赚回某提供物中的初始投资所需的年限。

渗透价格策略（penetration pricing strategy） 给新产品或服务确定相对较低的初始价格。

定位（positioning） 为组织的提供物及其形象进行设计，以便在目标顾客心目中占据一个与竞争性提供物相比独特和有价值的位置。产品或服务可以根据下面的因素定位：（1）特性或利益；（2）用途；（3）使用者；（4）产品或服务的档次；（5）竞争者；（6）价格和质量。

需求价格弹性（price elasticity of demand） 某产品或服务的价格变化百分比导致的需求数量变化的百分比。

产品开发战略（product-development strategy） 组织通过产品创新、产品扩张或产品线延伸，向现有市场推出新的提供物。

预估利润表（pro forma income statement） 包括组织、产品或服务在一定计划期（通常是一年）内的预计收入、预算（变动和固定）费用和净利润的利润表。

产品线定价（product-line pricing） 为同一产品线上所有产品定价，包括决定：（1）价格最低的产品的价格；（2）最高价格的产品；（3）产品线上所有其他产品的价格差别。

拉式沟通策略（pull communication strategy） 在潜在购买者中创造对一个提供物的初始兴趣，然后，这些潜在购买者向中间商提出需求，最终，通过渠道拉动提供物。重点是面向消费者的广告和促销。

推式沟通策略（push communication strategy） 以序列的方式通过营销渠道推动提供物。不同的渠道代表了不同的目标市场。

重点是直接指向批发商和零售商的人员推销和贸易折扣。

区域营销（regional marketing） 采用不同的营销组合来适应不同地理区域独特的偏好和竞争条件。

相关成本（relevant cost） 由于某种营销活动引起的、在未来发生的、随营销方案而变化的费用和支出。

销售预测（sales forecast） 在一定的营销战略和竞争环境下，一个组织预计达到的销售水平。

选择性分销（selective distribution） 生产者在一定的地理区域通过有限的零售点销售其产品或服务的分销策略。

目标市场（served market） 企业、产品、服务或品牌对目标顾客进行竞争的市场。

现状分析（situation analysis） 对经营进行评估，以确定导致过去期望的状态（或将来预期的状态）与实际发生的状态（或将要出现的状态）之间存在差距的原因。

撇脂定价策略（skimming pricing strategy） 对新产品或服务确定一个相对较高的初始价格。

战略性变化（strategic change） 将影响组织长期福利的环境变化。

战略控制（strategic control） 根据变化的环境和竞争行动设立的目标、战略和能力来评估组织的方向。

战略营销管理（strategic marketing management） 包括下述部分的分析过程：(1) 界定组织的业务、使命和目标；(2) 识别组织机会及分析构架；(3) 制定产品—市场战略；(4) 对营销、财务和生产资源进行预算；(5) 制定修正和拯救战略。

子品牌（sub-branding） 当引进新的产品或服务时，将新品牌归入母品牌的做法。

成功要求（success requirements） 组织在一个市场或产业中竞争成功所必须开展的工作。有时，被称为"成功关键因素"，简称 KSF。

沉没成本（sunk cost） 对未来决策完全或部分无关的由于过去既定活动发生的费用。沉没成本悖论是指试图通过在未来投入更多的资金来回收过去已经投入的资金。

SWOT 分析（SWOT analysis） 对组织成长机会进行结构性分析的正式框架。SWOT 代表了组织的优势、劣势、外部机会和威胁。

贸易差价（trade margin） 在营销渠道的每个层次上单位销售价格和单位成本间的差额，通常用百分比来表示。

降低（trading down） 减少产品功能或降低质量和降低价格。

提升（trading up） 通过增加功能和提高质量来改进产品或增加附加服务和提高价格的过程。

价值（value） 产品或服务的感知利益与其价格之比。

变动成本（variable cost） 在一定时期内（通常是一个预算年度）单位产出保持不变的那部分支出；总变动成本随产出数量而变化。包括产品销售成本和其他变动成本，如销售佣金。

变动成本价格策略（variable-cost price strategies） 在定价时只考虑直接或变动成本的定价策略。

病毒营销（viral marketing） 一种基于互联网的促销策略，鼓励个体消费者将来自营销者的信息通过电子邮件向其他人传播。

营运资本（working capital） 指组织流动资产（如现金、应收账款、预付费用、存货）减去流动负债（如短期应付账款和所得税）的余额。

Authorized translation from the English language edition, entitled Strategic Marketing Problems: Cases and Comments, 11th Edition, 9780131871526 by Roger A. Kerin, Robert A. Peterson, published by Pearson Education, Inc, publishing as Prentice Hall, Copyright © 2007, 2004, 2001, 1998, 1993 by Pearson Education Inc.

All rights reserved. No part of this book may be reproduced or transmitted in any form or by any means, electronic or mechanical, including photocopying, recording or by any information storage retrieval system, without permission from Pearson Education, Inc.

CHINESE SIMPLIFIED language edition published by PEARSON EDUCATION ASIA LTD., and CHINA RENMIN UNIVERSITY PRESS Copyright © 2011.

本书中文简体字版由培生教育出版公司授权中国人民大学出版社合作出版，未经出版者书面许可，不得以任何形式复制或抄袭本书的任何部分。

本书封面贴有 Pearson Education（培生教育出版集团）激光防伪标签。无标签者不得销售。

图书在版编目（CIP）数据

战略营销：教程与案例：第11版/凯琳，彼得森著；范秀成译．—北京：中国人民大学出版社，2011.6
（工商管理经典译丛．市场营销系列）
ISBN 978-7-300-13868-8

Ⅰ.①战⋯ Ⅱ.①凯⋯ ②彼⋯ ③范⋯ Ⅲ.①市场营销学-教材 Ⅳ.①F713.50

中国版本图书馆CIP数据核字（2011）第103488号

工商管理经典译丛·市场营销系列
战略营销：教程与案例（第11版）
罗杰·A·凯琳
罗伯特·A·彼得森　著
范秀成　译
Zhanlüe Yingxiao：Jiaocheng yu Anli

出版发行	中国人民大学出版社		
社　　址	北京中关村大街31号	邮政编码	100080
电　　话	010-62511242（总编室）	010-62511398（质管部）	
	010-82501766（邮购部）	010-62514148（门市部）	
	010-62515195（发行公司）	010-62515275（盗版举报）	
网　　址	http://www.crup.com.cn		
	http://www.ttrnet.com（人大教研网）		
经　　销	新华书店		
印　　刷	涿州市星河印刷有限公司		
规　　格	185 mm×260 mm　16开本	版　次	2011年7月第1版
印　　张	31.75 插页2	印　次	2011年7月第1次印刷
字　　数	780 000	定　价	65.00元

版权所有　侵权必究　　印装差错　负责调换

PEARSON

北京培生信息中心
北京市东城区北三环东路 36 号
北京环球贸易中心 D 座 1208 号
邮政编码：100013
电话：(8610)57355171/57355169/57355176
传真：(8610)58257961

Beijing Pearson Education Information Centre
Suit 1208, Tower D, Beijing Global Trade Centre,
36 North Third Ring Road East, Dongcheng District,
Beijing, China 100013
TEL:(8610)57355171/57355169/57355176
FAX:(8610)58257961

尊敬的老师：

您好！

　　为了确保您及时有效地申请教辅资源，请您务必完整填写如下教辅申请表，加盖学院的公章后传真给我们，我们将会在 2～3 个工作日 内为您开通属于您个人的唯一账号以供您下载与教材配套的教师资源。

请填写所需教辅的开课信息：

采用教材			☐中文版　☐英文版　☐双语版
作　者		出版社	
版　次		ISBN	
课程时间	始于　　年　月　日	学生人数	
	止于　　年　月　日	学生年级	☐专科　　　☐本科 1/2 年级 ☐研究生　　☐本科 3/4 年级

请填写您的个人信息：

学　校	
院系/专业	
姓　名		职　称	☐助教 ☐讲师 ☐副教授 ☐教授
通信地址/邮编	
手　机		电　话	
传　真	
official email（必填） (eg:XXX@ruc.edu.cn)		email (eg:XXX@163.com)	
是否愿意接受我们定期的新书讯息通知：	☐是　　☐否

系/院主任：_____（签字）

（系/院办公室章）

_____年_____月_____日

Please send this form to: Service.CN@pearson.com
Website: www.pearsonhighered.com/educator

教师教学服务说明

中国人民大学出版社工商管理分社以出版经典、高品质的工商管理、财务会计、统计、市场营销、人力资源管理、运营管理、物流管理、旅游管理等领域的各层次教材为宗旨。同时，为了更好地服务于一线教师教学，工商管理分社近年来着力建设数字化、立体化的网络教学资源。老师们可以通过以下方式获得免费下载教学资源的权限：

（1）在"人大经管图书在线"（www.rdjg.com.cn）注册并下载"教师服务登记表"，或者直接填写下面的"教师服务登记表"后，加盖院系公章，然后邮寄或者传真给我们。我们收到表格后将在一个工作日内为您开通相关资源的下载权限。

（2）如果您有"人大出版社教研服务网络"（http://www.ttrnet.com）会员卡，可以将卡号发到我们的公共邮箱，无须重复注册，我们将直接为您开通相关专业领域教学资源的下载权限。

如果您需要帮助，请随时联系我们：
联系人：钟馨（010-62515732）　　　　李文重（010-82501704）
传真：010-62514775　　　　　　　　　邮箱：rdcbsjg@crup.com.cn
通信地址：北京市海淀区中关村大街甲59号文化大厦1501室
　　　　　中国人民大学出版社工商管理分社
邮编：100872

教师服务登记表

姓　名		□先生　□女士	职　称		
座机/手机			电子邮箱		
通信地址			邮　编		
任教学校			所在院系		
所授课程	课程名称	现用教材名称	出版社	对象（本科生/研究生/MBA/其他）	学生人数
需要哪本教材的配套资源					
人大经管图书在线用户名					

院/系领导（签字）：

院/系办公室盖章